U0106986

香港史

從鴉片戰爭到殖民終結

法蘭克·韋爾許 (Frank Welsh) 著

王皖強 黃亞紅 譯

商務印書館

本書中文譯文由中央編譯出版社授權使用。

封面照片由鄭寶鴻先生提供。

香港史 —— 從鴉片戰爭到殖民終結

作　　者：法蘭克·韋爾許 (Frank Welsh)

譯　　者：王皖強　黃亞紅

責任編輯：黃振威　張宇程

封面設計：楊愛文

出　　版：商務印書館 (香港) 有限公司
　　　　　香港筲箕灣耀興道 3 號東匯廣場 8 樓
　　　　　http://www.commercialpress.com.hk

發　　行：香港聯合書刊物流有限公司
　　　　　香港新界荃灣德士古道 220–248 號荃灣工業中心 16 樓

印　　刷：美雅印刷製本有限公司
　　　　　九龍官塘榮業街 6 號海濱工業大廈 4 樓 A 室

版　　次：2023 年 12 月第 1 版第 4 次印刷
　　　　　©2015 商務印書館 (香港) 有限公司
　　　　　ISBN 978 962 07 5638 2

Printed in Hong Kong

目　錄

序

我第一次對香港產生興趣是在 1970 年。當時,我擔任董事的一家倫敦銀行收購了道亨銀行,道亨銀行是香港一家規模不小的華資銀行,之後我到這個殖民地去了一趟。

不久,我家在 1972 年買下了弗拉斯宅邸,這是從前廣州和香港商人顛地兄弟(蘭斯洛特·顛地和威爾金森·顛地)在威斯特摩蘭建造的一座宅邸。1839 年,中國當局威脅要拘捕蘭斯洛特·顛地,引發了最終導致第一次英中戰爭即第一次鴉片戰爭。這場戰爭通常以"鴉片戰爭"而聞名,結果導致香港被割讓給英國,廣州貿易大多轉移到香港,顛地洋行成為這個新殖民地最有實力的商號之一。弗拉斯宅邸,連同內部保留下來的家具(德拉姆市古爾本吉安東方藝術博物館收藏的中式大牀值得一看),清晰地反映出維多利亞時代早期那些"富商巨賈"的品位。弗拉斯宅邸有一些細節頗為有趣,這些細節表明了顛地洋行有別於其主要競爭對手怡和洋行的特徵。跟詹姆斯·勿地臣與亞歷山大·勿地臣在蘇格蘭高地建造的豪宅相比,弗拉斯宅邸顯得樸實無華,體現了蘭斯洛特·顛地更為嚴謹、較不浮誇的性格。弗拉斯宅邸的一些細部頗有特色,如手繪牆紙、乳白色的室內家具以及精緻的意大利樣式金屬製品。宅邸向公眾開放後,我們在肯德爾市阿伯特霍爾博物館協助下,安排了關於對華貿易沿革的小型展覽。我為這個展覽撰寫了一份簡明指南,這份指南就是本書最早的雛形。

我想在此先做幾點説明。不幸的是,任何關於英中兩國關係的歷史著述大都是片面的和不完整的。之所以説是片面的,原因在於,任何一位準備研究北京的歷史檔案館所藏滿文和中文官方檔案的學者,多半不會注意到 19 世紀英國政治和社會的微妙之處;而且學術界人士在研究這個殖民地歷史中突出的商業問題時,勢必會遇到很多困難。另一方面,若是不懂中文,就不得不依靠從浩如煙海的史料中翻譯和節選出來的材料,本書作者就是如此。這樣一來,除了可能存在的其他不足之處,本書的敍述不可避免地是以英國為中心的。要用一本書的篇幅涵蓋如此宏大的主題，描述一個社會將近兩個世紀的歷史，勢必要做一些乏味的概括，或是選擇一些能夠反映問題的事件。為了避免平淡乏味的概括，我很遺憾地不得不省略許多相關材料，但我相信本書所附的參考書目至少能夠在史料方面提供一些幫助。

香港的時局變化很快，由於寫作與出版之間難免有時間間隔，我無法在本書中對這一間隔時期的時局變遷做出公正的評判。1991 年 3 月到 1993 年 3 月的兩年間，香港的人均國內生產總值已經超過了英國。不光是人均國內生產總值，在其他許多指標上，這個殖民地最終、或許是永久地、而且肯定是以令人意想不到的高速度超越了"宗主國"。

政治的發展也很迅速，而且更為令人吃驚。1992 年 10 月，香港總督決定以一種頗為罕見的方式 —— 如果説以前曾經有過的話 —— 運用王室特權。總督憑藉一紙政令，改變了立法局的組織結構，以及立法局與行政局的平衡。這種情形如同一位都鐸王朝君主運用自己的絕對權力改變政府的運作方式。雖然彭定康的動議強調了王室權力的權威性，但這項動議改變了香港憲政的發展方向。本來，憲政改革的方向是立法局民選議員進入行政局。彭定康先生的動議還造成了一個小小的後果，那就是我不得不在結語中修訂我對彭定康到來之前香港憲政體系的描述，以反映這些新變化。

我意識到本書的不足之處，愈加發自內心地感謝那些曾經給予我慷慨幫助的人士。英中友協的蘿拉·里夫金、印度事務部圖書館的托尼·法林頓、中國國家檔案局局長馮子直，使得我的北京之行成為可能。在北京，我得到了第一歷史檔案館副館長徐藝圃和國家檔案局外事辦副主任沈麗華的幫助。他們慷慨而友好的幫助使我們能夠鑒別一些重要史料，從而對 19 世紀 40 年代的英中關係有了全新的理解。劍橋大學圖書館的艾超世承擔了最為艱巨的任務，他準確地把手寫體的中文史料翻譯成英文。在香港，冼玉儀博士和陳劉潔貞博士在好幾個問題上耐心指導我，張榮洋博士和普里西拉·羅伯茨博士不知疲倦地給予我殷情款待，並在從廣州貿易到現代美國歷史的諸多問題上給予我指點。我感謝上述人士，感謝香港大學歷史系的其他教員，尤其是呂元聰博士，他毫無怨言地容忍了我這個不速之客。我還要感謝香港大學校長王賡武教授、副校監阿爾伯特·羅德里格斯爵士、邁樂文博士、彼得‧衛斯理‧史密斯博士以及柏立基教育學院的院長和全體職員。在香港，我還要感謝衛奕信勳爵伉儷、翟克誠爵士、姬達爵士、馬世民、胡應湘，尤其要感謝克雷爾‧霍林斯沃思和莫里琳‧賽賓。奈傑爾‧卡梅隆、蘇珊娜‧霍伊、阿蘭‧伯奇等歷史學家極為友善，他們關於香港的知識遠比我豐富。香港政府新聞處的馬克‧平克斯通和 Shirley Wong，香港歷史博物館的丁新豹博士、政府檔案處的劉潤和博士提供了大量寶貴資料。我感謝馬克‧亨內克——梅傑、萊斯利‧亨內克——梅傑以及菲利浦‧沃克爾、瑪麗‧沃克爾，他們為我引見了多位香港人士，其中包括劉健儀議員、安格斯‧福賽思、畢比‧福賽思、彼得‧卡爾頓、特麗西亞‧卡爾頓。

回顧往事，我意識到，在過去的幾年時間裏，與戈爾－布思勳爵、科林‧克羅爵士、約翰‧柯爾維爾爵士等睿智而淵博之人的交談，使我受益匪淺，他們關於外交事務和西敏寺的經驗罕有其匹。我還要感謝約翰‧佩奇、伊里亞德‧肯達爾牧師、約翰‧M. 斯各特、D. B. 埃利森、外交與聯邦事務部的 M. J. F. 洛根夫人、羅伯特‧麥克斯通、格雷厄姆、Yen Chung、詹姆斯‧卡斯爾斯教授，羅利畫廊的喬納森‧薩維爾、雪麗‧哈澤德（法蘭西斯‧斯蒂格馬勒夫人）、喬治‧沃格伯、埃利‧沃格伯、瑪麗‧特恩布林、倫納德‧雷納。

英國、香港、法國和美國的一些圖書館工作人員總是耐心地對待我這樣一個毫無經驗又幾乎不懂電腦的研究者。我特別感激給予我很大幫助的香港駐倫敦高級代表約翰‧亞克斯利，代表處圖書館、耳舒拉‧普萊斯以及國家海洋博物館圖書館盡心盡責的工作人員。我還特別感謝怡和洋行允許我使用他們的檔案資料。

感謝以下人士和機構允許我複製一些說明性資料：巴黎法國國家圖書館、G. H. 克里準將、格林威治國家海洋博物館託管人、香港政府新聞處、大英博物館託管人、倫敦威爾康姆研究所圖書館、香港皇家警隊以及《南華早報》。馬丁‧葛列格里畫廊惠允我使用本書（英文版）封面所使用的油畫。

有關中國的著作都會面臨一個難題，這就是中文姓氏的音譯是採用威妥瑪式拼音還是中文拼音，1985 年之前出版的著作通常採用威妥瑪式拼音，中文拼音則是現在最普及的注音方法。讀者接觸到的英文歷史著作，包括李約瑟博士的巨著《中國的科學與文明》，大多都採用威妥瑪式拼音或是其變種，因此本書關於中華人民共和國建立前的所有參考資料採取這種拼音系統。另一方面，當代中國人姓名使用中文拼音拼寫。一些特殊的人物姓名，如 Chiang Kai-shek（蔣介石）、Mao Tse-tung（毛澤東），屬於西方新聞界的習慣用法。這樣一種折衷做法既避免了那種"愚蠢的連貫性"，又可以方便編制和查找索引。為保險起見，重要歷史人物用兩種拼音拼寫。

香港的粵語姓名拼寫尤為困難。在其出色的《香港社會的形成》一書的附錄三，陳偉群博士列出了至少 54 種不同的英文姓名拼寫方式。除此之外，有些人士既有教名，又有中文姓名，顯然很難採取一種統一的標準。

另外一個特別容易造成誤解的問題是香港的貨幣單位。銀元是廣州貿易使用的貨幣，香港亦沿用銀元來作為通貨，雖然交易記錄的貨幣單位通常是中國的銀兩。殖民地早期賬目的貨幣單位是英鎊，從 1862 年開始，港幣成為通行的官方貨幣單位，其價值隨白銀價格的漲跌上下浮動。1981 年，港幣與美元掛鈎，匯率是 1 美元兌換 7.80 港元。除非特別指明是美元，否則本書中的"元"均是指港幣。如果需要與英國的情況做比較，有時會把貨幣單位折算成英鎊。

以下一些度量衡也需要説明：

1 兩等於英制度量衡的一又三分之一盎司；

1 畝約為三分之一英畝。

還要指出的是，在本書中，香港政府的二號人物和白廳的殖民地國務大臣通常都是用"Colonial Secretary"（譯者按，中文版分別譯為"輔政司、布政司"和"殖民地大臣"）。

前　言

不情願的雙親

　　香港，這個維多利亞王朝英國與大清中國的"私生子"，自 1842 年首次出現在國際舞台以來，就一直令其創始人煩惱和為難。起初，雙方都不準備承認這個嬰兒。英國外交大臣巴麥尊勳爵認為它是"一個貧瘠之島，永遠不會成為貿易中心"。巴麥尊更傾向於獲取更多的現款，或是更大、更富庶的舟山，為此他馬上解除了負責談判割讓這個荒涼島嶼的全權公使的職務。不過，維多利亞女王倒是因為自己年幼的女兒有可能成為"香港公主"而欣喜不已。至於中國道光皇帝，在英國皇家海軍軍艦上瞄準南京城牆的大炮的威懾下，被迫承認治下的領土喪失了這個彈丸之地，迄今為止他對這個島嶼幾乎一無所知，而且對整個事件困惑不已。在道光看來，這些夷人惟利是圖，獲取土地也非出自長遠之見，"該夷性等羊犬，不值與之計較"。[1]

　　香港從其開埠之日起就與臭名昭著的鴉片走私貿易關係密切，因而聲名狼藉。從那時起直到現在，香港不時給英國帶來麻煩，涉及鴉片、賣淫、賭博、鞭刑、貪污等一系列醜聞，總督、官員、政府部門與僑民不時爆發爭執，時至今日，白廳仍不得不面對這些醜聞和爭執。

　　對於中國而言，失去這個島嶼自非所願。雖然香港只是這個龐大帝國末端微不足道的一隅，但對於中華帝國的人民和統治者而言，它始終具有重要的象徵意義。儘管外國人佔據的另一個更無足輕重的地方 —— 葡萄牙人的澳門居留地，有 400 多年未受觸動，但問題是香港割讓給英國人的方

1　巴麥尊致義律函，1841 年 4 月 21 日（*Palmerston, Private letter to Charles Elliot 21 April 1841*）。維多利亞女王 1841 年 4 月 13 日函，載維多利亞女王《書信集》（Queen Victoria, letter of 13 April 1841, Queen Victoria, *Letters*, vol. I）第 261 頁以下。道光皇帝語，見佩里瑟爾：《覺醒的中國：1793-1949》（R. Pelissier, *The Awakening of China 1793-1949*），第 90 頁。

式令人惱怒不已。香港的割讓直接起因於中國與西方的第一次武裝衝突，中國在這場衝突中決定性地、迅速地敗下陣來。香港割讓之後，外國政府開始日益貪婪地攫取領土和貿易特權，到 19 世紀末，給中國帶來了一連串戰敗、外債和屈辱。圍繞這第一次外來入侵，已經產生了許多神話，香港居民為此背上了沉重的感情負擔。人們認為，既然香港的割讓導致了外國劫掠，那麼 1997 年的回歸則標誌着屈辱的終結。因此，這個殖民地的歷史與中國和西方的關係，以及西方對華態度的演變密不可分地交織在一起。

在殖民主義和帝國主義被視為不可救藥的邪惡，民主被當成包治一切社會弊病的靈丹妙藥的時代，香港的狀況卻有悖常理。這個直到最近還沒有任何民主機制的殖民地日益繁榮，成為一個生活宜人的樂園。有人預料，這個彈丸之地將在經濟上超過中國（內地）——人口的迅猛增長和不時出現的不當政府阻礙了這個偉大國家的發展。即使是與韓國、台灣（地區）、新加坡等其他 "亞洲小龍" 相比，香港也毫不遜色。香港在貿易上與上述國家和地區同樣成功，在保護個人自由方面則做得更好。與台灣（地區）和韓國相比，香港相當好地控制了腐敗，在這個不民主的直轄殖民地，沒有民主化的新加坡所施行的種種瑣碎限制（例如，新加坡明令禁止留長髮、嚼口香糖）。

不僅如此，香港比英國更成功。在過去 10 年裏，香港保持了很高的經濟增長率，香港與英國的人均國內生產總值的比率，從 1980 年的 10% 上升到 1990 年的超過 85%。實際上，早在 1981 年，香港就在平均壽命等重要指標上超過了英國（男子平均壽命是 72.4 歲對 71.1 歲，女子是 78.1 歲對 77.1 歲）。

將英國管治的香港與美國管理的領地波多黎各作個對比，就能更好地說明問題。波多黎各有 400 萬人口，與香港的 600 萬人接近；自 1898 年以來，波多黎各一直處於美國控制之下，這與英國控制香港絕大部分地區的時間差不多。波多黎各確實有更為民主的制度，那裏的總督和政府均由民選產生，美國僅掌握外交和國防政策的控制權，但在絕大多數方面，香港人民生活得更好一些。嬰兒死亡率在波多黎各為 16%，香港僅有不到 7%（香港的這個指標甚至低於美國的 10%）。今日香港人的平均壽命為 78.3 歲，高於波多黎各的 73 歲（也高於美國的 74 歲）。其他生活水準指數，犯罪率、學生與教師的比例、新聞報刊數量、非婚生子女、公共交通品質、免費醫療等等，香港也都走在波多黎各的前面，在一些項目上更是大大領先，同時在很多方面超過了美國。例如，據《聯合國人口統計分析》（*United Nations Demographic Analyses*）、《美國政府報告》（*US Government Reports*）、香港政府新聞處（Hong Kong Government Information Department）統計，香港謀殺案發案率為每 10 萬人 1.64 次，美國高達 7.91 次。

　　今日的香港已找不到多少殖民地的痕跡，而殖民地過去的標記幾乎早已蕩然無存。太平山的山坡下，高聳的摩天大樓遮住了過去殖民地的中心：港督府，類似於一座日式火車站；聖約翰座堂，一座平淡無奇的哥德式殖民地建築；法國外方傳道會大樓；旗杆屋，以前是駐軍總司令講究的官邸，他曾在此自豪地眺望停泊在港口的那些閃耀着灰色光澤的中國艦隊巡洋艦。如今，從希爾頓酒店的房間和中銀大廈的辦公室，仍可以看到這些帝國時代的遺跡。第二次世界大戰的日軍佔領時期，總督府可笑地按照日式風格進行了重修，包括新建了一座與四周建築不協調的神道教樣式的塔，之後便再也沒有翻修過。聖約翰座堂在同一時期遭到劫掠。旗杆屋是唯一完整保存下來的最古老的建築，如今是收藏和展覽茶具的文物館。皇后像廣場已經找不到維多利亞女王的雕像，那裏僅存的雕像是一位銀行經理的雕像，這與這個商業之都的氛圍完全吻合。英國國旗第一次在這個殖民地升起的地方位於現在的水坑口街，但早已無跡可尋。慶祝英佔香港 150 周年的動議，因公務員的強烈抗議而不得不作罷。

　　在香港街道上，除了警員 —— 幾乎全都是華人 —— 之外，看不到任何身着英式制服的人。唯一能夠見到的英國士兵是添馬艦海軍基地入口處的水兵，平時守衛的艦艇充其量是三引擎巡邏艇，除非有其他軍艦來訪。香港也找不到多少經濟帝國主義的痕跡。人們有理由期望政府辦公樓的停車場至少會有一些本地生產的汽車，但那裏只有豐田和其他品牌的日本汽車；高級公務員可以配備平治車，只有港督本人才有一輛勞斯萊斯汽車。

　　第二次世界大戰結束後，一些醒目的帝國象徵日漸消失。1950 年，英國政府派出相當於兩個滿員師的軍隊警戒中國人民解放軍。1967 年，港督府門外聚集了成千上萬示威者，擔任警衛的卻只有孤零零的一名英國士兵。當時，香港依然能夠看出過去一個世紀的模樣：一個窮鄉僻壤的殖民地，板球場佔據着市中心，阿斯頓．韋伯爵士設計的最高法院大樓守望着市中心，背景則是滙豐銀行的藝術裝飾。在碼頭區，新建的文華東方大酒店和香港大會堂在周圍建築物的襯托下顯得鶴立雞羣。在灣仔，警署直接守衛着港口。

時至今日，法院大樓保留下來，現在是立法局和行政局辦公樓，板球場已經不見了，滙豐銀行裏外一新、富麗堂皇的新總部大樓蜷縮在中華人民共和國在香港的標誌性象徵中銀大廈旁邊。在周邊高聳林立的辦公大樓映襯下，面目全非的文華東方大酒店和老態畢露的香港大會堂顯得十分矮小。圍海造地使灣仔的陸地向前伸展了將近四分之一英里，一座亞洲最高建築正拔地而起。站在九龍眺望，過去維多利亞城的地平線每週都在發生變化，但依然是香港最壯麗的景象，從港口直到太平山霧氣濛濛的山坡，到處聳立着密密麻麻的宏偉建築。

從九龍眺望內陸，可以看見新界那些在 17 年前還幾乎不存在的新城鎮，荃灣和屯門的居民區居住着大約 30 萬人。今天，有 200 多萬人生活在各個新城鎮，明亮清潔、便捷高效的地鐵和現代化鐵路把這些新城鎮連接起來。老社區依然保留了高層住宅羣，沙田已經成為最大的居民區，擁有兩所大學、一座新建的跑馬場、一家音樂廳以及一個 50 萬人口城鎮所能擁有的各種便利設施。

站在地平線上遠眺，香港就像一個更加多姿多彩的曼哈頓，若是在街道上四望，香港顯然是一座中國城市。即使是西方遊客和商人密集的中環以及新興城鎮——那裏很少有大幅的塗鴉，像廣州或上海一樣來往的人羣中仍多為中國人。然而，香港的人口來自天南海北。除大眾已經接受的印度人和葡萄牙人社區之外，香港人口主要是廣東人，還有 50 萬人從中國內地來到這個英屬殖民地尋求安全與財富（中國大陸地區對香港的狀況頗為自豪）。中國內地山東或四川的農民遊覽北京後，會帶回去一些印有香港奇異風光和北京天壇的明信片。不過，他們只能憑想像去領略各種不同文化奇特融合所產生的時尚、活力與熱情。只有親身體驗香港的生活，深入到街道上全神貫注、行色匆匆的人流中，到各個企業的辦公室——正是這些企業使得香港成為世界上經濟最發達的地區之一——才能真正感受這種時尚、活力與熱情。

要想説明香港的發展，必須結合過去兩個世紀以來英國、歐洲大陸和中國的政治史，因為其他地方發生的事件決定性地影響着香港的發展進程。當代中國學者在分析他們國家的這一段敏感歷史時期時面臨很多困難。共產黨中國在過去 15 年來取得的成就[2]，尤其是與以前國民黨統治時期的混亂相比，已經激發起一種一直潛伏着的沙文主義。質疑政權的那些人在"文化大革命"時期的命運，阻礙了人們流露出批評的傾向。直到最近，人們才能夠表達一些立場不那麼鮮明的觀點，而其他嚴肅歷史學家依然把嚴格遵循事實指責為"歷史研究中不可取的實用主義"。[3] 國家掌握的外文出版社出版的著作，通常從帝國主義剝削的角度來分析這個歷史時期。

中國的確遭受了最無情的剝削，但那是在 19 世紀晚期，而且最窮兇極惡的剝削者不是歐洲列強，而是中國過去的藩國日本。英國攫取香港的時候，並不是一個法國或德國式的擴張主義強國。在這個殖民地的形成年代，英國的輿論和政策正處於發展階段，西敏寺的政府更迭頻繁，還時常伴隨着黨派重組，托利黨發展成保守黨，輝格黨發展成自由黨。英國歷屆政府總是與大多數階層的公共輿論唱反調，經常不贊成他們在中國的代表所採取的行動，並且無一例外地更關注決定大選成敗的國內事務而不是殖民地問題。直到 19 世紀末，英國公眾輿論才變得比較好戰，對殖民戰爭表現出一定的熱情。即使是這種支持殖民戰爭的傾向，也因帝國軍隊在波耳戰爭中的惡劣表現和自由黨重新執政之後迅速削弱。第一次世界大戰結束後，外交部許多高層人士把香港視為與中國發展良好關係的障礙，極力要求把這個殖民地歸還給中國，這樣一種觀點從來就沒有徹底銷聲匿跡。

共產黨衛道士的分析總是反映了馬克思主義理論而非事實本身。例如，蘇聯科學院院士 S. L. 齊赫文斯基在其主編的《中國現代史》(1972 年) 一書中提出："1840 年 1 月，維多利亞女王在議會開幕的施政綱領演説中宣佈，英國政府贊同查理·義律上校及在華英國商人的行動。在得到女王的認可後，巴麥尊勳爵毫不猶豫地發動了對華戰爭。"事實上，當時每一個人都對英國在華代表義律不滿，尤其是那些認為義律屈服於中國人威脅的商人們。

2　本書寫於 1993 年，此處的時間指改革開放的 1978 年以來的 15 年。── 譯註

3　賈慶國的論文出色地分析了中國學者在決定 "首先是作為一個中國人還是一位學者" 問題上的困境。賈慶國：《理智與情感之間》，載羅伯茨：《1900 年以來的中美關係》(Jia Qing-kuo, 'Between Sentiment and Reason', in Roberts, *Sino-American Relations Since 1900*)。

那種認為巴麥尊在年僅 21 歲的女王 —— 當時她仍怯生生地緊緊抓住首相梅爾本勳爵燕尾服的下擺 —— 同意之前一直猶豫不決的觀點，更是荒謬的。

只有拋棄這一類錯誤看法，描述英國發生的種種政治事件，才能清楚說明香港的發展。以 1834 年的律勞卑使團為例，這個使團未能在英中兩國之間達成合理的貿易協議。這個不幸的事件首先要歸咎於律勞卑勳爵本人莫名其妙的傲慢自大，本來絕不應該挑選他這樣一個人來擔負如此敏感的使命。香港或中國的歷史學家從未提出過這樣一個問題：英國政府為甚麼會挑選一個如此不適合的人選來執行這項任務？答案其實很簡單，議會艱難通過 1832 年《議會改革法案》的過程中，律勞卑幫了格雷勳爵的輝格黨政府，為了償還這筆人情債，格雷勳爵的輝格黨政府把這個差使送給了律勞卑，而律勞卑恰恰自認有資格獲得這樣一個職位。

再比如約翰·寶寧爵士，他肯定算得上是這個殖民地歷任總督中最卓越的一位。"庸醫寶寧" —— 這是巴麥尊對他的稱呼 —— 是一位激進的下議院議員、傑瑞米·邊沁最親密的朋友和遺囑執行人、編輯、間諜（法國人這麼認為）、鋼鐵製造商、金融專家、聖歌作者，還是俄語、匈牙利語和西班牙語翻譯家。1854 年，寶寧出任香港總督和派駐中國與印度支那的英國代表，正是這位前和平協會的主席突然引發了第二次英中戰爭。[4] 這次戰爭的結局對於整個亞洲的未來都產生了決定性的影響。但是，從來沒有人試圖解釋，這位沒有半點東方乃至殖民地經驗的地道歐洲人是如何成為這些重大事件的主要發動者的。寶寧與英國駐廣州領事巴夏禮爵士強行開啟戰端的陰謀，其細節也尚待進一步揭示。

同樣，英國政府在 1898 年為甚麼僅僅要求新界 99 年的租借期，而不是完全所有權？

本書第三、第七和第十一章將詳細解釋箇中緣由。簡單的回答就是：英國政府反覆無常的政策、英國內閣大臣的個性、長期形成的報答政黨忠實支持者的需要，以及國際競爭對手所施加的壓力。要理解上述種種因素的影響，惟有把它們放入英國和歐洲發生的一系列事件的大背景中加以考察。

4　即第二次鴉片戰爭。

對中國的歷史進程也必須留意，因為香港只是在一種特殊意義上才是英國的殖民地（英國政府甚至不大願意稱它為殖民地，官方聲明在提及香港時都稱之為"屬地"，但這更多地是為了推卸責任，而不是出於用詞準確）。嚴格地説，殖民地是移民在境外土地上建立的居留地，擁有一定程度的自治，澳大利亞和北美殖民地就是這種意義上的殖民地。香港卻屬於另外一種類型，甚至在它正式建立之前，嚴厲而勤勉的詹姆斯·斯蒂芬爵士 —— 殖民地部常任次官、維吉尼亞·伍爾夫的祖父 —— 就注意到，"香港必須實行其他英國殖民地聞所未聞的做法……（香港的）法規和條例……在很多方面應服從超出其制訂者預料的迫切需要"。[5] 其他英國殖民地，為數眾多的小殖民地，都已成為獨立國家，只有香港依然是一個直轄殖民地，即由宗主國政府負責管治的殖民地，這種殖民地的居民所享有的代表權受到極為嚴格的限制。因此，更為準確的説法是，香港是一個碰巧由英國管治的中國人的殖民地。

這種反常現象使得這個殖民地往往在很大程度上遠離了困擾着中國大陸的家國巨變。19 世紀 50 年代，太平天國起義破壞了中國南方的大部分地區。19、20 世紀之交，義和團騷動在北方引發了對歐洲人的屠殺，導致北京被外國軍隊佔領。但是，這兩次社會巨變沒有在香港激起多大的波瀾，香港在成為殖民地後的頭 80 年裏享受了獨一無二的寧靜。由於英國的世界強國地位始終不容質疑，而且試圖與中國當局保持友好關係，帝國的這個馴服的偏遠地區始終未受打擾。直到 1898 年，英國為回應其他西方列強對中國不斷增強的壓力，要求租借新界之後，香港政府才身不由己地捲入了中國內地發生的一系列事件。

對於中國方面也需要做出一些澄清。從廣州和澳門前往香港的移民幾乎是清一色的外國僑民，他們緊隨皇家海軍首批登陸部隊來到這個"貧瘠之島"，使香港迅速起步。這個殖民地的早期歷史就是廣州貿易歷史的延續。因此，有必要解釋這種重要的國際貿易的運作情況。同時，對一些神話加以考察也是有益的。"鴉片戰爭"真是為了鴉片而戰？三元里鄉村勇敢的農民在 1841 年擊敗了英國軍隊？1842-1843 年的條約安排性質如何？這些問

5　　殖民地部文件（Colonial Office(CO)129/3），1843 年 6 月 3 日。

題（我的回答都是否定性的）所激起的情緒一直困擾着中國與英國之間的交往。雖然 20 世紀歷經巨變，但中國的歷史依然是民族意識中異常活躍的因素，而歷史的連續性絲毫沒有中斷。《觀察家報》的喬納森·米爾斯基注意到，現在的中國領導人依然以能夠寫出優雅的書法和詩詞而自豪。曾擔任法國政府部長的阿蘭·佩雷菲特有很好的機會研究現代中國，他評論說："當時（1971 年）毛主義的國家與馬戛爾尼（1793 年的英國公使）面對的國家離奇地相似，這使我驚訝不已。中國人對皇帝同樣的崇拜：只是毛代替了乾隆……對恪守傳統和等級制度的禮儀表現出同樣的關注……同樣堅持一個共同的、可以解釋一切的衡量是非的標準……"以及諸如此類的十三項相似之處。[6] 鄧嗣禹與費正清也做出了相同的評價："儘管經歷了最近數十年來的狂熱變革，過去的影響對於今日中國依然不同尋常地強烈。在表層下蘊藏着中國的古老文明，這一底蘊決定和影響了新的發展。"[7]

　　中國發生了天翻地覆的變革，英國的制度顯然始終未受觸動。中國最後一位皇帝去世時，已是共產黨國家首都北京的一名園丁。[8] 而維多利亞女王的曾孫女、最後一位印度皇帝的繼承人[9]，仍然端坐在倫敦的御座之上，上議院和下議院也依然是英國國會的兩個組成部分。但是，這樣一種延續具有欺騙性。自從 1793 年馬戛爾尼勳爵代表東印度公司首次嘗試與中國建立關係以來，英國在世界上的聲望和地位已經徹底改觀。1793 年時，英國是個小小的農業國，不久之前剛剛喪失了最重要的海外領地——北美殖民地，但國內工業正在發展，英國在印度的地位雖不明確，也正在迅速鞏固。不過區區數年之內，這個國家一躍成為一個世界性的帝國、印度統治權的繼承者，擁有從法國人、荷蘭人和西班牙人手中搶來的眾多殖民地。英國國內工業的發展更使得英國成為"世界工廠"。在享有不到一個世紀的史無前例的龐大實力之後，英國開始了緩慢的衰落過程，從一個統治世界四分

6　佩雷菲特：《兩個文明的衝突：英國對中國的遠征，1792-1794》（Peyrefitte, *The Collision of Two Civilisations: The British Expedition to China, 1792-4*），美國版書名為《停滯的帝國：東西方的首次大衝突》（*The Immobile Empire: The First Great Collision of East and West*），第 xx-xxi 頁。

7　鄧嗣禹、費正清：《中國對西方的回應》（Teng and Fairbank, *China's Response to the West*），第 2 頁。

8　即末代皇帝溥儀。——譯註

9　即當今英國女王伊莉莎白二世。——譯註

之一人口的國家變成一個不那麼繁榮的西歐國家。19 世紀大規模的社會工程使得英國面貌為之一新，英國因而能夠扮演強權帝國的角色。事實表明，較之隨後對於衰落的適應，英國更為成功地推行了崛起所必需的變革，而香港的歷史反映了這種令人不快的轉變。

英帝國的崛起與中華帝國的衰落在時間上是同步的。在 1793 年，中國漫長的邊境線是穩固的，中國是文明世界的中心。皇帝擁有生殺予奪的權力，身為具有宇宙意義的人物，真龍天子可以與日月星辰相媲美，乃是智慧與正義的化身。他是最強大的君主、最賢明的統治者、天命的闡釋者。皇帝受命於天，被視為人間神祇，他在宗教上的重要性甚至超過了拜占庭式的羅馬皇帝、至高無上並被尊奉為神的奧古斯都。皇帝既是獨裁者，又是最高的宗教領袖，受上蒼的委託統治中國、為民造福。作為漢人神祇的化身，皇帝親自到天壇獻上大量祭品，祈求得到神的祝福，保佑來年風調雨順。從理論上說，中國皇帝的超人屬性意味着他的一切所作所為都是英明而仁慈的。局勢一旦惡化，往往被看成是皇帝違背天意所致，因此就到了改朝換代的時候。較之當代的領袖人物，中國皇帝對皇帝的神性職責更為認真對待。1644 年明朝末代皇帝在自縊前向祖先和臣民謝罪："朕涼德藐躬，上干天咎……朕死無面目見祖宗……任賊分裂，無傷百姓一人。"[10]

將近兩千年來，中國社會深受孔子學說的影響，社會劃分為儒家學說所規定的各式等級。在這個等級體制中，農民處在第二位，僅次於統治者（"士"），高於工匠（"工"），位於社會最底層的是那些最無足輕重、對社會貢獻最少的商人。最終，當西方的商人 —— 他們並不覺得自己地位卑微（按照他們當中最著名的人物之一勿地臣的話說："商人乃世間的巨擘。"[11]）—— 遭遇中國的官僚，一場衝突，至少是文化上的衝突，就在所難免了。由於雙方都極度自信，因而幾乎同樣可以肯定，這場衝突將發展成武裝的衝突。

10　魏斐德：《中華帝國的沒落》（Wakeman, *The Fall of Imperial China*），第 67 頁。

11　勿地臣：《英國對華貿易的現狀和前景》（Matheson, *The Present Position and Prospects of the British Trade with China*），第 3 頁。

第一章

兩個帝國

末代王朝

19 世紀初以來，中國與西方發生衝突的可能性越來越大，雙方的衝突最終爆發，而且以英國割佔中國領土告終。然而，香港這個明顯毫無吸引力的島嶼為甚麼偏偏被英國首先選中，箇中緣由有待解釋。

香港是散佈在珠江入海口的數百個島嶼之一。在這些島嶼中，陡峭、多石的香港島既不是最大，也不是最有名的；1842 年英國割佔的時候，香港既非人口最稠密，也肯定不是最荒蕪的一個島。早在 1,000 多年前，珠江就不但是中國、也是世界上最重要的商業水道之一，但在閉關自守的中國，香港是個不受重視的附屬地，並沒有多少人關注。南中國海的氣候造就了珠江的重要性，每年 4 月到 10 月，西南風如期而至，西來船隻易於進入珠江；而 11 月到來年 4 月，東北風則使這些船隻的回程順水順風。對於那些經歷過驚濤駭浪的西來船隻而言，珠江是他們在中華帝國遇到的第一個安全的避風港。

16 世紀，第一批來自葡萄牙的歐洲人造訪了這個地區，他們在澳門半島避風處找到一處天然錨地，並獲准定居下來。在澳門，沒有任何表明中國領土永久割讓的跡象。葡萄牙人只能在高牆之內活動，生活必需品每日按需送入。從澳門上溯 70 英里，就到了當時巨大的商業城市 —— 廣州。廣州是中國通往海洋的門戶，也是橫亙中國南部達 800 英里的廣東、廣西兩省（兩廣）的首府。水網密佈的自然地理往往會對歷史的發展產生複雜影響。倫敦的拓展在很大程度上得益於所處的地理位置 —— 泰晤士河的最低架橋點、泰晤士河河口的頂端，泰晤士河河口在提爾伯里變得狹窄，使倫敦易守難攻。廣州的地理位置與倫敦相仿，同樣位於容易進入的河口。1864 年首次出版的這一水域的《航海指南》指出，這條航道"可能比世界上任何一條大河都安全"。在大嶼山、南丫島以及北面的伶仃島附近，散佈着眾多避風港灣。不過，除了航行本身有風險之外，這裏還有其他的危險：珠江入海口的島嶼，海岸線綿延數百英里，為那些靠捕魚、海盜和走私為生者提供了庇護所。海盜活動一直延續到現代，不過目前已很罕見，漁業和走私活動則仍舊頗為興盛。

從理論上說，珠江像泰晤士河一樣易守難攻。珠江航道在澳門上游大約 30 英里處收窄，寬度只有數百碼，進入名為獅子洋的海峽。此處被形象地比喻為老虎的嘴巴，即人所共知的虎門。穿鼻和大角兩個炮台俯視着這一段航道，穿鼻距離第二道沙洲不足 20 英里，穿越海峽的船隻始終在兩岸的視線之內。由於沙洲的阻礙，海船必須等到漲潮時分才能渡過淺灘，第一道沙洲在黃埔的南面，那裏的水更淺，對船隻吃水的限制也更大。因此，廣州南面約 7 英里處的黃埔成為一道屏障，足以阻止所有大海船進入。1829 年，理查·阿爾塞吉船長[1] 報告說，600 噸的船隻能夠輕易通過黃埔，若是一艘 1,200 噸的船也想通過黃埔，那就不夠謹慎了，因為第一道沙洲水最深的時候也不超過 25 英尺，只有吃水淺的船舶才能抵達廣州城。敵方軍艦即使敢冒兩岸炮台夾擊的風險，也多半會陷在黃埔動彈不得，艦上的大炮根本打不到廣州，只有艦船上的小艇才能穿過黃埔到達廣州。

廣東是個奇特的地區，歷來受到中國其他地區的猜疑和蔑視。公元 960 到 1279 年統治中國的宋朝諸皇帝，對廣州城有大量巫師和術士的報告深感憂慮，於是專門發佈敕令，禁止用活人祭祀。這種不信任感部分起因於廣東地處偏遠，它離北京有 2,000 多公里。連綿起伏的山脈使之與中國其他古老都市隔絕開來，很少的幾處險要關隘是穿越這些山脈的必經之路。北方人根本聽不懂廣東當地居民的語言；他們的風俗習慣也令人側目。廣東人似乎甚麼東西都敢吃，甚至吃那些中國烹飪根本無法接受的東西，如蝙蝠、烏龜、生猴腦以及剛剛出生的小老鼠。在導致香港殖民地建立的一連串事件中，廣東的這種奇特性和偏遠的地理位置產生了相當重要的作用。這個省份只會給北京政府帶來麻煩，說到底是相距太過遙遠。8 世紀時，廣州曾遭到阿拉伯入侵者的劫掠，北京對此處之泰然。儘管北京不大會因為遙

1　見《藍皮書》1840 年第 8 卷，《下議院特別委員會備忘錄》，1829 年 11 月 21 日（Blue Book, 1840, vol. viii, Select Committee of the House of Commons Minutes, 21 November 1829）。

遠而靠不住的南方發生的事情而煩惱，但如果夷人把戰船開到靠近京城的渤海灣──正如他們在 19 世紀所做的那樣──皇帝的宮廷就會收到警報。

廣州雖然不乏奇異之處，但仍被人們視為一個大城市，作為“省城”而在中華帝國境內廣為人知。18 世紀初，東印度公司最終在廣州開展貿易之際，一位造訪廣州的法國旅行者寫道：“這個城市比巴黎還大，而且肯定更繁華。街道狹窄，鋪着⋯⋯非常堅硬的大而平的石頭，最好的街區很像巴黎聖日爾曼市集的街道⋯⋯有許多漂亮的廣場和宏偉的凱旋門。”[2] 與巨大的中心城市廣州相比，儘管當時葡萄牙人的居留地澳門在貿易上具有十分重要的作用，但不過是一個小城鎮而已。

在清朝（1644-1912 年）的中國地圖上，香港要麼被略去，要麼就無法辨認。1760 年出版的一張海圖首次標出了香港，但僅僅繪出該島的西部海岸。之後不久，東印度公司所屬“約克”號的喬治·海特船長也繪製了一張海圖。這張海圖頗多誤差，雖然標出了現今維多利亞港的水深，卻將錨地錯誤地標在索罟羣島南端一個毫無遮蔽的地點。這張海圖顯然很粗糙，但海特船長至少記錄下香港保留至今的著名名稱。他把他假想的兩個島嶼中較大的那一個稱作“昂船洲”，又叫“香港”。[3]

如同英帝國的絕大多數領地一樣，香港幾乎是偶然地獲得的。1820 年，道光皇帝即位，這是兩千年來統治中國的第 9 個王朝的第 6 位皇帝。道光是偉大的乾隆皇帝（1736-1795 年在位）鍾愛的孫子。[4] 在乾隆漫長的統治時期，中國的疆界擴展到有史以來的最大限度。道光繼承了從喀拉崑崙山到大海，從西伯利亞大草原到印度支那邊境的 600 萬平方英里廣袤領土的最高統治權。

皇帝本人不是漢人，而是通古斯人，又稱滿人或韃靼人。這個民族來自朝鮮與俄國之間的地區，有着與漢族不同的語言、習俗和傳統。許多漢族臣民都非常敵視滿族統治，恢復漢人王朝的運動此起彼伏。皇帝的祖先

2　*Receuil des Lettres Edifantes des Missionaires Jesuites*, 1702. 早期的歐洲遊客誤把省份的名稱 Canton 當成了城市名，而且這種錯誤一直延續下來。直到晚近，廣州才有了合適的音譯名稱──Guangzhou。

3　塔爾博，載《皇家亞洲學會香港分會會刊》(H.D. Talbot, in *Journal of the Hong Kong Branch of the Royal Asiatic Society*（JHKBRAS)），1970 年第 10 卷，“Hong Kong 正式的名稱是 Xianggang，這是按照普通話的發音，與粵語的發音大不相同。”

4　雖然乾隆於 1796 年退位，但實際上他在 1799 年去世前一直把持着朝政。

生活在滿洲，即關外與朝鮮北部的一片地區，緊靠阿莫爾河以及現今的俄羅斯邊界。滿族人以狩獵和打魚為生，使用馴鹿和獨木舟，在適合的季節也栽種農作物，但生活來源主要是依靠非常嫻熟的弓馬本領。1607 年，通古斯貴族努爾哈赤成功地以武力統一滿洲里，自稱大汗。[5] 努爾哈赤大肆犒賞投降的傑出漢人、蒙古人和高麗人，進一步鞏固了他的軍事勝利，從而在滿洲按照漢人的模式建立起一個國家，儘管它仍然保留了滿族人的特徵。皇帝指揮按照八旗方式組建起來的野戰部隊，每旗有 8,000 人。首批滿族人的本名，如多爾袞、濟爾哈朗、莽古爾泰，表明了他們尚未漢化的特徵。

　　1618 年，努爾哈赤率領統一的滿族國家攻打明朝，1644 年攻陷北京。努爾哈赤之子皇太極由滿洲的“汗”變為中國皇帝，定年號為“太宗”，把他的王朝定名為“清”。[6] 太宗在詔書中異常清楚地確定了滿族人的目標：“內修政事，外勤討伐。”[7] 軍事始終是清朝的王朝傳統，貝勒（清皇室貴族子弟）不但要學習質樸的古典經籍，還要掌握戰鬥技能，如射箭和騎術。八旗兵是滿族的常備軍，這是一支令人印象深刻的軍隊，在整個 18 世紀都證明自己既能長時間艱苦作戰，也能保衛新征服的廣大地區。因此，到下一個世紀，當滿族軍隊在數量上遠處劣勢的西方軍隊面前一敗塗地時，這個王朝在精神上受到極其巨大、事實上幾乎是致命的打擊。

　　中國的漢人發現他們的新主人很粗魯，這種粗魯也讓荷蘭商人大吃一驚。他們在北京會晤一位高層滿族官員禮部尚書 —— 最神聖傳統的捍衛者，這位文官竟然“拿出一塊半生的豬肉，旁若無人地吃得津津有味。他看上去不像王公，倒更像是屠夫”。荷蘭人還發現滿族貴婦同樣缺乏漢人的禮節，一位“高貴的韃靼夫人……非常快活、隨便……她拿起使臣的帽子戴到自己頭上，還把他緊身上衣的扣子幾乎一直解到腰間”。[8] 滿族人及時吸收了更多的漢人習俗，但他們確信能夠用法律措施來維護自己的個性。

　　與漢人通婚是明令禁止的，滿洲心臟地帶嚴禁漢人涉足，用柳木柵欄

5　原文如此。1616 年正月，努爾哈赤在赫圖阿拉稱汗，年號天命，國號金，史稱後金。—— 譯註

6　原文如此。1636 年，皇太極改後金為清，稱皇帝，年號崇德。太宗是皇太極的廟號。—— 譯註

7　引自邁克爾：《滿族統治的起源》（Michael, *Origins of Manchu Rule*），第 106 頁。

8　約翰 · 涅夫霍夫（John Nievhoff），引自科利斯：《大內》（Collis, *The Great Within*），第 110、119 頁。

劃出了界限，禁止漢人移民進入。皇室宗族法庭[9]密切監督宗室全體成員的活動，主要是使宗室子弟遠離任何實際權力，保證他們獲得教育，享有安樂的生活並養成普遍良好的習性。

1793 年出使中國期間，敏銳的馬戛爾尼勳爵有機會就近觀察漢人和滿族人，他寫道："在一百多年的時間裏，8 到 10 位君主的更替並沒有把莫臥兒人變成印度人。同樣，150 年時間也不足以讓乾隆變成漢人。此時此刻，他依然如同他的列祖列宗一樣，是個地地道道的韃靼人。"[10] 清王朝始終牢牢控制着軍隊，所有軍事文書乃至戰地命令都是用滿文書寫，即使是受過教育的漢人也看不懂。八旗軍這一常備軍雖然是由滿族人與漢人、蒙古人混編而成，但軍中的滿族人軍餉卻要高得多（一名滿族騎兵每月餉銀 7 盎司，漢人騎兵為 3.3 盎司；一名滿族人擁有 55 畝土地，蒙古人有 35 畝，漢人僅有 25 畝）。

學者與士紳

清朝在維護宮廷和軍隊滿族特性的同時，明智地利用了當時漢人的管理機制。這種文官管理機制早在 7-10 世紀統治中國的唐朝就已經初具規模，此後歷經王朝更迭而沿襲下來。中國文官體制不同於那些統治者通常來自僧侶、軍隊或宮廷寵臣的大帝國，在中國體制下，新人的選拔是通過嚴格的考試。在評估某人的長處時，優雅的道德風範是最重要的，知識倒在其次，而創造性自然受到壓制。"八股文"是主要的考試手段，其篇幅大約在 360-720 個漢字之間，採用散文或韻文，必須有優美的修辭和漂亮的書法。考試文章的主題一成不變，都是取自儒家典籍，要求考生發揮純粹的儒家正統觀念。一名成功候選人要經過三道初步考試，才得以躋身"士紳"的最低層——"生員"，這時他們的平均年齡 24 歲。由生員達到最高的"進士"則需要再經過 10 年的寒窗苦讀。進士考試由皇帝本人親自主持，只有少數最優秀的學者才有資格參加。

"進士"的年齡通常在 35 歲左右，他們考取進士之前，多半已花了不下

9　　譯者按：即宗人府。

10　　克蘭默－賓：《出使中國》（Cranmer-Byng, *Embassy to China*），第 237 頁。

20 年時間在同一個知識領域反反覆覆地耕耘，因此，成功的候選人往往"變得謙卑柔順，成為小心翼翼而馴服的朝廷官員"，也就不足為奇了。不可否認，那些在不間斷的激烈競爭中能夠過關斬將的人，必定具有達觀和堅強的性格，但是，對創造性思維的壓制使他們非常缺乏適應新環境所需的應變能力，這一點將帶來嚴重的後果。19 世紀，夷人要求進入天朝帝國，這帶來了一系列令人困惑的新問題。即使像林則徐這樣極富才幹之人，也只是重複以前形成的反應方式，只能求助於一些陳詞濫調。滿族官員往往沒有漢族學者型督撫那麼僵化，更樂於適應環境的變化。一旦獲得進士頭銜，高級職位也就唾手可得了。在考試中失利的其他人就要看運氣如何了，但可以爭取機會。例如，花錢買官完全合法，不過僅限於比較低級的職位。

那些通過中級考試或有財力買一個進階的人，得以躋身"士紳"或"文人"之列。士紳擁有一些特權，包括有權穿着特殊服飾，蠲免許多法律義務、稅收和勞役等。中國的科舉考試是向所有人開放的（至少是所有男性），因此，哪怕是出身最卑微的年輕人，只要具備足夠的才學和虔誠，從理論上說都可以通過考試升到文官體制的最高層。但在實際情況中，機會偏向那些其家庭能夠負擔漫長學習期的人，而那些已有一官半職者則可以使家庭的產業更鞏固、更持久。這種士紳與官員的緊密聯繫，確保了人數非常有限的官僚階級始終能夠得到龐大的非官方勢力的支持。中國的士紳在這一方面的作用與英國各郡的太平紳士完全相同，後者協助郡長組織民團，平息地方糾紛，促進公認的道德規範。滿族人 —— 他們人數很少，當時僅有 200 萬人 —— 參與這些工作，但更多的是為軍隊或朝廷效力。他們的民族傳統是戰鬥勇敢，而非文字或行政管理技能，而且他們的處事態度比受過古典教育的漢人更隨和、更開放。

看一看現在的中國版圖，就可以發現滿族人最持久的一個影響。中華人民共和國的邊界與大清帝國確立的疆界基本吻合，只有一個重要的例外 —— 現已獨立的蒙古。乾隆皇帝極大地拓展了中華帝國的版圖，他在西部邊境憑藉一系列強而有力的征討，把中國突厥斯坦 —— 今天的新疆自治區 —— 納入到帝國版圖，成功的戰爭還迫使尼泊爾廓爾喀人、緬甸人以及絕大多數印度支那人奉中國皇帝為君主。事實表明，對新疆征服的開支極其浩繁，維持這一廣袤領土也不斷消耗着帝國的財政。在其漫長統治的大部分時期，乾隆可以依靠祖先聚集起來的財富，中國依然享有安定和繁榮。乾隆時期，中國的人口翻了一番，到 18 世紀末約有 3 億人，隨着人口增加，農業產量以相同速度增長。

然而，到乾隆的後人登上王位時，由於老皇帝的寵臣和珅的劫掠，國庫已十分空虛，新皇帝嘉慶不得不盡可能地削減開支，增加收入。嘉慶是個審慎的人，甚至養成了節儉的習慣，他還致力於改革和減少開支。儘管如此，他在位期間（1796-1820 年）一直麻煩不斷：黃河 7 次決堤，造成餓莩遍野；大規模起義此起彼伏，沿海地區受到海盜洗劫；而西方的夷人——他們已經令人不安地迂迴接近了中華帝國邊界——正在開始製造新的麻煩。

東印度公司的崛起

誰擁有世界，或者至少擁有尚未引起羅馬教皇關注的那部分世界，這個問題本該在 1493 年 5 月 4-5 日就得到一勞永逸的解決。教皇亞歷山大六世當然擁有神聖的權力來處置只有異教徒居住的土地。他花了兩天時間做出裁決，把所有已發現的土地均等地分給西班牙和葡萄牙。在距亞速爾羣島和佛德角羣島西面 100 里格[11] 處貫穿南北極劃一條線，線以西的所有土地歸西班牙，其餘部分歸屬葡萄牙。這位教皇希望藉此約束西班牙，究其原因，他在接連把女兒魯克麗琪亞許配給兩位西班牙人之後，最終把她嫁給了意大利人喬萬尼·索爾查。不過，就算曾經有過西班牙與葡萄牙所得土地誰多誰少的問題，到 1580 年也該解決了。就在這一年，西班牙與葡萄牙兩國王室合二為一。

歐洲其他國家並不歡迎教皇的這項安排，尤其是那些信奉新教的國家，但他們在 16 世紀時無暇旁騖。英國在維吉尼亞建立殖民地的嘗試失敗後，滿足於劫掠西班牙人的領地，捕獲西班牙船隻；法國則深深陷入國內宗教戰爭的泥淖；荷蘭剛剛掙脫西班牙統治而成長為一個民族國家。到 1600 年，局勢有了變化，至少在英格蘭和荷蘭是如此，而法國在數年前就開始要求新的領地和對外貿易。歐洲的領土擴張僅限於新世界，英國人集中在

11　長度單位，1 里格約為 3 英里。—— 譯註

北美殖民地和西印度羣島，荷蘭人則建立起巴西帝國。除西班牙和葡萄牙業已征服的地區外，美洲的土著居民被殖民者驅逐、融合，乃至徹底消滅。在東方，印度莫臥兒帝國和中國這兩個大帝國各據一方，眾多周邊國家對日後的殖民者構成了一道強大的屏障。因此，荷蘭人和英國人在東方關注的是擴展貿易而非征服。起初，荷蘭人投入了更大的精力，荷蘭東印度公司成立於 1602 年，資本超過 50 萬英鎊，而他們的競爭對手英國早兩年成立的皇家東印度公司僅有 3 萬英鎊資本。17 世紀頭 10 年中，荷蘭向東方派出了 60 艘船，而英國僅為 17 艘。

之後，英國航運業日益興旺，東印度公司雖然差一點被查理一世的政策毀滅，但經過克倫威爾時代的重組後，已能夠在經濟上自立。隨後，葡萄牙將孟買作為查理二世與葡萄牙公主布拉干薩的凱薩琳的結婚禮物，贈予英國王室，東印度公司在印度的地位由此得到鞏固。這位國王將孟買授予東印度公司，英國首次在東方建立起一個合法而可靠的基地，與葡萄牙和荷蘭的據點對峙，並最終再次有可能開展對華貿易。1711 年，清朝皇帝牢牢控制了對外貿易並有意放鬆限制，東印度公司在廣州建立了第一家商館。

此時，印度次大陸尚未成為歐洲人關注的中心，英、法、葡和丹麥等國商人必須仰仗當地土著王公的友善。東印度公司的業務主要集中在印度的 3 個中心地區，一個是英國領地孟買，另外兩個是向印度王公租借的馬德拉斯和加爾各答。德里的莫臥兒皇帝以及至少在名義上臣服於他的土邦王公授予東印度公司在印度的貿易特許權，情況看來十分令人滿意。但是，兩個彼此不相關的因素徹底改變了這種狀況。莫臥兒帝國在波斯人、阿富汗人和馬哈拉塔印度教徒的進攻下，令人吃驚地迅速崩潰了，印度北部出現了權力真空；另一個因素是英法兩國在 1740-1758 年間捲入了第一場在全球範圍內進行的戰爭。

結果，憑藉一些驚人的冒險，皇家東印度公司不僅徹底控制了印度最富庶的省份孟加拉，還成為無可爭議的歐洲貿易強權。由於控制了"迪萬"（收稅官），東印度公司有權徵收孟加拉以前上繳莫臥兒皇帝的全部稅收。有人評論說，東印度公司"心不在焉地獲得了一個帝國"。東印度公司搖身一變，在孟加拉有效行使以前由印度君主擁有的一切權力。一個區區的貿易公司竟然能夠對超過 1,000 萬臣民行使統治權，並且掌握了頗為強大的軍事實力。公司董事們為了自身利益，竭盡所能地反對一些印度王公瓜分業已分崩離析的莫臥兒帝國。事實表明，這是一項花費浩大的事業，東印度公司股息受到影響，幾乎面臨破產，英國政府不得不介入給予扶持。

　　英國政府之所以要扶持東印度公司，乃是出於急迫的經濟考慮。印度商人和持股人不僅是政黨贊助資金的豐富源泉 —— 這是 18 世紀英國歷屆政府都極為重視的 —— 而且直到 19 世紀下半葉，英國財政收入在很大程度上依賴於東印度公司的經營活動。東印度公司與中國的茶葉貿易，不僅為公司提供了最重要的收入來源，而且使英國人養成了喝茶的嗜好。彼得·蒙地可能是第一位喝過這種飲料的英國人，他對這種飲料並沒有太深的印象，"這種叫做'茶'的飲料……只是把水與一種香草一道煮開，而且必須趁熱喝，據說有益健康"。[12] 不過，蒙地的後人很快養成了喝茶的習慣。1664 年，英國通過東印度公司進口的茶葉有 20 磅零 20 盎司，1783 年時，已經上升到 2,600 多噸。這僅是合法運抵英國的茶葉，為逃避對茶葉徵收的高額關稅，還有大量走私茶葉（據說茶葉走私量是合法進口量的 3 倍）。即便如此，即使在茶葉稅率大幅下調以後，來自茶葉的收入仍然佔當時英國政府總收入的 10% 左右。當時，不論合法進口還是走私販運，茶葉都來自同一個地方 —— 廣州，因為除了中國之外，其他地方還沒有開始種植這種"不可或缺的茶"。直到 1832 年，阿薩姆才開始種植茶葉。因此這種對英國如此重要的貿易必須得到保護，東印度公司似乎無法做到這一點。

　　1772 年，東印度公司陷入了可怕的困境。由於公司的交易量大大超出正常額度，甚至超過了銀行業務的極限，無法償還到期的英格蘭銀行和關稅及國內貨物稅稅務局的債務。之後發生的事情在商業史上可謂破天荒的頭一遭：如果你負債金額達到一定數額，別人將被迫幫你擺脫困境。諾思勳爵政府別無選擇，只得為公司提供 140 萬英鎊政府貸款。作為這筆現款的回報，政府堅持通過了《調控法案》（1773 年），加強政府對東印度公司的控制。

12　《彼得·蒙地日記》，1637 年 7 月 10 日（Journal entry, 10 July 1637, *Peter Mundy's Journal*, edited by R. C. Temple（Hakluyt Society）。這是一部有趣的 17 世紀旅行記錄。關於茶葉貿易的有趣記錄，見霍布泰斯：《變革的種子》（Hobhouse, *Seeds of Change*）。

　　對此，英國國會反應強烈，連續兩屆政府都因印度改革問題垮台。直到小威廉‧皮特為捍衛其政策贏得一次大選，並最終通過《印度法案》（1784年），才確立了未來的印度管理模式。按照這一法律，皇家東印度公司董事會——由持股者的股東大會選舉產生——仍掌握貿易管轄權和所有政治、軍事職位的任免權（英國政府有否決權），政府則掌握"指令公司職員應謀求的政治目標，以及將不服從指令者撤職的權力"，政府所屬的東印度公司監督委員會負責制定公司的政策，委員會主席日後成為內閣成員。問題只是暫時得到解決，東印度公司的特許狀必須定期續訂，下一次審查預定時間為 1793 年。正是 1833 年第三次審查期間發生的事件，導致了第一次對華戰爭和香港的割讓。

　　即使說得婉轉些，一家商業合股公司被授予足以與當時最大的歐洲國家相匹敵的權力，仍算得上是一樁怪事。造成這種狀況的原因，一方面是由於英國人奉行實用主義——即對既成事實的默認，要做的只是密切注視事態發展——同時也反映出政府對所提供資金的擔憂。印度統治者手中掌握了如此多的肥缺，不論是否樂於用這些職位酬答自己的忠實支持者，任何一屆英國政府都不願意輕易錯過這些職位，讓反對黨在捲土重來時佔便宜。監督委員會首任主席亨利‧鄧達斯承認："凡是對這個國家的利益及其憲政自由寄予厚望的人，都會清醒地不希望看到委任權集中到某一屆政府的手中。" 13

　　根據 1784 年的《印度法案》，印度的權力集中在英國政府派駐的印度總督手中，印度總督由王室任命，駐紮在加爾各答，另有兩名總督負責管理馬德拉斯和孟買轄區。喬治‧康沃利斯勳爵（1786-1794 年）是新法案通過後任命的第一位印度總督，他有效地建立起現代印度的各項體制。他在任期間，孟加拉建立了文官制度、法律和司法體系，並對商人與行政官員做了明確區分，行政官員支取薪水但禁止從事貿易——這是他們前輩的生財之道，他們"懈怠的習慣"也得到了糾正。孟加拉成為印度最現代、最強大的一個邦，而其他數十個土邦依然為爭奪領地和霸權紛爭不已。當地的習俗和慣例未受觸動，與從前王公統治時期沒有甚麼兩樣。在信奉印度教

13　菲利浦斯：《東印度公司》（Philips, *The East India Company*），第 73 頁。

的孟加拉人看來，説伊斯蘭 —— 波斯語的莫臥兒人比英國人更像外國人，辦事效率更低。

康沃利斯 —— 1781 年時在約克鎮率英國軍隊向美國人投降 —— 富有教養、討人喜歡。他身為驍勇善戰的將軍，卻立誓不發動侵略。1797 年威靈頓公爵的兄長威爾斯利勳爵上任後，推行截然相反的政策。結果，在此後 20 年裏，仍是一個貿易公司的東印度公司把印度次大陸的絕大部分地區併入自己的統治版圖，儘管公司本身服從英國政府的管轄。

1793 年，英國下議院的注意力集中於剛剛爆發的對法戰爭，沒有多大波折便通過了東印度公司特許狀審查。東印度公司依舊掌握貿易壟斷權，在其他方面則受到很大衝擊。任何一個英國臣民，當然也包括印度人在內，都可以從印度與英國本土之外的世界任何一個地區進行貿易。這種貿易即人們通常所説的“港腳貿易”，貿易往來的船隻大半是在東方製造，稱作“港腳船”。港腳商人需持有東印度公司頒發的許可證，這種許可證並無限制，大量發放。境外違禁貿易日益興盛，其他國家的國民也參與了這種貿易，這引起英屬印度政府的嚴重關注。據估計，這種貿易每年運送商品約為 1 萬噸左右，在貿易總額中佔據了相當大的比重。印度的開支日益增加，威爾斯利勳爵推行的擴張政策以及由此而來的一連串戰爭，帶來了驚人的開支，公司的政治預算（這項預算涉及行政事務，商業事務是單獨計算的）持續攀升。與此同時，英國為反對拿破崙的艱苦鬥爭提供財政援助，已經掏空了財政部，英國本土市場對來自印度的產品需求暴跌。1799 年，英國本土從印度進口的商品利潤持續下降，1809 年出現赤字，及至 1824 年，生絲進口完全中斷。惟有對華貿易仍然保持贏利，這多虧英國人對茶葉永不滿足的渴求。東印度公司掌握的對華貿易壟斷經營權，不但得到英國政府的保護，中國人堅持所有貿易必須在嚴格監督下限於廣州一地進行，也維護了公司的壟斷地位。

1815 年徹底擊敗拿破崙之後，英國政府並未關注東印度公司特許狀審查之類的事情。英國不僅已經走出了喪失北美殖民地中人口最稠密部分的混亂，還攫取了不少散佈於世界各地的前法國和荷蘭領地。英國政府的目標是盡快在國內恢復原有秩序，對任何可能導致變革的事物疑慮重重。托利黨已經連續執政 15 年，黨內年輕人得勢之後，整個黨的立場逐漸趨向開明。羅伯特·皮爾、喬治·坎寧、威廉·赫斯基森等政治家在大多數問題上表現出明顯的自由主義傾向，他們的觀點與在野的輝格黨人沒有甚麼兩樣，人們認為這些觀點本應由歐洲大陸國家政府提出來。就個人而言，輝格黨領袖的貴族氣比托利黨對手有過之而無不及。雙方在議會改革問題上分歧異常尖銳，強行通過 1832 年《議會改革法案》的輝格黨領袖格雷勳爵是個擁有大片土地的伯爵，用他自己的話來說，他"不論從地位上還是天性上來說，都是一名貴族"。他的內閣只有 4 名成員沒有同他一道進入上議院（貴族院），所有閣員都是富有的地主。他們的姓氏之前也都冠有形形色色的貴族頭銜，唯一的例外是東印度公司監督委員會主席查理·格蘭特，他當時是庶民身份（就連他也很快當上了貴族，成為葛蘭額爾勳爵）。

輝格黨人與托利黨人的區別，在於他們面對的壓力不同。輝格黨人更願意傾聽愛爾蘭人的不滿，也總是得到大多數愛爾蘭議員的支持。托利黨人歷來關注在英格蘭和愛爾蘭被奉為國教的聖公會，堅定地維護他們認為屬於土地所有者的利益。輝格黨更多受到日益重要而富裕的商人和工廠主的影響，雖然黨的首腦人物與托利黨人關注相同的事物。輝格黨通過的《改革法案》與其說擴大了選舉權，不如說是將權力從鄉村轉移到新興工業市鎮。輝格黨大臣也許不會宴請蘭開夏的工廠主，但他們明白這些工廠主的經濟實力及其對於國民經濟的重要性。從某種程度上說，托利黨人沒有意識到這一點。輝格黨人願意傾聽工廠主、貿易商和商人的呼聲，這一事實將對中國的事件產生重要的影響。

傾聽並不意味着對個人的尊重。C. H. 菲利浦斯在關於東印度公司歷史的著作中指出："18 世紀末 19 世紀初，英國統治階級在讚揚東印度公司監督委員會的同時，往往指責公司董事會，這大概是因為後者與商業和從印度回來的暴發戶關係密切之故。"那些貴族政客，不論他們身為輝格黨人還是托利黨人，都把東印度公司董事看成是"引車賣漿者流"、"心胸狹窄之人"、"可鄙的應聲蟲"。[14] 輝格黨人和托利黨人也都不鼓勵殖民擴張。實際上，輝格黨政府要員完全準備擺脫那些看起來已成為累贅的殖民領地，其中，加拿大被認為是"最危險的"地方。殖民地居民也總是惹麻煩，西印

14　菲利浦斯：《東印度公司》（Philips, *The East India Company*），第 308 頁。

度羣島種植園主發動了一場反對解放奴隸、捍衛舊制度的戰鬥，他們成功地爭取到 2,000 萬英鎊的巨額賠款，幾乎相當於英國政府一年的開支。澳大利亞日益流露出對流放殖民地地位的強烈不滿，那裏的自由定居者不斷要求獲得超出他們在宗主國時所能期待的政治權利。南非的波耳人歷來桀驁不馴，時常造反。

印度是個特例，是英國人自豪與憂慮相交織的源泉。但是，不論印度還是殖民地事務，都只有特定人羣才會關注。議會舉行有關辯論，參加者寥寥無幾。倘若發生激烈戰事，尚能抓住公眾的注意力，否則公眾輿論不願談論令人厭惡的殖民地（例如，安東尼 · 特羅洛普的政治小說幾乎隻字未提殖民地事務）。

英國對華態度除受到各種不同觀點的影響外，有一個人對英國的對華政策施加了最重大的影響。在長達 35 年的時間裏，固執己見、敢於冒險、極為保守的自由黨人巴麥尊勳爵亨利 · 坦普爾，一直支配着英國外交政策。巴麥尊 1807 年以托利黨人身份直接從劍橋當上了海軍大臣，首次掌握實權是 1830 年出任格雷勳爵輝格黨政府外交大臣。即便巴麥尊不是一個能夠呼風喚雨的政治家，他任職時間之長，也足以使其擁有巨大的影響力。1830 到 1865 年正是英國作為世界強國的巔峰時期，在這段時期，除了極少數年份外，巴麥尊始終在外交大臣、內政大臣、首相等英國政府的最高職位中佔有一席之地。

不幸的航程

17 世紀，中國正處於明朝末年，英中兩個帝國就有了第一次接觸。當時，富有的倫敦商人威廉 · 科提恩爵士事實上佔據了巴貝多，他勸説國王查理一世批准一項對華貿易計劃，如有可能，再開闢通往"美洲腹地加利福尼亞"的東北航線。科提恩原本希望這項計劃能得到葡萄牙人的贊助，後者是英國古老的同盟者，也是歐洲唯一與中國保持有限貿易往來的國家。在幹勁十足的約克郡人約翰 · 威忒上校的率領下，科提恩遠征隊於 1637 年 6 月首先到達的地方就是葡萄牙人在中國的居留地澳門。

威忒船隊在澳門受到葡萄牙人彬彬有禮的接待，卻只取得了有限的成果。事實上，葡萄牙人並不想讓英國人插手對華貿易，他們確信中國廣州當局一定會讓英國人吃閉門羹。威斯威嚇當地人，還試圖以武力威脅，從而導致事態惡化。6 名英國商人被中國人羈押在廣州，他們受到公道的良好待遇，但直到威斯正式同意離去之後才被釋放。友好的中國海軍將領宋平（音譯）向一位不速之客納旦尼爾·芒特尼表示："他很遺憾無法提供幫助，事情很簡單，葡萄牙人把他們全都收買了。"

最後，威斯這次"不幸而奢華的航程"返航時，裝載了 600 噸他所期望的各種貨物，主要是糖（"非常上乘，聞起來味道像玫瑰"），還有一些丁香、生薑、黃金和瓷器。若要確保貿易往來繼續下去，必須有長期的不懈談判和細心、準確、充足的賄賂，倘若欺騙手腕太差勁，就應該有小題大做的本事，而且最終應該與葡萄牙人和中國人達成妥協。要達到這一目的，離中國有半個地球之遙的英國鞭長莫及，英國人必須擁有靠近中國的穩固而便利的基地，這種長期努力方能奏效。東印度公司即使有意與競爭對手合作，也不具備相應的條件。直到 1640 年，他們才在印度建立第一個居留地聖喬治堡（馬德拉斯），而且這個居留地在一段時間裏始終未能穩定下來。

當時，中國人也未能從長遠着想。與境外夷人的貿易政策已不可能改變，劇烈的王朝更迭以及種種先兆預示的社會動亂近在眼前，反叛席捲各個省份，四川和中華帝國古老的心臟地帶河南、陝西接連落入滿族人之手。威斯離開 4 年之後，明朝末代皇帝在北京自縊。清朝為確立對全國的統治花了整整一代人的時間，滿族人的征服在許多年內使貿易發展前景化為泡影。蘇拉特的東印度公司代理商報告說："韃靼人侵佔和蹂躪了所有內陸省份，他們沒有在征服地區建立政權……韃靼人統治下的中國，貿易已經絕跡。他們是貿易之敵，導致中國沿海的眾多島嶼人口減少，海上 8 里格範圍內沒有任何貿易的跡象。"[15]

1711 年，東印度公司獲准在廣州建立商館，從此無需再看葡萄牙人的臉色行事。澳門在 17 世紀曾經歷過一段艱難時期，因為 1639 年以後日本閉關鎖國，澳門對日貿易一落千丈。1759 年，有人認為"大多數為混血兒"

15　馬士：《東印度公司對華貿易編年史》(Morse, *Chronicles of the East India Company Trading to China* (Chronicles), vol.i)，第 32 頁。

的澳門居民，"被中國人像奴隸一樣看管"。[16] 18 世紀末，馬戛爾尼勳爵對他們的評價也沒有多少恭維的意思："在地球上的這個地區，葡萄牙人……作為一個民族，久已意志消沉、了無生氣。"[17] 靠近廣州的地理位置是澳門唯一的優勢，滿族皇帝把對外貿易重新組織起來，廣州很快就成為中國與西方貿易的唯一管道。1685 到 1752 年間，皇帝發佈了一系列上諭，明確劃定了對外貿易的範圍，商人只能前往廣州（在早先年代裏，一些商人還獲准前往寧波或其他一兩個港口，不過廣州始終是最重要的口岸，之後又成為唯一的中心），進貢的外國使團必須到北京觀見，否則任何外國人不得進入首都（俄國人除外，他們來自陸路，但同樣遭到懷疑的審視）。

　　18 世紀的大部分時間，廣州不但是現代貿易市集的中心，也是中國商品的出口通道。洋人對糖的需求不再那麼迫切，因為已有了較近的替代產地，英國最重要的糖產地竟然是威廉·科提恩的巴貝多島。但是，絲綢、紫花布、陶瓷、紙張以及大黃（主治便秘）等藥材和香料仍然主要靠中國供應。中國從英國的進口發展緩慢，支付手段依然像威斌時代一樣完全使用現金。買賣交易受到嚴格控制，私人商行被禁止，交易貨物種類十分有限，交易要由授權的人員在指定季節進行，同時必須遵守各種五花八門的規矩。進出口貿易的管理由設立於 11 世紀的"粵海關監督"負責。廣東人稱"粵海關府"為"海部"，海部屬中級官僚，其職權範圍日後有所改變和擴大。這一職位歷來由滿族人把持，任期 3 年。海部的社會地位遠遠低於中華帝國最高官僚之一的兩廣總督，甚至位列廣州知府之後。但是，總督與知府等傑出的紳士通常是傳統的漢人學者型官僚，他們薪俸有限（按照現代計算方法，知府的正式俸祿與他們獲得的 —— 客氣地說是不合法的 —— 其他收入的比例為 7% 對 93%）。因此，他們的安逸生活有賴於海部的搜刮。要獲得這一職務，需花費大量金錢，因此，海部熱衷於大肆搜刮。任職頭一年必須撈回購買官職的花銷，第二年則是為滿足上司索取的"規禮"而搜刮，只

16　《布魯斯地形詞典》"澳門"條（*Brice's Topographical Dictionary*, 'Macao'）。

17　克蘭默·實，前引書，第 211 頁。

有第三年的收入才可以裝入自己腰包。[18] 從理論上説，中國的海關税是逐一登記的，但現實中總是收得越多越好，上繳北京越少越好。

海部的保護傘之下，是商人行會組織"公行"。公行的組織越來越嚴密，成為"他（海部）管理對外貿易的工具，其嚴密程度……自羅馬帝國鼎盛時期以來無出其右者"。[19] 洋人貿易必須通過公行商人，抵達廣州的外國商船必須通過行商進行貿易，只有行商才能為入港船隻和水手提供擔保，並負責滿足船長和船東的各項要求，保證水手舉止適宜。這些公行商人的基本地位取決於他們在中國等級制度中的地位，每一個"行"或商號的首領都被授予最低的九品官階，還有權在姓氏之後加上表示尊敬的字眼"××官"，實際上這種頭銜有時候是高價買來的。為了巨額貿易和壟斷地位，公行商號要承擔很大責任。最終，公行商人"不僅決定價格、出售貨物、保證納税、約束外國人、與外國人談判、控制走私、出租房屋，還不得不管理銀號業務、充當翻譯、贊助民團和教育機構，給大大小小的官員呈上五花八門的禮物和捐贈"。[20]

19 世紀，一些行商確實非常富有。浩官行商除了本名與行名外，還有一個對外通商的商名，商名一般通稱某官，一則係一種尊稱，且一般行商大多捐有官職。自道光十三年至鴉片戰爭期間，擔任公行總商的是怡和行的老闆伍秉鑒，他的商名即為伍浩官[21]，是當時最著名的行商，估計其淨資產達 2,600 萬元之巨，這筆財富足以使之成為當時世界上最富有的人。不過，正如老話所説，機會越多，風險也越大，其他行商不論在買賣上還是官方影響上大多境遇不佳。行商一旦經營失敗，往往會破產，經常造成相當大的損失。他們很可能被流放到遙遠而艱苦的地方，有的人寧死也不願面對這種結局。

洋商同樣受到嚴格管制，他們在東印度公司監督下組成了相當嚴密的

18　馬士：《中華帝國對外關係史》，第一卷，（Morse, *International Relations of the Chinese Empire*（*Int. Rel.*）, vol. I），第 34 頁。英國人把中華帝國各省份的最高長官稱作 "Governor"；有一些 "姊妹" 省份，如廣東 / 廣西（兩廣），由更高級的官員掌管，通常稱作 "Governor-General" 或 "Viceroy"。

19　馬士：《中國的行會》（Morse, *Guilds of China*），第 17 頁。

20　費正清：《中國沿海的貿易與外交》（Fairbank, *Trade and Diplomacy on the China Coast*），第 51 頁。

21　在外國文獻中，怡和行的老闆代代都叫 Howqua，即 "浩官"。—— 譯註

商人團體,他們對此大概並沒有甚麼不情願。"港腳商人"可以在印度與其他東方口岸之間貿易往來,東印度公司掌握了貿易專營權,禁止所有其他英國船隻駛往東方。英國的海上力量正在崛起,確保了荷蘭、西班牙、瑞典以及日後的美國承認東印度公司的霸權。法國極力想從東方貿易中分一杯羹,但法國印度公司(它在布列塔尼海岸擁有一個新城市洛里昂作為基地)在中國從未有過上佳表現。在廣州貿易體制中,洋人在外交代表方面沒有遇到多大問題,東印度公司職員充當了領事角色,代表外國僑民與中國人交涉。一位船長與行商交易時,公司代表就承擔起較為重要的職責。公司代表也逐漸正式組成"管貨人特派委員會",通稱"特派委員會",由一名主席總負其責。"管貨人委員會"當時在廣州被稱為"公班衙"。[22]"大班"脫胎於"管貨人"——在東印度公司看來,大班始終是管貨人——他們代表貨主出售貨物賺取利潤,購買所能找到的回程貨物。早先,大班只是受託完成一個航次的貿易,就像船上的船員那樣。但隨着貿易日漸定期,大班也越來越多地常駐澳門和廣州。

外國僑民與清朝官員交往時面臨的一個最大困難是彼此抱有不同的司法觀,而且兩種司法觀水火不容。1784年著名的"休斯女士"號案件,清楚表明了這兩種正義觀的衝突。當時,一位倒楣的炮手在鳴放禮炮時意外導致兩名中國人死亡,中國人堅持要這名水手償命。為了強調他們的要求,中國人還綁架了一名船員。特派委員會認為這名炮手會受到公正審理和寬大處理,指示船長交出被指控者。船長照辦了,還給特派委員會主席寫了一封感人的信:"懇請尊敬的史密斯照看這位老人,您最好為這位老人的案子與浩官聯絡一下,我希望中國人不要傷害這可憐的老人,因為那件事完全是一樁不幸的意外。"[23]這個期望並非毫無道理,因為中國法律規定,造成意外死亡的當事人可以減刑。1722年發生的一樁意外事故就是以交付2,000兩白銀平息的。但是,這一次船長的希望落空了,不幸的炮手被秘密處死,大班則收到中國總督一封措辭嚴厲的信函,指責他們沒有在案發當時就交出人犯。"治外法權",即外國人由他們自己而非當地法律進行審訊

22　"大班"(supercargo)一詞來自"管貨人"(Supra Cargo)。"管貨人委員會"也譯作"東印度公司特派委員會"。——譯註

23　馬士:《編年史》,第二卷(Morse, *Chronicles*, vol. ii),第104頁。

的權力，成為日後不斷引發衝突的核心問題，包括 1840-1842 年的第一次英中戰爭。

類似的嚴重事件並不多見，雙方的共同點和克制避免了很多糾紛，因為雙方避免衝突以及合作的態度源自一個相同的壓力：衝突可能導致雙方都有利可圖的貿易終止，中國人和英國人都不願意看到這種危急局面。1727 年，大班威脅要放棄廣州，把他們的生意沿海岸轉移到廈門港，清朝官員立即同意了爭論中的問題。其他的束縛儘管令人不快，但仍在英國人的容忍限度之內。按照朝廷的規定，廣州貿易只准在夏季進行，季末之前必須結束一切交易，清算全部債務，洋人一律離開廣州，要麼回國，要麼與葡萄牙人一道在澳門過冬。洋人的活動範圍僅限廣州城外不大的一塊瀕水區域，這個地方密密麻麻地擠滿了各國"商館"（"factory"這個詞源自葡萄牙語的 feitoria，意思是代理商或經紀人的場館），每一個國家的商人均擁有各自的商館。英國商館自然是其中最大的。商館不僅有貨棧——貨物到岸和出售前的存放處——和賬房，也有牛津劍橋兩校的社團，為數不多的英國人生活其間，此外還有一些中國僕役。中國當局希望避免可能發生的騷亂，嚴格限制外國人前往商館區之外的地方；廣州老百姓素來以敵視和懷疑外國人而聞名。出於同樣的原因，朝廷嚴令禁止外國人做出一些招搖的行為，如乘坐轎子（這是中國高官的特權），最重要的是，任何時候都禁止外國婦女進入商館區。

像世上其他地方一樣，在廣州，私底下的默契緩和了公開的管制。只要特派委員會不挑起無謂的爭端，中國人願意對細微的冒犯睜一隻眼閉一隻眼。所有在廣州的外國商人只有一個念頭，就是在回國之前盡可能快、盡可能多地賺錢，因此願意接受各種管制。他們每年只在廣州待幾個月時間，澳門可以在貿易間歇期提供住家的舒適條件，儘管在 18 世紀上半葉，由於交通不便，妻子和家庭沒有冒險航行來到東方。倘若鴻運臨頭，來到廣東的外國商人要不了多長時間就能聚集起可觀的財富，足以保證下半輩子衣食無憂，而這種機遇在 18 世紀的印度早已蕩然無存。同時，廣東洋行的薪水很豐厚，而且只要東印度公司仍掌握對華貿易專營權，公司商船提供的免費貨運艙位就始終是一項寶貴的特權。

在整個 18 世紀和之後的一段時間，雖然不時發生一些不幸事件，但廣州貿易體制運作良好,研究英國對華貿易的歷史學家米切爾・格林伯格寫道:"行商的誠實和商業上的誠篤,已經成為相距遙遠的倫敦城街巷和孟買商業區的話柄。"[24] 一位美國商人稱讚説:"與被指派與我們進行貿易的中國人交易十分便利,他們的誠實眾所周知,加上在此地商業交往中人身和財產絕對安全……世界上沒有哪個地方的當局能夠更為警醒地照管好外國人的人身安全,儘管他們生活在一個習俗和成見與外國人截然不同的人羣之中。"[25]

---

24   格林伯格:《鴉片戰爭前中英通商史》(Greenberg, *British Trade and the Opening of China*),第 60-61 頁。

25   亨特:《廣州番鬼錄》(Hunter, *The Fan-kwae in Canton*),第 26、40 頁。

第二章

鴉片生意

使人快樂的植物

英屬印度政府開支節節上升，貿易競爭日趨激烈，東印度公司急於開拓英國出口商品市場，不滿中國官吏的敲詐勒索。凡此種種因素，使得東印度公司希望擺脫廣州貿易的諸般限制。為此必須進行外交接觸，這種接觸當然是沿用從前與俄國人、土耳其人和莫臥兒人談判時屢試不爽的方法。

1793 年，第一個英國使團抵達北京，使團首領是前馬德拉斯總督喬治·馬戛爾尼勳爵。馬戛爾尼使團計劃周密、幕僚眾多，乘坐的又是一艘配備 64 門大炮的軍艦 —— 所有這些都旨在明確展示英國的實力和財富，最後卻落得空手而歸，其失敗完全是由於雙方之間的誤解造成的。老皇帝乾隆準備擺出友善的姿態來接待蠻夷的這次覲見。考慮到夷人奇特的成見，他還破例做了一些通融。不過，乾隆壓根沒打算變更看起來運作十分正常的制度。馬戛爾尼善於交際、多才多藝、令人愉快，是大使的理想人選。早先他曾率領一個外交使團成功地訪問過俄國，與那位難對付的葉卡捷琳娜相處融洽。但他無法打動乾隆的心。[1]

英國人要求放鬆貿易管制，這一點甚至未被考慮，乾隆皇帝根本不相信一個蠻夷國度的小君所提的這些請求是嚴肅的。在致英王喬治三世的信中，乾隆指責馬戛爾尼嚴重違反了外交禮儀："今爾國使臣於定例之外，多有陳乞，大乖仰體天朝加惠遠人、撫育四夷之道。"在諸多無禮要求中，最令人反感的要算英國人打算獲得一小塊中國的地產。馬戛爾尼受命要求獲得"舟山附近一座不設防小島，供英國商人居住、存放貨物、供應船隻"。

1　關於馬戛爾尼使團，見克蘭默·賓前引書，阿蘭·佩雷菲特：《兩個文明的衝突》(美國版《停滯的帝國》)。關於中國與西方最初的接觸，下面兩部著作也堪稱佳作：科利斯：《大內》(Collis, *The Great Within*) 和奈傑爾·卡梅隆：《蠻夷與清朝官員》(Nigel Cameron, *Barbarians and Mandarins*)。史景遷的《中國的助手》(Jonathan Spence, *The China Helpers*，美國版《改變中國》(*To Change China*) 探討了 20 世紀中國與西方的接觸。

儘管從一開始就被拒之門外，英國人在這個問題上不會善罷甘休。

馬戛爾尼使團的實際成果在於激發了英國人對中國的興趣，豐富了有關中國的知識。兩名使團成員，日後以海軍大臣揚名的約翰·巴羅以及喬治·斯當東爵士，公開發表了詳盡的報告，"中華帝國的壯麗和遼闊"深深打動了英國人（喬治爵士 10 歲的兒子湯瑪斯隨父來到中國，現存北京歷史檔案館的案卷上留下了他吃力地寫下的漢字）。[2] 中華帝國決意繼續完全無視其疆域之外的世界，乾隆皇帝在由馬戛爾尼轉交喬治三世的彬彬有禮的回絕信函中非常明確地表明了這一點。乾隆稱道喬治三世的"恭順之誠"，但其所請"派一爾國之人，住居天朝，照管爾國買賣一節，此則與天朝體制不合，斷不可行"。[3] 馬戛爾尼勳爵在日記中對中國做出了一個準確的貶抑性評價：

> 中華帝國如同一艘年代久遠、搖晃不定的一流軍艦，僥倖出現的一批幹練而警覺的官員，已經設法使之漂浮了 150 餘年，並以其龐大的軀體和外觀懾服了四鄰。然而，一旦某個無能之輩碰巧控制了甲板，這艘戰艦的紀律和安全也就不復存在。她或許不會立即沉沒，其殘骸也許會隨波逐流，結果被撞成碎片沖到岸上，但她再也無法回復舊觀了。

正當馬戛爾尼逗留北京之際，局勢有了新發展。英國在孟加拉的新政府正孜孜以求地擴大東印度公司不斷增加的收入，意識到當地農夫種植的一種有用藥材——罌粟，才是最有利可圖的經濟作物。孟加拉政府高效地組織種植罌粟、提煉鴉片，上等優質鴉片陸續運抵加爾各答拍賣場，英國人終於有了一種可以賣給中國人，用來交換茶葉的貨物。

鴉片是一種有史可稽的最古老、記載最完備的麻醉劑。[4] 4,000 年前的蘇

2　北京第一歷史檔案館副館長吳先生調閱所有相關檔案，找到了喬治·斯當東留下的一張便條。斯當東日後成為喬治爵士、廣州特派委員會主席、皇家亞洲學會的創始人。

3　鄧嗣禹和費正清：《中國對西方的反應》（Teng and Fairbank, *China's Response to the West*），第 19 頁。

4　關於鴉片，見拉蒂默與戈德堡：《罪惡之花》（D. Latimer and J. Goldberg, *Flowers in the Blood*）。

美爾人把罌粟稱作"使人快樂的植物"；公元前 1,600 年，埃及人就描述過
鴉片，米諾斯人信奉一位罌粟女神，荷馬也知道這種忘憂藥。羅馬人在給
藥物分類時，把鴉片列為主要的催眠劑。尼祿手下的軍隊外科醫生狄奧斯
寇里德斯在《藥物學》一書中提到過鴉片；伽林 —— 他一手確立的西方藥物
學及心理學模式一直沿用到 17 世紀 —— 也借重鴉片的藥用功能；哈馬丹的
阿維森納，在藥物學知識方面比歐洲的醫生和哲學家領先數個世紀，被認
為是因服用鴉片過量死於 1039 年。14 世紀英國醫生約翰‧阿登留下了所
開處方的詳細記錄，這些處方表明，他至少在一定範圍內使用鴉片，他用
某種鴉片合劑讓病人"入睡而無任何疼痛感"。鴉片主要用作催眠劑，通過
睡眠來促進身體自然康復。

　　在 18 世紀，英國人對鴉片並無非難之心，在很長一段時間裏，酒精始
終是大眾心目中的惡魔。當時，英國社會正處於賀加斯所描繪的"杜松子酒
巷"[5] —— "一個便士喝醉，兩個便士爛醉" —— 的時代。另一方面，就連皇
家藝術學會這樣令人肅然起敬的機構也在扶持鴉片培植，協會獎勵在英國
成功培植這種藥材的人 50 個金幣[6]，或一枚金質獎牌。很自然，獲獎者大多
為醫生。伯明翰的克羅利醫生在 11 英畝土地上收穫的鴉片超過 10 英石。[7]
更讓人嘖嘖稱奇的是，豪森醫生和外科醫生楊格先生因在蘇格蘭成功生產
出鴉片而獲得金質獎章。楊格先生獲得了每英畝 117 英鎊 6 先令的可觀利
潤，如此豐厚的利潤是栽培任何其他作物難以企及的。[8] 鴉片不但可以從罌
粟中提取，也可從普通白色植物和花園裏的紅色植物提取，楊格先生甚至
從萵苣中提煉出大量鴉片。既然在荒涼的英國北部都能取得如此成效，在
土地肥沃的孟加拉，鴉片生產的繁盛狀況可想而知。日後的事實表明，借
助孟加拉邦充足的勞動力資源，生產出遠遠超過現有市場銷量的高純度鴉
片。

　　可以肯定，鴉片有穩定的藥用需求，因為溶解在酒精中的鴉片 —— 鴉
片酊是一種適用多種症狀的首選藥，不但被用作催眠劑，還可以用作退燒

5　賀加斯（1697-1764），英國雕刻家、畫家，創作了諷刺英國社會眾生相的系列版畫，其中包
　　括《啤酒街與杜松子酒巷》。—— 譯註

6　值 1 鎊 1 先令。—— 譯註

7　英國重量單位，等於 14 磅（1 英石約為 6.4 公斤）。—— 譯註

8　《喀利多尼亞學會會刊》，1820 年（*Caledonian Society Journal*, 1820）。

藥。鴉片還被人們—— 最著名的是德‧昆西和柯勒律治 —— 當如今所稱的遊戲性毒品，窮人則普遍把它用作鎮靜劑，或是用來替代酒精。直到 20 世紀，鴉片在英國始終是合法的，而且在大多數時間裏是唯一管制最鬆的藥物。因此，毫不奇怪，英印當局認為生產和販賣鴉片並非不可饒恕的道德邪惡，決意擴大鴉片生產，並把鴉片作為公司的專賣品。

中國是個極具吸引力的市場，因為吸食鴉片，有時是與煙草混合着吸，在中國已是司空見慣的現象。17 世紀初，中國就頒佈過針對鴉片和煙草的法律，但煙草受到的譴責更為嚴厲。在整個 18 世紀，藥用鴉片在中國始終是合法的，鴉片也定期進口並繳納關稅，而在 17 世紀 30 年代，對出售煙草者的懲罰是斬首。這些禁令始終難以貫徹執行，直到 1729 年，皇帝頒佈詔書，痛斥年輕人沉溺於鴉片的惡習。至少東印度公司是嚴肅對待這道詔書的，由於夾帶鴉片的船隻將遭到沒收船隻和貨物的處罰，東印度公司向屬下船長發出指示：“不論發生何種情形，你們既不能支援、也不應允許在開往中國的船上搭載此類貨物，當你們遇險時不得報出本公司的名號。”[9] 在其他地區，這道詔書多半被忽視了，鴉片消費量仍然相當大。18 世紀 70 年代，一位法國遊客注意到，中國人突然染上了“對這種麻醉劑的令人難以置信的嗜好”。[10]

東印度公司在 1781 年組織鴉片生產後，仍避免直接將鴉片船運到中國。公司在加爾各答市場把鴉片出售給投機商，投機商再船運到廣州，通過私人“港腳”商人銷售。東印度公司憑藉這種方式把責任推得一乾二淨，否認與運抵中國的鴉片有任何關係。1781 年之前，港腳船每年從印度運入 1,000 箱鴉片（每箱約重 135-160 磅），1781-1790 年的 9 年間，年進口量超過 4,000 箱。增長幅度如此之大，足以引起警惕。朝廷隨後頒佈了一道法令，徹底禁止鴉片進口。此後，鴉片貿易轉入地下，成為非法的走私貿易。這只是表面現象，“人們在內心裏認為沒有任何理由把它們（禁煙法令）付諸實施，它們的諸般限制所起的唯一作用，是為這種貿易披上了一層合宜的外衣……對合法貿易徵收的違規稅費本來就十分苛重，若是除了討好（官

9　馬士：《編年史》第二卷，第 316 頁。

10　史景遷，載魏菲德等：《衝突與控制》(Spence, in Wakeman et al., *Conflict and Control*)，第 149 頁。

員）之外，還必須為獲得默許而出錢的話，稅費就顯得越發重了，稅款由官吏、海部、總督、巡撫、布政使以及諸如此類的一大批人瓜分"。[11]

　　禁煙令頒佈前後唯一顯而易見的區別，就是鴉片不能公開在廣州銷售，而是轉到停泊在黃埔的船上交易。廣州特派委員會繼續掩耳盜鈴："比較明智的做法是避免（與英國私商）公開聯繫，而只是通知這些商人……我們不認為他們將這種'貨物'帶入市場有甚麼不妥。"（鴉片委員會，1804 年）之後的 30 年之內，鴉片銷售量一直保持平穩，人們也沒有認為鴉片收入對英屬印度具有甚麼重大意義。英國政府發給馬戛爾尼勳爵的指示中有一項承諾，如果中國人堅持，英國可以放棄鴉片貿易，"鴉片收入對印度有益，但與之相比，（英國）更希望獲得對華貿易的獨佔地位"。[12]

　　馬戛爾尼造訪北京時並未提及這項承諾，因為中國當局將他拒之門外。假如中國人願意與馬戛爾尼這位境外強國的可靠代表展開詳盡討論，或許就能夠禁絕鴉片貿易，從而避免戰爭。終止鴉片貿易不會過度損害印度政府，加爾各答鴉片拍賣的財政收入很受歡迎，但並非東印度公司的主要收入來源。能夠獲得鴉片拍賣收入當然令人鼓舞，"您將非常高興地看到"，印度總督莫林頓勳爵 1799 年 3 月 21 日致函監督委員會的亨利‧鄧達斯指出，"鴉片拍賣收入已完全恢復正常……公眾非常感激醫學委員會的二把手弗萊明先生，因為他對鴉片做了仔細的檢驗"。[13]10 年後，傑出的弗萊明先生的工作收到了成效，鴉片收入仍然僅佔孟加拉總收入的 6%，在依重要性排列的收入項目中列第 6 位。[14]

項目金額	（盧比）
土地稅	33,285,671
鹽稅	18,269,505

11　馬士：《編年史》第二卷，第 325 頁。

12　馬戛爾尼收到的指令（引自馬士：《編年史》第二卷，第 239 頁）："如果（鴉片的進口）成為一項絕對的要求，或是擬議中的通商條約的條款……你必須予以應允……在這種情況下，我們在孟加拉的鴉片就很有可能要靠運氣在公開市場上銷售，或是東方國家沿海分散而迂迴的貿易中銷售。"

13　英格拉姆：《關於英屬印度的兩種觀點》（Ingram, *Two Views of British India*），第 237 頁。

14　資料來源：東印度公司的總收益。東印度公司歲入和年度賬目與下議院的會議記錄一併發表。

來自奧德的收入	17,922,320
已征服各邦的收入	12,268,014
貝拿勒斯（朝聖）收入	6,155,472
鴉片收入	5,956,354

孟加拉的總收入為 98,383,516 通用盧比，除去鴉片生產成本 967,278 盧比，鴉片淨收入為 498,908 英鎊。這是相當大的一筆收入，但很難説構成了"開戰理由"，尤其是聖喬治堡（馬德拉斯）的收入納入印度財政總收入之後。聖喬治堡的收入幾乎達到孟加拉收入的一半，而且與鴉片無關，孟買的收入相對較低，也與鴉片毫無瓜葛。印度各邦收入合併計算，除去生產成本，鴉片收入佔東印度公司總收入的 4%。上述資料還都只是印度內部的收入，未將公司的貿易收入計算在內，後者有股息，在當時平均每年為 875,000 英鎊。1817-1818 年間，情況也沒有大的變化，當年以英鎊計算的印度總收入為 18,322,547 英鎊，鴉片收入為 873,599 英鎊，鴉片收入仍然不到總收入的 5%。[15]

19 世紀頭 20 年中，東印度公司鴉片生產沒有大的增長，這一時期每 5 年的平均產量為：

年份	賣出箱數
1797-1801	4,009
1802-1806	3,700
1807-1811	4,718
1812-1817	4,135

東印度公司官員擔心，他們可能未能提供更多的鴉片，讓中國的吸食者失望，因為"突然失去這種麻醉劑，幾乎肯定會給癮君子帶來很大痛苦，但政府沒有道德義務提高產量"。

因此，在 19 世紀頭 20 年，很難説鴉片利潤已經成為東印度公司關注的焦點。鴉片利潤日後雖然有所增長，但也從未在印度財政收入中佔到舉

---

15   資料來源：東印度公司年度賬目。

足輕重的比例。但是，每一個人都期盼廣州貿易不斷發展。廣州的富庶，北京的安逸，成千上萬官僚的生活方式，以及英國政府財政收入的重要來源——茶稅，全都有賴於廣州貿易。

多變混亂的程序

廣州的稅收對中國的財政大有助益，而且少數商人承擔了額外的負擔，不會激怒老百姓。不難理解，這種體制"十分適合制度化的剝削"，不法官吏把提高廣州商人的"規費"作為最主要的收入來源。例如，1807 年，倒楣的公行商人不得不繳納各種苛捐雜稅，其中，127,500 兩白銀是為肅平海盜和河工，為了"自鳴鐘"（進口的錶、鐘及機械玩具）又交了 20 萬兩白銀。行商若是瀕臨破產，可以在"公所基金"的幫助下恢復元氣。這項基金由行商每年繳納一定比例的利潤組成，從理論上說，基金是用來償還破產債務的，但官員已經開始貪婪地把手伸向基金的財產。[16]

一旦廣州的洋人提出抗議，這種體制就扭曲了。尤其英國人逐漸意識到自己屬於一個首屈一指的世界強國，而不是一家商業公司，因而不願再承受多如牛毛的種種有傷體面的管制。僅僅 3 年前，拿破崙還幾乎控制了整個歐洲，法國統治着從華沙到比利牛斯山脈的廣大地區；如今，他在滑鐵盧被打敗，流放到一個偏遠的大西洋島嶼，淪為一名囚徒，而且是東印度公司的囚徒，因為聖赫勒拿島正是東印度公司眾多補給站中的一個。

東印度公司在印度與中國的地位迥然不同，兩地的反差越來越明顯。歐洲人抵達印度後，很快就能獲得一官半職，他的舉止作風與莫臥兒帝國的繼承人沒有甚麼兩樣。他旅行時帶一名儀表堂堂的侍從，身邊圍繞着一大羣各色人等的印度僕役和助手，背後的靠山是訓練有素的印度士兵，事實已反覆證明這些士兵是這個次大陸最好的軍隊。他在自己的地盤上是無可爭議的大人物，哪怕這地盤是一個正式獨立的土邦。他必須說這個國家的語言，可以到東印度公司的海勒伯里學院學會這種語言。不可否認，他

16　格林柏格（前引書，第 67-69 頁）指出，勒索實際上使得合法貿易越來越無利可圖，行商在進口時若是用實物而不是用現金支付，幾乎總是會招致虧損。

不得私自從事貿易,公司職員再不可能指望像以往的納波布[17]那樣大發橫財,薩克雷在《名利場》中描繪的喬斯・賽特笠就是納波布的生動寫照。然而,他實際上享有很高的生活水準,總是身處英國文明的核心,擁有諸如鋼琴、淑女、枱球房和流通圖書館等宜人的條件和設施。他最起碼的一項享樂,是常年可用喜馬拉雅山脈的冰塊冰鎮巴斯啤酒和蘇打水。

在廣州的東印度公司商館任"書記"的年輕人,日子就遠沒有那麼舒適了。與在印度的同胞相反,他的身份並非帝國的管理者而是商人,而商人是中國社會中地位最低的階層。他有大半年時間生活在氣候濕熱的廣州,活動範圍不過是狹小的商館,住的只是一間中等大小的單間。除非特定時節,他甚至不能到小小的歐洲人居留區外散步。當地老百姓對他抱有明顯的敵意,雖然他與行商保持了彬彬有禮,有時甚至算得上友好的關係。澳門的假期要舒適一些,但那裏幾乎是混血兒的天下,英國婦女非常少見,無法像在加爾各答、馬德拉斯或孟買那樣找到伴侶。聰明而勤奮的書記員經過千辛萬苦才能掌握足夠的漢語,進而對這個國家的傳統和文化產生興趣,但很少有人願意付諸行動。

唯一的補償是經商掙錢。這一條路在廣州仍舊是可行的,但隨着1813年公司貿易專營權撤銷,公司職員的發財夢越來越渺茫。公司董事會曾提出抗議,但沒有任何成效,因為公司非常不得人心。一位觀察家寫道:"倘若有人提議削減一個或若干董事會成員名額的增訂條款,肯定會在下議院以壓倒多數獲得通過。"[18]不僅如此,廣州的私商顯然正在大發橫財,在品行端正的公司職員看來,這些人全都是半海盜式的無名小卒和鴉片走私販子,他們的舉止根本談不上"得體"。

1793年,公司特許狀進行了續訂,准許外來者合法地經營中國與印度之間的港腳貿易(此前他們已經非法地幹了一段時間)。英國商人在印度進出口貿易中站穩了腳跟,他們的立足點通常是在加爾各答。這並非易事,因為新來者必須在現行體制中找到自己的位置。生棉是印度主要的出口產品,也是吸引中國買主的貨物之一,但棉花貿易仍掌握在公司手中。在廣州,公司特派委員會利用手中掌握的審批權,限制闖入者染指原料市場,

---

17　在印度發財後回國的歐洲人。——　譯註

18　斯威尼・圖恩上校,引自菲利浦斯,前引書,第190頁。

中國人的做法也強化了公司的權力，中國人只與公司和行商進行較為重要的出口貿易。

　　裝有發條裝置的產品是輸入中國市場的有潛力的進口貨物，也是歐洲自中世紀以來始終領先中國的為數不多的領域之一。中國人熱切渴望得到各種鐘錶、時鐘、機械發聲小鳥、人工瀑布、跳舞的小人、音樂盒以及諸如此類的東西。中國人對這類玩具的渴望，按照特派委員會主席在 1811 年時的話説，"現在已是這名官員 (海部) 賄賂京城上司的現成工具" [19]，也引發了不少爭吵。為避免再發生類似情形，公司限制進口這些惱人的貨物，這就給切普塞德的詹姆斯·考克斯這樣有魄力的外來者打入廣州貿易的機會。幾經周折之後，考克斯創立的商行最終成為最大的一家在華外國商行——怡和洋行。考克斯還試探了其他進口商品的市場前景，其中來自美洲"腹地"的海獺皮和海豹皮最為成功，這宗利潤豐厚的業務日後被約翰·雅各·亞士脱接管。其他商人也各顯其能，尋找能引起中國人興趣和充當現金代用品的進口貨物：金屬、染料、人參、檀香、象牙、珊瑚和琥珀，以及魚翅、燕窩等珍饈美味。中國產品的境外市場也有人作了類似的調查，倫敦組建了一家"藥材行"，進口中國的大黃、肉桂和樟腦。

　　東印度公司董事對這些競爭者並不友善，竭盡全力打擊那些與公司搶生意的無證商人。不久，外來者偶然找到一個自我保護的方法，他們搖身一變當上了外國列強的名譽領事，因而從法律上成為外國臣民。特派委員會對此十分懊惱，卻依然認為"任何惡意干涉……都不妥當"。倫敦佬和蘇格蘭人彆腳地裝扮成忠心不二的奧地利人、普魯士人、瑞典人、波蘭人、漢諾威人、那不勒斯人和熱那亞人，從而得以在特派委員會不以為然的注視下合法地在廣州做生意。中國官員也沒有異議，他們很難認得出紅頭髮的野蠻人所屬的民族，只要夷人舉止得體，繼續貢獻慣常的"規費"，中國人樂得甩手不管。

　　私商們越來越清楚，鴉片乃是廣州贏利最容易、利潤最豐厚的商品。東印度公司排斥鴉片貿易，但渴望賣掉為加爾各答市場生產的優質鴉片。中國當然是最大的買主，而公司在加爾各答鴉片銷售不得不倚重私商，這

19　馬士：《編年史》第二卷，第 158 頁。

樣就大大削弱了特派委員會的約束力。作為東印度公司的搭檔，行商面臨
來自北京的代理人越發貪婪的索取，影響力江河日下，從而進一步削弱了
特派委員會的威信。

東印度公司企圖挽回局勢。1816 年，公司派遣阿美士德勳爵威廉·皮
特·阿美士德前往北京，勸說皇帝放鬆限制，開放更多貿易口岸："公司在
華管理機構、董事會以及攝政王政府認為，從這個國家派遣一個使團的合
宜理由，乃在於侮慢、多變和混亂的程序……他們（廣州地方當局）阻礙了
貿易。"阿美士德勳爵的遭遇甚至比 1793 年的馬戛爾尼更慘，但英國政府
此時更關注國內及歐洲事務，無暇為東印度公司撐腰。[20]

我此生從未見過鴉片

奴隸制是當時唯一能使英國政治氣候升溫的殖民地問題。歷屆英國政
府忙於廢除奴隸制，安排解放奴隸的前途，補償奴隸主，查禁奴隸貿易。
除了東印度公司股東之外，沒有人關注中國事務。廣州貿易的發展狀況仍
然令人滿意，傑出而清廉的阮元出任兩廣總督。1820 年，一位精力充沛、
勤勤懇懇的皇帝即位。[21]

道光皇帝是年 38 歲，正值年富力強，他在老皇帝乾隆身邊度過了童
年，繼承了祖父對世界的看法：中國也許會遭遇困境，但是中國仍是世界
上唯一文明的社會，周圍都是只看重蠅頭小利的蠻夷，這些蠻夷冥頑不化、
令人生厭。道光仿效他父親嘉慶的節儉，穿打補丁的舊朝服，飲食也很簡
單。30 年後他在臨終前下令不准在他的墓前設立功德牌坊，以表示他的個
人缺陷和未能拯救帝國。

這位皇帝在官吏的奏摺上所作的批註，表現出面對艱難使命時的得體
和奉獻精神，令看過的人不由為之動容。前朝許多腐敗的官員要麼死了，
要麼隱退了。一些品格高尚、精明幹練的官員忠心耿耿地輔佐道光，其中

20　阿美士德以語無倫次而聞名，按照日後坎寧的說法，阿美士德 "根本就不是恰當的人選"（菲
　　利浦斯，前引書，第 239 頁）。

21　中國人的傳記，見恆慕義：《清代名人傳略》（A. W. Hummel, *Eminent Chinese of the Ching
　　Period*），關於阮元，見 Weh Peh-ti，載《皇家亞洲學會香港分會會刊》，1981 年，第 21
　　卷（JHKBRAS, vol. 21, 1981）。

既有滿人也有漢人。首席軍機大臣穆彰阿是皇帝的近親，黨羽遍佈整個國家。穆彰阿較少有傳統漢人裹足不前的成見，與洋人發生衝突時，他的支持者主張採取妥協政策，這種政策遭到力主抗拒外國勢力的強硬派的嚴厲抨擊。然而，所有的人，不管是漢人還是滿人，甚至皇帝本人，都十分危險地對外部世界一無所知。

阮元注意到鴉片貿易後，立即禁止從黃埔和澳門輸入這種毒品，公佈了嚴厲的懲處措施，在廣州逮捕了一批鴉片販子和吸食者。鴉片商人並沒有放棄、哪怕是限制這種貿易 —— 這是不可想像的 —— 而是力圖為這種貿易披上一層稍微正當的外衣。鴉片自印度運來後，不再直接送到黃埔，而是運至珠江入海口一個便利的碇泊地伶仃島，然後卸到固定停泊在那裏的躉船上。這些躉船為私商所有，由私商配備船上人員。接下來，私商在躉船上與廣州的中國買主談好價格，達成交易後把貨從躉船卸到一種快速小平底船。這種船為中國人所有和操作，被形象地稱作"快蟹"或"爬龍"。

從嚴格意義上說，中國的近海防禦部隊算不上是一支海軍，他們滿足於偶爾驅逐一下這些大帆船，在每年交易季節結束時追擊掉隊的鴉片船。他們在追逐的時候慢慢騰騰，禮貌地保持一定距離，同時整個艦隊全力開火。北京很快就會收到報告，"這場鬧劇上演數天之後，一道文告昭示全國：天子的艦隊經過一場惡戰，把番鬼打得抱頭鼠竄"。[22] 不過，有時候也會發生意外事故：19 世紀 20 年代，一場大火燒毀了商館裏價值不菲的存貨，一位美國海員被移交給中國當局絞死（特拉諾案 1821 年）[23]，一些英國海員被控在伶仃島鬥毆，但未判絞刑（托佩茲案）。不過這些不幸事件很快就平息了，因為各方都清楚意識到，維持現行體制的穩定即意味着豐厚的利潤。抵達或運出伶仃島的所有貨物都是免稅的，就連完全合法的貨物也很快從黃埔轉到河口進行交易，節省的稅金可以綽綽有餘地彌補額外的運費開支。

鴉片貿易不斷發展，雖然售價未漲，進口數量卻穩步增長。1821 年，4,770 箱鴉片共售得 8,400,800 元；1826 年，9,621 箱鴉片只售得 7,608,205

22　唐寧：《中國番鬼錄》（C.T. Downing, *The Fan-Qui in China*），第 54-55 頁。

23　"埃米利"號船上的水手特拉諾扔了一隻陶壺，正好砸到下方小船一名賣水果的中國婦人頭上，結果這名婦人落水而亡。中國當局要求交出特拉諾，美國人最初堅持必須在船上審判，最後特拉諾被交付中國審判，他被判有罪，次日即遭處決。（此判決之重，處決之速，都違反了清律意外殺人的量刑與處決程式。—— 譯註）

元。拓展市場的舉措非常奏效，1830 年，鴉片進口量幾乎又翻了一番，達
到 18,760 箱，這與 1820 年之前 30 年間的平均 4,000 箱左右的進口量不啻
有天壤之別。廣州的英國職員把合法貿易與走私貿易脫鈎，便可以推脫一
切責任，甚至根本不承認有鴉片走私一事。特派委員會前主席約翰‧法蘭
西斯‧戴維斯曾在廣州住過 17 年，在回答 1829 年下議院特別委員會詢問，
被問及鴉片是否貼上了公司標籤時，戴維斯斷言：“我此生從未見過一箱鴉
片，因此我無法談論此事。”戴維斯為人誠實，應當嚴肅對待他所作的這個
聲明。倘若換一個環境，即使考慮到他必然很清楚哪些地方不應該去看，
這個聲明也是難以置信的，因為幾乎每一個在廣州的歐洲人（東印度公司職
員除外），都在忙於把儘可能多的鴉片賣給中國人。然而，廣州顛地洋行簿
記員亨利先生在同一個委員會上的證詞佐證了戴維斯的聲明，亨利先生也
聲稱：“這輩子從來沒有見過一箱鴉片。”[24] 由於道光封禁澳門、黃埔，鴉
片販子就轉移到珠江口外的伶仃島上，在那裏設置躉船。

　　鴉片拍賣收入雖然對印度政府頗有助益，但對經營其他貨物的英國出
口商卻沒有甚麼好處，他們在中國出售商品的機會大受限制。究其原因，
既有鴉片貿易的巨大誘惑，也因為東印度公司仍舊把持着對華貿易專營權。
1820 年 7 月 10 日，那些獲准直接經營英國出口商品的商人首次公開施壓，
向國會提交了一份陳情書：“曼徹斯特、薩福德的城鎮以及鄰近地區的數位
商人、工廠主和其他居民……要求與中國廣州港開展貿易的自由得到充分
保障……新加坡的主權得到維護，如果上述要求與我國的良好聲望和榮譽
並無抵觸的話。”此時，利物浦勳爵的托利黨政府正為卡洛琳王后與喬治四
世的離婚案，以及稍後的彼得盧大屠殺 —— 抗議農民生活艱難的示威者遭
到員警開槍射擊 —— 等諸如此類的事情忙得焦頭爛額，根本無暇顧及曼徹
斯特人的陳情書，陳情書“被下議院擱置起來”。1824 年，新加坡成為英
國殖民地，不過這項決定是印度總督做出的，他認識到一個靠近中國的商
站在貿易上的重要性，認可了斯坦福德‧萊佛士 5 年前從柔佛蘇丹手中買
下這個島嶼的行動。

　　1820 年陳情書乃是一種錯覺的最早版本，在 19 世紀其餘 80 年裏，英

24　見 1840 年《藍皮書》，第 7 卷，《下議院特別委員會 1829 年備忘錄》第 442 號（Blue Book
　　1840, vol. vii, Select Committee of the House of Commons 1829 minute 442）。

國人始終沒有擺脫這種錯覺，並極大地影響了中國的未來。英國工業化的步伐加速，蒸汽動力得到廣泛運用，工廠生產組織開始形成，從而日益迫切地呼喚開拓新市場。工業革命的先驅、蘭開夏的棉紡業走在了這一進程的最前列。1820 年，這個工業部門仍是手工工人的天下，但是動力織機正在迅速排擠個體手工工人。1813 年，英國僅有 2,400 台動力織布機，到 19 世紀 20 年代末，動力織機已達 55,000 台，1850 年達到 25 萬台，產量佔英國棉布出口總量的一半。工廠化生產方式傳播到其他行業，很快加劇了對新市場的貪婪需求。歐洲和美國開始追趕英國，並在日後趕超英國，英國出口商們為此更加焦急不安。中國幅員廣大，是最大的一個尚未開放的潛在市場，中國巨大的市場前景令英國商人激動不已，他們急不可耐地提出了一系列主張。一是放寬廣州貿易的限制，取消東印度公司貿易專營權；二是希望中國開放其他通商口岸，英國把一座港口據為己有，鴉片合法化，批准各條河流自由航行，降低關稅。只要上述條件得到滿足，中國百姓就能高興地買到斯塔福德郡的金屬杯、伯明翰的茶盤和蘭開夏的上衣，英國人修建的鐵路將使中國人廉價地獲得所有這些貨物。英國官員鄙夷地不相信任何與貿易沾邊的事情，不肯答應這些要求（結果證明他們是完全正確的，因為中國市場從未成熟到預期的程度，工廠主失望之餘，越發迫切地要求獲取更多的特許權）。這些看法在 19 世紀 20 年代就已經成型，日後不斷引發往往得到香港當局支持的商人與英國政府之間的爭執。

19 世紀 20 年代末，廣州的外國僑民開始融合，已經略具日後早期香港社會的雛形。東印度公司的人蛻變為殖民地管理者，私商繼續充當推動殖民地自立的動力，傳教士則協助與中國人保持接觸。早在 1830 年，未來的殖民地總督約翰·戴維斯就已經開始了大班的生涯；馬禮遜父子也樹立起譯員的聲望，他們將在英國與中國談判者之間建立某種交流；兩家將執香港商界之牛耳的英國商號也在廣州脫穎而出，它們是莫克尼阿克公司（除了名稱之外，其他各方面都已是怡和洋行）及其無情的競爭對手湯瑪斯·顛地公司。[25] 這兩家公司僱用了 52 個英國僑民團體的 18 個，東印度公司僱用了另外 20 個，這無疑表明了兩家商號的相對重要性。

西方僑民當中最有趣的要算身材矮小肥胖的郭士立牧師。郭士立的身份介於傳教士和商人之間，他曾在普魯士的普里茨給一個緊身胸衣製造商當學徒。郭士立能流利地說數種語言，雖然不夠標準，因而鴉片商人大多找他做翻譯，"我將為郭士立的 3 天時間付出 1,000 元"，獨立商人詹姆斯‧英尼斯寫道。郭士立結過 3 次婚，是早期香港最富活力的居民之一。他死於 1851 年，之前一直在殖民地事務中扮演着重要角色。除郭士立之外，還有大約 20 名左右的美國人，他們絕大多數是新英格蘭人，其中包括兩名傳教士裨治文牧師和詹姆斯‧布雷福德博士，以及一個名叫威廉‧亨特的商人，亨特撰寫的回憶錄《廣州番鬼錄》生動描述了澳門和廣州商館的日常生活。人數不多的僑民維持着兩份刊物，裨治文主編的《中國叢報》和主要由東印度公司職員編輯的《廣州雜誌》。此外還有兩家報紙，《廣東記錄報》的業主是勿地臣，《廣州週報》則流露出明顯的親顛地傾向。[26]

除了傳教士和他們的學生之外，所有的歐洲人，實際上也包括所有的中國人 —— 因為當時還沒有哪位中國人會說英語 —— 只能用洋涇浜英語進行交流。這種混合語言使用英語、漢語、葡萄牙語的詞彙和印度英語的單詞，句法則是廣東話的句法。例如，它使用的量詞或類別詞中，漢語的"個"、"份"變成"塊"，如"三塊報紙"（意思是三份報紙）。一些洋涇浜用語如今已通用，尤其是在香港。例如，shroff（收賬員）最初指試金者和銀錢兌換商，chop（印章）意思是密封或允許，godown（倉庫）是貨棧之意，這些都是 16 世紀的印度英語；joss（神像或好運）、amah（阿媽）則是來自

25　1807 年，大衛遜接管了喬治‧巴林的鴉片貿易，1824 年賣給了湯瑪斯‧顛地。他被視為與"更為咄咄逼人的下一代"形成對比的早先一代"英國私商"的代言人（格林柏格，前引書，第 71 頁）。顛地家族最初是威斯特摩蘭的普通"自耕農"，即"約曼"。蘭斯洛特（生於 1799 年）和威爾金森（生於 1801 年）是特雷恩蘭德（克羅斯比－雷文斯沃思）的威廉‧顛地之子，湯瑪斯‧顛地的兄弟。顛地兄弟的姪子約翰繼承了他們在香港的商號，約翰以揮霍無度而聞名，與蘭斯洛特更為精細的做派形成了鮮明對比。威爾金森的名氣不如他的兄長。顛地兄弟下屬的一位船長寫道："WD（威爾金森‧顛地）力圖取得蘭斯洛特‧顛地的權力，但純屬徒勞。烏鴉即使披上孔雀的羽毛，也不見容於鳥羣。"（T. C. Leslie，引自鍾斯：《在華高級軍官，1840-1853 年》（Jones, *Chief Officer in China, 1840-53*），第 88 頁）

26　關於廣州和香港的報刊，見景復朗編：《中國沿海報刊研究指南》（F. H. King, ed., *Research Guide to China Coast Newspapers*）。《中國叢報》的印數反映了廣州外國人的廣泛興趣，在當地的銷量有 1,200 份，美國有 154 份，印度和英國的銷量大體相等。

葡萄牙語；hong（洋行）、taipan（大班）、junk（舢板）、chow（中國狗）
則源於漢語。混合語言易學，而且足以滿足商業交易之需，但只能進行最
基本的交流，從而在講漢語者和講英語者之間形成了一道無法逾越的障礙。
用洋涇浜語言來翻譯一篇名作會鬧出笑話：

> One young man walkee; no can stop.
> Maskee de snow; maskee de ice!
> He carry with chop so nice —
> Topside galow![27]

　　不論是益格魯－撒克遜人還是中國人，總是傾向於把外國人看成是難
以相處的小孩，這種幼稚的語言成為唯一的交流工具，更堅定了他們的成
見。裨治文牧師指出了這種危險："幾乎沒有哪個外國人肯花一小時學習中
國人的語言，雙方的交往如此有限，只會導致雙方在仁慈、同情、尊重和
友誼等方面完全隔絕。"[28]

一羣花花公子

　　東印度公司與私商、英國人與美國人共同參與的貿易極為重要，這種
貿易可以說是世界上最重要的長途貿易，每年的貿易額將近 5,000 萬元。中
國的大宗進口貨物有皮棉、毛織品，當然還有鴉片，出口的則是茶和絲。
鴉片和茶葉是中國最重要的兩宗進出口貿易商品：

1831 年的廣州貿易（千元）

進口		出口	
毛織品	2,496	茶葉	12,188
棉織品	984	絲（生絲和絲綢）	4,611

27　當然，這是選自朗費羅（Longfellow）的詩篇《精益求精》（*Excelsior*）：A youth who bore
　　through snow and ice/ A banner with a strange device: 'Excelsior'. 一個年輕人穿行於冰雪
　　之中／成為一面奇特的旗幟："精益求精"。

28　《中國叢報》第 4 卷（*Chinese Repository*, vol. iv），第 429 頁。

皮棉	4,933	其他 （包括價值 400 萬元的銀錠）	6,968
鴉片	13,029		
其他 （金屬及東方產品）	3,653		
總計	25,095		23,767

　　到 1831 年，英、美兩國私商已經取代了東印度公司，在廣州貿易中佔據了主導地位，私商貿易的年進口額為 2,000 萬元，主要是鴉片，出口額也達 1,400 萬元。東印度公司的進出口額分別為 370 萬元和 900 萬元，其中出口幾乎全部是茶葉，因為公司仍控制了茶葉專營權。與此同時，鴉片貿易逐步排擠了其他印度進口貿易，特派委員會的極度自信正在一點一滴地消逝，取而代之的是神經過敏的盛氣凌人。行商在合法貿易中的地位越來越朝不保夕，合法貿易乃是行商的收入來源，現在遭到走私貿易的排擠，東印度公司越發惴惴不安。特派委員會向倫敦利登霍爾街的公司總部報導說，僅有 3 家實力雄厚的行商挺住打擊存活下來。"中國政府的勒索和苛捐雜稅，使得幾乎所有外國商人都從事非法貿易。如此一來，公共稅收減少，只剩下誠實的公司近乎孤立無援地支撐着該港口的大量需求。"[29]

　　1829 年，大班威廉‧盼師為首的更為激進的集團掌握了特派委員會的權力，他開始嘗試馬戛爾尼和阿美士德沒做成的事情，企圖強行從中國人那裏索取新特權。保守的特派委員會主席部樓東一貫反對盼師，卻始終未能成功。部樓東沉湎於公司的傳統，如今發現自己被孤立。激進分子向總督提交了一份清單，開列了許多專橫要求，為了施加壓力，還命令英國船隻駛離廣州，這樣可以不再繳納港口費用和關稅。他們選擇能夠繼續進行貿易的停泊點，中意的地點是"香港島西北岬內側、朝東對着鯉魚門水道的錨地"。這個地點正在如今橫渡九龍的天星小輪公司碼頭的位置，特派委員會採取行動的消息以及部樓東的專橫獨斷傳到利登霍爾街，公司董事會勃然大怒。膽大妄為的盼師及其同夥被直截了當地召回，可以預料，公司將

29　馬士：《編年史》第 4 卷，1829 年 11 月 23 日（Morse, *Chronicles*, vol. iv, 23 November 1829）。

任命一個更加保守的委員會。但是，就在這些決定傳達到廣州之前，盼師做出了另一樁輕率的舉動：他帶着自己的妻子一同前往廣州。

外國人很清楚，中國人不允許歐洲婦女前往廣州，這項禁令在一個多世紀的貿易往來中始終得到遵奉。盼師不但使廣州貿易停頓了 6 個月，還把盼師夫人 —— 不是一次，而是兩次 —— 帶到廣州，還有其他婦女的陪伴。威廉·亨特記下了盼師夫人造成的哄動："她是晚會上的美人兒……穿着精美的倫敦式樣的衣裙……令我們大為傾倒。"洋人中也有對此事不以為然的："前往拜訪女士們。大衣、手套和領飾 —— 同樣的領飾！我聽見某人在回來後説：'感謝上帝，總算結束了！'説完取了一件夾克和黑色領帶。他又點燃了一支雪茄，看上去就像卸掉一大負擔似的。"中國官員對盼師夫人的首次造訪提出異議之後，她"在一排小艇的護衛下離開，每個水手都像打仗似的全副武裝。印度人在商館屋頂上架起了一門大炮"。這些婦女還公然無視中國人的習俗，厚顏無恥地公然乘坐轎子。[30]

兩廣總督嚴厲譴責這一行徑："英吉利國大班盼師擅違舊制，攜帶番婦至省城夷館居住……向例番婦不准來省居住，夷商不准坐轎進館……該國夷人，固皆頑蠢……每有違拗之處……惟有隨時稽查，嚴切曉諭，一體恪尊天朝禁令。"總督除了痛斥英國人之外，不會做失策之事，但提供船隻予盼師夫人、倒楣的興泰行老闆被投入監獄，還被處以很重的罰款。[31]

盼師的上司行事沒有那麼戲劇化，但十分果斷地做了決定，公司董事會從香港召回盼師，調令中寫道："大不列顛與中國的貿易如此重要，若非發生最急迫和最緊急的情況，斷不容有任何損害，而且根本不考慮個人問題。"貴族與生俱來地不信任這些社交上一塌糊塗的商人，這種本性加強了貴族的勢力。1830 年 3 月 22 日，孟加拉總督威廉·本廷克勳爵致函印度事務部埃倫巴勒勳爵："我們認為那個特派委員會的所作所為最冒險、最不明智……這種狀況可能導致的後果……不能不引起極大的恐慌。"埃倫巴勒勳爵在 1830 年 9 月 23 日覆函稱："廣州交易處理得十分拙劣（一羣花花公

30　盼師事件見馬士：《編年史》第 4 卷；亨特，前引書，第 120-121 頁；唐寧，前引書，第 135 頁。

31　見《星期六雜誌》，1838 年 6 月號（*Saturday Magazine*, June 1838）。對興泰行的罰款導致了該行於 1837 年破產，這是導致怡和洋行與顛地洋行不和的另一個事件。（見第 146 頁）

子）……不再是貿易的保護者，而是危及了貿易。"[32]

收入不錯的行當

這些"花花公子"雖然受到倫敦和加爾各答當局的指責，卻得到了許多廣州私商的積極擁護。一方面，私商們深陷違禁貿易不能自拔，同時又希望法律做出有利於他們的修訂，他們非常熱切地提出自己的要求。1830 年聖誕節前夕，他們遞交了一份請願書，清楚無疑地表明了這一點。1831 年 7 月 28 日，這份請願書送達議會。請願書很可能是出自勿地臣的手筆，因為他的文體風格獨具特色。請願書抱怨說："廣州官員是個貪贓枉法的階層，他們花錢將職位買到手，滿腦子想着勒索和不講道義地聚斂錢財"。"對於頻繁前往這個帝國的英國臣民而言，貿易素來是唯一的目的"，可實際上他們"備嚐艱辛，所受待遇實為世上少見"。勿地臣抱怨說："就連神聖的家庭生活紐帶也遭漠視，夫妻分居，母子分離。這種狀況不可避免地是由於那些禁止外國婦女在廣州居住的出爾反爾的禁令，因為似乎並沒明確的相關法律，除了以習俗為藉口，根本就沒有任何其他理由。"

在這篇冗長檔的結尾，勿地臣提出一個補救辦法：

> 如果上述建議難以實現，閣下的請願者深切希望大不列顛政府，在立法機構的認可下，做出有利於國家的決定，並且通過獲取一個靠近中國海岸的島嶼屬地，使英國在世界這個遙遠一隅的貿易免受來自暴政和壓迫的影響。

雖然當時沒有多少人想到香港，但這個荒涼島嶼將成為勿地臣所說的"島嶼屬地"。

英國議會非但沒有依從請願書簽名者的請求，對中國進行武裝干涉或攫取一兩個島嶼，甚至對請願書反應冷淡。托利黨因為羅馬天主教徒待遇問題發生分裂，被格雷勳爵的輝格黨取代。埃倫巴勒勳爵隨之下野，他再

32　本廷克勳爵：《書信集》(Lord W. C. Bentinck, *Correspondence*)，第 513-514 頁。

次抨擊東印度公司的董事們是"那些使我們的利益危在旦夕的人"，"應當命令英國商人服從所在國的法律"，中國人設置的種種限制"也許非常荒謬，卻是該國法律所規定的"。英國的支持者對這些商人們情緒化的言辭困惑不已，他們不明白後者為甚麼會有那麼多抱怨。《中國叢報》試圖做出解釋："我們獲悉一些非常睿智的來訪者詢問，我們不絕於耳的委屈和苦惱究竟何在，它既看不見又摸不着……我們的回答是，我們之所以憤憤不平，乃是因為我們比古時的先輩更知曉了人的權利和義務……我們感到自身的處境猶如囚徒，盼望獲得自由。"[33] 廣州的外國人當中，最桀驁不馴的人物當屬詹姆斯‧英尼斯，他處處與中國法律和東印度公司的規定對着幹，而且往往能夠得逞。一次，他朝一位冒犯了他的清朝官員的宅邸扔石頭，並接受了對方的道歉。英尼斯後來報告說，"總督和海部給我寫了非常得體的答覆"。

威廉‧渣甸博士是最有名的私商，被人稱作"鐵頭老鼠"，他與勿地臣共同創立了最大的歐洲商號"怡和洋行"。渣甸 1802 年第一次踏上東方的土地時，只是東印度公司一般商船的助理外科醫生。他在"特許"貿易中賺足了錢，便先後在倫敦和孟買等地開設了自己的公司。1822 年，他在廣州組建了一家代理商行。這種代理行無需多少資金，是廣州私商貿易的基本形式。香港成為新殖民地後的最初數年裏，代理行依然很興盛。廣州代理商僅限於為委託者 —— 通常是在加爾各答和孟買站穩腳跟的私商 —— 代理買賣事宜，代為處理在華事務。代理商的職責包括充當執行人，管理資產，收回貸款和債務，以及運輸和租賃等等，最重要的是貨物交易。代理商的報酬按固定比例計算，除鴉片和寶石外，所有貨物均提取 5% 的佣金，鴉片和寶石更易脫手，所以只有 3% 的佣金。這個行當十分穩當，也不乏誘人的機會。早先，廣州代理商曾開發銀行業和保險業務，代理商涉足保險業最早、最大膽的嘗試是 1805 年組建的諫當水險公司。與所有股東都負有無限責任的勞埃德保險公司不同，諫當水險公司由兩家英國大商行輪流管理，即大衛遜洋行以及莫克尼亞克洋行，前者日後發展為顛地洋行，後者則是怡和洋行的前身。英國商行開始被稱作"行"，商行合夥人稱"大班"，渣

33　《中國叢報》第 1 卷（Chinese Repository, vol. I），第 142-143 頁。

甸的商行叫"怡和"，顛地洋行叫"寶順"。

各商行在銀行業務上很少合作，每家商行都在印度和倫敦安排有自己的代理人。之所以會如此，原因在於廣州、印度和倫敦之間轉運貨物和匯款所需時間太長，三地一個輪次的航程需耗時一年有餘，匯款尤其成問題。廣州商人缺乏可讓渡票據，從東印度公司購買的匯票只能維持進貨之需。私商貿易日漸發展，東印度公司所佔份額下降，匯票便完全不敷使用了。作為權宜之計，私商不得不求助於追索權，其中包括美國人開具的匯票，但最終往往只有將銀錠運出中國，商人彼此之間才能完成匯兌。這種做法完全違背了中國法律，而且如第三章所述，將成為引發禁煙運動的一個因素。

公行商人很難滿足對貨幣的需求。"公所基金"的宗旨是償還行商債務，但不斷遭到侵吞。1815 年，東印度公司向岌岌可危的行商提供了 25 萬兩白銀，以使他們能夠支付帝國的稅收（如同英國人不能拖欠國內稅務局的稅，朝廷捐稅不得拖欠，必須首先繳納）。與此同時，公行商人所欠外國私商的債務由 3 位外國商人管理。這樣，在各方一致認同的情況下，歐洲人實際上掌握了中國官商的管理權。行商即使有能力償債，也總是願意支付高額利息 —— 在當時的廣州，普遍認為 15% 的利息是十分合理的，而在歐洲，這個數字的一半就被認為太高了 —— 越來越多的投資者把錢交給廣州代理商而不是送回國內。

一般人大概會滿足於當個代理商，從這個"收入尚可的行當"（這是勿地臣對這一職業的稱呼）安安穩穩地賺取高額佣金，但大多數人還是從事多種投資，以最大限度地賺取利潤。在一個缺乏通行法規的小團體中，這樣做需要具備很高的商業行為準則：不能飢不擇食，自相殘殺。結果，雖然競爭異常激烈，廣州商人重信守諾，代理行也在相當長時期裏沒有辜負委託人的信任。憤世嫉俗的冒險家渣甸像以往一樣我行我素，但從未有人懷疑過他的誠實。C. T. 唐寧博士在《中國番鬼錄》中寫道："渣甸先生用睿智和判斷力來指導龐大的商業買賣，他是個個性很強、極為慷慨的紳士。"[34]渣甸的書信表明其為人相當粗魯，他在辦公室裏只放一把椅子，為的就是

34　唐寧，前引書，第 135 頁。

不讓來客多停留，這對於一位代理商來説真是個奇特的舉止。他沒有受過良好的教育，例如，他大概從未讀過拜倫的作品，所以很少能正確拼寫出他擁有的縱帆船"希臘"號的名稱[35]，而且字體拙劣。他生性節儉，給倫敦的"裁縫斯卡奇特先生"的定單是"一件藍色大衣、一件黑色大衣和一件黑色開司米毛衣"。[36] 怡和洋行年輕的合夥人勿地臣則要時髦和風雅得多，按照唐寧的話説，勿地臣是一位舉止溫和有禮，常施善行的紳士。實際上，勿地臣經歷坎坷。

勿地臣出身於蘇格蘭高地一個古老的貴族家族，不過，據一些史料記載，他的父親並不是從男爵。[37] 年輕時，勿地臣曾在愛丁堡大學短暫居留，之後跑到倫敦當學徒，1819 年前往印度。與渣甸相比，勿地臣更願意與人交往，與人相處得更融洽，他進入叔父在加爾各答開辦的馬金淘西公司，在會計室找到一份差使。馬金淘西公司是印度當時最大的商行之一（不久後就破產了，負債高達 250 萬英鎊，這在當時是個天文數字），但他很快就離開加爾各答，前往廣州，與羅伯特·泰勒一道販賣走私鴉片。1820 年泰勒去世，鴉片買賣無以為繼，26 歲的勿地臣便留在廣州找事幹。馬金淘西公司給了勿地臣一個機會，這家公司在亞洲南部許多客戶中有一家西班牙商行，這家商行最初設在馬尼拉，在加爾各答設有代理行，該代理行的合夥人艾塞維爾·伊利薩里決定遷往廣州，並邀請勿地臣加入新的伊利薩里公司。勿地臣大喜過望，吹捧伊利薩里將把生意發展到"前所未有的高度……他能使我們成為大大超出我最樂觀想像的商業機構"。在 5 年時間裏，伊利薩里膽大妄為地從事鴉片投機走私買賣，史無前例地沿中國海岸販賣鴉片，還企圖獨佔市場。之後，伊利薩里死了，又一次留下勿地臣一人收拾殘局。

勿地臣很快便再度捲土重來，組建的合股商號至少有 25 萬元資金，據稱其中屬於伊利薩里的股份僅有 17,000 元。研究這家公司的張榮洋博士認為，這筆數額"小得令人難以置信"，而勿地臣致函這位前合夥人在西班牙的財產執行人的口氣聽起來"十分刺耳，讓人難以接受"，"除了原有財產

35　英國詩人拜倫的名篇之一是《哀希臘》，故作者有此譏諷之語。── 譯註

36　威廉·渣甸：《私人信函集》（William Jardine, *Private Letter Book*（WJPLB）），怡和洋行檔案，劍橋（Jardine Matheson Archives, Cambridge）。渣甸的大膽與其合夥人的老練形成了鮮明對比。

37　例如，科利斯：《外交泥淖》（Collis, *Foreign Mud*），第 79 頁。

所佔股份之外，伊利薩里沒有向他和我名下的商號投入一分錢資金，我唯一能向他姐姐報告的好消息是，這些財產要少於在我們合作的 5 年左右時間裏過一種富足生活的費用"。勿地臣先是裝模作樣地與競爭對手顛地洋行周旋——他大概從未嚴肅對待此事，更多是為了安撫他叔父的公司，他叔父通過倫敦的銀行，與顛地洋行關係密切——之後便帶着與伊利薩里合夥所賺的錢投奔渣甸，他與渣甸早已是朋友。[38]

顛地家族是來自威斯特摩蘭的英格蘭邊地居民，這個事實加深了渣甸與顛地之間的敵意，因為邊地居民歷來對蘇格蘭人沒有好感。兩家商號的公司旗幟反映出這種對立，顛地家族是英格蘭人，所以他們的公司旗是英格蘭的旗幟，白底紅十字的聖喬治十字旗。渣甸的公司旗圖案是聖安德魯十字，顛地洋行是聖喬治十字。張博士認為，最初導致兩家商行彼此敵對的起因是顛地洋行運用在倫敦的影響力，使渣甸開出的匯票遭到拒付。之後，一個膽大妄為的騙子尼斯比特未能蒙住顛地洋行，卻成功地從勿地臣那裏騙到錢，雙方的怨憎從此成為死結。[39]

蘭斯洛特與威爾金森兄弟是與勿地臣同輩的顛地家族成員，他們沒有那位蘇格蘭人的自信，但人們認為他們更可敬，也更富有。蘭斯洛特為人端方、處事嚴謹，幾乎到了令人厭煩的地步。一次破產拍賣時，他在信中一絲不苟地詳細說明是否購買拍賣品，實際上他放棄了大多數拍賣物品，他在信的末尾寫道："不要以為我在這件事上有疏忽或委託他人的惡習，除非給我一些錢，總在兩三塊到 10 塊之間……如果這樣，必須事先聲明，並在我吃飯之前付清。再說一遍，我放棄比爾起居室的那盞小燈，我買一個購自阿基諾先生處的抽水馬桶，記在我賬上。"[40] 廣州特派委員會熱衷於攻擊怡和洋行（在談及怡和洋行的一封函件時，委員會認為"它的語氣令人不快，內容也不真實"，"怡和洋行以及指揮鴉片船的格蘭特船長處心積慮地想樹立起他們獨立於特派委員會的權威"[41]，千方百計地證明沒有任何理由抱

38　勿地臣早年經歷的敍述，我是根據張榮洋《清朝官員與商人》的第 2 章（J. W. E. Cheong, *Mandarins and Merchants*, Chapter II）。這是唯一根據怡和洋行檔案，詳盡考察怡和洋行早期歷史的著作。

39　勿地臣：《私人信函集》，1831 年 8 月 25 日（James Matheson, *Private Letter Book* (JMPLB), 25 August 1831）。

40　現藏於羅茲圖書館，未編目。

41　馬士：《編年史》第 4 卷（Morse, *Chronicles*, vol. iv），第 356 頁。

怨顛地洋行及其屬下的船隻；東印度公司商館辦事員英記利士更是脫離公司投奔顛地洋行。特派委員會主席、首席駐華商務監督、香港總督約翰·戴維斯爵士看不起絕大多數私商，卻認為顛地兄弟是"非常體面的"英國僑民，戴維斯的這番話是在比較過顛地兄弟與渣甸一夥之後說的。另外，顛地洋行僱員較少惹出侵犯中國人的麻煩。還有一點值得指出，前大衛遜—顛地公司年長的合夥人大衛遜曾在 1829 年下議院委員會預言，收回東印度公司的權力將導致"一場戰爭，這只是個時間早晚問題……隨之而來的是大規模毀滅"，這個看法與渣甸支持者的好戰傾向形成了鮮明對比。[42]

　　不管怎麼說，顛地洋行並不受歡迎，勿地臣卻受到人們的喜愛。究其原因，勿地臣慷慨大方的稟性肯定是一個因素，他寫給一位約翰·懷特的一封信就很能說明問題。懷特已故的兄弟一度是勿地臣的客戶，死後在澳門留下一位無人供養的"靠撫恤金生活的婦人"。勿地臣認為懷特應當"繼續向她提供津貼，匱乏會使她生活悲慘，這將令亡者的朋友感到極大的痛苦，她是一名上流社會的婦女，受過教育，並在澳門成為基督徒，當然，她被自己的同胞拋棄"。[43] 勿地臣非常忙碌，他接手解決一位華人婦女的煩惱，顯示出他不同尋常地關切他人。

　　1832 年，廣州鴉片市場接近飽和，渣甸和勿地臣在拓展新業務上爭得先機。就在這一年，他們派出兩支遠征隊沿海岸北上，最遠到達天津。對於以往的市場範圍而言，這當然是個空前的擴展，收到了令人鼓舞的成效。自那以後，整個海岸線的便利地點都有定期的鴉片交易，而且很少受到中國官方的阻撓。

　　怡和洋行沿海岸線販賣鴉片的諸位船長中最臭名昭著的是巴厘船長和格蘭特船長。巴厘是"海克力斯"號的船長，就連寬厚的勿地臣有時也覺得巴厘難以容忍。勿地臣向在英國的渣甸報告說："一個不幸的消息，巴厘在女王誕辰那天大擺筵席，晚餐後他窮極無聊"，便點燃了船上的一門大炮，想試試大炮的射程，結果擊中了一艘中國官員的大帆船，引起"巨大的騷動"。查理·格蘭特早先也曾指揮過"海克力斯"號，根據官方的說法，"由

42　見張榮洋前引書，第 81-84 頁。另見《下議院特別委員會 1829 年備忘錄》第 87 號（Select Committee House of Commons 1829 minute no. 87）。

43　威廉·渣甸：《私人信函集》1832 年 3 月 11 日。

於侵犯和冒瀆中國人，他已經和'海克力斯'號一樣臭名遠揚……格蘭特船長從頭到尾幹的全是沒有道理的事情，我們甚至可以説幾乎就是海盜行徑，他完全不應再指揮任何一艘英國船隻"。[44]

誰想打一場對華戰爭

倘若在幾年前，特派委員會肯定會對渣甸和勿地臣採取嚴厲措施，因為他們的舉動完全打破了早先形成的慣例。但是，特派委員會人事變動頻繁，更何況委員會本身也不安分。1829 年，查理·馬奇班克斯接替失寵的盼師成為特派委員會主席，他很快也同樣自作主張，命令一支非法遠征隊沿海岸北上開拓潛在的市場。格盡職守的"阿美士德夫人"號船長拒不從命，因為馬奇班克斯的命令"違背了我收到的指令和海軍條例，從法律角度來說也是非法的"。[45] 在更換了更順從的船長後，遠征隊還是出發了。公司董事會指責這次行動，並於次年召回了馬奇班克斯，私商們對"這種嚴酷而不可思議的措施"深感遺憾，覺得馬奇班克斯之舉"頗具眼光"。[46] 馬奇班克斯不會因為遭到貶黜而發愁，因為東印度公司的所有職員都很清楚，他們作為經商者的時代日益臨近尾聲。如今，東印度公司的貿易特許狀是1833 年頒發的，而一屆無情的政府將做出左右他們前途的決定。在英國，諾丁漢郡、德比郡和布里斯托爾多次發生罷工和農民暴動，9 人被絞死，250 人遭流放。在倫敦，市長官邸遭搶劫，騎兵隊開進倫敦，霍亂流行，政府面臨財政危機，一場憲政危機持續了一年多時間。上議院勉強通過了偉大的《議會改革法案》，1832 年 12 月，持反對意見的威廉四世批准了法案。議會改革之後，新組成的輝格黨格雷勳爵政府不得不面對工廠立法和《新濟貧法》引起的騷動，以及解放奴隸和揮之不去的愛爾蘭問題。倘若能夠推遲解決東印度公司特許狀問題，處境艱難的政府肯定求之不得。可實際情況總是難遂人願。上一次續訂特許狀是在 1813 年，迄今已有 20 年時間，重

44　關於巴厘的胡作非為，見前引，1839 年 5 月 30 日。對格蘭特的指責，見 1840 年《藍皮書》《關於中國的通訊》(*Blue Book* 1840, vol.xxx, 'Correspondence Relating to China' (CRC))。

45　馬士：《編年史》第 4 卷，第 333 頁。

46　勿地臣：《私人信函集》，1831 年 1 月 31 日。另見 1833 年《藍皮書》《關於 "阿美士德夫人" 號的檔案》(*Blue Book* 1833, vol. xxv, 'Papers relating to the ship Amherst')。

新立法已勢在必行。

　　相關立法的原則很清楚，東印度公司必須實實在在地不再成其為一個商業機構，東印度公司已經發展成一個當之無愧的泱泱大國，統治着比宗主國多得多的人口，公司還擁有常備陸軍和海軍，從而能與很多大國平起平坐。總之，東印度公司的地位與一家貿易公司的身份完全不符，它所行使兩項職能只能保留一項。本來，可行的替代方案是由英國政府承擔直接統治印度的職責。其他任何一個歐洲國家都會樂於這麼做，但是輝格黨人不是領土擴張主義者，他們甚至不把印度視為永久的屬地。麥考萊曾認為在他的有生之年，英國將繼續統治印度（他死於 1853 年）。1830 年時，貴族學者和改革家拉姆・莫恩・羅伊認為英國在印度的統治將延續"至少 40 到 50 年"。[47] 與此同時，東印度公司稱職地看護着印度，就連政客們也意識到腐敗和撈取官職的誘惑，倘若英國是"一個絕對專制國家，英國議會"將獲得印度的財富。（這倒不是説執政黨 —— 不論執政的是哪個黨 —— 會贊同這麼做，誰能完全明瞭對手的意圖呢？）

　　爭論的焦點集中在兩個問題：一是廣州貿易的前途；二是如何補償持股人放棄商業活動的損失。不論公司董事會如何懇求，東印度公司再也不可能保留不受限制的對華貿易專營權。若干年以來，壟斷經營早已過時了。早在 1820 年，下議院委員會就曾報告説："壟斷經營能成功地維持，或得到耐心容忍的時代……一去不返了。"13 年之後，就連親托利黨的《每季評論》也不得不承認："毫無疑問，'自由貿易'的狂熱如今蔚然成風，這一情況將使對華貿易專營權遭到致命打擊。"[48]

　　自由貿易者確實讓人見識到自己的力量，請願書鋪天蓋地撲向前首相威靈頓公爵。這些請願書來自樸茨茅斯、桑德蘭、里兹、吉德明斯特、科克茅斯、蘭開斯特、利默里克、刀剪匠協會和萊斯貿易商協會。在反對東印度公司貿易專營權的宣傳聲浪中，喊得最響的是英國在廣州的商人，他們意識到這是個千載難逢的好機會，有望借此一舉擺脱特派委員會施加的種種限制，從而可以自由地盤剝中國人。1830 年，廣州私商計劃周密、資金充足的宣傳運動在議會的代言人 J. 克勞福德發表了一本小冊子。克勞福

47　《亞洲學刊》第 12 卷（*Asiatic Journal*, vol. xii），第 212 頁。

48　《每季評論》（*Quarterly Review*, vol.l），第 431 頁。

德開篇即引用愛德華・吉本的名言："壟斷者的本質是狹隘、怠惰和暴虐"，接着大肆攻擊東印度公司專營貿易的主張"充斥着謬誤、愚蠢和站不住腳的理由"。[49]

許多東印度公司股東和董事會成員並不在意所遭到的攻擊。他們要求，倘若無法保住貿易專營權，至少應允許東印度公司繼續參與對華貿易，保留特派委員會的監督權。他們提出了一些有力證據：在中國朝廷官員的眼中，自由貿易是個不可思議的概念；私商是一羣厚顏無恥、虛偽透頂的傢伙；貿易一旦停頓，英國財政每年僅在茶葉一項商品上就將損失 300 萬英鎊稅收。查理・福士爵士為上述觀點進行了英勇的辯護。福士是孟買最大的私商組織前主席、馬姆斯伯里選區的議員，他屬於托利黨強硬派，污蔑《改革法案》是"罪惡的《改革法案》，是議會中出現的最令人驚駭的可怕怪物"。[50]一些不那麼頑固的托利黨人提出了站得住腳的觀點，一言以蔽之，在他們看來，在特派委員會的庇護下，情況沒有那麼糟糕："目前該港口（廣州）的貿易便利而安定，十分順利。"私商們不接受這種觀點，他們希望擺脫東印度公司以及那些動輒就擺紳士派頭的大班，代之以樂於推行強硬路線的人。

如果説私商的觀點反映了新興的經濟帝國主義的呼聲，那麼，也有人主張採取比較溫和的政策。前孟買總督約翰・瑪律科姆爵士在公司股東會上指出，無論中國人多麼傲慢，"英國人比任何一個民族都更多地僭取了凌駕於其他國家法律和習俗之上的權利"（聽啊，好哇！笑聲）。當然，瑪律科姆是蘇格蘭人。[51]瑪律科姆還質問，如何才能勸説中國人改變他們的處事方式？作為邊沁的忠實信徒的輝格黨政府或許會爭辯説，只要允許自由經營，市場經濟的無情法則將不可避免地帶來有利的最佳結果，但瑪律科姆仍持懷疑態度，"政治經濟學家像對待算術問題那樣看待人類的習慣，他們的普遍原則的應用前景……並不比聰敏的巴比奇先生[52]的奇妙機器的應用前

49　克勞福德：《反思對華貿易壟斷》（J. Crawford, *China Monopoly Examined*）。

50　英國議會關於東印度公司問題的爭論，一種有啟發性的當代觀點，見《亞洲學刊》，第 11 卷附錄（*Asiatic Journal*, vol. xi, Annex）。

51　瑪律科姆在講話中用來表示"英國人"的是 English，而不是 British，前者有時特指英格蘭人。——譯註

52　查理・巴比奇（1792-1871 年），英國數學家和分析儀發明者，現代自動電腦的創始人。——譯註

景更看好"。中國人很可能難以説服，倘若他們依然冥頑不化，另一個選擇就是戰爭，這場戰爭"完全是為了利益而戰。但是，誰想為了推動貿易的緣故打一場對華戰爭"？[53]

瑪律科姆直言不諱地反對強權政治，認為那只是老百姓荒誕不經的幻想："談論英國受損害的榮譽並不是件壞事，但如果這個國家在每一次小爭端中都支持對華貿易的商人……將導致最為惡劣的後果。"就連查理·福士爵士也認為："征服中國的念頭太過狂妄，（公司）董事會和英國領土上的任何人都不會有這種念頭，雖然在廣州的某些明智人士似乎抱有這種看法。"但是，查理爵士在講話中指出了"急躁的跡象"，新來者正在失去對前輩們過時的行為準則的耐性。

從某種程度上説，這場辯論純粹是務虛。時任東印度公司監督委員會主席的查理·格蘭特明白無誤地表明了自己的想法："我必須重申，不論針對公司做出何種決定，政府不打算向議會建議恢復公司在對華貿易中的獨佔地位。"他清楚地表明，倘若公司不同意政府的決定，政府將會採取沒收公司全部財產和起訴公司的措施。"或許有人要問，如何處置東印度公司的股東？用甚麼基金來支付股息？"[54] 格蘭特本人渴望在印度謀得一個職位，與公司董事會公開爭吵對他不利，所以經疏通最終達成了協議。東印度公司必須"以最適當的速度"停止在印度和中國的一切貿易活動，出售公司"在國內外的全部貨物、庫存和財產"。作為回報，股東將得到利息 5% 的 63 萬英鎊可兑現年金。

1833 年 7 月 26 日的下議院辯論只是形式而已，但兩名議員分別指出了同一個意義重大的問題。堅定的老派托利黨人英記利士爵士擔心，"由於歐洲人缺乏一個公正的權力機關，對中國的貿易有中斷的危險"。英記利士在下議院的對手、南漢普郡議員喬治·斯當東爵士支持他的觀點，這位幼年時曾與父親一道隨馬戛爾尼出使中國，並用漢語與乾隆皇帝開聊的喬治·湯瑪斯警告説，中國當局與外國商人不可避免地會發生衝突，"除非派駐某個更高的權威，一位公共代表到那裏對雙方進行監督"。他的看法十分正

53　斯萊特：《英國對廣州港的貿易》（J. Slater, *Notices on the British Trade to the Port of Canton*），第 8 頁。

54　1833 年《藍皮書》（Blue Book 1833, vol. xxv, 12 February 1832）。

確,但他的警告如泥牛入海。只有少數議員聽他演説,由於不足法定人數,他被迫提前結束了演説。

查理·格蘭特不耐煩地表示同意:"我無需指明……必須向廣州派駐一位或若干位由王室委任、依法賦予監督所有英國臣民的充分權力的官員。"這項提案在昏昏欲睡的下議院及時獲得通過。麥考萊評論説:"下議院既沒有時間,也不了解情況,更沒有興趣……幾位議員睡着了,要麼看上去像是睡着了。"

在勿地臣熱情洋溢的文章的影響下,就連在廣州的英國商人也贊同派遣一名英國代表,但這名代表不是為了監督英國商人的行為,而是為了強迫中國人放棄限制措施,轉而採取現代的做法。渣甸堅持認為,"我們必須與這些天朝的野蠻人達成一項貿易章程……我們有權要求公正的貿易協議"。[55] 這個要求在白廳是無法解決的,渣甸聽説一名海軍軍官被中國人逮捕並扣上手銬後,惱火地表示:"希望國王陛下最忠實的大臣也嚐一嚐鐵鐐的滋味。"[56]

55　威廉·渣甸:《私人信函集》,1832 年 2 月 29 日。

56　同上,1832 年 3 月 16 日。

第三章

律勞卑勳爵的屈辱

淒涼的墓誌銘

倫敦尋求談判之際，廣州局勢再起風雲。商船水手與當地居民在伶仃島發生爭鬥，兩廣總督把這場爭鬥歸咎於"死不悔改的惡魔莫克尼亞克（勿地臣）"。勿地臣卻在 1833 年 6 月 16 日寫道："我們在此一無所獲，事態平穩，總督看來已拿定主意，只要條件許可就以通達的心態來管理外國人。"[1] 廣州當局意識到外國商人中發生了變故。很顯然，英國國內政局的變化，以中國人無法理解的方式導致了商人羣體的人事變動。在清朝官員看來，洋人不論由誰來做代表都一樣，只是洋人必須明白一點，無論甚麼人與朝廷談判，都必須立足於現有的、既定的基礎。

此時，負責指導對華新使團的外交大臣是那位熱情洋溢、往往是咄咄逼人的巴麥尊勳爵。即便是巴麥尊，也不可能滿足在廣州的英國商人的請求去脅迫中國。1833 年 12 月，政府任命了一個使團前去接替特派委員會，他們受命以最溫和的言辭行事，使團的成員 —— 日後以"駐華商務監督"而聞名 —— 必須"小心翼翼地避免使用所有不必要的恐嚇性語言……以各種切實可行的方法，研究如何維持善意和友好的諒解，確保所有英國臣民認識到服從中華帝國法律和習俗的義務"。[2] 使團應當"避免任何可能引起中國人民或政府嫉妒和懷疑，違背其信念和成見的行為、言辭和態度"，他們將前往廣州，遵守現行的、習慣的聯絡方式。批評 19 世紀英國對華政策的人士應該承認，這種政策是以良好的願望為開端的。

不過，眾所周知，美好的願望往往帶來糟糕的結局。駐華商務監督的主要任務之一是監督在華英國商人，為此他們被授權在廣州或任何一艘英

1　勿地臣：《私人信函集》，1833 年 6 月 16 日。關於爭鬥與惡魔，見馬士：《編年史》第 4 卷，第 268 頁。

2　本章所引英國官方檔案均見 1840 年《藍皮書》，《關於中國的通訊》（*Blue Book* 1840, vol. xxxvi, CRC）。

國船舶上組建擁有刑事和海事審判權的法庭。這樣的措施是基於兩個不大可能實現的假定，即中國人會容忍他人在自己的國家僭越行使司法權，固執的英國臣民會接受該法庭的裁決。威靈頓公爵就不贊同這種做法："如果他們自以為有權任命行政長官，那將是個錯誤。"查理·福士爵士尖銳地指出："想當然地以為中國皇帝陛下會甘願忍受'夷人'的這種膽大妄為的舉動，那是大錯特錯了。"他還嘲諷駐華商務監督"被授予了前所未聞的權力⋯⋯懲處一切違法行為（當然，走私不在其列！）"。[3] 巴麥尊力圖兼顧各方意見，他一方面頒佈樞密院令授權首席商務監督（公開地）組建法庭，私下裏卻指示首席商務監督不必遵從樞密院令，"除非已思之再三"。[4]

輝格黨強行通過 1832 年《議會改革法案》，在之後的兩年裏，英國政壇紛爭不已。輝格黨人在議會上下兩院欠下了支持者的人情，尤其是喧囂的托利黨人佔絕對多數的上議院。《改革法案》通過後，有功之臣紛紛登場，其中一位就是早先以《關於通常適用於伊特里克森林多山地區和蘇格蘭畜牧區的切實可行的農業貯藏方法》的論文而出名的律勞卑勳爵八世 —— 威廉·約翰·律勞卑。

《改革法案》艱難通過的過程中，律勞卑勳爵在上議院貢獻良多，卻未能憑藉世襲權獲得永久的上議院席位。律勞卑不是英國貴族，只是一名蘇格蘭貴族，因此他若想進入上議院，必須由其他蘇格蘭貴族以選舉方式推舉他為代表。蘇格蘭和愛爾蘭貴族只有權分別推選 16 名代表進入議會，未當選的貴族可以競選下議院議席。[5] 巴麥尊勳爵就是以愛爾蘭貴族的身份躋身下議院達 16 年之久。自 1824 年以來，律勞卑一直是蘇格蘭貴族推選的議員，作為一名堅定的輝格黨人，為輝格黨提供了可靠的一票。1832 年，托利黨人佔多數的蘇格蘭貴族不再推選律勞卑進入下一屆議會。按照以往的規矩，律勞卑擁戴的政黨要為之提供足以報答他的職位。

在不抱成見的旁觀者看來，律勞卑早先的經歷並未清楚表明他適合擔

3　《亞洲學刊》，1833 年附錄（*Asiatic Journal*, 1833 Annex）；英國議會辯論記錄，下議院，1833 年 3 月 26 日；上議院，1833 年 10 月 5 日（Hansard, Commons, 26 March 1833, Lords, 5 October 1833）。

4　《關於中國的通訊》，1834 年 1 月 25 日。樞密院令公佈後，東印度公司的董事拉文肖（J. G. Ravenshaw）致函本廷克，預言樞密院令將造成"很大的混亂"（本廷克，前引書，第 1155-1156 頁）。

5　見貝爾：《蘇格蘭法律辭典及摘錄》（Bell, *Dictionary and Digest of the Law of Scotland*）。

任外交使命。在潛心畜禽飼養之前，律勞卑一直是海軍軍官，曾以海軍軍官候補生的身份參加過特拉法加爾戰役。律勞卑效力於愛冒險的鄧多納德勳爵湯瑪斯·科克蘭——科克蘭遠征使之成為霍恩布勞爾、傑克·奧布雷等小說中英雄人物的原型——並在科克蘭手下升任海軍上尉。日後，律勞卑與科克蘭家族聯姻。對於律勞卑的外交生涯來說，始終籠罩在科克蘭的權勢之下，並不是一個良好的開端，因為科克蘭雖然是個好戰的優秀海員，卻極難相處、缺乏風度、固執己見。律勞卑勳爵行事唐突，是個出了名的虔誠長老會派，同時也不具備同入世而老練的中國人打交道所應有的素質。他在貿易、外交和亞洲事務上肯定毫無經驗可言，卻又深信遭人非難恰恰是承擔談判使命的最佳理由。最後，律勞卑勳爵一頭紅髮，而按照隨使團前往廣州的唐寧博士的說法，中國人對紅頭髮抱有"一種特殊而刻毒的憎惡"。[6]

但是，至少有一個人絲毫不懷疑律勞卑勳爵具備擔任國王陛下首席駐華商務監督（年薪 6,000 英鎊）所需的各項品質。此人正是這位紳士本人。1832 年 5 月 23 日，他在上議院就《海軍法案》所作的演說就很能說明問題。律勞卑聲稱，現役軍官不管多麼缺乏經驗，都非常適合擔任公職，"那種身份的人在處理事務時比其他人更幹練、更有效，他們在 10 分鐘內做的事，要比那些公職部門培養出來的任何一位尊貴的貴族在許多個小時裏所能做的還要多……這種個人品質足以確保他們能夠恰當地履行任何一個崗位的職責"。[7]律勞卑的看法並沒有贏得大家的贊同，托利黨的《晨郵報》尤為刻薄地嘲諷律勞卑勳爵"對廣州港和將在那裏執行的異常棘手的使命的了解，跟一頭猩猩一樣多"，律勞卑的任職"對於那些經驗豐富、品行端方的紳士來說，無疑是個侮辱和明顯的不公，這位花花公子般的貴族極為可恥地騎到了他們頭上"。

為了掌管使團那些令人厭煩的瑣事，律勞卑配備了兩名同事，約翰·法蘭西斯·戴維斯和喬治·貝斯特·羅賓臣爵士，分別擔任第二和第三商務監督。戴維斯作為即將卸任的大班特派委員會主席，已經在廣州就任新

6　唐寧，前引書，第 3 卷，第 92 頁。

7　這並不是律勞卑第一次毛遂自薦。此前，他在上議院很少發表演講，但曾兩次提出他本人應被任命為監督廢除奴隸制的委員會成員（1830 年 11 月 30 日和 12 月 10 日），這個建議並不受歡迎。

職。日後，戴維斯曾任首席商務監督和香港新殖民地的總督，成為舉足輕重的人物。戴維斯的仕途可謂一帆風順，這要得益於其家族與東印度公司以及巴麥尊勳爵的關係，他的家族“與公司董事會關係密切”，而巴麥尊更是看着戴維斯長大的。[8] 戴維斯曾隨阿美士德使團出使北京，1827 年進入大班特派委員會，1832 年出任委員會主席。戴維斯精通多國語言，少有地具備關於中華帝國外交政策的第一手知識，又有長達 20 多年的商業經驗。1829 年，他曾給英國下議院對華貿易特別委員會留下深刻印象。他在委員會作證時，強調大班在維持穩定方面的重要作用，提出必須組建一個有效的替代機構，這個機構應該具備類似他本人所擁有的素質，其中包括他尤為強調的精通漢語。中國人 —— 認為“所有戴帽子、穿大衣的民族都屬於普通民族，而英國人肯定被他們視為這些民族的首腦” —— 期待英國政府派出一個使團，使團首腦應當是擁有豐富經驗的權威人士，能夠有條不紊地處理任何可能出現的爭論，並能用滿清官員的語言進行交涉。[9]

戴維斯被任命為第二商務監督（年薪 3,000 英鎊，他嫌太少），想必他覺得自己才是使團的真正首腦，因為第三商務監督委實無足輕重。喬治‧羅賓臣爵士被公認是個大班，但他級別較低，當上大班的日子也不長，除了給上司添麻煩之外，他在廣州沒幹多少事情。然而，儘管羅賓臣膽小怯懦而又夜郎自大，他卻是位從男爵，而且是一位伯爵的孫子（雖然是個私生子）。在 19 世紀 30 年代的英國，這兩重身份中的任何一項都是不可小覷的資本。此外，羅賓臣的父親曾擔任東印度公司董事，這個家族與東方的關係可以一直追溯到加爾各答建立之初。

商務監督配備了一個頗為龐大的隨員班子，包括一名秘書、一名中文秘書 [10]、一名隨營牧師以及數名醫生。隨員人選大多是出於相互關照。秘書 J. H. 阿斯迭當時年僅 27 歲，其父威廉‧阿斯迭擔任東印度公司董事的時間長達創記錄的 47 年。老阿斯迭起初反對政府的特許狀續訂方案，但最終改變了主意，因而順理成章地得到某種回報。亞歷山大‧參遜是首席商務監督

8　　《哈丁書信集》(Hardinge, *Letters*)，第 171 頁；《巴麥尊－蘇利文書信集》(*Palmerston-Sulivan Letters*)，第 141 頁。

9　　1840 年《藍皮書》，下議院特別委員會備忘錄第 385-420 號（Blue Book 1840, Minuetes of Select Committee. Nos. 385-420）。

10　譯者按：我國史書稱“漢文正使”。

的姪兒，便當上了律勞卑的私人秘書。參遜才具一般，其父亞歷山大・參遜爵士卻是有權有勢的著名人物，經常為兒子四處活動。亞歷山大爵士歷來是輝格黨的堅定支持者，1832 年被輝格黨人推上掌璽大臣的高位。亞歷山大爵士總是用小參遜有資格穿禮服之類的事情吵得巴麥尊不得安寧，他還向威靈頓公爵提出過一些"指導駐華商務監督的指令要點"。

使團隨員中任人唯親的特徵表現得最突出的要算皇家海軍上校查理・義律的任職，他被任命為負責管理船隻的船務總管。這是個比較低的職位，薪金與助理醫官相等，只是高於"高級文書"。義律夫婦此時手頭拮据，只是因為這是唯一能夠到手的職位，義律才勉強接受這項任命，"倘若我決意不肯以船務總管這一公認不適當的品級前往中國，我能想見他們（海軍部）的不滿"。[11] 義律本來指望謀一份美差，這一方面是因為他先前的履歷頗為漂亮，同時也由於他出身於一個權勢薰天的家族，該家族在英國上流社會等級秩序中的地位比律勞卑家族還要高。在準備出航中國時，陪伴丈夫同行的克拉拉・義律一想到要屈尊於律勞卑勳爵夫人的"廣州禮節"就大為窩火。1834 年 3 月 25 日，克拉拉在給她姐姐希思洛普夫人的信中頗為節制地訴苦說："我不應當抱怨，你會問我為何如此氣憤，那還不是因為某個庶民。"義律夫婦貴族氣勢十足，不願表現得粗俗，但他們還以善待自己而聞名。義律的堂兄明托勳爵是個忠心耿耿的輝格黨貴族，他在海軍大臣任上之所以出名，按照一位評論家的話說，"完全是因為在海軍撈得一官半職的義律家族成員所激起的強烈抗議之聲"。[12] 日後，政府派出一支海軍特遣艦隊前往廣州，艦隊司令是義律的另一位堂兄、海軍少將喬治・懿律爵士。查理的父親休・伊里亞德是第一代明托勳爵的兄弟，曾在法國接受理性主義哲學家大衛・休謨的教導，還與革命家米拉波成為朋友。休・伊里亞德在外交界的起步相當不錯，但由於在那不勒斯大使任上不檢點，不得不另

11　雖然亨利・泰勒（Henry Taylor）在《自傳》中為香港的奠基人做了富有啟發性的辯護，但唯一的查理・義律傳記是克拉吉特・布萊克所著《查理・義律》（Clagette Blake: *Charles Elliot*）。義律的通信以及他的妻子克拉拉與她的姐姐希斯洛普夫人的通信，現藏於蘇格蘭國立圖書館明托檔案集，編號 Accs.5534, 7287；蘇姍・霍伊在《老香港的私人生活》（Susan Hoe: *The Private Life of Old Hong Kong*）一書中出色地利用了這些文獻，其他歷史學家忽略了它們。雖然義律使英國獲得了香港，但他卻不是新加坡的萊佛士一類的領土擴張主義者，他是一個盡責的海軍軍官，只是偶然地被置於一個極為複雜的境遇之中，他發揮了很大的主動性。

12　《名人傳記辭典》（*Dictionary of National Biography*（DNB））。

覓有利可圖的職位。他先是出任西印度羣島中背風島的總督，後來當上了
馬德拉斯總督。[13] 義律夫婦是奧克蘭勳爵的親戚這一點在日後變得頗為重
要，因為 1840 年英國與中國的第一次戰爭爆發時，奧克蘭勳爵正在印度總
督的任上。

在家族勢力的庇護下，年輕的查理獲得了西印度羣島分艦隊的職位，
他在那裏指揮縱帆船和海岸炮艇從事反奴隸制的使命，這可是每一個年輕
海軍軍官都夢寐以求的機會。義律年僅 27 歲時就升任上校，接着又被授予
"英屬幾內亞奴隸的理民官" 的稱號。在幾內亞的所見所聞，使義律難以對
英國海外商人產生欽佩之心，但他在倫敦贏得了廣泛讚譽。1833 年 3 月 2
日，霍威克勳爵 (即後來的格雷伯爵，此時任殖民地部常任次官) 寫道："國
王陛下政府感謝他 (義律) 所做的遠遠超出其職責範圍的工作⋯⋯不僅僅因
為他熱忱而高效地恪盡職守，還由於他提供了極具價值的重要情報。"[14] 霍
威克勳爵試圖勸說財政部發給義律一筆報酬，但義律的功勞和家族勢力都
未能使之兌現。義律夫婦出於無奈，不得不接受任何能夠到手的職務。不
過，戴維斯在致外交部的函件中對義律的評價預示義律會有更好的前程，
"這位紳士的才具、知識和氣質，極為適於擔任派駐這個國家的首要職位"。

第一個提議佔領香港的人

律勞卑使團收到的指令固然值得讚賞，使團失敗的命運卻早已註定。
原因在於使團首腦毫無責任感可言，而且給他的指示只有三言兩語。巴麥
尊的指令在其他方面都頗為得體，也確實表現出修好的意向，但正是指令
中的一句話導致了災難性的結果："閣下抵達廣州後，應即以信函通知 (兩
廣) 總督。" 就是這寥寥數語導致了兩場戰爭並帶來巨大的痛苦。

外交部正確地認識到，必須重新開啟瀕於停頓的廣州貿易，不能冒任
何被拒之門外的風險，否則就會重蹈馬戛爾尼和阿美士德的覆轍。國王陛
下的出訪官員、一位貴族向中國皇帝的地方代表表示敬意，這難道不是起

13　休・義律 21 歲時就獲得了第一個外交職務。在之後 20 年裏，他曾設法羞辱過腓特烈大帝，
　　還與一位德國貴族決鬥，阻止了丹麥與瑞典之間的一場戰爭，並前往大革命時期的巴黎從事
　　秘密使命。

14　《義律函件》(*Elliot Correspondence*)。

碼的禮節嗎？但是，中國人可不這麼看，他們的外交禮節只有兩種選擇：律勞卑要麼作為進貢的使者，這樣的話他必須到北京觀見，行相應的大禮；要麼他以大班的身份來華，這樣的話他必須得到許可方能進入廣州，必須以通行的方式與行商和海部討論有關事宜，只能用"稟帖"（懇求書）來與中國官員聯絡。然而，沒有哪個商人，不論他自稱有多麼高貴和顯赫，膽敢接近身為太子少保、官居一品、戴雙眼花翎的兩廣總督，而這正是律勞卑被指令要去做的事情。

　　1834 年 7 月 15 日，律勞卑使團乘巡洋艦"安德洛馬"號抵達澳門，中國人注意到該船更適合運送使節而不是一位大班。不過，"安德洛馬"號因吃水太深，在駛往廣州的途中擱淺，無法繼續營造令人難忘的效果。使團不得不乘坐數艘小艇溯江而上，慢騰騰走完剩下的旅程。前往廣州之前，使團在澳門處理了一些事務，在廣州擔任大班特派委員會最後一任主席的戴維斯趕來澳門加入使團。戴維斯在廣州的繼任者只是作為東印度公司的代表（公司在廣州保留了一個辦事處，以協助清理貿易賬目），年薪卻有 5,000 英鎊。因此，戴維斯提出自己應獲得某種補償，薪水應當從"安德洛馬"號離開英國之時算起，如同他當時已在船上就任新職。另外，公司家具作價出售，皇家買下了公司的單桅帆船"路易莎"號，這艘單桅帆船日後在珠江兩岸變得廣為人知。

　　律勞卑迅速安排妥當這些事務，未在澳門久留，便不顧中國人的抗議，起程前往廣州，把他的"看護人"戴維斯和羅賓臣丟在澳門。律勞卑這個舉動非常輕率。按照當時清朝政府的規定，正確的方式應當是在澳門通知行商，告之新領導人已經抵達。隨後，行商以得體的謙卑措辭向兩廣總督請求允許夷人入城，在許可令發出之前使團必須待在澳門。1834 年 7 月 25 日，即抵達澳門後的第 10 天，律勞卑進入廣州城，住在威廉·渣甸提供的房子裏。為難的海部向總督報告説："午夜時分，一艘軍艦上的小艇載着 4 名英夷進入廣州，他們在英國商館住了下來⋯⋯我們認為以這種方式前來，無異於秘密潛入廣州。" [15] 翌日，兩位蘇格蘭人 [16] 一道進餐時發現彼此有很多共同點。渣甸得知 3 名商務監督中有兩人來自東印度公司，便憤憤不平

15　《亞洲學刊》，1837 年，第 4 頁。

16　譯者按：律勞卑和渣甸。

地向勿地臣抱怨説："你若是知道第二和第三商務監督都是商館指派的人，一定會吃驚的。我敢肯定廣州僑民將一致譴責把國王與公司混為一談……我不認為這只是臨時性的安排，可我不會説甚麼。"[17] 不過，他希望至少首席商務監督能倚仗皇家海軍的威望和力量，威嚇中國人改變貿易條件。

這正是律勞卑樂於扮演的角色，儘管英國政府給他的指示十分明確。[18] 在抵達廣州後兩天之內，並且未與兩名同事戴維斯和羅賓臣商量——他把兩人留在澳門乾等，律勞卑"在 6 個方面違反了中國人的規定：沒有通行證就進入廣州；未經允許便留了下來；企圖以書信代替稟帖與總督聯絡；在信函中用了中文而不是英語；遞呈信件者人數超過兩人；企圖直接與滿清官員聯繫，而不是通過行商居間轉達"。[19]

兩廣總督盧坤是個堅強的老軍人，19 世紀 20 年代曾帶兵征戰新疆，以戰功威鎮於世。律勞卑的違規舉動與其説讓他感到憤怒，不如説是困惑不解，他在給皇帝的報告中寫道："該夷目律勞卑有無官職，無從查其底裏，即使實係該國官員，亦不能與天朝疆吏書信平行。事關國體……"雖然盧坤認為律勞卑"有心抗衡，不遵法度"，但這位總督依然準備修好，"繼思化外愚蠢初入中華，未諳例禁，自宜先行開導，俾得知所遵循"。[20]

律勞卑勳爵辜負了盧坤的善意。他先是恣意違犯中國的法令，又錯上加錯地表現出侮慢的態度。在兩廣總督派代表參加的會晤中，律勞卑"嚴厲斥責"對方未在約定時間到達，並把他們的延誤説成是"對不列顛國王陛下的侮慢"，還表示如果有必要，他完全做好了戰爭準備。此時，擔任商務監督中文秘書、年薪 1,300 英鎊的傳教士馬禮遜是唯一能夠挽回局勢的人。馬禮遜為人相當克制，這個新職位卻讓他興奮不已，"我將要穿上紐扣上帶有國王印記的副領事制服……副領事制服替換了教袍！"[21] 他沒有活多長時間

17　威廉·渣甸：《私人信函集》，1834 年 6 月 10 日。

18　巴麥尊給律勞卑的指示有以下 5 個要點：1）一到廣州，即以書面形式通知兩廣總督；2）盡可能把通商擴大到廣州以外各地；3）設法與北京政府直接交涉；4）除特殊情況外，暫不與中國發生新的關係，如有這種機會，要先向政府報告，等待指令；5）除非有特殊需要，不得把軍艦開進虎門。——譯註

19　張馨保：《林欽差與鴉片戰爭》（Hsin-pao Chang, *Commissioner Lin and the Opium War*），第 53 頁。此書是關於這場衝突的最佳著作，但沒有利用義律文獻。

20　關於中國方面的反應，見馬士：《中華帝國對外關係史》，第一卷（Morse, *Int.Rel.* vol. I），第 123-136 頁。英國方面的評論見《關於中國的通訊》相應日期下的內容。

21　馬禮遜：《回憶錄》，第二卷（Robert Morrison, *Memoirs,* vol. ii），第 524 頁。

來享受那件制服，與律勞卑一道工作兩天後，他就一病不起，一週之內就死了。如此一來，唯一一位具備足夠的知識、影響力和聲望，有可能改變律勞卑剛愎自用習性的人不復存在。

按照最初的安排，律勞卑並沒有任何軍隊來支持預定的和平使命。但是，很偶然的，除了仍停泊在澳門的"安德洛馬"號之外，律勞卑手頭又多了一艘巡洋艦"伊莫禁"號，這艘船屬於東印度公司艦隊的常規巡航艦隻。首席商務監督多次設法打動中國人，一方面向倫敦發出怒氣衝衝的公函，要求進行武裝干涉，同時力勸高級海軍軍官布萊克·伍德上校把軍艦駛往上游的黃埔，"若到達那裏後缺乏足夠的防護，就停泊在城牆下的河道裏"。事實上，他們無法抵達黃埔。本來，兩艘海船不可能逆流而上強行通過兩岸有上百門海岸炮的狹窄航道，但這兩艘巡洋艦沒費多少力氣就做到了，儘管有一些傷亡。這次行動被英國報刊稱作"虎門之戰"，它是來自律勞卑使團唯一聽起來可信的消息，英國各報刊無不大肆渲染。

對於英方這種愚蠢的冒險行徑，兩廣總督的對策是封艙停止通商，與忤逆的夷人斷絕一切貿易往來。這項措施幾乎取得了立竿見影的效果。士卒前去把守要道，不讓僕役接近英國商館，中國人禁止向英國人出售食品，違者處死。律勞卑勳爵本是以極大花費前來保障對華貿易的，現在卻成功地使之中斷。其他外國商人本來就對渣甸—律勞卑聯盟疑慮重重，如今紛紛拒絕服從律勞卑，稟請海部准許恢復貿易。

律勞卑發現局勢完全失去控制。他甚至無法再次不顧英國政府的指令憑藉武力穿越中國人的封鎖線返回澳門，因為兩艘巡洋艦早已返回澳門，而中國人已經徹底封鎖黃埔至廣州江面，就連小船也無法通過。3週之後，律勞卑及其屬下不得不乞求廣州當局准許離開廣州，在兩岸中國人的嘲笑和譴責聲中回到澳門。5週之後的10月11日，律勞卑死於熱病。既然這個釘子已經拔除，廣州的貿易便和平地恢復了。

律勞卑雖然有辱使命，卻應該算是第一個提議佔領香港的人，至少按照一個臨時的標準來看是如此（雖然有人，可能是渣甸，告訴過律勞卑有關香港的情況，因為這位商務監督無緣親自造訪這個港口）。在8月14日的一份函件中，律勞卑建議佔領"珠江入口處的香港島，該島完全適於所有的目的"。

別讓煮熟的鴨子飛了

律勞卑使團令人遺憾地鎩羽而歸，"律勞卑的慘敗"的説法迅速傳播開來。消息傳回英國，人們沒有表現出得知外交使團丟臉地被拒之門外後所應有的義憤。從某種程度上説，這是由於一次偶然的憲政事件導致巴麥尊勳爵暫時離職，否則他一定會對這次可笑的失敗狂怒不已。

日記作者查理‧格雷維爾報告説，1834 年 11 月 16 日這天，"本城因梅爾本政府下台的消息震驚不已，人們對這個近在眼前的大災難毫無思想準備"。[22] 威廉四世歷來憎惡輝格黨人，以微不足道的理由接受了梅爾本的辭呈。他沒有依照憲政慣例任命另一位來自同一政黨的人，而是召集托利黨的羅伯特‧皮爾組閣。因此，收到律勞卑使團在華失敗消息的外交大臣是威靈頓公爵而非巴麥尊。威靈頓公爵對此事的反應是任何人都無法模仿的，他對律勞卑之死不置一詞，卻乘機大肆譴責輝格黨人："很顯然，強迫中國廣州當局的嘗試，一種奇怪的聯絡方式……徹底失敗了……顯而易見，這樣一種嘗試必遭失敗，再度令國家蒙受恥辱。"他簡要分析了巴麥尊發給商務監督的指令錯在何處，並提出了修正意見：

> 他們[23] 受命前往並留駐廣州港。據稱廣州港位於虎門之內，國王陛下的船隻被告知不要駛入該地點。因此，商務監督被命令前往並留駐在中國當局不允許他們前往，也不允許他們留駐的地方。關於此事及其他事項，必須改弦更張。

這位公爵用極為務實的一句話概括了未來的政策："目前我們要做的就是別讓煮熟的鴨子飛了。"人們在這一點上形成了廣泛的共識，只有威廉國王始終"對律勞卑勳爵在廣州的遭遇憤憤不平，想與中國開戰。他以這種筆調致函公爵，公爵不得已回覆了一封長長的答覆函，非常恭敬地告訴他，他是怎樣的一個老傻瓜"。[24]

22　格雷維爾：《回憶錄》(C. C. F. Greville, *Memoirs*)。

23　譯者按：商務監督。

24　格雷維爾：《回憶錄》(C.C.F. Greville, *Memoirs*)，1835 年 2 月 8 日。

　　中國政府有理由對結局感到滿意，也希望事態就此打住。"伊莫禁"號和"安德洛馬"號強行闖入虎門的行徑理應受到譴責，兩廣總督盧坤因此被革去太子少保銜，拔去雙眼花翎，革職留任。傲慢的夷人首領被屈辱地驅逐出境後，盧坤又官復原職了。北京的議事議程上還有更為急迫的問題，這些問題發生在離廣州有數千英里之遙的地方，但仍影響到廣州的事態。如同印度西北邊境一樣，中國西部邊陲麻煩不斷，造成動盪的原因也與印度如出一轍。那個地區不安分的穆斯林土著與漢人統治者在種族、宗教和語言上格格不入，就像帕坦人、回教徒與英國統治者的關係。道光的祖父為了確保新疆南部的和平、保護絲綢之路的商貿往來，修建了一系列軍事要塞，這條商路一直通向塔什干、撒馬爾罕和布哈拉並穿過帕米爾高原，直達如今的阿富汗、巴基斯坦（吉爾吉特）和浩罕。19世紀40年代的阿富汗戰爭之後，英國大肆收買阿富汗土著居民，中國人出於維持邊境安寧的目的，同樣為浩罕可汗提供經濟援助，從而穩定了邊境。然而，得寸進尺的可汗先是在中國喀什噶爾煽動叛亂，之後入侵了這個地區。清朝花了5年時間才平息叛亂，1835年簽訂了一項條約，規定可汗有權在喀什噶爾派駐一名政治代理人，在其他5個城市設立商業代表，可汗的官員在司法及治安上享有對外國居民的治外法權，可汗還享有一項有利的稅制。[25]這些條款類似於7年後中國與英國簽訂的《南京條約》。

　　律勞卑使團的結局可以說是英國的國家恥辱（在渣甸小集團看來尤其如此），但很難想像還有比托利黨政府的反應更少挑釁、更為溫和的政策了。1835年4月，巴麥尊勳爵重新執掌外交部，這種政策隨即成為輝格黨人的政策。

　　約翰·戴維斯——他的意見曾被律勞卑棄之不顧——情願讓廣州事態如他擔任特派委員會主席時那樣保持平穩。戴維斯致函外交部，報告律勞卑的死訊，他在函件中建議："對我們來說，最可取的就是保持絕對的緘默與平靜。"不過，這位新任首席商務監督確實做出了一項對未來影響重大的決定。律勞卑死後，要求獲得商務監督秘書職務的參遜失去了保護傘。戴

25　見史景遷：《追尋現代中國》（Spence, *The Search for Modern China*），第162-163頁。）
　　史景遷教授還提出，像盧坤這樣在新疆成名的官員和將軍被派駐東南沿海，目的是為了在沿海地區推行同樣的政策。

維斯對參遜的能力有所了解，不願提拔參遜，他調閱了參遜的個人檔案，發現後者自稱的履歷與記錄不完全吻合。結果，直到戴維斯辭職後參遜才得到升遷。查理·義律升任秘書，開始接近商務監督的位子。至於其他方面，戴維斯重新執行巴麥尊最初的指令，敦促英國商人"不給中國人以抱怨的正當理由"。

這只是戴維斯一廂情願的樂觀想法。在華英國商人是個野心勃勃的羣體，從來不接受甚麼"絕對的緘默和平靜"。他們把戴維斯視為東印度公司的殘渣餘孽（《廣東記事報》抨擊説："晚近'壟斷學派'培養出來的人，永遠不會成為自由商人的合適代表和管理者。"），對戴維斯成為主管憤憤不平。渣甸親自跑回英國，一是護送守寡的律勞卑夫人，二是為了在國內挑起事端。廣州商會也向國王遞呈了措辭激烈的請願書，要求另外派一名代表在軍隊的護送下前來，務必使這名特使無權"偏離一項直截了當的方針：沉着、冷靜、堅定地維護陛下之帝國的真正地位"。最重要的是，這位新使節不能與可疑的東印度公司有任何瓜葛，更不能與東印度公司狼狽為奸。

戴維斯獲悉有關情況之後非常難堪，他向倫敦報告説，這份請願書"十分拙劣，難以卒讀"，只代表"廣州的部分英國商人（因為一些最體面的商號拒絕在請願書上簽名）"——他指的是顛地洋行，"據説請願書是由一位來自印度的不速之客起草的，此人根本不了解這個國家"。[26] 實際上，律勞卑使團的失敗已經動搖了戴維斯的根基，他表現出名副其實的"約翰公司"[27]式的傲慢，對絕大多數廣州商人嗤之以鼻，無法再與廣州商人友好相處。他辭去商務監督之職，於 1835 年 1 月返回英國，大概再也不想見到珠江了。9 年後，他重返中國，他的身份不單是商務監督，還是香港總督、駐華公使和從男爵。

前第三商務監督喬治·羅賓臣爵士接任戴維斯之職。戴維斯辭職後，秘書阿斯迭也隨即辭職，義律和參遜分別擔任第二與第三商務監督。羅賓臣熱切地採納了以往的消極立場，惟恐激起任何細小變故。他完全做到了這一點，因為他把自己的總部搬到停泊在伶仃洋的小艇"路易莎"號上，安

26　見張馨保前引書，第 81-84 頁，"極端"派有怡和洋行、英尼斯，"溫和派"有顛地、懷特曼和布萊特曼。

27　約翰公司是東印度公司的俗稱。——譯註

全地遠離了所有人。安全倒是有了保障，可生活極不舒適，他的下屬全都擠在這艘 80 噸的船上，它充其量只是一艘武裝小艇。為了平息下屬的不滿，羅賓臣允許他們上岸居住，自己在船上又住了兩年，期間始終保持低姿態，同時不斷地向巴麥尊發出一連串自貶身份的函件："我希望我無須再多說甚麼，我保證將以最大的尊重和敬意，絕對服從和執行我有幸在此地或其他任何地方收到的指令。一絲不苟、不折不扣地服從我收到的命令和指示……乃是我一切決定的基礎。"

　　義律自始至終就不信任羅賓臣。義律十分高興能得到升遷，1835 年 1 月 19 日，他在寫給妻子的信中表示，只要在這個位子上幹滿半年，就能償清所欠債務。然而，"總的來說，我寧願他（戴維斯）依然留任，因為他讓一個極其愚蠢的傢伙來接替他"。[28] 羅賓臣任職期間的無為而治進一步加深了義律的疑慮，他無法忍受羅賓臣的軟弱態度，在他看來，私商幹的那些事情屬於明目張膽的違法行徑。義律尤其看不起那位無法用言語形容的詹姆斯·英尼斯（經常接觸英尼斯的美國商人貝內特·福布斯說過，英尼斯是個瘋子，應該被抓起來絞死）。英尼斯宣佈他打算個人對中國宣戰，除非海關官員發還沒收的一些貨物。羅賓臣畏縮不前，束手無策，既沒有對英尼斯，也沒有對中國人採取任何有力行動。這在義律上校看來太過軟弱了。身為第二商務監督，他有權越過羅賓臣直接向白廳匯報。義律設法說服參遜，兩人聯名向巴麥尊提交了一封抗議信，指責"G. B. 羅賓臣爵士的處事方式，一致認為必須採取措施，迫使英尼斯先生放棄他那充滿敵意的計劃"。巴麥尊也認為此事太過出格，回函說英尼斯的舉動與海盜無異，如果他一意孤行，皇家海軍會對付他，如果英尼斯的要求合理，商務監督應當把他與中國當局的官司繼續打下去。羅賓臣的仕途就此終結，他被匆匆解職，義律取而代之。

最謙卑而順從的僕人

　　香港沒有自己的斯坦福德·萊佛士，沒有以地名、紀念碑甚至旅館名

28　義律函件。

來紀念的毫無爭議的創建人。查理‧義律本應有資格得到這種榮譽，卻被人們遺忘了。在以船務總管之職來到廣州兩年後的 1836 年 12 月，義律開始負責英國與中華帝國的外交事務（薪俸比前任低得多），協助他的只有年輕的亞歷山大‧參遜。這並非一個值得羨慕的職位，因為不論是監督英國商人，還是與中國當局打交道，義律的職權範圍都很不明確，巴麥尊也未能給予明確的指令。這位外交大臣確實猛烈斥責英尼斯的“海盜”行徑，同時也警告義律不要擅權行動。巴麥尊在 1836 年 11 月 8 日的信函 [29] 中寫道：“商務監督不具有開除或處罰任何人的實際權力”—— 儘管正是為此才頒佈樞密院令設立一所法庭。商務監督必須“在實際享有的職權範圍之內，十分謹慎地對在華英國商人行使權力”（1836 年 7 月 22 日函 [30]），與此同時，還必須“在你的職權範圍之內，盡一切可能消除冒犯中國當局的因素”。這個目標很難實現，因為英國商人的行為本身就構成了“冒犯的主要原因”。義律試圖說明當時的情況，廣州“到處是……當地人絕不會聽之任之的一羣人”，他接着指出：“有跡象表明，普通老百姓越來越厭惡我們的同胞。年輕人尤其以最無理的侮慢和無禮對待中國人，這已成為一種風氣。”

　　1836 年，勿地臣跟隨渣甸回到英國，他此行不單是為了委託製作律勞卑勳爵的墓碑，還想促成英國採取更為強硬的對華政策。為此，他出版了一本書《英國對華貿易的現狀及前景》。這本書的字裏行間充斥着對中國人的謾罵，就連上帝也未能逃脫勿地臣的責難：“上帝樂於指派中國人，一個以不可思議的愚蠢、貪婪、自負和頑固為特徵的民族，擁有遼闊的富庶土地和將近佔人類三分之一的人口。”中國人使無辜外國人遭受的“傷害和侮辱，不但可用備受折磨來形容，簡直可以說是恐怖”。“自然法則受到踐踏”（因為盼師夫人未獲准前往廣州），在華英國商人的境遇“甚至比我們在西印度羣島的奴隸還悲慘”。東印度公司可恥地懦弱不振，奉行的政策是“中國人是個偉大、強大、獨特的民族，奉行完全隨意地延續或斷絕與我們的交往，因為他們現在和將來都不會受任何條約的約束。在沒有任何條約的情況下，國家間的行為準則不允許我們把我們的所謂要求強加給中國人”。東印度公司的這項聲明相當準確地反映出威靈頓公爵、巴麥尊勳爵以及幾

29　《關於中國的通訊》。

30　《關於中國的通訊》。

乎每一位政客和行政官員的看法，但這無關緊要，"那些'世間的巨擘'——商人"將扭轉整個局面，"克服這種冷漠而矛盾的情緒。他們具備高尚、堅韌的進取精神，敢於面對一切危險，藐視各種困難"。

勿地臣用平鋪直敍的沉悶文字道出了未來的方向："我們務必決意維護我們受到侮慢的民族榮譽，保護我們受到傷害的商業利益……謙遜的我們……丟臉地匍匐於地球上最忘恩負義、最懦弱的民族腳下。"倘若中國人沒有馬上應允英國的要求，可取的補救辦法是獲取他們的一塊領土。這個地方不是澳門，儘管奪取澳門很容易，但澳門的港口條件很差，地理位置也不理想。"如果要佔領一座島嶼的話，它應當位於中國中部，例如舟山。"香港仍然沒有進入英國人的視野。顛地洋行為首的其他一些人沒有那麼好戰。義律寫道："此地有'兩家商行'，他們彼此勢同水火，兩家的宿怨影響了他們對世間事務的看法……我惟願能有更有勢力的溫和派……但這種熱心紳士的人數為零。"[31]

儘管勿地臣牢騷滿腹，廣州的自由貿易只取得了有限的成功。東印度公司撤出之後，原棉進口翻了一番，絲綢出口也增加了一倍。如東印度公司預言的那樣，茶葉出口有所增加，品質卻下降了。市場已經飽和，難以駕馭，英國產品很難找到銷路。那些樂觀的新來者紛紛湧入廣州，希望在對人人都開放的貿易擴張中分一杯羹。只有鴉片這種大宗商品的需求一直保持強勁勢頭，這種毒品的進口量從19世紀初年有限的年均4,000-5,000箱增長到1820年代的12,000箱左右，1834年又猛增到20,000箱。此後，鴉片進口與日俱增，1835年超過30,000箱，1838年達到40,000箱。

鴉片進口的大幅增長引起了恐慌，因為所有鴉片都屬非法進口，不繳納任何賦稅，經紀人和滿清官員乘機勒索名目繁多的苛捐雜稅，中飽私囊。鴉片走私極其興盛，商人們認為即使是進口合法貨物，也沒有必要經過廣州海關，他們不妨也在珠江河口卸貨，這樣就可以省下海關稅金。由於合法進口貨物必須以白銀支付，這樣一來就對中國的白銀儲備造成了相當大的衝擊。

"走私"這一術語（取其偷偷摸摸的涵義）很難準確反映這種如此大規

31　見張馨保前引書，第81-84頁，"極端"派有怡和洋行、英尼斯，"溫和派"有顛地、懷特曼和布萊特曼。

模、如此明目張膽的投機買賣。義律因為無權約束同胞感到苦惱，迫切要求"女王陛下政府積極干預"，如果這種干預"姍姍來遲，將導致極大危險"。[32] 巴麥尊執意要義律直接與兩廣總督聯繫，而不是通過行商這一既定的中轉管道，這無疑進一步增加了義律的困難。外交大臣尤其反對與中國人聯絡時使用"稟帖"，而在中國人看來，這種善意的聯絡方式不可或缺（巴麥尊不認為自己在嚴厲申斥義律的函件落款寫上"您最謙卑而順從的僕人"有甚麼不妥，卻對別國的外交禮儀缺乏耐心）。首席商務監督竭盡全力執行巴麥尊的指示 —— 他稱之為"走鋼絲的指令"，也確實與新任兩廣總督鄧廷楨建立起良好的關係。

英國缺乏前後一致、切實可行的政策，主動權自然落到中國人手中。鑒於鴉片貿易日甚一日，就有兩條可能的途徑擺在中國人面前：要麼鴉片貿易合法化，要麼徹底查禁。1836 年初，北京就鴉片問題正式展開辯論。贊同鴉片貿易合法化的人自有一番大道理：雖然鴉片貿易合法化斷絕了非法收入的來源，但滿清官員及其僚屬仍能從行商那裏榨取到數額更大的合法利潤，絕不會一無所獲。國家稅收也能大大增加，鴉片零售價格將穩定在相當高的水準，從而起到勸阻吸食的作用。廣東省官員一致認為應當將這種貿易合法化。曾在廣東任高級官員的許乃濟[33] 就力主推行馳禁方針，他的支持者，上至兩廣總督鄧廷楨，下至行商，都認為鴉片進口必須嚴格限制在廣州，嚴厲禁止這種可恥的貿易沿海岸北上。德高望重的學者阮元支持這種政策，據說皇后也持贊同態度。許乃濟的奏摺被譯成英文，發表在1836 年 7 月 12 日的《廣東記事報》，廣州的歐洲人和中國人都認為朝廷很快就會批准鴉片合法化。7 月 27 日，義律報告說："（鴉片合法化）最後的正式命令很可能在一個月或 6 週之內傳到此地。"8 月 6 日，他將預期的這個舉措說成是"無疑是這個王朝登基以來在對外貿易方面……最不同尋常的措施"。勿地臣沒有飄飄然，他在 7 月 12 日寫道："就我們的利益而言，我並不看好這個計劃，儘管它使得（鴉片）價格上漲。"[34]6 個月後的 1837 年2 月，事態沒有任何進展，渣甸仍然寫道："這種貨物遲早會得到許可，一

32　《關於中國的通訊》，1837 年 2 月 21 日。

33　譯者按：許曾任廣東按察使。

34　勿地臣：《私人信函集》，勿地臣致里斯船長。

且獲得許可，消費量就將增加。"[35] 是年 10 月，渣甸的合夥人已經持相反的看法了："這種貿易的合法化已不在考慮之列，政府顯然正努力徹底禁絕它。當然，他們根本辦不到。"[36]

事實證明勿地臣是正確的。早在 1837 年 8 月，廣州當局就採取了一項制裁措施。怡和洋行店員在 8 月 13 日的流水簿中寫道："走私船再次禁止出航，經紀人跑了。不會再有針對這種藥材的調查。"[37] 廣州的事態很快就明朗了，中國當局根本不打算將這種毒品合法化，而是決心以最強而有力的方式，徹底地、一勞永逸地禁絕鴉片。皇帝決心不讓這種毒品繼續氾濫，唯一的問題是如何有效地禁絕鴉片貿易。

蘭斯洛特·顛地衣領之戰

傳統觀點認為，第一次英中戰爭（1840-1842 年）—— 它導致了香港殖民地的建立 —— 是寡廉鮮恥的英國人向中國大量輸入違禁鴉片引起的。在當時，輿論在這個問題上就有分歧。1840 年 4 月 25 日，《泰晤士報》首先將這場戰爭稱作"鴉片戰爭"。當時是在野的托利黨議員的格拉斯頓深信戰爭就是因鴉片而起，他極為罕見地表達了對這場戰爭的懷疑："我不知道，也從未聽説過，還有哪場戰爭就其起因來説更不正義，就其進程而言更蓄意地給這個國家蒙上永久的恥辱。"陸軍大臣馬考萊的觀點截然相反："英國人的自由和生命受到威脅……至於對華政策，不會有任何改變……我只想表達一個熱忱的願望，希望這場非常正當的爭端能夠迅速得到圓滿的解決。"[38] 美國前總統約翰·昆西·亞當斯在《紐約前驅論壇報》表明了一種出人意料的立場："誰是正義的一方？你們將驚異於我的回答 —— 英國！鴉片問題不是戰爭爆發的原因……戰爭的起因是磕頭！是中國人的傲慢和令

35　威廉·渣甸：《私人信函集》。

36　勿地臣：《私人信函集》。

37　《怡和洋行日誌》，1837 年 8 月 13 日（*Jardine Matheson Day Book*, Canton, 13 August 1837）。

38　《英國議會辯論記錄》，下議院，1840 年 6 月 7 日。

人難以置信的自命不凡。"[39] 中國人在廣州沒收鴉片的行動"只是這場爭端中的一個小插曲"。[40] 法國人像以往一樣,深信應受指責的是奸詐的阿爾比恩。

中華人民共和國的學者在這個問題上觀點十分明確,"為了維護有利可圖的鴉片貿易,英國在 1840 年以前就蓄謀發動對中國的戰爭⋯⋯儘管廣大人民和部分愛國官兵英勇抵抗,但是由於腐敗的清廷採取對內敵視人民、對外妥協投降的政策,使戰爭以失敗結束"[41];"海盜式外國資本主義侵略者,以鴉片貿易為基礎,開始侵入中國"。[42] 西方學者對這個問題另有看法,"歷史學家反覆消除這樣一種錯覺,即這場戰爭是為了把鴉片強加給中國人而起的,但它以一種非凡的耐性不斷出現於反鴉片小冊子和大學教科書中⋯⋯巴麥尊⋯⋯非常清晰地表明,對於政府而言,鴉片問題並非主要問題"[43];"這場戰爭之所以被稱作鴉片戰爭,是因為鴉片乃是導致戰爭的一種貿易物。戰爭不是為鴉片而戰,它是為貿易而戰,一個資本主義的、工業的、進步的國家迫切希望強行與一個儒教的、農業的、停滯的國家開展貿易"。[44] 費正清是研究這一時期的歷史學家的老前輩,他對這場戰爭有一個尖刻的評價:"大家都認為,1839-1842 年的鴉片戰爭是典型的非正義戰爭⋯⋯所以,這是地地道道用鴉片染成的戰爭⋯⋯這幅圖景究竟錯在甚麼地方?無非是多少有些內疚的個人⋯⋯或馬克思主義的愛國者(他們不得不正視一個事實:中國人是中國境內鴉片的分銷者,不久之後又變成鴉片的主要生產者)的事後解釋。"[45] 在西方的華裔學者往往同意,"回顧歷史,鴉片顯然是這場戰爭的直接起因,但不是根本性的原因";[46]"從廣泛的意義上說,鴉片戰爭是兩種文化的碰撞⋯⋯英國的貿易擴張是導致這場文化衝突的決定力量⋯⋯鴉片貿易是促進這種擴張的不可或缺的手段,二者密不可分。假如

39　引自《中國之友》(Friend of China),1842 年 4 月 28 日。1842 年 3 月 17 日,《中國之友》出版了創刊號,這份時常引起爭議,但總是充滿生機的出版物一直延續到 1859 年。

40　《中國叢報》(Chinese Repository),1842 年,第 275-289 頁。

41　白壽彝:《中國通史綱要》(Bai Shouyi, Outline History of China),第 131 頁。

42　翦伯贊等:《中國史綱要》(Jian Bozan et. al., A Concise History of China),第 86 頁。

43　菲利浦斯,前引書,第 167、178 頁。

44　希伯特:《巨龍蘇醒》(Hibbert, The Dragon Wakes),第 110 頁。希伯特贊同張馨保的觀點。

45　費正清:《偉大的中國革命》(Fairbank, The Great Chinese Revolution),第 92 頁以下。

46　徐中約:《現代中國的興起》(Hsü, The Rise of Modern China),第 246 頁。

有一種貨物能夠完全替代鴉片，比如說糖漿或大米，這場衝突也許會被稱作‘糖漿戰爭’或‘大米戰爭’。唯一的區別只是時間的遲早而已”。[47] 鑒於各種觀點分歧巨大，而且人們仍然從道義角度質疑英國佔領香港的合法性，我想在本章的其餘部分澄清關於鴉片戰爭的爭論。

道光皇帝決定禁絕鴉片貿易之後，便陸續收到各種禁煙建議。鴻臚寺卿黃爵滋主張採取嚴厲措施，“紅毛人有自食鴉片者，其法集眾紅毛人環視，繫其人竿上，以炮擊之入海，故紅毛無敢食者……夫以外夷之力，尚能令行禁止，況我皇上雷電之威，赫然震怒，雖愚頑之沉溺既久，自足以發聵振聾”。[48] 琦善和穆彰阿這兩位通情達理的滿族人傾向於通過在廣州“封艙”來切斷鴉片供應，他們明智地指出，除非能夠得到普遍遵行，否則嚴刑峻法於事無補。他們的觀點得到大多數朝廷大臣的支持，但在爭論中大獲全勝的是林則徐。林則徐提出一個雙管齊下的禁煙方案，一方面勒令吸食鴉片者戒除毒癮，同時逐步加大對鴉片供應者的懲罰力度，最終徹底禁絕這種毒品。道光皇帝完全贊同林則徐的意見，在林則徐的奏摺上朱批加上許多褒獎之詞。

依照通行的官僚傳統，最佳方案的提出者負責將方案付諸實施，林則徐似乎比絕大多數文職官僚更勝任這一使命。林則徐是年53歲，福建福州人，出身於一個從事沿海貿易的大家族。他在仕途上一帆風順，毫無瑕疵，贏得了“林青天”的美譽。林則徐為人端方、有條不紊、才智超羣，“親力親為”地解決各種問題，即使在危急關頭也是如此。時至今日，他仍被中國人民視為英勇抵禦外國侵略的英雄，一位最傑出的儒家傳統的學者型政治家。

林則徐與17世紀的英國人撒母耳・佩皮斯頗多相似之處：兩人都是著名的政治家，都留下了日記，也都善於分析耳聞目睹的一切事物；兩人都愛好藝術，身邊的密友也都囊括了各自時代最優秀的學者。像林則徐一樣，佩皮斯也得到君主的絕對信任，而且按照17世紀的標準，佩皮斯也算得上是正直的。就連英國人對林則徐的描述，聽起來也像是在描述佩皮斯：“林

47　張馨保，前引書，第 15 頁。

48　張馨保，前引書，第 92 頁。第四部分是對中國方面關於鴉片貿易的爭論的最佳概述。郭斌佳：《第一次英中戰爭評論》(Kuo: *A Critical Study of the First Anglo-Chinese War*) 提供了豐富的資料，文獻六全文收錄了林則徐的建議。

（則徐）個子不高，體格強健……前額顯得非常睿智，面龐令人愉悅，黑眼睛小而銳利，富於生氣，嗓音高亢、清晰洪亮。他衣着樸素（這大概不是佩皮斯的特點），舉止彬彬有禮，隨和而不生硬"；林則徐"儀態高貴……和藹而活潑，沒有任何不切實際的幻想……相當強壯，有一張圓圓的面孔……和敏銳的黑眼睛"。[49]

佩皮斯與林則徐最大的不同在於兩人對外部世界的了解大相徑庭。佩皮斯曾到過歐洲和北非，並且每天都與散佈在世界各地（包括中國）的海員保持聯繫，孟買的事務與樸茨茅斯的事務都屬於他的日常公務範圍。林則徐則對於夷人世界抱有濃厚的興趣，對中國之外的生活基本上一無所知。他認為英國人如果沒有定期供應的大黃和茶葉就活不下去，"中國若靳其利而不恤其害，則夷人何以為生"。[50] 依他看來，衝突不會真的發生 —— 夷人怎敢與泱泱天朝抗衡？蠻夷士兵無法在海岸作戰，因為他們的腿綁得太緊，不能拳擊和格鬥。他們的船隻很龐大，但在淺水裏一無是處。尤為重要的是，林則徐堅信英國人與其他夷人毫無二致，是以懇求者的身份前來中國的。他在致維多利亞女王的檄諭稿中寫道："貴國王累世相傳，皆稱恭順。"接下來以一種高等文明的通情達理的口吻規勸英國人。

如果說林則徐很難正確估價夷人的實力，他的對手義律要想充分了解林則徐的策略也非易事。義律擁有在華 5 年的有利條件，但沒有學過漢語，與當地平民也只有最膚淺的接觸，與大權在握的學者型官員沒有任何往來。雖然障礙重重，但林則徐與義律 —— 兩人都十分反感鴉片走私 —— 這兩位非常通情達理的人本來是可以把事情處理妥當的。歸根到底，林則徐是為了有效地執行自己國家的法律，而義律不論從職責還是主觀意願上說都願意擁護這些法律。局勢發展到戰爭，英國政府應承擔一部分責任，他們拒絕授予義律相應的權力，恪盡職守的林則徐也因為不了解西方而犯了不該犯的錯誤。

林則徐被任命為欽差大臣之前，廣州當局就已經加大了對中國鴉片販

49　賓厄姆：《記事》(Bingham, *Narrative*)，第 439 頁以下。《廣州週報》(*Canton Press*)，1839年 7 月 20 日。按照勿地臣的說法（勿地臣：《私人信函集》，1839 年 5 月 1 日），林則徐掌握了一些外語詞彙，在談話時隨意說出英語或葡萄牙語詞句，令對方大為吃驚。另見陳其田：《林則徐》(G. Chen, *Lin Tse-hsü*)。

50　鄧嗣禹和費正清，前引書，第 25 頁。

子的整治力度。1838 年 12 月 3 日，怡和洋行的職員寫道："四處流傳着許多毫無根據的謠傳，諸如總督決定在外國商館前絞死一名犯人，以儆效尤，將抓捕……所有為外國商人服務的中國買辦、僕役和苦力，我們不信這類傳聞。"[51]

這些傳聞是真的。廣州當局確實想在商館前處決一名中國鴉片販子，這個舉動大大觸怒了西方人，以致引發了騷亂。這次絞刑雖然沒有實施，但其他打擊卻接踵而至。渣甸寫道："總督一直毫不手軟地抓捕、審訊和絞死可憐的罪犯，我們從未見過如此嚴厲、如此廣泛的懲處。"[52] 商務監督義律更為嚴厲地警告桀驁不馴的英國人，"從事上述違禁鴉片貿易的船舶的所有者……如果中國政府認為必須捕獲那些船隻，女王陛下政府不會加以干涉"，如果走私者在走私活動中導致中國人死亡，必將受到嚴懲。義律的積極步驟收到了實效，貿易重新開始，他對事態的發展非常滿意。

為了強化上述嚴厲警告，義律尋求兩廣總督鄧廷楨的支持。義律後來告訴妻子克拉拉，他甚至願意讓屬於王室的船隻"路易莎"號協助抓捕罪犯，"我已經讓'路易莎'號按照皇帝的意志行動，我準備下令我們的軍官隨同他們的官員登上任何一艘他們認為合適的船隻"。對於一位皇家海軍軍官來說，這是個異乎尋常的姿態。美國商人覺察到不祥之兆，最大的美國商號旗昌洋行決定"終止與在華鴉片貿易的一切聯繫"，這種貿易很快變得"聲名狼藉，十分危險"。鴉片貿易對於英國商人更為得失攸關，他們懷着唯一的指望——一旦事態惡化到極點，他們可以依靠皇家海軍來擺脫困境——頗為不安地等待欽差大臣林則徐的到來。

1839 年 1 月 8 日，廉正不阿的林則徐以皇帝授予全權的欽差大臣身份從北京起程南下。憤世嫉俗的渣甸對林則徐衛命南下的消息無動於衷。1 月 29 日，他在自澳門返回英國的途中寫道："一位特使已經上任，人們情願他推行查禁法令，他擁有完全獨立於兩廣總督的權力，後者聽到這個消息時大為驚慌，竟然昏厥了一個小時……為了組織一場熱烈的檢閱，總督和巡撫剛剛發佈了一道長篇通告。"[53] 渣甸建議採取預防措施，把鴉片和部

51　《怡和洋行日誌》，廣州。

52　威廉・渣甸：《私人信函集》，1838 年 12 月 16 日。

53　同上。

分貨物的運輸改道香港，再沿海岸北上。這表明香港島海域已有一些貿易往來。幾個月後，渣甸的合夥人勿地臣表示考慮遣散鴉片船，只是由於"顛地先生一貫的拖遝"，這個計劃未能達到預期的目的。[54]

林則徐直到 1839 年 3 月 10 日才到達廣州，義律此時在澳門，廣州事務由參遜負責。林則徐事先指示廣州當局逮捕了近 60 名查實積極參與鴉片貿易的中國人，在之後的數月中他們受到審訊，其中至少有 4 人被判死刑。欽差大臣收集有關資料，鑒別主要外國鴉片走私商的身份。由於渣甸不在，蘭斯洛特‧顛地被準確地列為頭號鴉片商。林則徐清楚表明，懲治的目標是中國人，洋人只要遵紀守法，不再走私鴉片，就不會受到傷害，仍會受到與過去一樣的仁慈對待；合法貿易至關重要，必須加以保護。3 月 18 日，欽差大臣開出了條件，洋人必須上繳全部庫存鴉片，具結保證今後不再販賣這種毒品。一旦這些先決條件得不到滿足，行商將被處以監禁、流放和斬首。洋人也不能逃避懲處，倘若他們拒絕做出承諾或背棄誓言，"應即遵照新例，一體從重懲創"。[55] 林則徐勒令洋人在 3 天之內答覆，在此期間不得離開商館。

外國人並沒有多大的不安，在以往的週期性整肅中，他們早已對這類事情見慣不怪了。3 月 21 日的會議上，商會只是無動於衷地表示強烈譴責鴉片貿易，作為一個姿態，他們同意繳出少量鴉片，數量只有 1,000 箱多一點。這可是大大地錯看了林則徐。林則徐認為這個舉動無異是明目張膽的拖延，不禁勃然大怒，立即下令逮捕蘭斯洛特‧顛地。為加強這道命令的分量，3 月 23 日，林則徐派兩名年長的行商浩官和茂官前往十三行街，給外國人帶去一份警告：若顛地不自首，他們二人將在當晚被斬首。顛地自信與中國人關係友好，願意前去自首，其他商人也同意他去自首。此時，勿地臣出面干預，他認為整個事件"完全是個圈套"。"眼看着浩官和較年輕的茂官扛着枷鎖，想裝出事態很嚴重的樣子，這真是一件樂事。不過，枷鎖並不妨礙他們不時與碰巧遇到的朋友談論業務和新聞。"勿地臣時常挖苦顛地兄弟，按照他的說法，他"自然不費吹灰之力"就說服顛地聽從自己

54　勿地臣：《私人信函集》，1839 年 5 月 3 日：顛地不願意安排必要的保險。

55　馬士：《中華帝國對外關係史》，第一卷（Morse, *Int. Rel.*, vol. I），第 216 頁。

的意見。[56]

　　顛地當時是否真有危險，這一點業已成為爭論的焦點。林則徐在 1839 年 5 月 2 日給道光皇帝的報告中提出："惟念從前該夷遠隔重洋，未及遽知嚴禁，合無仰求皇上覆載寬宏，恩施法外，免追既往，嚴儆將來。"英國人內部圍繞如何看待林則徐的嚴正態度發生了分歧。顛地的合夥人英記利士認為，顛地並非真的身處險境。一年後，英記利士向下議院特別委員會描述了當時的情況："與中國人打過交道的外國人當中，顛地先生大概是最有人緣的。他之所以被盯上，並非出於對他的仇視，恰恰相反……是希望獲知他的意見。"蘭斯洛特的兄弟威爾金森沒有這麼篤定，而且"情緒非常激動……如果他（蘭斯洛特）進了城，肯定會被處死"。 渣甸對整個事件嗤之以鼻："假如當初反抗得再堅決一點，就不會有如今這樣的嚴厲舉措了。"[57] 問題是此刻渣甸並不在廣州。

　　不過，救援即將到來，而且是以一種戲劇性的方式。美國人吉迪恩·奈伊記錄下當時的情景："調和而又無畏的義律完全驅散了'加爾各答黑牢'[58] 的陰影，他手持長劍，從澳門乘小艇前來，歷經艱險抵達了英國商館。"[59] 義律的妻子克拉拉描述了顛地遇險的消息傳到澳門後的情景："查理十分勇敢地匆匆趕往廣州，我非常擔心。他不得不乘一條小船（他的四槳小艇），從上百艘作戰帆船的圍堵中衝出一條路。幸虧他穿着制服大衣，這或許能救他的命……在同胞們的一片混亂中，他安全登岸。"就連憤世嫉俗的勿地臣也被當時的場面所打動，他寫道："場景十分引人注目，（3 月 24 日）下午 6 點鐘左右，我們在屋頂平台上望見一隻外國小船，上面坐着一個頭戴三角帽的人。船越來越近，一大羣中國船隻在後面追趕。經證實是查理·義律在設法登岸，眾多船隻組成的屏障正在合圍，想在中途把他攔截下來。小船上立即升起旗幟。"[60] 這面旗幟只是這艘小艇的旗，正式的英國國旗不知道放到哪裏去了。但是，旗幟飄揚在商務監督的駐在之所，表明

56　勿地臣：《私人信函集》，1839 年 3 月 24 日。

57　《關於中國的通訊》，下議院特別委員會備忘錄，1840 年 5 月 7 日。

58　印度加爾各答的一座監獄，據說 1756 年曾有 156 名歐洲人被禁閉於此，次晨僅存 23 人。—— 譯註

59　奈伊：《中國問題的根源》（Nye, *The Rationale of the Chinese Questions*），第 37 頁。

60　勿地臣：《私人信函集》，1839 年 3 月 24 日。

外國僑民此刻已經處在英國的保護之下，這場爭端就此轉變為英國政府與中國政府之間的正式衝突。

英國政府所能提供的只是道義上的保護，義律唯一可用的兵力是小艇上的 4 名水手。林則徐的處境十分有利，他把相當大一部分在華外國人拘禁在廣州商館周圍方圓數英里範圍內，根本沒有意識到他所引起的轟動。林則徐堅持三項條件：第一、港口和珠江上的船隻必須繳出全部鴉片；第二、所有商人必須具結保證將來不再販賣鴉片；第三、必須交出蘭斯洛特·顛地。除非洋人兌現第一項條件，否則將一直封鎖商館，停止一切貿易，所有中國人一律離開商館。只要交出鴉片，其他條件即可放寬，逮捕顛地一事亦可暫緩。

在外國人看來，答應不再進口鴉片問題不大，到時可以爭辯說身陷囹圄時做的承諾沒有約束力。勿地臣就明確表示願意簽字，"至於怡和洋行，我們毅然決定服從，繳出鴉片"。與此同時，他寫信給客戶，讓他們把鴉片送往澳門的亞歷山大·勿地臣那裏，後者會樂於繼續賣掉這些鴉片[61]，欽差大臣不大可能注意到一家商號與以個人身份行事的職員之間的區別。還有一種可能，商人們順從地交出全部鴉片 —— 因為林則徐掌握了準確的鴉片數量，然後寄望於事後通過哄騙或威逼手段，使中國人補償商人的煙款。但是，義律的舉動使得一切問題都迎刃而解，他以英國政府的名義"吩咐並下令"繳出鴉片。這道明確的命令意味着，至少在理論上，英國政府已經承擔了賠償這些滯銷鴉片的義務，商人們為此無不興高采烈。就連勿地臣也承認："雖然當時及以後很長一段時間裏，我始終懷疑義律上校的所作所為是否明智，但現在我可以靜觀其變……我傾向於認為這個措施寬宏大量，頗具政治家風度，尤其是中國人已落入了陷阱，將與英國王室直接對峙……義律上校期望他們盡可能全部打收條……唯一可議的是賠償比例問題。"[62]

中國人開出的收條如英國人希望的那樣完整，因為商人們交出了能夠找到的每一盎司鴉片，就連中國沿海以及正在印度來華途中的船隻也收到了收據，不管他們將供應何種貨物。上繳的鴉片數量達到令人震驚的 2,613,879 磅 —— 超過 1,000 噸，這肯定是有史以來數量最大的一批毒品。

61　同上，1839 年 3 月 25 日。

62　勿地臣：《私人信函集》，1839 年 5 月 3 日。

林則徐親自監督，在珠江岸邊一個專門建造的場所銷毀了這批鴉片。

假如林則徐就此止步，事情或許會是另一種結局。圍繞誰來支付超過
200 萬英鎊的鴉片煙款，肯定會發生爭端。義律勢必會與財政部發生糾紛，
中英雙方肯定會有歷時數年的艱苦談判，但一場開支浩繁的戰爭得以避免。
中國政府看起來能夠輕而易舉地籌措這樣一筆款項。3 年後，中國最終同
意立即交付一筆金額大得多的賠償 —— 數額是原先的 3 倍。此外，正如英
國憤世嫉俗者指出的，由於世上仍然只有中國獨家出產茶葉，中國人能夠
在任何願意的時候對出口茶葉徵收適當的稅金，就足以彌補這筆開支，最
終還是英國消費者承擔了全部費用。

當時英國國內的狀況使得上述推測顯得更有道理。英國政府並不順心。
3 月 21 日，正當廣州總商會為林則徐的最後通牒憂心忡忡之際，梅爾本勳
爵的輝格黨政府在議會遭到挫敗 —— 如同那個時代常常發生的那樣，起因
又是愛爾蘭問題，這次表決失利只是在上議院，還沒有直接威脅到政府。
兩個月之後，正當廣州全面收繳和銷毀鴉片時，政府在下議院提出的一項
動議以 5 票之差遭否決，政府被迫辭職。對於兩年前繼承叔父威廉四世的
王位、年僅 19 歲的維多利亞女王來說，梅爾本勳爵下台無疑是個巨大的打
擊。維多利亞從梅爾本勳爵身上感受到最親切的慈愛，一想到要失去他的
指點就心煩意亂。她在寫給梅爾本的信中吐露了自己的痛苦："女王認為梅
爾本勳爵也許想了解她今晨的情況……昨晚 9 時之前，她始終未能擺脫沮
喪，她試圖使自己集中精力，盡力不那麼悲觀地看待這個可怕的變故……
昨晚她食不甘味，今早仍是如此。"[63] 反對黨領袖羅伯特・皮爾爵士受命組
閣，年輕的女王渴望一場戰鬥。皮爾的地位岌岌可危，極有可能在第一次
議會表決時就被擊敗。一次憲政危機接踵而至，最終以梅爾本和輝格黨重
新上台台而告終。巴麥尊繼續擔任外交大臣，只是地位仍不穩固。

直到 8 月份，倫敦才收到廣州爭端的報告。儘管交通不斷改善，但廣
州與倫敦的聯絡仍然不暢通，這次公函往來花了 4 個月時間。對於疲憊不
堪的政府而言，義律傳來的消息無異又增添了一重重負。在國內，憲章主
義者的騷動方興未艾，要求擴大選舉權，實行選舉改革。在國外，法國人

63　維多利亞女王：《書信集》，第一卷（Queen Victoria, *Letters*, vol. I），第 156 頁，1839 年
　　5 月 8 日。

在中東陷入僵局，他們的被保護人穆罕默德·阿里正熱衷於分裂土耳其帝國。在中國，明托的姪兒義律要求進行一次耗資巨大的遠征——"應該出之以迅速而沉重的打擊，事先連一個字的照會都不用給"。——而他本人已經欠下英國商人 200 萬英鎊之巨的債務。

　　按照克勞塞維茨的理論，戰爭是服務於其他目的的外交手段。對於英國政府來說，戰爭似乎更是個屬於會計部門的問題。政府反覆討論了義律的建議，認為不可能用公款來補償遵照義律的命令交出鴉片的商人。政府根本拿不出這筆錢，因為本已不平衡的預算中，此時又增加了"便士郵政"的開支。增稅也不可行，因為這幾乎肯定會導致托利黨重新上台。從理論上說，政府本可以丟車保帥，拋棄義律，拒償債務。只是這種做法對於輝格黨政府而言同樣無異於政治上的自殺，因為作為狂熱的輝格黨人，義律家族名聲在外，義律上校的兩位堂兄弟明托和奧克蘭都是內閣成員，內政大臣約翰·羅素勳爵還愛上了明托的女兒范妮。最明智的做法是先讓商人們自作自受，等政府的財政狀況好轉之後，再通過談判達成一項補償金額大大低於原先數額的協議（後來的事實表明，數年之內，貿易利潤就完全彌補了損失）。

　　問題是這個辦法在當時看起來行不通，因為有報告說，廣州的貿易已完全中斷，而巴麥尊身邊一些有權勢者極力支持商人的要求。若要理解英國的目標，必須提及外交大臣收到的一份至關重要的建議書。倫敦"東印度與中國協會"被要求就廣州事態提供對策，1839 年 11 月 2 日，協會向巴麥尊提交了一份長篇建議函。在這份建議中，協會認為，重要的是英國代表應獲准以平等方式直接與中國當局交涉，必須開放除廣州以外的指定口岸通商貿易。如果這一點未能獲准，英國"應以購買或其他方式獲得一座島嶼的割讓"。[64] 協會同意英國臣民服從中國法律，原則是"個人自負其責，不得良莠不分，傷及無辜"，協會的這個建議等於是放任冒險分子從事鴉片貿易。協會在備忘錄附錄中詳盡開列了把中華帝國帶到談判桌前所需的兵力：兩艘戰列艦、兩艘大型巡洋艦、兩艘小巡洋艦，包括汽船在內的一些小型船隻，2,540 名水手和水兵。

64　載《關於中國的通訊》。

　　鴉片問題是協會備忘錄中最重要的部分。備忘錄完全同意，一旦中國政府真誠希望禁絕鴉片貿易，就必須遵從中國的決定："我們不希望被視為是在建議無視中國政府的正式反對，繼續該項貿易。我們完全準備承認，倘若中國執意禁止鴉片輸入，英國商人在今後從事對華貿易時便應當遵循那個國家針對這項貨物的法律，不得請求大不列顛王國政府以任何方式進行干預，説明違反這些法律的英國臣民。"巴麥尊全盤採納了協會的上述建議，這清楚地表明繼續鴉片貿易並非英國政策的組成部分。

　　為了給這份備忘錄造勢，倫敦東印度與中國協會派出了一個代表團進行遊説。代表團以銀行家、輝格黨議員約翰·阿貝爾·史密斯為首，他代表怡和洋行。代表團最重要的成員正是"鐵頭老鼠"威廉·渣甸本人，渣甸不久後便當選為阿什伯頓的輝格黨議員。與渣甸同行的有勿地臣和胡夏米，後者曾是"阿美士德夫人"號的大班。三人從中國出發，前往倫敦聲援他們的事業。在政府賠償鴉片煙款問題上，代表團未能勸説巴麥尊勳爵讓步，但他們成功地讓巴麥尊相信，不費多少力氣便可以強迫中國人做出賠償。他們還提出了迫使中國人賠償的切實可行的意見。渣甸詳盡報告了目前廣州局勢的背景，還補充了一些非常明確的建議，外交大臣對這些建議極為關注。在 3 年後和平達成之際，巴麥尊致函約翰·阿貝爾·史密斯，表示從史密斯和渣甸那裏受益匪淺："我們之所以能夠就我國對華軍事和外交事務發出詳盡訓令，並達致圓滿結果，主要是由於您和渣甸先生惠予協助並提供情報……毫無疑問，這個事件開闢了人類文明進程的新紀元，必將為英國商業利益帶來極為重大的益處。"（1842 年 11 月 28 日）[65]

　　巴麥尊輕而易舉地説服其他內閣成員，有必要向中國派遣一支遠征軍，遠征軍將由印度政府和海軍部負責組建。內閣慢慢吞吞地接受了巴麥尊的建議——畢竟當時是夏季，任何事情都不能火急火燎。在這次關鍵會議上，內政大臣羅素昏昏欲睡，而梅爾本備極疲倦，把大小事情都推給巴麥尊和新任陸軍大臣麥考萊。負責印度事務的東印度公司監督委員會主席約翰·卡姆·霍布豪斯評論説："那種説我們怠惰的指責根本站不住腳，因為在他（麥考萊）參加的第一次內閣會議上，我們就決定對法國支持的埃及和敍利

65　伊斯頓：《一個銀行家族的歷史》（H. T. Easton, *History of a Banking House*），第 29 頁。

亞的統治者（穆罕默德・阿里）開戰，還決定對人類三分之一人口的統治者開戰。" [66]

霍布豪斯的話聽起來像是嘲諷的笑話，因為擬議中的對穆罕默德・阿里和中國的戰爭根本算不上是戰爭。英國根本不具備把這項計劃付諸實施的資源。作為制勝關鍵，要到另一個半球實施海岸封鎖的皇家海軍已經削弱到不足 3 萬名官兵。25 年前的拿破崙戰爭時期，英國海軍的人數是現在的 4 倍。最初認為，3,000 名左右士兵就足以降服佔世界人口三分之一的中國，這支部隊由印度政府提供，其中絕大多數是印度土兵，再加上從 3 個英國營中抽調的一些部隊。這支部隊遠離印度基地 3,000 英里，只能起到武裝示威的作用，為英國對華談判增添籌碼而已。遠征軍乘坐怡和洋行的一艘快速帆船，而不是皇家海軍的軍艦前往中國。直到 1840 年 2 月，義律才得知遠征軍集結的消息，此時離廣州衝突已有將近一年時間 —— 事態發展到臨界點，一場全面戰爭迫在眉睫。

林則徐取得了對蠻夷的重大勝利，備感驕傲，繼續推行禁令。他原先答應，洋人若滿足第一項要求，簽署承諾不再用船裝運鴉片的甘結，就可以解除監禁，並獲准繼續貿易。義律不允許英國船主這麼做，這倒不是出於支持鴉片貿易，而是因為林則徐的甘結是一份奇特的文件，可以有各種不同的解釋。林則徐手下略通外語的人盡其所能地用幼稚的英文草擬了這份甘結：

甘結

　　遠商同船上之夥長水手，俱稟遵天朝新例，遠商等並不敢夾帶鴉片。若察驗出有一小點鴉片在遠商船上，遠商甘願交出夾帶之犯，必依天朝正法治死，連遠商之船貨物亦皆充公。[67]

這份文件可能導致與中國人發生糾紛，義律不容許打開這隻潘朵拉盒子。可能出現的情況包括：曾經發生過的認錯身份（中國人扣錯了船隻，這成為英國人要求賠償的另一個把柄）；官吏會先在船上放一些鴉片，再硬說

66　克蘭布魯克：《日記》（Cranbrook, *Diary*），第 588 頁。

67　《中國叢報》第 8 卷，第 854、327 頁。引自張馨保前引書，第 181 頁。

發現了鴉片。義律若是不做任何妥協，英國臣民會被送交靠不住的中國司
法當局，而保護他們正是義律的職責所在。林則徐堅持讓外國商人出具甘
結，他向皇帝解釋説：“蓋夷人最重然諾，即議一事，訂一期，從不爽約，
其出結之事，絕無僅有。”3月份時，外國人已經做出了大致的保證，但那
還不夠，如果能強迫外國人簽署一份正式的具結，則可以“使該夷計窮心
懾，至今始克遵依”。[68]

　　義律採取了他認為唯一可行的措施，下令禁止任何英國船隻與中國貿
易，並把僑民從廣州撤到澳門，留下美國人照看商館。一到澳門，鴉片商
人便認為不必履行停止鴉片貿易的承諾，因為那是在林則徐的執意要求下
做出的。他們立即重操舊業，拿出比過去更大的勁頭繼續走私販賣鴉片，
同時採取了一定的偽裝手法。他們使用隱語暗號，用棉布等級來稱呼鴉片
等級，船隻名稱也更換了。鴉片不再運到珠江河口，而是先運到馬尼拉，
再用通常的方式轉運到中國東海岸。勿地臣在6月10日寫給一位孟買顧客
的信中表示，“我們已經偷偷摸摸地恢復了‘海斯’號原先的用途”。他在
同一天致函渣甸説：“沿海貿易可望暢通。里斯和他的手下像以前一樣在做
事。”當月27日，勿地臣告訴合夥人：“在我的整個經商經歷中，從未像
我們到澳門的這個月這樣精疲力竭……您的朋友里斯、瓊塞、貝利斯、斯
特雷奇和霍爾（等諸位船長）現在又在幹他們的老本行……”顛地洋行也再
度活躍地參與競爭，勿地臣聽説，蘭斯洛特獲釋後在馬尼拉買了一座房子，
打算把馬尼拉港作為另一個鴉片轉運中心。勿地臣提醒渣甸，“我們要注意
別在這個方面落於人後”。[69]

　　勿地臣這封信的落款日期是8月24日，寫信的地點不是澳門舒適的怡
和洋行辦公室，而是停泊在澳門的快速帆船“瑪麗亞”號上。林則徐向葡萄
牙總督施壓，如同在廣州時一樣，成功地把英國人逐出了澳門。然而，他
之所以決意讓英國人屈服，動因已不再是禁煙運動，而是為了那個老大難
的治外法權問題，即由誰來行使對外國人所犯罪行的司法審判權，這個問
題將成為引發戰爭的最重要誘因。7月7日，一羣醉醺醺的水手——當然
是英國人，大概還有幾個美國人——在如今已是九龍商業中心的尖沙咀海

68　林則徐致英國國王，1839年10月6日，引自張馨保前引書，第185頁。
69　勿地臣：《私人信函集》，1839年8月24日。

灘鬥毆，中國人林維喜因傷而死。義律認為這是對中國人的新挑釁，他大發雷霆，立即着手追查，提供懸賞，並向林維喜的家屬提供賠償。林家如英國人期望的那樣承認林維喜是死於意外，在收到一筆錢後不再追究。[70] 義律調查的結果，無法確定是誰打了致命一擊。當時一片混亂，很有可能是這種情形。義律組織了一個法庭，傳訊了 5 名涉嫌水手，這個法庭是首次依照 1833 年法案組建和開庭的。義律這麼做確實已屬越權，但他似乎別無選擇。這位商務監督不同意林則徐提出把人犯引渡到中國法庭受審的要求，他保證主持公道："我不能把任何人送到他們手中，雖然他們要求我這麼做。我邀請他們的官員出席指控英國臣民犯有嚴重罪行（依我們自己的法律進行）的公平審判，就好像那些罪行是對我們自己的同胞在我們自己的海灘上犯下的一樣。"

陪審團以無法查明是何人在何種情況下打出了致命的一擊，推翻了謀殺指控，很難想像陪審員除此而外還能做出其他甚麼判決。但是，被告被控有罪，"粗暴地、非法地、危害性地闖入民宅……粗暴地襲擊住戶，包括男人和婦女，刺傷、毆打並用其他危險方式虐待他們"。這些水手被處以罰款和短期監禁，隨後判為緩刑。

這種結果根本不能令欽差大臣滿意。林則徐依照中國慣例，要求交出一名罪犯，具體是哪一個人倒無關緊要，但一定要有一個人頂罪。義律不可能這麼做，林則徐把英國人趕出在澳門的庇護所，以逼迫義律就範。在發回國內的一封信函中，克拉拉·義律無意中透露了在林則徐的壓力下外國僑民是如何團結一致："由於查理無法找出真兇，又不能拋棄我們當中的任何一個人，8 月 15 日我們被趕出了我們的房子。"英國僑民有數百人，包括婦女和兒童，全部轉移到停泊在香港港口的船上，盡力安頓下來。林則徐上奏皇帝說，雖然這些英國難民肯定有些乾糧，但他們"所嗜之肥膿（濃）燔炙日久必缺於供"。[71] 因此，林則徐使出最後一招，斷絕新鮮食物和

70　水手屬於怡和洋行和顛地洋行的商船。義律本人支付了賠償金，怡和洋行爽快地償還了這筆錢，但顛地洋行沒有償還，他們的 "芒格洛爾" 號船長艾雷拒絕支付這筆錢。勿地臣於 1839 年 8 月 2 日憤怒地寫道："親愛的義律上校，人人都會因為得您私人掏腰包支付吹笛人而感到羞愧。"當然，顛地洋行的那些應受譴責的人除外。

71　韋利：《中國人眼中的鴉片戰爭》(A. Waley, The Opium War through Chinese Eyes)，第 64 頁。這份取自中國資料來源的記述糾正了英國方面的觀點。

淡水，告示發往九龍附近各個村莊，通知村民知曉。凡事親力親為的義律上岸勸說九龍官員發發慈悲，他的努力收到一些成效：一些小船裝載食品向英國人駛來，但遭到中國平底戰船的攔截。義律下令"路易莎"號的輕型大炮向帆船開火，一艘武裝縱帆船和一條小艇也開了火。

這樣，1839 年 9 月 4 日，打響了由衝突升級為戰爭的第一槍。但是，當時完全還有可能避免戰事進一步升級。義律相當冒險地僅把數艘小艇投入針對中國帆船的行動。自爭端開始以來，他第一次有機會投入更強大的火力，因為一艘配備 26 門大炮的英國戰列艦"窩拉疑"號在幾天前抵達，隨時可以投入戰鬥。"窩拉疑"號艦長士密迫不及待地想教訓中國人，他不費吹灰之力就可以擊沉中國人的平底戰船，摧毀海灘上的炮台。義律頗費了一番唇舌，勸阻了士密。義律次日發出的一封函件表明了他一貫的克制政策，這種政策的執行總是令其部下大為惱火：

> 我與士密艦長商議，他同意我的建議，不於次日早晨前去摧毀那三艘帆船，尤為重要的是不派士兵登陸進攻那座炮台，因為這一措施很可能導致對附近村莊的破壞，並大大傷害和激怒居民……我覺得，建議使用女王陛下的軍艦去毀壞那三艘帆船是不明智的，實際上是不合適的，因為它們已被我本人的小艇在另一艘稍大船隻的幫助下最有效地擊敗了。

這位商務監督決不放棄與林則徐談判解決爭端的希望。中國人對九龍事件 —— 林則徐把它當做中國方面的勝利自豪地上報皇帝 —— 未加追究，還恢復了糧食的供應。義律同意讓那些被中國人指定為不受歡迎的外國人離開，其中包括當奴·勿地臣，但仍然拒絕引渡林維喜事件的一名人犯。義律一度有一個送上門的機會，既可以妥協，也能夠保全雙方的臉面。當時，海邊恰巧發現了一具溺斃的屍首，如果告訴林則徐這是真正的兇手，因一陣悔恨而投海自盡，欽差大臣將會愉快地接受這種說法。但是，義律不合時宜地堅持按自己的理解維護法律，不肯利用這個誘人的機會，結果時機稍縱即逝。即使如此，到 10 月 20 日，似乎和平仍然有望。林則徐彬彬有禮地致函義律："義律上校表示必須等候君主的命令。函件係何時發出，答覆又可望何時收到？倘若義律上校行事謙恭，可以考慮對有關安排做出調整。"義律上校準備做出更大的讓步，甚至超出了自己的職權範圍。他同意全面禁止香港的船隊裝載鴉片，允許中國人檢查任何一艘涉嫌船舶，所有英國商行承諾不再販賣這種毒品，他甚至願意與中國人一道再次對林維喜之死展開調查。但是，義律從未打算引渡一個可能是無辜的人，也不允許英國臣民簽署一份使他們在重大問題上服從中國司法權的甘結。

義律聲稱掌握了一份"蓋有欽差大臣和總督關防的協議"，這一點沒有得到中國方面的證實，但欽差大臣林則徐似乎至少是默許了這些條件。10月20日，義律覺得可以發佈一份公告，宣佈恢復對華貿易，此時距離林維喜之死已有3個多月。貿易的地點不在廣州，而是穿鼻，貿易的條件和限制與先前在黃埔時沒有甚麼兩樣，似乎一切都很順利。英國人開始返回澳門的居所，在澳門避難的行商也回到廣州。

就在此時，發生了一件始料未及的事情，克拉拉·義律敍述說：

> 10月19日，我心情很好，因為查理剛剛成功地獲得欽差大臣的許可，在國內指令未到之前重開貿易，而且貿易將在虎門的"外側"進行，而不是像平常那樣在虎門的"內側"。這是一個巨大的成果，因為在"外側"不會有任何被封鎖的危險，就像不久前發生的那樣……獲得這一允諾後……查理建議英國僑民返回澳門的家中……你簡直難以相信，我告訴你，欽差大臣又一次背棄了諾言——一艘最近才從英國來的可惡商船"擔麻士葛"號無視查理的禁令，駛入虎門……欽差大臣聲稱，如果一艘船能進入，那麼所有的船隻必會仿效。他的允諾化為烏有。查理與"窩拉疑"號（有26門炮）的士密艦長和"海阿新"號（有18門炮）的華倫艦長沒兩天便去了虎門，並送去一封函件，請求我們仍能不受騷擾地留在澳門並得到給養等等。這封函件沒有答覆便被退回，一支有29艘帆船的艦隊前來驅趕他們，或是要消滅他們。在這種情況下，"窩拉疑"號和"海阿新"號被迫（為了自衛）狠狠地教訓了他們一頓。不到兩個鐘頭，29艘帆船就失去了戰鬥力。"窩拉疑"號儘可能快地駛到此地通知英國人再次上船。

克拉拉是個準確的敍述者，"擔麻士葛"號確實如她所說的那樣進入虎門，因為該船船長認為義律無權禁止英國船隻接受林則徐提出的甘結，並在簽署甘結後獲得中國人的許可進入廣州。"擔麻士葛"號抵達廣州後，林則徐恢復了以前的強硬態度，威脅要採取措施立即摧毀所有不肯離去或不簽署甘結的船隻。10 月 26 日，義律接到林則徐的最後通牒，不得不警告所有英國船隻離開香港："欽差大臣和總督已於今天撕毀了蓋有他們關防的協議，使廣州港外的貿易面臨……毀滅的威脅。"

如克拉拉所提到的，由於"海阿新"號的到來，義律的艦隊實力有所增強。戰鬥爆發的標誌可能是"海阿新"號向"羅壓爾色遜"號船首的那次警告性炮擊，後者當時正效法"擔麻士葛"號準備進入廣州，當時中國人的艦隻試圖保護該船。中國帆船繼續開進，"窩拉疑"號開火，不到一個小時，4 艘中國作戰帆船被擊毀，英國方面僅有一名水手負傷。經過數月眼看就要成功的談判之後，戰爭於 1839 年 11 月 3 日爆發了。

之後的戰爭進程沒有任何戲劇性，英國政府甚至尚未收到戰爭爆發的消息。林則徐接連發出懸賞，要求捕獲英國船隻和士兵，士兵不論死活，最好是抓活的；但沒有人因此致富。更具潛在威脅的是，這位欽差大臣"永遠"禁止英國人進入廣州。結果，美國人留守商館，輕而易舉地接管了英國兄弟的生意。至關重要的茶葉出口照常進行，合法的英國進口貿易也一如往常。就連鴉片也依舊在沿海港口出售，怡和洋行很快就開始彌補因這種毒品被沒收而造成的損失。巴麥尊勳爵致函義律，通知後者，一支海軍，也許還有一支陸軍小分遣隊，將於次年 3 月底到達中國，並佔領某個合適的島嶼，這個島嶼可能是揚子江河口外的舟山，"作為遠征隊的集結地和軍事基地，之後便充當我們的商業機構的穩固基地"。這支部隊由義律的堂兄喬治·懿律海軍少將率領，懿律將以艦隊總司令的身份與那位上校 —— 懿律的職位比義律高 —— 共同擔任駐華全權大臣。

鴉片與威士忌

隨後發生的事件算得上一場"鴉片戰爭"嗎？直接導致"窩拉疑"號舷炮齊射的事件本身沒有甚麼可爭辯的，戰鬥的直接起因是義律企圖阻止"羅壓爾色遜" 號,以此強制執行其對英國船隻的正當要求。在此之前,義律拒絕交出一位英國臣民接受中國法律程序的審判,尤其是不可能辨明誰是有罪者。英國僑民不得不在甲板上生活,而中國人威脅要摧毀這些船隻,這位英國指揮官認為這種威脅迫在眉睫。造成這種局面的原因是中國方面堅持要求簽署英國當局無法接受的極其嚴厲的甘結。

不論林則徐還是義律,都竭力推行各自政府的意志,都以公平合理的方式行事,雖然兩人的處事原則截然不同。義律的處境尤為艱難,因為倫敦的上司辦事拖拉,他們更願意忘掉有關中國的一切。繼短命的 (1834-1835年) 皮爾政府之後,輝格黨人重新執政。律勞卑鎩羽而歸,肯定讓巴麥尊大為尷尬,議會對他在對華政策上的所作所為進行了調查,幾乎導致他的政府垮台。涉及中國的英國官方檔案並不是特別多,所有檔案均表明了一個相同的強烈願望:別惹麻煩。英國在歐洲和近東有更為緊迫的事情要處理,所以英國政府當時對中國問題不屑一顧。

中國不可避免地墜入實力的低谷。19 世紀 30 年代,較之兩代之前的乾隆朝,中國的實力已大不如前。當時人們已開始覺察到衰落的跡象,漢人學者龔自珍悲歎道:"左無才相,右無才史,閫無才將,庠序無才士……抑巷無才偷,市無才駔,藪澤無才盜。"[72] 儘管大多數中國人仍然認為他們的國家一如既往,但實際上早已今非昔比。阿美士德勳爵被侮慢地打發走了,誤入歧途的律勞卑搬起石頭砸了自己的腳,義律建立良好關係的更為耐心的努力,同樣遭到冷漠的回絕。

鴉片真是這場衝突的根本原因嗎?林則徐的政策是基於對蠻夷實力的判斷,如果沒有鴉片的非法輸入,他不會被委以重任,這一點是不容辯駁的。但是,鴉片貿易幾乎不受任何干擾地持續了 30 年,貪婪的商人和瀆職的官吏難辭其咎。前者肆無忌憚地完全無視他們選擇生活的這個國家的法律,後者則為這種走私貿易提供了"保護",好從中撈取大量金錢。英國政府當時並不急於堅持鴉片貿易,1840 年 2 月 20 日,巴麥尊在致"中國皇帝欽命大臣"的函件中表明了這一點:

72　韋特貝克:《歷史觀》(J.A. Whitbeck, *Historical Vision*),第 129 頁。

　　……如果中國政府對它改變意圖（推行禁煙的法律，而不是任其成為"一紙空文"）一事提出適當通知之後，着手執行中國法律，拿獲並沒收在中國領土內查到的違法運入境內的所有鴉片，那麼，英國政府也就不會提出抱怨了。中國政府有權通過它本國官員在它本國領土上這麼做。但是，由於某種只有中國政府才知道的原因，該政府認為不適合這樣做。可是，它不拿獲違禁的鴉片，而決定逮捕愛好和平的英國商民……

　　政治家的公開言論或許不能確鑿證明其真實意圖，但是，在同日發給義律的秘密指令中，巴麥尊清楚表示不反對中國方面推行他們的法律，義律將要談判的條約應當規定："如果任何英國臣民把中國法律禁止進口的商品輸入中國，中國政府官員可以查獲沒收這些商品。"但是，巴麥尊指令義律必須堅持要求，"決不能因為違法進出口商品所帶來的問題而妨害英國臣民的人身"，"任何一個英國臣民被指控在中國領土上有任何違法或犯罪行為"，中國方面必須將之交由英國商務監督的法庭審判。自從 1784 年的"休斯女士"號案件以來，這一點始終是造成雙方衝突的最直接原因。

　　一年後，巴麥尊改變了立場。1841 年 2 月 26 日，巴麥尊在致義律的信函中要求義律向中國人提出，如果鴉片貿易合法化，事情就會順利得多，"你應當說明，允許將鴉片作為合法貿易的商品輸入中國，不是你奉命向中國政府提出的一項要求……但是，你務須指出，如果允許鴉片貿易維持目前的狀況，兩國政府間很難維持長久的有益諒解"。[73]

　　除上述信函和文件外，1840 年 4 月到 7 月間英國議會圍繞這場戰爭的辯論，也充分說明鴉片貿易並非英國的首要考慮。托利黨人嗅到了血腥味，他們知道輝格黨政府難以在下議院掌控多數，大臣們已經失去控制，梅爾

73　類似的情況如今依然存在。例如，沙地阿拉伯的法律禁止進口和出售威士卡，而英國則可以自由出售。一些英國人認為酒精飲料是可憎的，但這並不是一種主流的觀點。更多的人認為沙地阿拉伯的司法是野蠻的。與中國人不同的是，沙地阿拉伯當局無疑採取了有力行動，但英國政府無法阻止膽大妄為的商人在沙地阿拉伯管轄之外的地方設立威士卡倉庫，並且勸說儘可能多的居民購買儘可能多的蘇格蘭威士卡。甚至有可能，許多人希望商人獲得成功，但英國外交部是否希望勸阻這類行動，取決於他們遵守沙地阿拉伯政府法律的意願。19 世紀的情況就是如此。鴉片可以自由進入英國，也可自由出售，一些人反對鴉片，但這種反對意見絕非主流；而中國司法被英國人視為野蠻。中國當局只是斷斷續續、軟弱無力地查禁這種貿易。人們認為，最好的解決辦法當然是中國放棄毫無理由的禁令，允許鴉片進口和出售。

本勳爵一門心思想退休。有望"挫敗輝格黨人"的"大聲疾呼"將受到歡迎，而政府在對華事務上的舉措似乎提供了一個難得的機會，借此可以通過不信任投票打敗輝格黨人。威靈頓公爵在 3 月 18 日托利黨領袖會議上喊道："老天保佑！一旦舉行投票，他們就要下台！"[74] 在托利黨人看來，所有的一切都必須服從一個最重要的目標：搞垮輝格黨。一年前，托利黨人抓住暫緩實施牙買加憲法一事大做文章，在危機中差一點成功地推翻輝格黨政府。皮爾在清點選票時評論說："牙買加是借題發揮的絕妙題材。"這一次，托利黨人又以同樣的玩世不恭心態抓住送上門來的機會。像牙買加問題一樣，大多數托利黨人並不關心中國的權利，就像他們並不關心牙買加的權利一樣。假如當時英國社會普遍反感鴉片，托利黨人照樣會毫不猶豫地加以利用。只是這種情形並未出現，於是，托利黨人憑藉敏銳的政治本能，轉而攻擊巴麥尊在對華事務上處置失當，尤其是他未能恰當地指導處境困難的在華代表。托利黨人差一點就在這次不信任投票中取勝，輝格黨人以區區 9 票的微弱優勢否決了托利黨的動議。議會表決時，曾有人提及 18 世紀的"詹金斯割耳之戰"。[75] 英中之間這場以試圖逮捕一名英國商人為開端的戰爭或許可以稱之為"蘭斯洛特·顛地衣領之戰"。

　　不論這場戰爭的直接起因何在，英國執意將自己關於國家應當如何處理自身事務的觀點強加於中國，無疑提出了英國的行徑是否符合道義這樣一個令人尷尬的問題。1840 年 11 月 6 日《泰晤士報》的文章使這一問題昭然若揭："事實上，這些盛氣凌人的要求 —— 借此可以為我們的干涉辯護 —— 的真實涵義是……文明民族在本質上遠遠優於無知的同類，所以有權使後者完全淪為生產茶葉和瓷器的工具，並在他們開始懈怠時炮轟他們。"

74　引自莫利：《格拉斯敦傳》(Morley, *The Life of Gladstone*) 第 2 卷，第 225 頁。反對鴉片貿易當然有其道義的考慮，在野的托利黨雖然樂於利用這種主張（他們並不贊同這種主張，但格拉斯敦家族中有人是癮君子），但自始至終想把輝格黨人整垮。

75　1731 年，英海軍上校詹金斯乘船從西印度羣島回國，途中被西班牙海岸警衛隊攔截，他們強行登船搜劫貨物，並割掉了詹金斯的一隻耳朵。"獨耳詹金斯"回倫敦後向國王報告了這一情況，並出示了裝着耳朵的皮箱，但國王當時未採取報復行動。7 年後，英國為奪取西印度羣島，便在下議院的一次會議上提及此事，並將裝在箱內的耳朵輾轉傳看，激起公憤，輿論譁然，英國遂以詹金斯割耳受辱為藉口對西班牙宣戰。—— 譯註。

第四章

不平等條約

保護神

　　這場衝突最終以英國奪取香港告終。在衝突的最初階段，英國政府賦予全權的代表查理‧義律成為主事者。正式任命的全權大臣還有查理的堂兄、海軍少將喬治‧懿律。查理在與妻子克拉拉談及懿律時說，懿律是"一個好人，只是我不明白他為甚麼害怕承擔責任"。懿律海軍少將深信，必須以儘可能小的武力盡盡快實現和平，從長遠角度考慮應當保持對華友好關係。懿律總是纏綿病榻，大小事務都落到年輕的查理身上。義律已經向商人們承諾，補償上繳鴉片的價款，所以必須從中國人那裏獲得一筆至少相當於這一數額的賠償，但他不願拿生命來換取金錢。他充分意識到，只要重開貿易，很快就可以彌補收入上的損失。因此，開艙貿易成為首要的目標。

　　巴麥尊勳爵在 1840 年 2 月 20 日發給義律的訓令中明確表示正在考慮展示海軍力量，這種展示並非直接開戰而是要足以打動中國人。實際上，之前派出的 3,000 人多一點的小部隊除了炫耀武力外，也起不到任何作用。這支小部隊是由司令官戈登‧寶馬爵士指揮的，他手下有 3 艘配備 74 門大炮的三等戰列艦 —— 這些軍艦在對岸炮轟時很有用，在狹窄水域則顯得笨重（其中的兩艘因在舟山觸礁很快退出了戰鬥）—— 兩艘大型巡洋艦以及包括東印度公司部分武裝汽船在內的一些小型船隻。喀麥隆步兵團的奧格蘭德上校是遠征軍中官階最高的陸軍軍官，他死於途中，接替者是無能的布耳利。布耳利隸屬皇家愛爾蘭第 18 步兵團，怡和洋行譯員羅伯聃把布耳利稱作"饒舌的蠢材"。

　　巴麥尊指示遠征軍首先封鎖珠江，接着"佔領舟山羣島，封鎖那些島嶼對面的河口、揚子江口以及黃河河口"，這等於是要封鎖中國所有的主要河流。最後，遠征軍應北上到達白河，在那裏等待北京對巴麥尊所提要求的答覆。義律認為這個方案能夠避免過多流血 —— 義律知道，大量流血傷亡將損害未來與中國的關係——因而忠實地執行了命令。6月，遠征隊起程開往舟山，留下一艘巡洋艦和數艘單桅帆船監視廣州的局勢。經過9分鐘的初步炮擊，俯瞰主要城鎮定海的炮台投降。次日，在雙方都無傷亡的情況下，定海被攻佔。

佔領舟山之後，遠征隊把當地的司法機關委託給靠不住的郭士立後——"不折不扣的一出鬧劇"——繼續北上，開到白河河口，確切地說，是盡可能接近了白河河口，實際離河口有數英里之遙。巴麥尊不知道渤海灣是個混濁的淺水海灣，根本不適合展示海軍實力。深水區離河口有6英里，在這麼遠的距離上，艦上的人幾乎看不到低平的陸地。白河河口有一道沙洲，只有吃水淺的船隻方能駛入。義律乘坐戰艦上的小艇親自偵察了河口，發現只有吃水12英尺的東印度公司汽船"馬達加斯加"號能夠過得了沙洲，其他稍大些的船隻均無法通過。英國海軍艦隊本來想營造十分壯觀的場面，陸地上的人卻甚麼都看不見，艦上大炮也無目標可射。北京遠在100英里之外，這段距離近得足以激怒北京，卻遠遠難以使朝廷感到畏懼。

雖然有種種不利因素，但示威行動並非一無所獲。只要將英國人的行動時間與皇帝的御批對照一下，就很能說明問題。8月8日，道光皇帝頒佈飭令，下令採取有力行動抵禦英國人；8月9日，英國艦隊出現在渤海灣，聲調就變了。皇帝任命一位國戚、世襲侯、直隸總督琦善前去安撫夷人。15日，巴麥尊的照會送達琦善手中，皇帝指示琦善接受，不管照會可能會有甚麼失禮。21日，皇帝收到一份至少是處理過的照會文本，向廣州的林則徐發出一道嚴厲申飭的上諭，叱責林則徐"無非空言搪塞，不但終無實濟，反生出許多波瀾，思之曷勝憤懣。看汝以何詞對朕也"。[1] 此前，皇帝一直相信林則徐關於一連串勝仗的報告，支持林則徐進取的計劃。現在看來，似乎是林則徐的所作所為激怒了這些令人不安地近在眼前的夷人。琦善受命前去勸說義律離開敏感的北方，回廣州進行下一步的談判。琦善將取代林則徐接管廣東，以達成一項協議。義律認為繼續留在直隸已沒有多大意義，同意掉頭南下。除開留守舟山的部隊——那裏染病人員之多達到令人擔憂的程度，義律可以在廣州集中兵力，以獲取最大的好處。

1　張馨保，前引書，第212頁。

　　遠征軍逗留在直隸的 4 個月裏，廣州舞台上的角色已經換了人。林則徐雖然被解職，但仍受命留在廣州協助琦善。懿律海軍少將的身體完全垮了，因而不得不辭職，留下堂弟查理一人指揮遠征軍，並作為唯一的全權大臣負責英國對華事務。寶馬臨時去了加爾各答，遠征軍由海軍上校辛好士爵士代行指揮。英國政府任命了一位稱職的將官歌賦爵士，但他要到次年 2 月方能抵達廣州。琦善到達廣州，表面上看是來完成始於直隸的談判，但顯然奉命拖延時間，僅被授予了微不足道的談判許可權。義律的許可權也很有限，不過他並不打算阻礙達成和平協議。在寫給另一位堂兄弟、印度總督奧克蘭勳爵的函件中，義律承認曾建議在“政府的要求遠未實現”之際停止採取行動，他認為這麼做不至使貿易中斷，也可以避免“延長敵對行動，以及戰爭必然帶來的強烈仇恨”。

　　到 11 月，遠征軍在珠江重新集結，兵員減少了數百人，他們在舟山死於瘧疾。不過，馬德拉斯第 37 土著步兵團的 600 名印度土兵和“復仇神”號汽船前來增援，加強了遠征軍的力量。“復仇神”號是一艘出色的艦船，成為日後炮艦的先驅。該船設計吃水僅有 6 英尺，能夠穿越以往無法通行的淺水航道，武器配備也較強，有兩門 32 磅大炮和一架火箭發射筒以及其他一些輕型武器。“復仇神”號火力雖然不及最小的戰艦火力的零頭，卻能夠駛往帆船所能行駛的任何水域，為登陸部隊提供近距離火力支援。有必要記住這樣一點：至今還沒有哪位中國高官親眼目睹過皇家海軍的威力。不知是有意還是無意，林則徐把前一年雙方在穿鼻的交戰誤報為一場勝仗；舟山的小規模炮轟也只是局部的事件；而中國人在白河最多只能看見艦隊戰艦的中桅。就連義律也認為，要說服琦善達成協議，必須明白無誤地表明英國的實力。於是，他提出強行進入鐵鍊封鎖的虎門，摧毀拱衛虎門的炮台。

　　1841 年 1 月 7 日，戰鬥打了一整天，英國人無一傷亡。英國人之所以能取得這種戰果，是因為對炮台實施了快速的側翼進攻，把 3 門野戰炮拖曳到戰場，戰艦則從珠江上炮擊，“復仇神”號在炮擊中發揮了關鍵作用。水手們很高興輕易攻克了本以為是堅固的陣地，急切希望繼續攻打上游的炮台。因此，義律“滿心懊悔、或許並非不近人情地”[2] 宣佈事情到此為止，

2　勿地臣：《私人信函集》，1841 年 1 月 13 日。勿地臣對義律的看法很複雜，他理解這位商務監督對於不必要的屠殺的反感，讚揚義律的誠實，但常常被義律的優柔寡斷所激怒。

水手們頗為不滿。琦善似乎願意妥協，義律也希望儘快結束這種一邊倒的戰鬥。1841 年 1 月 28 日，英國全權大臣覺得可以宣佈一些初步安排的條款，這就是所謂的《穿鼻草約》。義律十分清楚，這些條款與國內政府的指示相去甚遠。草約第一條是："香港本島及其港口割讓與英王"，但規定香港島繼續向中國當局繳納捐稅。以下幾項條款都是安排支付一筆 600 萬元的賠償，分 6 年逐年償還，以及"正式交往應基於平等地位和開放廣州海口貿易"。草約沒有提及開放其他港口的貿易和英軍撤出舟山，這一點日後成為對義律的一項嚴重指控。

1841 年 1 月 26 日上午 8 時 15 分，皇家海軍"硫磺"號艦長卑路乍在香港島升起英國國旗，並為女王的健康三次歡呼。義律在皇家海軍"威里士厘"號甲板上宣佈，香港已是女王陛下的領地，他本人暫行管制該島。

義律清楚意識到巴麥尊會反對《穿鼻草約》，既然如此，他為甚麼仍在各個可供選擇的對象中指定香港？英國人曾考慮獲取某個"海島基地"，這樣的基地應當是個島嶼，不會帶來邊界壓力和不可避免的糾紛，可以憑藉海軍來加以保護。大家都認同馬戛爾尼勳爵的判斷："想在中國大陸獲取領地的期望……太過狂妄，不可能是嚴肅的。"對於英國政府而言，一個印度帝國就夠操心的了。

爭論的焦點轉到究竟選擇哪一個島嶼為好。福爾摩沙成為最受青睞的候選對象，不光英國商人，就連美國人日後也貪婪地覬覦這個島嶼。義律上校一度對大約 1,000 英里之外的小笠原羣島頗感興趣，這個羣島位於日本列島與馬利安納羣島之間，早在 1827 年就已經成為英國的屬地。巴麥尊中意的是舟山或寧波，兩地都是人所共知的重要港口，而香港此時僅有的村落是個小漁村。威廉·渣甸向外交大臣建議，應當佔領"三到四個島嶼，即福爾摩沙、金門和廈門……還有重要的舟山島"，迫使中國訂立城下之盟。渣甸認為，務必與中國簽訂條約，條約將打開廣州之外的其他通商口岸。渣甸提出的口岸有："寧波、上海，如果我們能辦得到，還有膠州"；獲取島嶼只是服務於談判這一目的。[3] 渣甸的建議既未提及香港，也沒有表示要永久保留所佔領土。渣甸及其同夥是生意人，不是領土擴張主義者。

3　《關於中國的通訊》，渣甸致巴麥尊，1839 年 12 月 14 日。

　　只有在珠江發生戰事的情況下，香港才有重大意義，"倘若我們確實有必要在廣州附近擁有一個島嶼或港口，那就應該奪取香港島"，渣甸的建議實際上更傾向於福爾摩沙。即便在此時，香港也只是渣甸提及的諸多選擇之一，理想的選擇當然是更靠近廣州的地點：穿鼻或伶仃島。其他商界人士不同意渣甸的看法，他們反對、而且往往是激烈地反對領土擴張。"從政治和商業的角度來說"，《中國叢報》以教訓的口吻指出，"想通過攫取一個小島來左右一個大帝國，這樣的念頭實屬幼稚無知……從中得不到任何好處。這個念頭長成了沉重的翅膀，很難在皮奧夏晦暗的空氣裏飛起來"。[4]

　　義律身為職業海軍軍官，看問題的角度自然與商人不同。香港是個良港 —— 他正在此地躲避中國人 —— 吸引他的正是這一點。當年隨馬戛爾尼航行、如今已是海軍大臣的約翰‧巴羅爵士也持這種看法。巴羅為義律提供的一份最新勘測圖中載明："鯉魚門（準確地說它僅是香港港區的東入口，當時被用來指稱整個海港）……是一個良港，可以停泊任何型號的船舶，一旦發生戰事，它可以抵禦強大敵軍。"[5]1839 年 11 月，巴羅解釋了選擇香港作為海軍補給中心的原因："首先，審慎的做法是把軍事行動局限於廣州，佔領虎門之外的香港島，眾多船隻就有了適宜的近岸錨地以及大量新鮮淡水。只要在此地配備少量大炮和炮手，再加上一艘戰艦，就可以為商業航運提供保護。"巴羅極為不悅地指出，外交部並未注意到"福爾摩沙比愛爾蘭還要大得多"，如果佔領並控制它，勢必帶來無盡的煩惱。[6]

　　1840 年 2 月 20 日，巴麥尊向義律發出一份訓令，其中包含一份條約草案。巴麥尊表示並非一定要割佔一個島嶼，如果中國人願意保證"女王陛下在華臣民的安全和貿易自由"，指定英國臣民可以不受騷擾地生活和貿易的通商口岸，英國政府將"放棄對任何島嶼的永久佔領"。開放的口岸大致包括"廣州、廈門、福州府、上海縣和寧波"。英國的全部要求就是與中國簽訂一項貿易協議，以解決這些引發不滿的問題，開放更多的通商口岸。對

4　《中國叢報》第二卷，第 8 期，第 369 頁。

5　外交部檔案，1833 年 12 月 27 日（Foreign Office（FO）17/4, 27 December 1833）；另見麥斯威爾船長的航海日誌，引自塞耶：《香港的誕生、少年和成年》（Sayer, Hong Kong: Birth, Adolescence and Coming of Age），第 28 頁。）這裏所說的是東博寮海峽；阿美士德使團並未到達維多利亞港。

6　外交部檔案，1939 年 11 月 17 日（FO 17/36, 17 November 1839）。

於英國人而言，獲取殖民屬地無異於自尋煩惱，很可能會不斷引發與嫉妒的法國人和美國人之間的糾紛，況且保護這樣一個屬地需要花費大量財力。

一年之後，巴麥尊開始意識到巴羅建議的長處，因為他派出的公使在佔領舟山、炮轟廈門、入侵白河河口之後，已被中國人勸說返回廣州。1841 年 2 月 3 日，巴麥尊在發給義律的函件中首次提及一個建議：“位於廣州河河口的一個島嶼，能夠為進一步軍事行動提供倉庫和基地……應宣佈永久併入英國版圖，置於英國王室的保護之下。”

但是，巴麥尊完全是因為不同意這個建議才提及它。如果必須擁有一個“海島基地”，“對於女王陛下政府來說，東海岸某處的一個島嶼，要麼位於舟山羣島，要麼離該羣島不遠，更為適合貿易目的，它能夠為英國商人打開富庶而繁華的中國東海岸中部城市，還將為英國商品提供進入中華帝國內陸的便利管道”。因此，“雖然在廣州河河口保有某個安全的基地也是合宜的，但首選之地是東海岸的某個地點”。全權大臣可以自行選擇任何一個中意的島嶼，不要被中國人答應給予的條件所蒙蔽。

義律上校無視政府一再要求獲得舟山或某個東海岸島嶼，最終選擇了香港，巴麥尊對此勃然大怒，政府也亂作一團。在野的埃倫巴勒勳爵乘機在議會發難。政府確實打算批准《穿鼻草約》嗎？梅爾本勳爵給予了否定的回答。香港不是“已經通過該協議佔領了嗎”？梅爾本勳爵認為的確如此。那麼，遠征軍是否已經撤出了舟山？梅爾本勳爵回答說不知道。[7] 外交大臣對義律大加指責。在 1841 年 4 月 10 日送交女王的報告中，巴麥尊怒氣衝衝地數落全權大臣的惡劣行徑：“巴麥尊子爵對中國遠征軍的結局深感羞辱和失望……義律上校似乎完全錯誤地理解了給他的指令，就在艦隊的軍事行動大獲成功之際，他僅憑一己之願，認可了非常不恰當的條款。”

維多利亞女王以喜歡加着重號的慣性，向她的叔父、比利時國王列奧波德轉述了巴麥尊的意見：“中國事件讓我們大傷腦筋，巴麥尊為此深感羞辱。如果不是因為查理·義律（不是那位因健康欠佳被迫離職的海軍少將懿律）莫名其妙的奇怪舉動，我們本來可以得到所希望的一切，他完全違背了給他的指令，試圖接受所能獲得的最低條件。”當然，也有好消息：“海軍

7　英國議會辯論記錄，上議院，1841 年 5 月 7 日。

異常英勇地……對穿鼻炮台實施了襲擊和猛攻，中國人損失巨大……阿爾伯特非常高興我獲得了香港島，我們考慮維多利亞[8]應該在大公主的稱號之外，再加上香港公主的頭銜。"[9]

義律必須走了。1841 年 4 月 21 日，巴麥尊發出了將義律免職的函件。他在函件中對義律冷嘲熱諷，對香港則不屑一顧："你獲得了荒蕪之島香港的割讓，島上幾乎沒有一幢房屋……很顯然，香港不會成為貿易中心……我們的貿易將一如既往地在廣州進行。他們（英國僑民）可以前往荒涼的香港島，在那裏修建房屋來隱居。"[10]

倫敦的巴麥尊和身在珠江的義律各有各的理由。英國政府處境微妙，既要有看得見的成功，又必須彌補遠征軍的開支。憑藉長期從事談判的經驗，外交大臣深知控制了像舟山這樣有戰略意義的大島，就等於掌握了一張王牌，借此可以迫使中國人妥協。義律丟掉了這張王牌，就不可能獲得賠償和讓步，他能得到的只有香港。兩年後，巴麥尊勳爵恢復了平靜，向義律說明了上述考慮。義律在此前從未公開過的一份檔案中敍述了這次會面。按照義律的說法，巴麥尊語氣極為客氣，"他立刻使我相信，他十分懊悔將我召回……他告訴我，他肯定不應那麼做，即使我不同意把舟山島歸還給中國人。照他的判斷，本打算把舟山島作為一個保障……我說，如果不是已經牢牢地佔領了香港島，徹底征服了廣州城，從而獲得了更為充分的必要保障，我是不會放棄舟山的……"[11]

在這次會見中，義律解釋了作為富有經驗的海軍軍官而非政客，不願意佔領舟山的原因，"憑藉對舟山的親身了解，我認識到，與我們以往的偏愛截然相反，它完全不適合我們在中國的目標。航行……充滿危險，除了動力汽船之外，其他船隻幾乎無法航行"。1842 年 1 月 25 日，義律在送交巴麥尊的繼任者亞伯丁勳爵的長篇報告中指出，與舟山相反，香港這樣的口岸擁有"巨大而安全的港口，豐富的淡水，易於由強大海軍來保護等長

8　此處的維多利亞是維多利亞女王的長女。—— 譯註

9　維多利亞女王：《書信集》（Queen Victoria, *Letters*），第一卷，1841 年 4 月 1 日。大公主是維多利亞女王的長女，日後成為德國皇后，是德皇威廉二世的母親。

10　此函件收錄於馬士：《中華帝國對外關係史》，第一卷（Morse, *Int. Rel.*, vol. i），附錄 G。

11　義律信函。

處，地域大小和人口狀況都很適合我們的需要"。[12]

倘若義律抓緊在香港建立居民區，打消那些傾向於獲取揚子江基地的陸海軍將領對於該島是否適合作基地的疑慮，最重要的是說服商人前來此地投資，那麼，事實將證明義律的選擇不失為明智之舉。問題是時間非常緊迫。倫敦對義律與琦善在穿鼻的協議幾乎可以肯定會做出憤怒的反應，大約需要 6 個月時間，這段時間就是這位全權大臣可以用來建立殖民地的時間，期間他還必須繼續在華的軍事行動。義律採取了一項預防措施，爭取自己的親戚、印度奧克蘭勳爵的支持。1841 年 6 月 21 日，他從澳門致函奧克蘭勳爵，充分闡述了自己的政策：

> 我冒昧地提出我的看法，一項規定英國商人和船隻可以前往廈門、寧波港和上海縣的條約，絕不是把彌足珍貴的人質交到一個被激怒的政府手中。可以肯定的是，我們商人的急躁，中國人的背信棄義，將很快引發新的麻煩……我非常清楚……女王陛下的政府必須保有香港島……以及立即在堅實和廣泛的基礎上組建該殖民地，並非只是個提議，而是絕對必要的……

在倫敦的答覆到來之前，還有不少仗要打。如果說《穿鼻草約》很可能讓英國政府氣憤，中國人則肯定會拒絕接受。義律日後解釋說："我清楚意識到，（中國）朝廷有可能——雖然還談不上肯定會——推翻琦善的承諾，因此我十分謹慎地把廣州的兵力全部集中起來。"事態很快就明朗了，中國人準備盡快重新開戰，充實要塞兵力，修建新炮台，橫跨江面的障礙物也準備就緒。2 月底，義律獲悉琦善無法提交中方的那一部分穿鼻協議，因此需要給予更多的推動。英國軍隊已經如約撤出舟山（中國人對這個行動困惑不解，他們因此認為英國人是被迫撤退），即使算上患病者和衛戍部隊，這支軍隊仍只有 2,000 人多一點，他們可以在兩艘戰艦的支援下猛烈攻打任何眼前的敵人，卻無法進入廣州。只有勇敢的"復仇神"號這樣的小型船隻才能進入廣州。戰事的初期階段毫無懸念可言，虎門再度被攻佔。儘管中

12　義律信函。

國人修築了各種防禦工事，但英國的小型戰船仍在 36 小時之內到達黃埔。這對林則徐必定是個打擊，他仍留在廣州，剛剛得意地在日記中寫下英國人已被擊退的消息。

遠征軍耽擱數天之後——毫無結果地等待談判者前來，因為不出義律所料，琦善已被匆匆押解回京——憑藉小型船隻向廣州推進。廣州商館再度升起英國國旗，貿易也重新開放。在當地官員的合作下，貿易興盛了 3 個月，義律非常滿意。大量茶葉裝運上船，每天超過 50 萬磅。不久，茶葉稅就為英國財政帶來可觀收入，這是義律始終關心的問題。與中國人的進一步談判沒有多大進展，琦善的接替者楊芳"不過是把北京讓廣州解決的問題又踢回北京"。

隨着合法貿易重開，鴉片貿易也再度死灰復燃。義律徒勞地試圖阻止這種毒品的湧入，要求高級海軍軍官從旁協助。辛好士爵士憤怒地拒絕了。辛好士向此時不在廣州的同事寶馬抱怨說，義律要求他"以中國水上緝私警首腦的身份行事"。巴麥尊的一道訓令成為辛好士的擋箭牌：海軍無權干涉完全合法——按英國法律的規定完全合法——的貿易。如果中國人希望禁止鴉片輸入，那是他們的事情，英國軍隊不會保護走私者，也不會去干涉走私活動。

這種局面沒有持續多長時間，中國人的後援即將到來，他們受命進攻目前聚集在虎門內的外國人，"斷其退路，四面合圍，收復香港"，皇帝還翹首等待打勝仗的消息。5 月 21 日，進攻開始，中國人用火船襲擊英國戰艦，偽裝好的炮台也開了火。中國人與勝利失之交臂，這次依然是"復仇神"號憑藉出色的火力和機動性力挽狂瀾。英國人傷亡不大，傷亡人員中包括紐約港務局長的兒子，他在廣州商館附近被俘，被中國人處死。於是，英軍下達了迅速向廣州城挺進的命令。

值得指出的是，司令官歌賦少將——他曾參加過伊比利亞半島戰爭，服役期長達 46 年，所以肯定能夠對自己所說的話負責——自信能夠憑藉這支由印度士兵、英國士兵、水兵和水手組成的 2,395 人的軍隊，征服一座人口在百萬左右，至少由 2 萬名士兵和 1 萬人的民團把守的城市。英軍突襲廣州週邊的炮台，僅用數分鐘就攻克了炮台，代價是一名英國人死亡，而中國人倉皇逃跑，更是無一傷亡。義律下令停止戰鬥時，歌賦已經抵達廣州城下，停戰命令讓這位英國指揮官憤怒不已。"黎明時分，不祥的白旗再次出現，數小時之內不停傳來'義律，義律'的叫喊聲，就好像他是他們的保護神一樣。"[13] 義律上校再次達成，或者説被認為已經達成了一項協議。

這一次義律提出了非常苛刻的條件，不過仍然大大低於他受命提出的條件：立即支付 600 萬元，外加進一步的損失賠償金。在這個危急時刻，義律的想法複雜。最重要是避免流血，這與他常常表現出來的仁慈相吻合。義律向那位惱怒而又不解人意的指揮官下達的指令很能説明問題："保護廣州的人民，鼓勵他們對我們友好，是我們在這個國家的首要任務。"義律還擔心，憑藉佔領一座桀驁不馴的城市，難以對抗狂暴的鄉民和正在趕來的皇帝軍隊，歌賦對此肯定毫不在意。中國學者特別強調村民僅有的一次拿起武器攻擊英國軍隊的事例，所有的中國教科書中都可以找到關於三元里戰鬥的描述。事實是，1841 年 5 月 29 日，3 名英國軍官和大約 60 名印度士兵在廣州城外陷入包圍。他們擊退了數百名襲擊者，一人被殺，數人受傷，後被兩個連的皇家海軍部隊救出。歌賦將軍嘉獎了這些印度士兵，依然認為中國人不會帶來多大麻煩，不論是正規部隊還是非正規的民團。[14]

珠江的水深很可能是制約義律選擇的關鍵因素。到第二年，戰艦上對準南京的大炮就足以構成強大的威脅，促成一項條約。而在廣州，一線作戰軍艦根本無法靠近城牆。1841 年時，只有小型艦船能夠提供支援，佔領軍在廣州處於缺乏保護的危險境地。直到 1857 年，情況才徹底改觀，新型炮艦能夠駛入廣州以及西江的所有河道。

軍事史家嚴厲批評義律上校終止進攻行動的命令，不論他在 1841 年春夏的政策有何功過，召回他的決定已經無可更改了。奧克蘭勳爵的姐姐艾米莉·艾登注意到，堂兄弟查理"想向世上每一個人證明自己。我預計會有一部長篇傳記小冊子問世，您不這樣認為嗎"？[15] 義律上校並不是熱衷寫小

13　關於這場戰鬥，最好的敍述是費伊的《鴉片戰爭，1840-1842》(Fay: *The Opium War 1840-1842*)。歌賦是個一意孤行的人。第一次錫克戰爭期間，他與亨利·哈丁也有過類似的衝突，這場戰爭大概是 19 世紀最艱苦的戰役。

14　即使是魏斐德教授也受到中國人觀點的影響，他在《中華帝國的衰落》(*The Fall of Imperial China*) 一書的第 137 頁寫道："英國"軍隊受到攻擊。正因為他們是印度士兵，因而受到威靈頓的特別稱讚（上議院，1843 年 2 月 14 日）。

15　艾米莉·艾登：《書信集》(Emily Eden, *Letters*)，1841 年 8 月 1 日。艾米莉是她的堂兄弟查理最苛刻的批評者之一。

冊子的人。8 月 10 日，他乘"克萊德"號離開香港，勿地臣送來一封熱情洋溢的信函，公開表示廣州英商總會的感激之情："我們很高興在您離開的時候能有機會吐露感情……我仍打算（在澳門）為您餞行。"[16] 在孟買，義律收到另一封來自噫之皮的感謝信，這封信表明義律克制而審慎的品性受到一些人的稱道："您始終仁慈為懷，寧可尋求引導和勸說中國人民，而不是憑藉英國軍隊的武力去征服和控制他們，這極大地增加了您的榮耀。"[17]

　　義律上校回到倫敦後，馬上着手讓新政府認可自己的立場；皮爾領導的托利黨已經取代了梅爾本勳爵的輝格黨政府。義律問心無愧，公眾輿論也大多站在他的一邊，因此他心情似乎十分輕鬆。格雷維爾對他的描述，聽起來不像是一個正急於辯白的人，義律"生氣勃勃，精力充沛，快活、靈敏、熱切、興致勃勃而令人愉快"。這位日記作者還寫道，義律"覺得關於他的中國之行的報導很有趣……我傾向於認為他能夠為最近在廣州的英勇行為辯白……他與陸海軍將領互相指責……他極為蔑視……他們和他們的看法。他也不贊成我們正在進行的斡旋，認為我們考慮用艦艇對華開戰無論如何都是錯誤的，最重要的是，我們希望與中國建立外交關係"。[18]

　　人們預計，托利黨人會支持義律。畢竟，托利黨曾經指責巴麥尊拋棄了在現場的人，義律卻表現出令人欽佩的堅定。羅伯特‧皮爾爵士在議會正式宣佈，他對義律的"正直和可靠給予最大限度的信任"。就連被挫敗的輝格黨人也表示了諒解。喬治‧維利爾斯（後來成為克拉蘭敦勳爵）寫道："梅爾本用十分得體的方式稱讚了義律。"經約翰‧巴羅爵士批准，東印度公司董事會任命了義律的一個兒子作為獎勵。義律一度曾考慮爭取當時的東印度公司監督委員會主席里彭勳爵的支持，"他卻像海豹一樣咧嘴一笑，不停地來回晃腿，不肯談論整個事情"。義律幾乎無需這種支援，因為維利爾斯記下了義律上校得到的最高榮譽："威靈頓公爵提高了義律的聲譽和品行，他用議會內外迄今從未有過的動人和巧妙的口吻，歷數義律曾經面對的困境。在這種事情上，公爵自然是本國的權威，義律從此可以對詆毀者

16　義律信函，1841 年 8 月 24 日。

17　同上，1841 年 10 月 20 日。

18　格雷維爾，前引書，1841 年 11 月 19 日。

報以嘲笑。"[19]

　　義律必須留在倫敦，與財政部解決鴉片煙款問題。這個部門素來以行動拖遝而著稱，直到 1846 年才最終認可了義律整整齊齊、乃至是令人欽佩地準備好的賬目。雖然輿論對他在中國的所作所為尚有分歧，但義律在下一個職位、駐德克薩斯共和國臨時代辦的經歷表明，他兼具個人魅力和勇氣。他很快就贏得了共和國先後兩任總統撒母耳‧休士頓和安森‧鍾斯的尊敬。[20] 出使德克薩斯之後，義律逐漸淡出了公眾的視野。他接連獲得了一連串不那麼重要的殖民地職位，先後擔任過百慕大、千里達和聖赫勒拿島的總督，最後帶着不多的榮譽以海軍少將和爵士頭銜退休。最後要提一提義律的老對手琦善。琦善也在其主子的盛怒之下得以倖免，而且也被打發到中華帝國最偏遠的角落。法國旅行家古伯察神父偶然在西藏拉薩遇到了琦善，兩人談論起那場戰爭，琦善認定英國人砍了義律的頭："對於可憐的義律來說，這是個可怕的命運。他是個好人。"[21]

瞄準琉璃塔的大炮

　　巴麥尊對義律的狂怒平息之後，着手尋找一個替任者。這個人要不那麼容易因脆弱的良心而苦惱，要不那麼過分關心中國人的情感，還要值得信賴、能夠精神抖擻地履行職責。巴麥尊認為，此時正在倫敦的東印度公司駐信德的政治代表亨利‧砵典乍爵士正是這樣的一個人。砵典乍來自烏爾斯特，精力充沛，英俊瀟灑，為人多情，説話帶有很濃的愛爾蘭土腔，處事特立獨行，不能容忍異己之見。他能夠片刻之間就與人交上朋友，也會很快翻臉成仇。砵典乍對滿族談判者耆英頗有好感，厭惡英國商業僑民，而這些好惡全都掛在臉上。在華英軍指揮官經歷過義律出於人道主義的遲疑不決，欣賞砵典乍的好鬥性格，但時常抱怨砵典乍特別熱衷於"權力和禮儀"。歌賦和在辛好士死後負責指揮海軍的海軍少將巴加都認為砵典乍不難

19　均引自義律信函。

20　見休士頓 1843 年 5 月 7 日和 6 月 15 日兩信，藏於德克薩斯大學休士頓文獻（Houston Collection, University of Texas）。

21　古伯察：《韃靼、西藏、中國遊記》（Abbé Huc, *A Journey Through Tartary and Thibet*），第二卷，第 285 頁。

共事。不過，雖然他們措辭圓滑，但字裏行間難免流露出埋怨之意。巴加寫道："亨利‧砵典乍爵士是個幹練的外交家，富於決斷，性格堅毅，很適合承擔他在這裏的使命，大概是長時間在印度工作的緣故，他養成了我們在歐洲時看不慣的那種頤指氣使的作派。"[22] 自 1804 年起，砵典乍就在東印度公司軍隊裏服役。1825 年，他棄武從政，先後在信德出任總督代表和代理人。信德是下印度河谷的一個地區，當時並不屬於英屬印度的版圖。作為英國政府的政治代表，砵典乍有力地維護了英國的利益，曾經很成功地威逼當地統治者允許英國軍隊假道入侵阿富汗。1840 年，砵典乍從印度退休，憑藉這些功績得到了爵士頭銜的獎賞。

1841 年 5 月 3 日，梅爾本勳爵將召回義律、任命砵典乍之事告訴了女王。梅爾本表示，砵典乍"最近在阿富汗的軍事行動中戰功卓著"。[23] 砵典乍爵士從未踏入阿富汗半步，倒是他的姪子埃爾弗雷德‧波廷傑最近在那裏出了名。儘管如此，出任總督的肯定是亨利而非埃爾弗雷德，因為在奧克蘭勳爵建議下做出這個決定的是巴麥尊而非那位首相，大概只有梅爾本把兩個人搞混了。就迅速結束戰爭這個目的而言，巴麥尊算是選對了人。早在 1834 年，砵典乍從信德發出一封措辭激烈的函件曾讓威廉‧本廷克勳爵目瞪口呆。當時，砵典乍脅迫信德王公歸順，力勸印度政府"將火與劍帶到整個阿富汗"，這件事說來容易做起來難。本廷克覺得必須敲打敲打砵典乍，便警告砵典乍："強大而開明的強國，倘若不得不與弱小而愚昧的國家打交道，正確的做法歷來是容忍（對方的）過失，但作為最後的手段，你必須拿出實實在在的證據證明你的實力。"[24]

砵典乍在中國問題上並不打算接受上述建議。他很可能認為憑藉一支遠征軍，即使目前人數已增至 8,000 人，也根本不可能征服一個大約有 3 億人口的國家。然而，巴麥尊希望看到的正是從一開始就拿出"實實在在的證據"證明英國的實力。在這一點上，砵典乍沒有讓他失望。

這一次再沒有猶豫不決，也不再有善意的減少傷亡。艾米莉‧艾登評

22　巴加檔案，現藏於格林尼治國家海洋博物館（Parker Papers, National Maritime Museum, Greenwich）。

23　維多利亞女王：《書信集》第一卷，第 265 頁。

24　本廷克，前引書，第 1209-1210 頁。

論説："查理（義律）和戈登（寶馬）爵士離去後，H. 砵典乍爵士走上了一條正確道路……從他們的文告來看，中國人似乎完全給嚇住了。將軍和全體海軍官兵狂喜不已，因為再沒有人會阻止他們投入戰鬥。如果 H. 砵典乍爵士以常見方式直接開戰，從而在 6 個月之內徹底結束戰爭，我覺得那是很自然的事情。"[25] 戰爭持續了 10 個月而不是半年，不過，艾登小姐的其他預言都應驗了。就在 1841 年 8 月 21 日砵典乍首次造訪香港——他前去中國北方處理相關事宜，途中曾在香港停留數個小時——之前，倫敦又產生了新一屆政府。在 6 月舉行的大選中，托利黨人贏得壓倒性勝利，終結了輝格黨人長達 12 年的長期執政。在這 12 年當中，托利黨人的執政記錄僅有 1835 年的威靈頓—皮爾政府。

梅爾本內閣早已顯露出徹底衰敗的徵兆，按照格雷維爾的話説，這屆內閣"如此意志消沉、遲疑不決、軟弱無能和膽怯懦弱"。英國財政狀況不斷惡化，1841-1842 年度，政府預算比上年增加了 150 萬英鎊。政府在一些次要的問題上幾度受挫，最終在一次信任表決中敗北，被迫辭職。對於梅爾本勳爵來説，最後的失敗在某種程度上不啻為一種解脱，他對領導自己的政黨幾乎已不抱任何指望。羅伯特·皮爾爵士受命接管政府，這次與女王打交道不會再有甚麼困難，阿爾伯特親王已經成為女王的新主心骨。

在 19 世紀的英國政壇，新任外交大臣鴨巴甸勳爵算不上才華橫溢的政治家，他之所以直到今天仍未被遺忘，主要是因為他在 10 年後出任首相期間在克里米亞戰爭中處置失當。格拉斯敦緊緊追隨鴨巴甸，其他人對鴨巴甸的評價就不那麼高了。據説，鴨巴甸在議會辯論時有"一副嘲諷的腔調"，巴麥尊把這種腔調歸之為"他的過時而差勁的原則"。從來不厚道的狄斯雷利評論説："他的性格固然是孤僻的，如今轉變為放縱的乖戾……帶有語無倫次的女巫所特有的那種執拗的怨毒。"[26] 如果説狄斯雷利的描述不無準確，那麼 1841 年時鴨巴甸還不是這樣，不過可以肯定的一點是，鴨巴甸缺乏前任巴麥尊所具備的許多素質。鴨巴甸幾乎就是巴麥尊的對立面，巴麥尊沉默寡言，計劃周密，願意在最後關頭做出妥協；鴨巴甸則忙於處理頻繁發生的英法糾紛，在對華事務上採取了明智的無為政策，把問題交由印

25　艾米莉·艾登，前引書，致白金漢夫人，1841 年 10 月 8 日。

26　莫尼彭尼、巴克爾：《狄斯雷利傳》（Moneypenny and Buckle, *The Life of Disraeli*）。

度當局處置。新任陸軍和殖民地大臣斯坦利勳爵具備鴨巴甸所缺乏的從容
自如，但他的興趣主要在愛爾蘭，很少關注對華事務。

　　砵典乍要到數月之後才能得知國內政府更迭的消息，他繼續積極推進，
毫不含糊地執行巴麥尊勳爵的指令。1842 年 4 月，砵典乍在南京採取最後
行動之前曾數次致函外交部，這些報告表明這位新任駐華全權大臣毫無保
留地遵守了巴麥尊勳爵的指令。砵典乍用一種成熟的帝國口吻寫道："我忽
然感到，中國人必定要麼屈服、要麼被挫敗的時刻很快就要來臨。在後一
種情況下，事情取決於英國女王要把哪些中國港口，或中國海岸的哪些部
分納入女王陛下的版圖之中。"[27]

　　從軍事角度來看，1841-1842 年的遠征行動無可挑剔，堪稱教科書式的
範例：一支小規模的遠征軍在海上力量的支援下征服了一個帝國。這一次，
遠征軍即將取得決定性戰果時，再沒有一位富於同情心的全權大臣下令停
止行動了。事實上，在寧波城遭遇頑強抵抗時，軍方不得不阻止暴躁的砵
典乍爵士下令洗劫該城。"你所能做的最正確的事情"，睿智的歌賦建議說，
"莫過於用我們的克制和公正向那裏的人民證明，我們的天性被糟糕地誤解
了"。巴加支持砵典乍，1842 年 2 月 5 日，他以個人身份致函鴨巴甸勳爵：
"我不得不十分遺憾地提及我的同事們之間的意見分歧……H. G .（歌賦）反
對 H. P.（砵典乍）和我的意見，我們主張把查封的私貨作為贖金和關稅……
我猜想，那位將軍不願強行從個人那裏獲取收益。"[28]

　　這場戰爭的細節對於香港歷史來說並不重要，但結束戰爭的條約極為
重要。較之義律主事的時期，戰鬥普遍要慘烈得多。滿族軍隊各自為政，
指揮失當，始終未能投入優勢兵力。中國方面大約有兩萬正規軍和人數更
多的民團，投入一次戰鬥的兵力卻只有數千人。他們在所難免地遭受重大
傷亡，而戰場上的失利沉重打擊了中國人的信心。"皋華麗"號的趕到成為
一個決定性的因素，英國人費盡九牛二虎之力才把它拖曳到揚子江。1842
年 8 月 4 日，"皋華麗"號停泊在南京城外的江面上。實際上，"皋華麗"
號只是一艘三等戰列艦，而且是一艘過時的軍艦。但是，按照當時世界上
任何一支地面部隊的標準來衡量，它的火力十分強大。這艘軍艦牢牢封鎖

27　外交部檔案（FO 17/56），1842 年 4 月 13 日。

28　巴加檔案。

了揚子江以及通往北京的大運河，從而一舉切斷了這個帝國最重要的聯絡管道。

　　不論當時還是之後的歲月裏，中國人錯誤地理解了這場武裝衝突的教訓。為了找出英國戰勝的原因，中國的間諜從某些不可思議的管道收集情報。琦善的一位幕僚提供了最早的一份報告，他聽一個英國婦女說，英國艦船是用橡木或柚木等質地堅硬的木材建造，艦上的大炮則是銅鑄，重達8,000磅，能夠發射32磅的炮彈。他接着報告說，英國顯然是被一位婦女所管治，有20個家庭與之有血緣關係，女人們全都自己找丈夫，這些夷人根本不講禮儀和紀律。道光皇帝對此印象深刻，贊許地批註說："備極明晰詳盡。"[29] 中國人從此幾乎一直認定西方人的勝利完全是倚仗堅船利炮，一旦中國掌握了這些專門技術，就能克服暫時的失利。這種看法只是部分正確，而對事實的曲解導致清朝政府日後不斷陷入徒勞和相互指責。

　　英國的海上優勢是毋庸置疑的。必須指出，自1637年查理一世建造"海上君主"號以來，英國的戰艦和艦炮技術沒有多大進步，只是增添了一些主要用作拖輪、運輸船和陸軍支援船隻的小型蒸汽船。但是，英國形成了獨特的大西洋造船傳統，這種傳統與中國海面上形成的造船慣例截然不同。中國造船技術的演進受制於諸多地區性因素，最大的限制是缺乏製作龍骨的木材。因此，中國建造的是平底大帆船，雖然有複雜和非常完善的設計思路，卻缺乏支撐重型大炮（此時，這些大炮還不是銅製，而是鑄鐵的）的堅固製材。但是，中國的海岸炮台足以對沒有裝甲的木船實施毀滅性打擊，在日後的一次戰鬥中，這些炮台就取得了不錯的戰果（1859年，大沽炮台徹底擊潰了一支蒸汽炮船組成的英國艦隊）。中國有很完善的鑄炮工廠，能夠鑄造大口徑的精良武器，如1845年運回英國伍爾維奇的重達9噸、口徑27英寸的銅製臼炮。中國的要塞炮屬於無膛線的前膛炮，操作規程與西方的大炮沒甚麼兩樣。

　　英國在陸地上的優勢就沒有這麼明顯了。1842年時，敵對雙方的騎兵和步兵使用的武器相仿，並且都將在數年之後過時淘汰。絕大多數英國步

29　第一歷史檔案館，北京。

兵的武器，與他們在 1704 年布倫海姆戰役 [30] 中使用的差不多，都是 0.753 口徑的毛瑟槍。這種槍有燧發槍機，前腔裝彈，槍管沒有膛線。英國海軍和少數陸軍士兵配備了帶擊發裝置的槍支，這種槍雖然沒有提高射擊速率和射程（最大射程 200 碼），但適合在潮濕天氣使用。中國的步兵使用火繩槍，與克倫威爾的軍隊曾使用過的武器完全相同。中國軍隊的最大缺陷在於沒有機動的大炮，他們的野戰炮遠不如英國能夠發射 6 磅炮彈的大炮。儘管如此，在大多數戰鬥中，雙方使用的都是最簡單的武器：刺刀、劍、長矛。

　　雙方軍隊最重要的差異在於訓練、紀律和通信聯絡。可以肯定，英國軍隊最有價值的武器不是兵器，而是諸如信號旗、懷錶和水平儀之類的裝備。英軍的軍事行動有相當詳盡的計劃，而且是精確地同步實施，而中國軍隊的時間觀念很淡薄，只有最高指揮官才有一塊錶。英國軍艦或工兵軍官每到一地，都會繪製精確的海圖或地圖，中國指揮官卻不得不依靠當地人的印象。雖然中國人傳聞說夷人毫無訓練，紀律鬆懈，但正是英軍的紀律和訓練起到了決定性作用。一旦遇到緊急情況，英國高級軍官和海軍指揮官知道應當開往何處，採取甚麼樣的行動；困難可能會出現，但絕不會發展成災難。

　　奧奇特洛尼上尉描述了 1842 年 3 月 9 日寧波發生的一場戰鬥，他的記述充分說明了訓練有素所收到的效果。英國人在這次戰鬥中將一門大炮投入戰鬥，擊退了中國人的進攻：

> 僅僅三次炮擊之後……步兵隊恢復了排槍火力，前面一排在開槍射擊後分別向左右兩側後退，裝填子彈，並在後面形成新的一排，他們的位置由第二排補上，依次類推；用這種方式……在短時間內街道上到處是屍體，當不再有活動的目標時，士兵受命前進，他們踏過整個 15 碼之內密密麻麻的屍體和垂死者。[31]

30　布倫海姆戰役是西班牙王位繼承戰爭中的一次著名戰役，1704 年 8 月 13 日，以英軍將領瑪律巴勒為首的聯軍打敗了法軍。── 譯註

31　奧赫特洛尼：《對華戰爭》（Ouchterlony, *The Chinese War*），第 232 頁。

即便雙方在武器上沒有差距（中國人人數上的優勢在相當大程度上抵銷了武器上的差距），戰爭依然很有可能以相同的結局告終。奧利佛·克倫威爾或古斯塔夫—阿道夫 [32] 的軍隊也只裝備了他們那個時代的武器，但訓練有素、紀律嚴明，在同等情況下照樣能夠贏得勝利。

中國人的另一個錯誤是認為徵募來的農民要勝過正規軍，三元里的傳說強化了這種信念。日後發展成中國人民解放軍的紅軍最初是以農民為主體的軍隊，而且戰勝了較為職業化的國民黨軍隊，這種傳奇已經成為公認的正統學說。

南京條約

皇家海軍"皋華麗"號未放一槍一炮。考慮到南京必然會遭到的破壞，中國人被迫坐到談判桌前。"殊為可惡！"1842 年 7 月 9 日皇帝獲悉砵典乍正式要求與一位全權特使談判時喊道。皇帝經過考慮，同意派兩名滿族高官前往南京，全權負責就賠償、平等外交和開放更多通商口岸等事宜進行談判。在兩名官員中，伊里布資格更老，由於身體和精神太差，不得不把大多數事務交給他的同事耆英處理。耆英是努爾哈赤的後裔、道光皇帝的近親和密友，他是一位世襲的侯爵，也是 19 世紀中國歷史上的重要人物。數代中國學者一直斥責耆英，認為他為了王朝利益把國家出賣給了英國人。實際上，這位滿族人講求實際，風度翩翩，巧妙地達成了一項協議，準確地說是一系列協議。耆英一露面就給外國人留下了深刻的印象："舉止優雅、高貴……步履沉穩，面相敦厚，看起來就像一位剛勇、矍鑠、富於幽默感的老紳士。" [33]

英國軍隊已顯示威力，佔領了僅次於北京的兩座最大的中國城市，因此，除了應允砵典乍的要求之外，南京的談判者沒有多少轉圜的餘地。耆英向皇帝解釋了當時的情勢："臣等此次酌辦夷務，勢出萬難，策居最下但

32　奧立佛·克倫威爾（1599-1658），英國內戰中國會軍名將，曾任英格蘭、蘇格蘭和愛爾蘭護國公。古斯塔夫—阿道夫（1594-1632），瑞典國王，被稱為歐洲現代軍事之父。——　譯註

33　費正清：《貿易與外交》（Fairbank, *Trade and Diplomacy*），第 92 頁。

計事之利害，不復顧望之是非……第念寇事方張，據我要害。"[34] 英國人開出的條件就是巴麥尊最初的那些要求：割讓香港（這一條是砵典乍爵士自己的主張，與鴨巴甸勳爵最新的指令背道而馳），開放廈門、福州、寧波、上海和廣州等 5 個通商口岸，英國在通商口岸派駐領事，負責監督貿易和英國臣民，並享有領事裁判權。今後兩國將以對等的大國進行交往，此外還有 2,100 萬元的賠款，這筆數額遠遠超過了義律要求的 600 萬元，也大大超出遠征軍的軍費、行商債務和收繳鴉片煙款的總和。白廳決定把義律已經收到的 600 萬元作為廣州城的贖金，算是英國財政的一筆意外收入。

很難説能否如此明確地從會計角度來衡量最終的得失利弊。義律獲得了 600 萬元賠款和香港的割讓，代價是十多名英國人 —— 那些死於霍亂和瘧疾者不在其列 —— 以及大約 2,000 名中國人的生命。砵典乍遵從巴麥尊的指令，結果以上百名英國人和數千中國人的死亡為代價，換得了額外的 1,500 萬元，還引發了迄今仍未徹底消除的激憤之情。條約隻字未提棘手的鴉片問題，《中國之友》尖刻地評論道："這樣一個忽略，會使人聯想起一個老生常談的比喻，就好像演出《哈姆雷特》卻遺漏了王子這個角色。"

若把《南京條約》與砵典乍同耆英次年簽署的補充協議聯繫起來看，似乎並未證明這些條款特別地不平等或過分。英軍指揮官注意不表現出侵略軍的姿態。在向南京行進過程中，他們不僅沒有受到老百姓的阻礙，還很容易得到幫助。士兵為了收集紀念品，從南京著名的琉璃塔上撬瓷片，"這種暴行必定會造成惡劣的公眾效應"，結果受到"嚴厲申斥，更不必説每一個內省的人士都會對這種恣意破壞一座如此聞名的建築痛惜不已"。[35] 一支武裝衛隊受命前去保護琉璃塔，並賠償了 4,000 元。[36]（15 年後的太平天國起義期間，這座塔被中國人"不負責任地毀壞"。）雙方在輕鬆愉快的氣氛中開始談判。[37] 薩勒頓勳爵手下的副旅長霍普·克靈頓注意到，"神氣活現

34　郭斌佳，前引書，第 163 頁。

35　諾里斯：《霍普·克靈頓將軍傳》(H. Knollys, *The Life of General Sir Hope Grant*)，第一卷，第 36 頁。克靈頓為人和善，作戰勇敢，因為嫻熟的大提琴技藝被任命為參謀，因為指揮官薩勒頓勳爵正在組建一個合唱團。

36　《廣東記事報》，1842 年 9 月 1 日。

37　張喜的日記（鄧嗣禹英譯）提供了中國方面對於談判的看法，張喜在日記中以第三人稱自稱："夷酋……傾洋酒滿厄進公，公一吸不留涓滴，磊落光明，毫無疑怖。該夷已服其誠，而尤敬其雅量。"（譯者按：此段引文出自張喜《撫夷日記》後附的《無品冠服張公小滄小傳》。）

的中國大臣似乎很喜歡黑櫻桃酒、草莓白蘭地和果仁酒，他們喝得太多了，以至其中一位一把抓住我們的翻譯、方臉膛的高個子波蘭人郭士立先生，帶着醉意親熱地吻他"。[38] 一位海軍目擊者寫道："老 K（耆英）肯定喝了不下 50 杯酒"，還唱了一首歌，"你能想像皇帝的叔父唱歌的樣子嗎？"但是，砵典乍表示希望訪問南京，"中國人予以拒絕，亨利·砵典乍爵士自然也就讓步了"。

1842 年 8 月 29 日，雙方在"皋華麗"號的巨大船艙裏舉行了最後的簽字儀式，年輕的巴夏禮——14 年後，他與約翰·寶寧爵士發動了另一場更具破壞性的戰爭——認為氣氛算得上友好。巴夏禮當時只有 14 歲，負責照看歌賦爵士"碩大的三角帽和羽毛飾"。　按照巴夏禮的描述說，年老多病的中國談判者伊里布"在船舷受到砵典乍爵士、海軍少將以及將軍的迎接，他們半攙半扶地把他引到後艙，安置在一張沙發上"。條約簽署完畢後，"他們坐下來共進午餐……雙方看起來感到滿意和愉快"。[39] 外科醫生愛德華·克里喜歡那些韃靼衛兵，他們"衣着華麗，皮膚黝黑，飽經風霜，他們的帽子上綴有狐狸或松鼠的尾巴，5 個人當中就有一名手持旗幟的軍官"。[40]

條約簽署的消息傳到英國後並未激起多大的熱情。之所以如此，是因為來自阿富汗的報告於同一天（11 月 22 日）抵達倫敦。在阿富汗，開伯爾山口被突破，喀布爾被佔，城內的大市場也遭焚毀。與喀布爾的慘烈狀況相比，南京就遠沒有那麼令人激動了。斯坦利勳爵曾經挖苦過發動這場戰爭的輝格黨人，在向女王遞呈相關公文時也不得不表現出假慈悲："在中國簽了一項條約，最終結束了流血傷亡……這在幾乎難以估量的程度上為英國企業打開了對華貿易之門。陛下將欣慰地獲悉，商務監督已經在那個城市審查了直接與寧波開展貿易的船隻。"[41]《笨拙》雜誌辛辣而富有預見性地指出：

38　諾里斯，前引書，第 34 頁。"海軍目擊者"的印象引自《航海雜誌》（*Nautical Magazine*），第七卷，第 748 頁，1843 年。

39　萊恩－普爾：《巴夏禮爵士在中國》（S. Lane-Poole, *Sir Harry Parkes in China*），第 28、33 頁。

40　克里：《日記》（E. H. Cree, *Journals*），第 113 頁。）克里的日記由邁克爾·萊威恩編輯，配有克里本人繪製的素描，出色地描繪了早期的香港。

41　維多利亞女王：《書信集》，第一卷，第 441 頁，1842 年 11 月 23 日。

　　這場罌粟戰爭結束了……"輝格黨人遺贈給"羅伯特·皮爾爵士的這場戰爭回報給這位首相……用槍彈和火藥從這場針對蒙昧的中國人的重大道德懲戒中獲得的可觀利潤……不過，錢還只是次要的好處。約翰牛先生已在中國人那裏消耗了如此多的火藥和槍彈，動用了如此多的生鐵，將來會受到紳士般的對待。他用兩三千個兩足動物的血，淘汰了"野蠻人"……除了那些錢和禮儀，我們還會有五個對英國貿易開放的中國港口。政客和推銷員們無不欣喜若狂，他們帶着對利潤的期盼，想像着中國皇帝身襯衫，後妃們身着曼徹斯特棉布衣裙，大小朝臣手持謝菲爾德刀叉的情景。[42]

　　在戰爭結束之前，皮爾的新政府始終不願對有關香港的政策明確表態。代表蒙茅斯的輝格黨議員 R. J. 布萊維特在下議院就這個問題提出質詢，皮爾暴躁地回答說："說真的，對華戰爭尚未結束之際，我只能拒絕回答這個問題。"（1842 年 3 月 15 日）鴨巴甸勳爵對該島的前途忽冷忽熱。1841 年 11 月 4 日，這位外交大臣致函砵典乍，表示英國政府只是把香港以及舟山視為臨時性的基地，也許可以通過交還兩地來換取中國人做出讓步：

　　女王陛下政府不傾向於把這樣獲得的領土視為永久的征服。他們寧可希望，女王陛下的臣民同中華帝國的通商應通過允許對中國東部沿海四五個主要城市進行貿易的一項條約予以保證……除香港島之外，女王陛下的軍隊很可能將再度佔領舟山……但是，將這些領地永久地保持在女王陛下的版圖之內勢必花費巨大……它還將使我們在政治上與中國人的接觸比我們所希望的要多，也許不可避免地最終導致我們捲入這個奇特的民族和該帝國政府在不久的將來可能發生的爭執和變化。

　　接下來，鴨巴甸勳爵明確了此後歷屆政府都遵循的一項原則："我們只

42　《笨拙》（*Punch*），第三卷，第 238 頁。

想獲得安全的、管理完善的貿易。你應當時刻記住，我們不謀求任何獨佔的利益，不要求我們不願看到任何其他國家臣民所享有的任何利益。"推而廣之，這段話的意思是說，英國期望平等地分享其他國家獲得的任何利益——"最惠國"條款成為所有此類條約的一個特徵。[43]

這項原則既非純粹的利他主義，也不是經濟帝國主義，而是表明絕大多數英國政治家，不管是托利黨人還是輝格黨人，都近乎宗教狂熱般地信奉自由貿易原則。他們認為，自由的國際貿易將造福所有國家，帶來普遍的繁榮和更好的相互理解，還能消弭爭端和戰爭。從某種意義上說，英國是最大的貿易國，英國只要能夠在公平競爭中鞏固自己的地位，就能夠獲取最大利益。直到其他國家顯然沒有依照同樣的規則競爭，英國工業被其他國家趕超，貿易保護的好處更為顯著時，英國政府才在 19 世紀 90 年代拋棄了上述原則。

1842 年 1 月，鴨巴甸進一步闡明了政府的指令。香港不再被看成永久的英國屬地，而僅僅被視為討價還價的籌碼，"一個軍事佔領的地點，女王陛下政府實現對華目標時有可能歸還給中國政府"。該島"應當被看成是單純的軍事地點，並且……應立即停止修建違背上述原則的建築物和設施"。鴨巴甸擔心中國人將來會把香港的殖民地當作發動軍事襲擊的理由，因為"不光是商業機構，就連必備的長期駐軍，都將構成持續的挑釁和誘惑"。最好是既避免維持一個殖民地的開支和麻煩，又能保障至關重要的貿易。

在這個階段，香港極有可能獲准歸還給中國。但是，砵典乍完全贊同義律的觀點，"保留香港是我唯一有意識地違背我所收到的新指令（1841 年 11 月 4 日訓令）的地方，在這個壯麗的國家度過的每時每刻都使我確信，我們佔有這樣一個殖民地乃是必要的和可取的"。[44] 不論英國人還是中國人，都很難理解砵典乍的這種態度。前特派委員會主席、日後當上東印度公司董事會主席的詹姆斯·厄姆斯頓爵士，依然力主佔領舟山，抱怨香港"已經被稱讚和吹捧到了極其不可思議的程度……從貿易角度看，在目前的狀況和條件下，這個島嶼不但對我們毫無用處，也很難設想或指望它有朝

43　"最惠國"概念被馬克思主義者視為資本主義的陰謀。它被當作確保"自由貿易"的手段，成為列強攫取對華特權的藉口。如今，這個概念對中國非常重要，因為她依然是一個"最惠國"。

44　《關於中國的通訊》，砵典乍致鴨巴甸，1842 年 8 月 29 日。

一日能變成一個商業中心"。[45] 中國當時處於被動境地，若是英國提出割佔一個更為可取的地方，中國實際上也無力反對。當英國人提出割佔香港島的要求時，中國談判代表並無諷刺之意地問道："就這些？"

英國政府直到 1843 年 1 月 4 日才決定保有香港。當日，鴨巴甸致函砵典乍，告之政府已認可《南京條約》。鴨巴甸勉強承認："批准書互換後，香港島即成為英國王室的領地，你要盡可能迅速地組建那裏的政府……你將管理該島的政府，做好一切抵禦外來侵略的準備。"批准書直到 6 月份才送達香港，同月 26 日，雙方舉行了正式換文程序。

兩個帝國的仲裁者

砵典乍爵士完成外交使命之前，還必須理清《南京條約》遺留下來懸而未決的問題。南京的和平協議至少有 4 份補充文件：對第二款進行增補的關於過境關稅的聲明；增補第十款的關於自由貿易的聲明；《五口通商章程及海關稅則》以及《虎門條約》。談判和簽署這些協議耗費了數月時間，談判從 1843 年元旦開始，直到 10 月 8 日《虎門條約》簽署方告結束。中國輿論極其仇視外國人所強加的屈辱，把《南京條約》與其他條約一道視為"不平等條約"。這些條約既不公正，也未得到人民的認可，不具備任何法律效力。這種觀點從國際法上說站不住腳，歷屆中國政府雖然堅持這一立場，但實際上卻忠實履行了條約義務。外國政府作為這些條約的受益者，逐步重議了條約的條款，到第二次世界大戰結束時，除了中國大陸上的九龍新界租約外，所有外國租約和特權都已廢除。

然而，北京和台灣都堅持認為，香港地區的 3 個部分均為中國領土合法的、不可分割的組成部分，只是偶然地由英國人管治，但絕非英國的殖民地。

1843 年時，英國政府確實希望與中國達成穩妥、持久的和解。在野的布魯厄姆勳爵要求"不惜一切代價……與那個偉大而強盛的帝國恢復真誠和友善的諒解，而非表面的和平"，海軍大臣哈丁頓勳爵保證政府將做到這一

45　厄姆森：《舟山與香港》（J.B. Urmston, ‘*Chusan and Hong Kong*’）。

點。[46] 經過長時間的認真磋商，雙方以冷靜、合理的態度在虎門達成了協議，進一步完善了《南京條約》。英國商人憤怒抨擊這些條款，這充分説明它們並非單方面的。只要對條約的要點稍加審視便不難發現，雙方的討論始終是有條不紊的，這使得雙方能夠達成真正的諒解。砵典乍一開始就表明了自己的立場，他在 1842 年 12 月 10 日寫道："我認為自己是從這兩個帝國的仲裁者的角度看問題……所有的貿易協議只要能夠達成，就應當是互利的。"

砵典乍爵士在南京一味堅決執行上司的指令（香港問題除外），拒絕做出任何實質性讓步，雖然為了顧全中國人的面子，他在某些問題上也有所退讓。日後的事實表明，這些問題的重要性是砵典乍始料未及的。最重要的一點是未能確保向北京派駐代表，這個問題以及中國拒絕外國人進入廣州城，將成為 1856 年第二次英中戰爭的導火索。砵典乍爵士在虎門的任務要複雜得多，而且面對的是以老謀深算的外交家耆英為首的代表團。耆英的助手是具有出色金融專業知識的漢人布政使黃恩彤以及廣東巡撫祁貢、海部文芳。就與如此幹練而出色的對手談判一項專業性很強的貿易協議而言，砵典乍並非合適人選。1841 年 12 月，砵典乍致信馬儒翰，自承不懂貿易事務："我首先必須承認，雖然我身為首席商務監督，但對貿易以及適宜的關稅可説是一無所知。"[47] 砵典乍首先尋求建立一種長期而有序的體制，這正是一個行伍出身、講求實際的人所能做出的貢獻。

砵典乍堅持認為，應當以公平的税率固定徵收海關税，確保有合理比例的關税返還中國政府。英國派駐各通商口岸的領事將監督"關税及其他收費的定期繳納，對各種弊端起到防微杜漸的作用，並且徹底禁絕走私"。[48] 英國商人本來期望監管會更寬鬆，當他們逐漸認識到這一條款的後果乃是中國海關緝私艇以及日後難以賄賂的官員，他們視之為對自身利益的背叛。在此後兩代人的時間裏，英國商人一直鼓噪要修改這項條款。

任何談判者在開始談判時都會確定一系列基本明確的目標，這些目標的實現取決於談判者的個人傾向以及他們能否成功地爭取到。倘若雙方談

46　英國議會辯論記錄，上議院，1843 年 2 月 13 日。

47　外交部檔案（FO 705/54），1841 年 12 月 11 日。

48　關於通商口岸體制的論述，見費正清：《貿易與外交》。

判者向上司匯報時虛誇所取得的成果，情況就變得較為複雜。如果雙方又遇到翻譯造成的誤解，從某種程度上説，談判註定難以取得令人滿意的結果。這種情形就出現在南京和虎門的談判中，而且是在最為重要的香港地位問題上。《南京條約》中關於香港問題的條款如下：

> 因大英商船遠路涉洋，往往有損壞須修補者，自應給予沿海一處，以便修船及存守所用物料。今大皇帝準將香港一島給予大英國君主暨嗣後世襲主位者常遠據守主掌，任便立法治理。

這項條款隻字未提海軍基地或貿易問題，貿易完全局限於 5 個通商口岸，雖然砵典乍明確表示有意使香港島服務於上述兩個目標。在雙方心照不宣的默契下，條約的措辭顧全了皇帝的臉面。1843 年 6 月，耆英為批准《南京條約》訪問香港，此時香港已經有了明顯的發展。他向皇帝報告説：

> 該夷於近年以來，在土名裙帶路一帶，鑿山開道，建蓋洋樓一百餘所，漸次竣工。並有粵東無業貧民蛋戶（船民），在該處搭建棚寮，販賣食物，約計夷商不滿數百，而內民之貿易及傭力者已不止數千人……查澳門地方，自前明迄今三百餘年，各該夷先後居住，安分貿易，從未為患，內地亦鮮偷漏稅餉情事。今香港情形幾與相似，若不明定章程，妥為辦理，則走私漏稅，百弊叢生，轉恐與正稅有礙。[49]

稅收乃是朝廷頗為關注的一個問題。虎門協議的詳細文本送達北京後，軍機處進行了討論。關鍵問題不在於香港已經給了英國（香港"本屬荒島，重巒複嶺，孤峙海中，距新安縣城一百餘里。從前本係洋盜出沒之所，絕少居民，只有貧窮漁戶數十家，在土名赤柱灣等處畸零散處"[50]）。朝廷真正關切的是未來的收入，並因此指示耆英：

49　第一歷史檔案館，北京，英譯者艾超世。

50　同上。

　　惟香港通市一節最關緊要，該處為售貨置貨之總匯，課稅贏絀，全繫乎此。而出口進口之牌照，若僅責成九龍巡檢會同英官隨時稽查，恐辦理稍疏，既不免有偷越之弊。其應如何設法嚴查之處，着耆英等再行悉心妥議具奏。其時各處出海船隻，仍着嚴飭各海口文武官弁，實力稽查，至五口通商口岸，並着一體知照各該省加意防範，勿任商船任意出入，以防偷漏而裕課稅。[51]

這份上諭直到 1843 年 12 月初才送到耆英手中，他因此陷入了左右為難的境地，因為他無法變更業已達成的協議。他向皇帝所作的解釋既冗長又夾纏不清，還提出了一個子虛烏有的關於英國人要求割讓香港的原因：

　　若夷商遠涉重洋，運貨來粵，不知內地貨值之滯旺高下，不能如華商之坐莊買賣，其返棹之期又有一定。諺云：貨到地頭死，不得不聽命於洋商，貨到即賣，卸貨即買，復多例外掊剋。是以求給香港一島，藉以托足，其意不過探聽廣州貨值之滯旺高下，隨時搬運，效華商坐莊買賣之計也。

耆英巧妙地迴避了香港成為自由港的事實：

　　是香港似可不致遂為售貨置貨之總匯，利柄亦不致遽行外移。其九龍地方，徑對夷人聚居之地，船隻之往來香港者必泊於此，稽查甚為近便。若商船販賣出口前赴香港，應先在出口處所完納稅銀，再行給發牌照，沿途及香港即以牌照為憑，分別驗收。其在香港販貨進口之船，應在售口處完納稅銀，本係仿照定例辦理，全在行之以實，不在驗照官之大小。[52]

雖然這種體制適於出口貿易，但英國人卻不可能允許九龍海關查驗英國商人的貨物或徵收關稅。但是，這種牌照體制將確保中國船隻繳付稅金，

51　同上，皇帝致耆英，見於耆英 1843 年 12 月 13 日奏摺。
52　第一歷史檔案館，北京，英譯者艾超世，耆英奏摺，1843 年 12 月 31 日。

因為可以把牌照副本送到廣州的海部那裏。皇帝對耆英的解釋表示滿意，用朱批下令通商口岸的官員做出必要安排。

《南京條約》第十三款隱含更大的麻煩。這部分要歸咎於不及格的翻譯。不可或缺的馬儒翰已於 8 月 29 日去世，留下羅伯聃一人負責校勘英、中兩種文字的條約文本。羅伯聃充其量算個不錯的商業譯員，顯然不能勝任此項工作。就中國方面而言，條約中文文本使他們有權終止香港與任何一個中國港口的貿易往來（條約英文文本的準確性也好不到哪裏去，它使得香港需首先獲得中國方面的許可，方能與各通商口岸進行貿易）。條約的漏洞之一是香港中國居民的管轄權問題。當時無法接受、日後成為既定事實的是，香港的居民應該算是英國公民（除非是在對英國不利的情況下，例如 1981 年《國籍法》的情形）。起初，砵典乍提出了一個不切實際的建議：英國人負責維持香港的秩序，華人犯罪者移交中國法庭，依照中國法律審判。白廳指出這一點無論如何也難以做到，砵典乍爵士陷入了左右為難的境地，因為他已經與耆英這樣商定了。殖民地部常務次官詹姆斯·斯蒂芬爵士乾巴巴地評論道：“在這場爭論中，佔上風的似乎是那位中國欽差大臣。”此事若得不到及時解決，其他條款無法生效，這個問題便獲准擱置起來。

治外法權日後將成為西方國家在華的最大特權，同時也引發了中國人最強烈的憤怒。但是，最初它被視為一種折衷辦法。這場戰爭的直接起因就是治外法權，林則徐先是要逮捕顛地，繼而要求引渡應對林維喜一案負責的某一個人。《五口通商附粘善後條款》規定，外國人與中國人發生爭端，“均不可庇護隱匿，有乖和好”。“倘有英人違背此條禁約，擅到內地遠遊者……交英國管事官依情處罪”，“倘有不法華民……即應交與華官按法處治”。上述條款起初是對中國方面做出的讓步，以迫使那些放浪形骸的英國水手接受非常必要的紀律約束，他們以前曾在廣州闖下大亂子。在 1844 年 7 月的條約[53] 中，美國人進一步明確了這個要點：“合眾國人民由領事等官捉拿審訊，照本國例治罪。”1844 年 10 月的《黃埔條約》再清楚不過地表明，法國人在任何情況下都只服從法國的法律：“凡有佛蘭西人與中國人爭鬧事件……係佛蘭西人……照佛蘭西例治罪……因所定之例，佛蘭西人在

53　譯者按：《中美望廈條約》。

五口地方如有犯大小等罪，均照佛蘭西例辦理。"

　　雙方的討論嚴肅而深入，"反覆爭論和考慮……一次又一次地斟酌，做了該做的一切"，雙方送呈各自首腦的關於談判的詳細報告以及所達成的諸多妥協，無不表明《五口通商章程及海關稅則》是一份合法的國際文件，它當然有模棱兩可和疏漏之處，卻肯定不是一個戰勝的強國勒令哀求者接受的條款。耆英極富個人魅力，把砵典乍爵士哄得飄飄然，贏得了英國對手的極大尊重。砵典乍大概並未如耆英所請，正式給自己的兒子起名為"弗雷德里克·耆英"。[54] 但是，他的確把這個孩子及其母親的肖像畫送給了這位欽差大臣，並以"一種略帶敬畏的態度"向鴨巴甸勳爵報告說，他的這位"因－特－米－特"（親密的）朋友令人"對中國官員的品格和習慣刮目相看"。

　　同樣可以肯定，《南京條約》許多條款的先例可以追溯到上一個 10 年英國[55] 與浩罕可汗簽署的協議，那些協議同樣是外人強迫清政府簽訂的條約，同樣規定了固定稅率以及享有司法權的派駐領事，卻從來未被視為不公正、不平等或單方面的條約。此後，雙方盡力充分履行條約義務，對懸而未決的事項做出安排，這進一步證明了我的上述觀點。費正清教授的看法是，這些協議"體現了英國勢力強加於中國的新秩序"，總的說來，它們也是"妥協的結果。英國人的要求不得不做出限制。亨利·砵典乍爵士最終勉強同意接受切實可行的方案"。[56]

54　小弗雷德里克·耆英後來成為弗雷德里克·波廷傑爵士、新南威爾士上警署督察，成為該州歷史上的重要人物，並被羅爾夫·博爾德武德寫進了小說《劫掠》。

55　譯者按：應為中國。

56　費正清：《貿易與外交》，第 114 頁。

第五章

貧瘠之島

"女王陛下的領地"

1841 年 1 月 26 日義律宣佈香港為女王陛下的領地，1842 年 2 月 1 日亨利・砵典乍爵士自北方戰場返回，以決定如何處置香港島，香港最初階段的歷史是短暫而模糊的。砵典乍第一次到香港是在 1841 年 8 月，當時，他匆匆忙忙趕到香港，在海灘上一頂帳篷裏與義律從前的副手亞歷山大・參遜進行磋商。7 年前，參遜還只是律勞卑勳爵的隨從，如今意外地不得不挑起管治香港的重擔，而那位全權公使正在強迫中國人同意在揚子江提供一塊居留地。

義律和砵典乍兩人都曾授予參遜相機行事的權力，參遜本可以坐守不前，除了與軍隊指揮官合作之外，不越雷池半步。然而，他卻幹勁十足地加緊在島上修建基礎設施，從而在上司考慮如何處置香港之前就造成了一些既成事實。實際上，參遜非常熱衷於行使管理香港的職權，毫不猶豫地為自己所做的決定負責，乃至日後曾自稱是"前香港代理總督"。[1]

1841 年 6 月初之前，義律一直忙於處理廣州的事務，花在香港的時間很少。事實上，他沒有多少機會視察他為女王奪取的這個"海島基地"。他曾經乘"復仇神"號環島一周，還在 4 月和 6 月數次短暫登島，此外一直與隨從待在澳門。除了參遜之外，島上唯一的常駐軍官是前喀麥隆第 26 步兵團的威廉・堅上尉。4 月 30 日，威廉・堅被任命為香港總巡理府；義律在被撤職前不久，任命"復仇神"號的海軍上尉威廉・畢打為船政廳。威廉・堅是個 1804 年就入伍服役的老派軍人，認為要加強紀律就必須經常實施鞭笞。在未來的 18 年裏，威廉・堅先後擔任總巡理府和副總督，一直是這個殖民地的關鍵人物之一。

1　參遜手稿，現藏香港檔案館。

英國本土輿論閉口不談香港的前途問題。渣甸回到英國後，極力主張恢復廣州貿易。他十分熟悉廣州，他的公司也在廣州投入了大量資金，但他本人並未經歷外國僑民在過去兩年裏的種種不便和危險。英國人被驅逐期間，美國人仍留在廣州，同樣不願意在事態明朗之前就放棄廣州的舒適住所。倘若香港成為英國王室的永久領地，外國商人希望在投資之前了解有關法規、土地租期以及諸如此類的問題。

英國人，尤其是那些鴉片商人，認為至少要搭建一些臨時倉庫以堆放貨物，這些貨物已經在船上放了兩年。若建造了倉庫，節省下來的可觀保險金和船隻滯期費很快就能彌補購置地產的花費。鴉片庫存又開始逐步增加，因為東印度公司在孟加拉的鴉片產量恢復到以往的水準。義律在寫給奧克蘭勳爵的函件中解釋了當時的情況：“巨額財富正源源不斷地流入我們手中，這恰恰成為我們在華行動所面臨的一個奇特而巨大的困難……就在草擬這份公文的同時，又有大量船舶積壓。香港正在着手興建貨棧，我相信憑藉這種活力，我們能夠辦好這些船隻的出港手續。”[2]

怡和洋行和顛地洋行都有數百萬元的鴉片和其他貨物積壓在船上，急於起貨上岸並看護起來。廣州的基地已經喪失，在澳門也受到諸多限制，所以還迫切需要辦公用房和家庭住所。他們以一貫的活力迅速行動起來。

早在 1841 年 2 月，英國人就直接從中國人手裏買下了一些地皮，修建臨時的貨棧和工棚。據說琳賽洋行最早在當地建造房屋，不久怡和洋行也開始大興土木。數週之內，香港就冒出了大大小小的建築，頗有一種淘金熱城鎮的氛圍。英國人往往憑藉最含糊其詞的合法地契從中國人手中買下土地，目的是為了馬上轉手獲取利潤。

地皮的好壞取決於所處的地理位置和附近海濱的水深。人們發現香港島港口的深水泊位正對着九龍，除北部海岸之外，該島只有如今的港澳碼頭的西面才有深水泊位。40 英尺的水深線距離海岸差不多有 1 英里遠，海船無法在近海停靠。不過，這有利於日後的填海造地工程。香港的陸地等高線分佈類似於島嶼的水深線輪廓，地表坡度平緩上升，尤其是跑馬地方向的地區。水坑口——1841 年 1 月 26 日，卑路乍艦長就是在此地升起國

2　見《關於中國的通訊》。作為印度總督，奧克蘭勳爵直接負責英國對華遠征軍，他和義律對彼此的親戚關係心照不宣。

旗 —— 沿岸近海是深水區，但最初的居留地建在更東邊的地方，以便利用那裏較為平坦的土地。

堅尼地城近海的硫磺海峽入口處有一道沙洲，吃水深度限制了西來的船隻。吃水深的船隻通常從東部穿過鯉魚門水道。鯉魚門水道是個狹窄的入口，周圍是陡直的山丘，能非常有效地保護港灣中的船隻免遭強勁東風的破壞。鯉魚門北面海底坡度很陡，如今這個地區大部分已經成為機場跑道。因此，如今香港的深水泊位都位於九龍半島的背風處。貨棧選址要便利深水航運，為了經濟上划算，還要遠離地皮較貴的中心地區。正是由於這個原因，怡和洋行非常滿意東角的地皮。居留地最初的範圍大致在東角與西角之間，東西兩地相距 4 英里，因而當務之急是修築一條連接兩地的道路。這條路就是“皇后大道”，它距最高水位線約有 100 英尺，留下一段適合的地段修建臨水又當街的建築。

當時有人主張 —— 參遜在日後堅持認為 —— 即使佔領完全是暫時的，香港也不能毫無發展。即使香港像北方的遠征軍也不能沒有後方軍營、醫院和設施倉庫，這些設施需要有炮台來加以保護，此外還應修建一些道路、碼頭區和防波堤。義律爭取獲得印度奧克蘭勳爵的支持，在函件中再次表示：

> 閣下，如果説維護香港對於我們自身的貿易和利益具有極其重要的意義，對於當地的居民來説，也完全是一種正義的行動和保護，我們一直從他們那裏獲得幫助和供應。我們了解到關於這裏的居民與政府對抗的一些難以言述的可怕事例，拋棄他們會產生最致命的後果。

義律上校如果要證明自己的觀點是正確的，就必須讓自己選中的這個島嶼成為一個新的廣州。因此，他加緊開拓，把盡可能多的可用土地拿出來拍賣。一塊將近有兩英里長的狹長地帶 —— 大致位於如今的中央市場與律敦治療養院之間 —— 被劃成許多濱海的地塊，每一塊地皮都有 100 英尺的馬路和港口地皮，地皮的縱深取決於蜿蜒曲折的海岸線。原計劃提供 100 塊濱海地皮。再加上同樣數量不臨海的“郊區”地皮。義律急於加快進度，因此 1841 年 6 月 14 日的拍賣只劃出了 50 塊地皮。這位商務監督匆忙之中所導致的含混不清將在日後引起很多麻煩。

義律發佈公告，宣佈將以"免役稅"的方式出售地皮。7 月 17 日，義律向兩位老相識、英國僑民的代表勿地臣和顛地解釋了拍賣的條件：

> 我在直接公開地宣佈我的計劃時會考慮商業機構的利益，女王陛下的政府將按照當前一兩年租金的價格把土地轉為不限定繼承的產業，或在將來徵收象徵性的免役稅。親愛的先生們，請散發此函。

換句話說，土地將以至多兩年的租金轉為不動產所有權（不限繼承），或是以象徵性的租金長期出租。[3]

土地拍賣的價格令人滿意，平均而言，毗鄰港口地區每英尺約 10 先令，城鎮地區每英畝 20 英鎊，"郊區"地皮每英畝 2 英鎊。中央街市對面集市區的地皮專門留給華人，一塊長 40 英尺、寬 20 英尺的地皮，租金高達 1 英鎊。這些地皮首先分配給"那些衝破重重阻礙在香港定居，以及那些在遠征艦隊無從獲得給養的各個時期為艦隊提供給養的人"——華人小商販，沒有他們的熱情支持，這個殖民地難以維繫。顛地洋行奪得了臨海又當街的最佳地皮，怡和洋行本打算買一塊更大的地皮，可這塊地皮被政府部門強行獲得。作為補償，怡和洋行在東角附近獲得一塊土地，這塊地皮日後反倒成了一椿好買賣。政府和軍事機關自然有權優先選擇地點。海軍佔據了夏慤道外的一塊地方，此地至今仍是皇家海軍碼頭。陸軍偏愛遠離海邊、地勢較高的地點，以便修建炮台和醫院。位於下亞厘畢道的政府辦公樓和聖約翰座堂的原址是美利炮台和兵營，對面的旗杆屋最初被薩勒敦勳爵選作修建駐港英軍司令部的地點。一個多世紀以來，香港的官員能夠從高處俯瞰商業階層的活動，這種狀況如今已經改觀：從各家賓館大樓和辦公樓的數千扇窗戶，可以看到總督的客人在總督府的草坪上消遣。

---

3 《香港憲報》(*Hong Kong Gazette*，殖民地的官方記錄，後與《中國之友》(*Friend of China*)合刊)，1841 年 6 月 7 日；見歐德里：《歐西於中土：從初期到 1882 年的香港歷史》(Eitel, *Europe in China*)，第 172 頁以下。

政府機關首先選擇地皮造成了一個後果，當政府部門發展起來之後就把這座新城鎮一分為二，這種狀況在當時很快就成為限制規劃設計的因素，時至今日幾乎依然如此。一段時間之內，香港的建築物還只是一些草棚和木屋，頂多有石頭的地基。林則徐沒收鴉片和行商債務所帶來的潛在損失實在太大，商人們根本不願意在固定資產上投入大量資金。1841 年 8 月，砵典乍短暫來訪時被安置在一頂帳篷裏，這個事實突出表明了居所的匱乏。參遜收到許多此類申訴，他向英國政府發去一封信函，請求政府對他的服務給予更多肯定，他在信函中描述了當時的狀況："我抵達（香港）並切實承擔起職責時，沒有（從義律那裏）收到任何應當如何行事的指令……香港與中國沿海的眾多島嶼毫無二致……僅有的居民都有遷徙的習性，主要以漁業為生……我花了很大力氣才吸引到首批 100 名勞工從澳門和廣州前來此地。"那些"體面的中國人"對新政權抱有疑慮，"他們用類似欽差大臣林則徐的眼光看待我"。儘管如此，參遜仍然可以宣稱，在九龍建造了 6 座炮台，每座炮台都配有一名軍官和 40 名士兵的住所，在鴨脷洲上安放了大炮，修建了兩座兵營、一座倉庫、三處炮兵陣地以及相關的道路，"所有這些都是在沒有任何獎勵或加薪的情況下完成的"。4

人口普查是參遜任職期間最先採取的舉措之一。1841 年 5 月 15 日的普查結果顯示，該島有居民 4,350 人，此外還有 2,000 漁民住在船上，800 名主要是移民的商人住在市場，還有來自九龍的 300 名勞工。義律曾經向奧克蘭勳爵指出，佔領該島時之所以沒有遭到當地中國人的反抗，原因就在於島上稀少的人口及其分佈狀況。如果香港像舟山那樣人口眾多、繁華富庶、廣為人知，肯定會是另外一種結局，英國人的角色就會是侵佔者而非事實上的奠基人。赤柱是香港最大的居民點，"這個首府是個大城鎮"，按照人口普查，這裏有 2,000 居民。數月之後，《廣州週報》曾經提及赤柱，當時它應該還沒有多少變化，它是"捕魚船隊常去的地方，一個相當大的城鎮……有個非常好的市場，很大的製繩所和一些貨物齊全的商店，這些商店供應以航海為業的中國人"。

北部海岸的深水港幾乎就是香港島唯一有吸引力的地方，因此，沒有

4　參遜手稿。

多少華人因為島上的開發而受到打擾，也就不足為奇了。1841 年 5 月 15
日的《廣州週報》挖苦地評論道："主要城鎮的選址是出於英國在華當局特
有的判斷力。要證明這一點，我們只要提及所有街道根本吹不到南風，在
即將到來的炎熱季節，這些街道會異常舒服。那裏有充足的花崗岩和冷水
供應。"到來年 3 月，《中國之友》已經對香港表現出很大的熱情："讓人
意想不到的是該居留地（澳門）的鄰居們繼續在建築上投入大量資金……在
殖民地歷史上，香港的發展速度前所未有，成為一個自由而價廉的庇護地，
為個人和財產提供了充分保障。"

　　1841 年 1 月 26 日的最初聲明和一週後的補充公告，都是義律在未經細
緻考慮的情況下主動發佈的，反映出他本人所關注的問題。香港將有兩套
法律文本，英文和中文各一，香港將盡可能地保留中國的法律和習俗，只
是廢除"各種酷刑"。人人都受到保護，"免遭任何敵意行動的傷害，還保
證享有自由舉行宗教儀式、慶典和社會習俗的權利，保障其合法財產和利
益"。6 月 7 日，義律宣佈香港成為自由港，"不向英國政府支付……任何
款項"。除未能保留兩套法典之外，日後繼任者完全實現了義律的各種良好
意願。

　　1841 年 8 月義律上校離開中國時，沒有人相信海岸邊零星散佈着幾幢
棚屋的香港島日後會發展成"巨大的商業中心"。隨即爆發的一場熱病使形
勢更加惡化，在以後的若干年裏熱病成為一年一度的災難；一場颱風接踵
而至，更是差一點要了義律和寶馬爵士的命，當時義律與從印度歸來的寶
馬正乘"路易莎"號前往澳門。疫病和暴風雨過後，8 月 12 日又發生了一
場毀滅性火災，燒毀了絕大多數臨時搭建的建築物。面臨種種不利條件，
倘若香港已經是英國的永久屬地，很有可能始終只是個海軍基地和設防的
兵營，貿易重新回到廣州，社交生活則在澳門。中國人徹底消除了這種可
能性，1841 年 12 月，他們洗劫並摧毀了廣州的商館，如果必須進行重建，
那麼完全有理由把資金投到相對安全的香港而非廣州。香港島有可能歸還
給中國的危險令美國人裹足不前，英國商人並不擔憂，他們不相信"獅子會
放過它利爪已經攫住的獵物"。[5]

5　《廣東記事報》（*Canton Register*），1836 年 4 月 25 日。

與參遜短暫會商之後，砵典乍曾下令停止一切土地拍賣和民房建造。
1842 年 2 月，砵典乍自北方的戰場返回香港，發現參遜並未執行自己的指
令，而維多利亞城（1843 年 6 月起，它正式成為地名）過去的草棚和帳篷已
經變成一個 15,000 人的居民區，其中華人居民超過 12,000 人。皇家工兵沿
海岸修建了一條 4 英里長的寬闊碎石路，公共建築地皮上也修建了一批永
久性建築：住宅、倉庫、土地局、警署和郵政局，還有一座寬敞的監獄，
更不用說海軍和陸軍營地了。一些房屋是石製建築，其中一幢屬於參遜本
人。很多住宅正在興建，這些住宅的主人目前正在草棚或小竹屋裏將就着
過日子。1842 年 1 月 14 日的《廣東記事報》發表了一篇題為〈香港與香港
人〉的文章，給這位"出眾而著名的作者"留下深刻印象的恰恰是一些不那
麼漂亮的建築物。從這篇文章中看，似乎當時香港就已經具備了如今所擁
有的許多設施：

> 寬闊大路兩旁的店鋪顯示出一派生機勃勃的熱鬧景象。這裏
> 有新建的"維多利亞"旅館⋯⋯著名的華人醫師⋯⋯飯店⋯⋯還
> 有那些墮落女性的居所，她們漂亮但充滿邪惡⋯⋯總而言之，
> （香港）令人感到興奮、新奇、有趣⋯⋯富麗堂皇的賭館把我們引
> 入一個令人眼花繚亂的迷宮⋯⋯它是按照公認的香港式建築模式
> 建造的，潮濕的外部結構採用威尼斯式，內部明顯是阿提卡式。
> 每一邊各有 10 到 12 張光線充足的賭桌⋯⋯最南端有一個宴會
> 廳⋯⋯北面則是賭館老闆的居室。

此外，在香港還可以欣賞到戲劇。一個澳大利亞巡迴演出團在當年訪
問了香港，之後又有一個意大利歌舞團登台獻藝。有傳聞說加斯東·達特
龍奎依先生將引入一些"有超凡美貌和才華，美德無瑕"的女演員。不久之
後，維多利亞劇院提供了較為體面的娛樂（當時，劇院不過是灣仔的一座兩
層倉庫的二樓），戲院每天上演一齣名為《洋洋大觀》的戲："從中午 12 點
到 1 點，一頭名叫'哥特魯'的大猩猩端坐在桌旁椅子上吃晚餐，它會用湯
匙和刀叉，用毛巾揩嘴，還會打開一瓶葡萄酒為觀眾的健康舉杯，然後點

燃一支雪茄。"[6]

香港很早就擁有自己的報紙。1842 年 3 月 24 日，《中國之友》創刊，標誌着生機勃勃的香港新聞界開始起步。這份報紙的主編是美國浸信會教士叔未士和詹姆斯·懷特（後者曾擔任倫敦城高級市政官，到東方來重新積累財富，他顯然在東方發了財），他們反對鴉片貿易（"這種令人銷魂的墮落"）。第二年，《廣東記事報》進入香港，1839 年動亂時該報一度遷往澳門。《記事報》由勿地臣家族出資，因而在鴉片問題上與《中國之友》唱反調。該報在宗教問題上並非始終站在教會一邊，常常發表反華言論，批評教會的傳教活動。由於顛地洋行支持《德臣西報》（1845 年創刊），這個殖民地 300 名講英語的人就有機會挑選感興趣的讀物。[7]《中國之友》熱衷於談論這個新殖民地的前途問題，在 1842 年 5 月 26 日的一期，叔未士武斷地表示："我們相信，無法掌握的力量左右着香港的命運，它將成為海軍和陸軍的行動基地，這些行動遲早會徹底改變或顛覆中國的現狀。與此同時，我們認為必須滿足於一項政策，即拿破崙稱我們為小店主的民族時必定注意到的政策。"150 年後，對於香港可能會"根本改變或顛覆中國的現狀"的擔憂依然是一個重要的因素。

參遜認可這些新的進展，從而違背了砵典乍關於在收到明確指示前維持原狀的指令。和義律一樣，砵典乍已經擅自決定允許這個居留地生存下去。因此，砵典乍認可了參遜的舉措，1842 年 3 月 22 日，砵典乍授權組織土地登記，"在女王威嚴而仁慈的命令到來之前，土地的所有權屬於、並且只屬於英國王室"。當地人很自然地認為這個指令等於是表明香港永久歸屬英國已成定局。

砵典乍做出這些大膽舉動之際，英國下議院正圍繞香港的前途展開議而不決的辯論。日後，砵典乍爵士曾致函接替奧克蘭出任印度總督的埃倫巴勒勳爵，為自己的行為辯護："我千方百計地在不損害這個殖民地的前提下，延緩其發展速度。但是，在我們的保護下開拓殖民地的傾向極其強烈。我吃驚地發現，我採取的拖延措施未能阻止一個富裕的大城鎮勃然興起，

6　《中國之友》，1844 年 5 月 4 日。

7　關於中國沿海的報刊，見景復朗：《中國沿海報刊研究指南》（F. H. H. King（ed.），*A Research Guide to China Coast Newspapers 1822-1911*）。

我目前面臨的主要困難是為那些蜂擁而至、體面而富有的中國商人提供場地。"[8] 遺憾的是，最後一句話顯然有些言過其實。許多年之內，體面而富有的華人在香港如鳳毛麟角，這個問題始終令香港當局頭疼不已。

兩週後，砵典乍準備從香港前往揚子江上的新戰場之際，收到鴨巴甸發來的一份函件，鴨巴甸在函件中敦促"立即停止"修建所有"帶有永久性質"的工事。砵典乍陷入了進退維谷的境地。5 月 20 日，砵典乍向倫敦發出長篇申辯函，這封函件在行文上有時顯得語無倫次。在引述了義律、參遜和駐軍司令薩勒敦勳爵的意見之後，砵典乍爵士熱切地表示：

> 如我所堅信的那樣，該殖民地已經取得了無與倫比的顯著進步……這得益於參遜先生所採取的下述舉措……
>
> 我抵達中國時的第一印象使我相信，不應把義律上校在香港問題上的所有舉措都擱置一旁……那位司令官已經指明並且建議採取了該島所出現的廣泛的、我認為是非常明智的改進措施……包括一座炮台、固定工事以及在大陸對岸的兵營……
>
> 我僅補充我本人慎重而公允的意見……該殖民地已經取得如此巨大的進步，不應將其歸還給中華帝國，這符合女王陛下及其臣民的榮耀和利益。

砵典乍爵士給自己留了一條退路，他讓香港公眾明白，倘若事情出了差錯，責任應當由參遜承擔。砵典乍在發出上述熱情洋溢的函件的同時，還寫下了一份備忘錄："自從義律上校安排在該島建立文職政府以來，一年時間過去了……參遜先生在我不在此地期間所採取的措施……強化了這樣一種印象：該島有朝一日將成為英國的殖民地。"砵典乍不願批准這些措施，尤其是義律關於拍賣土地保有年限的那些十分明確的指令。英國僑民曾經表示希望修建一座教堂，砵典乍答覆說，雖然他樂於批准教堂的選址，並從公共資金中拿出與私人為修教堂而籌集的捐款等額的資金，但是，"明智的做法是推遲着手建造這個工程或為之籌措資金"。

8　外交部檔案（FO 17/56），1842 年 5 月 3 日。

砵典乍向白廳隱瞞了自己的不同意見，英國政府注意到砵典乍爵士函件中流露出來的熱情，態度還算不錯地認可了香港的割讓。砵典乍被大度地批准放手去做絕大部分事情：建造營房、出售土地以及鼓勵開發。可憐的參遜為了替自己辯白，向砵典乍爵士遞交了一份正式備忘錄，他抱怨說：

> （我）被留下來負責該島的政府，卻沒有任何指導我行事的指示……我認為，我所做的不過是繼續推行前任全權大臣業已付諸實行的措施。按照我的理解，您 8 月 12 日的通知並未表明您希望介入，除非已獲知女王陛下樂於如此。我還認為我在此地的職責是承擔巨大的責任，促進我所管轄的這個社會的利益和繁榮……着手修建整齊有序的建築物，鋪設名副其實的街道。[9]

不論當時還是以後，參遜都沒有得到多少回報。從很大程度上說，正是由於他的主動，香港才得以進一步發展。

砵典乍時代

砵典乍爵士直到最終完成《虎門條約》，才把全部注意力轉到其他問題上。作為全權公使，他負責英國對華外交關係，為此應向外交大臣匯報情況。作為商務監督，他的使命之一是組建領事機構，行使領事法庭的職能。因此，砵典乍要接受殖民地大臣和陸軍大臣的監督，貿易部希望他報告有關情況，王室檢察官也有權對相關問題發表意見。為了獲得陸軍和海軍的支持，砵典乍不得不求助於印度總督，戰場指揮官一方面服從這位全權公使的指令，同時也向海軍部或皇家騎兵衛隊報告。只有香港總督之職的隸屬關係相對較為直接，屬於殖民地部的管轄範圍。

從現代管理學的角度看，這樣一種安排荒誕不經，各項職責如此隨意地劃分，難以發揮良好作用。更糟糕的是，不同職務往往要求任職者具備彼此互不相容的素質。一位殖民地總督必須耐心、機智、富有魅力；管轄

9　外交部檔案（FO 705/49），1841 年 11 月。

領事法庭，避免與國內當局發生衝突，則要求主事者具備當機立斷的素質以及對當地習俗、語言和貿易管理的豐富知識；外交代表得有狡黠、演戲的本事，能夠覺察到最細小的潛在妥協機會，還要具備無與倫比的談判技巧。一個人很難同時具備上述諸種品質。在現場的人也無法依靠倫敦嫻熟的指導來彌補缺陷，通信聯絡的不便意味着一旦發生突發事件，必須通過印度總督或當地的陸海軍指揮官來解決。只有倫敦的政府內閣才可以向這位集全權公使、總督和商務監督於一身的砵典乍發出指令，這些命令需要經過很長一段時間方能送達（所需時間逐漸縮短，到 19 世紀 50 年代，從發出到收到指令所需的時間縮短到 6 個星期），因此，中央控制始終是微不足道的。1841-1846 年皮爾政府執政期間，托利黨的在華利益微乎其微，這種狀況沒有引起多大麻煩，等到巴麥尊重新掌權，就肯定會激起諸多矛盾。

1842 年 12 月 2 日，砵典乍從南京回到香港。《中國之友》以歡呼之辭來迎接這位總督，"面對宏大、興旺的事業，我們幾乎有不知所措之感"。這種熱情很快就消退了。兩週後，遠征軍起航返回印度，只留下一支 700 人左右的衛戍部隊。遠征軍軍官大多出身於良好的家庭，愛好交際，他們的到來令香港社交界熱鬧非凡，他們離去之後，社交界的吸引力大不如前。當時香港社交界僅有數十名商人和極少數政府官員，因為軍士、列兵、店主和那些來自澳門的葡萄牙人當然不能踏入這個圈子。華人不論是否體面，被認為最好是放任自流。

香港社會是個奇特的混合體，而且是個頭重腳輕的社會。以往的廣州大班大多已經離去：詹姆斯·英尼斯死了，威廉·渣甸當上了代表德文郡阿什伯頓可敬的議員（他當議員的時間並不長，因為他死於 1843 年）。[10] 蘭斯洛特·顛地和勿地臣很快也離開了，勿地臣的那位不那麼令人愉快的姪子，"一個孤僻、脾氣暴躁……乖戾的傢伙"[11]，接替了勿地臣。1843 年，馬禮遜的兒子、能幹而勤奮的馬儒翰死於熱病。到 1844 年年底，早先時代的遺老都不在了，要麼死了，要麼去英國當上了紳士。蘭斯洛特和威爾金森兄弟備

10　阿什伯頓是個支持對華貿易的口袋選區。即使在議會改革法案通過後，該選區仍僅有 262 名選民（1846 年），無須多少花費便可以把他們都收買。渣甸之後，勿地臣又當選為該選區議員，勿地臣之後是亞歷山大·勿地臣。

11　雷德，載 M. 克錫主編：《薊與玉：怡和洋行 150 年》(M. Keswick (ed.), *The Thistle and the Jade: 150 Years of Jardine Matheson*)。

受稱讚，他們"盛情好客……堅毅正直，寬容慷慨，一貫仁慈"。他們按照雄偉的托斯卡納風格重建了位於威斯特摩蘭的祖居，還配備了各種現代化的便利設施，包括中央供暖系統和不下兩間浴室，還為教區教堂修建了一座禮拜堂。勿地臣幹得更出色，他買下了路易斯島，在島上建造了一座宏偉的城堡。下述事實足以説明鴉片貿易的利潤有多豐厚：勿地臣能花 50 多萬英鎊購買和開發路易斯島，亞歷山大·勿地臣退休後用 773,020 英鎊在英弗尼斯郡買下了一塊很大的地皮，還在羅斯郡購買了價值 30 萬英鎊的土地。

與英國維多利亞早期的人士一樣，廣州大班的繼承人念念不忘社會等級觀念。當時英國社會正在開始熱衷於社會分層。攝政時期 [12] 社交界較為寬鬆的氣氛 —— 廣州和澳門的英國人亦步亦趨地加以仿效 —— 已經讓位於對紳士派頭的自覺追求。英國政治家的個性有了變化，羅伯特·皮爾爵士的文雅可敬取代了輝格黨人放蕩不羈的貴族作風（梅爾本總是習慣使用那些讓所有聽眾都反感的語言）。到過英國的遊客時常驚異地發現，英國的"等級體制如同東方的種姓制度一樣絕對……令人難堪、閉塞和不健康"。[13] 薩克雷、狄更斯、特洛羅普和瑟斯蒂等人敏鋭地記錄下 19 世紀 40 年代的這種成見，"紳士派頭意味着英國中產階級社會幸福的毀滅和終結"。[14] 香港社會也是如此，而且與英國相比有過之而無不及。香港社會人數不多，這使得問題更加突出。香港的英國臣民有 300 人左右，大致相當於一個英國大農莊的人口，其社會差異卻相當於英國一個郡。

起初，高高在上地居於香港社會頂層的人物並非總督，而是駐港英軍總司令、十六世男爵、近衛步兵第一團的陸軍少將薩勒敦勳爵。薩勒敦魅力出眾，頗具教養，是一位技藝高超的音樂家和出色的戰士，威靈頓曾稱讚薩勒敦"不論作為男子漢還是戰士，都堪稱陸軍的楷模"。滑鐵盧戰役中，薩勒敦率領近衛第一團分遣隊堅守在胡格諾花園，打退法國人的數次進攻，也正是他迫降了拿破崙的衛隊，親手接過了康布隆的佩劍。這位將軍常駐香港，總督卻不得不為外交事務東奔西走。不但如此，雖然從理論上説全權公使是上司，但不論從等級、資歷還是個人能力上説，砵典乍難望薩勒

12　英國史上的攝政時期是 1811 到 1820 年的時期。—— 譯註
13　西季威克：《海外書簡》（C. Sedgewick, *Letters from Abroad*）。
14　薩克雷：《布朗先生的書信》（Thackeray, *Mr Brown's Letters*）。

敦之項背。

　　總督和總司令之下，有 43 位居民自命為紳士。人數之所以如此精確，是因為這個數字是砵典乍認為必須任命的地方法官的人數，這些人有權審訊"頻繁前往中國皇帝疆域的每一位英國臣民"。他們的人數大大超過實際需要，究其原因，倘若把他們中的任何一位排除在外，都是對他們極大的冒犯。在英國，充當"太平紳士"，坐鎮地方法庭，乃是鄉紳階層的特權和職責，地方法官有權被尊稱為"大人"，從而與身為庶民的商人區分開來。在香港，如果一個人不是太平紳士，那就只是"老百姓"。一位殖民地居民憤憤不平地抱怨說："'大人'也賣東西，我也賣東西，彼此究竟有甚麼不同？"人們用頗為挖苦的方式表達了憤慨，尤其是那些沒有當上太平紳士的人。1843 年 7 月 1 日的《中國之友》刊登了一封來信（不用說，新聞記者沒有被視為紳士）："我們的總督採取的第一項舉措就是任命一羣太平紳士（附帶說一下，他們……在香港一無是處），他們的人數超過整個保安部隊的三分之一，若是在英國，會有人相信這一點嗎？"這種荒謬可笑的狀況沒有持續多久，那些地方法官很快就被悄悄解職。

　　砵典乍難以容忍上流社會的地位之爭。他一直生活在東方，與印度人、士兵和東印度公司職員打交道，缺乏對付商業紳士的經驗。像義律一樣，砵典乍發現很多商人脾氣很壞、令人生厭，與義律不同的是，砵典乍脾氣暴躁，缺乏耐性。砵典乍爵士一回到香港，就身不由己地捲入怡和洋行與顛地洋行的衝突。當時，勿地臣給他寫了一封信，請求調停在他上任 5 年前發生的一場糾紛。這場糾紛起因於興泰行的債務問題，這家廣州商行組建於 19 世紀 20 年代，是靠不住的數家行商之一。怡和洋行冒失地用鉅款扶持這家行商，金額高達 300 萬英鎊。1835 年，興泰行倒閉，為此專門成立了一個行商委員會"審查興泰行和怡和洋行的索賠"。不知是太缺乏圓通，還是刻意的預謀，蘭斯洛特·顛地被任命為委員會主席，按照顛地本人的說法，他"被隨意地選中，以提供外語和賬目方面的必備知識"。顛地委員會認為本金應歸怡和洋行，但不得支付 3 年的利息，這筆利息的金額高達 432,543 英鎊。勿地臣異常憤怒，寫信指責顛地"多管閒事，插手這筆利息或借貸雙方的賬目，這個決定荒唐而又不公正"。事實上，顛地的做法合情合理，並未超出授權範圍，問題是雙方的敵意由來已久，此事無疑起到了火上澆油的效果。《南京條約》規定償還拖欠的行商債務，怡和洋行便舊事重提，請求砵典乍出面干預，敦促行商償還這筆利息。砵典乍沒有從顛地那裏得到任何有用的幫助，顛地只是向砵典乍解釋了設立委員會的前因後果，鄭重其事地拒絕重翻 5 年前的老賬。[15]

依砵典乍看來，整個事情的經過不可思議。1842 年 3 月 8 日，他把相關檔案全部發往倫敦。戴維斯和義律均認為顛地洋行更值得敬重，但砵典乍爵士在倫敦時就與怡和洋行往來密切，並且決定一到香港就拜會亞歷山大·勿地臣。事實上，這兩家商行都曾冒犯過砵典乍。顛地洋行在承兌一張政府匯票時大加刁難，總督在一封信函中流露出自尊心受到傷害的情緒（"我很遺憾，在我表達自己的意見時涉及到某些英國商人，尤其是那些我一直希望、並有義務支持的商人"）[16] 怡和洋行則曾經阻撓砵典乍收取郵件，砵典乍抱怨說："摩爾號已在 3 天前抵達香港，我還未拿到我們的函件。它停泊在離陸地有一段距離的海面，先將勿地臣先生的包裹送上岸，他們在 20 號早上就收到了！真是聲名狼藉的可恥做法。"如今，砵典乍已經就賠償問題與中國人達成協議，每一個商人都想從政府那裏盡可能多地撈一筆，砵典乍寫道："就我所知，一些誠實的英國商人一想到能獲得超出他們預想的利益就欣喜若狂，另外一些人則因為有 300 萬元可分，便捏造事實，要求賠償。"[17]

砵典乍不想讓這些商人干擾井然有序的政府。1843 年 6 月 26 日，英國政府頒佈《香港憲章》，香港成為英國的直轄殖民地。這份文件內容貧乏，倫敦方面制訂時頗為匆忙，沒有與新總督進行任何磋商。按照憲章的規定，總督擁有廣泛的自由決定權，他將組建一個立法局，這個機構沒有任何實權，總督甚至可以隨時解除立法局成員的職務。行政局掌握實權，實際上它也僅有很少的幾項權力，其成員均為英國王室官員。只有當總督提出要求時，行政局才開會討論由總督提交的事項。如果行政局成員認為總督舉止失當，唯一可行的補救辦法是他們有權直接與國務大臣聯繫，在缺乏有效通訊手段的時代，這項權利沒有多大的實際意義。從開埠伊始，香港就

15　外交部檔案（FO 705/42 and /49）；另見張榮洋前引書。

16　外交部檔案（FO 705/54），引文引自砵典乍馬儒翰的私人信函，1842 年 3 月 3 日。

17　同上，1843 年 2 月 22 日。

註定是個例外，殖民地部的詹姆斯·斯蒂芬不無遺憾地承認："香港必須實行其他英國殖民地聞所未聞的做法……（香港的）法律和條例……在很多方面應服從出乎其制訂者意料的迫切需要。"

砵典乍想方設法推脱總督的分內工作。他着手與中華帝國結算賠償，但不是以香港殖民地總督的身份行事，他認為這個殖民地僅有幾百名歐洲人，其中絕大多數人他都看不上眼。他儘可能不去香港，在 1843 年年底以前一直待在澳門的商務監督署。砵典乍最終在香港安置下來，宣佈將在約定的時間會晤求見的紳士，這個努力似乎並未帶來多大的益處，直到繼任者約翰·戴維斯爵士上任後才着手將憲章付諸實施。砵典乍把政府簡化，只任命同樣的 3 個人 —— 這是最低法定人數 —— 進入立法局和行政局。這3 個人當然都屬於有薪的官員，他們是參遜、威廉·堅和馬儒翰。

1843 年 8 月，馬儒翰去世，他的死給砵典乍造成了無法彌補的損失。馬儒翰處事不驚，是香港行政部門唯一能講漢語的高級官員。砵典乍素來極為倚重馬儒翰，他不在香港時幾乎每天都寫信給馬儒翰，他認為馬儒翰之死"不亞於國家悲劇"。馬儒翰去世，參遜又因病休假，砵典乍得以隨心所欲地行事，常常未經事先討論便發佈具有法律效力的文告。砵典乍的許多舉措遭到商人們的強烈反對，商業僑民認定砵典乍是有意作對，卻無法進行任何有效的干涉。砵典乍對他們態度專橫，這進一步加深了商人們的這種印象。砵典乍在信函中流露出來的語氣，或許會被鄉村雜貨商所接受，在地位很高的商人看來卻無異於難以容忍的侮辱。這些人認為財富足以使自己受到尊重，即使是全權公使也不例外。1842 年 12 月砵典乍寫給廣州英國商人的信函就很能説明問題。這些英國商人請求在廣州保留部分軍隊，最好還有"伯勞西伯"號蒸汽船，這位總督詰問他們：

> 此函的收件人，你們不論作為羣體還是個人……可曾在任何場合、任何方面盡力協助執行我的安排，這些安排本是政府恭順而真誠的舉措，而政府已經為你們提供了史無前例的保護。我要補充説明的是，這也正是你們一直樂於要求和期待的……我甚至可以質問，如果沒有明確的危險，你們是否就不會恣意阻撓和非

難你們如此熱切地盼望加以完善的安排和措施？[18]

　　複雜的土地轉讓問題，乃是導致雙方分歧的最主要原因。英國政府並沒有認可義律最初採取的土地處置辦法。鴨巴甸勳爵自始至終排斥香港，即使批准《南京條約》後，他仍然在土地拍賣和使用期限問題上猶豫不決。1843 年 1 月 4 日，鴨巴甸向砵典乍發出指令，這份指令缺乏明確的指導方針，充斥着吞吞吐吐的暗示：

> 　　土地是財政收入的主要來源。如果外國人和英國臣民被該島實施的公平的貿易規定所吸引，前來該島定居，並使之在非常有限的範圍內成為一個大貿易中心，那麼，女王陛下的政府認為完全有理由確保王室獲得預期來自土地增值的全部利益。因此，女王陛下的政府正式提醒你，不得將任何土地作永久的讓渡，最好是由當事人以向王室租借的方式保有土地，租約的期限可以足夠長，以使土地持有者在他們的小塊土地上建造房屋。

在指令的末尾，鴨巴甸把所有責任全都推給砵典乍：

> 　　以拍賣的方式把土地分塊出租可能也是有利的。這種方法的得失利弊，你當然能夠在現場做出最明智的判斷。

　　從義律拍賣土地，到收到鴨巴甸勳爵謹慎的提醒，這兩年時間裏，香港已經有了長足發展。棕棚草屋日漸消失，取而代之的是雅致的石製建築和運自新加坡的預製安裝的木屋。從灣仔到市場的整個濱海地區，隨處可見海軍和陸軍營房以及堅實的兩層或三層石砌貨棧。貨棧的樓上是辦公和生活區，這種格局大概是模仿廣州商館。在東角，怡和洋行開發自己的獨立王國。官方在山頂的緩坡上修建建築，第一座也是最大的官方建築是一座寬敞的監獄，用來關押威廉·堅的犯人，如今他已提升為少校。一些不

---

18 《廣東記事報》，1842 年 12 月 18 日。

那麼重要的建築，如劇院、教堂和清真寺，仍是臨時性建築。中央市場對面的集市十分興旺，越來越成為城鎮向西發展的障礙，突顯出早期規劃的缺陷。為了解決問題，不得不在更西面的太平山華人區為土地租賃人提供新房屋，這引發了大量的糾紛。

香港貿易的發展動力基於這樣一種假定，即義律最初拍賣的土地將轉為終身持有的不動產。砵典乍遵照鴨巴甸勳爵猶豫不決的指令，把土地租期定為 75 年，從而引起了土地承租者的極大憤怒。大概要等上數年時間，才能弄清楚政府當局是否批准續約，由此而來的混亂和不確定足以讓任何人打消投資新項目的念頭。鴉片商人雖然財源滾滾，依然因為有權獲得的賠償遲遲不到位而憤憤不平。在前廣州特派委員會成員胡夏米的促成下，1842 年 3 月 17 日下議院就此問題進行了辯論。威廉·渣甸在辯論期間少有地做了一次演講，要求迅速支付賠償："再清楚不過的是，在考慮此次遠征的花費之前，應當首先賠償商人的損失。"

砵典乍認為香港令人生厭。他住的地方是一座新建的小別墅，雖然它被堂而皇之地命名為總督府，但與他回到印度後所能享有的宮殿相比，簡陋得可笑。他完成了與中國人達成和解的使命，又不樂意承擔千頭萬緒的組織工作，這個任務再次落到了勤勉的參遜和厲行紀律的威廉·堅身上。立法局和行政局的癱瘓大大有利於參遜和威廉·堅，因為這樣一來就可以不經任何討論，直接以一般的公告形式發佈政府條例。這些條例的起草沒有任何專業人員的參與和協助，頗多疏漏，不斷招致殖民地部的非議。這些條例程序太過專斷，同樣不受香港社會的歡迎。英國商人要求積極參與該島的政治活動，在此後一個世紀左右的時間裏，他們一直要求參政議政。當然，他們並不打算允許佔人口絕大多數的華人有任何發言權。

談妥《虎門條約》的條款後，砵典乍爵士立即向鴨巴甸勳爵遞交了辭呈。繼任者要在將近一年之後方能抵達香港。在這段時間裏，砵典乍似乎從"金髮、豐滿、漂亮、年屆 40 的摩根太太"的陪伴中找到了慰藉。[19]1845年 6 月，砵典乍離開香港，之後在好望角任職。他名聲不佳，"非但沉溺於杯中物，而且情人不斷。嘴裏總叼着雪茄，對大小事情全都處之泰然"。[20]

19　霍伊：《老香港的私人生活》(Hoe, *The Private Life of Old Hong Kong*)，第 58-59 頁。
20　波廷傑：《斧頭之戰》(G. Pottinger, *The War of the Axe*)，第 273 頁。

一位不那麼寬厚的作者寫道："沒有哪位（開普）殖民地的總督像他這樣如此公開地過着荒唐的生活。若是換作一個年輕男人，偷情還情有可原，他都將近 60 歲了，這些私通行徑是可恥的。" 21

　　我們無法確知，砵典乍離開之際，香港的英國人厭惡砵典乍爵士的程度是否更甚於砵典乍對他們的反感，不過雙方肯定相互憎惡。1844 年 3 月 4 日《中國之友》刊登的一篇文章，或許可以看作是對砵典乍爵士的告別演說：

> 有許多事例表明，商界同人一直受到干擾和壓制，我們無須特別提及他們對政府表現出來的心胸開闊和寬宏大量的風範……一位軍人立法者已經通過了十項特別條例……這些公文中令人反感、非法和違憲的內容，超過了我們數量眾多的殖民地在 20 年裏發佈的所有此類條例……倘若上了年紀的紳士要騎兒童木馬，我們並不反對，只要他們安安靜靜地騎就是了，反正這種動物並不兇猛。

　　傳教士兼學者理雅各為我們描述了砵典乍時代的香港。他列舉了少數幾家歐洲商號的建築：埃傑爾公司、吉布公司、利文斯頓公司、約翰斯頓公司、"亨利·砵典乍爵士和之後的約翰·戴維斯臨朝聽政的小別墅"、格默爾公司、弗萊徹公司、琳賽公司，當然還有顛地洋行 "宏偉的平頂建築" 以及渣甸在東角的商號。理雅各 "着迷於這個地區多樣的景致，讚歎在處置土地和加緊建造上表現出來的活力"，他發現 "很多居民因為此地的衛生狀況而愁眉不展。1843 年無疑是個疾病多發的年份……當時，所有陰溝全都散發出……致病氣體，只有體魄最強健和生活規律的人才能抵禦疾病"。22

體面而富有的華人

　　一旦打消了參遜所說的抵觸情緒，那些有膽識的中國人很快就前來香

21　西爾：《南非史》（G. M. Theal, *History of South Africa*），第 51 頁。

22　載《中國評論》（*Chinese Review*），第一卷，第 163-176 頁。

港並適應了香港的生活，尤其是以前曾經與夷人打過交道的那些人。在馬六甲和新加坡殖民地，英國人鼓勵當地華人學習外國語言，適應外國人的習俗；一個多世紀以來，珠江的貿易往來也培養出一批適應對外貿易需要的商人。這些商人當中最著名的是盧亞貴（又叫盧亞景），他歷盡艱辛當上了海盜頭目，靠為鴉片商人提供給養發財致富。他把錢投資香港地產，包括數家妓院和鴉片煙館、一座賭場和亞貴戲院。1845 年 12 月，這座戲院上演了香港首部業餘劇作。另一位大商人是譚亞財，他曾在新加坡造船所當工頭，在香港發跡後成為承建商和地產投機商。1847 年，盧亞貴和譚亞財共同出資修建了一座文武廟，寺廟位於荷李活道，廟內供奉文武諸神，很快就成為中國移民公認的社會中心。這座寺廟成為仲裁和商議社區事務的場所，替代了家鄉村落裏的宗族和士紳組織。盧亞貴和譚亞財等首領人物被華人社會認可，形成了一種替代的管道，因為華人難以理解英國人的管治方式。[23]

與這些外來者相比，原住民的地位相當不利。外來者在人數上很快就超過了原住民，這些外來者把幾代人迎合夷人的經驗帶到這個殖民地，迅速在華人社會脫穎而出。他們充當承建商、商販、家僕，也幹一些基本的體力工作。一些當代香港人的祖籍可以一直追溯到 1842 年之前，在英國人到來之前就定居在此的那些人融入到這些外來者當中，而且可能仍舊從事漁夫和花匠的老行當。

外來者大多是包工頭招募來的單身男子，他們不打算在香港定居。包工頭擁有大量資產，能夠從事“各種工作……他們在英國也一樣能幹好”。[24]他們手下的勞工大多性情溫順，一心想避免接觸外國人。另外一些人，如三合會的發起人和伺機而動的海盜，也蜂擁進入香港島，這些人很快引起了英國當局的密切關注。不那麼引人注目的一個現象是，香港正在形成一個說英語的華人階層，這些人不得不在一定程度上放棄原有傳統，接受西方價值觀。

容閎是這些人當中最著名的一位。1842 到 1847 年，他在香港度過了

23　陳偉群：《香港社會的形成》（W. K. Chan, *The Making of Hong Kong Society*），第 75 頁以下，這部著作引證了怡和洋行和東華醫院的資料以及官方文獻，對於理解香港華人領袖的演變頗有助益。

24　戴維斯，載外交部檔案（CO 129/23），引自陳偉群前引書，第 72 頁。

數年時間。容閎畢業於馬禮遜教育會英華學校，該校於 1842 年從澳門遷到香港。這所學校由當地商人出資興辦，蘭斯洛特・顛地給予了資助。1847年，該校校長、畢業於耶魯大學的撒母耳・布朗牧師離開之後，學校沒有支撐多長時間就垮了。布朗把容閎帶到美國，容閎成為第一位畢業於美國大學的中國人。回國後，容閎被曾國藩招致麾下，發展清政府的兵器工業。曾國藩與容閎的不同經歷標誌着中國的學者型鄉紳到現代官僚、18 世紀到19 世紀的轉變。曾國藩是備受敬重的儒家學者和高級官員，他用極為傳統的方式挑選和組織手下人，日後招募、訓練和裝備軍隊鎮壓了 19 世紀 50年代蹂躪中國南部的太平天國起義。容閎娶了一位美國婦女，把孩子送到耶魯大學深造，精通英語的程度不亞於漢語。他以平等的方式跟外國企業談判，購買武器，用最新式的歐美機床裝備新的兵工廠。[25]

其他在香港接受教育的人仍留在這個殖民地，並與殖民地當局通力合作。這有一個漸進的過程，要到一代人之後，香港華人才有資格參與複雜的殖民地政治。這類家族中最著名的要算何福堂牧師家族。何福堂的父親是個工人，為新加坡政府工作。何福堂的兒子日後成為令人肅然起敬的何啟爵士。[26] 何福堂的女婿伍廷芳是第一位獲得英國律師資格的中國人。何啟和伍廷芳兩人都在 19 世紀 80 年代當上了立法局議員。直到 40 多年後，香港政府中才有華人輿論的代表，即便在當時，華裔名流在絕大多數問題上往往附和歐洲裔商人的意見。

在殖民地的初期階段，買辦勢力也有所發展。買辦是歐洲人商行中的華人，他們不僅充當委託人與中國商界之間的仲介，還是打通錯綜複雜關係網的嚮導。買辦把歐洲人的貿易慣例和操作技巧引入中國，與那些在政治上取得成功的同胞一樣，買辦的勢力要在一代人之後才趨於成熟。一段時間之內，香港沒有任何傳播傳統華人觀念的機構。寺廟和同業公會衍生出來的各種機構自發形成之前，香港最早的這些"體面的"華人別無選擇，只能接受殖民地體制，努力增加自身的財富，審慎地與殖民當局和社會下等階層都保持一定的距離。

25　史景遷：《追尋現代中國》（Spence, *The Search for Modern China*），第 197-198 頁。

26　像許多香港的著名華人一樣，何啟的名字可以有多種拼法。除了 Ho Chi 之外，另一個最常用的拼法是 Ho Kai。

第六章

戴維斯突襲

馬丁的報告

中國遠征軍的安全有了保障，加之已簽署了令人滿意的條約，羅伯特·皮爾爵士的政府不再為香港擔憂，政府要處理一些更重要的事務。信德戰役之後，查理·納皮爾爵士佔領了印度的另一大片地區；在大溪地，法國擺出好鬥的姿態；所得稅引發了新麻煩；廢除《穀物法》之爭如火如荼；愛爾蘭人在熱烈談論恢復自己的議會。砵典乍爵士提出離職申請後，白廳遲遲沒有着手尋找替代人選。白廳自然傾向於找一個性格溫和、經驗豐富的管理者，這個人必須對貿易有所了解，而不是光有堅強和好鬥的個性。羅伯特·皮爾爵士是托利黨人，根本不考慮那些顯然站在輝格黨一邊的私商。

約翰·戴維斯是阿美士德使團的老手、前廣州特派委員會主席，他曾接替律勞卑勳爵擔任過不長時間的首席駐華商務監督。戴維斯的入選不僅屬於政黨的政治性任命，也是托利黨政府對私商的一個公開的直接侮辱。私商們預料戴維斯到任後將造成最糟糕的後果，這個人"十分同情東印度公司的歷史所體現出來混合着衰朽、專制和壟斷的觀念"。《中國之友》載文表示："我們必須表明，任命戴維斯為總督乃是一個錯誤。他談不上莊重，也沒有氣質……擺脫不了那種老派約翰公司的見解……越早將他召回就越有利於我們在華的前途。"[1] 亞歷山大·勿地臣就差公開咒罵戴維斯"非常坦誠，和藹可親，但心胸極其狹隘"。儘管如此，亞歷山大·勿地臣認為商人們"能夠逼迫他（戴維斯）接受自己的觀點"。[2]

砵典乍不願把一年的大好時光用來無謂地乾等接任者。亞歷山大·勿地臣寫道："亨利·砵典乍爵士對於被迫在此地耽擱十分惱火，他對香港已

---

[1] 《中國之友》，1846 年 8 月 5 日。

[2] 亞歷山大·勿地臣：《香港私人信函集》（Alexander Matheson, *Hong Kong Private Letter Book*（AMPLB）），1844 年 6 月 19 日。

經提不起任何興趣。"[3] 1845 年 5 月，砵典乍終於獲得解脱，此時離他提出
辭呈已有 10 個月時間。巴麥尊的許諾沒有兑現，砵典乍爵士並未被提升為
馬德拉斯總督，而是被排擠到南非，出任開普殖民地總督，等待輝格黨重
新執政後再給予他獎賞。更讓他憤憤不平的是貴族頭銜的獎賞也落了空，
他甚至沒有被冊封為愛爾蘭貴族。砵典乍完成《南京條約》談判之後，人們
覺得貴族頭銜是他的應得之份，就連皮爾也認為應該為條約的簽訂燃放"煙
花和節日之火"。1843 年，有人提出為了感謝亨利‧砵典乍爵士的服務，
應當給他安排一個下議院席位。完全出乎人們的預料，皮爾冷冰冰地否決
了這個提議，1845 年 4 月 7 日的《倫敦插圖新聞》把皮爾的這次否決稱作
"有史以來最奇怪的否決之一"。1856 年，砵典乍客死馬爾他，此前上議院
領袖格蘭維爾勳爵曾去看望他。格蘭維爾寫道："剛剛見到 H. 砵典乍爵士，
他過着隱居生活，除了身體虛弱帶來的負擔之外，還承受着因他的服務受
到忽視所造成最痛苦的悲傷和羞辱。"[4]

　　1844 年 5 月，約翰‧戴維斯爵士抵達香港。按照鴨巴甸勳爵的説法，
戴維斯擁有"比通常賦予國王御下任何一位官員更廣泛、更難得的職權"。[5]
他不但要管理一個新殖民地，還是商務監督和駐華公使。作為商務監督，
他每年必須訪問各個新通商口岸；作為駐華公使，他代表英國與其他列強
進行談判。當時，人們公認英國對華交涉的地點不是北京，而是廣州。在
廣州，砵典乍的老朋友耆英出任兩廣總督和欽差大臣。實際上，在之後的
12 年裏，耆英及其繼任者在中國與西方列強的談判中充當了外交大臣的角
色，直接向皇帝報告有關情況。廣州入城問題仍然是英國與中國交涉的主
要問題。英國人認為《南京條約》規定外國人有權進入廣州，中國人不同意，
雙方將圍繞這個問題反覆發生爭執。

　　新總督配備了一套殖民地官員班子，這不單是為了在這個殖民地建立
合適的政府，也是為了管轄通商口岸的外國人。這支隊伍魚龍混雜、素質
低下。弗雷德里克‧卜魯斯出任這個殖民地的二把手輔政司，他是額爾金

3　同上，1844 年 3 月 27 日。

4　菲茨莫里斯勳爵：《格蘭維爾伯爵二世傳》(Lord Fitzmaurice, *Life of the Second Earl Granville*)，第一卷，第 148 頁。

5　外交部檔案 (FO 17/85)，1844 年 4 月 28 日。

勳爵的幼弟，後者在 13 年後出任英國駐華公使。卜魯斯很快就調升離職，繼任的威廉·孖沙在這個職位上幹了 23 年，成為此後歷屆政府的主要支柱。孖沙是戴維斯的姪子，就任輔政司時年僅 22 歲。他與戴維斯長得非常像，是個"有紳士風度、學者氣質的人"。在前後兩任總督的間隔期，孖沙在整整 3 年時間裏掌管這個殖民地，而他所做的最糟糕的事，也不過是寫了幾首歪詩，比如這首吟詠一個華人顱骨的詩：

> 噢，周氏，或王氏，或人們稱呼你的
> 任何一個姓氏，上帝此刻召喚你……

急庇利是另一位在香港待了 20 多年的外來者，他擔任總測量官並設計了總督府。其他新來者的素質就有些差強人意了。考數司 A. E. 些利在投機生意中不走運，還被指控詐騙。約翰·沃爾特·休姆出任按察司，在他之前已有 5 名律師拒絕接受這一職位。休姆以豐富的法律知識聞名，但沒有任何實際的司法經驗。顯然，休姆從一開始就很難與總督戴維斯融洽相處，他們在來香港的船上就爭吵不休，但直到 3 年之後兩人才徹底決裂。

庫務司羅伯特·蒙哥馬利·馬丁的反應更快。到達香港數週後，馬丁就斷定此地絕非久留之地，決意棄之而去。就擔任殖民地職務而言，馬丁並不具備相應的資歷或行政管理經驗（他曾花過一兩年時間學醫）。他撰寫了許多極其冗長的著作，第一部是 1840 年出版的五卷本《英國殖民地史》。1840 年時，他就聲稱已經"在印度和各殖民地刊行和出版了 5 萬冊書籍"，這些書籍涉及不同的主題，諸如《聖經》解析、"東印度古跡史"、"愛爾蘭的過去、現在與未來"等等。不難想見，蒙哥馬利·馬丁到香港之後，就荒廢自己的本職工作，一門心思用冗長激昂的文字，對這個殖民地大加撻伐：

> ……維多利亞城令人窒息，它沿海岸線綿延將近 4 英里，卻只有大約 60 幢歐洲人的宅邸和一些華人的茅舍和市集……多石、崎嶇、陡峭的懸崖以及佈滿岩石的深谷使得維多利亞城完全不可能形成共同保護、清潔舒適的擁擠城鎮。

香港島的風光同樣一無是處:

> ……小山丘帶有某種淺綠色,像發黴的斯蒂爾頓乳酪的顏色……(大陸上的山丘)看上去就像一個黑人臉上因麻瘋病留下的斑痕……風化的花崗岩像死掉的動植物一樣正在瓦解……

陽光的作用是獨一無二的:

> 即使在西邊僅 40 英里處的澳門……歐洲人可以在 7 月裏整日地散步,而在香港,這麼做幾乎肯定會死人。

香港也看不到有任何改善的可能:

> 香港沒有任何值得一提的貿易……主要的商號是那些從事鴉片貿易的商號……他們坦白承認那是香港唯一的貿易……島上幾乎沒有一家商號……能夠收回他們在這個殖民地所花金錢的一半,並且撤出這個地方……香港無論如何也不可能成為一個貿易城鎮……沒有甚麼比愚蠢地堅持錯誤地開始的事業更糟糕的了。如果繼續下去的話,最終勢必以失望及國家的損失和衰退而告終。

馬丁把抨擊的矛頭對準砵典乍,因為砵典乍鼓勵“荒謬和招致毀滅的計劃”,這些計劃只有“最瘋狂的理論家才會籌劃或接受”。[6]

戴維斯大概並未因為這些對其前任的尖刻抨擊而過分苦惱,倘若香港的局勢惡化,這些抨擊就會成為有用的盾牌。1844 年 8 月 20 日,戴維斯把馬丁的報告送往殖民地部,只是附上了一份口氣非常緩和的否認聲明:“公平地說,馬丁先生的評論只是他(在香港)僅僅待了數週之後寫下的……我可以輕而易舉地指出有關事實和結論的錯誤(我確信有必要仔細研究這個

6　馬丁的指控最終彙編成多卷本的《關於香港殖民地的檔案》(*Papers Relating to the Colony of Hong Kong*(PRCHK)),此處是引自第 1 卷,1844 年 8 月 20 日。本章關於馬丁事件的其餘各處引文均來自相同的資料來源。

問題）……我不同意它的基本觀點。"

馬丁的報告在白廳引發了軒然大波。鴨巴甸素來不喜歡這個殖民地，當時倫敦又銀根吃緊，因此鴨巴甸非常樂意考慮抑制這個殖民地的發展。在這種情況下，托利黨人馬上想到可以乘機指責輝格黨人把香港強加給英帝國，主張通過談判取得適當補償之後把香港歸還給中國。這樣做在政治上也大有好處，托利黨政府承諾降低稅收，又實現了巨額預算盈餘，因而厭惡任何白白耗費錢財的計劃。因此，政府要求戴維斯做出說明，香港若要繼續成為英國殖民地，最好是證明自身的價值。1844 年 12 月 17 日，殖民地大臣斯坦利勳爵（日後以德比伯爵的身份出任首相）致函戴維斯："很顯然，除非那位先生（馬丁）的看法完全錯了，否則女王陛下政府有充分的理由慎重考慮是否批准擬議中數額巨大的民用和軍事開支。這些開支本是為了使香港成為英國的永久殖民地，成為包括歐洲人和亞洲人在內眾多居民的勝地，以及廣泛和有價值的貿易中心和主要集散地。"

這個殖民地的前途再次岌岌可危。斯坦利的函件送達香港後，戴維斯發出了一封措辭婉轉的信函，用樂觀的語調徹底推翻了馬丁的報告："鑒於馬丁先生異乎尋常地敏感，而且他休假的時間比政府部門的任何人都要長，他在那份報告中表現出明顯的偏見，根源在於他對自己身體狀況的擔憂。"香港的死亡率雖然仍是引起嚴重關注的問題，但已有了大幅度的下降，在此前的 6 個月裏，有超過 350 名政府僱員和囚犯染病，僅有 9 人死亡，其中一人還是死於暴力。建造兵營的計劃已經付諸實施，事實證明對士兵的健康有益。雖然對於這個殖民地的衛生事業來說，患病者中超過15% 的死亡率並不是多好的宣傳，但戴維斯卻堅定地為香港辯護。香港的氣候"與澳門的氣候毫無二致……多年來，我和其他一些人就像在英國時一樣身體健康"。至於舟山——馬丁言辭懇切地遊說把它作為替代香港的殖民地——"如果中國人履行他們的諾言，我不知道怎樣才能做到這一點（獲取舟山）"。最後，香港的局勢還沒有糟糕到幹練而富有經驗的管理者，比如戴維斯本人，無法收拾的地步，"這個殖民地的發展，消除阻礙早先進步的一些弊端，所需要的僅僅是時間而已"。

這位總督的觀點並沒有徹底說服鴨巴甸，尤其是當時謠傳法國人打算奪取舟山。很多人都認同馬丁對舟山島得天獨厚條件的看法，這就使得上述謠傳"尤為令人惱火，政府充分意識到，如果獲得的是舟山而非香港的話，事情要好辦得多"。1845 年 10 月 21 日，鴨巴甸抱怨說，倘若法國人成功奪取了舟山，無異於"最令人難以接受的極度嘲諷"。[7] 因此，倫敦有保留地接受了戴維斯的保證，馬丁仍接二連三地抨擊香港，終於引起倫敦足夠的重視，政府覺得有必要舉行一次下議院聽證會。

不論戴維斯的一些助手多麼乏善可陳，英國政府也不得不把組建殖民地政府的任務提上議事日程，因為無法再延續砵典乍那種過於簡單化的直接統治（事實上，戴維斯抵達香港之前，由於不足法定人數，立法局和行政局從未開過會）。殖民地部想在香港推行錫蘭等殖民地實行的直轄殖民地政體模式。按照這種模式，總督之下設立一個行政局，行政局充當樞密院或內閣的角色，成員由總督手下各部門負責人組成。行政局從屬於總督，只有諮議權，行政局擁有的唯一權力是將所提要求記錄在案，在總督與行政局多數成員的建議背道而馳時責成總督向倫敦做出解釋。

立法局是政府的另一個分支，它最初負責制定法規，這些法規不僅針對本殖民地，還針對"中國皇帝領土上的所有英國臣民……以及中國海岸100 英里範圍之內的所有艦隻或船舶"。直到 1853 年之後，立法局的職權範圍才局限於香港。英國僑民希望依照移民殖民地的慣例，在立法局中發揮積極作用，要麼像新西蘭、加拿大和澳大利亞各邦等白人居民很快佔人口多數的殖民地的做法，要麼像南非的情況一樣，完全把有色人種排除在外。在香港，歐洲人——迫於壓力，香港的英國人打算把代表權擴展到印度人和其他歐洲人——永遠只會是人數很少的少數民族，沒有哪一屆英國政府願意相信這個僑民團體會對佔人口絕大多數的華人做到公正無私。允許華人參政的可能性甚至未被納入考慮之列。統治權掌握在白廳，只是授權總督及其同事作為代表。1850 年之前，立法局沒有一位非官守議員，從那以後，非官守議員也要經過極為嚴格的甄選，這種狀況一直延續到不久之前。香港將繼續有一個專制的政府，但最高權威是法律而不是心血來潮的個人。

7　張伯倫：《鴨巴甸勳爵》（Chamberlain, *Lord Aberdeen*），第 367 頁。

刑罰

馬丁無疑誇大了這個殖民地生活的艱辛，但不爭的事實是香港商人的種種希望大多破滅了。起初，新通商口岸的貿易前景十分誘人，情況很快就變得明顯，上海最有可能成為各種貿易的口岸。（徵收固定關稅是《南京條約》帶來的益處之一，關稅記錄可以作為確定貿易量的手段。1844-1845年間，上海已成為最大的新通商口岸，所徵關稅卻僅為廣州收入的 5%；6年之內，上海關稅收入與廣州收入的比例上升到 80%。）不論是絲還是茶葉，上海的銷售狀況都要比香港好。上海進口貿易發展迅速，1844 年只有44 艘外國船隻抵港，10 年後，到港境外船隻超過 400 艘。茶葉歷來是廣州出口貿易的主要支柱，茶葉貿易的中心未能轉移到香港，要麼仍在廣州，要麼遷往更靠近貿易增長地區的北部港口。在香港，嚴厲的《虎門條約》第十三款嚴重打擊了帆船貿易，進口貿易始終沒有多大起色：1844 年到港噸位為 189,257 噸，3 年後僅小幅上升為 229,465 噸。[8]

有人用最悲觀的語調描述了當時的情況：

> 這個偏僻的、完全微不足道的殖民地……其重要性僅僅在於充作外交和軍事基地……商行現在已經減少到 10 到 12 家……房子裏空無一人……廣州和上海是中國主要的（幾乎是僅有的）從歐洲和印度進口、從中國出口的商業中心……亨利‧砵典乍爵士犯了一個嚴重的錯誤，選擇一個像香港這樣荒無人煙的島嶼作為英國的殖民地。[9]

郭士立受命調查貿易增長緩慢的原因，他認定海盜是最重要的因素。海盜確實人數眾多，膽大妄為。1844 年，一支武裝護衛隊在赤柱遭到伏擊，在這起搶劫薪水案中數名英國陸軍護送士兵被殺。海盜能夠輕而易舉地掌握獵物的情報，因為他們當中許多人既是漁民也是商販，能夠用不多的

8　統計資料引自馬士：《中華帝國對外關係史》，第一卷（Morse, *Int. Rel., vol i*）。

9　針對法蘭西斯‧斯各特議員所作的關於香港的聲明與建議（Statements and Suggestions Regarding Hong Kong Addressed to the Hon. Francis Scott M.P.）。

錢從港口的政府僱員那裏收集到消息。當時，皇家海軍不願搜捕海盜（後來這項政策有所鬆動，至少部分是衝着高額獎金而來的），他們找了許多藉口，如缺乏合適的艦隻、很難區分開潛伏的海盜與基本守法的商販、可能與中國官員的船隻發生衝突等等。戴維斯做了一些有益的工作，指揮一艘武裝船隻打擊海盜活動，當然這只是治標不治本。海盜一旦被抓獲，無不受到嚴酷的對待。1843 年來到這個殖民地的理雅各認為，他一生當中"最悲慘的經歷"，就是去"探望那些被判死刑的海盜和其他殺人犯"。[10]

　　維多利亞城的情況也沒有多少好轉。理雅各發現，該城"幾乎沒有任何員警的保護"。商人的宅邸都配備了武裝保鏢，歐洲人晚間外出時帶着手槍。日後，亞歷山大・勿地臣在向下議院特別委員會提交報告中描繪了當時的狀況："我見過 30、40、甚至 50 個人全副武裝聚在一起。我還親眼看見兩個人朝我們的房子開槍。一天夜裏，我們開槍打死了兩個人。"[11] 一個名叫瑪麗・安妮・勒福伊的婦女在家裏幾乎是死裏逃生，她發現"臥室裏跑進來 50 個中國佬。她從牀上跳起來，沒穿外衣就衝出去……叫警衛。搶劫者在她回來之前就逃跑了……可憐的瑪麗・安妮丟失了正準備穿上的衣服，他們也被嚇了一大跳。這種事情在香港屢見不鮮，這裏的華人是最老練、最大膽的強盜"。[12]

　　羅伯特・蒙哥馬利・馬丁並不是最可靠的見證人，不過，較為公允的材料證實了馬丁對華人社區的描述："千真萬確，我在這個殖民地生活了 3 年，沒有看到一位體面的華人居民……實際上，那些人像貝督因人一樣不斷遷移，他們性喜遊蕩、劫掠、賭博、放蕩，完全不適合從事固定的行當。在組建新殖民地的努力中，他們非但沒有任何幫助，還是非常有害的臣民。除了他們之外這裏沒有其他居民了。"郭士立接着寫道："人數最多的階層來自黃埔，許多人品性極為惡劣，隨時可能犯下暴行……很自然，墮落、懶散和邪惡之徒……如過江之鯽來到這個能掙錢的殖民地……居民的道德水準……等而下之。"[13] 喬治・司蔑會督被問及"香港居民的品行是否比美

10　理雅各：《香港殖民地》，載《中國評論》(Legge, 'The Colony of Hong Kong', in *Chinese Review*) 1872 年，第一卷。

11　1847 年《藍皮書》，第五卷，《特別委員會備忘錄》，第 2175 節。

12　霍伊，前引書，第 52 頁。

13　《關於香港殖民地的檔案》，第一卷。

國太平洋沿岸居民更為低下"，他回答說："是的。他們是人渣。"[14] 可信而又見識過人的撒母耳·費倫[15] 解釋說："我們的艦隊所提供的庇護和防衛，很快就使我們的海濱成為罪犯、鴉片走私者，實際上是所有觸犯了中國法律的人的勝地。"

為了扭轉這種局面，戴維斯想吸引一些"體面的中國人"前來香港，把東角的部分地皮劃給來自福建的"財主"。這些紳士反覆估量了香港的前途，拒絕了這個提議。費倫把罪案歸咎於來自北方的移民"客家人"（這個稱呼與德語中的 Fremde 同義，意思是外來人），他們到處遊蕩，"不講體面，唯利是圖。這個殖民地的不安定狀況，以及初期階段的大量犯罪活動，充分證明了他們帶來的傷風敗俗的影響"。費倫補充說："三合會組織已經滲透進香港，三合會成員……犯下了滔天罪行。"[16]

成長階段的香港彌漫着美國西部開拓時期的獨特氛圍。一名華人在天黑後被人開槍打死，可能他正在為非作歹，案卷上卻只是簡單地標明"槍擊而亡"，案子就此了結。1845 年人口普查表明，妓院有 26 家之多，家庭卻僅有 25 戶。威廉·堅少校如今已升任中校，1846 年弗雷德里克·卜魯斯離開香港後，他被任命為副總督。威廉·堅從前商船上的夥伴禧利接任總巡理府，威廉·堅對待禧利"像自己的兒子一樣"。與威廉·堅一樣，禧利也是個"出了名的喜好鞭笞者"。英國當局面臨的真正困難是對付華人犯罪。戴維斯招募了倫敦員警幫辦查理斯·梅理來組建香港員警，香港警隊經費短缺，力量不足，素質也很低。員警大多是歐洲人或印度人，1847 年才開始招募華人員警，而且華警人數很少。由於存在語言障礙，香港要想有效維持治安可謂難上加難。少數幾位譯員散佈在各個通商口岸，例如，羅伯聃就在廈門。費倫擔任華民政務司僅僅數月，便被任命為倫敦大學英王學院中文教授，當時他非常年輕，只有 26 歲。郭士立是香港唯一有經驗的漢語翻譯，自 1844 年起，副警司高和爾也能擔任一些翻譯工作。郭士立並不是真正靠得住的人，當他最終離開中國時，法國駐澳門領事陸英致函法國

14　1847 年《藍皮書》，第五卷，《特別委員會備忘錄》，第 2882 節。

15　繆爾·費倫 22 歲時就是公證人、驗屍官、法院職員和譯員，24 年後成為華民政務司，他是查理斯·費倫和伊萊褧·費倫的兒子，自 19 世紀 20 年代起就住在澳門。

16　外交部檔案（CO 129/12），1845 年 6 月 24 日。

外交部，提醒説郭士立正在前往巴黎途中。陸英希望外交部不要重視郭士立，郭士立"歷數他在中國的福音傳道工作，要求獲得金錢上的幫助……他是個相當有創造性的人，總是挖空心思想發財……我得遺憾地説，這位漢學家的話沒有一句是真的"。[17]

　　查理·義律在最初的告示中宣佈將按照中國法律和習俗來管治香港華人。砵典乍在南京時也原則上同意這一點，他還同意把香港華人的司法管轄權劃歸九龍地方法院。倫敦沒有批准，認為既然香港已經割讓給英國，就不能由中國來管轄香港居民。不過，他們承認不應直接對華人居民實施英國的法律和慣例。英國人在印度曾經遇到類似的困難，就連廢止寡婦殉夫之類的陋習也耗費了數十年時間。在較次要的問題上，倫敦至少是默許華人自行解決問題，只是試圖加以規範。英國政府的控制可以説是非常寬鬆的，基本上把立法權授予了在現場的人，尤其是港督。

　　香港當局面臨一個特殊難題，即採取何種適當的刑罰。在英國人看來，監禁非但沒有拷打，還提供定時膳食，無助於懲戒華人犯罪者。於是，1844 年第十號條例規定，法院"將遵照到目前為止中國當局通常對在本殖民地犯罪的土生土長的華人所實施的習慣法，判處任何一個華裔相應的刑罰"。傳統的懲戒手段通常是罰款 15 元，或是用藤杖鞭打 20 下。1847 年1 月 25 日，霍斯先生在下議院代表外交部為該條例進行辯護，他承認香港推行的懲處方式還包括"割掉他們的辮子"──這被中國人視為奇恥大辱。但是，香港不得實施中國法律特有的"有史以來最靈巧的野蠻行徑"。若是其他殖民地，殖民地部不會批准這種與英國法律相抵觸並且是公開執行的刑罰，殖民地部勉強承認香港是個例外，"香港的地位模棱兩可，造成眾多無法解決的難題之一"，就是"未能明智地找到一條途徑消除那些看似可信和理由充分的異議"。[18]

　　外國僑民並沒有為華人居民帶個好頭。1845 年，"一位居民"對香港夜晚的平靜發表意見："從本質上説，追捕的實質是鼓勵隱居。我們軍隊中的紳士在世界各地都毫無二致。"司蔑會督更直率地表示："歐洲人在大街和

17　法國外交部，領事檔案（Affaires Diverses Consulaires, Quaid'Orsay）。法國外交部檔案中　　關於香港的資料不多，主要是因為一段時間之內法國在這個殖民地沒有設置領事館，但現有　　資料頗為有益和有趣。

18　外交部檔案（CO 129/11），1845 年 3 月 8 日。

房子裏頻頻做出反宗教的行徑，有損於傳教士的同胞在當地人心目中的形象。"司蔑認為員警對待華人的方式於事無補。華人"被看成一個低等的民族……若沒有他們的歐洲裔僱主的燈籠和通行證，他們不得在晚上某個鐘點之後上街"。香港自始至終普遍存在對華人的漠視，這種漠視有時甚至達到橫蠻的程度。不過，對於亞洲其他地方來說，香港的法治程度之高也是聞所未聞的。判處死刑的案例中，法律和刑罰對所有人一視同仁。若是犯了與華人一樣的罪行，歐洲人將以同樣的方式公開審判、鞭笞乃至被絞死。1845 年 7 月 3 日，人們目睹了"一名英國人在香港被絞死的可怕情景"。第一個被處決的歐洲人是英國人查理·英格伍德，他是皇家海軍"德賴為"號上的水手，因謀殺一個名叫威爾金森的麵包師被判死刑。更糟糕的是，英格伍德蒙受了"更大的屈辱，他與一個中國佬陳阿福一道被絞死"。不過，人們似乎並未過分地為英格伍德鳴不平。這個殖民地在死刑案中一視同仁的判決，給美國觀察家留下了極為深刻的印象，這與美國、尤其是南方各州的慣例形成鮮明對比。一位美國觀察家評論道："只有在香港和澳門殖民地，歐洲人才會因為謀殺了華人而被處死。"[19]

恰恰是一些不那麼嚴重的案例引發了一連串的問題。根據以往在廣州特派委員會的經歷，戴維斯很清楚自己難以約束廣州的歐洲私商。如今，商人們散佈在各個通商口岸，情況勢必會變得更加複雜。按照香港殖民地憲章的規定，歐洲商人不但要服從香港法院的司法管轄，還必須遵守香港總督以商務監督身份發佈的各項命令。然而，通商口岸沒有員警來實施這些法規。鴉片走私船上的水手自然是最難駕馭的滋事分子。駐廈門領事坦普爾·萊頓認為，這些走私船是"竊賊、強盜、皮條客和妓女的老巢，幾乎每一艘船都是如此……最邪惡的華人居民與我們的鴉片船密切勾結"。[20]

行為不軌的英國臣民帶來的危險受到非常認真的對待，砵典乍——他並非神經過敏的人——在每一個通商口岸都派駐了一艘軍艦。這個舉措不是為了保護英國利益，而是為了"有效地阻止有犯罪傾向的女王陛下臣民擾

19　《中國之友》，1845 年 7 月 5 日。關於香港法庭的活動，見諾頓—凱澤：《香港法律與法院史》（J. W. Norton-Kyshe, *History of the Laws and Courts of Hong Kong*）。

20　引自費正清：《貿易與外交》，第 245 頁。

亂和妨礙治安"。[21] 這個辦法在制止犯罪上並不特別有效,但是戰艦的出現確實為那些與中國地方當局爭吵不休的英國領事提供了道義之外的力量。領事館官員借助稍加武裝的炮艇威脅滿清官員,在鎮壓騷亂時提供重要的支援。這些相對來說和平達成的地方性和解往往成功地防止了事態的進一步惡化,卻被過分地貶斥為"炮艦外交"的源頭。正如金頓案件[22] 所表明的,炮艦無論如何也不能取代正規的維持治安。鴨巴甸勳爵曾經虔誠地相信,普通英國人對法律的敬畏至少能夠在一定程度上彌補這種缺陷。但是,"為這種新方法辯護的理由,只是一意使我們在中國的同胞逃避有效的地方管制"。[23]

硫磺、樹脂、啤酒或黑啤酒 —— 還有鴉片

鴨巴甸的同僚更擔心這個新殖民地可能帶來的花費。馬丁先生估計香港一年的開支超過 50 萬英鎊,事實證明這個數字顯然誇大了,卻仍然令人不安。況且馬丁是這個殖民地的庫務司,不論他多麼不加克制地表達自己的意見,他的觀點仍必須認真加以對待。這個殖民地已經成為英國對華貿易的倉庫和中樞,英國政府可以給予一定的補助,但絕大部分開支必須依靠當地的稅收,而這樣做肯定會遇到激烈的抵制。戴維斯在 1845 年 4 月的一份函件中承認徵稅困難重重,主要原因在於海盜劫掠和《虎門條約》第十三款 ("只有簽署新協議方能挽回這一條款造成的損害")。戴維斯僅以馬丁關於最重要的收入來源土地拍賣收入的估計,就推翻了馬丁"在庫務司的專門領域"所作的預言。馬丁估計土地拍賣有 5,000 英鎊收入,實際獲得了 13,000 英鎊。不過,增加的數額實際上並未推翻馬丁的整個預計。戴維斯爵士認為這個殖民地前景一片光明 ("去年冬天的進展相當令人振奮……本地的潛力以及面臨的自然困難都將大大超出最初的估計"),但隨着失望情緒四處蔓延,土地收入逐漸減少。

商人們沒有總督那麼樂觀,他們人人牢騷滿腹。賺錢是他們到香港來

21　外交部檔案 (CO 129/3 77),1843 年 8 月 24 日。

22　即靖遠街事件。—— 譯註

23　外交部檔案 (CO 129/3 77),1843 年 8 月 24 日。

的唯一目的，此刻卻沒有多少錢進賬。1845 年 8 月 29 日，一個代表團向殖民地大臣報告說："香港根本就沒有貿易，只是當地政府及其官員、一些英國商人和少數窮人的棲身之所。"1846 年 8 月 8 日的《經濟學家》贊同這種看法，"香港只是少數鴉片走私者、士兵、軍官和戰艦水手的補給站"。海盜和犯罪會導致贏利下降，貿易不振的根本原因卻在於商人的期望值過高。

《南京條約》最終打開了對華貿易的大門，滿腔熱情的商人，主要是英國人，也有美國人和澳大利亞人，着手把各種貨物大量輸入中國市場。問題是並非每一種貨物都能找到現成的買主。愛丁堡霍利魯德玻璃廠的約翰·福特先生發來一大批玻璃器皿，這批貨積壓在怡和洋行的貨棧裏多年無人問津。亞歷山大·勿地臣向福特保證貨物肯定能賣出去，但是，"社區規模不大，再加上自給自足的習俗，造成總體上需求不足"，使得銷售成為一個非常緩慢的過程。新西蘭威靈頓的出口商伯爾科茨的遭遇也好不了多少："我們很遺憾，石板瓦和肥皂仍然積壓在手裏，前者完全不適合頻繁遭受颶風襲擊的東方式房屋，後者在此地的庫存量大大超過了數年之內的消耗量！"非常奇怪的是，雖然酗酒不再定罪，但葡萄酒和烈酒的需求依然很有限。雪利酒有一定的銷路，馬沙拉葡萄酒卻是滯銷貨，甚至連軍隊也不要這種酒。芬切奇大街的詹姆森·亨特先生被告知："我們已經盡最大努力來銷售它（葡萄酒），甚至把它提供給軍需官，所有的努力均未奏效……過去數年中我們一直規勸我們的朋友不要再把大量葡萄酒和類似貨物輸送到這樣一個國家，除了寥寥數百名外國僑民，這裏沒人需要這些東西……希望這些話能使您接受我們措辭最為強烈的勸告，不要再把白蘭地、小葡萄乾、通心粉、硫磺、樹脂、啤酒或黑啤酒之類的貨物送到這裏。"[24]

勿地臣一類的商人認定土地可以長期租用或轉成不動產，因而在第一次土地拍賣時就購置了土地，還在建築上投入了大筆金錢。當租期確定為 75 年時，他們發現自己的投資代價高昂，他們本以為已經支付了土地的全部價款。一家商號在 1847 年下議院特別委員會作證說，他們曾派合夥人從澳門趕到香港，參加義律上校宣傳的第一次拍賣，"我們認為為一塊濱海地

24　這一段引文引自亞歷山大·勿地臣：《香港私人信函集》，1844 年 3 月 27 日、1844 年 5 月 6 日及 1845 年 4 月 28 日。

皮花 50 到 60 元租金就差不多了，當價格漲到後來的水準時，我們徹底打消了在那裏購置土地的念頭"（第 1352 號證詞）。亞歷山大‧勿地臣表示，除非保證 999 年的租期，他們才會對目前的租金滿意，"如果土地租期只有 75 年，沒有哪個英國商人會花 1 萬英鎊去蓋房子"（第 2175 號證詞）。實際上，私人確實付出了大筆資金。1845 年 1 月 26 日，薩珀的伯納德‧哥連臣上尉——就在這一年，他繪製出第一張十分精確的香港地圖，旗杆屋的主體建築大概也是由他設計的——寫信給遠在英國的父母："如果離開香港一個月，等你回來時，原先還只是一塊岩石的地方會冒出一間豪華裝飾的印度式客廳；原來水深 20 英尺的地方會有一條馬路。"[25] 亞瑟‧科寧厄姆上校在同一個時期寫道："城鎮本身又大亂……每天都在以令人吃驚的方式擴展，很難說清楚它的界限。我初來時這裏還不過是一片竹棚小屋，現在已經成為一座大城鎮……這些建築會吸引哪怕是最漫不經心的觀察者，更為富麗堂皇的建築……是兩位遠東商業鉅子勿地臣先生和渣甸先生的貨棧。緊挨着貨棧的兩幢漂亮的別墅，或者說避暑公館，同樣屬於這兩位業主。"[26]

皇家工兵繪製地圖，修建道路、排水溝、港口設施和公共建築，但並不是人人都感到滿意："改革者……鋪設排水溝，設計街道，用倫敦 [？]的地名來給各地命名，管理點燈人和街燈，根本不考慮那些老兵，宣稱在‘女王陛下的臣民’——他們這樣稱呼這些老兵——到來之前，一切都很完美。"[27] 不過，與廣州和澳門相比，香港的設施仍然少得可憐。科寧厄姆並不特別喜歡這個殖民地，"說到香港的氣候，一年當中倒有 9 個月是又熱又悶的……沒有大型建築物、圖書館、枱球室或其他消遣場所，對於沒有固定工作的人來說，住在這裏極其乏味單調"。

除非平息人們對租約期限的不滿——此事最終於 1848 年得到解決——否則不大可能從土地出租和拍賣中獲得不斷增加的收入。香港的日常生活開銷居高不下，進一步加深了不滿情緒。《廣東記事報》（已更名為《香港記事報》）報導說，維多利亞城僅有一家英國旅館，"經營規模小，

---

25 哥連臣上尉（哥連臣手稿）的這些未發表的信函收藏於香港歷史檔案館。這些信件是關於早期香港情況的最佳資料之一。

26 科寧厄姆：《鴉片戰爭》（Conynghame, *The Opium War*），第 230 頁以下。

27 哥連臣手稿。

品質上乘⋯⋯價格自然昂貴，單人食宿費每天兩元，還不包括葡萄酒和啤酒"。科寧厄姆抱怨説："那裏（維多利亞城）一座 4 個房間的住宅，每月租金始終維持在 60 到 70 元左右⋯⋯奢侈品的價格同樣居高不下。"他舉一則廣告為例："香港的紳士⋯⋯向一家名為'不列顛的驕傲'的公司預定，可以獲得上等英國羊肉（每磅 1.5 元）。"

約翰·戴維斯的性格和經歷決定了他不會去安撫失望的殖民地僑民。戴維斯為人冷漠，難以接近，個子矮小，碌碌無為，完全沒有砵典乍那種自信而威嚴的氣派。他愛好中國文學，但用拉丁文寫詩的水準馬馬虎虎，這些愛好並不足以使他得到極不開化的僑民喜愛，他們"認為盧比和金錢重要得多"。亞歷山大·勿地臣對任人唯親的戴維斯十分不滿，"剛才，我從急庇利那裏得知，戴維斯用他自己朋友的名字命名維多利亞城的各條街道，我對此極其反感⋯⋯甚至沒有一條小巷是用商人的姓氏命名⋯⋯極為可笑的'些利街'是以一個騙子的名字命名的。本來，若是把街道命名為渣甸街、顛地街、吉布街等等，聽起來多麼自然。一條也沒有！除非投資確實有利可圖，否則我不會在香港投入哪怕一分錢"。[28]

戴維斯爵士的總督任期開局不利，他"與每一個人爭吵，並不是很得人心"。[29] 為了在一定程度上控制這個殖民地，戴維斯運用手中的廣泛權力頒佈了一項條例（1844 年 10 月）。這項條例規定全體居民，包括英國人在內，必須進行登記。這個條例從公佈到生效僅有兩週時間，出台後立即遭到猛烈抨擊，"人頭稅不單向華人流浪漢徵收，還涉及所有居民⋯⋯英國商人與華人苦力唯一的區別在於前者一年要交 5 元，後者交 1 元"。40 年之後，歐德理仍然認為這項措施令人反感，而歐洲人當時的反應簡直可以説是歇斯底里，"他們憤怒至極，認為他們的自尊、民族尊嚴和公民自由遭到踐踏，羣起反抗"。[30]

總督不斷收到抗議，條例被説成是"現代英國立法史上前所未有的一項舉措，勢必將造成巨大的危害⋯⋯一旦強行付諸實施，顯然會把香港島降

28　亞歷山大·勿地臣：《香港私人信函集》，引自雷德與克錫前引書。灣仔現在還有渣甸街和渣甸坊，但沒有任何以他們的競爭對手顛地洋行命名的街道。

29　哥連臣手稿，1845 年 1 月 26 日。

30　歐德理，前引書，第 222 頁。

格到流放殖民地的地位"。[31] 戴維斯予以回擊,譴責商人們"憑藉卑劣手法唆使華人居民消極抵制,損害了無知而不幸的華人"。事實確實如此,歐洲商行的買辦張貼告示,敦促華人抵制這項措施。實際上,華人無需勸說。在第一次抵制行動中,華人舉行靜坐和罷工,大約有 3,000 人乾脆離開了這個殖民地。日後的事實表明這種抵制方式十分有效。

香港社會對這項條例的反應表明,雖然總督在理論上擁有不受限制的權威,但歐洲人和華人能夠阻止總督推行任何他們堅決反對的措施。這項條例隨即修訂,免除了所有可能提出抗議者進行登記的義務("全體文職和陸海軍僱員,所有從事學術性職業者,商人、店主、房主、王室土地的租賃者,以及年收入 500 元以上者"。這樣一來,絕大多數歐洲人都無需登記),華人的人頭稅也廢除了。《中國之友》主編仍不滿意,在騷動的最高潮過去之後,他於 1845 年 1 月 25 日寫道:"不論閣下此刻作何評價,我們擔心該條例會受到殖民地部的譴責,若閣下尚有自尊,就該立即提出辭職。"

土地收益令人失望,戴維斯為彌補缺口,不得不盡力搜刮所有能夠想到的稅種,最終徵收的稅種有拍賣稅、婚姻稅、喪葬稅、車馬稅、枱球稅、酒稅、煙草稅和棉布稅。這些稅收,尤其是最後一項稅,使殖民地居民忍無可忍。他們向殖民地大臣威廉·格拉斯敦遞呈一份函件,控告戴維斯在沒有代表權的情況下"強行"徵收"惱人的捐稅"——這可是一句歷史悠久的政治口號。他們要求成立一個市政委員會,格拉斯敦拒絕了,理由是這樣會賦予"難以託付的少數英國人"凌駕於華人之上的權力。香港的英國人辯稱,英國已將該地作為一個戰略基地,政府應當支付香港的開支。格拉斯敦仍一口回絕,強調英國獲得香港"完全是出於商業利益的考慮"。[32] 他的這種說法並不十分準確。

人口登記和稅收問題並未很快平息,日後成為商人與宗主國政府長期爭論的一個問題。商人們成功地抵制了戴維斯對進口葡萄酒和烈性酒徵稅的企圖,立法局全體官守議員始終不同意對酒類徵稅,堅持把反對意見上

31　萊斯利(W. Leslie)等人,1844 年 12 月 6 日。歐德理,前引書,第 226 頁。

32　安德葛:《香港的政府與人民》(G. B. Endacott, *The Government and People of Hong Kong 1841-1962*),第 75-76 頁。

報殖民地大臣，格拉斯敦站在反對者一邊，總督不得不撤回動議。

　　戴維斯決定把香港的鴉片經營權分包出去，從而再度引發了爭執。蒙哥馬利·馬丁強烈反對這種"鴉片承包"的做法，甚至遞交了辭呈。戴維斯為了獲取收入，克制了 10 年前在特別委員會表現出來的對這種毒品的厭惡。他先是出售了在這個殖民地供銷鴉片的專營權，接着又推行向建築物和零售商發放許可證的體制。白廳這一次支持他的做法，只是這個嘗試成效有限，還激起了鴉片進口商的極大憤怒。然而，中國其他地方的鴉片銷售量迅速增長。

　　戴維斯到香港後不久，就由砵典乍引見了耆英。戴維斯在會晤耆英時提出了"鴉片合法化這個重要而微妙的問題，反覆強調這樣的舉措既明智又巧妙，將消除目前的不愉快爭論……為（中華）帝國提供可觀的收入，還可以遏制這種眼下根本不上稅的商品的消費"。戴維斯還用心理學來證明自己的觀點："人們天性喜歡那些很難得到的東西……在中國，由於鴉片被禁，人們貪婪地想得到它……在英國，鴉片歷來是合法的，人們卻普遍厭惡它。"戴維斯的爭辯沒有任何結果。耆英贊同尋求一條解決途徑，他早先曾提議用繳納一筆款項來代替對鴉片課稅，砵典乍認為這個方法不切實際。如今，耆英"不敢擅起釁端"，不得不拒絕戴維斯的提議。1844 年 6 月 13 日，戴維斯向鴨巴甸匯報了此事，表示仍然有望爭取鴉片合法化，"如果將來某個時候，我能夠榮幸地向勳爵閣下宣佈該項貿易已經合法化，我將把它視為我眼下在這個國家駐紮的豐厚回報"。[33] 雖然戴維斯提出鴉片合法化的建議遭到拒絕，但雙方仍需要做出一些安排。雙方達成了一項協議，這項協議是非正式的，但依然得到雙方的充分諒解。

　　中國的禁煙運動一直時緊時鬆，人們平常對鴉片睜一隻眼閉一隻眼，偶爾激烈抨擊鴉片。人們早已對鴉片熟視無睹，針對吸食鴉片者的起訴不過是一種"障眼法"。[34]1843 年，全中國只有 24 名毒品罪犯受到審判，其中絕大多數是吸食者。1845 年，60 人被判有罪，但判決延期執行；1846 年審理了 9 宗案件；1848 年為 8 宗，其中 7 宗是在北京。收繳的鴉片微乎其微，數量以盎司計。然而，根據 W. H. 米契爾 1850 年 12 月提交的鴉片

33　外交部檔案（FO 288/34）。

34　費正清：《貿易與外交》，第 242 頁。

貿易報告，中國在這一時期僅從印度進口的鴉片就超過每年 4 萬箱，大約有 3,000 到 4,000 噸。此外，還必須加上數量無法確知的土耳其鴉片和中國本土鴉片。

毋庸贅言，中國當局並未竭盡全力限制鴉片進口。1842 年，耆英實際上承認了這一點，"各國商船不論是否夾帶鴉片，中國不必加以盤查，或是針對鴉片採取任何行動"。[35]，大概沒有甚麼比這更接近鴉片合法化的了。中國的有識之士意識到吸食鴉片乃是對社會的譴責，並為此深感悲哀[36]：

> 於今數年，欲使民不吸鴉片煙而民弗許。此奴僕踞家長，子孫棰祖父之世宇也。即使英吉利不侵不叛，望風納款，中國尚且可恥而可憂。[37]

砵典乍同意，除《南京條約》規定的開放口岸外，英國船隻禁止進入其他中國港口，英國船隻不得越過北緯 32 度線（在上海的北面一點）。為了加強砵典乍公告的分量，英國外交部發佈了一道樞密院令。砵典乍認為這道命令不亞於"本應由中國政府強制執行的禁令"，憤世嫉俗的勿地臣指責禁令只是想討好英國國內那些"聖徒"，沒有人打算認真對待這條禁令，而是把它看成"大笑話"。

皇家海軍從來不認為"英國大臣會發佈根本無意付諸實施的公告"。1843 年 4 月，查理・霍普上校在舟山指揮緝捕了怡和洋行的"維克森"號。鴉片商人用非常特殊的方式向砵典乍提出強烈抗議，他們通情達理地承認"他們總是樂於服從，前提是他們對委託人的義務和他們本人認可政府頒佈的合法的規章制度"。[38] 如果說砵典乍爵士曾經對傲慢的商人們嗤之以鼻，那麼這一次應該也是如此。然而，實際情況並非如此，因為砵典乍十分了

35　同上，第 135 頁。中文文獻尚未公開發表，我在北京的檔案館也沒有找到副本，但有充分的理由認為耆英不想公開這個讓步。砵典乍在 1842 年 11 月 3 日的函件中附上一份譯文，英國人肯定認為（他們很有理由相信）這些讓步令人鼓舞；見費正清：《貿易與外交》，第 138-143 頁。

36　下引文見龔自珍：《與人箋八》。——譯註

37　韋特貝克：《龔自珍的歷史觀》（Whitbeck, *The Historical Vision of Kung Tzu-chen*），第 205-206 頁。

38　費正清：《貿易與外交》，第 138-143 頁。

解鴉片收入對於印度的重要性以及與耆英所訂協議的意義。倒楣的霍普上校遭到拋棄，被遣送回國。軍方提出抗議，但即使是威靈頓出面也未能扭轉結局。鴉片實在太過重要，英國和中國政府都不會反對。砵典乍認為應當向霍普做出解釋，便給巴加將軍寫了一封透露內情的信函，還抄了一份副本給霍普。這位全權公使解釋說，自己一直"不間斷地"向福建總督提及鴉片問題，總督"承認我的看法十分正確，但表示禁止這種貿易可以取悅皇帝"，因此他所能做的只是承諾"中國當局不會自尋煩惱地去查究哪些船隻夾帶了鴉片，哪些船隻沒有夾帶，他們的分內之事就是不讓士卒和老百姓購買這種毒品"。[39]

這樁突發事件結束後，事態平息下來。不論英國還是中國官員，都不再干預鴉片商人的活動；走私者也無法從官方的保護中獲益。他們的船隻不得進入英國領事管轄的港口，因而更易遭受海盜的襲擊。完全是因為這個緣故，鴉片商人才對這道禁令感到有些不便。不管怎麼說，他們慣常的停泊地獲得官方准許，載入航海指南，他們甚至偶爾還根據當地清朝官員的建議更改停泊地。合法商人與走私者之間有嚴格區分；合法貨物與違禁貨物必須用不同船隻分別裝運，船隻即使只帶了少量鴉片，也不會獲准駛入通商口岸。

這種做法造成了強者愈強的後果，富有的商人實力大增。1844 年時，這類商號實際上只有兩家：怡和洋行和顛地洋行。香港對於這兩家商號來說不啻為一塊寶地。在英國人的保護下，鴉片可以在香港進口和存放，再由鴉片飛剪船運往中國沿海。無足輕重的小人物若是企圖擠進來分一杯羹，怡和洋行和顛地洋行的雙頭壟斷只需聯手降低價格就足以打敗競爭對手。怡和與顛地把過去的敵意拋到腦後，兩家商行的鴉片船成雙成對地出沒於不為官方承認的各個重要卸貨地。這種狀況對於香港經濟並沒有甚麼好處，因為怡和洋行和顛地洋行控制了鴉片，並且只是沿中國海岸線銷售，不可能吸引其他人前來香港。1850 年的米契爾報告描述了當時的狀況：

> 令我大為吃驚的是，香港怎麼還會有貿易。我們在此地有兩

39　在巴加檔案中，費正清似乎沒有利用這些文獻。

家實力雄厚的商行，每隔一個月都要花費大把的金錢把企圖強行
進入這個殖民地的任何貿易趕回中國沿海，從而完全把糖和藥
材 —— 比如樟腦、明礬和類似原料 —— 的貿易拒之門外。不然
的話，本地的沿海船隻就可以給我們帶來這些貨物。這種狀況極
其嚴重，足以令任何一個年輕的殖民地難以抵禦。除此之外，我
們與中國的那項條約又把這個港口的所有帆船貿易限定為在五個
通商口岸辦清了手續的船隻，甚至還對這些帆船施加了種種最刁
難的限制。我實在驚訝這個殖民地居然還有貿易。[40]

廣州城裏的是是非非

　　許多學者認為，中國政府痛感《南京條約》的屈辱，所以不打算遵守條
約規定，想抓住任何一個機會進行報復。事實遠非如此。中國政府，不論
是帝制、共和國還是共產黨政府，在履行國際義務方面的記錄要遠遠好於
許多西方國家的政府。北京歷史檔案館的史料表明，道光皇帝以最大的誠
意批准了這項條約，還親自做出安排，讓臣屬遵守條約規定。1844 年 4 月，
耆英向皇帝報告説，法國人和美國人的船隻正駛往廣州，官府已警告廣州
的老百姓要守規矩。皇帝認可了這種做法。4 個月之後，皇帝朱批指示：“凡
涉夷人事宜，務須小心從事，以免有失國體，妄生事端。”[41]

　　中國出現了一批努力適應英國人，同時維護帝國利益的官員。這些人
當中最傑出的一位是徐繼畬，他先後出任福建布政使、福建巡撫、署理閩
浙總督，後進入 1861 年成立的負責外交事務的總理衙門。1850 年，徐繼畬
出版了《瀛寰志略》，這部著作“註定要成為整整一代中國文人最重要的世
界地圖集”。[42] 徐氏家族在中國現代史上具有重要地位，徐繼畬的孫子徐向
前是中國內戰時期的著名將領。徐向前是毛澤東早年的戰友和紅四方面軍
總司令，後來支持周恩來結束文化大革命。徐繼畬的上司劉韻珂寫道：“我
們需要更多像徐這樣的人……靈活、通曉事務、能夠權衡利弊，而且熟知

40　米契爾報告，1850 年 12 月 28 日，《關於香港殖民地的檔案》。

41　第一歷史檔案館，北京。

42　費正清：《貿易與外交》，第 281 頁。

夷人風俗。"皇帝再次表示贊同："所議甚是。"[43]

　　這位皇帝也曾在砵典乍的函件上批註"所議甚是",不得不與之打交道的中國人卻不欣賞砵典乍的恫嚇方式。耆英向皇帝報告虎門談判經過時抱怨説,砵典乍"無禮、苛求、總皺着眉——我不得不跟他爭得口乾舌燥。他提出了各式各樣名目繁多的要求,所有這些要求不外是低賦税、輕刑罰、允許登記交易、自由管理香港、修建住宅、教堂、墓地,傳教士自由傳教"。[44] 相比之下,戴維斯則顯得態度和藹,令人愉快,從一開始就改變了其粗魯前任的一些做法。中國人聽到禮炮聲感到不安,戴維斯便在巡視各通商口岸時廢止了鳴炮致敬的慣例。徐繼畬高興地發現這位夷人的新首領"異常謙恭,總是脱帽致意,彬彬有禮"。[45] 戴維斯樂於運用中國語言和習俗的豐富知識來緩和關係。

　　儘管有皇帝的支持、戴維斯的經驗和耆英始終如一的良好意願,廣州入城問題仍將給英國人帶來無窮無盡的麻煩。這或許是因為廣州居民比其他港口的居民更敵視外國人,在其他通商口岸,雙方關係的發展令人滿意。另一個原因是即將引發太平天國起義的社會動盪日趨激烈。

　　太平天國運動錯綜複雜,引人入勝,它幾乎與美國的摩門教運動同時,兩者的進程也頗多相似之處。洪秀全是個受過初等教育的年輕人,他極富想像力,闡述了一種特殊的基督教學説,致力於建立一個神權政治國家:太平天國。洪秀全出生於客家血統的農民家庭(客家是 17 世紀前後從遙遠北方遷來的移民,其方言和習俗都有別於廣東人)。1843 年,洪秀全開始傳教,6 年之內吸引了大約 1 萬名徒眾。1852 年,他領導了一場反儒教、反士紳、反滿清的聖戰。到次年 3 月,太平軍征戰 1,300 英里,佔領了南京,在之後 11 年裏把這座城市作為首都。廣州依然掌握在滿族人手裏,他們鎮壓了起義者,很多廣東人反感客家人的事業,更何況這項事業還帶有令人不快的西方影響。

　　司葹曾於 19 世紀 40 年代在中國廣泛遊歷,他注意到"北方城市的居民友善溫和,廣東民眾則具有傲慢騷動的典型特徵,南北之間有着廣泛而顯

43　第一歷史檔案館,北京,1844 年 11 月。

44　第一歷史檔案館,北京,1844 年 7 月。

45　同上,徐繼畬的奏摺記錄了戴維斯訪問南通的經過。

著的差異"。在廣東,鼓動公然反抗的招貼"取代了印刷品,它們都是匿名的,文字肆無忌憚,大多具有煽動性,往往大肆辱罵"。這些招貼專門煽動老百姓對外國人的不滿:"夷人必須誅滅",必須下決心"先殺盡這個可惡的民族,再焚燒和摧毀他們的老巢"。[46]

身為皇帝的欽差大臣,耆英力圖與英國人建立友好的關係,但未能與戴維斯建立起他曾非常成功地與砵典乍結成的親密友誼。耆英正式訪問過一次香港,按照柯林森(1845 年 11 月 23 日)的記述,為期 3 天的"檢閱、舞會和正式會晤,所有這些都是為了向亨利·砵典乍爵士的朋友耆英表示敬意,他是兩廣總督、欽差大臣、皇室宗親。他在星期四乘'維克森'號前來,不管他負有甚麼特殊使命,他都無暇去做,因為自從上岸以來,他幾乎一刻不停地吃喝⋯⋯無論如何,他是個非常聰明的中國佬,但胖得像豬一樣"。

耆英嚴厲阻止並適當懲處了襲擊外國人的行徑,但是,一些英國人的侮慢激化了事態。自特派委員會時期以來,英國官員不斷譴責其同胞的生活方式,情況卻始終沒有明顯改善。一名非常招人厭惡的英國私商引發了最嚴重的騷亂,造成了最為嚴重的後果。1846 年 4 月 4 日,英國商人金頓——他在廣州做生意,據說屬於"作威作福的一類人,以不斷對中國人拳腳相向而出名"——被一名中國水果販子惹惱,他嫌水果販子的叫賣聲太吵鬧,於是掀翻了水果攤。3 天後,金頓又一次襲擊了那個小販,把他拖到外國人居住區打了一頓。這個事件立即引發了騷亂。廣州出現了要求殺掉英國人的招貼:"這些狼子野心、肆無忌憚的英國人⋯⋯可惡之極。"英國商人請求派一艘戰艦來保護他們,英國領事馬額峨竭力平息事態,將此案提交領事法庭。

作為首席駐華商務監督,戴維斯渴望與耆英保持友好關係,把金頓視為另一個作惡多端的英尼斯,判定金頓有罪,罰款 200 元。金頓向高等法院提起上訴,正按察司休姆認為"整個訴訟程序極不正規,之前的所有判決完全無效"。休姆還在判決書中嚴厲譴責總督的做法,指責這些做法"不公

46　司蔑:《中國口岸城市巡遊記》(G. Smith, *Narrative of and Exploratory Visit to Each of the Consular Cities of China*),第 495 頁,另見馬士:《中華帝國對外關係史》,第一卷,第 371 頁。

正、越權和不合法……完全無視各種法律步驟和法律本身"。戴維斯把這項裁決視為直接的侮辱和對自身權威的挑戰,於是向倫敦上訴。[47]

白廳已經又換了一屆政府,輝格黨人重新執政,對待殖民地的態度有所改變。羅伯特·皮爾爵士領導托利黨政府着手處理棘手的廢除《穀物法》問題,從而大大疏遠了黨內右翼。托利黨再次在愛爾蘭問題上受挫後,約翰·羅素勳爵於 1846 年 7 月組成輝格黨政府,巴麥尊重新執掌外交部,格雷勳爵出任殖民地大臣,後者的父親就是通過 1832 年《議會改革法案》的格雷伯爵。格雷並不贊成巴麥尊的為人,經過勸説才與巴麥尊同在內閣共事。所以,戴維斯不得不向彼此難以共處的兩位上司匯報情況。巴麥尊全權負責對華事務,積極着手安排有關事宜。1847 年 3 月 11 日,外交部向金頓發出一封公函,很遺憾地表示:"由於訴訟程序不正規,你逃脱了你本應承受的懲罰。"公函還附有巴麥尊同一天寫下的親筆信,巴麥尊在信中警告金頓,如果他在中國的所作所為導致人員死亡,將按照英國法律以謀殺罪起訴他,"女王陛下政府決定……確認女王陛下對在華英國臣民的獨有司法權不應損害中國的和平和良好秩序"。

金頓事件之後,廣州又發生了一樁案件,這個新案件中的挑釁者似乎是中國人。在廣州的一次騷動中,兩名英國水手受重傷,戴維斯對允許水手進城的船長課以罰款。巴麥尊得知情況後大發雷霆,1847 年 1 月 12 日,他致函指責戴維斯:舉止合宜的義務是相互的,英國臣民必須得到"免受騷擾的自由","我不得不命令你,要求懲治這場暴亂中有罪的當事人……如果中國當局未行使權威懲處和阻止此類暴行,英國政府將被迫採取行動"。外交大臣相當彬彬有禮地指出了他所認為的基本事實,接着補充説:"如果我們低調處理……就將喪失我們本已掌握的全部優勢……當然,我們——我的意思是指所有在華的英國人——不要給中國人任何抱怨的理由,更應該避免任何類似的挑釁和冒犯。但是……我們必須使他們清楚地意識到,我們的條約權益必須得到尊重……中國人必須記住並且認識到,如果他們襲擊我們的臣民和商館,將遭到射殺。"

巴麥尊措辭嚴厲的函件可能刺激了戴維斯去採取鹵莽的行動,他的官

47　見科斯廷:《大不列顛與中國》(W. C. Costin, *Great Britain and China*),第 120-134 頁。

方往來信函顯示出越來越明顯的歇斯底里跡象。1847 年 3 月 12 日，一些英國遊客在廣州附近的佛山被當地人扔石頭，這件小事竟使戴維斯向耆英接連發出措辭強硬的信函：“我有責任通知你，你將把災難帶給中國人民……事情已無可挽回，我要帶領一支軍隊前往廣州，就地要求賠償。”當時，戴維斯手下可供調遣的部隊的指揮官是德忌笠少將。德忌笠起初是個步槍兵，1799 年成為第 86 團（皇家愛爾蘭步槍團）的軍官，他隨該團駐紮印度時曾多次參加戰鬥。1810 年起，他一直是個出色的參謀，主要在副官部門任職，還曾受命見過著名的亞尼納的阿里帕夏。德忌笠富有教養，為人仁慈，只是脾氣暴躁。他對香港軍隊疾病流行的狀況大為震驚：“馬德拉斯第 4 印度團給毀了，已派不上任何用場……（士兵）大多骨瘦如柴。”出於責任感，他爭取主動把該團全部送回印度，成功遏制了疾病的蔓延。他積極修建更為衛生的營房，滿意地看到部隊的健康狀況迅速改善。

1847 年 4 月 1 日，怒火中燒的戴維斯向德忌笠提出對廣州進行討伐，德忌笠此時所能召集的全部兵力不足 1,000 人，他卻熱烈贊同這一計劃。以前，砵典乍和戴維斯都曾不得不壓制這位將軍對於軍事行動的強烈渴望。德忌笠在 1845 年 9 月的日記中寫道：“我沒有任何外交和政治權力，他們勢必以他們的方式解決問題。”他接着預言：“如果他們日後不求我幫忙，那才怪呢。”[48] 現在，“他們”確實來求他了。第二天，這位總督和將軍就帶着部隊出發了，這支部隊包括第 18 皇家愛爾蘭步兵團的一些士兵和第 42 馬德拉斯團的印度土兵。英軍分乘 4 艘汽船，這次冒險靠的正是這些小船，它們吃水淺，能夠沿江上溯到廣州城。出乎所有人的預料，他們不知以甚麼方式直接通過了虎門防禦線。德忌笠報告說，“在一次意外的散步中”，“進攻並奪取了虎門各主要炮台，進入珠江，炸毀了軍火庫，塞住了 827 門大炮的火栓”。[49] 由於沒有遭受任何值得一提的傷亡，這支小部隊充滿自信地準備掃蕩這座城市。對於雙方來說幸運的是，耆英平息了事態。他承諾肯定會准許外國人進入廣州城，只是時間應在兩年之後，到那時老百姓的騷亂已經平息（那時他和戴維斯都不再擔任現在的職位了）。戴維斯突然採

48　《岩石上的字跡》（'Pencillings on the Rock'），德忌笠手稿，藏於皇家英聯邦協會。

49　同上。德忌笠預見到即將到來的麻煩，他於 1847 年 3 月寫道：“越來越糟糕的是，一個英國人若是想證明自己，就會損害甚至危及他的生活。”

取戰爭行動，讓外國僑民大吃一驚，現在他們鬆了一口氣，並沒有對戴維斯心悅誠服。老廣州吉迪恩‧奈伊寫道："閣下 1847 年的行動受制於兩個因素，一是兵力不足，二是最主要的商人彼此意見不合。"他還正確地評論說，這次行動毫無成效，雙方爭執的核心問題，即進入廣州城的切實權利，並未得到承認，"這種處理問題的方式類似於亨利‧砵典乍爵士的手法，等於是放過了廣州，沒有使其因一犯再犯的過失而受到懲罰"。[50]

然而，巴麥尊勳爵很欣賞這次不流血的武力恫嚇 —— 通常以"海盜式遠征"而聞名 —— 並向所有有關人員表示祝賀。中國民眾本已對外國人不滿，他們的憤怒情緒不斷升溫。數月之後，6 名年輕英國人在廣州城外的一個村莊被殺，釀成了最嚴重的事件。[51]

戴維斯別無良策，只能警告耆英："你要麼是無能，要麼是不願保護英國臣民的生命⋯⋯英國政府此次不僅要求對過去有個滿意的交代，還要求確保未來的安全。"戴維斯表示，倘若無法找出並處決罪犯，就應懲治整個村莊。1847 年 12 月 7 日，他收到一份不失尊嚴的抗議函："俗語說冤有頭債有主，目前該村涉嫌者甚眾，若不辦良莠⋯⋯上蒼何忍如此過分地牽連無辜百姓？世間斷無此理，閣下的國家亦必無此等懲罰。"耆英確實審判了那些主要的涉嫌謀殺者，在外國人進城問題上卻沒有做任何讓步。

此時，戴維斯去意已決，他完全厭倦了這個殖民地。1846 年，義律上校徵用鴉片的款項最終償付，但偏激的商人們並未就此滿足，堅持要求征服所有中國省份，以便"理智而充滿活力的撒克遜種族移民取代退化的當地人"。桀驁不馴的商人們情緒激動，德忌笠將軍起了火上澆油的作用。他是個喜怒無常的紳士，曾經冒犯過平民。這位將軍不但反對商人們"策馬疾馳"，還曾派一名下士去打斷韋爾奇在家中舉行的歡宴，"在他高貴的耳朵聽來，庶民粗魯的歡笑聲顯得尤為可憎"。韋爾奇表示，倘若德忌笠親自前來的話，他會把這位將軍扔出去。當地報紙試圖弄清楚這位將軍"古怪行徑"

50　奈伊，前引書。關於廣州英國人的反應，見歐德理，前引書，第 216-217 頁。

51　1847 年 12 月 5 日，6 名英國人到廣州近郊黃竹歧村騷擾，打死村民 1 人，重傷 1 人，村民在激憤之下將 6 名英國人全部毆斃。案發後，戴維斯帶兵船從香港趕到廣州，要求將參與此事的村民全部斬首，否則將黃竹歧村及毗鄰的兩個村莊洗平。耆英先後抽捕了 17 名村民，在英人壓力下，將 4 名村民判為斬立決，斬監候、絞監候各 1 名，充軍流放 3 名，杖一百徒三年 6 名。—— 譯註的原因，"他大概一直與古代斯巴達的希洛人生活在一起，所以對英國僑民高尚的獨立性所知甚少"。[52]

戴維斯爵士捲入到一場後果更嚴重的是非之中，這一次不是全權公使的職責出了問題，而是香港總督之職遇到了麻煩。正按察司休姆在金頓案件中尖銳抨擊戴維斯，兩人關係惡化，戴維斯極力想擺脫休姆。戴維斯爵士致函格雷勳爵，要求召回休姆，理由是休姆經常當眾喝得爛醉。休姆確實是個和藹快活、喜好交際的人，E. H. 克里醫生繪聲繪色地描述了休姆在科克倫海軍少將舉辦的舞會上的舉止："董（'一個快活的傢伙……是一位皇族公主的丈夫'）和這位正按察司跳起角舞，結果破壞了一場四對舞，兩個人都太隨便了。他們的表演令人捧腹，董很胖……像隻大象似的蹦蹦跳跳，那位法官也沒有表現出絲毫的莊重，他穿着馬褲和黑色絲襪，到處亂甩他那兩條長長的瘦腿。他的臉很長，鼻子突起，腦袋亂蓬蓬的，不時咧嘴大笑，沒有半點法官的樣子。"[53] 不過，一位總督致函殖民地大臣控告屬下官員習慣性醉酒，這無論如何都是十分嚴重的事，而且要比戴維斯想的嚴重得多。指控信是戴維斯在對整個世界、尤其是對休姆的盛怒之下匆忙發出的。立法局不顧德忌笠將軍的反對，對此事進行了調查，德忌笠清楚意識到這個事件可能導致的後果。有證據表明，雖然正按察司確實比一般人更愛喝酒，卻並非不稱職的酒鬼，即使在司法界高層，嗜好杯中之物乃是普遍的現象。戴維斯把自己逼入了死胡同，調查結果公佈後，他仍將休姆停職並遣送回國。香港社會一致支持休姆，強烈反對總督，倫敦最終裁定整個事件顛倒了黑白，正按察司官復原職，香港人感到莫大的滿足。白廳也意識到香港正越來越頻繁地發生爭執，於是組織了一個下議院特別委員會對這個殖民地的事務展開調查並就其前途提出建議。

對於戴維斯來說，一切都太遲了。他遞交了辭呈，1848 年 3 月，他離開這個殖民地，開始了長達 47 年的賦閒生活。由於他在任期間的所作所為，人們對他離開中國海岸毫無惋惜之情。歐德理寫道："僑民們帶着不動聲色的冷漠，遠遠觀看着施放的禮炮，少數知心朋友沒精打采地歡呼……沒有公開演說，沒有宴會，沒有民眾歡送會。這個殖民地主要報紙表達了

52　諾頓－凱澤，前引書，第 96 頁。

53　克里，前引書，第 175 頁。

公眾的情緒，宣稱戴維斯爵士的'個人舉止和性格不適於執掌一個殖民地政府'。"[54] 比較寬厚的理雅各寫道："我不知道這是怎麼回事，在我們的各位總督當中，他是在民眾最強烈的不滿中離職的。"[55]

54　歐德理，前引書，第 249 頁。

55　理雅各，前引書，第 163 頁。

第七章

英法聯軍

名聲不好的房子、枱球廳和小船

　　蒙哥馬利·馬丁的抨擊、休姆與戴維斯的爭吵以及當地居民的抱怨，促使英國政府對香港事務和對華貿易進行調查。1847 年 3 月，下議院任命了一個特別委員會，委員會的頭號人物是前輝格黨政府財政大臣法蘭西斯·巴林。一些老中國通為委員會提供貿易方面的知識，其中包括接替渣甸成為阿什伯頓的議員的勿地臣、銀行家約翰·阿貝爾·史密斯以及喬治·斯當東爵士。委員會其他成員還有愛德華·卡德威爾、威廉·尤爾特、本傑明·哈威斯，這些人都是明智的改革家。委員會的最後一位成員是閱歷豐富的激進改革家約翰·寶寧博士，寶寧雖然學識淵博，卻異常不老練，因此常常被視為一個滑稽的人。

　　特別委員會為那些喧鬧不已的香港商人提供了發表意見的場所。亞歷山大·勿地臣的證詞最為有力，他認為香港的條件得天獨厚：

> 　　香港擁有中國最好的港口之一⋯⋯第一批歐洲人在香港定居後，中國人非常樂於經常光顧此地，它很有希望成為一個重要的貿易集散地⋯⋯沒有任何限制，人們來去自由⋯⋯如果繼續保持這種毫無束縛的貿易自由，香港肯定會成為一個大貿易中心。它最終將成為中國的商業中心。

　　但是，自從戴維斯到任後，香港開始走下坡路。亞歷山大·勿地臣謹慎小心地避免把矛頭對準總督本人。

> 　　然而，1843 年正式宣告了和平，香港正式割讓給我們。組建起一個正規的政府，政府花費巨大，最大限度增加財政收入幾乎

成為政府唯一熱衷的事情，目的是應付當地的開支……從此，香港陷入了困境。

按照《南京條約》補充條款的規定，帆船貿易被“根除”了。員警（“由最寡廉鮮恥的華人組成”）和鴉片承包人“徹底毀滅了香港的貿易”，貿易轉到淇澳島，那裏——

　　自 1844 年起興起了一個相當大的土著城鎮，大約有 3,000 到 4,000 人，全部都是棄香港而去的小商人和船工。他們修建了房舍，幾乎完全不用付地租。海濱有一座歐式旅店和枱球廳（裏面用的是從前東印度公司的枱球桌）……在中國人的統治下，這個地方迅速發展，而在英國人統治的香港，貿易銷聲匿跡了，每天都有一些人棄之而去。

亞歷山大·勿地臣最憤慨的是政府在土地拍賣和租金上過於苛刻。他強調必須放棄短租期和高地租，代之以適中的價格和永久租期。倘若能夠做到這一點，再加上：

　　廢除所有現行的包稅區，廢止現行的各種惡劣的稅收，諸如對名聲不好的房子、枱球廳和小船等徵收的稅金。還要停止對華人進行登記，因為這極大地傷害了他們的感情……我相信，香港在數年之內就會有新的轉機，成為我們最繁榮、最有價值的領地之一。[1]

一位獨立的證人、砵典乍的副官麻恭上校支持亞歷山大·勿地臣的觀點。約翰·寶寧博士率先詢問麻恭上校，其間涉及一些最重要的問題：

1　《英國下議院特別委員會關於英國對華貿易現狀的調查報告》（Select Committee of the House of Commons to Enquire into the Present State of the Commercial Relations between Great Britain and China），1847 年 3 月，第 1940 節以下。

實寧：委員會認為，你的看法是，土地拍賣收入以及一項旨在保護人身和財產安全的治安稅乃是該殖民地唯一合理而正當的收入來源？

麻恭：我想是的。我認為應該從土地租金中獲得更多收入，因此，若要在該島徹底廢除所有小稅種，就應該拿出更多土地拍賣，如果取消所有那些稅收，這個殖民地將更加繁榮。

實寧：消除微不足道的不快，能夠極大地鼓勵人們在該島定居？

麻恭：是的。中國人是個奇特的民族，他們不喜歡被人打擾。他們不了解我們；他們無法了解我們的行為方式；當他們被告知要先做某事再做另一件事，他們就會感到害怕，也就不會接近我們了。

委員會最後提交了簡短而審慎的報告，報告只對香港問題給予了有限的關注。這份報告有 10 頁篇幅，7 頁是討論降低茶葉稅的理由。報告引證英國咖啡消費的迅速增加（1821 年消費量達 700 多萬磅，1846 年時已超過 3,600 萬磅，每磅稅率 4 便士），說明降低茶葉稅不一定導致政府總收入下降。這表明白廳與以往一樣，關注的是來自茶葉而不是鴉片的財政收入，後者被不以為然地不予考慮。報告緊接着表示："鴉片貿易在福州府很興盛，帶來了常見的敗壞居民道德的作用，對該地金融造成了令人不安的影響。後者可以通過將這項貿易合法化來消除，前者恐怕不容置疑地與這種貿易密切相關。"

香港問題是委員會報告所討論的最後一個問題，所佔篇幅只有一頁多一點。報告稱委員會考慮了"居住在香港的非常體面的商人們的抱怨……在告知買主用有限的 75 年租期來代替他們希望擁有的更為長期的權益時，沒有體現出誠意"。

委員會同意："我們認為下述做法是正確的，即維持一個與其說是一般意義上的殖民地，毋寧說是施加普遍影響和保護中國海域一般貿易的軍事基地，其義務大部分應由商人或居住此地的其他人承擔。"

報告聲稱，"整個體制"需要加以修正，"殖民地當局……的組建花費了不必要的開支"。報告還指出了總督的為難之處:"作為殖民地總督,他向殖民地部負責;作為王室派駐外國宮廷的代表和商務監督,他對外交部負責。最好是將這種關係加以簡化。"此外,還應當努力與華人加強交流,"香港應該為掌握漢語提供便利條件,鼓勵開辦面向華人的學校,鼓勵領事館官員學習漢語"。

委員會認為,種種跡象表明,只要有良好的意願,雙方關係將得到和平的發展:

> 除了在廣州之外,中國當局已經忠實地履行了亨利·砵典乍爵士所達成的條約的各項規定。即使在廣州,面臨的困難似乎更多地是來自老百姓的騷動天性和敵視態度⋯⋯而不是來自統治集團的惡意或缺乏誠意。任何臆測都不符合其他通商口岸執行的修好政策,尤其是不符合那位傑出的政治家耆英的性格,他執掌廣東的政府,在各種場合表明他不僅支持和平交往,還開明地擁護他的國家的利益。

這份報告在香港很受歡迎,商人們申訴的一個主要問題也在第二年得到解決,999 年的租期取代了以往的 75 年租期。不久,土地拍賣就將為香港政府帶來了財政收入。這筆收入尚待時日,英國政府卻堅持認為必須停止為香港提供補貼。此時正值英國財政緊張時期,愛爾蘭飢荒和鐵路投機破產造成了額外開支,損害了商業信譽,破產成倍增加。作為一項應急措施,政府被迫暫停實施《銀行法》。隨着英國與法國的緊張關係升級,國防開支也增加了。因此,政府儘管極不情願,但仍在徵收皮爾政府規定的臨時性所得稅。

在這種情況下,任何一個殖民地都很難指望宗主國政府同意增加開支,即使有可能增加,香港也不會在入選之列。在致首相約翰·羅素勳爵的信函中,新任殖民地大臣、嚴厲的格雷勳爵闡明了這一點:"我們考慮的首要問題⋯⋯是香港帶來的非常龐大的補貼費用。"整個香港的冒險事業本身很有可能就是個錯誤,"如果能夠預見到這非常龐大的開支,以及事實表明這個殖民地對我們的商業作用有限,那麼人們是否還認為應當佔領該地,就頗值得懷疑"。但是,一切責任應由前任托利黨政府承擔,"在您的政府組成之前很久,此事就木已成舟了。我們能做的不過是努力削減該地行政部門的開支"。[2] 因此,戴維斯之後的香港總督將推行大幅度削減開支的政策。這種政策必將導致一個結果,即務必在中國避免捲入可能導致額外開支的糾紛。這個目標不難實現,因為此時的中國,清王朝正開始走向徹底的分崩離析。

道光皇帝死於 1850 年,中國這艘"橫衝直撞的一流軍艦"(馬戛爾尼語)已沒有"夠格"的人掌舵。正像馬戛爾尼預言的,中國的局勢迅速惡化。新皇帝咸豐只有 20 歲,為人輕浮,剛愎自用,又深受寵妃慈禧[3] 的影響。慈禧即日後著名的慈禧太后,她在 1856 到 1900 年間始終把持着中國朝政。[4] 咸豐繼位的時候,中國的局勢已是江河日下,瀕於分裂的邊緣,飢荒、洪水、戰爭不斷,即使是更能幹、更有經驗的人,面對如此局面也會束手無策。1845 年,黃河改道,淹沒了北方的山東半島,造成大量人員傷亡和大面積飢饉。3 年後,明朝修建的宏偉工程、連接揚子江和華北的大運河斷航。咸豐即位後數月之內,太平天國起義開始了其毀滅性的進程,據稱在未來 14 年裏,這場反叛造成的死亡人數超過了第二次世界大戰,保守的估計有 2,000 萬人。

馬克思主義歷史學家往往認為,西方列強是造成這種局面的主要原因,太平天國起義者則是"光輝的"革命者,"推動了歷史前進,激勵着中國人民的革命鬥志……(他們的)光輝業績和歷史功勳,永遠值得紀念"。[5] 真實情況是,中國人民在傳統儒家鄉紳的領導下,自願組成了新式軍隊。西方列強斷定,支持清朝中央政府是確保穩定的最好方式。中國最終出現了兩個重要的新形勢:其一,由於建立了職業化海關體制,帝國的財政資源有了更合理的安排;其二,一個樂於採納西方方式的保守派改革者核心獲得了支持。在弊端方面,低級鄉紳的擴張及其接管地方行政,加之出現了在一

2　格雷勳爵:《約翰‧羅素勳爵政府的殖民地政策》(Lord Grey, *The Colonial Policy of Lord John Russell's Administration*),第 263-265 頁。

3　原文如此。慈禧原為咸豐帝宮人,後封淑妃。1856 年生同治帝載淳,封懿貴妃。載淳即位後,她被尊為慈禧太后。—— 譯註

4　魏斐德對這一時期做了精彩的概述,見《中華帝國的衰落》。

5　白壽彝,前引書,第 43 頁。

定程度上獨立於北京的地方軍隊，最終導致暴虐的地主階級和不負責任的軍閥，葬送了中國實行共和制的前景。

與中國相比，英國的政局和社會要平穩得多，雖然 1846 年皮爾政府垮台後的年代裏，英國政局始終錯綜複雜。皮爾之後，歷屆政府在議會的多數地位總是處於岌岌可危的狀況，有時甚至還不佔多數。政黨忠誠受到個人好惡的左右，在最終演化為自由黨和保守黨之前，各黨派成員在輝格黨、保守—自由派、自由—保守派、保守—進步派以及皮爾派之間搖擺不定。除了這些派別之外，始終有一羣不斷尋找適當機會申明自身主張的愛爾蘭議員，他們通常與輝格黨結盟，因為輝格黨至少不會對愛爾蘭人的要求置之不理。約翰·羅素勳爵的政府就是一個議會少數派政府，這屆政府挺過了 1847 年大選和 1851 年的一次議會失敗，一直維持到 1852 年 2 月，其實原因很簡單：議會裏沒有足以取而代之的反對派。

像砵典乍和戴維斯一樣，1848 年 3 月就任香港總督的喬治·般含爵士也是東印度公司的官員，但他具有相當豐富的殖民地管理經驗。般含 34 歲時就被任命為威爾士王子島（檳榔嶼）、新加坡和馬六甲（即日後著名的海峽殖民地）的總督。海峽殖民地比香港大得多（人口為 14 萬，香港僅有 3 萬），但香港總督的地位更高。般含在海峽殖民地時向印度三個管理分支之一的孟加拉總督負責，因此與倫敦隔了兩個等級。在香港，他直接就英國與中華帝國的關係向內閣負責；在擔任總督的同時，他還是駐華全權公使和商務監督。般含爵士並不是擔任駐華全權公使和商務監督之職的合適人選，因為他對中國人極端不信任。他在領事館甚至不肯提升會説漢語的人，照他的邏輯，這些人會説漢語，顯然是太同情中國人了。不過，般含爵士乃擔任總督的上佳人選。巴麥尊評論説，之所以任命般含，主要是考慮到他具備豐富的實際經驗。在般含擔任總督的 6 年時間裏，香港前所未有地平靜下來。般含爵士的看法與英國商人的觀點十分接近，與前任不同的是，他與這些商人保持着良好的關係。般含爵士帶着善於交際的妻子前來香港，這個事實有助於他與商人們融洽相處，也標誌着香港進入了一個較為安定的時代。為了安撫商人，他以香港總督的身份廢除了戴維斯徵收的絕大部分令人厭惡的小額稅種，還保證就殖民地內政事務與商人廣泛協商。1850 年 6 月，這種協商開始制度化，立法局有了兩名平民議員。按照格雷的政策，應確保殖民地的每一項立法"更多地受到理智和有教養的居民的輿論影響"，行政局和立法局應該更多地參與殖民地的財政事務。首批成為"非官守"議員的平民是大衛·渣甸和約翰·埃傑爾。從此時起直到第一次世界大戰結束，人們始終認為立法局應有怡和洋行的一名代表。

香港為改善貿易狀況所做的努力則不夠。理雅各認為香港的貿易"在整個（般含）時期一直不景氣"。在 1852 年提交給般含的報告中，W. H. 米契爾遺憾地指出："與這個大國開展貿易 10 年之後，似乎出現了一個奇怪的結局……中國所消費我們的產品還不及荷蘭的一半。"

香港的商業僑民認為，振興貿易的唯一途徑是使中國內陸向外國商人開放，只有這樣才能繞過中國當局在通商口岸之外的地方有意設置的重重障礙。"倫敦東印度和中國協會"（協會名稱中"東印度"字樣很快就去掉了，新的"英商中華協會"成為代表英國在華商業利益的強大的議會遊說集團）發現巴麥尊勳爵樂於傾聽他們的呼聲。1850 年，巴麥尊已經着手考慮尋求某種藉口從中國攫取更多的權益。

般含上任之初，並沒有預料到會與中國人發生嚴重的衝突。理雅各曾經問過這位新總督，是否堅持必須按照 1849 年 4 月 1 日協議的規定開放廣州城。"我能做甚麼，"般含回答說，"給我的指示是維持和平，萬萬不可引發另一場與中國的戰爭"。然而，英國國內輿論正在轉向。1848 年歐洲革命的騷亂只在英國激起了小小的漣漪，最典型的是憲章運動者向議會提交了一份"簽名者眾多"的請願書。但是，當巴麥尊被迫於 1851 年 12 月離開政府（他幼稚地熱衷於祝賀路易·拿破崙在當月發動的政變，羅素無法再容忍與這位外交大臣的"小吵小鬧"）時，政府的垮台也就不可避免了。巴麥尊在野僅僅 3 個月時間，就把從前的同事拉下馬來，他得意洋洋地稱之為"對約翰·羅素的以牙還牙"。之後的德比勳爵政府只維持了 9 個月，就被皮爾派保守黨人和輝格—自由黨人的聯合政府取代，鴨巴甸勳爵出任首相，羅素為外交大臣。人們仍不放心巴麥尊執掌外交部，他出任的是內政大臣之職。1853 年，羅素辭職，已被封為克拉蘭敦勳爵的喬治·維利爾斯接任外交大臣。維利爾斯上台後，巴麥尊的觀點在外交部大行其道。聯合政府在克里米亞戰爭中處置失當，結果在議會被反對派擊敗。1855 年 2 月，巴麥尊在漫長政治生涯中第一次有機會組閣，克拉蘭敦勳爵繼續擔任外交

大臣。殖民地大臣從來不是最受歡迎的職位，一年之內創記錄地先後有 5
人擔任這一職務：喬治‧格雷勳爵、西德尼‧赫伯特、約翰‧羅素勳爵、
威廉‧莫利斯沃斯、亨利‧拉布謝爾。

庸醫寶寧

　　像大多數繼任者一樣，戴維斯和般含的性格沒有對香港的發展產生多
大影響。總督們愛憎不一，處世方式也不盡相同，他們處在白廳和殖民地
居民兩重重壓之下，僅有有限的行動自由，加之任期較短，限制了他們發
揮個人影響。此外，還必須承認，香港總督中才幹超羣者寥寥無幾。只有
彌敦爵士（1904-1907 年任總督）和盧吉爵士（1907-1910 年任總督）對日後
的英國政治生活做出了貢獻（彌敦還不是自始至終都有成就）。一些才幹突
出之人，如金文泰爵士（1925-1930 年任總督），在這個殖民地的表現令人
頗為失望。想在中國出人頭地的少數人當中，領事館、外交部門以及海關
稅務司署吸引了較有才華的人。但是，1849 年約翰‧寶寧爵士被任命為駐
廣州領事時就已經具有了歐洲聲望（雖然這種聲譽並不完全值得欽佩），他
對香港的未來將產生重大影響。

　　輝格黨在這一時期的英國政壇佔了上風，自然有機會酬答黨的支持者，
寶寧就是一位受益者。1847 年，寶寧曾在下議院特別委員會質詢證人，而
在那之前 20 年，他就已經是個名聲在外的人物。寶寧天賦過人、精力旺盛，
是個觀點多變的激進知識份子，功利主義改革家傑米里‧邊沁的著作執行
人和親密朋友，邊沁就是在寶寧的懷抱裏去世的。19 世紀 20 年代，寶寧擔
任倫敦希臘委員會的幹事，組織援助希臘獨立戰爭，也曾捲入頗為可疑的
希臘公債交易，還事出偶然地負責運送拜倫勳爵的遺骸（用一隻裝朗姆酒的
大桶裝載）回英國。[6] 自 1826 年的坎寧開始，許多大臣都認為值得把這樣的
一個人才招致麾下。寶寧幾乎具備所有的天賦，惟獨缺乏常識，他熟悉幾
乎每一種歐洲語言，在西班牙、土耳其、埃及，尤其是法國，有廣泛的聯繫。

6　關於寶寧在希臘委員會的可疑交易，見克雷爾：《希臘自由力量》（W. St. Clair, *That Greece
Might Still be Free*），第 22 章。關於寶寧的經歷，見他的《自傳》（*Autobiographical
Recollections*）。

1827 年，法國人把他當作間諜給抓了起來，但他幸運地逃脫了。5 年之後，他又與法國人談判一項貿易協議。寶寧不但是激進的下議院議員（代表博爾頓和基爾馬諾克），還是《西敏寺評論》的主編，進而得以躋身倫敦文學界。他還寫詩，所寫的讚美詩至少有一首至今仍在傳唱："在基督的十字架下，我感受到歡樂，超越了時間的界限。"他還翻譯過匈牙利語詩集。

一些英國高層政要對寶寧評價不高。梅爾本十分反感寶寧："寶寧是個該死的傢伙，我之所以這麼說，是因為他曾經抓住一位首相的領子！"（寶寧確實曾抓住法國總理梯也爾的領子，那至少部分是出於開玩笑。）巴麥尊樂於用其所長，同時又嘲笑這位"庸醫寶寧"（寶寧是荷蘭格羅寧根大學的名譽文學博士）。不過，寶寧從比利時、葡萄牙、西班牙、暹羅、奧地利、瑞典、俄國和荷蘭等國王室獲得了各種榮譽，在英國國內也不乏有勢力的靠山。這些支持者當中最有勢力的是克拉蘭敦勳爵喬治·維利爾斯，他是輝格黨—自由黨政府的殖民地大臣和外交大臣，多年來始終在英國政治生活中發揮了舉足輕重的作用。寶寧曾經與維利爾斯共同草擬了第一份關於法國與英國貿易關係的報告，並在 1834 年提交議會。這是寶寧最有分量的一次商業調查，維利爾斯從此對這位多才多藝的激進分子始終懷有一份誠摯的仰慕之情。

在寫給克拉蘭敦勳爵的一封信中，印度總督奧克蘭勳爵的姐姐艾米莉·艾登栩栩如生地描繪了寶寧的形象：

> 我想你會同意我的看法，初次接觸寶寧的第一印象，le premier abord[7]，讓人很難忘懷。他先是猛地全身在沙發上攤開，然後說："好吧！說說你是怎麼按照大致的方法行事的？"實際上我被他的鹵莽給嚇住了，我把自己的書送給他一本。"噯！很好，非常好。你看，這就是旅行的成果。我喜歡有'成果'。我凡事都要見成果！"……我在寶寧面前表現得最糟糕的地方，莫過於反駁了他的每一個看法，而且都是在我一無所知的問題上。我居然在西班牙諺語、荷蘭漁業和比利時關稅問題上和他爭得面紅耳

7　譯者按：法語第一印象之意。

赤，其實我對那種語言、魚類或貿易一無所知。我想大概因為我和他認識的時間不長，所以他沒發覺我的無知，因為他一直在跟我爭論，好像我是個通情達理的人。謝天謝地，在兩天的爭論中我一直沒有認輸。在安特衛普，他非常客氣地送我們上汽船，就在他要離開甲板的時候，我直截了當地反駁他所説的一個地理學觀點。你知道我的地理學再糟糕不過了，他必定是對的，這就使我覺得更有必要和他唱反調。不過，我不得不承認，除了他的態度令人反感之外……他是十分討人喜歡的一個人。他聰明而敏鋭；其次，他是個如此自負之人，必定會在一天之內遭受十次羞辱，但他從來沒讓羞辱影響到自己的情緒，總是富於幽默，熱心助人。[8]

寶寧擔任下議院議員時就已經對香港產生了興趣。1846 年，他提醒下議院注意"因輕微過失而頻繁實施的鞭笞……4 月 25 日星期六那天，至少有 54 人受此刑罰，只是因為沒有帶路牌"。關於鞭笞的爭論持續了許多年，香港中產階級與英國政府在這個問題上有分歧，前者贊同鞭笞，後者則謹慎地表示反對，而絕大多數總督，除約翰·波普·軒尼詩爵士（1877-1882 年任總督）之外，全都支持鞭笞。

像經濟專家通常表現出來的那樣，寶寧的個人交易處理得很糟糕。希臘事件剛剛平息，他在鐵製品上的投資又出了岔子，因此不得不在 1847 年尋求一份帶薪的工作。此時，他的朋友在台上執政，為他在駐廣州領事館安排了一個職位。駐華領事並不是甚麼美差。在狄更斯的《小杜麗》一書中，這個職位是為巴納克家族安排的最無利可圖的職位，而且通常是為次要人物的次子或堂兄弟安排的職位。[9] 寶寧雖然手頭拮据，若不是想謀求更好的前途，本來不願意接受這個職位。赴任之前，這位新領事與外交大臣進行了一次私人會晤——這可是個罕見的特權——並得到了一些溫和的鼓勵。

巴麥尊顯然希望寶寧能夠在新的領域做出一番成就，他在 1850 年 9 月

8　克拉蘭敦伯爵喬治·維利爾斯：《生平與書信》（George Villiers, Earl of Clarendon, *Life and Letters*），第 80 頁。

9　關於早期選拔政策及其他問題的生動描述，見柯提斯：《駐華領事》（P.C. Coates, *China Consuls*）。

29 日寫道：

> 　　我清楚地認識到，我們不得不在中國實行另一次打擊的時刻
> 很快就要來臨……這些半開化的政府，如中國、葡萄牙、西班牙
> 和美國，需要每隔八到十年就訓斥一頓，讓他們服服帖帖。他們
> 心智低下，難以接受長於這段時間的概念，而警告又沒有多大用
> 處。他們很少注意言辭，他們不但要看見棍棒，還要實際感覺到
> 棍棒打在他們的肩上，才會服從使之服膺的唯一理由："訴諸武
> 力"。[10]

　　寶寧這位前和平協會主席似乎並不是揮舞棍棒的理想人選，但他欣然
接受了這個任務。他上任伊始便做出了一個典型的寶寧式舉動：擅自向法
國總統路易‧拿破崙發出一封言辭傲慢的親筆信。寶寧本以通曉多種外語
著稱，奇怪的是這封信寫得並不完美：

> 親愛的總統：
> 　　我曾指望在動身去中國之前能夠榮幸地與您見上一面，但這
> 次行程非常倉促，政府要求我依照 1847 年的協議趕到廣州城。
> 中國人已徹底解決了這個問題。這是一個開戰理由……我認為，
> 擺在我們面前，也就是擺在您及所有人面前的只有一種前景……
> 無論是您，還是我們，都不能接受屈辱的立場，否則我們就要聽
> 任他人擺佈了。拉萼尼先生得到的那份條約（《法中黃埔條約》）
> 不過是一紙空文。[11]

　　這封此前從未公開發表過的信函不僅反映了寶寧一意孤行的品性，還
表明寶寧剛到中國不久就認為雙方會不可避免地發生戰爭。除了寶寧自吹
自擂的本事外，我們對其他事情並非全都一清二楚。很有可能，在之後的 7
年時間裏，他一直伺機尋找莫須有的理由來發動一場決定性的第二次對華

10　引自費正清：《貿易與外交》，第 380 頁。

11　法國外交部領事檔案。

戰爭。

　　廣州是引發這樣一場戰爭的潛在熱點。1849 年 4 月，寶寧抵達廣州，此時正值耆英與戴維斯商定允許外國人進入廣州城居住的日期。但是，溫和的般含取代了戴維斯，可靠的滿族老人耆英在廣東的職位也由漢人徐廣縉接替，徐廣縉自 1848 年 2 月起出任通商事務欽差。當約定日期來臨，英國人開始力陳他們的理由，徐廣縉輕而易舉地挫敗了般含爵士。英國國內給般含的指令是避免引發衝突，因而般含無法採取行動。徐廣縉像前任那樣採取拖延戰術，聲稱老百姓的敵意對於離開住所的外國人來説仍然太過危險。數月之後，他成功地使般含放棄了入城要求，徐廣縉聲稱般含永遠地放棄了這項要求，依據是由郭士立譯成中文的般含對於這次失敗會談的説明。[12]

　　問題的關鍵是這樣一句話：“所議各款，如前未定，必須存候也。”般含致徐廣縉書中，這一句的原文為：“……the question at issue rests where it was, and must remain in abeyance”。若是直譯，此句應譯為“所爭論的問題仍然停留在過去的程度，只得暫時擱置”。般含的意思是説，這次關於入城問題的爭論跟過去一樣沒有結果，在目前情況下，英方將暫時不提此事。[13]巴麥尊在看到般含急件的這一段文字時抓住了問題的關鍵。1850 年 10 月8 日，巴麥尊寫道：“由於譯成一種外國語言，它很容易包含中國人所賦予的涵義，也就是説，女王陛下政府徹底放棄了圍繞進入廣州城之權利的所有磋商。”此時，歷來不那麼靠得住的郭士立正在法國遊歷，為自己籌措資金，般含不得不依靠其他譯員來替自己辯白。他們的努力沒有收到明顯效果，這一句話在英語中不是很精確，其中一位譯員甚至未能根據中文正確地將英文原文回譯過來。“abeyance”一詞的含義是暫停，而中國人認為“存候”的意思就是不再惹麻煩。一位見識廣博的歷史學家黃宇和也批評郭士立的譯文，黃宇和認為郭士立譯文表示的意思是這個問題“無須再討論”，所

12　此處所引相關檔案引自《關於廣州入城事件函件的下議院檔案》(Parliamentary Papers as Correspondence Relative to Entrance into Canton（CREC）)。

13　這裏並沒有放棄以後繼續要求入城的權利。郭士立中譯文的含義遠比英文含混。徐廣縉據此理解成般含永遠放棄了入城要求。徐廣縉向皇帝報捷的奏摺更進一步解釋説：“現經議定之後，再不辯論進城之事。”── 譯註

以徐廣縉完全無疑會認為英國人放棄了他們的要求。[14]

　　雙方的討論最終毫無結果，受挫的般含再次越過廣東官員，直接訴諸北京。此時，般含漸漸相信有必要進行一次武力展示，如果能夠找到合適藉口，巴麥尊十分樂於批准這個行動。這位外交大臣收到建議，進入廣州的權利是唯一的藉口，就在事態還沒有取得多大進展之際，巴麥尊已被迫下野。在這些激動人心的外交斡旋中，寶寧始終被晾在一旁，不得不從事瑣碎的領事工作。他在廣州找不到多少事情來運用其旺盛的腦力，便潛心學習漢語，而此前他已經掌握了 20 種左右的語言。

　　與此同時，般含爵士在香港繼續削減開支，格雷勳爵對此十分滿意。般含報告說，香港的開支已從 1846 年的 49,000 英鎊降至 1847 年的 36,900 英鎊，到 1851 年時更削減到 15,500 英鎊；同期軍事開支的削減幅度也超過 50%，從 1847 年的 115,100 英鎊降至 51,900 英鎊。[15]1850 年出版的一份小冊子可能促使般含爵士推行節約政策，這份小冊子認為，"目前的香港政府"遠遠超出了"由一個非常低級的官員，總巡理府職位的官員管理的市政當局"所應有的運行規模和開支。[16]

　　1851 年 3 月 8 日的《經濟學家》借機報導說："我們龐大的殖民帝國最近增加的地區之一 —— 如果說不是唯一最新增加的地區……是香港這個多山多石的島嶼及其優良的港口。"香港的景色是這個殖民地唯一贏得絕對讚許的地方，"景致非常優美，難怪亨利‧砵典乍爵士曾說香港是個新迦太基……10 年過去了……四五年來一直抱有希望……人們逐漸明白並且公開承認，這些美好前景不過是腦海中的幻覺……在那裏定居的商人寥寥無幾"。香港的成功商號只有兩家，就是從事慣常的鴉片貿易的怡和洋行和顛地洋行，《經濟學家》完全支持鴉片貿易，"對於鴉片貿易而言……該島是個保稅貨棧……主要有兩家商行從事這種貿易……對這兩家商行而言，香港無疑是個加利福尼亞金礦"。正因如此，形勢才有可能出現轉機，"香港頗有希望成為有用的殖民地。無論如何，它是我們對華貿易的庇護所"。

14　關於此事的充分討論，見黃宇和：《中英關係，1839-1860 年》(J.Y. Wong, *Anglo-Chinese Relations 1839-1860*)。

15　格雷，前引書，第 265 頁。

16　針對法蘭西斯‧斯各特議員所作的關於香港的聲明與建議。

1852 年 1 月，般含離開香港休假一年，寶寧受命以原職兼理商務監督和全權公使，這預示着香港將有更鼓舞人心的發展。這項任命來得頗不情願。格拉斯敦後來表示，之所以選擇寶寧，是希望擔任領事的經驗能使他勝任新職位。格蘭維爾勳爵於上個月接替巴麥尊出任外交大臣，他向寶寧發出嚴厲的警告，凡是了解寶寧的人都會認為這樣的警告是完全正確的："女王陛下政府殷切希望避免與中國發生任何不愉快的爭論……你不得就那些多多少少束縛你的政府行動自由的未決問題挑起爭端；未事先與國內商議之前不得訴諸武力手段。"寶寧的任命恰逢其時，之後不久，巴麥尊就"以牙還牙"地導致了輝格黨政府的垮台。1852 年 2 月，德比勳爵的保守黨政府取代了輝格黨政府。為了回覆政府的任命函，寶寧向倫敦發去一份長篇函件，向政府提出了作為代理全權公使的有益建議。他提出必須"嚴厲敦促"中國當局允許英國人進入廣州，應當着手談判在北京設立公使館，還宣佈打算訪問各個通商口岸。德比勳爵政府新任外交大臣馬姆斯伯里勳爵敷衍了事地回覆了一封只有短短 3 行的回函："……女王陛下政府唯一希望的是你嚴格遵循格蘭維爾勳爵給你的指示……你絕對不應提出英國臣民進入廣州城權利的問題……給你的指令是……着手處理你在香港的事務……因此，不會授權你訪問各個中國口岸，如果你暗示你有意如此，請你放棄這種打算。"

由於郵遞的延誤，寶寧在收到馬姆斯伯里這封措辭嚴厲的函件之前就已經發出了裝有他與徐廣縉往來函件的第二封信。結果，1852 年 7 月 21 日，他收到了另一封冷冰冰的函件："……考慮到你的任職完全是暫時的，將在本年年末喬治‧般含爵士返回中國時結束……我不得不對你重申命令……不要在再三敦促之下才接受……我進一步指令你不得就英國臣民進入廣州城一事引起任何爭端……你的任何不適當的干預都有可能引發極大的麻煩。"寶寧收到這封函件後意識到自己的地位朝不保夕，不能對托利黨政府抱有任何指望。9 月 8 日，他回覆了一封恭順的函件："我冒昧地向閣下保證，有關指令將得到毫無保留的絕對遵從。"

不過，寶寧鴻運當頭。保守黨政府僅僅維持了幾個月時間，就在當年 12 月被鴨巴甸勳爵聯合政府取而代之。寶寧的老朋友和靠山克拉蘭敦勳爵很快出任外交大臣（1853 年 2 月）。般含回到香港後，走運的寶寧到倫敦休假，第一次確證自己將接替將於 6 年任期屆滿後退休的般含，在返回中國前與外交部多次進行討論。1854 年 4 月 13 日，已受封為爵士的寶寧從一個蒙受嚴厲批評的通商口岸領事正式成為駐華全權公使、商務監督和香港總督。寶寧以特有的風格評論説，他"不單是奉派出使北京，還派駐日本、暹羅、中國和朝鮮，我相信我得到的信任比以往任何一個人都要多 (實際上不少於全人類的三分之一)"。

寶寧的前任離開香港時雖然只有 51 歲，卻沒有再尋求新的職位。般含幸運地始終得到異常明確的指示，這多虧了堅定的格雷勳爵以及下議院特別委員會報告劃定的授權範圍。般含很好地執行了這些指令，與戴維斯和寶寧不同，般含成功地避免了與中國當局和香港商人發生紛爭。

"亞羅"號事件

不管寶寧性格上有甚麼缺陷，都沒有妨礙他成為一名幹練的外交家。19 世紀 30 年代，他與喬治·維利爾斯與法國人談判貿易協議的經過就證明了這一點。擔任新職位後，他又一次大顯身手。1855 年，寶寧作為第一位西方國家的代表與暹羅王室達成了一項協議。陪同寶寧前往暹羅的是年輕的秘書巴夏禮。《南京條約》簽字時，巴夏禮就在現場。巴夏禮出使暹羅時只有 27 歲，但已是一個經驗豐富的中國通。1841 年，他作為郭士立的被保護人被派往中國，後跟隨馬儒翰學漢語。兩年之內，他的漢語水準就足以擔任駐廈門領事阿禮國的首席譯員，"阿禮國先生穿着非常華麗的衣服走過來。全套的制服……至少有 6 枚西班牙騎士和騎兵勳章"。巴夏禮在廣州時曾在寶寧手下當翻譯，1856 年 6 月至 1858 年 9 月間任代理領事。

寶寧在曼谷打交道的宮廷甚至比北京的朝廷還要專制，對現代世界也更有隔膜，"國王樂於看到全體廷臣在他威嚴地出現時匍匐在地，廷臣大多穿着橘黃色衣服。這位博士費盡口舌解釋，英國大臣和海軍軍官的佩劍和大多數禮服，與暹羅貴族塗在他們皮膚上的顏料一樣，都是薑黃色的"。[17] 不管美國還是印度總督的密使都未能獲准進入暹羅宮廷，就連沙撈越的"白

---

17   引自萊恩－普爾，前引書，第一卷，第 194 頁。

人王"詹姆斯·布魯克爵士也不得不在滿懷敵意的目光下離開這個國家。寶寧的成功當屬他個人的勝利,不論當時他看上去多麼滑稽可笑(為了顯得更加威嚴,他披上了格羅寧根大學的學院長袍)。

前往暹羅之前,寶寧着手處理對華事務,這是他渴望已久的事情。他終於獲准沿海岸訪問其他通商口岸,在訪問過程中協助引進了中國與外部世界關係中最有意義的新生事物:海關稅務司署。英國駐上海領事就是巴夏禮所說的那位衣着"非常華麗"的阿禮國,他是個見解獨到的有趣人物,日後當上了英國駐北京公使。1852-1853年間,太平軍發動了席捲北方的強大攻勢,佔領了南京,屠殺了城中4萬多名滿族居民,建立了太平天國首都,此後又堅持了11年。上海的時局較少暴力色彩,1853年9月7日,一次組織嚴密的起義奪取了這座漢人城市,以廣州為基地的三合會在起義中發揮了關鍵作用。太平軍並未觸動上海的外國租界,帝國官員卻早已逃之夭夭。在這種情況下,阿禮國留下來處理必須解決的關稅徵收問題。

外國商人對此抱懷疑態度。他們認為上海已經被中國政府拋棄,理應宣佈為自由港,不再徵收任何關稅。阿禮國不這麼看,他堅持認為不能僅僅因為中國政府無力管治——可能只是暫時性的——就剝奪其獲得《南京條約》規定的合法稅收。上海的起義之後不久,阿禮國立即向外國商人發出通知,"一個龐大帝國沿海的一個孤立海港被佔領,決不意味着廢止英、中國兩國君主達成的神聖條約。條約義務對雙方仍有約束力"。阿禮國打算在帝國官員逃離的情況下履行他認為屬於自己分內的職責:代表帝國政府徵收關稅。美國全權代表馬沙利有點不情願地接受了阿禮國的這個想法。按照般含的說法,馬沙利是個"高大、粗魯、頑固的人,在來此地之前從未離開過肯塔基"。馬沙利同樣希望公平對待中國人,只是對英國人的動機頗有疑慮。

外國商人對上海未能成為自由港牢騷滿腹,抱怨這個國家的動亂給貿易造成了重重阻礙。不過,大多數商人還是順從地簽出期票繳納關稅。半年時間裏,阿禮國成功徵收到100多萬元的期票,這筆金額大大高於帝國海關官員自己所能徵收的稅金(實際支付的沒有這麼多。事到臨頭只有一些美國人兌現了期票,英國商人無一兌現)。

喬治·般含爵士作為商務監督,頗受香港當地輿論的影響,傾向於支持上海商人，寶寧的到來改變了這種狀況。寶寧擔任廣州領事和代理香港總督期間，始終未獲准插手外交事務，急不可耐地想在外交上一試身手，因此把上海的局勢看成是在外交上大顯身手的機會。阿禮國制訂了一項正式計劃，在上海設立"外籍稅務司"。稅務司由三個條約列強（英、法、美）與上海道台（高級地方官）共同任命，這種體制"足以成為最有效的手段，抑制海關官署的受賄和懶散"。[18] 寶寧熱切地採納了這項建議，並且得到新任美國駐華公使麥蓮和指揮東印度與中國艦隊的海軍司令賜德齡爵士的支持。麥蓮設法會晤了兩江總督怡良，獲得怡良的首肯後又與上海道台吳健彰會談。吳健彰很快同意了阿禮國的方案，新機構於 1854 年 7 月 12 日成立，在羅伯特·赫德爵士的領導下發展成海關總稅務司署。費正清認為，海關總稅務司署是"中國政府的一個主要財政支柱"，稅務司成為"中國官場中可信賴的成員……他們起初行使了外交部門的某些職能……最重要的是總稅務司署確立了清廉的公共部門以及忠於中央政府的標準，這一標準對於 20 世紀的中國政府具有難以估量的價值"。[19] 不僅如此，海關總稅務司署還成為英國貿易團體和香港政府的眼中釘。

寶寧代理總督期間，因為馬姆斯伯里嚴厲的備忘錄而變得異常謹慎，採取了一項預防措施。1854 年 4 月 25 日，寶寧在致克拉蘭敦勳爵的函件中解釋了他希望採取的政策：

> 無可否認，我們有權要求補償我們所遭受的因違背和漢視條約義務所造成的委屈……其中最突出的是：
>
> 未獲准進入廣州城；
>
> 很難直接與中國當局進行交涉。

寶寧提出，為了獲得補償，應派人前往北京朝廷，如果有必要就拉上美國人和法國人一同前往，抗議廣東的欽差大臣把談判的大門完全關閉。但是，"依據中國的辦事規矩，我不打算提出任何我不準備堅持到底的事

18　阿禮國向寶寧提交的報告，1854 年 6 月 15 日，載外交部檔案（FO 97/100），引自費正清：《貿易與外交》，第五部分，第 456 頁，註釋 K。

19　費正清：《貿易與外交》，第 462 頁。

項"。克拉蘭敦在 1854 年 7 月 5 日回函中批准了寶寧的建議，同時警告説：
"你事先必須多加小心，反覆探詢，確保不至遭受任何需要進行報復的侮
辱，特別是當中國海域的英國海軍還無法提供幫助的時候。"克拉蘭敦的潛
台詞當然是，英國必將對受到的侮辱進行報復。

　　英國很快就有了向中國施壓的藉口，因為 1854 年是《南京條約》的修
約年（這個藉口有些似是而非，因為其根據是依照最惠國條款要求享有美國
與中國所訂條約的待遇，美中條約規定在 12 年後對條約進行修訂）。克拉
蘭敦態度謹慎，巴麥尊不反對採取行動，尤其是 1855 年後巴麥尊已經擺脫
了聯合政府的束縛。實際上，此時根本不是開展外交的有利時機。巴麥尊
先前想通過般含與北京重開談判，正好碰上咸豐皇帝登基，而英國人大大
地冒犯了這位皇帝。道光皇帝有理由對戴維斯突襲廣州和巴麥尊的恫嚇感
到憤怒，在統治末年對外國人採取了更強硬的態度。年輕的咸豐皇帝很快
就撤換了那些對於夷人的手段了然於胸、經驗豐富的滿族談判者，起用那
些態度強硬的漢人。幾乎相當於道光皇帝的宰相的穆彰阿被開革，耆英遭
流放，激進的新人被選派到廣東對抗外國人，先是徐廣縉，後是葉名琛。
寶寧對葉名琛尤為反感。費正清教授認為葉名琛是"一個難以對付的強硬派
仇外者"[20]，但降服夷人絕非葉名琛最重要的任務。太平天國運動在廣東和廣
西興起，葉名琛大肆進行鎮壓，其中一次行動就處決了上萬名起義者和嫌
疑犯。年輕的皇帝完全被起義嚇破了膽，全力支持葉名琛採取殘酷鎮壓手
段。葉名琛在鎮壓起義的間歇不大願意激怒英國人，北京朝廷始終沒有動
搖過對葉名琛的絕對信任。

　　雙方的交涉一開始稱得上彬彬有禮。寶寧給葉名琛的第一封信如泥牛
入海，他仍在之後的信函中保持了外交口吻，只是提出了含蓄的警告："對
我來説，最痛苦的莫過於怒氣衝天和不友好的爭論，這樣將造成可悲的結
果。最令人欣慰的則是友好地解決爭端，維持長久的和睦。"葉名琛 1854
年 4 月 25 日的回函很簡短，同樣是有禮貌的："與閣下會晤我頗感欣慰，
我們可藉此公開表明彼此友好的情感……"他接着表示自己忙於軍務，無暇
分身。言下之意，葉名琛會晤寶寧不過是出於周到的禮節，完全可以延期

20　費正清：《貿易與外交》，第 277 頁。

舉行。局勢惡化以後，葉名琛提議舉行一次會晤，用帶有侮慢意味的口吻把會晤地點定在"珠江河畔的金星貨棧"。寶寧無法接受這種做法，堅持要求在兩廣總督官邸舉行正式歡迎儀式。5 月 22 日，葉名琛回函指出，會談無需解決任何問題，因為般含已經同意放棄進入廣州的權利，般含曾經致函徐廣縉表示"更不得辯論此事"。寶寧此時急於起程訪問各個通商口岸，希望能夠與更接近北京的官員解決問題，便暫時放棄了要求。

　　寶寧與福建和南京官員的會談同樣不成功，他們非常有禮貌地要寶寧回去找葉名琛。葉名琛的態度有所改變，是年 12 月，葉名琛請求寶寧協助"消滅和追捕"已經十分"猖獗和難對付的水盜"。葉名琛的函件必定是出於真切的憂慮，這封信給寶寧提供了一個機會，他乘機乘汽船溯江而上前往廣州，在皇家海軍和美國海軍部隊的陪伴下展示動力艦船的威力。危機過去後，葉名琛又恢復了以往的強硬立場，寶寧別無選擇，只能離去。12 月 27 日，寶寧"再度正式知會閣下，我們之間的往來狀況很不令人滿意和難以容忍。許多深切的不滿仍然沒有得到任何補償。我將向英吉利女王陛下政府……進一步提出建議……俾使與一個大國的尊嚴相稱的措施得以實行"。

　　在這個階段，雙方的得分似乎是中國人 2 分，寶寧 1 分。這位全權公使所得的 1 分，是在上海解決了關稅問題。寶寧爵士根本沒有達成最初設定的兩項目標，即獲得進入廣州的權利以及與中國官員建立個人聯繫。因此，1856 年 10 月，中國官員捕獲了一艘小型沿海帆船，寶寧隨即抓住這個事件大做文章，也就不足為奇了。這艘船就是快速帆船"亞羅"號，船主是中國人，但懸掛英國國旗。這個藉口其實站不住腳，數天後"亞羅"號和船上的水手毫髮無損地獲釋了，況且當時該船實際上無權懸掛英國國旗。但是，巴夏禮和寶寧兩人迫不及待地抓住這個機會，兩人之間情緒激動的往來通信記錄下，事態一天天乃至是一小時一小時的升級。寶寧從香港致函巴夏禮，祝賀他執意要求葉名琛賠禮道歉："我非常滿意你在這件事上的態度……我決意獲得補償……我們難道不能藉此機會解決入城問題？如果有必要，我將召集整個艦隊。"這個理由是否在法律上站不住腳，或者不如所期望的那樣有說服力？那麼，"'亞羅'號被扣導致的耽擱和煩惱，使我更清楚地注意到他（葉名琛）未能遵守條款"（10 月 17 日函）。軍隊是否支持這兩個好戰分子？"我剛剛見過海軍司令。若我們無法獲得海軍軍官異常明確的支持，那就務需謹慎從事。我認為海軍司令不會開戰"（10 月 20 日函）。"你深信我們正懷着極大的熱情關注事態的發展。我毫不懷疑我們能攻下炮台，如果固執的葉名琛迫使我們採取這種舉措的話……因為我們如此強大和正義"（10 月 21 日函）。倘若海軍方面或倫敦仍然抱怨"戰爭理由"的分量太輕，就必須闡明"就當前事態而言，'亞羅'號事件只是個次要因素"（11 月 1 日的三份備忘錄之一）。[21]

顯然，倫敦收到的關於此次事件的報告是經過修飾的，不論英國政府怎樣看待這些報告 —— 英國政府對這些報告有許多保留意見 —— 克拉蘭敦都沒有理由抱怨，因為寶寧始終小心翼翼地讓這位外交大臣同意向葉名琛接連發出不斷升級的嚴厲警告。這場起因於三桅快速帆船"亞羅"號事件的戰爭與香港關係不大，坊間已有論著具體論及，英國外交大臣道格拉斯·赫德就饒有趣味地探討了這場戰爭。這場戰爭始於 1856 年 10 月 27 日英軍炮轟廣州 —— 皇家海軍的新型淺水炮艇可以上溯到廣州城外 —— 到 1858 年已經發展成一場全面戰爭。隨着雙方的戰爭狀態一步步升級，香港的形勢很快變得緊張，葉名琛嚴厲譴責英國人，懸賞斬獲夷人首級。

"亞羅"號事件和炮轟廣州的消息傳到倫敦，議會內外一片譁然。巴麥尊的手下在中國又一次為托利黨人製造了倒閣的機會。托利黨召開決策委員會會議，格拉斯敦當時仍是托利黨人，熱情激昂地譴責英國對中國的侵略，德比勳爵堅持認為他的同事全都沒有跟上黨的路線。唯有狄斯雷利遲遲不願表態，"對中國問題潑冷水"[22]，他認為雖然有可能在議會擊敗政府，但選民會有不同的看法。狄斯雷利所不知道的是，他的觀點得到女王的贊同，辯論結果公之於眾後，女王寫信給她的叔父、比利時國王列奧波德："反對黨極其愚蠢地輸了一着。結果，老派托利黨人全都宣佈肯定不會給予支持，他們完全正確地判定出德比勳爵的黨，就是那些想不惜一切代價上台執政的人，妄圖靠口是心非來當選"（1857 年 3 月 24 日）。[23]

然而，這次擊敗輝格黨人的機會實在千載難逢，絕不能輕易放過。輝

21　此處所引巴夏禮與寶寧的通信不是引自 CREC —— 這一點不難理解，它們清楚揭示了兩人的共謀 —— 而是引自巴夏禮檔案，劍橋大學圖書館（Parkes Papers, Cambridge University Library）。

22　馬姆斯伯里：《回憶錄》（Malmesbury, *Memoirs*），第二卷，1857 年 2 月 6 日。

23　維多利亞女王：《書信集》，第三卷，第 231 頁。

格黨人已經連續執政 11 年，期間托利黨人執政的時間只有區區幾個月。一批人結成了一個奇特的聯盟，這些人當中既有理查·科布頓和約翰·布萊特領導的激進反戰者，也有皮爾派和傳統的托利黨人，就連約翰·羅素勳爵也想乘機報一箭之仇。這些人在議會辯論時一致猛烈抨擊政府，下議院的辯論持續了 4 天時間，上議院也辯論了 2 天。可憐的寶寧蒙受了一些極不公正的人身攻擊，時常被譏諷地稱為"寶寧博士"，格拉斯敦則稱他是"變態領事"，寶寧從前的上司馬姆斯伯里勳爵也談及他的"同事和對手巴夏禮的愚蠢"。寶寧所屬的陣營也沒有給予多少有力的支持。格雷勳爵當時正迅速地轉向右翼，譴責這場"非正義戰爭……在中國的這場戰爭……給那裏人民的生命和財產造成了可怕的破壞"。上議院自由黨領袖格蘭維爾勳爵發表講話支持寶寧，在 3 月 10 日寫給朋友和政治盟友、駐伊斯坦布爾大使斯特拉福德·坎寧的私人信件中，格蘭維爾寫道："你大概會覺得在野黨對那位博士在廣州的舉動的判斷是正確的，你還會覺得他們非常愚蠢，等於設法幫巴麥尊渡過了一屆極為艱難的議會會期。"5 月 4 日，當時英國最傑出的外交家坎寧回函說："我認為你的演講確實非常出色。若換作是我，肯定不願意被迫作這種演講。這個問題本來不該如此'動人'。我想我們（英國人）在那艘快速帆船的問題上是錯的，要求進入廣州則是正當的。寶寧擅自行動、小題大做，表現出不可饒恕的自以為是。我真的認為我們別無他途，只能支持他，確切地說是支持這場戰爭，這樣一來問題會變得更加棘手。"[24] 在殖民地部的幕後，常務次官弗雷德里克·羅傑斯憂心忡忡："我認為這場對華戰爭是我們這個時代最大的邪惡之一……我近乎驚慌失措……惟恐被認為要我對這場戰爭負責，因為我批准通過了那項（關於船舶註冊的）殖民地條例，約翰·寶寧爵士用這個條例做了大蠢事。"[25]

　　托利黨人渴望上台執政，曼徹斯特改革家反對對外侵略，雙方的聯盟確實成功地在下議院擊敗了政府。像狄斯雷利一樣，巴麥尊敏銳地把握了同胞的情感，便請求解散議會，在 1857 年 3 月舉行大選。他頗為準確地指出，在野黨把中國問題當作"增強政黨實力的手段"，而不是原則立場問題。巴麥尊有力地訴諸民族主義情感，他告訴自己所在選區蒂佛頓的選民，

24　菲茨莫利斯，前引書，第二卷，第 245 頁。

25　布拉赫福德勳爵：《書信集》(Lord Blachford, *Letters*)，第 162 頁。

葉名琛是"一個傲慢的野蠻人,集固執、背信棄義和殘忍於一身",而且褻瀆了英國國旗。托利黨人又一次判斷失誤,巴麥尊一舉贏得大選勝利。在英國選民的眼中,葉名琛如同一個惡棍,托利黨根本無法為之辯白。輝格黨人捲土重來,在下議院議席的多數地位更為鞏固,這場勝利是巴麥尊個人的空前勝利(阿爾伯特親王把這次事件稱作"我國議會史上獨一無二的事例")。[26] 格拉斯敦深感羞辱,"充分意識到他的公眾地位面臨新的困境"。[27]科布頓、布萊特和大多數改革家甚至失去了下議院議席。

不過,寶寧已經聲名掃地,不可能繼續擔任駐華全權公使。1857 年 7月,寶寧被貶黜,僅擔任相對次要的香港總督之職,額爾金勳爵八世詹姆斯‧布魯斯受命出任英國駐華公使。令人遺憾的是,前後兩位額爾金伯爵之所以被人們記住,乃是因為他們都幹下了通常被視為故意破壞文物的可恥行徑。按照他自己的說法,額爾金伯爵七世將家族資產大半用來從土耳其人手中拯救巴特農神廟的大理石雕塑。他的舉動在當時就廣受抨擊,此後一直為人詬病。1860 年,他的兒子為了報復中國人,焚毀了北京圓明園,這一行徑就不是那麼容易洗脫罪名了。無論下令破壞文物的行徑有多嚴重(若放在英國,焚毀圓明園等於是摧毀了格林威治和布倫海姆宮),額爾金本人的品行無可挑剔,他比同時代人更敏感地意識到自身行為造成的苦難。或許,在中國的 3 年經歷確實使他變得冷酷無情。

額爾金七世伯爵把家族財富揮霍大半,他的兒子要想飛黃騰達就只能靠自己了。額爾金八世幹得十分出色,年僅 21 歲就當上牛津大學默頓學院研究員,1841 年當選為南安普敦的托利黨議員,1847 年被皮爾任命為加拿大王室總督,在加拿大的艱苦環境裏表現十分突出。

額爾金的任務是收拾寶寧留下的爛攤子,與中國達成一項滿意的協議。額爾金並不特別喜歡這個任務,它與 10 年前亨利‧砵典乍爵士的使命大同小異。與砵典乍不同的是,額爾金不管香港事務,他也不願與這個殖民地有任何牽連。他不信任寶寧,譴責權勢薰天的商人("香港總商會幾乎成了怡和洋行的一個部門"),他還詛咒那些移居國外的英國人,"我不知道,我們那些看上去假惺惺的同胞……究竟屬於哪一種野獸 —— 虛偽、殘暴、

26　維多利亞女王:《書信集》,第三卷,第 300 頁,1858 年 9 月 4 日。

27　莫利:《格拉斯敦傳》(J. Morley, *The Life of Gladstone*),第一卷,第 565 頁。

欺詐、恃強凌弱"。（額爾金遲早會對幾乎每一個人都心生憎惡，海軍司令西馬糜各厘是"一個十足的流口水的呆子"，美國傳教士李佳白則是"鬼鬼祟祟的無賴"。[28]）他盡可能少去香港，即使不得不前往香港，也寧願待在停泊在港口的旗艦上。

廣州被確定為英軍首先進攻的目標，這部分是由於英軍兵力不足，直到 1857 年 12 月，英軍才開始攻擊行動。此時，法國決定加入英國的行動，法國人參戰的理由是法國傳教士馬賴神父在廣西被人用可怕的方式處死。初步炮轟之後，英法軍隊攻破廣州城牆，大約有 600 中國人傷亡，聯軍死亡 10 人。廣東當局對此毫不在意，葉名琛繼續將起義者砍頭——一個早上有 700 名起義者被殺——直到一週後聯軍失去耐心，進入了這座敵方的城市。巴夏禮得到報仇的機會，率領 100 名英國水兵進入廣州。事實上，這支部隊能夠毫髮無損地闖入廣州市中心並抓獲葉名琛。頗有意思的是，廣州居民歷來對外國人抱有敵意，巴夏禮的小分隊卻很少遭遇民眾的抵抗，廣州經歷了或許是有史以來最為平靜的時期。巴夏禮爵士的傳記作者 S. 萊恩－普爾寫道：

> 這樣一個事實有力地證明了聯軍與廣州居民之間的感情：在持續 3 年零 10 個月的佔領期間，中國人試圖殺死我們同胞的事件僅僅發生過兩例……上面提到的那兩樁事件中的罪犯是佔領期間被我們判處死刑的僅有的兩名中國人……佔領至少表明，我們在佔領該城之前所遭遇的民眾的公然敵對是官方煽動的。[29]

只有區區 300 名聯軍士兵負責維持這座百萬人口城市的治安，包括額爾金勳爵在內的外國人可以不受騷擾地在廣州散步。

對於香港的歷史而言，這場戰爭的經過無足輕重，但和平的結局意義重大，直接導致這個島嶼殖民地第一次擴展到中國大陸。1858 年 2 月，巴麥尊政府讓位於德比勳爵領導的保守黨政府。新政府的對華政策與前任政府毫無二致，由此可見，他們此前在對華事務上大做文章，實質上是政黨

28　見希伯特：《巨龍甦醒》（Hibbert, *The Dragon Wakes*），第 14 章以下。

29　萊恩－普爾，前引書，第 284 頁。

的政治策略。英法軍隊開往北方，佔領了拱衛天津城和通往北京門戶的大沽炮台。1858 年 6 月，清朝政府先後與英國、法國、俄國、美國簽署了一系列條約。英法軍隊之所以進展如此順利，是因為投入了克里米亞戰爭期間開發出來的一種新型炮艇。"小丑"炮艇是一種配備兩門重炮的小艇，吃水僅有 4 英尺，能夠沿河上溯到白河，非常適合在中國的軍事行動。

　　額爾金勳爵認為，隨着這些條約簽署，自己已經完成了使命，便於 8 月離開了中國。在回國途中，他訪問了日本以簽署一項協議。中國事務轉由額爾金的兄弟弗雷德里克·卜魯斯負責。卜魯斯曾在戴維斯手下擔任香港輔政司，日後成為首位進駐北京的英國公使。1858 年 3 月，額爾金從上海啟程前去簽署《天津條約》之際，怡和洋行、顛地洋行以及上海其他英國商人送交了一份請願書，商人們表示"高等文明的感化作用……將充分影響中國人民"。額爾金勳爵少有地克制住對這類狹隘之見的蔑視，答覆説："西方基督教文明將發現，自己面對的並非野蠻愚昧，而是一個古老的文明，這個文明有許多方面是衰敗和有缺陷的，在其他方面足以贏得我們的讚許和尊重。" 30

　　額爾金很快重返中國。因弗雷德里克·卜魯斯與海軍司令何伯在《天津條約》換文程序上處置不當，以致英國軍隊在大沽口被擊潰。當時，額爾金勳爵已是 1859 年 6 月重新上台的巴麥尊內閣的閣員，不得不勉強再次起程前往中國。到 1860 年底，和平最終得以達成，《北京條約》確認了《天津條約》的條款，外國人終於獲准在帝國的京城設立公使館。咸豐皇帝一位能幹的兄弟恭親王負責掌管對外事務，守舊的朝廷大臣勉強給予支持。新機構總理衙門相當於英國的外交部，外交政策的方向仍受慈禧的左右。她在 1861 年丈夫死後成為太后，在當年 11 月發動政變，鎮壓了攝政大臣，成為中國的最高權威。

　　北京建立起與外國政府的直接聯繫之後，香港不再是英國對華外交的中心。外交部警告那些試圖直接與中國人接觸的香港總督，與中國交涉屬於外交部的職權範圍，由領事館官員負責，香港總督只需管好這個小小殖民地的內部事務。新的外交關係發展緩慢，由於下面這樣一個事實，總理

30　外交部檔案（FO 17/287），1858 年 3 月 31 日。

衙門的使命變得更為複雜棘手：盲目排外的中國人把與外國的所有聯繫都視為不可饒恕的罪孽，處理對外事務者被污蔑為"漢奸"。由於武裝抵抗的道路行不通，人們抱有這種態度是可以理解的，儘管這種態度於事無補。《北京條約》與以往南京和虎門達成的條約完全不同。1843 年時，外國人退回到各通商口岸的居留地和香港島；1860 年，他們獲准到中國各地旅行，宣講基督教教義，在北京設立公使館，沿揚子江而上，到漢口進行貿易：漢口與其他九個城市被確定為新的通商口岸。現在，夷人隨處可見，不光圓明園被毀，皇帝也被迫屈辱地向外國人道歉。中國人不得不痛苦地步步退讓，在這種情況下，當時幾乎沒有人注意到中國又喪失了另一小塊領土 —— 香港島北面的一塊數百英畝的荒地。

第八章

喧囂與騷動

不顧一切的對抗

在倫敦，人們普遍對戰爭結束表示歡迎。這場戰爭並沒有站得住腳的理由，戰爭結束又使得所得稅得以下調了 1 便士。在香港，約翰·寶寧爵士失去了駐華公使和商務監督的響亮頭銜，安下心來行使殖民地總督相對有限的職權。寶寧並非承擔這項使命的合適人選。上流社會的上司等着拿他的狂妄自大做消遣，也欣賞他的聰明才智。香港僑民守舊、傳統、狹隘，香港的官員和商人莫不如此，在他們的眼中這位總督是個不可理喻的人。倫敦在最初任命寶寧時就意識到這一點。當時是鴨巴甸勳爵領導的聯合政府，殖民地部由紐卡斯爾公爵掌管。紐卡斯爾並非寶寧的崇拜者，因而想方設法限制寶寧的權力。副總督、上了年紀的威廉·堅上校擔任殖民地最高行政長官，寶寧接到指令，不得插手具體的殖民地事務，只是在緊急情況下才有權進行干預。讓寶寧成為"賦閒總督"的想法很快就落空了，1855年 2 月，輝格黨人重新上台，巴麥尊第一次當上首相。寶寧輕而易舉地說服巴麥尊和外交大臣克拉蘭敦勳爵，使他們相信職權分離是"行政上的一大失誤"，結果他立即恢復了全部權力。

寶寧爵士命運多舛。1854 年，可怕的湯瑪斯·奇澤姆·安士迪出任香港律政司。安士迪被公認是英國最著名的令人生厭者，他進入下議院僅僅 5 年時間（1847-1852 年）就站穩了腳跟，成為接連兩屆政府的心頭之患。他能夠就人人都不感興趣的話題，在下議院滔滔不絕地講上 6 個鐘頭。《笨拙》雜誌 1848 年的字母表是這樣開頭的："A 是安士迪，他一開口講話，下議院就失去了知覺。"這份雜誌還模仿《古舟子吟》，嘲笑安士迪：

> 鬱悶不樂地演說，長凳上空無一人，
> 沒有猶豫，沒有停頓

他唾沫橫飛，人人都在祈禱

他快點言歸正傳。[1]

安士迪是個狂熱的羅馬天主教皈依者，他猛烈抨擊巴麥尊、種植菊苣者、海關官員以及看不順眼的任何人與事。安士迪之所以被派到香港任職，完全是因為人們強烈希望讓他離倫敦越遠越好。

這個舉措沒有收到多大成效，安士迪在香港只待了 3 年時間就返回英國。為了訴說自己的苦衷，他給《泰晤士報》寄出一封肯定是有史以來投給該報篇幅最長的讀者來信。日後，這封信作為一本小冊子出版（《泰晤士報》當然拒絕發排），頁碼有 116 頁之多，書名是《對現任香港政府令英國在華聲望蒙受恥辱展開調查之理由》。[2] 安士迪失去菊苣和巴麥尊這兩個攻擊目標後，熱切地以一種不分青紅皂白的情緒對幾乎每一個香港官員大加訓斥。官復原職的按察司休姆、總巡府禧利乃至總督本人，沒有人能夠倖免於安士迪的攻擊。安士迪的主要攻擊對象是負責華人事務的華民政務司高和爾。高和爾娶了一位華裔基督徒為妻（這件事令不少人感到驚奇，華裔情婦是可以接受的，無可挑剔的海關總稅務司羅伯特‧赫德爵士就長期與一個中國女子保持體面的曖昧關係。但是，娶一個中國妻子會引發幾乎是難以克服的社會問題），還會說數國語言。高和爾很快就被安士迪指控犯有多項罪名，其中包括自營娼業、私通海盜和收受賄賂。

這些指控中至少有部分完全屬實。高和爾此人頗有爭議，這些爭議的問題始終困擾着香港的法治與秩序。高和爾擔任助理警司期間，確實在捉拿竊賊、緝捕海盜方面十分得力，經常得到與之共事的皇家海軍艦長的交口稱讚。1849 年 11 月 3 日，般含向格雷勳爵報告說，高級海軍軍官海伊中校"用最為讚賞的言辭極力稱讚高和爾先生……說若是沒有他的效力，自己不可能取得成功"。般含請求褒獎高和爾，"高和爾先生職責十分重要、責任重大，而且與他的正式職業毫無關係"。高和爾很容易招致批評，他的成功在很大程度上有賴於他一手組建的密探網絡，因而不能把任務交給其

1　《笨拙》，第 15 卷，1848 年，第 125 頁。

2　安士迪的傳奇事蹟的詳盡細節見於已經出版的《關於香港殖民地弊端的檔案》（Papers Relating to Abuses in the Colony of Hong Kong（Blue Book）），本章的相關引文均出自於此。

他人，只能直接與香港黑社會打交道，更何況他總是經手大量現款，這些錢的來路很難說是清白的。

安士迪對高和爾特別反感，內中原由倒是使我們可以更多地了解安士迪其人："高和爾先生出生在聖赫勒拿島，顯然是個混血兒。他的父親是當地民團的普通士兵，把他帶到檳榔嶼，他就是在那裏和新加坡度過青年時代，從事岸邊和海上的各種下等行當。"安士迪身為律政司，自然可以搜集到足夠的證據把高和爾送交一個委員會接受質詢。該委員會發現，針對高和爾的 19 項指控中能夠證實的只有 4 項，而且是最不重要的 4 項指控。事實表明，其他人更應受到懲罰，其中就有署理輔政司布烈治博士。幾乎可以肯定，布烈治燒毀了一些可能牽扯到高和爾的檔案，安士迪認為這是"一個卑鄙、可憎的陰謀"。

羅便臣、安士迪異常狂熱地抨擊一切人和事，按照殖民地部的說法，乃是"不顧一切的對抗……十足的無禮"。因此，他的意見不管多麼切中要害，都不可能受到認真對待。1861 年，寶寧的繼任者赫科萊斯·羅便臣爵士主持調查，證實安士迪的指控確有其事。紐卡斯爾公爵也向安士迪承認，"針對高和爾先生的指控，你是這些指控的主要發起人……實質上已經成立了"。[3] 但是，息事寧人的華人居民支持高和爾，不管其行為多麼可疑，他確實有效地維護了法律。羅便臣的調查結果公佈後，高和爾最終於 1862 年被解職，但仍被視為不可或缺的人物，"當局倚重的人"。1868 年，他再度復出，為理查·麥當奴爵士籌劃發放賭博業許可證，組建華人偵探隊，年薪達到"令人難以置信的"25,000 元。

香港需要具備高和爾式特殊才幹的人。太平天國運動造成難民不斷湧入香港，般含任期內有所緩和的犯罪問題又日益突出。皇家近衛龍騎兵團的 C. A. 紐曼中尉把維多利亞城描繪成"世界上最可怕的匪巢，我敢說這裏是個賊窩。舉個例子來說，如果有人在胸前佩帶勳章去街上散步，等他回來時勳章肯定已被搶走……我以前從未到過這樣的地方，也永遠不想去另

3　但香港律政司、日後成為著名外交家的朱利安·龐斯富特對高和爾抱有一種更為務實的看法："一些人認為他受到刻薄對待，但不失為一個體面的人，其他人不贊同這種看法，但只要他跑過來表示'我能抓住兇手'，我們只能回答說：'我們很高興你能抓兇手。'"莫瓦特：《龐斯富特勳爵傳》(Mowat, *The Life of Lord Pauncefote*)，第 17 頁。

一個類似的地方"。[4] 葉名琛號召消滅夷人，進一步激化了華人的情緒。當地報紙登載了"華人暴行錄"，內容包括：兩週之內，"4 人被投擲燃燒彈；因為喝過有毒的湯，3 名歐洲人短暫昏迷；發現一具無頭屍體；皇后大道中席棚起火"。[5]

最嚴重的事件是 1857 年 1 月 15 日發生的所謂集體投毒案。當時人們認為一名麵包師在麵包中加入大量砒霜，"騷動自然十分強烈。這個殖民地的醫生也因中毒而痛苦異常，仍奔走於各家住宅之間，不時聽到狂亂的呼救……急需催吐劑"。[6] 中毒症狀不算太嚴重，只是嘔吐不止。據說，之後很長時間裏還有人因這次中毒而死亡，寶寧夫人就是其中之一。公眾的反應近乎歇斯底里，當地報紙敦促總督"把裕升麵包店所有下毒的夥計統統絞死在店舖門前"。法治再次發揮作用，陪審團宣判麵包師無罪，因為無法確定究竟是誰在麵包中下毒。1839 年的林維喜一案中，正是這種要求確鑿證據的奇特英國體制讓欽差大臣林則徐非常惱火。美國商人小奧古斯特·侯德沮喪地表示，這或許正是人們期望英國司法的地方，"張亞霖（麵包店店主）在英國人的法庭受審，沾了英國人注重技術細節的光。我們的擔心變成為現實，無法證明是他把砒霜摻入麵粉，他被宣判無罪"。[7]

事情其實不像表面看起來那麼值得稱道。一個小插曲表明了香港與生俱來的矛盾，麵包店夥計實際上全都被關進監獄，其中 42 人被囚禁在一間僅有 15 平方英尺的小屋。這種做法平息了憤怒，卻很快激起抗議，特別引人注目的是這些抗議正是來自那些治療中毒者的醫生。1845 年接管香港警隊的倫敦警官查理斯·梅理宣稱，牢房的"房門開在皇后大道，我被告知、同時我深信不疑的是，這扇門經常打開"。此外還有慣常的藉口："在當前的特殊情況下，又面臨其他各種緊迫而艱巨的任務"，"沒有依照通常的正規做法做好各種安排……不值得大驚小怪"。[8]

寶寧否決了英國僑民要求迫害全體華人的更為荒謬的建議，但還是採

4　希伯特，前引書，第 13 章，註釋 1。

5　歐德理，前引書，第 310 頁以下。

6　同上，第 311 頁。

7　引自郝延平：《19 世紀中國的商業革命》(Hao, *The Commercial Revolution in Nineteenth Century China*)，第 200 頁。

8　《香港憲報》(*Hong Kong Gazette*)，第 35 期，1857 年 2 月 14 日。

取了緊急措施,提燈、宵禁,"任何華人在其居所之外的地方閒逛⋯⋯不帶通行證⋯⋯將被太平紳士當場施以罰款、監禁、當眾鞭笞或在碼頭上公開示眾"。條例鼓勵居民維持治安,"值勤哨兵或巡邏兵⋯⋯若有理由懷疑(華人)圖謀不軌⋯⋯有權將其擊斃","對於執行本條例的任何行為或企圖,法庭不予追究"。[9] 由於延誤了向華人發放必備的通行證,晨報無法在早餐時間投遞,這個小小的不便很快引起當地僑民的不滿。《中國之友》提到"'安全'的空談",還嘲笑寶寧,"埃塞克特大廳(和平協會以及所有諸如此類正義事業的總部)裏的虎斑貓"會發現他們昔日的英雄墮入了野蠻的司法,"任何法庭都不會依照這個法令進行審理,不論是由於何種加利福尼亞式的死亡原因"。

不過,外來評論家注意到寶寧時期香港生活有了顯著改善。亨利・艾理斯上尉曾在 1855 年描述過"淒涼的生活和囚犯般的感覺⋯⋯在很大程度上是由於維多利亞城難以再向兩側擴展一到兩英里,部分原因是由於沒有修建暢通的道路,部分是由於華人肆無忌憚的奸詐"。至於英國僑民,"人人都或多或少地抱定一個同樣的目標:有機會就死命撈錢⋯⋯愚蠢地諂上欺下","心胸狹窄、不近人情到十分可笑的地步"。3 年後,艾理斯修正了自己的敍述:"記得這是 1855 年時的情況,自那以後⋯⋯各方面都有了長足進步"。[10]

寶寧實際上不願採取專斷措施,他始終是個堅定的民主派和改革者,願意借機通過多方努力,使香港成為一個更民主的社會。寶寧最激進的舉措是試圖引入涵蓋華人居民的名副其實代議制。像寶寧爵士的許多嘗試一樣,這次努力最終未能成功。究其原因,他不知變通,未能贏得自己的副手、輔政司孖沙的合作,後者提出了一份針鋒相對的方案。更重要的是,輝格黨政府此時已不再支持選舉改革。1832 年《議會改革法案》帶給英國人的選舉權十分有限,每 5 名成年男子中有投票權的還不到一人。巴麥尊勳爵無意繼續改革,他本人所在的蒂佛頓選區有人口 11,143 人,選民僅有少得可憐的 508 人。阿什伯頓選區幾乎成為在華利益代表者的一統天下,這個選區 3,432 名居民中,只有 193 人有投票權。約翰・羅素勳爵是輝格黨

9　同上,第 95 期,1857 年 6 月 25 日。
10　艾理斯:《從香港到馬尼拉》(Ellis, *Hong Kong to Manila*),第 5-7 頁。

上層中唯一熱衷於改革的人，但他已辭去殖民地大臣之職。因此，寶寧的建議，最初是以 1855 年 8 月 2 日第 110 號公文送呈羅素，被白廳擱置起來。

寶寧建議立法局增加 3 名非官守議員，非官守議員由直接選舉產生，候選人沒有種族限制，只要擁有每年收益 10 英鎊的土地，或擔任公職 3 年以上即可參選。新任殖民地大臣亨利·拉布謝爾不同意這種做法。拉布謝爾（即後來的陶頓勳爵）是個睿智的政治家、人道的自由主義者，不要把他與他那位更為有趣和神氣活現的同名外甥搞混了。後者是個政客和記者，在馬戲團裏工作，與印第安人生活在一起。在編號為 1856 年 7 月 29 日第 82 號的公函中，拉布謝爾闡明了限制香港代議制的理由，這份檔案是理解日後歷屆英國政府在香港民主化問題上的態度的關鍵。這位殖民地大臣寫道：

> 我確信，眼前提交的在亞裔居民中引入那些機制的初步建議只涉及極小一部分英國人乃至歐洲裔居民。因此，我認為很有必要仔細權衡正反兩方面的理由。

他認定不能在香港舉行選舉，因為香港居民不守規矩、不穩定，多為過境人口，這種狀況短時期內很難改觀：

> 那些非常了解華人的人士所作的證言表明，華人有很高的聰明才智，但十分缺乏最基本的道德準則。香港的華人居民，也許極少數體面的人士除外，道德素質非常低下。

但是，若把權力賦予人數很少的英國僑民，同樣會帶來很多問題，這大抵不是因為"缺乏最基本的道德準則"：

> 香港的英國僑民很少打算自己或自己的後代永久在那裏居住，他們僅僅是出於商業或職業上的目的在那裏逗留一段不長的時間，打算一旦時機成熟就立即離開這個殖民地。
>
> 不論在何種程度上部分引入代議制政體，把當地事務的控制

權移交給這個階層，結果必然會把權力越過永久的居民，交給與他們在種族、語言和宗教上不同，並且不會被他們的輿論所左右的臨時居民。無論這些居民的品格如何值得敬重，我不認為這樣一種安排能夠令人滿意地發揮作用。

這位殖民地大臣寄望於將來，"如果日後你能夠從華人居民中挑選出值得信賴的人士，你認為他們適合擔任這種或那種行政職務，我將樂於批准這種任命"。這類職位沒有必要舉行選舉，"倘若純粹是出於選拔才幹出眾者的目的⋯⋯我認為，要甄選管理這個政府的官員，考試⋯⋯與公開選舉一樣有效"。[11]

至此，寶寧的首次民主化嘗試失敗了。直到下一個世紀頭 25 年，香港立法部門才第一次引入民主機制。即便在那時，民主機制也多為表面文章，雖然在確保華人發言權和職責方面取得了一些緩慢遲疑的進展。無論如何，寶寧設法為華人居民提供更多的機會，拉布謝爾曾經表示可以挑選華人擔任法官，因此第一個步驟就是准許華人進入法律部門，寶寧很快做到了這一點。由於難以找到合適人選充任領事和其他一些職務，早先的任命大多是出於政治上的恩惠，而一般含不信任會說漢語的官員，自然無助於選拔人才。有鑒於此，寶寧爵士着手推行招募和培養殖民地官員的計劃。該計劃倚重倫敦大學英王學院新設立的中文系，同時從愛爾蘭各所大學徵求應試者。起初，計劃收效不大 —— 寶寧認為英王學院中文系主任蘇謀斯（前香港聖保羅書院院長）既無知又無能 —— 日後卻收到了顯著的成效。

寶寧全力解決最惡劣的華人苦力貿易問題。1848 年，加利福尼亞發現金礦，很快就需要大量幹粗活的勞工。中國擁有豐富的人力資源，苦力為了較高的工資也願意踏上漫長的航程。這種貿易由包工頭組織，包工頭僱用苦力，把他們送到港口的臨時禁閉營等待上船。不幸的移民在禁閉營的狀況十分悲慘，每人僅有 8 平方英尺的空間。這種"豬仔貿易"運輸船的條件極為惡劣，甚至比販奴船還要糟糕：一艘船裝載了 332 名移民，竟然有128 人自殺，儘管船上的水手可以憑藉每一個活着上岸的苦力得到 400 美元

11　刊於《關於組建香港立法局的通訊》（Correspondence Relative to the Reconstruction of the Legislative Council of Hong Kong（Blue Book）），1855 年，1856 年。

的獎金。寶寧實施了一些最低標準，其中包括船上必須配備醫療設施和一名醫生。一名香港法官的判決幫了倒忙，這位法官判決一名英國人和 5 名華人犯有囚禁移民的罪行，判處 5 名華人入獄，對那個英國人卻只罰款 5元。白廳批評這項判決沒有"提高英國當局的聲望，增進對英國司法的尊重"。然而，更為嚴格地執行 1855 年 3 月的《華人乘客條例》，不過是促使豬仔貿易從香港轉到那些管制更寬鬆的港口。[12]

寶寧任職期間，香港逐漸擺脫了早先那種一團糟的形象，香港社會日益開化。總督攜妻子一同赴任，住進總督府。1850 年第一位主教來到香港，這些因素推動了進步。1850 年之前，英國國教會在香港的唯一代表是隨營牧師維克多·史丹頓。不從國教者和羅馬天主教會掌握了在香港傳教的主動權，這兩個教會分別以新加坡和澳門作為東方的基地。早在 1842 年，美國浸信教會就緊隨天主教會之後在維多利亞城和赤柱設立了教堂。1844年，有着多重身份的郭士立以傳教士身份協助修建了一座巴色會教堂。香港的英國清教徒令人不安地分裂成兩大派別，一是國教派聖公會，二是包括不從國教者和蘇格蘭國教會在內的集團。聖公會作為英國國教，自然在香港殖民地地位確立伊始就成為官方教會，直到此時，聖公會的發展仍面臨相當大的困難。清教傳教士之間仍有明顯分野，雖然他們常常共事，甚至頗為寬容羅馬天主教徒，按照香港首位聖公會主教的話說，這些羅馬天主教徒"信奉一種腐敗的基督教"。曾經有人建議他們共用一座臨時禮拜堂，白廳嚴令禁止這種促進基督教會團結的舉措。英國聖公會宣教協會與倫敦傳道會之間的競爭也反映出類似的對立，前者屬於聖公會的傳道組織，後者為不從國教者控制。所幸的是，早期傳教士大多幹練過人，為人寬厚，他們與妻子一道為香港社會帶來了迫切需要的文明氣息。

史丹頓夫婦尤其受到人們的喜愛。史丹頓早些時候曾有過遭華人綁架的不愉快經歷，他對於組建聖保羅書院和第一所英國兒童學校貢獻良多。1849 年，聖保羅書院開始培訓華人教師和神職人員。約翰·戴維斯爵士高度評價這所學校"胸襟開闊，毫無門戶之見"，為其他學校樹立了理想的榜樣。聖保羅書院首任院長蘇謀斯頻頻表現出狹隘和偏頗，1849 年，蘇謀斯

12　關於這種貿易的狀況，請見陳偉群前引書，第 5 章。

訪問澳門，被要求在萬聖節遊行隊伍經過時脫帽致意。為了表示對這種天主教奢侈儀式的抗議，他拒絕脫帽，結果當場被抓了起來。高級海軍軍官亨利·科普爾上校當時恰好在場，不容分說要求釋放蘇謀斯，結果未能如願。於是，科普爾派一支突擊隊掃蕩了監獄，殺死一名看守，救出蘇謀斯。這個事件導致了一場全面國際爭端，巴麥尊勳爵不得不正式道歉，並申斥了科普爾。這件事似乎絲毫沒有傷及那位不思悔改的上校，他於 94 歲高齡去世時已是海軍元帥。蘇謀斯則去了倫敦大學英王學院教授中國文學。[13]

　　1850 年，喬治·司蔑被任命為首任維多利亞會督（主教），這標誌着正式確立為國教的宗教開始傳入香港。此時，英國國教會因書冊派運動發生分裂，高教會派與低教會派之間矛盾重重。司蔑出任會督之前，已為英國聖公會宣教協會在華傳教 3 年，他雖然是個狂熱的低教會派，但首先是個傳教士。1847 年，他回到英國，"蒙主榮耀，這個國家被選作把基督新教的純粹之光傳播到全世界的工具"。這種得意洋洋的自負正是這位新會督的特徵，也反映出這個殖民地越來越受到重視。1851 年，郭士立去世，聲名狼藉的老修道會失去了一位特立獨行的支持者。即便在此時仍然鬧出一樁醜聞，司蔑手下的一名牧師愛上了郭士立的遺孀，結果因為行為不檢點被遣送回國。

　　香港的一些傳教活動獲得了更大的成功。拔萃女書院被強行關閉，它有點過於成功了。歐德理可算是這方面的權威，他娶了該校的一名教師為妻。按照他的說法，幾乎所有幸運的華裔女子都接受了西式教育，能說英語，之後又成為當地外國居民的主婦，生活優渥。[14] 這種狀況或許增進了香港生活的適意，卻與學校創立者的初衷相去甚遠。司蔑試圖說服英國政府資助一所培訓"本地譯員"的書院，這些譯員將憑藉"歐式教育養成的效率和基督教教化過程所灌輸的道德完善原則"，"以下級職員的責任感來表達感恩之情"，從而有助於"用基督徒的忠貞影響當地社會大眾"。[15] 當然，

13　關於科普爾自己對這次事件毫無悔意的敘述，見他的自傳。（關於襲擊行動，見司蔑：《中國口岸城市巡遊記》(G. Smith, *Narrative*)；史密斯：《中國的基督徒》(C. T. Smith, *Chinese Christians*)；安德葛：《維多利亞教區》(Endacott and She, *Diocese of Victoria*)。）

14　霍伊，前引書，第 121 頁。

15　外交部檔案（CO 129/22），1847 年 1 月 16 日，引自斯威廷：《香港的教育》(Sweeting, *Education in Hong Kong*)，第 177 頁。這部有用的研究著述廣泛使用了原始資料。

不言自明的是，"這樣一個機構應由英國國教會在該殖民地的教會代表負責管理"。當時，英國各教派激烈對立，沒有哪屆政府甘冒招致非難的風險把公共資金投入這樣一項計劃。作為一個悲觀的功利主義者，寶寧認為聖保羅書院的男畢業生沒有多少用處，他們當中還沒有人能夠在政府部門派上用場，他傾向於集中力量發展公立學校。1848 年，寶寧開始實施計劃，一個教育委員會管理的華人學校得到政府提供的有限津貼（每月 10 元，約合 2 英鎊）。這位改革派總督認為，在教育老百姓上只花 120 英鎊，在管制老百姓上卻花費 8,620 英鎊，"非常荒謬"。香港大約有 9,000 名學齡兒童，其中僅有 150 人就讀於公立學校（此外還有一些疏於管理的華人私立學校）。寶寧設法使入學人數增加到 873 名男童和 64 名女童，確保每年有 1,200 英鎊的教育預算，還任命了一名視學官。直到 1864 年司蔑離開之後，香港才得以建立起組織嚴密的公立教育體制。[16] 不過，寶寧在齋戒日問題上挫敗了司蔑，這位會督要求當局明文規定齋戒日，總督在殖民地部的支持下拒絕了這項請求。

　　像大多數激進分子一樣，寶寧溫文爾雅、富於教養、脾氣溫和，但無法融入所處時代的輿論主流，也未能與各種勢力的代表和諧相處。他曾騎過勿地臣的一匹賽馬，還從馬上摔了下來，這大概使他更喜歡其他的體育項目。他想要的是平和的心境，因為除了家庭變故（寶寧夫人中毒後，他們的女兒又決定出家當修女）和讓人難以忍受的安士迪之外，這位總督還受到詹姆斯·吉南的傷害。吉南是個肯塔基上校，曾在墨西哥戰爭中服役，此時當上了美國駐香港領事。這個獎賞有點成問題，因為吉南素以爭吵為樂，不論是清醒的時候，還是在經常喝醉之後。吉南與美國高級海軍軍官卡德瓦拉德·林戈爾德艦長有過書信往來，林戈爾德發現有必要提醒這位領事注意"海盜"與"領水員"之間的區別，還建議吉南讀一點有益的書籍。香港在處理英國逃兵問題上遇到很大困難，這個港口的美國捕鯨人慫恿他們逃亡。輔政司孖沙向吉南提出抗議，1856 年頭 3 個月，第 59 步兵團（東蘭開夏團）開小差的"大約有 50 人"，要求吉南在處理逃兵問題上合作。這件事肯定不會有着落，因為與許多美國人一樣，吉南歷來遷怒於英國人讓錫

16　主教除非在香港鬧出醜聞，否則不會撤換。接替司蔑的柯爾福主教是作為一項政治"職業"被任命的。

克人當員警,他在往來信函中提到錫克人時始終稱之為"黑鬼"或"黑人"。1855 年發生了一起事件,起因是錫克人登上"河鳥"號汽船檢查,《紐約時報》抓住這個事件大做文章,配上了一條通欄標題:"暴行!黑人登上一艘美國船隻。美國領事被拖到大街上。"吉南被香港當局指控妨礙司法程序,他給美國國務卿威廉‧默西發去一封充滿怨毒的信函,控告英國人的執法,要求政府進行報復:

> 我最熱切地請求我們的政府採取行動,不僅要防止類似事件的再次發生,還要達到將所有涉及這一暴行的官員全部免職的目的。立即召回這個殖民地的總督約翰‧寶寧爵士,並把查理.B.禧利、W. J. 米徹爾(助理巡理府)和查理斯‧梅理(巡捕廳)撤職。
>
> 如果不採取果斷有力的措施懲罰這些褻瀆國際法的無恥狂妄之徒⋯⋯美國的聲望⋯⋯將成為笑柄,蒙受恥辱。

吉南領事接着以更歇斯底里的語調寫道:"一羣自稱是來自巡理府法院和警隊的暴民的非法行徑⋯⋯中國佬和前來助陣的穆斯林黑鬼⋯⋯英國官員日甚一日的敵意⋯⋯英國壞疽⋯⋯必須迅速加以診治。"

寶寧爵士憑藉"有節制的感化力"來安撫吉南。吉南隨同美國海軍進入廣州,為自己過剩的精力找到了宣洩管道。吉南自作主張地在廣州城牆上升起美國國旗,使自己陷入了困境,因為美國並沒有參與進攻廣州的行動。儘管吉南矢口否認,但美國駐華公使伯駕博士還是將他免職,這引發了另一場激烈爭吵,最終還是美國總統布坎南本人親自把這位不思悔改的領事免職,事態才算平息下來。[17]

寶寧也不得不離開了。在他的同胞看來,寶寧太過激進。1859 年 5 月,在大多數歐洲僑民憎惡目光的注視下,寶寧起程回國,此後他仍不斷收到惡意的書信和無中生有的指控。另一方面,華人"由衷地敬重"這位卸任總督,把寶寧視為第一位把華人利益放在心上的總督。妻子去世,回國途中船隻失事,寶寧爵士與其他乘客在珊瑚礁上擱淺,回國後寶寧又生了一場

17　關於吉南事件,見美國國務院檔案,香港領事檔案(US State Departments Archives, Hong Kong Consular Papers)。

大病，所有這些變故絲毫沒有改變他那樂於給人忠告的嗜好。巴麥尊完全原諒了寶寧，派他前往意大利為維克多・伊曼努爾國王新政府的經濟政策出謀劃策。1872 年，在他以 80 歲高齡去世前不久，人們還看到寶寧爵士在埃塞克特郡的家鄉小鎮對着 300 名聽眾發表演説。

九龍半島

對於香港而言，"亞羅"號戰爭帶來了一個始料未及的好處：九龍半島。九龍半島位於維多利亞城北面的中國大陸，面積約為 3 平方英里。早在 1844 年 7 月 27 日，英國人就開始關注九龍半島北部海岸。當時，《香港憲報》刊載一份政府公告，宣稱那裏出現了"永久性房屋和建築"，"倘若中國政府着手拆除這類建築，英國政府不會進行干涉"。戴維斯曾經向耆英表示，這些侵略行為——美國人也和英國人一樣幹了這種事——事先並未徵得他的批准。入侵者隨即被驅逐，"數年之內，九龍半島上僅有五六個石匠和燒石灰工人租住的毫無價值的小村莊"。威廉・孖沙描述了 1859 年 6 月時的情況：

> 當時的情景在我的記憶裏歷歷在目。大約是 1853 年夏天，尖沙咀開始形成現在的村莊，自那以後，它因為接收偷盜來的贓物而遠近聞名。它在最近兩年有了很大發展，其性質無疑也有所改變。
> 航運一直在向這個港口的另一端遷移，在颱風季節，這個有傷風化的聚居地往往發展得更快。

為了進一步證實當地居民聲名狼藉的習性和外表，孖沙曾在員警的護衛下到那裏巡察了一番。他決定採取一個善意的、同時也是重大的行動：接管這個問題重重的地區。他列舉了這麼做的理由，"我認為最大的好處是可以防止九龍被另一個外國列強或是目無綱紀、不服管制、藐視中國管轄權的非法定居者佔領，後一種情形尤其令人擔憂"。實際上，當時的情況幾乎就是如此，"一羣客家匪幫"使得原有的官府形同虛設。如果佔領這個地區，香港港口地區的界限將得到明確，"這個過度擁擠、生活費居高不下的城市"的居民可以"不時換換空氣和景色，不必總是面對丘陵地區那種千篇一律的陰鬱景致"。[18]

接管九龍還有更深層的原因。英國海軍和陸軍從一開始就因為大陸與香港如此接近而憂心忡忡，九龍半島的任何一座要塞都可以憑藉輕型大炮控制香港島。在 2,000 碼的距離上，24 磅炮的射擊精度相當高，只要在尖沙咀架起大炮，就能夠控制這個新殖民地的大部分海岸線。義律很快覺察到這種危險，提出應當拆除現有的中國炮台，即使這些炮台被一位軍事觀察員說成是"年代久遠、鏽跡斑斑的鐵傢伙"，"如果想用這些大炮開火，炮手很可能會被炸死"。[19] 士兵在戰時放縱不羈，1842 年時英軍曾暫時佔領過九龍地區，1857 年戰爭爆發後，九龍再度被佔，這次佔領是以相當友善的方式進行的，沒有遭到當地官吏和老百姓的反抗。約翰·寶寧爵士對軍官們在九龍的行動感到不安，便假裝自己遭到綁架，以撇清與此事的關係。他回到香港島的總督府後，及時斥責了這一行動，把這個地區歸還給中國。

自此以後，軍事技術迅速發展，英國的態度有了變化。隨着滑膛炮的發明，火炮的有效射程和威力大大提高。法國人在 1859 年的意大利戰役中使用了滑膛炮，紐卡斯爾的律師威廉·阿姆斯壯發明了新型野戰滑膛炮，從此輕型的火炮可以裝填更多火藥，射程也更遠。阿姆斯壯大炮是後膛裝彈，發射速率很高（1860 年下水的"勇士"號裝備了這種大炮，至今仍能在樸茨茅斯看到這些大炮）。其他列強開始覬覦中國，九龍若掌握在相對友好和無能的中國人手中，局勢還沒有那麼糟糕。一旦法國人或俄國人插手，在九龍修築配備新式大炮的炮台，就足以威懾港口和維多利亞城。英國與俄國剛剛結束耗資巨大的克里米亞戰爭，與法國爆發衝突的可能性也始終存在，儘管此時英法兩國還是盟友。指揮香港駐軍的馮·斯托賓齊少將和後來成為"復仇神"號艦長，此時指揮"加爾各答"號的霍爾上校向寶寧指出了這種危險，勸說寶寧敦促英國政府至少要獲取九龍半島和距離海岸一英里左右的昂船洲。九龍半島對於騎兵作戰至關重要，斯托賓齊少將擔心

18　《關於九龍半島的備忘錄》（'A Memorandum on the Kowloon Peninsula'），1859 年 6 月 6 日。

19　波德爾：《一個士兵眼中的帝國》（J. Bodell, A Soldier's View of Empire），第 64 頁。

受到敵方炮兵的威脅,因而特別希望佔領昂船洲。遠征軍到達香港後,再次來華的霍普‧克靈頓爵士認為九龍"對於香港港區和維多利亞城的防衛來說不可或缺",屬於"我很想直接佔領的地點"。克靈頓勉強承認,"強行奪取這個岬角不完全合法"。[20]

駐華公使額爾金及其兄弟弗雷德里克‧卜魯斯贊同軍方的看法,兩人也都深感憂慮,一方面從內心反對以武力攫取更多的中國領土,又擔心這樣做會為其他歐洲列強樹立惡劣的先例,況且已經達成1858年《天津條約》,眼下正在等待北京批准。卜魯斯建議在廣州單獨就九龍問題進行談判,同時部分或全部免除早先商定的廣州賠償金。約翰‧羅素勳爵尤其擔心,倘若英法採取聯合行動,最終結局卻是英國獲得領土,法國會因此不滿,進而要求獲得補償。

事態並未如預料的那樣激化,因為巴夏禮找到了解決辦法。1859年3月19日,巴夏禮與兩廣總督勞崇光在廣州解決了所有問題,兩人起草了一份建議草案,這份建議草案打消了霍普‧克靈頓將軍的顧慮。巴夏禮敍述了這次會談的經過:

> 中午1點鐘,我帶着上述草案登上高地會晤了克靈頓將軍,他完全同意這份文件。我還與他談及員警等問題,立即使他授權我組織一支強大的騎兵隊,即使不能給我100人,也要從現在的30人增加到80人。我與兩位將軍、他們可敬的夫人和全體參謀共進午餐,然後回到辦公室。下午去見勞(崇光),口袋裏裝着我的函件。他同意了整個計劃,我甚為快慰,只是身體有些不適。

第二天,巴夏禮"起草一份租借契約和關於九龍的公告,總而言之是把昨日的安排付諸實施,我很滿意,我們渴望得到的租借契約在晚上簽署、封緘和交換,我的一份給勞(崇光),勞的一份給我,它解決了九龍問題,直到該半島徹底割讓給我們,我堅信這將是下一步的行動"。[21]

一位清朝高官就這樣漫不經心地把九龍割讓給一位英國領事,代價是

20　諾里斯,前引書,第二卷,第49頁。

21　見巴夏禮檔案,劍橋大學圖書館,萊恩－普爾,前引書。

500 兩白銀，而此時兩國正處於戰爭狀態。卜魯斯批准了這項協議，雖然並不是十分熱切，"這個協議還不完善，但我認為推遲獲得一個地區極其重要的所有權是不明智的"。一位年輕的領事館官員——巴夏禮時年 31 歲——以個人名義把一塊中國領土據為己有，殖民地大臣紐卡斯爾公爵顯然對此甚為不安，"明智的做法是向達成這次租借的巴夏禮先生暗示女王陛下政府的意願"。於是，羅素勳爵通知巴夏禮，女王陛下"將高興地獲得九龍半島所有權"，大概在巴夏禮先生認為方便放棄他的所有權的時候。

這個地區的永久割讓還需得到中國皇帝的正式批准，卜魯斯有意迴避這個問題，企圖把責任推給其他人。1860 年 2 月 19 日，在致馮·斯托賓齊的函件中，卜魯斯模棱兩可地寫道：

> 女王陛下的政府已經表明希望割讓這一部分九龍半島，它對於這個港口的安全和在居民中維持秩序來說必不可少……我無法就中國人把它讓與我們的可能性提出看法，實施佔領將是有益的舉措……閣下必將認為這種措施是明智的，您將看到，我認為這個舉措不會遇到政治上的反對。

3 月 6 日，卜魯斯致函寶寧的繼任者赫科萊斯‧‧羅便臣爵士："我想向您——與此事關係最密切的人——申明我從外交角度對該問題的看法，其餘的由您來決定……我無須表明，如果我們與其他國家共同採取行動，就有重大的政治理由反對討論領土獲得問題。"

巴夏禮再次讓問題迎刃而解，不過這次並非出自他的本意，而且是以一種極其痛苦的方式。巴夏禮會講漢語，又有 18 年與中國人辦交涉的經驗，因此成為 1860 年 8 月陪伴額爾金勳爵第二次北上的當然人選。在談判過程中，蒙古將軍僧格林沁抓獲了巴夏禮和額爾金的部分隨行人員，其中包括額爾金的私人秘書羅亨利和《泰晤士報》記者包爾比。羅亨利和巴夏禮受了幾天虐待後獲釋，僧格林沁剛剛放了他們，就收到了皇帝發來的下令將他們立即處死的命令。其他隨行人員，包括包爾比和人數不多的護衛隊，被極其殘忍的方式處死。[22] 這個事件立即導致談判中斷。中國人要麼接受英國人提出的所有要求，不然就有可能遭受必將導致王朝崩潰的毀滅性打擊。囚禁俘虜的圓明園遭到洗劫和毀滅，額爾金經過反覆考慮，認定它是適合的報復對象。在額爾金看來，火燒圓明園不像洗劫北京那樣嚴厲，卻足以構成嚴重的警告。徹底割讓九龍成為英法聯軍所提各項要求中微不足道的一項，立即獲得了中國朝廷的認可。

英國新近獲得的這個地區前途未卜，不論是民用還是用於軍事目的。陸軍大臣西德尼·赫伯特 —— 他曾協助弗洛倫斯·南丁格爾開展提高軍隊護理水準的運動 —— 提醒克靈頓將軍"密切留意九龍。香港民眾有一種強烈的情緒，認為獲得該地區的所有好處全都應該留給他們。我已經向殖民地部強調，前往香港或其他地方的英國商人，必須為他們的貨物承擔風險。已派出士兵前去保護商人……政府的職責在於盡最大可能為他們提供最好的衛生和舒適條件"。[23] 赫科萊斯·羅便臣爵士代表殖民地居民宣稱佔據九龍半島是他們提出來的，而《北京條約》明確宣佈"即將該地界付與大英大君主並曆後嗣，並歸英屬香港界內"。雙方爭論的結果是將軍贏了總督，歐德理博士對此憤憤不平，殖民地居民"不容置疑的理由……僅僅因為帝國政府的一道命令就被棄之不顧。為了帝國的軍事利益，無情地犧牲了這個殖民地的需求、繁榮和發展"。[24] 一段時間裏，九龍只是維多利亞城一個有用的附屬地，只有一些碼頭、倉庫和用作軍事設施的避暑別墅。

《天津條約》簽署後，香港進入了地位不明朗的時期。除原有 5 個通商口岸外又增加了新口岸，中國沿海對國際貿易開放的城市北達滿洲里，揚子江也已開放，雖然要等到太平天國被鎮壓下去以後才開始修建各種設施。廣州入城問題再次得到解決，不過開始時雙方爭論得更加激烈。沙面島建立起新的國際居留地，它比過去的居留地大得多，靠近以往的商館區。英國駐華公使進駐北京，香港不再是英國在華利益的唯一中心，香港總督也變成一位殖民地官員，歸白廳的一個部門殖民地部直接管轄。即使在殖民

22　魏斐德教授（《中華帝國的衰落》第 157-158 頁）減輕了這項罪行的嚴重性，他認為，這些談判者只是"遭囚禁"。拷打和殺害《泰晤士報》記者，更不必說還有其他人，在當時和現在都是駭人聽聞的。若是放在當今，只怕會更加無情地進行報復。

23　諾里斯，前引書，第二卷，第 164 頁以下。

24　歐德理，前引書，第 362 頁。

地部，新興力量也正在崛起。

殖民地部

自 17 世紀初建立維吉尼亞殖民地以來，英國相繼建立了為數眾多的殖民地。在兩個世紀的時間裏，除了最初的北美殖民地，英國王室獲得了遍佈世界各地的大量領地。1843 年，香港正式成為英國殖民地，同時成為英國殖民地的還有新加坡、馬六甲、威爾士王子島、納閩島、塞席爾羣島、毛里裘斯、錫蘭、開普殖民地、尚比亞、塞拉里昂、聖赫勒拿島、福克蘭羣島、亞丁、眾多加勒比海屬地、直布羅陀和黑爾戈蘭羣島。在澳洲，早先的流放居留地逐漸演化為適度授權的殖民地新西蘭以及稍後成立的澳大利亞聯邦（印度從未被看成是殖民屬地，印度事務分別由監督委員會和印度事務部負責處理）。

當時，通信聯絡取決於最快的帆船（在這個時期，帆船大多比蒸汽船速度快）傳遞函件，根本不可能對廣泛而分散的眾多屬地實行集中管理。唐寧街 13、14 號（殖民地部不舒適的辦公樓）明智地沒有推行集中管理，有關決策大多出自殖民地總督。殖民地部始終習慣由在現場的人解決問題。電報、電話、噴氣式飛機的出現，使得這種做法不再那麼絕對必要，殖民地部仍在很長時間裏保持着這種慣例。

殖民地部常任官員的政治主人既沒有提供多少幫助，也很少插手干涉。殖民地大臣（1854 年前還兼任陸軍大臣，雖然這兩個部門的性質南轅北轍）從來不是甚麼美差。拿破崙戰爭結束後，輝格黨人一度想撤銷殖民地部，把殖民地部與內政部合併。一些能幹的年輕人往往把殖民地部當作謀取前程的跳板，這個部門的首腦多是一些二流角色，很少有人在這個部門長期任職（1855 年，殖民地大臣一職四度易人）。"亞羅"號事件之後的 20 年左右時間裏，除軍事改革家愛德華·卡德威爾（1864-1866 年任職）之外，佔據這個職位的人雖然都是體面的紳士，卻沒有甚麼過人的才幹。紐卡斯爾公爵、加拿分伯爵（綽號"嘰嘰喳喳者"）、格蘭維爾勳爵和金伯利勳爵等人先後出任殖民地大臣，這些人當中只有金伯利勳爵認真對待殖民地事務。除非情非得已，這些人全都對香港毫無興趣。下議院則把殖民地事務視為徹頭徹尾的瑣事，只是偶爾舉行相關辯論，還經常湊不足法定人數。

　　與殖民地大臣的情況相反，不論當時還是之後 30 年裏，殖民地部的高級文官全都是十分優秀的人才，他們長時間從事本職工作，足以保證殖民地政策的形成和延續。這種傳統的開創者是詹姆斯·斯蒂芬。1836 到 1847 年，斯蒂芬爵士一直擔任殖民地部常任次官。他是個學識淵博（日後成為牛津大學欽定現代史講座教授）、盡職盡責的福音派新教徒。憑藉個人素質和出眾的工作能力，斯蒂芬組建起聯絡管道暢通的體制，明確了殖民地部各個崗位的職權範圍。斯蒂芬在巨大精神壓力下退休之後，殖民地部不得不設立 3 個職位來應付本來由他獨立完成的工作：赫爾曼·梅里韋爾擔任常任次官，無所不在的義律家族的另一位成員弗雷德里克·伊里亞德出任助理次官，弗雷德里克·羅傑斯爵士（日後的布拉赫福德勳爵）擔任法律顧問。這三人個個才幹超羣。梅里韋爾是當時唯一能夠在知識的廣博程度上與麥考萊相媲美的人，23 歲就成為牛津大學巴里奧爾學院研究員，後來又當上了政治經濟學教授。1860 年接替梅里韋爾的羅傑斯一直是巴里奧爾學院研究員。殖民地大臣如走馬燈一般頻繁易人，掌握實權的始終是上面提到的這些人。一位澳大利亞記者尖酸地評論道："在過去整整 15 年裏，各個殖民地實際上是由一個名叫羅傑斯的人統治的。"[25]

　　1872 年，羅傑斯退休，常任次官的職位輪到 1836 年以來的三巨頭中碩果僅存的那個人。殖民地部形成了一種公認的"世家風範"，這種獨特風格或許可以定義為自由主義的傾向，即強烈主張維持法治，對所管轄的臣屬民族盡心盡責，不願再增加新的臣屬民族。殖民地部的低級職員往往同樣出色，事實上資深職員是地位很高的文官，如今一般稱為"副次官"。亨利·泰勒爵士是文學大家，詹姆斯·斯佩丁也有很深的文學造詣，他們兩人都是丁尼生的朋友。實際上，斯蒂芬退休後，斯佩丁曾被提名接任常任次官，他拒絕了，寧願去編輯弗蘭西斯·培根紀念全集。殖民地部官員的選拔是由著名人士推薦，幾乎全都來自中上階層，一般是鄉紳而非貴族，更喜歡外交部裏不那麼嚴肅的氛圍。

　　麥考萊勳爵首倡的體制變革已蔚然成風。1854 年，他提議通過競爭性

25　致喬治·亞瑟爵士，1844 年 4 月 6 日（引自塞爾：《19 世紀中葉的英國殖民地管理》(J. W. Cell, *British Colonial Administration in the Mid Nineteenth Century*)，第 15 頁）。

考試選拔東印度公司職員。麥考萊體制與中國官僚體制的選拔標準沒有甚麼不同，"運用希臘文或拉丁文寫詩作賦的技巧，確實與培養法官、金融家或外交家沒有直接聯繫。但是，倘若一個年輕人能夠把身邊那些最具才幹、最有雄心的青年想盡力做好的事情做得十全十美，一般來說就足以證明其才華出眾"。[26]（麥考萊承認，就"運用古代語言賦詩的藝術"而言，蘇格蘭人的"教養異常貧乏"，因此必須在普通科目上勝人一籌。）1853 年的《諾斯科特·屈維廉報告》把麥考萊的想法加以具體化，該報告建議設立文官委員會，監督官員選拔工作。1855 年，這項建議付諸實施，1873 年推廣到外交部。實際上，這種做法並沒有擴大應聘者的選拔面，一個世紀之後，應聘者仍是來自非常相似的背景，雖然政府千方百計拓寬選拔對象的來源管道。不過，這種制度確實從總體上消除了官僚機構的無能狀況，也進一步加深了成功者所特有的自鳴得意的優越感。

　　1859 年 9 月，赫科萊斯·羅便臣爵士接替寶寧出任香港總督。羅便臣的一大成就在於，依照寶寧早先提出的思路，建立了招募和培訓未來香港管理者的制度。羅便臣只是為了應急才實施這一計劃，因為羅便臣到達香港時，政府中只有 4 個人懂廣東話，4 人中只有一人，一位法院譯員，稍微懂一點中文。1862 年，香港首次通過競爭性考試選拔"官學生"，這些人很快就脫穎而出。兩年之內，塞西爾·克萊蒙蒂·史密斯就當上了華民政務司，負責華人事務。從那時起，香港政府無需再依靠由當地人和那些招募來香港的英國人臨時拼湊起來的隊伍，開始配備職業化的官員。這些官員創立了高效的管理體制，雖然他們與白廳高官之間依然有巨大的鴻溝。官學生大多來自正派的中產階級家庭，曾就讀於"二流公立學校，或不出名的私立學校"，他們當中將近一半人畢業於地方大學，而此時進入內政部和外交部的大多是牛津和劍橋的畢業生。[27]

　　不過，殖民地部有時仍不得不沿襲過去的選拔方法，而香港政府官員的素質雖有所提升，卻依然魚龍混雜。羅便臣本人無須參加任何競爭性考試。羅便臣出身於一個顯赫的盎格魯－愛爾蘭家族：西密特郡羅斯米德的

26　見特里維廉：《麥考萊的生平與書信》（G. O. Trevelyan, *Macaulay's Life and Letters*），第 17 章。

27　關於官學生，見勒斯布里奇：《香港：穩定與變遷》（H. J. Lethbridge, *Hong Kong: Stability and Change*），第 2 章。

羅便臣家族。這位新總督的父親、海軍上將赫科萊斯曾與柯林武德共事，按照他自己的說法，為了討好這位依然健在的特拉法加爾戰役的勝利者，他常常愛撫柯林武德的那條名叫"龐斯"的狗。老羅便臣的兄弟布萊恩在紐芬蘭當過 50 年法官。海軍上將的幾個兒子中有兩位當上了殖民地總督：威廉是西澳大利亞、南澳大利亞和昆士蘭總督，他還是個著名作家；小赫科萊斯是新南威爾士、錫蘭、南非總督和香港總督。小赫科萊斯·羅便臣先是在軍隊服役（1843 年，羅便臣 19 歲時進入皇家愛爾蘭燧發槍團服役，3 年後退伍），後進入愛爾蘭政府部門，主要負責《濟貧法》的實施和賑災事務。之後，他出任西印度羣島中較小的蒙瑟拉特島和聖基茨島總督。羅便臣出任香港總督時年僅 35 歲，但已具備長期的殖民地工作經歷。他退休之後，又於 1895 年復出，擔任從前在開普敦擔任過的職務，因為那裏的局勢陷入了僵局。羅便臣是個和藹可親的愛爾蘭人，妻子年輕漂亮，二人"展現出健康的社交形象"。晚年在新南威爾士時，羅便臣自命為"德比和聖里格殖民地的獲得者"。這種快活的言行只是表面現象，真實的羅便臣"冷酷、精於算計，不講親情，不分好惡，最大的興趣就是明哲保身"。約瑟夫·張伯倫對羅便臣在南非的表現頗有微詞："我希望他偶爾也能露一露崢嶸。"

經歷過寶寧任職期間的動盪之後，香港需要有個性格溫和的人掌管。在任職的最初數年中，羅便臣花了很大力氣來消除以往刺激性事件的影響。羅便臣到香港將近兩年之後，於 1861 年 12 月 16 日向殖民地大臣紐卡斯爾公爵提交了"文職部門濫用職權調查備忘錄"，希望以此了結高和爾一案，穩定香港的政治生活。羅便臣的調查判定高和爾涉嫌"與海盜王麻子長期密切往來"，建議解除高和爾公職。1862 年 4 月 10 日，紐卡斯爾公爵批准了這個提議，之後紐卡斯爾公爵花了更多的時間來使安士迪保持沉默，"這次遲來的……偏頗的、不完整的、片面的調查"（1862 年 6 月 4 日安士迪在一封信中以他特有的措辭寫道）至少證實了安士迪提出的一項指控。

像高和爾一樣，與動盪的過去聯繫在一起的其他人也逐漸退出舞台。1852 年，律勞卑使團的倖存者亞歷山大·參遜離開香港；1859 年，威廉·堅和約翰·休姆退休；早期的殖民地政府官員中，只有憤憤不平的仔沙依然在任。新任命的都是較為穩妥之人，正直而足以勝任殖民地政府官員。其中的朱利安·龐斯富特在此後 10 年中一直擔任律政司，更算得上是個著名人物。官員的薪水標準確定下來，從總督的 5,000 英鎊到按察司的 2,500 英鎊不等，各部門負責人為 1,000 英鎊左右。部門負責人中還包括郵政司，因為香港已經擁有了自己的郵政系統。香港逐步脫離倫敦控制的另一個標誌是發行了自己的貨幣。與其他新興殖民地一樣，香港的貨幣單位沒有採納英鎊體系，而是中國傳統的"元"。1862 年，殖民地的賬目以元計算。

滙豐銀行

滙豐銀行創建於羅便臣任內，雖然這家銀行與羅便臣本人沒有多大關係。滙豐銀行之於香港，相當於英格蘭銀行之於倫敦。在香港，滙豐銀行始終被當作"銀行"的代名詞。滙豐銀行在很短時間裏就成為中國最重要的金融機構，並且始終是一家重要的國際銀行，對香港具有舉足輕重的意義。[28] 創建滙豐銀行的榮譽應歸於鐵行在香港的代理人修打蘭。修打蘭幹練過人，白手起家，年僅 28 歲就被任命為鐵行駐中國和日本代理行的負責人，還當上了香港立法局議員。1862 年，在印度的 F. W. 肯德爾——日後在修打蘭任鐵行董事長時擔任公司總經理——寫道："修打蘭終於熬過來了。我想，他回國時相當失意，如今威風八面地捲土重來，將成為香港的大班。修打蘭比我們大多數人更聰明、更開通、更敏銳。他完全融入了上流社會……是個徹頭徹尾的生意人，沒有過多的蘇格蘭人習氣。"[29]

1864 年 7 月，修打蘭打聽到孟買銀行家正籌劃開辦一家"中國銀行"，打算把這家銀行辦成一家主要的印資銀行，賺取對華貿易的利潤。修打蘭獲知籌劃者正在尋找於中國海岸開展業務的合法公司，便馬不停蹄地行動起來，組建了一家合適的商號。5 天之內，他就準備好招股說明書，還爭取到顛地洋行的支持，由顛地洋行發佈招股說明書。鑒於顛地與怡和兩大洋行的關係，他這樣做顯然是把怡和洋行排除在外。由於勿地臣爵士 6 年來一直擔任鐵行董事會主席，這種做法勢必在日後帶來無窮的煩惱。顛地洋行的法蘭西斯·崇利牽頭的臨時委員會分派了股權：香港和上海商人認

28　景復朗教授的巨著《滙豐銀行史》(History of the Hongkong and Shanghai Banking Corporation) 幫助研究者解決了眾多困惑，我在此處大量引證其研究成果。

29　肯德爾信函，現藏於國立海洋博物館。

購 8,000 股，2,000 股歸印度商人，另外 2,000 股給了日本、馬尼拉和世界其他地方的商人。委員會不允許任何持股人擁有超過總股本 2.5% 的股份，確保了公司股票持有的廣泛性。最終，修打蘭籌集了 250 萬元股本，這在當時是一筆很大的金額。

幾乎與“香港與上海銀行”[30] 同時，加爾各答籌資開辦了印度國民銀行，兩家銀行有着頗為有趣的相似之處。印度國民銀行有着與滙豐銀行相同的目的，即讓本地投資者能夠從自己經營的銀行業獲利，也同樣成功地募集了一筆巨額資本：500 萬盧比，約合 50 萬英鎊。印度國民銀行很快就把倫敦作為基地，而滙豐銀行始終是一家香港的註冊銀行，雖然該殖民地以外的人士擁有這家銀行的大量股份。另一個有意思的對比是，印度國民銀行自成立之日起就擁有印度裔董事，此後一直延續了這個慣例，直到 1984 年這家銀行被澳新銀行兼併；滙豐銀行選舉首位華人進入董事局則花了一百年時間。[31]

修打蘭利用了商人們的積極性，正如招股説明書——事實上它不過是對預期利潤的一個初步説明——的開場白所表明的：“在本殖民地創辦一家本地銀行，並在中國最重要的地點設立分行的計劃，已經醞釀了很長時間。”招股説明書以樂觀的口吻抨擊競爭，規定了廣泛的權利，這些權利會讓今日的證券交易所新股發行部門震驚不已，在當時卻完全兑現了：

> 目前，中國的各家銀行僅僅是總部設在英國或印度的公司的分支機構……難以令人滿意地為本地貿易提供比以往年代更廣泛和多樣的服務。“香港與上海銀行”將彌補這個缺陷……預計該公司有充分的理由取得成功……銀行將在香港和上海同時開展業務。

怡和洋行當然不會支持有顛地洋行參與的項目，他們竭力在立法局施加影響，試圖挫敗競爭對手。但是，修打蘭和崇利都是立法局議員，開設

30　滙豐銀行最初的英文名稱為 Hongkong and Shanghae Bank，其中，Hongkong 是一個詞，Shanghae 後拼作 Shanghai，直譯應為“香港與上海銀行”。—— 譯註

31　關於印度國民銀行，見泰森：《亞洲、非洲銀行業百年》(G. Tyson, *One Hundred Years of Banking in Asia and Africa*)。

銀行所需的條例仍在立法局得以通過。1865 年 3 月 3 日，滙豐銀行開張營業。

　　事後看來，滙豐銀行似乎生不逢時。不到一年時間，倫敦一家期票貼現銀行"奧佛蘭與古內銀行"倒閉，把整個英國金融界攪得天翻地覆。這家銀行的破產引發了擠兌狂潮，多家公司連鎖倒閉。在中國，怡和洋行靠拍賣大量資產再反租回來的辦法勉強渡過難關，顛地洋行卻不得不關門大吉，兩家大行商並存的局面就此告終。[32] 顛地洋行在香港的位置以及約定俗成地分配給他們的立法局席位轉給了另一家最早的廣州行商"仁記洋行"。但是，英國商號對於華人社會的重要性迅速下降。顛地洋行倒閉後的 15 年之內，只有怡和洋行始終位列香港 18 家最大納稅戶之列，其餘 17 家均為華人商號。

　　怡和洋行憑藉所屬輪船的速度優勢，至少設法從一家瀕臨倒閉的銀行撤回了存款，其中一艘船甚至比從加爾各答帶回消息的蒸汽郵船速度還快，"我們船上明輪翼的轟鳴聲和蒸汽管道的嘶嘶聲……讓我覺得所有的軸承都要融化了"。怡和洋行贏得了一個小時的時間，設法提空了賬戶，兌現了全部未付期票，搶在其他香港人得知消息之前挽回了"整整一船的硬幣，其中絕大多數是英國金幣"。[33] 老對手顛地洋行退出舞台之後，怡和洋行頂替了他們在滙豐銀行裏的位置，從此在銀行業扮演了領頭羊的角色。

　　在這段危機頻仍的時期，香港的銀行數量從 10 家減少到 4 家。滙豐銀行之所以能夠倖免於難，恰恰是因為它正處於草創時期。歷史悠久的銀行建立起資產負債表和貸款賬目體制，這種體制在經濟繁榮時期能夠帶來良好的收益，當時由政府債券無條件擔保的貸款，利息可高達 14%。但是，這種體制在很大程度上消耗了應付擠兌必備的即兌資產。新銀行的業務尚未發展到這種程度，保留了更多的原始流動資產。不但滙豐銀行得以倖免，印度國民銀行也倖存下來，而印度的老銀行幾乎全軍覆沒，這個頗富戲劇性的事例表明了新來者的優勢。

　　危機過後，滙豐銀行面臨更為廣闊的發展空間，銀行董事會迅速抓住

32　顛地洋行倒閉的部分原因是約翰·顛地的揮霍無度，他在香港賽馬上僅買賽馬就花了 1 萬英鎊。年輕的阿爾弗雷德·顛地當時是上海辦事處的職員，他決意復興家族的商行，他創辦了一家公司，以後成為英國國民波尼奧公司。

33　盧博克：《鴉片飛剪船》(B. Lubbock, *The Opium Clippers*)，第 371-373 頁。

了這個有利時機。10 年之內，除了中國的分行之外，滙豐銀行還在日本、
印度、西貢、馬尼拉、三藩市開設了分行或代辦處。對手的競爭始終沒有
給滙豐銀行造成多大威脅。1884 年，東方最大的英資銀行麗如銀行倒閉。
1869 到 1880 年間，印度國民銀行試圖打入香港，也以虧損和互相埋怨而告
終。1872 年，滙豐銀行成為香港政府的指定銀行。總督理查·麥當奴爵士
致函白金漢公爵："我很快就與滙豐銀行達成了協議……行政局堅持認為應
當毫不遲疑地抓住機會與滙豐銀行達成更有利的條件，該銀行實力雄厚，
在商界信譽卓著，我毫不猶豫地同意了。"[34] 兩年後，北京公使館的業務也
委託給滙豐銀行。從此，滙豐銀行無可置疑地成為中國第一大銀行，同時
也是銀行總部所在地香港的一大財富。

非法遊戲

香港不再是英中關係的中心，殖民地當局轉而忙於處理內部事務。白
廳文官與香港政府在香港內政問題上常常發生意見分歧，前者總是認為他
們的政治主人隨時會引爆某些被忽視的殖民地問題。殖民地問題很少在英
國引發爭端，更不會引起辯論。但是，香港有一些特別令人尷尬的問題，
賣淫、販賣奴隸、鞭刑，尤其是引人側目的賭博，引起了人們的關注，新
聞界也總是連篇累牘地進行報導。

在上述問題中，賭博首先惹了麻煩。英國有各種錯綜複雜的法律限制
賭博。[35] 只有在某些特定情況下，雙陸棋、彈子戲、枱球、賽艇、滾木球、
摔跤、惠斯特牌等消遣才是許可的。其他一些遊戲，如骰子戲、法羅牌、
輪盤賭則完全是非法的。拳擊介於合法與非法之間。有錢人在懷特俱樂部
或塔特薩爾俱樂部等私人俱樂部裏下注，想下多大賭注就下多大。窮人卻
不得不經常光顧非法賭場，或是同樣非法地在街頭巷尾下賭注。實際上，
窮人被禁止參與賭博。起初，這些法規是為了阻止"狡詐之徒"誘惑誠實的
人"接觸桌球、網球、骰子、紙牌、滾木球、撞球、擲木遊戲"以及各式各

---

34   景復朗，前引書，第一卷，第 160 頁。

35   布萊克斯通在《英國法釋義》第四卷第 13 章中對下文提及的遊戲和賭博做出了法律上的界
　　定，他把這些遊戲和賭博定為 "Public Wrong"（公眾過失）。—— 譯註

樣的非法遊戲,"因為射箭術大大衰微了……失去工作的潛水夫、製弓匠、製箭匠前往蘇格蘭定居"。這些法規宣稱,要想使"技師、手藝人、農夫、海員、漁夫、舟子或其他傭人遠離"賭博,"除非是在他們主人的房子裏過聖誕節"。[36] 到維多利亞時代中葉,雖然射箭術的衰微早已不再是迫切需要解決的問題,但這種基於等級劃分的立法卻依然適用於這一時期急欲抵禦下層社會誘惑的英國人。問題是,這項立法在香港根本行不通。

人人都想不勞而獲,華人熱衷賭博卻是個文化現象。這種現象與儒家世界觀密切相關,儒家強調贏得神明寵幸的重要性,這個民族的生活從不同層面體現出對幸運的渴求,從皇帝親自到天壇祭祀祈求風調雨順,到苦力賭番攤(數一堆石子的粒數)。不論是賽馬還是藏豆子遊戲,任何一樣東西都可以成為下注的對象,雖然中華帝國正式宣佈賭博為非法,但賭博卻始終十分盛行。務實的寶寧着手解決這個問題,他認為貫徹不下去的法律難以見效,建議仿效葡萄牙殖民當局不久前在澳門成功推行的辦法,把賭博合法化,同時實行嚴密監督。寶寧的建議如石沉大海,老派的輝格黨人依舊沉溺於玩法十分複雜的福克賽特牌,在牌桌上發大財或者輸個精光。但是,輝格黨正在演變成由極其可敬的格拉斯敦領導的不從國教派的自由黨,不可能贊同賭博合法化,哪怕是在香港這樣一個遙遠的地方。

直到 1867 年,理查‧麥當奴爵士主動採取行動,局勢才有所改觀。麥當奴爵士沒有甚麼顧忌,行事很少畏首畏尾。與各位前任不同,麥當奴出任香港總督時,已臨近其漫長的殖民地生涯的尾聲,香港是他退休前的最後一個任職地。此前,他曾擔任尚比亞、聖露西亞、聖文森特和南澳大利亞的總督,還獲得了騎士封號,所以沒有理由害怕與白廳發生爭執。麥當奴天性專斷,喜愛冒險——他曾在澳大利亞從事開拓探險——不能容忍懶散和欺騙。他對殖民地部大人物說話的習慣口吻在殖民地總督中是不多見的,這一點尤其令文雅而貴族化的格蘭維爾伯爵惱怒不已。麥當奴還直接插手外交和領事部門,阿禮國憤憤不平地數落麥當奴"粗野傲慢、行事草率、不知禮儀"。麥當奴身為資深律師,曾任殖民地按察司,深諳法律。他在西非的經歷,包括數次參加戰鬥,則表明他性喜冒險。他的公文生動、

36　亨利八世(33 Henry VIII c.9)。

銳利，時常向殖民地部提出有爭議的問題。

像所有類似性格的人一樣，麥當奴事必躬親、乃至獨斷專行地管理香港，既不倚重自己的屬下，也不把公眾輿論當回事。不論他的做法正確與否，麥當奴用前任總督不曾有過的方式把這個殖民地的華人與歐洲人重新團結成一個整體。為期 4 個月的調查結束後，他採取一系列有力行動，範圍涉及稅收、行業登記、敉平海盜以及刑事審判制度。在推行這些舉措的過程中，麥當奴時常遭到強烈反對。麥當奴的革新舉措中，爭議最大的是發放賭場許可證。在香港，賭博習慣難以抑制，禁令流於形式，不可避免地造成貪污蔓延。員警薪水低廉、缺乏訓練，向非法賭場的老闆索取巨額金錢。即便採取極端措施，用不那麼容易受賄的蘇格蘭巡警來代替英國人，仍未收到立竿見影的成效。麥當奴爵士遊説不情願的殖民地部採取發放許可證這一切實可行的辦法。麥當奴很幸運，當時的殖民地大臣加拿分勳爵年輕而開明（他甚至支持婦女選舉權），還擁有上議院議席，從而確保了自己的地位。因此，加拿分樂於做出有可能不得人心的決定，而那些囿於前例的繼任者往往不願輕易改變傳統的政策。

1867 年 9 月，香港 11 家公開賭場開業，激起傳教士的強烈反對。之後，傾向改革的倫敦 "社會科學協會" 也予以抨擊，他們極力諷刺香港 "地方當局自作主張地通過一項條例"，這項條例 "使英國國內外的聲望蒙受……巨大恥辱"。麥當奴反駁了協會的抨擊，想必他內心格外苦澀，因為他本人就是該協會的成員。麥當奴表示，不知該協會從何處得知中國業已 "徹底禁絕" 賭博這一非常奇特的消息，他直言不諱地承認，要想在短時間內禁絕賭博，只有採用中國曾經實行的措施。這些措施包括 "把賭場夷為平地，拷打賭場老闆，實際上本政府從未訴諸這些手段"。[37]

香港曾經嘗試運用法律手段來禁賭，對參與賭博者施以英國司法所許可的態度曖昧的處罰，結果只是導致貪污和犯罪增加。麥當奴爵士不願像委員會無意中建議的那樣一如既往地利用這種藉口，他還語帶誇張地詢問委員會成員，是否寧願要那種 "嘩眾取寵的立法，這種立法就像乏味的演説者為了贏得掌聲而文過飾非，卻不可能贏得真誠人士的認可，這些人士完

37　此處及下引文引自《關於香港賭場的通信》（Correspondence Relating to Gambling Houses in Hong Kong, 1868（Blue Book））。

全理解問題的癥結所在，對他們的職責充滿責任感"。

可以說，麥當奴爵士本來可以憑藉自己的機智佔得上風，只是他忽略了一個因素，即從前的害羣之馬：高和爾。

麥當奴發放賭場許可證的政策收到立竿見影的效果，乃至那些正在大發其財的賭場老闆紛紛急於證明自己的清白。總督不是希望禁止外國人進入賭場嗎？好辦，他們不會被允許進入賭場，儘管這樣將損失一些利潤。總督不是想把那些可疑分子和出名的惡棍抓起來嗎？好，這些傢伙很快被抓起來，數量還相當可觀。治安好轉靠的不是別人，正是那位造成問題但又十分得力的高和爾。高和爾如今受僱於那些有執照的賭場老闆，協助賭場老闆避免觸犯法律，薪水每年 2 萬英鎊，幾乎與總督本人的年薪一樣高。高和爾頗為得力，一個月之內（1869 年 1 月 15 日到 2 月 14 日），經過鑒別需要抓捕的 24 名"非法賭徒和危險分子"中，有 21 人被"高和爾先生的偵探"抓進了監獄。麥當奴意識到高和爾的價值，他致函格蘭維爾勳爵（他繼加拿分勳爵和白金漢公爵之後出任殖民地大臣，麥當奴任職期間先後與 4 位殖民地大臣打交道）：

> 高和爾先生在華人社會的口碑很好，對他們有很大的個人影響力，我認為他完全配得上這種影響力。此外，從立法局熱切表達的讚許可以大致看出他目前在外國人社會中的地位。1866 年 8 月 15 日，（立法局）公開讚揚他，完全認可他以前和近年來的所作所為。

但是，麥當奴爵士沒有意識到，維多利亞時代強大的道德浪潮足以席捲一切。英國國內政客難以啟齒的是，賭場經營者上繳香港財政的牌照費之多，已經達到令人尷尬的程度。白廳擔心被人指控利用"邪惡的利潤"來彌補殖民地的財政缺口，因此不肯批准公開使用這筆收入，只用它來支付一兩項特定的治安開支。白廳官員的這種態度得到斯馬萊爵士的支持。斯馬萊是這個殖民地的正按察司，正在發動一場要求廢除賭場許可證制度的狂熱運動。1870 年，麥當奴離開香港度假，斯馬萊着手聯絡香港輔政司和署理總督威菲路將軍，他宣稱："在這個殖民地賭博的不良影響已經達到駭人聽聞的程度,迄今為止從未充分認識到……賭博的可怕後果……員警的可信度……從來沒有像現在這樣低。"對於麥當奴來說幸運的是,當時香港的律政司是那位非凡的朱利安·龐斯富特,他日後成為一位傑出的外交家,英國首任駐美大使,還協助創立了海牙國際法庭。龐斯富特用最直言不諱的語言猛烈抨擊斯馬萊:

> 我無法認可他(斯馬萊)所舉事實的準確性,他竭力把這些事實作為反對這種體制的基礎……相反,我堅持認為,由於實行了賭場許可證制度,犯罪大幅度減少……總之,我冒昧地表達一個願望,正按察司不要再從法官的角度攻擊政府的這項政策,無疑,他(這麼做)等於是鼓勵……每一種與發放賭場許可證制度有關的謊言,這些謊言將給這個殖民地帶來恥辱。[38]

就連如此直率的反駁也不足以在殖民地部扭轉局面。香港商人——他們可以悠閒自在地在俱樂部賭博——站在斯馬萊一邊,許可證制度最終取締。歐德理當時在香港,他在事件塵埃落定後的 1895 年寫道:"取締賭場沒有收到任何積極成效。自那以後,賭博和警界腐敗依然肆無忌憚。這個問題完全被政府忽視,依然有待一位行家裏手來解決。"[39]

圍繞香港徽章的爭論,集中反映出麥當奴爵士對待白廳上司的輕慢態度。香港徽章奇特的圖案是在 1842 年時匆匆拼湊而成,圖案描繪一個英國人和一個中國人在海灘上交易,邊上有一堆茶葉箱,背景有一個海島,若不去深究,這個島大概就是香港島。1869 年,這一圖案成為這個殖民地新旗幟上的徽記。麥當奴很不喜歡這種圖案,7 月 3 日,他憤憤不平地致函格蘭維爾勳爵:"(徽章)圖案像是瓦平的一個油畫顏料商為了區區 3 英鎊拼湊出來的。"麥當奴提出"應該代之以一位身着晚禮服的紳士在九龍海濱——對於這種交易來說,這是一個與眾不同的場所——購買茶葉的圖案……著名的大不列顛和英國雄獅的圖像"。

殖民地總督不是非得用這種冷嘲熱諷的口吻對列位伯爵和內閣大臣説

---

38 同上註,《律政司備忘錄》(Memorandum of the Attorney General),1870 年 11 月 29 日。
39 歐德理,前引書,第 440 頁以下。

話的，恰巧徽章真的是瓦平一家體面的油漆供應商湯姆森公司設計的，這樣一來，麥當奴的信函越發令人不快。結果不難想見，徽章圖案依然如故。許多年之後，博學的總督金文泰再次試圖更改徽章圖案。他在 1926 年建議徽章應該加上一些頭戴王冠的華人形象。這個建議遭到立法局否決，立法局議員、怡和洋行的 C. H. 羅斯評論說："這個殖民地能夠告訴你（徽章上）那些人物是誰的歐洲人"不會超過 10 個。金文泰非常憤怒，尖刻地挖苦說："這個社會終於憑藉自學達到了瓦平的美術水準。"雖然人們很不滿意，但徽章圖案始終如一，直到 1958 年，總督柏立基爵士要求設計一款新圖案，徽章才有一些細小改動。香港警員依然堅持保留老圖案，這種徽章至今仍噴塗在香港警員"路虎"巡邏車的兩側。40

麥當奴極為內行地從事緝捕海盜的鬥爭，外交部和海軍部並不支持他，這兩個部門都不願意在未獲得中國政府許可的情況下到這個殖民地海域之外採取行動。總督設法解決了這個問題，他武裝了兩艘帆船（他把其中一艘命名為"荒謬"號），讓九龍巡理府上船，從而使這種做法帶有某種合法性。雖然沒有得到白廳的支持，但麥當奴如法炮製之後，海盜從此不再猖獗。

親王來訪

對華戰爭提升了香港社會的地位，刺激了貿易發展，討人喜歡的軍官們暫時加入到這個社會之中，為遠征軍服務的後勤部門也建立起來。寶寧、羅便臣和他們的妻子熱情好客、款待殷勤，英國國內也開始出現適度誇獎這個殖民地生活的報導。一位倫敦劇團經理阿爾伯特·史密斯——19 世紀 50 年代，他在倫敦皮卡迪里路埃及大廳的表演非常成功——決定創作中國題材的節目，為此在 1857 年開始了一趟收集素材的旅行。史密斯屬於人們通常稱作"怪人"的那類人，他是醫生、最典型的波希米亞人、加里克俱樂部的顯赫人物。狄更斯和薩克雷都是該俱樂部的成員，史密斯與前者是密友，與後者卻鬧翻了。據說，正是他鼓勵狄更斯着手創作了那些大受歡迎的公眾讀物。不過，史密斯本人的職業就不那麼嚴肅了，他與一些華人女

40　見《印章與旗幟》（'Seals and Flags'），現藏於香港大學香港歷史文獻館。

子表演的二重唱大獲成功，他在表演中"打扮成老年婦女，像我在巴登博覽
會的舞台上常常表演的那樣"。香港社交生活單調乏味，人們把史密斯的
到訪視為受歡迎的變化。炮兵上尉特威斯負責照顧史密斯，他帶史密斯去
了"一家美國酒吧，我們在那裏吃了一些上好的草莓餅"。約翰‧顛地邀請
史密斯赴宴，這頓飯是"我曾經吃過的最好的晚餐之一，不論是與倫敦還是
巴黎的餐館相比"，晚餐是由顛地的法國廚師烹製。席間的話題總不外是賽
馬、賭博和賽艇。令史密斯印象深刻的是，"許多人乘馬車進進出出，一些
美國佬坐四輪輕便馬車；黑人馬夫牽着渣甸先生的一羣賽馬出來遛馬"。

　　溫文爾雅的約翰‧寶寧爵士博學地談論他建立的植物園裏的樹木和植
物。史密斯在總督府與寶寧爵士、馮‧斯托賓齊將軍和查理斯‧渣甸友好
地共進晚餐，"我們拿寶寧爵士的一些日本酒大開玩笑，這種酒實在難以下
嚥"。這位皮卡迪里的表演者收到了豐厚的禮物（其中包括葉名琛的裘皮大
衣和他凌遲處死囚犯時用的十字架，以及顛地洋行的錢納利繪製的素描）。
儘管受到真誠款待，但史密斯仍然覺得香港平淡乏味。犯罪依舊司空見慣，
只是不再像以往那樣具有戲劇性。史密斯錢包失竊了，他發現一位朋友總
是隨身帶着一根木棍，還養了條"兇猛的狗"。這裏的英國人對華人所知甚
少，而且似乎不願意接近華人，英國人"很少提及當地多數居民的習俗，即
公眾必定會關注的那些細小的顯著特徵"。英國人彼此之間倒是瞭若指掌，
"香港社交界有一個獨特的特點，人人都猛烈攻擊其他人，都在我面前把其
他人說得一無是處"。在經歷過皮卡迪里刺激生活的史密斯看來，殖民地生
活令人生厭：

> 　　大宅邸裏年輕人時間觀念很差。品茶被視為消遣，它算不上
> 智者的有益活動。我從未見過哪個年輕職員手裏拿着書，他們在
> 陽台上虛擲光陰，要麼就躺在長竹榻上打發時間；抽煙很兇；在
> 俱樂部玩枱球，俱樂部裏枱球的聲音從一大早開始就無休無止；
> 他們得空也流覽一下本地報紙。這些報刊通常充斥着最乏味、最
> 無足輕重的本地小爭論，安士迪先生、布烈治先生、約翰‧寶寧
> 爵士以及高和爾先生不時受到這些報紙的攻擊，這讓來訪者感到

困惑不解，他們很想知道這些小風波究竟有甚麼大不了。[41]

1856 至 1859 年間，阿爾弗雷德‧韋瑟黑德曾在香港擔任政府職員，他的看法與史密斯的觀點大同小異，雖然他略微為殖民地社會辯護的立場會影響其看法的準確性：

> 香港沒有多少社交娛樂。這裏沒有文學、科學研究機構和互濟會等組織。這裏有皇家亞洲協會的分會，更讓人痛苦的是它只面向嚴格限制的少數人。這裏倒是有一座圖書館和閱覽室，靠每月兩元的高額會費維持，會員可以在那裏下棋、演奏樂曲、舉辦演講會和晚會，如果他們願意的話，還可以上課。但他們不願意。在這個最重要的場所，這類活動使不同圈子的人彼此相識，指責是很不妥當、令人不快的……在俱樂部這個特選者的樂園和殖民地紳士的會所，他們非常喜歡打枱球。[42]

香港下層社會的生活要有趣得多。1850 年，第 59（東蘭開夏）步兵團的詹姆斯‧波德爾中士到香港服役。最初，他發現這裏的情況令人吃驚：士兵們每天身穿全套制服和皮製硬頸帶操練數個小時；患病率和死亡率高得驚人；上校逃回英國，由於找不到接替的人選，最後把 H. H. 格雷厄姆少校提拔為團長。到此時，情況已經好轉，板球、足球、拳擊和九柱戲取代了過量操練，怡和洋行為士兵提供了一些製作精良的搖槳小艇。波德爾擔任衛戍部隊戲劇表演的舞台監督，還受到其他參與表演者的款待，"在炎熱天氣裏……他們把啤酒、杜松子酒放在籃子裏，吊入井中冰鎮。這些飲料變得非常柔和，口感很好"。另一位有益的朋友是顛地的馬夫，他是和兩匹賽馬一道從英國來的，他帶領波德爾參觀了賽馬場，"你在賽馬場一天見到的華裔貴婦，比在香港維多利亞城 5 年之內見到的還要多"，雖然那裏"華裔婦女名聲不好的宅邸比我到過的任何地方都多"。

緝捕海盜也是件趣事。皇家海軍"雷納爾"號抓獲的海盜尤其多，因為

41　史密斯：《中國紀行》(A. Smith, *To China and Back*)，第 23-35 頁。

42　韋瑟黑德手稿 (A. Weatherhead manuscript)，現藏於香港大學香港歷史文獻館。

它可以調低桅杆和煙囪,船上的排氣後燃器可以減少煙霧,從而能夠悄悄地沿江而上,不被海盜發現。波德爾"看到海盜被抓起來,彼此用辮子繫在一起,後來被處決,排成 3 行,每行 3 人"。一位年輕女士的魅力誘使波德爾脫離了軍旅生涯,他對這位女士"用情書大獻殷勤",1854 年 10 月,他與薩拉·麥金萊結婚,團部樂隊參加了婚禮,大家全都很開心。[43]

1869 年 10 月 31 日,香港迎來了首位王室客人,阿爾弗雷德親王、愛丁堡公爵指揮皇家海軍蒸汽動力快速戰艦"迦勒底"號抵達香港。"艾菲"是維多利亞女王的次子,備受眾人的喜愛。他有"非常坦誠友善的氣質",與其兄長的任性脾氣形成了鮮明對比。他幸運地獲准加入皇家海軍,而威爾士親王無法從事任何有意義的職業。1869 年,年僅 25 歲的艾菲已經遭到過一名愛爾蘭恐怖分子的槍擊(他倖免於難),並在公民投票中以絕對多數當選為希臘國王(他拒絕了)。公爵一到香港就表現出取悅於人的才華,他發現自己從前的指揮官亨利·科普爾 —— 就是蘇謀斯事件中的那位上校,如今已是海軍少將 —— 恰好將在他正式抵達前離開這個殖民地。艾菲馬上安排手下的軍官代替海軍少將座艇上的水手,把科普爾從碼頭送上軍艦,公爵親自為科普爾繫纜繩。

為公爵安排的娛樂表明香港在成為一個體面的殖民地方面有了長足進步。除了常見的舞會、焰火和宴會外,艾菲觀看了業餘劇團演出(約克先生還送給他一部莎士比亞選集)和德國唱詩班的演唱,兩次活動都安排在新落成的香港大會堂(用煤氣燈照明)舉行。艾菲還親自指揮了一場音樂會(他是個不錯的小提琴手),觀看了一齣華人戲劇,打了板球(板球俱樂部早在1851 年就成立了)和滾木球(在東方滾木球場),還為一座天主教堂奠基。公爵把剩下的時間用來平息 3 年前的一場爭執,當時沃奇爾先生與托姆塞特上校為座次安排鬧翻了。誰有資格坐教堂 6 號小包間的問題最後不得不提交白廳裁決,"雖然這個所謂的 6 號小包間離佈道壇的距離比原先的 6 號包間近 2 英尺 6 英寸"。白廳決定支持上校,因為"教區居民有權要求按照職位和地位高低排定座次"。1860 年,香港俱樂部的新會所投入使用,"會

---

43 波德爾,前引書,第 61-71 頁。波德爾比第 98 團中尉奧蘭多·布里奇曼過得更自在,他寫道:"我今天下午去觀看部分粗心的駐軍士兵打板球。我之所以稱他們粗心,是因為我認為那簡直是瘋狂的舉動……他們就在火辣辣的太陽下打板球……我可不想在這種可怕的地方赤身露體。"(Robin Maclachlan in JHKBRAS, vol. 14, 1974)。

所的內部佈置十分雅致，為建築師 (S. 斯特羅恩先生) 帶來了很高榮譽"。
俱樂部章程規定海軍軍官不得入內，如今這項規定對"迦勒底"號軍官大概
不再有效。共濟會香港分會肯定不會遇到類似的窘境，因為總督本人就是
分會成員。[44]

　　公爵的訪問日程中，至少有一天時間專門由華人負責接待，這表明香
港的華人居民事實上已經開始得到承認，雖然這種承認與華人的重要性完
全不相稱。麥當奴收到的指示是出自權威的自由黨改革家愛德華·卡德威
爾，指令要求未經白廳批准，香港不得通過任何立法，因為"那裏的非洲裔
或亞裔會面臨……歐洲人或其後裔所沒有的不利條件"。麥當奴沒有因為這
道指令而停止採取那些讓許多華人憤怒不已的行動，不過這只是因為他為
解決問題不惜開罪所有人，而不是出自對華人社會的偏見。事實上，華人
社會很快形成了新的凝聚力和融合。[45]

　　太平天國起義給香港帶來了一個好處，即相當數量"體面的"中國人首
次湧入香港，他們為逃避大陸上持續不斷的動亂，被迫拋棄安定和富裕的
生活前來香港。與早期成羣結隊來香港的苦力不同，這些人是帶着家眷一
起來的。理雅各認為這是"香港發展歷程的一個轉捩點。當廣州面臨危險
時，富有的家庭匆匆棄之而去，其中很多來到這個殖民地"。1844 年，香
港人口的男女比例為 5 比 1，到 1869 年，男女比例已穩定在 2.7 比 1，在
19 世紀其餘時間裏始終維持在這個比例上下。1845 年，香港僅有 78 幢家
庭住宅，1867 年時已增加到 1,775 幢。許多移民實際上都是有財產、有膽
識的人。到 1859 年，65 家華人商號已經積累起相當雄厚的資本，其規模
大得足以作為"行商"登記。一些華裔商人的實力堪與英國大商人相匹敵。
鐵行買辦郭甘章買下了該公司工程部的全部產權，建立了自己的汽船航線，
到 1876 年，他已是這個殖民地的第三大納稅人。

　　1869 年，教會培養出第二代香港華人，他們掌握流利的英語，熟悉西
方人的經商手段和政治策略。他們不僅受教於蘇謀斯這樣固執己見的人，

44　關於共濟會的活動，見哈夫納：《東方的行會》(Haffner, *The Craft in the East*)。

45　許多關於香港的歷史著作都忽視或曲解了這個殖民地內部華人組織的興起。1989 年，冼玉
　　儀博士發表關於東華醫院的論文《權勢與善行》(1991 年)，陳偉群博士出版了《香港社會的
　　形成》，人們對這種超政府組織的發展必須給予全新的認識，它們很有可能對未來產生了重
　　要影響。

也受教於裨治文和理雅各這樣的人，後者不僅秉持自由主義觀點，還了解中國，同情中國人的渴望。自商務監督署成立伊始到 1857 年，羅壽嵩一直為商務監督效力，他的姪子羅善萬後來成為立法局議員，他的孫子羅少鎧當上了聖保祿教堂的院長。1871 年，何福堂牧師去世，留下 15 萬元遺產，這筆錢來自成功的地產投機。兩年後，他的兒子何啟前往英國學習法律，差不多在同一時間，何啟的姐夫伍廷芳也到英國學習法律。1880 年，伍廷芳成為立法局首位華人議員，他在立法局的繼任者是黃勝，後者曾隨容閎前往美國。1896 年，黃勝的女婿韋玉也當上了立法局議員。

第二代華裔殖民地居民開始進入殖民地政府，與此同時，人們試圖在變化了的環境中重建華人社會的傳統。殖民當局態度謹慎，三合會一類的華人會所受到猜疑，而且是出於正當的理由。其他一些會社，包括商業行會在內，始終沒有得到承認。不過，一些華人組織得到不同程度的扶持。華人更練最早獲得官方承認。為了彌補正規警力的不足，麥當奴頂着很大壓力，將華人更練作為輔助性員警部署在華人區。華人更練董事會逐漸成為進入政界的階梯，由此可以進入立法局，獲得大英帝國的榮銜。傳統的華人會所集中在廟宇附近，尤其是荷李活道的新文武廟，它已經發展成一個法庭，華人在熟悉的環境中用漢語訴說冤屈，解決爭端。這裏的訴訟程序完全不像新設立的英國法庭那樣令人驚恐，哪怕英國法庭真誠地努力適應華人習俗，英國法官也沒有清朝法官那麼專橫兇惡。人們總是認為由自己人來平息事端更可取，這座廟宇建成後的 8 年時間裏，英國法庭沒有受理過一宗純粹的華人案件。

廟宇委員會類似於英國的教區委員會，其成員是通過鄰里組織推選產生。委員會成員很快就掌握了比教區委員會大得多的職權，他們"秘密地管理本地人事務，充當商業仲裁人，為途經香港的清朝官員安排合適的款待，就官職買賣進行磋商，成為香港華人居民與廣州當局之間非正式的連絡人"。街坊會最初並不專門針對香港政府代表華人社會的利益，他們的現實存在卻使得政府官員在用得着它們的時候與這些新興組織進行磋商。

殖民地政府以頗為讚許的態度看待華人會社，尤其是那些涉及貿易和治安的會社，這兩個領域是雙方都關注的。但是，英國官員很難理解華人的衛生和醫療觀念。在數個世紀時間裏，中國的醫學理論和實踐始終停留在羅馬帝國的水準，後者直到文藝復興之前幾乎毫無變化。時至今日，中醫的基礎仍是與伽林學說大同小異的"體液"和機體平衡理論。中醫幾乎完全不具備解剖學知識，外科技術停留在帕黑之前歐洲醫學的水準。不過，中醫有一部收羅完備的藥典，這部藥典甚至比中世紀伊斯蘭藥典還好。在某些生理學領域，中醫至今仍被歐洲醫生接受（最受認可的是針灸、心智訓練和吐納術）。

顯然，19世紀歐洲醫學迅速湧現出來的最新發現沒有傳到中國。麻醉術和無菌法使得外科手術徹底變革，公共醫療管理在降低死亡率方面取得了長足進步。維多利亞時代中葉，英國人憑藉巨大的活力清潔了城市，僅僅一代人之前這些城市還與狄更斯筆下的城市一樣令人作嘔。英國人把這種新興的熱誠信念應用於解決香港的問題。中國文化對醫療領域受到入侵感到震驚和厭惡，所有外科手術都引起恐懼和反感，西式醫院那種陌生的秩序常常被打擾。強制性的衛生措施尤其使家庭隱私完全暴露，還侵犯了華人傳統中許多最受重視的東西，包括死亡、土葬以及對死者遺體的尊重。

在香港這樣的社會，絕大多數居民不是本地人，而且有大批移民過境，很快就需要有一所讓死者在被送回原籍村莊安葬之前暫時停靈的"義祠"，以及一座保存祖先牌位的公共祠堂。臨終過程總是要舉行各種花錢而煩瑣的儀式，死過人的房屋被視為不潔，人們惟恐避之不及，因此香港義祠逐漸成為停放垂死者的場所。不難想見，沒有甚麼比這更容易讓維多利亞時代英國人按其衛生和道德標準而大感震驚的了。1869年，首批官學生之一的阿爾弗雷德·李斯特描述了義祠的情況：

> 一間屋子裏有一塊木板，上面躺着兩個半死的可憐人，還有一具屍體，泥地上到處是一窪窪的尿液。另一間屋子裏是那些陪同者認為還活着的人……其他各間屋子到處是痛苦而羸弱的人，他們要麼已不能言語，要麼無法行動，他們身上襤褸的衣服顯然自來到這裏以後就一直沒有換過，他們的生活必需品匱乏到難以言述、令人難過的程度。

麥當奴對於領地內的這種可悲狀況感到尷尬，便採取切實可行的有力措施關閉義祠，制訂改善計劃。政府部門中的一些華人首先提議，華人社會應該開辦和自行管理一家醫院，這所醫院將提供傳統的中醫治療，收治晚期病人，同時接受官方的監督。香港社會很快採納了這個建議，倫敦也很快批准了，殖民地部此時正為動盪不已的新西蘭和加拿大忙得不可開交。華人領袖迅速組成董事會，籌集了大筆資金，麥當奴獲准從政治上令人尷尬的賭場許可證收費中撥出一筆津貼。東華醫院應運而生，這所醫院新奇和富有想像力地融合了西方與中國的觀念。從華人角度看，意義最大的一點在於，他們的意見即使只是"偏見和迷信"也應當得到體諒，傳統中醫得到正式承認。

新醫院的管理機構由香港最富有、最有勢力的華人組成，從而把帝國的學者型官僚和家族士紳排除在外。董事會與街坊會和商人行會聯繫密切，幾乎立即成為這個殖民地的華人權力中心。仁記洋行的買辦梁安擔任醫院管理委員會主席，一些頭面人物，如鐵行輪船公司、滙豐銀行、瓊記洋行和渣打銀行的買辦，也都是委員會成員。這些人以得到官方認可的"東華醫院董事會"名義行事，能夠向政府施加壓力，他們立即就彬彬有禮地這麼做了。

東華醫院董事會是個守舊的小集團，非常熱衷於名分地位，很多成員花錢買了當時是自由買賣的清朝官職和榮譽。不過，他們當中也有新一代的代表人物，如伍廷芳與何福堂牧師，雖然醫院董事會只能由商人和行業公會代表組成。董事會中最有勢力的是買辦。華人買辦扮演的角色和所起的作用與廣州的公行商人大同小異，他們是外國商行不可或缺的組成部分。華人的語言和習俗，華人社會特有的錯綜複雜的權力與義務體系，使得外國人無法在沒有仲介者的情況下從事貿易。買辦由最初卑微的家僕或商行管事人之類的人物演化成職員，他們為外國商人效力，也充當外國商人的合夥人，發揮了十分重要的作用，外國商人爭相獲得他們的幫助。

中國的民族主義歷史學家常常公開表示對買辦的憎惡，這個階層被看成是叛徒和外國人的走狗。顯然，買辦必須掌握不錯的英語，日漸精通西方人的生意之道。香港和各通商口岸的買辦融合了華人的世故和進取心，成為經濟發展的強大力量，對 19 世紀中國的經濟進步貢獻良多。[46] 買辦對中國早期工業的發展貢獻巨大，這種貢獻有時甚至是決定性的。一位年輕的買辦鄭觀應對中國政治思想產生了重大影響。鄭觀應曾受僱於顛地洋行，期間出版了一部著作。這本書在 30 多年時間裏以各種名目和版本印行不衰，青年毛澤東顯然曾熱切地閱讀過這本《盛事危言》。鄭觀應認識到西方的強大不在於軍事技術，而在於商業、工業以及社會組織：「乃知其治亂之源，富強之本，不盡在船堅炮利，而在議院上下同心，教養得法。」英國士兵之所以能夠摧毀寧波，不是憑藉他們的毛瑟槍，而是射擊紀律。

　　鄭觀應與何啟等人的思想衝破了他們所屬的傳統，東華醫院董事會逐漸發展成新興的華人行政機關，儘管其權力有限。而殖民地當局首次有了了解華人輿論的可靠途徑。

46　郝延平：《19 世紀中國的買辦》(Y. P. Hao, *The Comprador in Nineteenth-Century China*)，第 201-206 頁。關於買辦對中國早期工業化的財政上的重要性，見郝延平編製的表：

中國企業的資本來源（%）

企業	官辦	商辦	官督商辦	買辦	企業總計（千元）
華人輪船公司	6.94	25.79	12.77	54.5	1,958
煤礦業				62.7	3,645
棉紡織業	20.98	21.9	33.89	23.23	18,047
機器製造業	17.36	27.36	27.64	27.68	2,887

第九章

令人不快的話題

污水與肉刑問題

　　1869 年"艾菲"的到訪，標誌着香港進入了一個備受重視的時期。和藹的羅便臣和活潑的麥當奴這兩位繼任者更為關注內部事務，已經消除了寶寧——他自以為是具有世界影響的人物——那些怪異行徑的影響，接替麥當奴的亞瑟·堅尼地爵士也沒有捲入任何國際糾紛。清政府極端血腥地鎮壓了太平天國起義，恢復了對中國的統治。朝廷軍隊在佔得上風之後，常常不分男女老幼大肆屠殺起義者。朝廷同樣用屠殺手段鎮壓 19 世紀 60 年代的騷亂，如新疆、四川的穆斯林暴動以及持續時間很長的山東捻軍起義。經過 10 年征戰，中國形成了一支戰鬥力強、紀律嚴明的核心軍隊，湧現出一位傑出的領袖李鴻章。在之後的 40 年時間裏，李鴻章成為"自強"政策的領軍人物，是中國與世界打交道所不可或缺的代表。此時，在願意接受西方援助的李鴻章和恭親王等人領導下，統一的中國似乎能夠避免進一步動盪，在世界強國之林佔據一席之地。

　　麥當奴屬於香港人欣賞的那類總督，堅忍不拔、坦白直率。麥當奴擔任總督 7 年之後，於 1872 年 4 月 11 日離開香港，歐洲人和華人都感到依依不捨。麥當奴有豐富的殖民地管理經驗，認識到香港"極為特殊"的處境，殖民地的老規矩在香港根本行不通。殖民地部官員卻沒有意識到這一點，他們對牛津的興趣遠比對遠東的興趣大（當時沒有哪位英國殖民地部的高級官員到過地中海以東的地方）。

　　麥當奴離開一週之後，亞瑟·堅尼地爵士抵達香港，當時他 63 歲，行將結束自己的殖民地生涯，渴望過一種安寧的生活。他聽從勸告，支持商人僑民提出的抱怨，批准了一些離經叛道的做法，比如在某些特殊場合邀請華人進入總督府，增加華人員警人數，使用曾令吉南領事大為惱怒的錫克人充當監獄看守，卻因而頗得人心。

香港的人口穩定在 12 萬人多一點：

年份	非華裔	華人	總計
1862	3,034	120,477	123,511
1865	4,007	121,497	125,504

1867 年後，外國人所佔比例有所上升：

1869	7,699	114,280	121,979

此後，外國人的比例又下降了：

1895	10,828	237,670	248,498

　　1895 年後，外國人的總數維持在兩萬人以內，而華人人口則不斷增加。

　　種族分佈如此不成比例，勢必帶來十分棘手的問題。中國文化和習俗根深蒂固，影響極為顯著，華人難以適應英國人的行為方式和習俗。溺嬰和海盜行徑激起一致反對，也確實日漸減少，但纏足、賭博、抽鴉片、童婚和納妾等陋習就不那麼容易對付了。賣淫雖然很普遍（僅倫敦一地就有大約 25 萬名婦女靠賣淫為生），但官方肯定不會承認。就連華人顯然能夠接受的刑罰，也受到越來越敏感的英國選民反對。黥刑（按照通常的說法，這種刑罰是用墨汁在耳朵上紋上一個粗箭頭，據說毫無痛楚）肯定不是英國式的刑罰。鞭笞是比較常見的刑罰（英國軍隊直到 1880 年才廢除鞭笞。直到第一次世界大戰之後，英國監獄仍在實行鞭笞），但必須控制在適當限度之內。

　　所有這些問題引起了殖民地部官員的嚴重關注，他們總是惴惴不安，選民的道德義憤讓他們大為頭痛。但是，香港當局另有看法。跟以往一樣，殖民地部與香港政府都意識到幾乎不可能改變華人的習慣，也都認為華人不願做出改變，五花八門的拖延手段層出不窮，使得一些陋俗，例如逐漸變為童養媳和姬妾的"妹仔"，一直延續到 20 世紀 30 年代，令英國輿論大為震驚。

　　中醫得到容忍，進而在東華醫院指導下得以制度化。西方人無不指責華人缺乏衛生觀念，華人對個人整潔一絲不苟，但毫無公共衛生觀念。他們可以在最不衛生的環境中擠作一團，自然也會在牀底下養豬（當局曾在一套公共租屋中找到過 172 頭豬）。他們把污物倒在提桶裏，不肯讓那些專門收垃圾的人運到廣州做肥料。不能賣錢的東西被扔進雨水溝，排水溝因此成了公用下水道。在家裏養牛沒有養豬那麼普遍，1875 年的一次調查發現，由於養牛的房子太小，牛犢一長大就被當場宰殺。究其原因，不幸的華人居民並非性喜如此，而是受到房東、通常是華人房東的剝削。這些房東把成百戶家庭硬塞進狹小的聚居屋，收取高額房租。倘若這些令人厭惡的事情僅限於華人區，外國人也就準備容忍了，尤其是外國人自身也是房東，正急於通過修建高密度的住房來牟利。一旦這些問題開始波及外國僑民的住宅區，他們的耐心便煙消雲散了。歐式住宅與華人住宅之間涇渭分明，由於香港空間狹小，兩類住宅靠得很近。1874 年，精力充沛的新任總醫官菲尼亞斯·艾爾斯博士視察了華人區，發現那裏的情況十分糟糕，"我常常忍不住從房子裏跑到街上嘔吐"，"倘若情況得不到改善，將發生可怕的流行病"。[1]

當年晚些時候，有史以來最大的一場毀滅性颱風襲擊了香港，進一步惡化了本已惡劣不堪的環境。當時在香港的歐德理描述說："該城看起來像是遭到一場可怕的炮轟。成排成排的房屋被掀掉屋頂，上百幢歐洲人和華人的房屋毀壞，大樹被連根拔起……隨處可見死屍漂浮在水上、散落在廢墟中……35 艘外國船隻沉沒或嚴重受損。"[2]

香港之所以出現這種情況，有着經濟上的原因。當局認為糊牆紙比混凝土便宜，而且一樣能充當建築材料。當局頒佈了一系列值得稱道的衛生條例，卻很少切實改善排污系統。艾爾斯博士與同時被任命為總測量官的 J. M. 普賴斯結成默契的搭檔，共同致力於修建有效的污水排放系統。殖民地部拖延不決，他們的努力一一落空，不要說展開新工程項目，就連一些基本的修繕工作也完全停頓下來。醫院在暴風雨中損壞嚴重，花了 3 年時間才修好。倫敦方面不斷抨擊艾爾斯和普賴斯關於興建完善排水系統的建議，

1　《關於限制香港華人的檔案》(Papers Relating to Restrictions upon Chinese at Hong Kong (PRRC))，艾爾斯，1880 年 7 月 8 日。

2　歐德理，前引書，第 514 頁。

拖延方案的實施，不斷削減其規模。這種拖延戰術一直有效地維持到 1877年，這一年香港迎來了一位堅決反對抽水馬桶之類現代時尚的新總督，很難指望這樣一位總督能夠在環境衛生方面取得進展。

約翰·波普·軒尼詩大概是天底下最不適合擔任殖民地總督的人。軒尼詩極富個人魅力，是個矮小、傲慢的愛爾蘭人，對他眼中的弱者抱有天生的同情心，但他幾乎毫無常識，缺乏條理，既不可靠也不老練，沒有馭下手腕。他的總督任命完全是出於政治恩寵，是托利黨政府安慰落選的托利黨議員的酬答。軒尼詩不僅是托利黨議員，而且是最少見的那類人：托利黨愛爾蘭民族主義者、徹頭徹尾的天主教徒。[3] 人們必須為軒尼詩做點甚麼，因為他第二次參加大選就遭敗績，失去了議會席位，同時又債台高築，一對私生子的重負壓得他喘不過氣來。1866 年托利黨的大選勝利挽救了他，狄斯雷利欽佩軒尼詩氣宇軒昂的派頭，答應為他找一個"待遇好又安閒的總督職位"。[4]

納閩島被選中作為安頓軒尼詩的合適地點。納閩島是婆羅洲海岸的一個小島，島上白人人數尚不足 100，可以說是最小、最沒人願意去的英國殖民地。軒尼詩不停地抱怨這個任命是對自己的侮辱，但仍於 1867 年被打發到那個小島。他先後出任納閩島總督、黃金海岸總督和向風羣島總督，在各個殖民地站穩了腳跟，把悶悶不樂的白廳官員和心懷不滿的殖民地居民踩在腳下。他時常使白廳常任官員陷入近乎絕望的境地，這一點可以從白廳官員在備忘錄中對他的評價看出來："誹謗"，"刻薄、心胸狹窄、充滿惡意"，"軒尼詩先生的風流韻事數不勝數"，"軒尼詩先生顯然沒有管好任何一個託付給他的政府"。[5]

即使有如此明確的反對意見，殖民地部仍然在 1877 年把波普·軒尼詩提升到香港總督這個重要職位，說來實在有些讓人難以置信。其實，軒尼詩的任命依然是出於政黨的政治姿態。另外，他之所以能獲得提升，是因

3　歷史上，托利黨是堅決反對愛爾蘭獨立的，也是反天主教的。—— 譯註

4　引自波普·軒尼詩的孫子詹姆斯·波普—軒尼詩為祖父所作傳記《陽台》(Verandah)。有人暗示軒尼詩是特羅洛普小說主人公菲尼亞斯·芬的原型。

5　《波普·軒尼詩檔案》，現藏於羅茲圖書館（Rhodes House: Pope Hennessy Collection），第 8 匣。在許多文件裏，惱怒的文官對波普·軒尼詩評頭品足。常任文官不但難以忍受這位總督為人尖刻，還對其未能區分資本收益與稅收收入氣惱不已。

為狄斯雷利在 1874 年再度執政，托利黨又掌握了一些肥差可供追隨者瓜分。殖民地部常任官員表現出可以理解的緊張，"我希望這個不安分的人安靜下來"，一位官員寫道。殖民地大臣金巴利勳爵終於意識到自己犯了個錯誤，"我不幸把亞瑟‧堅尼地爵士調到香港……任命波普‧軒尼詩更是讓我遺憾不已……他消息靈通、頗具才幹，但自視過高、沒有操守、缺乏準確的判斷和常識，還經常與下屬爭吵"。[6] 當時，軒尼詩已經無法再得到自己所屬政黨的支持。另一方面，出色的仲裁者羅伯特‧赫德爵士認為軒尼詩"基本上還算正直，是個親華派和親海關派"，在羅伯特爵士眼裏，親華和親海關都是長處。

軒尼詩爵士肯定不缺想像力、才幹和真正的仁慈，但自始至終未能通情達理地與同事相處，這幾乎完全抵消了這些天賦。軒尼詩與同事的關係非常糟糕，乃至正常的通信聯繫都幾乎難以為繼。軒尼詩的政策總是顧及華人利益，如那些心懷不滿的官員所說，軒尼詩總是贊同華人的嗜好，這當然無助於改善軒尼詩與白廳和香港官員的關係。軒尼詩聲稱："我時常與我的華人朋友協商本殖民地應當採取的最佳方針。"這種做法當然值得稱道，卻不為外國僑民所喜。這位新總督還有一個怪癖，那就是傾向於使用土茅坑，或者乾脆用馬桶，始終如一地反對他所謂的"在房間裏沖洗穢物的惡行"。軒尼詩曾向殖民地大臣遞交一份怒氣衝衝的備忘錄（想必這位大臣會對這份備忘錄的內容目瞪口呆），指責下屬普賴斯"着手……讓政府批准在新醫院中安裝抽水馬桶"，"香港已經不合時宜地修建了 182 座抽水馬桶"，他要求倫敦准許用茅坑來取代這些有害的設施。普賴斯和艾爾斯都提出申訴，但總測量官和總醫官的反對意見有如石沉大海。按照歐德理的話說，艾爾斯"每年一次的猛烈抨擊"非但無人理睬，還被總督壓了下來。實際上，這位總督做得更絕，他不僅廢除了一些衛生條例，還指示身為視學官的歐德理開列一份需要廢除的條例清單，後者明智地沒有答應。1881 年 8 月 15 日，普賴斯不得不致函殖民地部，抨擊"官方認可的……熱病蔓延的獸穴……令人髮指的人類養兔場"，"官方支持使用骯髒的下水道"，迫

6　金巴利日記，約翰‧伍德豪斯（Kimberley Journal: John Wodehouse），1880 年自由黨上台後，金巴利伯爵擔任殖民地大臣。

使他"絕望地放棄了進一步的努力"。[7]

　　援助很快就來了。1881 年初，副總醫官麥金農博士擔心日趨惡化的衛生環境會影響軍隊士兵的健康狀況，向陸軍部提出申訴，還派了一位檢疫官前去倫敦報告有關情況。金巴利勳爵向總督發去了一封措辭強硬的函件，指出"反對那些該殖民地衛生官員認為實屬必要、你的前任也批准了的措施，你要承擔重大責任"，還宣佈任命"一位有豐富專業經驗的官員對實際情況做出判斷、調查和報告"。[8] 任命的這位官員是瞿域，瞿域的父親是著名的愛德溫·柴德維克爵士。老柴德維克是邊沁和寶寧的同事和合作者，自 19 世紀 30 年代初以來他一直是歷屆輝格黨政府推行市政改革計劃的幕後推動者。

　　瞿域的報告頗具權威性，或許這只是因為這份報告直到軒尼詩離開香港之後才發表。報告承認，在安裝適當的沖水排污設施之前，"倒便盆"的方法將繼續存在下去，但完全不贊同使用乾土去污的茅坑。報告還指出："提倡使用的是'沖水的'設施，我並不是提倡使用普通的 (有褐色座位和銅把手)'抽水馬桶'。"他言辭激烈地譴責現有的排污方法：

> 　　華裔工人階級的住處極為不便、骯髒、有害身心。他們的住處垃圾遍地……最重要的是供水狀況十分糟糕。除非為他們提供適合的清潔手段，否則把他們指責為不潔的民族是不公正的。我認為政府的職責就是提供並運用這些手段。[9]

　　在維多利亞時代英國人的內心深處，肉刑是與環境衛生同樣重大的事情，而肉刑正是總督軒尼詩的另一個嗜好。在這個殖民地的早期階段，令人生畏的威廉·堅上校對華人實行准軍事化的管制。1844 年正按察司休姆組建殖民地法庭之前，歐洲人在很大程度上處於放任自流狀態。威廉·堅掌握了很大權力，他可以決定為期 3 個月的監禁，處以最高達 400 元的罰

7　《關於限制香港華人的檔案》，軒尼詩，1880 年 4 月 19 日，1881 年 4 月 29 日；普賴斯，
　　1881 年 8 月 15 日。

8　《關於限制香港華人的檔案》，1881 年 8 月 20 日。

9　《關於限制香港華人的檔案》，瞿域，第 248 節，1882 年 7 月 18 日。

款，或是最高為 100 下的鞭刑。華人很少有人能拿出這麼多現金，加之監獄容量有限，濫施肉刑也就不足為奇了。1846 年，寶寧博士插手干預，暫時停止了當眾鞭笞。不久，當局又恢復了鞭笞，這多半是為了讓歐洲僑民滿意，他們相信只有嚴刑峻法才能保護自己免遭心懷叵測的華人侵害。當眾鞭打英國人的場景自然更易引起爭議，所以，1866 年之後，對歐洲人的鞭刑就得體地改為秘密進行了。

理查·麥當奴爵士像殖民地居民一樣也嗜好實施肉刑，他認為以前用藤鞭來執行鞭刑太過寬厚，便用當時英國軍隊仍在使用的九尾鞭代替藤鞭。他還制定了一種靈活的體制，規定定罪的犯人在施以黥刑之後，可以選擇驅逐出境的懲罰。他們若是接受判決，就可以得到赦免，倘若日後又回到香港，並因為臉上的烙印被認出來，就必須服原先所判之刑，還要額外加上一頓鞭打。這種訴訟程序完全不符合英國法律體制的規定，卻受到香港歐洲僑民的贊同，而實施效果似乎又證明它是正確的，犯罪率和被判監禁的人數幾乎下降了一半。殖民地部開始還對麥當奴的措施抱有疑慮，不久就允許其便宜行事。

只有一椿案子引起了麻煩。1866 年，鴨巴甸市自由黨議員、年高德劭的老兵、下議院裏聲名狼藉而且令人生厭者威廉·亨利·賽克斯上校提出控告，一個名叫莫旺（音譯）的人要求在這個殖民地政治避難，卻被移交廣州當局，遭到凌遲處死，而且行刑一結束他的心臟就被吃掉了。威廉·孖沙——他在羅便臣與麥當奴之間的空位期代理總督，可貴地保持了政策延續性——逐條反駁了賽克斯的報導，孖沙斷言："很少見過在那麼短的篇幅裏如此錯誤百出的報告。"[10]

1877 年，波普·軒尼詩抵達這個殖民地，立即着手解決肉刑問題，下令對鞭刑問題展開調查。鞭打不僅針對一些最輕微的行為失檢，如"隨地大小便……常見的遊手好閒……單獨監禁時唱歌……偷摘水果"，也針對一些嚴重的罪行，如"反常的犯罪"。一些受害者遭到非常嚴厲的懲罰。一個名叫李義（音譯）的人兩次被判鞭打 90 鞭，入獄後又受到一次 36 鞭和兩次 12 鞭的鞭打，4 年之內一共被鞭打 240 鞭。當眾鞭打尤其令波普·軒尼詩震驚："半裸的囚犯招搖地通過擁擠的街道，一名英國獄卒狠狠地當眾鞭打一個華人，華人身上血流不止。"在得知公開鞭打遠比他所想像的要少之後，軒尼詩感到慶幸而不是失望，"我完全沒有想到鞭刑中只有如此小的比例（1,150 次鞭刑中有 55 次）是公開執行的。我印象中當眾鞭打似乎很頻繁"[11]，他輕而易舉地説服各級官員切實廢除當眾鞭打的做法。1880 年，香港不再執行當眾鞭打，即使對華人也是如此。

香港的英國人歷來是當眾鞭笞和公開死刑的忠實觀眾，倒不是他們熱衷於這兩種刑罰，只是沒有哪個人激進到建議徹底廢除肉刑的地步。應當如何實施肉刑的問題引起了極大的關注，新總督下令就執行鞭刑的最佳方法展開調查。調查由兩名醫生奧布萊恩和威爾斯主持。威爾斯擔任皇家海軍外科醫生已有 33 年時間，具有豐富的經驗，"能夠判斷用九尾鞭抽打背部和臀部的效果"。兩位醫生認為，儘管"九尾鞭導致的重傷很可能造成多種惡性後果"，但它還是比藤鞭更可取，藤鞭是"十分厲害的刑具，其鞭打創口很可能深入到細胞和肌肉組織，導致肌肉壞死，傷口長時間無法癒合"。（威爾斯在海軍服役時，從來沒有見過超過 48 鞭的鞭刑，由此可見李義受到多麼殘酷的對待。）兩名醫生建議，最好是採用已證明效果良好的九尾鞭，同時採取"戴上厚帆布假領的防護手段，使頸部不至受傷，腰部也用同樣方法加以保護"。對年齡在 13 至 18 歲的犯罪者，"用六尾鞭抽打臀部"，"對更年少的犯罪者則使用‘樺條’"。[12]

軒尼詩真誠同情弱者，顧及華人利益，其政策與寶寧基於功利主義立場的政策如出一轍。20 年前，拉布謝爾在答覆寶寧的建議時表示："如果日後你能夠從華人居民中挑選出值得信賴的人，你認為他適合擔任這個職務（巡理府）或任何其他行政職務，我將樂於批准這種任命。"拉布謝爾接着提到"應當十分謹慎地進行嘗試"。[13] 由於英語是辯論和立法的唯一語言，英國國籍是獲得皇家職位的必備條件，所以當時不可能有符合條件的候選人。

11　《關於香港鞭打囚犯的檔案》(Papers Relating to the Flogging of Prisoners in Hong Kong)：軒尼詩致希克斯‧比奇，1878 年 9 月 28 日，1878-1879 年《藍皮書》，第 51 卷。

12　同上，1879 年 5 月 13 日。

13　拉布謝爾致寶寧，1856 年 7 月 29 日，另見第八章。

這種任命直到第二代香港華人才能實現，即便如此，其範圍也十分有限。1880 年，這個殖民地僅有一位在英國受過教育的華裔專業人士，這個人就是伍廷芳。伍廷芳生於新加坡，擁有英國國籍，3 年前成為第一位被稱作"大律師"的華人。軒尼詩任命伍廷芳為暫任支薪巡理府和同屬暫任性質的立法局議員。白廳勉強批准了這項任命，雖然當時的殖民地大臣是以心胸開闊著稱的保守黨人米切爾·希克斯·比奇爵士。倫敦對此事缺乏熱情，主要是極端不信任軒尼詩，而不是不願給華人機會。白廳認為，只要是軒尼詩要做的事情，多半就是錯的。實際上，比奇的繼任者、自由黨人金巴利勳爵在拒絕任命伍廷芳為常任官員時寫道："告之軒尼詩的繼任者有望使一名華人進入立法局。"只是這個人選大概不會是軒尼詩屬意的人。最後，伍廷芳由於經濟拮据，於 1883 年 4 月辭去了立法局職務，轉而為清政府效力，一躍成為李鴻章的幕僚，後任首位中國駐美公使。[14]

梅毒只能通過接觸傳染

對於駐紮香港的英國士兵和水手來說，生活在炎熱、乏味、濕熱的香港，一個主要的補償是廉價的烈酒和性。統計數字表明，英國士兵的性欲遠比歐洲大陸的戰友旺盛，在性事上也更輕率，不論甚麼時候，他們當中總有多達四分之一的人染上了"哈瓦那流感"。

每千人中因患性病缺勤的人數 [15]

年份	德國	法國	澳大利亞	英國本土	英屬印度
1876	28.8	57.0	65.8	146.5	203.5
1878	36.0	59.7	75.4	175.5	291.6
1880	34.9	65.8	75.7	245.9	249.0

---

14 見安德葛：《香港政府與人民，1841-1962 年》（Endacott, *The Government and People of Hong Kong 1841-1962*），第 95 頁。在中文歷史著作中，Ng Choy 拼作 Wu Ting-fang（伍廷芳）。

15 資料來源：《不列顛百科全書》（Source: *Encyclopaedia Britanniaca*），第 9 版。

迄今為止，疾病始終是海外駐軍的頭號殺手，性傳播疾病更是難以採取有效預防措施。在早期階段，香港性病發病率與印度不相上下。1853年，皇家海軍"溫徹斯特"號上有三分之一的水手感染性病。1856年，香港總醫官報告說："員警，不論歐籍還是本地的，都因這種最可怕的疾病苦惱不已。"第二年他又寫道："從香港的員警和水手當中可以找到某些最嚴重的性病……我已經把那些染上我曾見過的症狀最觸目驚心的妓女（員警在街頭抓到的，她們顯然是因為患上性病而被妓院老鴇拋棄）看護起來。死亡將最終結束她們的痛苦。"就連在東方待過很長時間的威廉‧堅上校也曾說性病"荼毒太甚，難以詳敍"。[16]

為了解決這個問題，堅定的功利主義者寶寧採取了標準的邊沁主義方法：妓院登記註冊，定期體檢和強制治療。當局還採取了針對嫖客的強制措施，商船海員由船長下令接受檢查和治療。國內政府十分勉強地批准了寶寧的措施，拉布謝爾像所有善良的自由黨人一樣，對任何隱含奴役因素的事物十分敏感。他在發給香港政府的函件中指出：

> 我認為，殖民地政府未能充分重視一個非常重大的事實：在一個英國殖民地，大量婦女為了賣淫而處於事實上的奴役狀態……被放任……悲慘地死於疾病……只是為了使欺壓她們的那些人獲取財富。整整一個階層的人並非出於自己的選擇而受到這樣的對待，迫切需要政府加以有力的保護。[17]

1867年，作為軍隊改革和公共衛生改革的組成部分，英國政府通過了《傳染病防治法案》，規定在駐軍城鎮和指定海港對妓女實行強制體檢。香港略加變通地推行了這項法案，政府向所有獲准開業的妓院發放許可證，強制體檢只針對接待外國人的妓院，華人經常光顧的妓院妓女無需體檢。華人婦女將被迫接受體檢，有可能轉到西方人開設的醫院治療，這種想法極大地傷害了華人的情感，強制體檢難以實行。香港正式出現了接待外國

16　關於妓院的條例，見《關於香港傳染病防治條例的檔案》（Papers Relating to the Contagious Diseases Ordinance, Hong Kong（PRCDO）），邁樂文：《帝國統治下的香港》（N. Miners, *Hong Kong Under Imperial Rule 1912-1941*），第10章。

17　拉布謝爾致寶寧，1856年8月27日，載《關於香港傳染病防治條例的檔案》，第207頁。

人和華人的紅燈區。員警受命搜尋沒有註冊的"地下"妓院,所以毫不奇怪,員警的性病發病率居高不下。1869 年,患病員警中有 16.6% 感染了梅毒,而軍人患梅毒的人數比例略低於 7% 。

除了可以想見的一些差異之外,香港採取的控制措施取得了維多利亞時代社會工作者希望看到的成效。性病感染率下降了 50% ,總醫官報告說:"我有把握認為這將帶給這個殖民地難以估量的好處……我希望這些規定不但涵蓋所謂的純華人住宅,也囊括船民這一依然較易滋生疾病的感染源。陸軍和海軍當局都贊同我高度評價這項條例給他們的士兵健康帶來的好處。"[18] 美國隨船外科醫生馬庫恩博士驚喜地發現,美國軍艦"德拉維爾"號訪問香港之後艦上人員無一感染,而軍艦到訪日本時的情況要糟糕得多,他祝賀香港總醫官獲得了"成功……出於人道目的付出的辛勞……取得了圓滿成功"。

波普‧軒尼詩對推行妓院註冊制度的種種理由毫無興趣,他的個人經歷——他在愛爾蘭西部的一個羅馬天主教家庭度過童年,有個領養老金的情婦、兩個私生子和一位年輕貌美的混血妻子——使得他對於所有涉及到性的事情特別敏感(他曾把那不勒斯國立博物館的目錄斥之為"猥褻")。他猛烈攻擊妓院註冊制度,使之成為一個典型的軒尼詩式泥潭。[19] 他任命了一個僅有 3 名成員的調查委員會,事先告知委員們希望得出的結論。殖民地大臣加拿分勳爵對軒尼詩的做法大為不滿,"我姑且認為你有充足的理由任命這個委員會,我毋需指明,組織非官方人士委員會調查一個重要政府部門的行政工作,乃是一種異乎尋常的做法……你預先確定該委員會的結論本身就是不同尋常的"。[20]

1877 年 11 月,委員會着手展開調查,除政府官員之外,委員會未能得到任何一個歐洲人的證詞,政府官員提供證詞也多是出於自身的考慮。不僅如此,委員會的一位成員,怡和洋行的威廉‧克錫,反對另外兩位成員的大多數結論,軒尼詩試圖掩蓋委員會的內部分歧。不過,正是由於這次

18　總醫官 1869 年的報告,見英商中華社會遞交殖民地部的報告,包括 1897 年 6 月 30 日羅便臣致張伯倫的函件,《關於香港傳染病防治條例的檔案》。

19　詹姆斯‧波普—軒尼詩:《陽台》(J. Pope-Hennessy, *Verandah*),關於軒尼詩的私生子,見第 52 頁,軒尼詩在香港的任職,見第六部。

20　加拿分致軒尼詩,1878 年 1 月 25 日,《關於香港傳染病防治條例的檔案》。

調查，負責巡視有照 (性病) 醫院的海軍巡視員 W. H. 斯羅吉特博士提交了一份詳盡報告。斯羅吉特報告充分表明，即使是經驗豐富的英國本土官員也很難了解香港的特殊體制。斯羅吉特認為，頒發許可證無異於正式認可在英國被視為犯罪的賣淫，提議廢除許可證制度，又希望對妓院進行登記和管理，不論是接待華人還是外國人的妓院。他不了解華人妓院不受管制的原因，"委員們對華裔鴇母和妓女的情感和成見極為敏感，因為華人妓女被認為是專門接待華人的"。他還奇怪地發現，當局對於那些"受保護的妓女"表現出"毫無必要的體諒和容忍"，她們把"自己的房子提供給未登記的妓女作為賣淫場所"。

斯羅吉特駁斥了委員會關於沒有證據表明法規能有效防止性病傳播的說法，認為這種說法與"民間、海軍和陸軍醫療當局的意見截然相反"。他譏諷地評論說："委員們似乎不了解梅毒的歷史以及這樣一個病理學上的事實，即它只能通過接觸傳播，患病婦女只要不與其他人接觸，就不會傳播這種疾病。"[21] 這句話清楚表明了他對委員會的蔑視。

英國國內的態度正在轉變，道義規範日漸取代嚴格的功利主義成為立法的準繩，因為最大多數人的最大幸福並不意味着可以侵犯個人自由，正如斯羅吉特指明的，公開認可"墮落"(它只有一種含義) 是不道德的。反對派的首領是非凡的約瑟芬‧巴特勒，他們尤其抨擊《傳染病防治法案》規定的地方法官和高級警官有權強行實施體檢。雙方的爭論很快引起英國公眾的注意，尤其是一個完全無辜的青年婦女 (事後被證明還是處女) 因被懷疑是妓女而被迫接受強制體檢。1883 年，該項法案在英國暫停實施，3 年後廢除。

各殖民地的立法機構也必須採取相應措施，不論他們認為自身所處環境與英國本土有多大差異。香港盡力拖延，向倫敦轉達了妓院鴇母和妓女向總督提出保留該項法律的請求。香港借助這種辦法推遲了數年時間才廢除這項法案。立法局也有意見分歧，最終官守議員憑藉多數票強行廢除了這項法案。

廢除《傳染病防治法案》給海外軍人帶來了意料之中的後果。性病發病

21　1879 年 11 月 13 日，《關於香港傳染病防治條例的檔案》。

率直線上升到前所未有的高度，如下表所示，到 1890 年，英國駐印軍隊中有一半人染上了性病。

年份	《傳染病防治法案》實施情況	每千人中承認患病的人數
1880	生效	249
1881		259.6
1882		265.5
1883		271.3
1884	部分暫緩實施	293.5
1885		342.6
1886		385.8
1887		361.4
1888	完全終止	372.2
1889		481.5
1890		503.6

　　香港憑藉一個很簡單的辦法避免了最糟糕的後果，這個辦法就是當局陽奉陰違，權當該法案依然有效，繼續對妓院實行管理，妓院也依然分成接待歐洲人和接待華人的。接待歐洲人的妓女繼續接受體檢，接待華人的無須體檢。即便如此，倫敦當局仍百般阻撓，1890 年，立法局在提出強烈抗議後被迫取消了整個監管機制。這一次香港是在劫難逃了，立法局華人議員（當時有兩名華人議員）抱怨"地下"妓院迅速增加。英商中華會社的統計資料表明，寶寧推行首批法令之後，情況"不斷改善"，"法令廢除後出現了劇變和惡化"。承認感染性病者的比例和患者人數都增加了一倍，這一數字足以讓人印象深刻。1897 年首 4 個月，香港駐軍每千人中承認感染性病者達 499.29 人，其中 213.29 人患梅毒。3 年之內，香港駐軍有一半以上的人接受過性病治療。

　　顯然，當局必須有所行動，結果找到一種變通的解決辦法。英國公眾輿論不能容忍向妓院頒發許可證，並沒有反對"地下"妓院。於是，殖民地部和香港政府同意授權巡理府查封員警指明的任何一家妓院，這個舉措引來衛道士一片喝彩。實際上，員警不讓巡理府注意到那些繼續讓妓女接受體檢的妓院。如此一來,各方皆大歡喜,這種簡單的辦法此後一直沿用多年。

　　從某種程度上說,年輕的拉迪亞德‧吉卜林引發了英國公眾對香港妓女問題的關注。1889 年,他報導了造訪一家香港妓院的經過。吉卜林不是特別喜歡這家妓院,他受到科林西安‧凱特的恐嚇,還發現這些妓女"曾經到過丹佛市的利德維爾以及廣袤西部的荒野,她們有一些未成年的同伴⋯⋯她們普遍行為不端,各有令人心焦的煩惱"。[22]

總稅務司赫德

　　引人注目的排污、毒品、妓院和鞭刑問題,還不是導致香港歐洲裔居民與白廳政府部門爭吵不已的唯一原因。香港顯然已成為歸殖民地部管轄的屬地,其他不時與殖民地部發生利害衝突的政府部門逐漸開始敵視香港,其中最突出的是外交部。一直以來,外交部與殖民地部這兩個政府部門明爭暗鬥乃是路人皆知的事情。外交大臣屬於最重要的三個職位之一,由資格最老的政客把持,殖民地大臣之職雖然官階僅低於前者,卻被視為雞肋,適合有功勞的二流角色或前途光明的年輕人。兩個部門的官員各具特色,體現出外交部與殖民地部的差異。外交部官員如同舉止優雅的大使,被培養出來前往巴黎和維也納的大臣官邸周旋,他們居高臨下地看待殖民地部官員,認為後者無疑是可敬而幹練地與雙手起繭的殖民者打交道,但他們的工作實際上很簡單。殖民地部官員對外交部官員的這種態度頗為反感,他們要麼消極抵制,要麼不予合作。

　　貿易部更乏善可陳,而且像其他部門一樣,根本不信任任何實際從事貿易的人。所有的文官,不論屬於哪一個部門,全都不信任中國沿海的英國商人。貿易部常任次官路易‧馬萊爵士在 1863 年表達了自己的看法:

　　　　我們與中國交涉時要避免的最大困難和危險,乃是英國商人
　　與當地人之間毫無必要的接觸。想擠進這個尚未開拓的新領域的
　　不列顛人主要是那些不顧一切、不擇手段的冒險家,他們只求憑

22　吉卜林:《飄洋過海》(Kipling, *From Sea to Sea*)。

藉特殊的交易獲取巨額利潤，很少去關注長遠的貿易利益，更不會顧及真理和正義的原則。這些人總是用愛國主義和文明來掩飾他們的不公正行徑。[23]

很顯然，不論當時還是現在，沒有哪位香港商人會承認自己是馬萊所說的那種人，但這個殖民地非常容易引發這種誤解。殖民者、總督和殖民地部都關注這個殖民地的安寧，雖然對於如何維護安寧他們想法各異。外交部負責對華關係，其管道是駐北京公使和向公使報告的領事。外交部通過白廳政府部門掌控香港與中國的關係，必然有許多事務涉及其他的政府部門，如貿易部和財政部。這帶來了重重阻礙，即便是純粹的殖民地事務，總督的行動自由也越來越多地受到限制。

1869 年，蘇伊士運河開通。第二年，連接英國與香港的海底電纜投入使用。從理論上說，既然交通和通訊有了改善，倫敦可以密切控制殖民地事務。實際上，殖民地事務仍由在現場的總督負責，哪怕總督的所作所為像軒尼詩那樣令人不安。不過，較之 19 世紀 40、50 年代的平靜時期——當時香港總督還身兼外交使節、商務監督和全權公使，可以得到商人的直接支持——新形勢成為引發殖民者憤怒的根源。殖民者更為沮喪的是，外交部認為與中國保持良好關係遠比香港的本地事務重要。在這一時期的大多數時間裏，外交部頂住了對華貿易遊說者在議會施加的壓力（至今英國人不願承認情況依然如故，不願承認香港的安寧是歷屆英國政府重大的、然而是次要的目標，不願承認英國選民對香港根本不感興趣，這在很大程度上表明了香港人的不滿和挫折感的原因）。

香港總督常常與廣州總領事發生激烈衝突。駐廣州總領事布魯克‧羅伯遜抱怨歷任總督總是被商人支得團團轉，試圖進行不妥當的干涉，他們"看不出控制與談判的區別，他們墨守成規的做法不適合中國"。[24] 香港總督與殖民地部也時有齟齬，麥當奴就曾因發放賭場許可證一事與白廳發生衝突。總督與殖民者也屢有摩擦，例如，持續不斷的稅收問題，以及波普‧

23　1863 年 2 月 10 日備忘錄，上海英國總商會 1862 年 9 月 4 日致約翰‧羅素勳爵的備忘錄。（BT Gen Dept 114/1863）。

24　科提斯，前引書，第 198 頁。

軒尼詩任期內特殊情況下發生的幾乎所有問題。不過，在即將到來的"封鎖香港"問題上 —— 香港的殖民者關注這個問題長達 20 年之久 —— 商人、總督和殖民地部聯合起來，共同反對外交部及其官員。

這場爭端始於寶寧時期設立、日後發展為海關總稅務司署的江海關稅務監督。外國商人從一開始就反對稅務監督，他們根本不願看到清廉而高效的稅收機關把收入原封不動地送交北京。1861 年，怡和洋行評論說："這個國家正陷入癱瘓狀態……這個對外海關徵收的關稅被用於皇帝而不是各省的需求。"[25] 儘管面臨商人和守舊的朝廷官僚的重重阻力，但在總稅務司羅伯特·赫德強而有力的領導下，新海關在 1861 至 1906 年間（嚴格地說是從 1863 到 1908 年）成為中國最重要的經濟機構。赫德上任伊始就在給海關官員的指令中明確表示，他們與他本人一樣是中國政府行政部門的一員，"最重要的是應當時刻清楚牢記，稅務司署是一個中國而非外國的機構"。不論其他外國人舉止多麼惡劣，也不論赫德在言語間流露出對許多同胞的蔑視，赫德明白無誤地告訴手下人應當如何行事：

> 不論在這個國家的其他外國人自認為有權做甚麼，不論他們這種想法是出於他們的地位，或是自認的對於中國人的優越感，或是通過橫行霸道的歧視來展現他們高人一等的教化……人們期望那些支取薪水的人，那些中國政府的僱員，至少既不會傷害人們的感情，也不會引起嫉妒、懷疑和反感。在與當地官員交涉和與人民交往時，（應當記住）他們是同僚，而且由於他們在某種意義上成為他人的同胞，從而就在某種程度上承擔了明確的義務和責任。[26]

赫德意識到，一個具有如此動機的機構不可能指望獲得外國商人的支持，"商人們大都對稅務監督抱有根深蒂固的厭惡。他們中的許多人毫不費力地掩飾起這種嫌惡，一旦管制損害了他們的利益，他們全都大聲抱怨"。赫德在訓令的末尾特別強調，自總稅務司以下的所有海關職員都是由中國

25　《怡和洋行函件集》（JM Letter Book），1861 年 3 月 30 日。

26　1864 年第八號指令，引自馬士：《中華帝國對外關係史》，第三卷，附錄 D。

朝廷支薪的僱員，"總稅務司對中國政府負責……他可能會被一紙通知而解職……倘若政府確實不滿意的話"。

總稅務司的估計完全正確，外國商人確實百般阻撓，其中尤以香港的大班跳得最兇，很長時間以來他們一直只按自己的規矩行事。怡和洋行向倫敦的朋友求援："（中國的）整個海關體制業已成為阻礙貿易的重大障礙……外國人越早不支持它越好，亟盼國內有影響力的貿易人士在這方面採取行動。"他們的報紙《上海載紀》呼籲取消所有關稅和限制，但朝廷官員置之不理。他們還要求貿易由個人當場完成，並且像以前一樣以私人武裝船隻作為後盾。起初，香港總商會帶頭反對實際上已經實施的土地法規。他們認為赫德手下的英國職員幫中國人說話，尤其可惡的是赫德的手下辦事還很有效率。從某種意義上說，赫德的手下背叛了自己的同胞，這種強烈的、雖然並非經常公開表露的情緒令香港商人更加惱羞成怒。[27]

海關總稅務司署在謀求中國的最大利益時，不但要應付常常得到香港政府支持的桀驁不馴的外國人，還要對付長期以來腐敗低效的朝廷政府部門。赫德的部門只負責國際貿易，沿海貿易仍掌握在傳統的朝廷官員手中，他們一直靠武裝帆船來管理，"讓小艇、爬龍和快蟹得以逃脫"，帆船水手也肯定不會有蒸汽緝私艇水手的高標準，因此走私活動屢禁不止。鴉片現在已經合法化，但就連 5% 的關稅也被認為值得走私，何況數十個鴉片球很容易藏匿夾帶。食鹽比鴉片更難藏匿，由於中國對這種國家專賣品徵收更高的賦稅，走私食鹽始終有利可圖。

與早先時期一樣，廣州依然是貿易的中心，不論是合法貿易還是走私貿易。貿易依舊歸同樣的官員"戶部"管轄，戶部照舊在管理貿易時追求自己和朋友的個人利益。為了最大限度地增加收入，戶部把持了大把的海關職位，有權在直抵香港邊界的中國水域巡邏。赫德充分意識到潛在的問題，他樂於看到中國知府或他本人控制的部門來承擔戶部的職責，同時也清楚

27　關於英國商人與對華投資者 —— 雙方的代表分別是英商中華會社和英國當局 —— 的關係鮮見真誠，雙方始終無法徹底消除對對方的懷疑，馬奈事件不過是其中的一個例子。見佩爾科維茨：《中國通和外交部》（N. Pelcovit, *Old China Hands and the Foreign Office*）。

地意識到自己"不明確"和"突出"的身份。[28]

　　當時，香港水域的範圍只有環繞香港島和九龍半島的 3 平方英里海域。日後成為"新界"的所有島嶼和海灣──它們為不法之徒提供了理想的藏匿地──在當時還屬於中國領土，距香港只有半英里遠。因此，緝私巡邏隊往往十分惹人注目，緝私隊汽船作為國際法許可的軍艦，可以使用香港的港口設施。赫德向廣州稅務司包臘闡述了當時的形勢：

　　　　1. 關於向中國水域內的中國船隻裝運的貨物徵稅，中國無須與任何人協商就有權立法並採取行動。

　　　　2. 英國政府已經宣佈，只要中國不在香港採取行動，並確實尊重完全標注為屬於英國的水域，殖民地當局不得干涉廣州官員的行動。

　　　　3. 不論是香港總督還是廣州領事，他們採取的任何違背中國官員意願的查禁鴉片倉庫的行動都不會得到支持。

　　此前，赫德曾於 1871 年 3 月 7 日告訴包臘："威妥瑪先生（接替阿禮國出任駐北京公使）站在我們這一邊，貿易部和外交部也支持我們，我們可以有把握地斷定他們（香港當局）不會大力反對我們。"[29]

　　與赫德的估計相反，他們遇到了重重阻礙。中國人的管理不可避免地出現了或大或小的違法亂紀現象，那些挖空心思鑽空子的香港商人乘機大造輿論。他們認為香港屬於外國港口，是一個自由港，貿易管制應當降低到最低限度。香港船政廳的統計資料反映出這種利己主義的態度。所有進入香港的船隻，甚至包括來自數英里外的中國港口或澳門的船隻，一律被視為"外國"船隻，這樣一來統計數字大為膨脹。1906 年，香港自豪地宣佈為世界上最大的港口，貨物輸送量達 22,453,007 噸，超過了倫敦和紐約

28　關於稅收之爭，見堅尼地於 1874 年 7 月 10 日發出的冗長乏味的《關於香港商業僑民對中國稅務緝私船及本殖民地鄰居的申訴的通信》（'Correspondence relating to the Complaints of the Mercantile Community in Hong Kong against the Action of Chinese Revenue Cruizers and the neighbourhood of the Colony'），以及署理總督柯士甸（Gardiner Austin）於 1875 年 6 月 9 日的《其他通信》。

29　馬士：《中華帝國對外關係史》，第二卷，第 382 頁。

（兩者的年輸送量都在 2,000 萬噸上下）。但是，香港的進出港貨物大部分屬於沿海貿易，真正來自外國港口的貨物僅為 8,812,827 噸，這個數字更準確地反映出香港的國際地位。

1867 年，《天津條約》的十年修約期臨近，香港商人認為機會來了。他們用一種令人聯想起 20 年前曾大大激怒過砵典乍的口吻，要求中國方面"從形式到實際一體遵守那些始終被迴避，從未兑現過的條款規定"。他們還否認"中國海關有權裁決違反税則的案例"，這無異於否認中國政府在本國法律範圍內的司法管轄權。不論是英國領事、北京的駐華公使還是外交部，都不打算支持商人們這種專橫傲慢的要求，殖民地部則陷入了窘境。

這一回商人們佔據了上風，他們在英國召集強大後援，説服格拉斯敦政府支持他們曖昧的要求。阿禮國爵士——巴夏禮從前的上司，1865 年接替卜魯斯出任英國駐北京公使——本已與總理衙門達成修訂《天津條約》的條款，包括開放更多口岸和適當提高關税。商人集團強烈反對這些合情合理的條件，繼續要求獲得充分的貿易和居住自由。英國官員與中國官員在北京經過友好而艱難的談判完成的這次修約，本應標誌着中國進入國際大家庭的新階段，但是，商業利益壓倒了一切。商人們以香港為基地，成功説服英國政府否決了阿禮國的方案。更令人吃驚的是，當時的貿易大臣正是那位正直得無以復加的激進派約翰·布萊特。貿易部不僅支持政府否決阿禮國方案，還提出了一項有失公正的建議：政府否決阿禮國的方案"不應公開地歸之於商人的反對。這樣一種做法難免會給中國政府造成一種印象，即時常對他們懷有敵意的商人的勢力強大到足以對本政府施加影響，甚至在本政府的信念與商人的觀點相抵觸的情況下亦是如此"。實際上事實正是如此。如果説 19 世紀英國政府曾經與英國商人聯合起來強行傷害中國，這一次就是明證。阿禮國深感失望，強烈指責他的同胞對總理衙門採取的行動，總理衙門的文祥對他表示同情："我也被指責為變節者，只不過穿着中國服裝而已。"[30]

外交部官員也頗為失望，他們本來是鼎力支持阿禮國的。英國政府以

30　引自史景遷：《追尋現代中國》(Spence, *The Search for Modern China*)，第 204 頁。直到 1876 年去世前，文祥一直是恭親王在總理衙門的得力助手。英國政府的觀點，見 1870 年《藍皮書》，中國問題，第 11、7 卷。

一種最為奇特的措辭宣佈了自身的屈從：政府"極為遺憾地""決定推遲批准那些非常急切地發出呼籲的商業團體的要求"，儘管他們斷定批准這些要求將帶來"巨大的直接利益，以及更為重大的長遠利益"。對於格拉斯敦政府來說，這個決定異常軟弱，因為政府在議會擁有絕對多數，地位十分穩固。唯一可以替格拉斯敦內閣開脫的藉口是，像以往頻繁發生的那樣，政府被重要得多的愛爾蘭土地問題弄得焦頭爛額。

1866-1867 年的危機過去之後，貿易復甦並未延續多久。1873 年又發生了一次大衰退，這場衰退持續了數年時間。1882-1886 年，又爆發了更嚴重的危機，這次危機是一家法國大銀行興業銀行的破產引發的。危機首先對香港帶來了很大衝擊，破產公司數量激增，其中包括歷史悠久的廣州行商奧古斯特·侯德。由於與多家破產公司有業務往來，滙豐銀行損失巨大，被迫出讓股份，就連怡和洋行也曾數次面臨危機。英國對華出口下降，在此後很長一段時間裏始終低於 1869-1872 年的水準。像以往一樣，香港商人為了尋找替罪羊，把矛頭對準了中國當局。

香港商人組織了一個調查委員會，委員會成員都是那些怨聲載道的人。不出所料，他們發現"始終存在一種十分令人氣憤的封鎖體制……這些水域的範圍內……各種型號的巡邏艇四處橫行"。[31] 商人們對布魯克·羅伯遜爵士的評價非常低："身為保護英國利益的英國官員，他的言談實在奇怪。"英國政府應當採取外交行動，擺脫這種糟糕的局面，倘若外交行動不奏效，就用炮艦來對付中國緝私艇，這些緝私艇"如今毫無阻礙地肆意損害這個殖民地的貿易"。為了聲援這些主張，商人們向總督遞交了一份據稱是由數位華裔商人聯名提交的請願書，這份請願書用"幾乎難以卒讀的中文"寫成，實際上是出自一些英國商人之手，目的是掩蓋自己的利害關係。這個點子是卡德威爾與布里爾頓公司想出來的，其中的卡德威爾就是日後被逐出這個殖民地的高和爾的不爭氣兒子。

起初，堅尼地對商人們的抱怨還有所保留。隨着商人們的憤怒日漸升級，他不得不採取行動。1874 年 9 月 14 日的公開會議上，商人們提到了"（中國人）明目張膽、史無前例地違背國際慣例……（香港的）貿易面臨迫

---

31 《藍皮書》、《關於稅務緝私船的通信》和《其他通信》。

在眉睫的滅頂之災"。1874 年 12 月 1 日，布魯克·羅伯遜發往外交部一份條分縷析的長篇函件，極力揭露香港總商會似是而非的主張。羅伯遜揭示了香港商人不願承認的一個事實：走私才是造成困境的真正根源。麥當奴曾經用他一貫的挖苦口吻表示，中國海關的建立"致命地打擊了這個殖民地的繁榮，毫無疑問，這種繁榮過去是，現在依然是走私的繁榮"。沒有任何證據證明中國人有意干涉合法貿易，恰恰相反，當時帆船貿易穩步發展，甚至在貿易狀況普遍惡化的首兩年，沿海帆船貿易的貨運噸位也僅有小幅下降，從 1,817,810 噸降至 1,789,598 噸。這麼小的降幅恐怕很難說是遭到了滅頂之災。怡和洋行高級合夥人詹姆斯·域陶也認為情況沒有那麼糟糕，表示從未見過合法的中國商人發過甚麼牢騷。中國人只是徵收他們有權徵收的關稅，對該港口沒有進行任何形式的封鎖，貿易衰退完全是其他原因造成的。羅伯遜毫不含糊地支持廣州知府，同情後者的政府所面臨的重重困難，"他們不僅未從香港得到絲毫的幫助，就連他們用來防止走私的僅有安排，也遭到指控……在香港，總商會以及所有商人 —— 只有極少數例外 —— 全都公開指責所謂的封鎖體制，他們要求摧毀這個體制，卻提不出任何替代這種體制的方案。正是這種不講道理的態度加劇了目前的困境"。

　　在倫敦，堅尼地的請求送到了加拿分勳爵和殖民地部官員的手中，羅伯遜有力的反駁則擺到外交部德比勳爵的桌上。當時的駐華公使是有 34 年在華經驗的巴夏禮爵士，他站在羅伯遜一邊。倫敦收到堅尼地首封函件將近一年之後，事情才有眉目。1875 年 3 月 22 日，加拿分勳爵向堅尼地發出回函，加拿分雖然態度上同情商人，卻拒絕了商人們的要求："中國政府在公海或其領海上搜查本國船隻的權利不容置疑……所申訴的中國政府行使這一搜查權利……並未影響該港口的自由，不構成提出外交抗議的有效理由。"加拿分幾乎是直截了當地申斥香港官員使"該殖民地蒙受保護和鼓勵走私貿易的指責"。他警告說，英國只會支持"符合女王陛下政府歷來維護的那些國際法原則"。

　　加拿分勳爵的答覆在這個殖民地遭到冷遇。國際法在香港商人的眼裏沒有這麼高的地位。一位立法局非官守議員承認，"從某種技術角度上說"，羅伯遜的觀點"或許是正確的"。1876 年 2 月 10 日，香港總商會對英國政府決定遵守國際法感到遺憾："十分不幸，政府決定與目前涉及的那些具有戰艦性質的船隻保持一致，這些船隻無權做任何事，他們從事的唯一戰爭就是扼殺本殖民地的貿易。"

　　於是，各方開始了新一輪函件往來，總督堅尼地此時已經完全倒向殖民者一邊，抨擊羅伯遜領事。1876 年 7 月 13 日，他寫道："我對廣州當局毫無理由的要求和主張感到吃驚，女王陛下駐廣州領事不但默許這些要求和主張，還積極給予支持。"香港總商會找到一個小題大做的新理由：廣州的布朗先生（海關總稅務司署的湯瑪斯·布朗）居然在收集本殖民地境內走私者的情報！"通常……密探報告某艘帆船……裝運了鴉片，'鵬程'號（海關炮艇）隨即尾隨其後將船隻捕獲。上船搜查……一旦發現任何走私貨物，這艘帆船旋即被帶往廣州"（巡理府報告，1876 年 5 月 3 日）。這些行動聽起來像是一流的情報工作，香港司法當局卻驚訝地稱之為"代表中國海關在本殖民地進行有組織的間諜和秘密偵察活動"（署理律政司，1876 年 6 月 6 日），"為中國政府效力的低級官員大搞恐怖手段，這些恐怖行動嚴重妨礙了本殖民地愛好和平的華人居民"（正按察司，1876 年 6 月 13 日）。憤怒的羅伯遜寫道："我幾乎從不在意香港總督及其屬下的意見，我知道情況遠沒有他們說的那樣糟。"[32]

　　1876 年 9 月的《煙台條約》在一定程度上打破了僵局。除了其他較為重大的事項，這項條約組建了一個獨立委員會調查所謂的封鎖問題，並警告香港商人，中國當局不會改變巡邏舉措，"總期於中國課餉有益，於香港地方事宜無損"。[33] 委員會直到 1886 年才正式組成，英國政府再一次肆無忌憚地拖延，之後進行了相當艱苦的談判，談判主要是由赫德代表中國政府與香港當局進行。赫德一度被香港政府"畏懼鴉片走私勢力"所激怒，威脅說要辭職。雙方最終同意由經過認可的政府代理人單獨從事鴉片貿易，所有帆船貿易，不論是否販運鴉片，一律脫離戶部的管轄，轉而置於赫德的總稅務司署的可靠控制之下。赫德爵士很高興能夠離開香港（"在上了年

32　科提斯，前引書，第 198 頁。

33　《煙台條約》中文文本相關條款如下："香港洋面，粵海關向設巡船，稽查收稅事宜，屢由香港官憲聲稱，此項巡船有擾累華民商船情事。現在議定，即由英國選派領事官一員，由中國選派平等官一員，由香港選派英官一員，會同查明核議、定章遵辦。總期於中國課餉有益，於香港地方事宜無損。"——譯註

紀的老古板看來,此地極其乏味"[34]),對會談結果感到滿意。1887 年 8 月
10 日,他致函美籍同事杜德維:"我們促成了戶部制度的消亡……25 年來
我一直想得到這些帆船,現在可以說我們終於把它們弄到手了。那些想留
住這些帆船的老紳士坐立不安的樣子有趣又可氣,我同情他們,但我們不
能讓弊端阻礙改革的道路。"[35]

來訪者的評述

隨着造船技術的發展,到 19 世紀 70、80 年代,海上旅行變得更安全、
更穩妥。隨着複合發動機、雙推進器、水密倉的發明,船隻尺寸的增大,
蘇伊士運河的開通,到東方的航行不再是一種冒險。不過,許多旅行者仍
然渴望領略異國風光,他們在漫長的航程之後往往在這個殖民地短暫逗留,
享受文明的舒適設施。未來德國皇帝威廉二世的弟弟、普魯士的亨利親王
特別喜歡新鮮奶油,他曾在 1880 年下榻總督府。波普‧軒尼詩記下了當時
的情景,這位親王打草地網球時"勁道十足,實際上他打球太用力了,雖然
我們的球場非常大"。第二年,亨利親王的兩位堂兄弟來到香港,阿爾伯
特‧維克多親王與日後成為喬治五世的喬治親王都是海軍軍官候補生,隨
皇家海軍"伯坎蒂"號作為期 3 年的環繞帝國航行。總督想借他們的到來小
題大做,聲稱擁有"女王陛下的特別指令"。兩位親王的指揮官阻止了總督,
兩位海軍軍官候補生也平靜地接受了。兩位親王對一部表現首批葡萄牙人
登陸的日本電影尤其着迷,記下了"船上的人都穿着肥大的燈籠褲"。這次
訪問期間,軒尼詩爵士僅花在照相上的費用就達 800 英鎊,此事曝光後,
殖民地部大發雷霆。[36]1879 年,前美國總統尤利西斯.S.格蘭特到訪,他與
過去的對手約翰‧辛格爾頓‧莫斯比互相打趣,莫斯比在內戰中曾任南方
聯邦的騎兵指揮官,當時任美國駐香港領事。[37]

與官方人物相比,私人訪問者的記述當然要有趣得多。其中一位來訪

34　赫德:《書信集》(Hart, *Letters: The I. G. in Peking*),第 577 封 (1886 年 7 月 11 日) 和第
　　595 封 (1887 年 4 月 8 日)。

35　馬士:《中華帝國對外關係史》,第二卷,第 389 頁。

36　詹姆斯‧波普-軒尼詩,前引書,第六部。

37　莫斯比在《回憶錄》(Mosby, *Memoirs*) 中敍述了領事生涯,看上去他很喜歡這個工作。

者是不知疲倦的著名旅行家伊薩貝拉·柏德。柏德小姐是個十分虔誠的新教徒，對"羅馬"教會疑慮重重，很適合擔任會督之職。她喜歡並讚許維多利亞城，"通過電纜與英國連接，大企業和英國奢侈品隨處可見"。但是，她對香港上流社會持保留態度，"它的派系、無盡的殷勤、生活的鋪張、各種爭執、慶典、野餐、舞會、賽船會、賽馬、宴會、草地網球聚會、業餘劇團、下午茶會，以及所有其他一大串被視為樂事的時尚"。私下裏，她更強烈地表達了不滿，"我相信那些人當中有一半人不和另一半人講話，除兩個人之外，所有傳教士彼此互不理睬……總督（軒尼詩）……據說是葡萄牙籍會督高主教的嘍囉（後者是香港羅馬天主教會會督）"。她對軒尼詩也沒有多少好感，軒尼詩"穿着太過考究……有一張永遠在笑的嘴巴和從來不笑的陰險眼睛"，而且表現出"對罪犯的……顯然是病態的同情"。[38]

戈登·卡明夫人與伊薩貝拉·柏德同時來到香港，時間是在 1878 年 12 月。她看到了香港生活的另一個側面，似乎也從中得到更多的享受。卡明夫人先是與她的朋友、經紀人阿特韋爾·考克森之妻路易莎·考克森住在一起，她們一起觀看賽馬，考克森夫人頗為大膽地趕着一輛小馬車，這是"那場盛會中唯一帶輪子的交通工具"。卡明夫人的這位女主人即使不能說很放蕩，至少頗為鹵莽，她在業餘劇團的首次演出中扮演貴夫人，用藝名把這事掩飾過去，1879 年演出的劇碼恰好是《謊言學堂》。考克森夫人還是婦女遊樂會的發起人之一，這個會所專門接待貴婦人玩草地網球。其他接待卡明夫人的女主人——律政司的妻子斯諾登夫人和洛科克夫人，後者的丈夫是立法局非官守議員——則顯示出香港上流社會的一個完全不同的側面。[39]

布拉西夫人無須與朋友同住，她是與丈夫湯瑪斯爵士一道來香港的，住在自己的"日光"號遊艇上。湯瑪斯爵士應邀與"幾位華人紳士"共進晚餐，發現他們"掌握的英語完全可以同受過最好教育的英國人媲美"，這正是當時的時代特徵。湯瑪斯爵士被款待享用各種美味佳餚，其中包括"鴨

38　柏德：《黃金半島》(I. Bird, *The Golden Chersonese*)，第 125 頁，在羅茲圖書館收藏的 1879 年 1 月 8 日信函中 (Rhodes House CH Box 8)，柏德曾說"會督夫人有點像普羅迪夫人"。蘇姍·霍伊的出色著作收錄了伊莎貝拉·柏德的一些未刊書信，第 125-126 頁。

39　卡明夫人：《漫遊》(Mrs G. Cumming, *Wanderings*)。另見史密斯：《皇家亞洲學會香港分會會刊》(C.T. Smith, JHKBRAS)，第 22 卷，1982 年。

掌、魚腦和燕窩羹", 這些菜讓他覺得很不舒服。湯瑪斯爵士是鴉片考察專員, 前來香港執行調查鴉片貿易的正式使命。他造訪了香港的工廠, 發現"財富的積累與僱員的低工資"反差巨大, 僱員工資從每天 1 便士到 4 便士不等。[40]

來訪者很少稱讚香港的歐洲人社會。在他們的記敍中, 大洋行老闆慷慨好施的款待不再像以往那樣佔據顯著位置, 反而有許多對殖民者狹隘、暴躁性情的批評。19 世紀 70 年代中葉, 傑出的攝影師詹姆斯·湯姆森對歐洲人"奢華的生活方式", 尤其是為他的英國助手提供的住所以及"他們樂此不疲的豪華設施"感到震驚, "我認為他們過着大大超出他們應得的奢侈生活"。湯姆森得出結論, 美國人和德國人生活更有節制, 與英國人不同, 因美國人和德國人不辭勞苦地學習當地語言。[41]

湯姆森的最後一項指責時有耳聞, 它表明英國人沾沾自喜、志得意滿的心態日甚一日, 乃至最終喪失了早先曾經擁有的工業和貿易領先地位。許多來訪者對華人遭受的冷漠乃至無情的對待感到震驚。柏德小姐指責說: "在香港, 你不時能看到歐洲人用手杖或傘柄毆打苦力。"羅奈爾得·高爾勳爵指責第 74 步兵營(高地輕步兵營)的陸軍少尉對待華人的方式"如同對待低劣的動物。難怪我們英國人所到之處總是被人深深地厭惡"。[42]1854 年, 年輕的羅伯特·赫德剛剛從烏爾斯特來到香港, 非常吃驚地"看到上司是如何對待華人的: 他把華人的貨物扔到水裏, 用手杖敲他們"。[43]最早的華人傳教士之一的黃寬博士——他在愛丁堡大學獲得醫學學位——抱怨說他的工作困難重重, 華人"對英國人成見很深, 他們(華人)認為英國人事事專橫"。

詹姆斯·湯姆森對香港下層生活出言謹慎, 他報告說有 180 家"演藝劇場", 還發現與員警打交道時"明智地使用該地區的貨幣, 就可以獲得安全以及體面的沉默"。拉吉亞德·吉卜林對社會底層的描述不那麼謹小慎微, 披露了該島生活的諸多層面。他敍述了與"該島最大、也是最正派的大班"

---

40 布拉西夫人:《"日光"號的航程》(Lady Brassey, *A Voyage in the 'Sunbeam'*), 第 373 頁。

41 湯姆森:《馬六甲海峽》(J. Thomson, *The Straits of Malacca*), 第 203-208 頁。

42 詹姆斯·波普-軒尼詩, 前引書, 第 193 頁。

43 赫德:《步入中國清廷仕途》(R. Hart, *Journals: Entering China's Service*), 第 15 頁; 陳偉群, 前引書, 第 117 頁以下。

的會晤經過，道出了當時乃至今日香港的本質。吉卜林問道："怎麼這裏的每一個人都脫不了銅臭味？"他被告知："這是因為這個島正在蓬勃發展。凡事都要付錢。"他看到一份股票目錄，所有股票都在溢價出售。"從牛奶公司開始，樣樣都要付錢。"[44]（這家牛奶公司是香港華人西醫書院的創辦者孟生博士富於想像力的產物，他想為歐洲兒童提供新鮮牛奶，在香港，就連這項適度的投機也難免涉及金錢交易。）

　　吉卜林鞭辟入裏地分析了香港的殖民地情結："僑民們深信不疑的依賴心態中有一些十分可悲的東西，想必他們長久以來一直性情乖僻、缺乏信心。"吉卜林是在 1889 年時說這番話的；香港將不再"依賴"，或許正在變得"乖僻"，卻仍然沒有清楚意識到"宗主國"對香港是多麼缺乏信心。

44　吉卜林：《飄洋過海》。

第十章

香港要塞

捍衛英帝國

1865 年，巴麥尊勳爵去世，他的死標誌着一個時代的終結。巴麥尊首次出任公職是在 59 年前，即耶拿戰役打響的 1806 年。1868 年，巴麥尊的同事和對手、1804 年進入議會的約翰·羅素勳爵也終於退休了（他一直活到可以親自教導年幼的孫子伯特蘭·羅素，後者在 20 世紀 50、60 年代曾讓艾登和麥克米倫兩位首相的日子不好過）。巴麥尊和羅素步入政壇之際，世界正處在拿破崙統治之下（羅素與拿破崙有過一面之緣）；當他們退出政治舞台的時候，俾斯麥的身影籠罩整個世界。[1] 這段時期的大多數時間裏，英國似乎是個地道的歐洲強國，"這兩個老人"比同時代人更好地把握了這個國家操縱歐洲事務的有限能力。1864 年，奧地利和普魯士入侵丹麥，英國公眾輿論強烈支持丹麥，要求政府進行干涉，派遣艦隊前往波羅的海。然而，巴麥尊從來就是現實主義者，在他看來，英國僅憑自身的力量難以在歐洲大陸有所作為。

英國的資源極度匱乏、太過分散，無力推行獨立的歐洲政策。俾斯麥一針見血地點破了這一要害，他曾經表示，如果英軍在普魯士登陸，他將派一名員警把他們全都抓起來。這句教訓式的話傳到英國 6 年後，1870 年夏，普魯士軍隊在一場動員了 100 萬人的戰爭中，只用了不到 3 個月時間就打垮了法國。此時英國即使想插手干預，也是心有餘而力不足了。外交部德國問題專家羅伯特·莫里爾爵士宣稱，倘若政府在 24 小時之內向英國公眾表明自己的勇氣，這場戰爭本來是可以避免的。皇家騎兵禁衛軍總司令劍橋公爵的評論引起了激烈爭論："沒有軍隊，哪裏談得上勇氣，我們根

1　巴麥尊政治生涯之長在英國政壇幾乎無出其右者。從美國政壇看，能與之相比的是林肯，他的政治生涯始於傑弗遜政府時期。

本無勇氣可言！"[2] 此時，英國的全部陸上武裝力量，包括自願者在內，尚不足 10 萬人，僅此一點就難以組織起一支 1 萬人的遠征軍。

　　巴麥尊 —— 羅素當政之後，托利黨政府上台，1866-1868 年的托利黨政府先後由德比勳爵和狄斯雷利領導。在之後 16 年裏，格拉斯敦和狄斯雷利兩人交替執政，自由黨兩度執政 5 年時間，其餘都是托利黨當權。在這一時期，歐洲乃至整個世界的格局都已改變。德國和意大利統一，奧匈帝國復興，俄國作為現代強國嶄露頭角，法國也治癒了戰爭創傷，列強的力量對比發生了變化。所有這些國家以及荷蘭、比利時和美國，都把發展工業放在首位，政府通過提供資助、修建鐵路、碼頭、運河，實行保護性關稅等方式給予本國工業廣泛的支持。英國開始喪失早先不可動搖的世界工廠地位。1870 年，英國生鐵產量佔世界總產量的 50%，鋼產量也將近佔到世界產量的半壁江山。20 年之內，美國在這兩項指標上超過了英國。

年份	英國		美國		德國		世界總產量	
	生鐵 *	鋼	生鐵	鋼	生鐵	鋼	生鐵	鋼
1870	5,964	292	1,665	69	1,369	—	11,900	629
1880	7,749	1,375	3,835	1,247	2,685	728	17,950	4,205
1890	7,904	3,679	9,203	4,277	4,583	2,127	27,157	11,902
1899	9,302	5,001	13,621	10,639	7,900	6,189	39,752	26,685

（* 單位：千噸）[3]

　　美國一躍成為最強大的工業國，不過美國工業的發展對世界市場影響不大，因為美國迅速擴大的國內市場很快就消化了生產能力。19、20 世紀之交，後起之秀德國也有了突飛猛進的發展，鋼產量一舉超過英國。與美國不同，德國鋼鐵很快就打入早先是英國產品一統天下的市場。有一些市場是德國產品難以滲透的，例如移民殖民地和印度，其他一些地區則向德國出口商敞開了大門，其中最重要的是非洲和中國。

　　儘管其他現代工業國家日漸領先，但英國仍保住了世界貿易的頭把交

2　　奧賓：《高貴的喬治：劍橋公爵傳》（G. St Aubyn, *The Royal George: The Life of the Duke of Cambridge*），第 144 頁。

3　　資料來源：《不列顛百科全書》（*Encyclopaedia Britannica*）第九版。

椅。1870 年，英國及其殖民地的貿易額超過了法、德、美三國總和（6.75億英鎊對 6.04 億英鎊）。20 年之後，這一格局仍未改變，為 10.38 億英鎊對 9.97 億英鎊。究其原因，部分是由於英國特有的投資海外和殖民地的資本輸出，海外投資固然利潤可觀，卻導致國內工業部門缺乏適應新競爭所需的資金。世界貿易模式有很大的差異，英國海外投資總額通常至少達到國內投資總額的一半左右，有時甚至更高。1881-1890 年的 10 年間，英國海外投資上升到國內投資總額的四分之三左右。第一次世界大戰爆發前夕，英國對海外商業和工業企業的投資達到國內投資額的 75%。海外投資雖有一定風險，但回報也比國內投資豐厚得多，更何況英國人憑藉銀行業的財富和倫敦金融界的交易經驗，能夠較好地規避風險。

英國有如此大比例的國民財富需要加以保護，而此時德意志帝國政府在製造商的影響下推行咄咄逼人的政策，通過殖民擴張來獲取新市場。英國歷屆政府面臨保護現有投資和市場的巨大壓力，要實施這種保護，至關重要的是擁有強大的海軍，龐大的陸軍則遠非必要。

格拉斯敦政府的陸軍大臣愛德華・卡德威爾不顧劍橋公爵的頑固阻撓，制訂了 1869-1874 年大規模重整陸軍計劃。之後的歷屆政府，不管是保守黨還是自由黨政府，均採取了一系列十分廣泛的必要措施，包括廢除軍職買賣，改進設施和裝備（最終引進了後膛來福槍，將軍們仍拒絕接受除前膛炮之外的任何大炮），改組團的編制，甚至還規定用卡其布而不是紅色嗶嘰來製作埃及沙漠作戰部隊的軍服 —— 這個想法讓劍橋公爵狂怒不已。經過改革，陸軍兵員有所增加，陸軍的目標是以快速的殖民地戰爭來保護海外既得利益，而不是打一場歐洲規模的陣地戰。即使是有限戰爭，人們也疑慮重重。殖民者受命避免衝突，如果需要防衛，也應自行解決。

卡德威爾為了實現擴充本土陸軍的計劃，從各個自治殖民地遣返了大約兩萬人的部隊。殖民者要自行安排本殖民地的防務，而格拉斯敦素來懷疑任何可能導致額外開支的殖民地衝突。狄斯雷利像過去一樣，四處尋覓機會"挫敗輝格黨人"，抓住自由黨人渴望逃避承擔帝國義務大做文章。狄斯雷利 1872 年 6 月 24 日發表的演說常常被看成是一個轉捩點，從此英國決定扮演世界性角色，而不僅僅是一個歐洲國家。狄斯雷利嘲笑功利的輝格黨人絲毫沒有帝國榮譽感：

他們 —— 已經如數學驗證般明白無誤地表示，英國的王冠上從來沒有過一顆寶石，擁有印度實際上代價高昂。屢屢有人提出我們應當立即從這個夢魘中擺脫出來！他們（輝格黨 —— 自由黨人）把英國的殖民地，甚至把與印度的關係當做這個國家的負擔，他們從財政角度看待一切，卻完全忽略了使民族變得偉大的道德和政治因素，忽略了人所特有的有別於動物的感化力。[4]

1874 年，狄斯雷利終於有機會把自己的觀點付諸實施。數月之前，格拉斯敦在下議院遭到失敗（這次仍是因為愛爾蘭問題，兩大政黨幾乎不可避免地要在愛爾蘭問題上摔跟頭），宣佈舉行大選，結果保守黨人贏得壓倒性勝利。狄斯雷利曾在 1868 年擔任過 9 個月首相，這次是他唯一完整的首相任期。他推行"使民族變得偉大"的政策，其標誌是為維多利亞女王安排了一個"印度女皇"的新頭銜，這個頭銜不過是惠而不費的象徵性舉措（雖然女王感到莫大滿足），購買蘇伊士運河 7/16 的股份才是狄斯雷利政策的真正成就。英國通向印度之路從此有了保障，儘管付出了重大代價，英國此後不斷與法國發生爭端，還捲入開支浩大、錯綜複雜的埃及局勢。直到 1956 年，英國與埃及的衝突還把一位英國首相拉下馬來。[5]

保守黨與自由黨在殖民地事務上的分歧並非實質性的分歧，更多地是表面的分歧。格拉斯敦政府不管多麼希望避免捲入，還是被迫承擔了帝國義務。1877 年被狄斯雷利併入英帝國的特蘭斯瓦的波耳人認為格拉斯敦會恢復他們的自由，他難道沒有把這次兼併稱作"近乎瘋狂之舉"，還表示拒絕承認用"令這個國家蒙受恥辱的手段"實現的兼併？然而，在事實面前，所有美好的願望徹底破滅。1880 年自由黨政府上台後，決定推行壓制波耳人的政策，波耳人直到打敗英國軍隊才保住了格拉斯敦曾經應允恢復的獨立。埃及的情況也是如此。1882 年批准炮轟亞歷山大城、鎮壓阿拉比起義的不是保守黨政府，而是自由黨政府。阿拉比起義是一次名副其實的民族主義起義，起義者承諾建立埃及歷史上第一個獨立的責任政府。

真實情況是，不論政治上如何花言巧語，任何一屆英國政府總是被無

4　莫利彭尼和巴克爾，前引書，第五卷，第 194-196 頁。

5　1956 年蘇伊士運河危機迫使安東尼·艾登辭職。

法駕馭的因素拖入殖民地爭端，要麼為了維護既得利益，如特蘭斯瓦和緬甸 (1885 年)，要麼必須回應其他歐洲列強越來越咄咄逼人的政策。殖民地部常任官員仍然反對再增加任何負擔，大臣們抓住一切可能的機會不斷削減殖民地開支，結果形成了兩黨合作的殖民地政策，這種政策至少延續到 19 世紀末第二次波耳戰爭爆發之際。兩黨合作並沒有徹底貫徹到所有的政府部門，外交部與殖民地部在香港問題上依舊爭吵不休。外交部始終堅持認為這個殖民地的利益必須服從英國與中華帝國的關係，殖民地部則傳達殖民地居民的意見，儘管他們對殖民地居民的態度忽冷忽熱。

海軍部和陸軍部與殖民地部也有分歧。一段時間以來，海軍上將約翰‧科洛姆爵士接連向海軍部提交防禦戰略報告。1877、1879 年，他相繼出版《殖民地防務》和《大不列顛及其屬地的防務》，起到了決定性作用。[6] 科洛姆闡述了憑藉強大海軍防衛宗主國和殖民地的方針，強調只有海軍才能抵禦潛在的入侵，這樣一支海軍必須配備一系列安全的燃料、食品補給站和維修點。美國內戰期間聯邦政府 "阿拉巴馬" 號劫掠艦的事例表明，蒸汽船對這類港口的依賴性很大，蒸汽艦隻完全依靠這些港口補充給養，必須按照預定航線航行。科洛姆認為新加坡和斐濟的重要性超過香港，海軍部採納了他的原則，只是認為斐濟不如香港重要。從此，香港的戰略地位得以確立，只是重要性不及新加坡。香港將不僅是有益的貿易中心，還將成為帝國防務體系的重要一環。誰來為此付賬，殖民地居民還是英國納稅人？這個問題懸而未決，成為爭論的焦點。

格拉斯敦及其繼任者對內政的關注遠勝於對歐洲及殖民地事務的關注，愛爾蘭問題當屬最要緊的國內事務，這個問題最終導致了自由黨的毀滅。歐洲大陸似乎有望進入一個穩定時期，在一定程度上也確實如此。狄斯雷利的最後一個大動作是簽署《柏林條約》(1878 年)，該條約表面上是為了結束俄國與土耳其重新爆發的衝突，實際上樹立了一種解決歐洲爭端的模式，這種模式一直沿用到第一次世界大戰爆發。歐洲已經沒有爭奪的空間，列強在不同因素的驅使下，紛紛把注意力轉向殖民擴張。

6　科洛姆的兄弟、海軍上將菲利浦同樣不撓不屈地鼓吹捍衛帝國。

法國的野心

1790 到 1852 年間，法國經歷了 9 次政體轉變：三個王朝、兩個共和國、兩個帝國、一屆執政府和一屆督政府，每一次政權更迭都伴隨着暴力。歷屆法國政府無不對公眾輿論異常敏感，深切意識到他們的繼續執政乃至個人生命都取決於不能過分激怒老百姓（直到 1885 年，法國對華政策還差一點導致一位總理被私刑處死）。英國佬接二連三的陰險行徑總是令法國人憤慨不已，英國佬越是看起來不那麼令人討厭就越是可疑。1815 年後，法國的國策就是堅定地與英國合作，畢竟除法國之外，英國是當時唯一非獨裁的立憲制歐洲強國。但是，只有可靠而自信的法國統治者才敢冒犯勢力很大、有時甚至是歇斯底里的恐英派遊說者。1838 到 1840 年，法國公眾輿論激憤到頂點，奧爾良王朝借助人們對於拿破崙的熱情，提高自身的世俗號召力。1840 年，拿破崙的遺骸從聖赫勒拿島運回法國，巴黎舉行了場面宏大感人的儀式。總理梯也爾完全控制了地中海東部地區的局勢，鞏固了法國在那裏的統治。法國人熱衷於重新武裝，滿心希望打一場對英戰爭，"舉國上下沉浸在狂暴的激情之中……法蘭西利劍在握"。[7] 然而，務實的國王路易·菲利浦把與英國合作當做法國政策的基礎，將梯也爾免職，接受了《倫敦條約》，這項條約解決了英法兩國的爭端，卻讓法國人民極度失望。

菲利浦國王急欲轉移臣民的注意力，便把目光轉向東方。當時，法國沒有多少理由關注中國。法蘭西民族嗜好咖啡和葡萄酒，法國財政收入也不像英國那樣依賴來自茶葉的稅收。法國人擁有嚴密保護的絲綢工業，由於喪失了絕大部分印度屬地（被無恥的英國佬奪去），他們無須為棉花或鴉片尋找市場。即便如此，法國政府一直渴望及時獲知中華帝國的一舉一動。1839 年，一位密使受命前往中國。

路易·菲利浦政府委以秘密使命的 M. 馬奈·德·巴斯蘭大概算不上有見識的間諜，英國商人顯然樂於迷惑這個輕信的法國人。他們用酒宴款待他，使之相信東印度公司在廣州仍有勢力，"只是名稱有所變動"，而且有接管整個中國的奸詐密謀，初步計劃是推翻"韃靼蒙古人的皇帝"，代之以

7　迪呂伊：《法國史》(V. Duruy, *Histoire du France*)，第五卷，第 899 頁。

一個漢人，也可能是個適合的英國人，此人非怡和洋行的年輕人羅伯聃莫屬。[8]

　　不論法國人是否相信這些天方夜譚式的幻想，他們在兩年後派出了以真盛意為首的正式使團。真盛意成名於印度，渴望在中國取得同樣的成就。法國人和中國人對真盛意使團的報導大相徑庭。從公開角度說，他是對中國進行正式訪問，私下裏他為法國向中國要求一塊居留地，就像英國人得到香港那樣，他提出這塊地方應是獅子洋入口處的虎門——穿鼻。耆英以彬彬有禮的嘲弄態度拒絕了這項要求，法國的對華貿易並未大到足以獲得像英國一樣的待遇，虎門具有戰略意義，是中國極為重要的門戶，其地位與香港不可同日而語，香港被視為無關緊要的周邊島嶼。

　　一個突發事件使事態變得更為複雜，法國快速戰艦"愛里貢"號艦長則濟勒自作主張，於 1843 年 8 月抵達上海，這個事件的真相至今仍是一個謎。[9] 則濟勒告訴中國人，法國與中國沒有矛盾，法國的宿敵是英國人，所以會幫助中國人抵禦英國人，中國借助法國的幫助，可以掌握建造戰艦和大炮的技術以及海戰戰法。耆英依然不相信，當時他正與英國人談判一項協議，了解並信賴英國人，況且英國的實力一目了然，法國的實力尚在未知（他肯定曾被告知特加法加爾戰役）。[10]

　　法國的幕後活動沒有收到立竿見影的效果。1844 年，法國派出一個正式使團，使團由經驗豐富的外交家拉萼尼率領。拉萼尼曾參加過維也納會議，當時就坐在傑出外交家塔列朗的身邊。拉萼尼使團抵達中國後，發現法國駐廣州領事已經獲得了《南京條約》規定的最惠國待遇，拉萼尼高超的外交手腕毫無用武之地。但是，拉萼尼的使命中還有一項非常特殊的任務：預測法國未來的亞洲戰略。他受命尋找一個戰略地點作為法國在東方的前哨，這回選中的是菲律賓羣島中棉蘭老島附近的巴錫蘭島。這座小島已被西班牙人佔領，很難由中國人說了算，除非法國是想找理由與西班牙開戰。不用說，拉萼尼在這個問題上也毫無進展。

　　拉萼尼決定把寬容傳教活動作為法國的要求，這大概是為了挽回顏面，

8　馬奈·德·巴斯蘭案卷，法國外交部檔案（Mallet de Bassilan, Quai d's Orsai）。

9　費正清：《貿易與外交》，第 197-198 頁。

10　第一歷史檔案館，北京，耆英與則濟勒的通信。

不然的話，耗資巨大的法國使團除了本已到手的利益外一無所獲。拉萼尼是受保守的基佐內閣派遣，基佐政府一直致力於贏得天主教會的支持，因為天主教會大多敵視奧爾良王朝。在這種情況下，拉萼尼的這個舉措將被巴黎視為有益的政治讓步。中國人應允了這個要求，為法國人日後在必要時炮製"開戰理由"埋下了伏筆。

到下一個王朝，路易‧拿破崙的第二帝國，法國人着手利用原先條約的規定，1858-1860 年的英法遠征進一步確認了這些條款，條約 [11] 規定："凡奉教之人，皆全獲保佑身家，其會同禮拜誦經等事概聽其便。"（第十三款）此時，馬奈‧德‧巴斯蘭又跳了出來。1857 年 2 月至 1859 年 12 月間，他向法國政府提交了一系列正式報告，這些文件充斥着仇英情緒和可笑暗示，"他們（英國人）將盡一切努力反對（法蘭西）帝國，惟有帝國能夠阻止他們"。德‧巴斯蘭舉出證據證明自己的觀點，"埃及的騷亂使我清楚地意識到，英國人……希望有朝一日能夠佔領它"。他還預言英國人肯定會干涉西藏（這兩項預言日後都兌現了）。他還指出了中國南部河流的重要性，這些河流很快就成為法國在華擴張的跳板。[12]

一段時間以來，法國在華商業利益不大，所以能夠與英國合作。1870 年，法國在普法戰爭中慘敗，次年又發生了巴黎公社起義，形勢發生變化。法國在歐洲一蹶不振，無望收復戰後割讓給德國的阿爾薩斯和洛林，法蘭西第三共和國期望憑藉外交成功來挽回臉面。雖然德國企業家遊說俾斯麥攫取法國領地作為戰爭賠償，但法國殖民地在戰爭結束後未受觸動，這種情形完全是滑鐵盧戰役後歐洲局勢的翻版，當然此時的形勢要嚴重得多。滑鐵盧戰役後，復辟的波旁王朝國王查理十世着手征服阿爾及爾；路易‧菲利浦王朝鞏固了法國在阿爾及爾的統治，之後，法國歷屆政府先後入侵墨西哥、塔西提和埃及。法國佔領馬達加斯加，公開把該島作為反英戰略的一步棋。激進派議員、海軍部長德‧拉納桑在《法國的殖民擴張》一書中指出，法國艦隊以馬達加斯加和印度支那為基地，"切斷英國與新加坡、香

11　譯者按：《中法天津條約》。

12　馬奈‧德‧巴斯蘭案卷。

港和中國的所有貿易往來，直至威脅印度"。[13]

不論是否自覺地採納了巴斯蘭的建議，路易‧拿破崙政府轉而把擴張矛頭指向印度支那，企圖以印度支那為基地，與英屬印度相抗衡。1862 年，法國在西貢建立據點，但英國兼併下緬甸，旋即抵銷了法國在這個地區的勢力。此後的 5 年間，法國佔領了整個湄公河流域，湄公河三角洲成為法屬交趾支那省，問題在於湄公河流域毫無商業價值可言。從海洋到河內和中國雲南必經的出入口處於現今越南北部的紅河，紅河歸屬東京省，後者是古代安南帝國的一部分，而安南至少在理論上屬於中國的領地。安南皇帝在種族上是漢人，帝國政府的部分官員是漢族學者型官僚。

中國人未必履行對藩屬的義務。例如，1879 年，日本佔領琉球羣島，中國人出於謹慎，沒有堅持傳統的權利。但是，這一次中國答應支援安南。中國人很有可能認為安南本身不值得大動干戈，但東京省構成了中國與掠奪成性的法國之間的緩衝帶。於是，朝廷決定派兵干預，抵禦法國侵略。中國至少派出了一支精銳的非正規軍：黑旗軍。中國最傑出的革新派人物李鴻章十分清楚他的國家軍事和海軍力量有限，試圖避免衝突，但后黨卻熱衷於對法開戰。

法國人決意在一代人的時間裏把幅員有限的帝國擴展成西方第二大殖民帝國，這個決定並非一蹴而就、毫無爭議。法國軍隊的建制是針對大規模歐洲軍事行動，不適應小規模殖民地戰爭，而且很多人反對任何干擾"復仇"——打贏下一次對德戰爭，收復法蘭西的失地——準備的事情。法國左翼人士當中開始流傳一種奇特的想法：即使是傳播法蘭西文化，也不證明對外冒險是正當的。法國政局不穩，難以形成一以貫之的政策。在法國歷史上，19 世紀 70、80 年代是政府如走馬燈般頻繁更迭的時期之一。1879 年 2 月到 1883 年 2 月，法國至少先後有 8 屆政府執政：瓦丁頓內閣、弗雷西內內閣、費里內閣、甘必大內閣、第二屆弗雷西內內閣、杜克勒克內閣、法利埃內閣和第二屆費里內閣。直到茹儒費里憑藉反教會教育和致力殖民擴張的綱領再度執政，法國政壇才穩定下來。

1884 年 8 月，在雙方都沒有準備的情況下，中國捲入了與法國的戰爭。

13　引自迪爾克：《英國擴張的難題》（C. Dilke, *Problems of Greater Britain*），第二卷，第 536-537 頁。

海軍司令孤拔輕而易舉地打了一場勝仗，在福州摧毀了裝備非常落後的中國艦隊；雙方的陸上軍隊互有勝負。前往福爾摩沙的法國遠征軍在基隆被包圍。1885 年 2 月，法國軍隊在靠近中國與東京省邊界的諒山被打敗。這場敗仗導致費里內閣垮台，費里本人僥倖逃過一名狂怒的巴黎暴徒的毒手（中國軍隊促成了此事，他們歸還法國陣亡者時，把頭盔靈巧地縫在無頭屍體上）。不過，法國雖然幾乎輸掉了戰爭，卻贏得了和平。在羅伯特‧赫德爵士的協助下，中法兩國在巴黎達成協議，法國對安南帝國、東京省和交趾支那的主權得到承認，法國的直接統治得以確立。與此同時，暹羅帝國，即現今的老撾和柬埔寨，被納入法國勢力範圍。這樣，法國控制了大小相當於其本土面積的地區，與中國南部接壤的邊境線綿延 1,000 英里。一些法國政客貪得無厭，想攫取更大地盤。頗有權勢的出版商約瑟夫‧夏萊—伯爾認為，法國的“文明使命”應當囊括暹羅、澳門和部分中國本土。[14]

法國的殖民野心日益膨脹，似乎要把殖民地一直延伸到印度帝國和中國南部邊境，這引起白廳的嚴重關注。在這個地區，掠奪成性的法國取代了無足輕重、很大程度上只剩下空架子的中國，法國人計劃把擴張矛頭直指雲南。英國政府考慮到在華利益，對此保持善意的中立。英國已經把中國納入其“非正式帝國”，與中國建立了外交關係，在對華貿易中佔據最大份額。另一方面，法國人的一舉一動始終受到懷疑。

1884 年 8 月，法軍炮擊福州，造成大約 3,000 名平民死亡，這一事件引起了普遍的反感。巴夏禮認為，法國此舉“無異於背信棄義”。英國下議院也提出質詢。1884 年 10 月 28 日，來自艾爾的托利黨議員阿什米德‧巴厘特先生要求“英國海軍將領阻止這些海盜行徑”。法國宣佈封鎖中國海岸，還考慮把大米列為戰時禁運品，英國憤怒地做出反應，暗示將調遣皇家海軍進行對抗。一位觀察家認為這個舉動“震撼了文明世界”，上議院則把法國人的行動斥之為“野蠻行徑”。伯里勳爵發言說，本國處於隨時可能捲入戰爭狀態。因協助鎮壓太平天國而以“中國的”戈登而聞名的戈登上校寫道：“根據以往的經歷，倘若中國與法國開戰，我們必定會採取相同的行動。”

14　關於“文明使命”和法國殖民地政策，見珀塞爾：《法國殖民地遊説者，1889-1938 年》(S. M. Persell, *The French Colonial Lobby 1889-1938*)。

　　法國的進攻立即點燃了中國人的憤怒，電報和蒸汽印刷機第一次使得炮轟福州和中國艦隊覆滅的消息迅速傳播開來。中國舉國上下一片譁然，兩廣總督發佈公告，號召中國人鑿沉法國船隻，把下過毒的食物賣給法軍。在香港，當局頗為驚恐地獲知中法開戰的消息，香港舉行了反法遊行，碼頭工人拒絕為法國船隻服務，這是該殖民地普通民眾第一次自發表現出民族主義情緒。這種民族主義是針對一個特定國家，完全不同於過去常見的不分青紅皂白地排斥外國人的仇外情緒。殖民地政府沒有認清這一點，不合時宜地採取了獨斷強橫的做法。罷工者被勒令復工，還被課以罰款。結果，當局不得不召集軍隊鎮壓隨之而來的騷亂，立法局也匆匆通過授予政府廣泛權力的緊急條例。這些舉措遭到廣泛的抨擊，許多英國人表達了對華人抗議行動的同情。代表威格頓的議員、曾在中國服役的海軍少將約翰‧海伊爵士支持罷工者，要求香港當局"發出指令，禁止把任何契約強加於工人……他們出於愛國熱情，理當反對這種強制"。一家香港法院否決了政府對一位報紙主編的起訴，這家報紙刊登了兩廣總督的文告。[15]

　　這場戰爭產生了深遠的影響。和約對法國的讓步對中國利益的損害不大，因為清朝在很大程度上只是名義上享有對印度支那的權利。然而，這場衝突徹底打破了《北京條約》簽署後 25 年間逐漸形成的穩定局面，其他歐洲列強懷着對法國在華野心的戒備，決意在隨後的坐地分贓中不落人後。英國也意識到香港很容易遭到法國或其他列強的攻擊。各國海軍戰略家目睹了中國的新艦隊被輕而易舉地擊潰，日本海軍軍方對此最為關切，他們的現代化進程迅速而有力。中國本來指望得到西方的庇護，如今全部希望都化為泡影。英國和美國被中國視為盟友，卻沒有進行干預。但是，法國難以為所欲為，中國也開始形成一種好戰的民族主義。

薩金特將軍的大炮

　　在國際局勢緊張、危機重重的時代，香港不得不忍受一位軟弱膽怯的總督。喬治‧寶雲爵士在殖民地仕途一帆風順，卻是個典型的華而不實之

15　關於這此罷工，請見冼玉儀博士發表於《皇家亞洲學會香港分會會刊》的文章，第 22 卷，
　　1982 年。

人。寶雲在牛津大學表現十分出色，三一學院學生，古典學名列榜首，兩任學生會主席，巴里奧爾學院研究員。1847 年，年僅 26 歲的寶雲被任命為科孚的愛奧尼亞大學校長（該地在拿破崙戰爭之後由英國人管治），還當上了愛奧尼亞羣島政府的政務秘書。1849 年，他在匈牙利有過一次歷險，協助解救了匈牙利革命英雄路易·科蘇特。他還出版了包括《默里氏希臘指南》在內的若干著作，一直是公眾矚目的人物。《澳大利亞傳記辭典》恰如其分地指出，寶雲“剛愎自用、固執、講話囉嗦”，為了抬高自己的地位，他總是把名人的名字掛在嘴上，還熱衷於大談名人的趣聞逸事。不過，他之所以能夠在 1859 年以 38 歲的年齡獲得首任昆士蘭總督之職，靠的是與格拉斯敦的交情。

　　寶雲 34 歲時已是二等高級聖邁克爾和喬治勳爵士，出任昆士蘭總督之後，又獲得了聖邁克爾和聖喬治大十字勳章。[16] 他似乎有望爬得更高，因為在傲慢自大和趨炎附勢的外表下，他還是有點真才實學的。但是，對寶雲來說，澳大利亞和新西蘭太大了，他把澳大利亞的養羊場説成“有如荷馬筆下的競技場”，放牧權之爭是“古羅馬貴族與平民公地之爭的翻版”，讓人聯想起賀拉斯《拉里薩戰場的戰利品》裏的達林丘陵草原。[17] 寶雲的殖民地生涯持續了 20 多年，其間也並非一事無成，在新西蘭尤其有所建樹。1867 年，他接替好戰的喬治·格雷爵士出任新西蘭總督，説服那些不滿於白廳所給待遇的殖民者不要轉而要求併入美國。1872 年，寶雲被任命為維多利亞州總督，在那裏他遇到了麻煩。1877 年，該州由選舉產生的立法會與終身任職的政務會圍繞預算案發生激烈爭執，“一場政治風暴……一些政務會成員揚言要僱用和武裝愛爾蘭匪徒……與此同時，一些立法會議員呼籲採取暴力和革命手段”。寶雲未能平息事態，此事“極大地損害了我的……聲譽和前途，我再也無法挽回”。[18] 這一點給他説中了。之後他在毛里求斯待

16　在 19 世紀，各種榮銜尚沒有 1916 年設立英帝國勳章之後那麼氾濫。聖邁克爾勳章和聖喬治勳章設立於 1818 年，最初是為了獎勵馬爾他和愛奧尼亞羣島的居民，1868 年擴大到殖民地和外國政府官員。英帝國勳章等級有：聖邁克爾及聖喬治爵士夥伴勳章（簡稱 CMG，謔稱：“叫我上帝”（Call me God））；二等高級聖邁克爾和喬治勳爵士（簡稱 KCMG，謔稱“溫柔地叫我上帝”（Kindly Call me God））；聖邁克爾和聖喬治大十字勳章（簡稱 GCMG，謔稱“上帝叫我上帝”（God calls me God））。

17　歐文·卡萊爾，見《名人傳記辭典》（Irving Carlyle, in DNB）。

18　見寶雲的自傳作品《殖民地政府三十年》（Bowen, *Thirty Years of Colonial Government*）。

了 3 年，1882 年被派往香港擔任他此生最後一個公職。殖民地部之所以任命他，是希望在桀驁不馴的軒尼詩之後，他能夠起到安撫作用。寶雲爵士樂於合作，只要這有助於他盡可能輕鬆地向上爬。

1883 年，寶雲抵達香港。此時，他已變成一個地地道道的令人生厭者，遊手好閒，自視甚高，一味諂媚那些高高在上的相識。寶雲的上司全都瞧不起他，格蘭維爾勳爵說他是"自命不凡的猴子"，金巴利注意到他"荒唐可笑的自私自利"。殖民地部助理次官 W. R. 瑪律科姆向里彭勳爵透露說："寶雲已經服務了很長時間，我們在公開場合說他很出色。實際上他滿口空話，他之所以能夠長時間保住職位，完全是由於寶雲夫人的機智、聲望以及與赫伯特（殖民地部常任次官羅伯特‧赫伯特爵士，他在澳大利亞時曾在寶雲手下工作）很深的個人交情，他極其過分地濫用了這種交情。"[19] 寶雲的繼任者威廉‧德輔敍述了加拿分勳爵一次晚宴的情景：當時寶雲的前任軒尼詩也在場，寶雲"像往常一樣大聲說話，大意是說他一天之內接連見到了羅馬教皇、維克多‧伊曼紐爾和加利波第，在這個話題變得相當乏味之後，他接着廢話連篇地說道：'非常奇妙的事情，實在奇妙。我在同一天應邀與首相和坎特伯雷大主教一道進餐。'"話音未落，"矮小的波普‧軒尼詩"馬上尖刻地反駁了他。[20]

寶雲本來完全有望在香港度過愉快閒散的任期，因為正如他自己所說，"在我看來，與我以前管理的任何一個直轄殖民地相比，香港政府的日常和緊迫工作從一開始就要輕鬆得多"。這多半要歸功於政務官的貢獻，這些官員都是通過 20 年前設立的官學生招募計劃選拔出來的。這些人包括駱克（1883 年任助理輔政司）、阿爾弗雷德‧李斯特（財政司）、沃爾特‧迪恩（警司）和詹姆斯‧羅素爵士（巡理府），他們都通過嚴格的考試，具備關於華人及其語言的豐富知識。在寶雲任職前後相當長的一段時間裏，輔政司威廉‧馬殊爵士管理着香港政府，事實證明馬殊完全能夠獨力挑起總督的擔子。寶雲的不幸在於，他抵達香港之際，正值戰事頻繁、戰爭謠言四起的時期，而香港的防務負責人又是一位十分活躍、性情暴躁的軍人 J. N. 薩金特中將。

19　布雷克利：《殖民地部》（B. L. Blakely, *The Colonial Office*），第 118 頁。

20　德輔：《我的殖民地生涯》（W. Des Voeux, *My Colonial Service*）第一卷，第 263 頁。

此時正值薩金特在遠東的第三次海外服役期，他第一次海外任職是在1860年。自那時以來，鑄炮技術又有了重大進展，巨型鋼製大炮普遍投入使用，火藥有所改進，大炮的射程和精確度都大大提高。即使是美國內戰期間發展起來的鑄鐵滑膛炮，其射程也大大超過3英里，新型大炮可以射得更遠。法國"霍奇"級戰列艦的主戰武器是重達75噸的13.4英寸大炮，足以在現有岸防炮射程之外輕而易舉地摧毀維多利亞城。香港的防禦工事甚至無法抵禦輕型火炮的打擊，一些最重要的戰略防禦工事都是開放式的露天炮塔，只能防禦正面火力，無法抵擋頭頂上方落下的炮彈。薩金特敏銳地注意到這個欠缺，確信陸軍部清楚他的觀點。英法合作雖已有70年歷史，但薩金特與白廳的皇家騎兵衛隊依然憂心忡忡地把法國視為潛在的侵略者，法國在東方擴張造成的緊張局勢進一步證實了這種擔憂並非空穴來風。

香港從窮鄉僻壤的殖民地被推到國際衝突的最前沿。1881年，傑出的軍事工程師、日後當選為代表樸茨茅斯的下議院議員威廉・克羅斯曼爵士訪問香港，為香港設計了合適的防禦體系，但工程一直沒有開工建造。軍需司令安德魯・克拉克爵士同意薩金特將軍的看法，認為香港的"防禦工事遠遠比不上許多中國港口，一旦爆發戰爭，法國人用6艘鐵甲艦的優勢兵力就足以摧毀香港的首府和航運業"。克拉克建議採取應急措施，大力加強衛戍部隊，再增加3個以上的印度團，兩艘最好的魚雷艇，更多重型大炮和速射武器。德比勳爵十分關切，下令把準備配置在普利茅斯新要塞的大炮"十萬火急"改道運往香港。

安德魯・克拉克爵士還致函寶雲："目前，香港面對一艘鐵甲艦等於是手無寸鐵，一旦戰事突然爆發，我想你會淪為階下囚。"寶雲也清楚意識到這種危險，1884年3月8日，他向殖民地部提出警告："任何外國列強的4,000到5,000名士兵一旦在這個島嶼的背面登陸，肯定能夠衝入城鎮（離海岸只有4英里），我們弱小的衛戍部隊難以進行任何有效的抵抗。"安德魯爵士的信函讓寶雲大為驚慌。1884年9月13日，德比勳爵發來一封簡短函電通知更讓寶雲無法釋懷，德比勳爵表示希望該殖民地支付薩金特所需榴彈炮的費用："軍事基地的全部費用……同時墊付駐軍總司令所要求的各項費用。"寶雲哀怨地詢問那位將軍："'墊付'究竟是甚麼意思？"兩天後，他以風濕病復發的可疑理由，隻身一人前往日本避難去了。

　　薩金特暴跳如雷，寫信給寶雲説："此刻正是置生死於度外，不可苟且偷生的時刻。"殖民地新聞界也是一片嘲諷之聲，9 月 13 日的《士蔑西報》寫道：

> 　　在無疑是自上一次中國戰爭以來本殖民地歷史上最危急的時刻，那位大人憑藉一個微不足道的理由，平靜地背棄了自己的職責。不論有多少靠不住的理由，身體欠佳之類軟弱無力的辯解，對事實的歪曲和大量老掉牙的托詞……都無法掩蓋這樣一個事實：總督寶雲……憑輕易弄到手的一紙醫生證明作為站不住腳的理由……前往日本的浴室去過輕鬆愜意的假日……如果王國政府部門的負責官員有很多是喬治·寶雲爵士這種素質的話，英國的霸權不可能長久。[21]

　　薩金特將軍雖然得到了榴彈炮 —— 加拿分勳爵在 5 年後抱怨説，這些大炮的口徑仍嫌太小 —— 卻丟掉了職位。喬治·寶雲爵士有許多身居高位的朋友，足以敦促英國政府召回這位將軍。薩金特寫了一本書，字裏行間不斷指責寶雲爵士和劍橋公爵極不公正的行為。[22] 然而，僅靠這些迅速裝配起來的新式大炮，仍不足以確保香港的安全。薩金特將軍曾親自偵察過一些敵軍可能藏匿的海灣和港口北面能夠威懾這個殖民地的制高點，他得出結論，除非佔領這些要衝，否則，"中國人擁有的該港口的北岸將成為麻煩和不安全的根源……一旦這個地區落入英國之外的外國列強之手，將造成災難性的後果"。即便不能佔領這些重要的戰略地點，至少也要使之中立化。薩金特寫道，這一點"對於我們及時阻止那兩個歐洲強國（法國與俄國）中的任何一個攫取、或以其他方式獲得控制香港港口入口和港口本身的中國領土，具有最重大的意義"。薩金特當時未必是想獲得如今以"新界"聞名的整個地區，他僅僅是指"對於我們的防務來説絕不可少的……地區"。

21　《士蔑西報》有偏頗，其創辦人和主編羅伯特·弗雷澤－史密斯堅決反對寶雲，而且在報上發表不敬的言辭；他曾兩次因誹謗罪入獄。

22　薩金特的經歷取自《一位士兵的通信》（*A Soldier's Correspondence*）。

薩金特接連向陸軍大臣哈丁頓勳爵發出措辭強硬的函件,寶雲通過殖民地部進行了反駁。倫敦收到了薩金特發出的資訊,但英國染指更多中國領土的時機尚未成熟。

這個殖民地的官員一直飽受寶雲無能統治之苦,對薩金特的離去感到惋惜。駱克表達了深切的遺憾,這個殖民地需要“堅強有力、朝氣蓬勃、無所畏懼的領導人”。塞西爾·

克萊門蒂。史密斯寫信給薩金特:“我非常遺憾您離開這支部隊,我們再也不會有能夠如此融洽相處的將軍。”寶雲自己也沒能在香港久留,1885 年 12 月,寶雲離開香港,他擔任香港總督 32 個月,在這個殖民地的時間僅有 15 個月。一位“商界領袖”寫信給薩金特:“我想不會有任何人惋惜他的離去。他是個愛慕虛榮的、愚蠢的老人,有一種毫無顧忌乃至令人反感的自我膨脹情緒。沒有為他安排任何告別儀式,他曾派人請賴里先生為他安排儀式,但那位紳士拒絕了。”[23]

瘟疫

不論榮譽應歸於寶雲還是那些優秀的下屬,寶雲任職期間香港取得了一些有益的成果。其中,意義最重大的要算立法局改組。繼伍廷芳出任臨時議員之後,首位華人議員正式進入立法局。寶雲代表殖民者與殖民地部進行了討論,最終的決定正如金巴利勳爵曾經建議的那樣,立法局非官守議員中至少應有一名華人。立法局還引入代表制,授權全體太平紳士和香港總商會各推選一名議員,這種間接選舉方式一直沿用至今。立法局將有 5 名“非官方”議員(非官守議員),從理論上說將比以往更好地履行代表社會輿論的職能。問題在於商人勢力佔了上風。

香港總商會的成員和太平紳士大多是英國人。總商會成員中有 20 名英國人、6 名歐洲人、3 位猶太人、兩位華人、一位帕西人和一位美國人。79 位太平紳士中,62 人是英國人,7 位華人、7 位帕西人或美國人、3 名猶太人。只有 60 位不支薪的“非官守”太平紳士才有投票權,他們必須擁

23　寶雲關於任職 —— 玫瑰色的任期 —— 的敍述,見《殖民地政府三十年》,德輔(前引書,第二卷,第 275-276 頁)表示自己“完全不贊同”前任的憲政改革。

有英國國籍，全體華裔太平紳士也是如此。（香港華人可以申請加入英國國籍，但並非必須如此。直到第二次世界大戰期間，中國人可以完全自由地到這個殖民地旅行或居住。）

太平紳士推選出來的立法局議員是來自孟買猶太大家族的大衛·沙遜。這麼做是為了有意識地增加立法局中非盎格魯－撒克遜血統的成員（作為這一傳統的延續，沙遜的繼任者是亞美尼亞人保羅·遮打爵士）。香港總商會推選的是昃臣，他是滙豐銀行總經理，一位無可挑剔的大班。

立法局其他兩個非官守議員名額中有一個必須留給怡和洋行，因此立法局的意見總是明確的、毫無懸念的。整整一個世紀之內，這種體制基本上沒有任何改變，直到 1985 年才引入選舉機制，而且是非常間接的選舉。

不過，香港並不缺乏無拘無束的批評，這個殖民地享有言論自由，有時候這種自由的言論近乎謾罵。寶雲也沒有想壓制對他本人的抨擊，澳大利亞和新西蘭的經歷早已使他習慣了這一切。他安排對外分發立法局會議記錄和政府部門報告，設立了由非官方代表組成的常設委員會體制。這些委員會中最重要的是財政委員會，它有權在預算案送交白廳之前發表意見，這種體制至少產生了有益的心理平衡作用。這些改革幾乎沒有遭到殖民者的反對，他們因為無須再對付約翰·波普·軒尼詩而鬆了口氣。寶雲離開這個殖民地時，立法局資深議員菲尼亞斯·賴里已經能夠表示，儘管以前立法局曾有過"官守與非官守議員之間的摩擦與嚴酷的氣氛"，但"現在已煙消雲散了"。

1887 年 10 月，寶雲的繼任者威廉·德輔爵士上任，也在制度建設上取得一定的成果。寶雲離職後，前後兩任總督之間有將近兩年的空位時期，代理總督威廉·馬殊爵士繼續承擔自 1879 年擔任輔政司以來先後在難以共處的波普·軒尼詩和不稱職的寶雲手下一直從事的工作。德輔從切身經歷中領會了塔列朗對年輕外交家的那句忠告："尤為重要的是，不能有太多的熱情。"德輔 29 歲時獲得多倫多大學的學位，對於一位殖民地總督而言算是少有的經歷。1863 年，他受命前往查理·義律過去的領地英屬圭亞那擔任法官。像義律一樣，德輔抗議種植園主對待勞工的方式。與義律時代一樣，這些勞工並非黑奴，而是契約華人苦力，他們的狀況與過去相比沒有多少明顯的改善。德輔的抗議被《泰晤士報》說成是自 75 年前沃倫·哈斯丁斯在印度因莫須有罪名受審以來"公職官員所做的最為嚴厲的控告"，為此還專門組織了一個皇家委員會。德輔的一些抨擊之辭被認定言過其實，日後他也因此仕途受挫。另外部分原因是他身體很差，需要經常休假。德輔爵士的私人秘書梅含理承擔了大部分工作，總督本人也樂於承認這一點，雖然他依然覺得有必要"每週一到兩次"完成從山頂的夏季別墅到總督府的痛苦行程。寶雲建立的立法局例會制度侵佔了這位總督的閒暇時間，便被取消了。

德輔爵士把主要精力用於拜會名人。德·巴爾迪伯爵引起了他極大的興趣，這位伯爵很難說是享有國際聲望的人物，不過畢竟是波旁家族成員，又是尚波城堡的擁有者，德輔很高興收到尚波城堡的回訪邀請。1891年，俄國亞歷山大大公爵和日後成為沙皇的尼古拉皇儲也曾下榻總督府，他們還進行了所有訪問香港者都樂此不疲的一項消遣：購物。這是一次微服出行，未來的沙皇頭戴圓頂軟氈帽，腳穿褐色皮鞋。相比之下，年輕的喬治·寇松雖然已在議會和社交界嶄露頭角，但仍屬於微不足道的小人物。在日後一個不長的時期內，他曾對這個殖民地的前途發揮了重大影響。寇松熱衷於靠得住的東西，對維多利亞城"樂土般的優雅"非常着迷。

令德輔爵士十分遺憾的是，1889年他因長期休假，錯過了艾菲的弟弟、維多利亞女王寵愛的兒子干諾公爵的來訪。公爵訪問期間，德輔道和干諾道正式開始動工興建，從而啟動了新的圍海造地計劃，濱水區將延伸到干諾道，在香港島中心地帶提供寶貴的土地。1862年之前，最初的海岸線就已經向外擴展，用海堤加以保護，還進行了圍海造地，只是工程一直時斷時續。這項新計劃完成後（17年後才全部竣工），將修建一所新會館、最高法院大樓、一座板球場以及電車道，所有這些都是這座城市標誌性的新建築。

不過，德輔爵士不得不關注一個不那麼有吸引力的問題：公共衛生。瞿域1882年的報告已經移交給一個新的委員會"潔淨局"，在潔淨局實施瞿域的建議之前，瞿域與艾爾斯的一個預言就已經應驗了。在軒尼詩阻礙進步的任職期內，當局忽視衛生狀況，等於是埋下了一顆定時炸彈。1883年，這顆炸彈以霍亂大流行的方式爆炸了。新組建的潔淨局不得不停下手來應付傳染病的直接後果，等到他們可以騰出手來制訂未來的規劃，又遭到強烈的反對。在大潭興建了瞿域提議的自來水廠，污水也做了處理，關於食品管理、市場監督和重建垃圾處理工程的建議也付諸實施。但是，居住密度過高的問題沒有解決，必然導致疾病蔓延。在香港，沒有錢來改善住房條件始終是個充足的理由，更何況數千名歐洲人都有相當寬敞的住宅，即使他們的房子算不上豪華。19 世紀 90 年代，在《香港指南》上刊登廣告的旅館，客房都有浴室。最嚴重的過度擁擠集中在華人區，很多證據表明，一英畝大小的地皮上要住 1,000 多人，這意味着高房租和房東的高收益。唯一有效的解決途徑是強制留出淨空，這肯定會招惹麻煩。

瞿域希望人均有 300 立方英尺的居住空間，相當於一個四口之家擁有一間 12 平方英尺的房間。在香港的房東看來，即使是這樣一個有限的標準也顯得太大了。反對派的首領是何啟（很奇怪，何啟本人是個合格的醫生），為了使事情能夠順利進展，他被邀請進入潔淨局。何啟是東華醫院創始人之一何福堂牧師的兒子，作為一個傑出的人物，何啟身上體現出香港所有的長處和矛盾，在日後 30 多年時間裏，他一直是這個殖民地最重要的政治人物。[24] 何啟曾在英國待過 10 年，學習醫學和法律，成為皇家外科醫師協會和林肯律師協會的會員。在回到這個殖民地之前，他娶了一位英國妻子，還熱衷於英國的憲政和社會思潮，同時致力於提出中國人的觀點。早在何啟 25 歲時，就有人提議推選他進入立法局，1890 年他被任命為立法局議員時年僅 31 歲。潔淨局草創之初，百事待舉，成效甚微，即使潔淨局擁有傑出的寄生蟲病學家孟生博士這樣的成員。孟生創立了倫敦熱帶病學院，他辨別出象皮病的病因，還是瘧疾病因研究的先驅。華人似乎寧願住在不衛生的環境中，也不願支付高房租和接受體檢。實際上，曾有 47 名華人上書反對任何衛生管制。

1879 年，卡明夫人對這個殖民地簡陋的衛生狀況感到震驚，她寫道：

> （香港）沒有任何可用的下水道或排水溝……不管甚麼樣的污水都順着（雨水管）直接沉澱在整個港口的海濱，污染了本應是

24　見蔡永業：《何啟爵士的生平與時代》（Choa, *The Life and Times of Sir Kai Ho Kai*）。像甘迺迪總統和戴高樂總統一樣，何啟的名字也被用來命名機場，香港的國際機場命名為啟德機場。

宜人的環境……就"衛生設施"一詞通常的含義來説……所有此類必備的設施都是最原始的。各家每天一次（窮人是兩週一次！）運出垃圾（然後作為一種農業貿易的貨物運往大陸）的處理方法在女王陛下帝國的衛生統計上寫下極不光彩的一筆。[25]

直到瞿域報告發表 7 年後的 1889 年，香港才在殖民地部的敦促下採取了改善衛生狀況的初步舉措。當年發佈的《收回官地條例》授權進行強制性購買，"促成旨在永久改善本城衛生狀況的預期實驗。本城很大一部分居民居住在擁擠密集的住房，這些住房沒有後院或後窗，其中六分之五的房間始終密不透風"。即使這項實驗沒有收到成效，德輔仍認為無須擔心：

原本希望對翻修住房的需求，能夠在很大程度上彌補因提供"後院"所帶來的改建費用和建築面積上的損失。倘若實際情況並非如此，該項目不應再繼續執行。但是，我認為值得付出一些代價來消除公眾對公共衛生的極大反感和嚴重危害，唯有採取目前提出的不會導致華人居民普遍猜疑和不滿的措施。

無論如何，歐洲人始終是安全的，因為上一年發佈了《歐人區保留條例》。外國居民遞交了一份請願書，"要求立即消除一個顯著的不幸"，即"眾多當地人竟然獲准聚集在離歐洲裔居民如此近的地方"。[26] 現在，保留條例彌補了這個"不幸"，規定保留城鎮中地勢較高的中心地區，這個地區"並非完全由歐人佔據，而是用於建造歐式房屋"。對於這種頗為丟臉的種族隔離做法，當局閃爍其詞地做了許多解釋："華人沒有提出反對意見……大概是因為他們本身頗為傾向於與歐人隔開。"歐洲人在香港生活是為了華人的利益，"華人雖然具備很多寶貴品質，卻缺乏真正進步所需的某些素質，他們或許要花很長時間才能認識到這一點"；他們習慣"密密麻麻地擠在房子裏……這是他們各個階層的普遍狀況"；他們"經過長時期的自然選擇過程之後，逐漸對與人口極度密集直接相關的健康狀況習以為常、無

25　卡明夫人，前引書，第 25 頁。

26　陳偉群，前引書，第 118 頁。

動於衷了"。畢竟，倘若他們想在歐人區居住，"條例並沒有禁止他們這麼做"。[27]

　　但是，復仇之神即將到來。1894 年，瘟疫襲擊香港，這場瘟疫是橫掃亞洲的大範圍流行病的一部分。在此之前，廣州就曾經爆發過一場嚴重的疫病，據報告有 1,000 多人死亡。這場疫病爆發之際，香港社會已截然分為傳統的華人社會和現代的英人社會，只有極少數受過西方教育的華人享受到科學的公共衛生醫療。當時對疫病的起因只有粗淺的認識，具有諷刺意味的是，這一年香港發現的疫病桿菌是由兩名日本醫生青山和北里分離出來的。中國的科學仍然落後於時代 500 年之際，日本已經開始取得重大的科學發現。

　　人們一度懷疑這種疾病的傳播媒介是老鼠，但沒有得到證實。可以肯定，過分擁擠、不衛生的環境在很大程度上導致疫病迅速蔓延，香港成為這方面最有說服力的實例。如果說香港政府沒有採取甚麼措施來預防疫病爆發，他們卻依照地道的家長制統治傳統，相當俐落地應付了這場危機。由士兵組成的義務分隊 —— 他們當中有的將死於這場疫病 —— 前往疫情最嚴重的地區，搬走屍體，用石灰對受感染的房屋消毒。當局採取一切可行措施控制疫情，建立緊急隔離醫院，還準備了一艘水上巡迴醫療船。"然而，不幸的是，"總督報告說，"華人沒有用歐洲人的眼光來看問題。"[28] 但是，不論是德輔還是他手下的官員，誰也沒有想過要站在華人的角度來看問題。1891 年 5 月，德輔離開香港，之後又度過了 18 年愉快的退休生活，這表明他時常發作的疾病並不那麼嚴重。

　　繼任者威廉·羅便臣爵士毫不掩飾地敵視華人的習俗和思想。香港總督是羅便臣擔任的最後一個公職，此前他經歷過一番艱難的努力。他沒有上過大學，最初是以小職員身份進入殖民地政府部門，他能爬到殖民地總督的高位實屬難得。他的職業生涯是在倫敦和西印度羣島度過的，因此不具備任何關於中國的經驗和知識。他在香港總督任上表現出一種可怕的冷漠，在公文的字裏行間流露出歐洲人高人一等的優越感，這種優越感成為他任職期間的突出特徵。按照羅便臣爵士的說法，華人之所以不願對他的

27　《1889 年香港年度報告》。

28　《1889 年香港年度報告》。

預防措施給予合作:

> 是因為他們養成了不衛生的習慣,從嬰兒時代起就羣居混處,不了解隔離的必要。他們非常樂意像羊一樣地死去,只要他們不被打擾,疾病就在他們當中傳播……無疑,這些看法是盲目的偏見和迷信的產物,驅使他們東躲西藏,最終必須組成搜索隊,挨家挨户地尋訪。發生了一些令人痛心的情況:當一支搜索隊進入一座有數名患者的房子時,(華人)倉促間想盡辦法躲藏……華人的聰明才智從未經受過如此嚴重的考驗,或者説從未應用於如此可悲的事情上。[29]

華人也不相信政府醫院的治療方法,寧願接受對疫病幾乎束手無策的傳統中醫治療。西醫並未發現有效的治療方法,但 82% 的華人患者死亡,歐洲人的死亡率卻只有 18%。東華醫院董事會能夠干預兩種文化的衝突所導致的危機,自 1872 年成立以來,東華醫院董事會一直深得人心,在約翰·波普·軒尼詩爵士的扶持下,醫院董事會幾乎承擔了華民政務司(同時兼任撫華道)的職責。軒尼詩有充分理由認為,僅僅委任一名官員(在當時甚至不懂漢語)負責佔人口絕大多數的華人的福利,簡直是荒謬絕倫,華人應當是整個政府最關切的對象。軒尼詩宣佈東華醫院董事會大廳將是"經常與我的華人朋友就本殖民地應採取的最佳方針進行磋商"的場所,這足以招致歐洲僑民做出不友善的反應。他們認為東華董事會不該插手政策問題,董事會"接管了本應由華民政務司履行的職責",正在扮演政府"總顧問"的角色。軒尼詩趕走了與自己關係劍拔弩張的威廉·馬殊,之後恢復了華民政務司的職位,任命一位能講流利廣東話的官學生出任此職。

在軒尼詩的支持下,醫院董事會組建了一個姊妹機構:保良局,這個機構旨在保護婦女兒童免遭拐賣,她們常常被賣入妓院。保良局很快就發展成類似替代性法律體制的機構,"保良局的總理們身着清朝官員的服飾,長袍馬褂,頂戴花翎……總理們審理案件的方式與清朝官員如出一轍。審

---

29 引文引自《1894 年香港年度報告》。更為公允的評價見冼玉儀:《權力與慈善》('Power and Charity')。

案多在晚間，每次至少有兩位總理出席。聽審開始之前，所有涉案者由局裏的訪事護送到局"。[30] 只有當總理們寫下裁決意見之後，一樁案子才送交華民政務司處裁決。這樣的體制在處理疑難案件時遠比英國法庭有效，英國僑民並不歡迎，他們根本不了解華人居民的失望情緒。

總督及其高級官員難免常常與少數最重要的歐洲公民打交道，把絕大部分時間花在招待會、花園聚會、賽馬、俱樂部、板球比賽、草地網球、音樂和戲劇演出，以及殖民地社交生活必不可少的各種茶會和晚宴。這個排外的上流社會中見不到一位華人（就這一點來說，也沒有多少下層英國人），香港俱樂部、香港賽馬會（成立於 1884 年）、維多利亞遊樂會（成立於 1872 年）以及業餘劇團（成立於 1844 年）的成員沒有一個是華人。即使是宣稱致力於促進人類同胞之情的共濟會，最初也墨守成規地反對華人加入。在這種氛圍下，任何一位官員都不太可能無視歐洲僑民的意見。歐洲人與華人的接觸受到重重阻礙，雙方即使有接觸，也幾乎完全限於商業事務，大概各民族只有在商業領域才有一致的利益。立法局華人議員本來應該維護華人的觀點，但是，像何啟這樣的人忙於生意，大多數時候與他們的歐籍同事保持一致立場。

在這種情況下，羅便臣勉強與東華醫院董事會合作控制瘟疫。在東華董事會通情達理的贊同下，這位總督沒有放棄實際上絕對必要的挨門挨戶查訪，他還設想了一個計劃：

> 不論從醫學角度看它有多麼行不通，當前的緊迫局勢和危急情況證明它絕對是正確的。我指的是建立一所臨時性疫病醫院，由東華醫院的華裔醫生主持……華裔患者現在可以選擇歐洲或本國的治療方法，很多人選擇了前者，但絕大多數人寧願由他們自己的同胞照料。

對於受到傷害的感情而言，做甚麼都無濟於事。由於死者太多，"掩埋隊不得不把棺材埋在壕溝裏……對於一個主要宗教儀式就是葬禮、每年都

30　陳偉群，前引書，第 88 頁。

要祭掃死者的民族來說，這無異於感情上的巨大打擊”。羅便臣發現華人對此懷有一種難以理解的恐懼。絕大多數華人生在這個殖民地之外的地方，非常希望死後回到故鄉與祖先葬在一起，這位總督認為這只會導致疫病進一步蔓延。自中世紀以來，嚴格限制人口流動就是控制瘟疫的唯一途徑。時至今日，那些可能發生瘟疫的地中海沿岸國家依然強制執行嚴格的檢疫所隔離制度。廣州與香港一樣疫情嚴重，這種限制本來沒有必要，但羅便臣認為，華人要求允許疫病感染者離開這個殖民地的請求“極為荒謬，當這項要求是由一個華人紳士代表團提出來的時候就越發顯得荒唐，這些人本應很清楚不應該提出這種要求”。駐廣州總領事白利安爵士被羅便臣的態度“激怒”，徒勞地想支持華人的主張：“香港的立場似乎是，尊重華人的情感就是懷疑西方的醫學……像以往一樣，香港新聞界把對華人情感和宗教信仰的同情，污蔑為在香港出賣英國人與生俱來的權利。”[31]

　　形勢日益嚴峻，羅便臣不得不採取行動。他記錄下當時的情況：由於被禁止離境，“華人以大批離開本殖民地來報復，買辦、承包商、收賬人、商販、家僕和苦力全都加入了大逃亡，人數多達 10 萬之眾”。難民逃往廣州，那裏的排外狂熱如火如荼，醫生被指控用新生嬰兒的眼珠炮製治療瘟疫的藥，公開張貼的佈告譴責“本政府的種種暴行，號召民眾向外國人復仇”。香港政府不得不安排一次有組織的疏散，用專門的帆船把患者送往廣州，虔誠地相信他們在廣州會被隔離在醫院裏。

　　人員流動狀況令人焦慮不安，東華醫院陷入了進退維谷的困境。不但殖民地政府，就連受過科學教育的華人也指責醫院董事會縱容“苦力階層為主的憤怒、無知、暴亂的民眾”，煽動“無知、狂熱和荒唐的嫉妒”。另一方面，華人民眾願意相信一切與外國人有關的傳聞（有一個傳聞說，外國人運走疫病患者的屍體是為了給英國皇室作藥），東華董事會主席承認必須採取醫療措施，結果差一點被華人百姓私刑處死。

　　隨着秋季來臨，氣候變得涼爽，瘟疫消退了。在之後的年代裏，瘟疫又不同程度地復發過。政府強行徵購了疫情最嚴重的太平山地區，費用高達 821,000 元。潔淨局試圖進一步推行改革，又遇到麻煩。[32]4 年前的 1891

31　科提斯，前引書，第 204 頁。

32　見伊文斯（D. E. E. Evans）發表於《皇家亞洲學會香港分會會刊》的文章，1970 年，第 10 卷。

年，當局曾頒佈過地方法律，要求移民來港的苦力所居住的公寓進行登記，以便實施相應的衛生管理。在華人看來，任何性質的登記都極其令人反感，他們把登記視為收稅、勒索和其他騷擾的必不可少的前奏。在何啟的領導下，華人居民舉行了多次抗議活動，最終使得該法律被悄無聲息地束之高閣。這場瘟疫徹底改變了這種不惜一切代價求得和平的政策，當局宣佈將再次實施這項法令。

政府從這場瘟疫吸取了教訓，花了3個月時間解釋登記的目的，試圖使疑慮重重的苦力相信並沒有甚麼邪惡的陰謀。雖然當局做出了不少努力，但登記仍無法進行，政府決定"不再會商，直接實施該項法令"，結果得到的回應是一次港口罷工。這場罷工迅速發展成全面停工，有大約兩萬名工人參加，貨物搬運完全中斷。與以往針對法國或為了提高薪酬的港口罷工不同，這次罷工是第一次明確地旨在迫使香港政府改變其決定的大規模行動。總督羅便臣雖然十分激動，卻正確地認識到這次罷工的性質，"顯而易見，這次罷工不是經濟罷工，實際上是對抗該項法令和政府"。他提醒香港總商會："華人確實像孩子。父母不與孩子討論問題，他們只是說明要做的事情，堅持要把事情做完。"不過，總商會仍試圖直接與罷工者談判，信心十足的羅便臣不願接受總商會打算提出的妥協條件，敦促他們爭取徹底的勝利。於是，資方以略微提高的工資在大陸招募苦力——大陸的苦力資源總是非常豐富的——輕而易舉地贏得了勝利。羅便臣得意洋洋地報告說："那些開始時認為他們掌握了政權的罷工者和苦力已經得到了一個反面教訓，希望他們不要忘了這個教訓。"

整個事件有兩個引人深思的特點。首先，它揭示了英國人對待多元文化的態度；其次，它標誌着公眾情感業已成為香港政治生活的要素。若是英國人推行十足的文化帝國主義，顯然會無視華人對那些無疑屬於改良舉措的不合理的反對。很難設想法國、美國或德國政府會表現出同樣的寬容，他們肯定會表現出不耐煩和高人一等的態度。但是，英國政府吸取了印度的經驗教訓，侵犯其他民族的情感必定要付出代價。一名英國軍官若被指控蔑視穆斯林儀式，就有可能被免職（確實曾有人因此被撤職）。像以往一樣，廣州的清朝官員想方設法避免騷亂，英國殖民地大臣和香港總督也知道甚麼時候應該睜一隻眼閉一隻眼。與此同時，人們認為確實不應該再讓華人按照"盲目的偏見和迷信"去安排他們的生活,為此必須提高英語和西式教育的水準。

孟生博士在發展西式教育上邁出了關鍵的一步。1887年,他創辦香港華人西醫書院。就在這一年,何啟的雅麗氏紀念醫院正式啟用,為書院的創辦奠定了基礎。這所醫院為書院輸送指導教師,並為臨床研究提供設施。孟生對原始的中醫不抱幻想,但他顯然具備英國官員所缺乏的敏感,認識到嘲弄一切的優越感於事無補。他對中醫的評價大概是實情:

> (中醫的)解剖學和生理學概念是荒謬的;沒有名副其實的外科;他們有豐富的藥物,但不具備關於藥物功效以及疾病病理和診斷的知識……如今不應滿足於新奇的觀察和思考……而是應當不懈努力,使想像與事實相符合。

但是,西方人不能指望華裔聽眾專心聆聽他們的指導,當他們如此頻繁地,

> 把無知、沒有教養的不明事理歸結為愚蠢,把知識歸結為智慧……我們在他們面前裝模作樣,用語言和行為告訴華人:你們是一輩笨蛋。你們奉為神明的一切,都是徹頭徹尾的欺騙。你們的祖先崇拜,你們的文化,你們關於孝道的空談,你們的家長制政府……不過是愚昧、迷信和空洞的言辭。相反,看看我們吧,我們的蒸汽船、鐵甲艦、鐵路、電報、工業機器、代議制政府、言論自由……難道我們不是神靈,你們不是白癡?![33]

第二年,香港繼續朝着正確方向邁進,潔淨局引入選舉機制,何啟與孟生都當選了。潔淨局雖然仍像過去一樣權力有限,效率低下,卻是香港第一個擁有民主選舉成員的官方機構。1888年6月的首批選民包括所有列入陪審員名單的納稅人,不限民族,"所有掌握了一定程度的英語……善良

33　見《孟生爵士傳》(*Life of Sir Patrick Manson*),第七章。

而合格的人士"，這就在所難免地會把一些華人囊括進來。最初兩次選舉的投票率令人失望，名單上的 669 人只有 187 人參加投票，1891 年第二次選舉時，738 名選民中有 492 人投票。看起來香港將擁有一個真正民主（這是按照英國對地方選舉的定義，英國的地方選舉僅限於納稅人參加）的市政當局。然而，不管如何限制選舉資格，在不遠的將來華人選民的人數仍會超過英國人。當時，英國殖民地沒有從種族角度對選舉權做出絕對限制，在牙買加、洪都拉斯和毛里求斯，黑人享有與白人相同的投票權。

然而，香港再一次被認為是與眾不同的。20 世紀 20 年代的總督金文泰爵士認為："這個殖民地如此小而緊湊，實際上相當於一個大市鎮，所以，香港政府應當、而且必須始終關注市政事務。我認為我本人實際上是香港市長。" [34] 像一個世紀之後的瑪格麗特·戴卓爾一樣，喬治·寶雲爵士把管治香港比作管理一個郡議會。不過，香港可是在一個暗藏敵意的龐大帝國邊界保持平衡的"郡議會"，而且大多數選民對這個帝國負有某種效忠的義務。

香港社會的歐洲僑民繼續施加壓力，要求獲得更多的自治權利，這個要求在倫敦得到"英商中華會社"的支持。該協會的前身為"東印度與中國協會"，主要由那些從香港和上海回國的人士組成，成為致力於勸說英國政府支持英國在華商業利益的最重要院外遊說集團。對於香港來說，這個組織有一點值得提及，它結束了一段由來已久的宿怨。阿爾弗雷德·顛地是老顛地洋行的低級職員，1866 年顛地洋行破產後他不得不前往上海，如今他已經成功地爬到了社會頂層，成為阿爾弗雷德·顛地爵士、英國諾思·波尼奧公司總裁，在英商中華會社董事會與怡和洋行的大班們友好共事。一直以來，克錫家族始終控制着怡和洋行，克錫家族是怡和洋行創始人威廉·渣甸博士的姐姐簡·渣甸的後裔。在半個世紀時間裏，這個倫敦的對華事務遊說組織以及香港和上海總商會的活動宗旨沒有多少變化，儘管 1875 到 1895 年間，英國對華出口的狀況令人失望：

34　《香港立法局會議錄》（*Hong Kong Hansard*），1930 年 1 月 23 日。

年份	出口額（千英鎊）
1875	6,340
1880	6,382
1885	6,396
1890	6,357
1895	5,518

這些資料令人驚奇地幾乎一成不變，掩蓋了以港幣結算的出口貿易的增長，究其原因，當是與匯率的變動有關。不容辯駁的事實是，英國對華出口仍然不到英國對荷蘭出口的三分之一。製造商和商人依然認為補救辦法只有一個，只要擺脫所有限制，貿易就會迅猛增長。他們並沒有費力去解釋同期日本是如何設法把對華出口從 746,000 英鎊增加到 2,794,000 英鎊的。

這些人不得不承認香港本身發展得並不慢，只是苦於受到不理解香港特殊情況的英國政府的控制（這種抱怨肯定不會是最後一次）。據稱，香港對於英國的對華貿易至關重要，應當被視為帝國的一份資產，由帝國政府支付開支。相反，本地人的錢財被用來做大方的善舉，卻沒有任何發言權，當然也就無法採取任何有效的行動。早在 1863 年，香港承擔的殖民地防務費用確定為每年 20,000 英鎊。1884 年，這一份額被英國政府單方面提高到 56,000 英鎊。次年，薩金特的新防禦工事使得這筆金額又提高到 60,375 英鎊。為了支付這些開支，香港政府不得不募集貸款，貸款被迫以英鎊結算，雖然其收益是以港幣結算的。對於香港來說，這筆貸款很不是時候，隨着銀價下跌，港幣對英鎊匯率大大貶值。1889 年，倫敦決定將香港每年上繳的費用翻一番。英國政府指出，這筆費用僅佔已增長的殖民地財政收入的 17%，不過是恢復到原先的比例，穩定在香港年收入的 16% 上下。以渣打銀行香港分行經理湯瑪斯·懷特黑德為首的殖民地居民反對這種說法，不過他們在確認了一些條件後接受了這個方案。這些條件包括用英國軍隊充實衛戍部隊，為此印度土兵被遣送回國。德輔離職後擔任看守總督的菲林明爵士也認為，白廳既不坦誠也不開明。人們極為憤慨，立法局非官守議員一致反對提高歲貢，投票決定降低政府官員的薪水以示不滿。

　　至於究竟應該採取甚麼樣的對策，殖民地居民的意見就不那麼一致了。懷特黑德、何啟和遮打支持提交倫敦的一份請願書，另外兩名非官守議員，怡和洋行的詹姆斯·克錫和這個殖民地最大的鴉片商人庇理羅士，表示反對。這份請願書提及“英國人的慣有權利”，聲稱有權管理地方事務，控制這個殖民地的開支，這個要求暴露出這些殖民者的主張前後矛盾。不幸的事實是，最近一次人口普查表明，香港人口有 221,400 人，其中華人 211,000 人，其餘的居民中只有 1,450 人是英國人。這些英國人當中，又只有 800 人符合成年男子選舉權的條件，有資格參與投票。英國政府決不可能允許一個人數如此少的寡頭集團決定將近 25 萬人的命運。殖民地大臣里彭勳爵認為，香港成為“盡可能不分階層和種族”的直轄殖民地，要遠勝於“將導致大多數居民完全沒有代表權的選舉制度”。[35]

　　里彭小心翼翼地提及那份請願書，他注意到，在英國政府的保護下，香港已經成為一個華人社會而非英國人社會，而且這種狀況正迅速地變得越來越顯著。他認為行政局引入非官方代表是合情合理的，提醒那些請願者不要指望這種代表必定落到歐洲人頭上。事實上，這位殖民地大臣曾致函威廉·羅便臣，提出行政局應有兩名非官守議員，其中一人應為華人。羅便臣聞訊大驚，迴避了這個問題。羅便臣提出，華人不了解代議制政治，況且沒有合適的候選人。倫敦做出最後的決定之前，約瑟夫·張伯倫已取代了里彭。張伯倫決定立法局應再增加一名非官守議員，他清楚地暗示這名議員不應是華人。與此同時，行政局兩名非官守議員將完全擇優錄用，不考慮階級或種族。結果不出所料，兩名議員分別是怡和洋行的伊榮先生以及保羅·遮打。

35　關於香港憲政問題的討論，見邁樂文：《帝國統治下的香港，1912-1941 年》（Miners, *Hong Kong Under Imperial Rule, 1912-1941*）。

第十一章

香港殖民地的拓展

1895：中日之戰

中國無條件割讓了香港島和九龍半島，至少在英國人看來，這兩個地方已經成為英國王室的永久領地。這個殖民地的第三個組成部分，即面積大得多的新界地區，在 1898 年時僅獲得 99 年租期。這個事實使得之後的香港歷史更趨複雜，而且這種複雜性將一直延續下去。

歷史學家一致譴責 19 世紀末西方國家在中國的所作所為[1]，但來自香港的看法卻大相徑庭。1894 年之際，中國似乎將再次走上穩步發展之路，太平天國鎮壓下去之後，中國在 30 年時間裏基本維持了穩定。朝廷的改革者鬆散地圍繞在李鴻章 —— 按照追隨者的話說，他是"中國的俾斯麥" —— 周圍，引導中國朝現代經濟邁進。鐵路、棉紡廠、汽船航運開始出現，還建立起一支理論上能夠抵禦任何潛在侵略的艦隊。在總理衙門，皇帝的兄弟恭親王與外國政府建立起正常的外交聯絡管道。羅伯特・赫德爵士使總稅務司署成為清廉、可靠的政府收入來源。除了俄國人在 19 世紀 70 年代攫取了邊境省份伊犁 —— 經過反覆談判，包括割讓很大一片並非很有價值的領土和支付一筆賠償，才把俄國人逐出這個地區 —— 中國的邊境線基本完整。1879 年，日本兼併琉球羣島，中國宣稱從未認可該羣島的歸屬。葡萄牙人對澳門的佔領得到正式承認，在 350 年既定事實之後，這已經算不上一個重大事件。法國征服印度支那和英國兼併上緬甸，與其說在實質上，不如說是理論上侵犯了中國的主權，實際是中國未行使宗主國權力的屬地轉到了實際行使這一權力的法國和印度手中。英國在對華貿易穩執牛耳，

1　史景遷在其大作《追尋現代中國》（*The Search for Modern China*）第 231 頁中寫道："1898至 1899 年間，作為帝國主義擴張狂潮的一個組成部分，外國列強加緊對中國施加壓力和迫害。德國人以他們的傳教士受襲擊為藉口，佔領了山東省的港口青島……英國攫取了威海衛的港口……還強迫清朝承認香港北面九龍半島上一大片富饒的農田的 99 年租期，英國人隨即把這一地區稱作'新界'。"那裏確實有富饒的農田，但大部分是崎嶇而荒涼的鄉村。

把利益的砝碼置於維護中國的穩定之上。因此，儘管英國並未幫助中國抵禦法國的侵略，但卻站在清政府一邊阻止外國劫掠。1886 年卸任的駐英公使曾紀澤認為："（與法國的）每一次衝突，尤其是最近一次衝突，中國不但看到自身的弱點，也覺察到自身的力量。"他預言中國很快就能夠"正式廢除"涉及"領土主權割讓"的條約，主權的喪失包括"通商口岸的外國租界和其他一些方面"。[2]

　　然而，這種信心所托非人。極端保守的慈禧太后始終把持大權，先後充當她的兒子同治和外甥光緒的攝政。大筆資金從國防工程中被挪用，用於皇宮開銷，包括在北京城外修建一座奢侈的夏宮（頤和園）。除赫德的領地外，貪污受賄十分猖獗，據說李鴻章本人就聚斂了數額巨大的非法財富。改革派本已不敵頑固派，他們在局勢相對平穩時洋洋自得，一旦出了問題，就陷入歇斯底里之中難以自拔。

　　朝鮮海峽對面的那個國度實行了真正的變革。日本同樣曾面臨西方的強大壓力，結果，日本與西方人達成了條約，但未獲批准，外國人遭到刺殺，報復行徑層出不窮，外國人索取賠償，宮廷則開展了反抗西方入侵的艱巨行動。然而，德川幕府崩潰，年輕的明治天皇即位，在與美國人簽署第一項條約之後，僅過了 10 年時間，日本就足以不再被迫簽署任何條約。新的明治王朝推行"維新"，用一代人的時間就把日本從一個封建國家轉變為現代國家，而且是像所有歐洲列強一樣一意擴張的現代國家。

　　1874 年的事件預示着未來的趨勢。就在這一年，日本佔領福爾摩沙。英國駐北京公使威妥瑪爵士提出抗議，之後日本人被趕出了那裏。20 年之後，中國與日本在獨立的王國朝鮮發生一連串衝突，日本炮製了一個合適的藉口，未經正式宣戰就挑起戰端，未經任何正式程序便擊沉了一艘運載中國軍隊前往朝鮮的英國船隻。雖然西方列強試圖阻止，但中日兩國最終還是爆發了全面戰爭，其結果是明確和決定性的。數月之內，清朝海軍和陸上部隊被徹底擊敗，這次失敗在很大程度上要歸咎於個人的腐敗把防務經費消耗殆盡。赫德發現，有 3,600 萬両白銀被挪作他用，導致海軍的"克

2　這篇文章刊載於 1887 年 2 月 9 日的《德臣西報》（*The China Mail*），並且立即引起何啟的批評。曾紀澤是曾國藩的兒子，他可以說是李鴻章和容閎的導師。曾紀澤曾隨 1876 年任命的中國首任駐英大使郭嵩燾出使英國。

魯伯大炮沒有炮彈，阿姆斯壯大炮沒有火藥"。[3]

在這種腐敗行徑中大發其財的李鴻章前去與日本的伊藤博文談判。1895 年 3 月 20 日的會談記錄表明，李鴻章提出，中國與日本"應力維亞洲大局，永結和好，庶我亞洲黃種之民不為歐洲白種之民所侵蝕"。伊藤博文問及中國現代化進程為何如此緩慢："十年前我在天津時，已於中堂談及，何至今無變更？本大臣深為抱歉。"[4] 李鴻章無法圓滿地回答這個問題，而伊藤的紳士氣息太濃，不會去同憶往事：作為一名年輕的武士，他曾經屈尊降紓地在一艘開往倫敦的英國船隻的船桅前找了個鋪位，他在倫敦了解了西方的語言和風俗。

對於同一階層的中國人來說，伊藤的舉動是不可思議的，它充分説明為甚麼日本比中國更好地適應了環境。到 1895 年，日本的法治進程取得了巨大成就，英國自願廢除了早先條約規定的治外法權。直到 35 年之後，同樣的事情才在中國發生。

李鴻章與伊藤博文簽署的《馬關條約》(1895 年 4 月) 極其苛刻，提出的條件遠遠超出了此前任何西方列強的要求。整個福爾摩沙、澎湖列島和滿洲的遼東半島割讓給日本，賠償金為兩億三千萬兩，是英國從《南京條約》獲得的賠償的十倍。這個條約在中國引發了極大憤怒，人們視之為巨大的恥辱。尤其是，遼東半島地處滿清皇室的心臟地帶，隔着渤海灣與北京所在的直隸相距不過百里之遙，不論從哪一方面來看，喪失遼東半島都意味着這個王朝的沒落。不過，俄國的干涉扭轉了局面，俄國人也一直對這個地區虎視眈眈。在法國和德國的支持下，日本人被勸説把遼東半島歸還中國，同時獲得一筆額外賠償。不過，這種有益的居間調停是要付出代價的。

三國干涉還遼是德國首次有機會對遠東施加有力影響。1890 年之前，俾斯麥牢牢地掌握着德國的政策，他並不特別熱衷殖民擴張。缺乏經驗、趾高氣揚、頗為瘋狂的年輕皇帝威廉二世斥退了這位引航員，笨拙地親自掌管德國大政。之後，殖民擴張就成為時代的命令，中國被看成是為德國新"世界政策"提供了千載難逢的機會。

不過，俄國是向清政府勒索租界的始作俑者。俄國迅速向東擴張，19

3　赫德信函，第 947 號、942 號。

4　引自鄧嗣禹、費正清前引書，第 35 頁。

世紀時抵達阿莫爾河，1850 年在那裏建立了尼古拉也夫斯克城。[5]　8 年後，根據在天津達成的條約，俄國獲得了從阿莫爾河到新城鎮海參崴（意思是"統治東方"）之間幅員達 700 英里的廣大地區，俄國從此與朝鮮和日本接壤。作為幫助中國抗衡日本的代價，俄國還獲得了一個最高獎賞：歐俄所沒有的一座不凍港。1896 年 6 月 3 日，李鴻章與俄國羅拔諾夫親王和維特伯爵達成秘密協議，但協議內容當時就成為公開的秘密。協議規定，如果日本進攻俄國或中國（包括朝鮮），兩國將採取一致行動，允許俄國艦隻使用中國所有港口；俄國人還獲准把鐵路從莫斯科延伸到海參崴。

俄國的成功刺激了德國人。蒂爾皮茨海軍上將密切關注着中日戰爭的進程，確信必須在中國建立煤水補給站，合適的地點是膠州灣和大鵬灣。大鵬灣距離九龍東北僅 15 英里，因為離香港太近而作罷。德國選中膠州灣和青島作為據點。1896 年 11 月，駐北京德國公使收到指示，"要特別留意促成合適的行動機會"。[6] 機會沒多久就來了。次年 11 月，兩名傳教士被殺，德國有了派遣艦隊的口實。1897 年 12 月 18 日，德國艦隊開往中國，帶着威廉皇帝要求獲得賠償的指令，"如果必要，就採取最嚴酷無情的方式"。最後通牒的誇張詞句暴露出德國的擴張野心，"德意志的大天使米迦勒已經把鐫有德意志雄鷹的盾牌放到了中國的土地上"。海軍上將亨利親王（他在 17 年前特別欣賞約翰·波普·軒尼詩的奶油）響應了皇帝的上述宣言，"激勵我前進的目標是在外國的土地上宣告神聖陛下的福音，向將要聽到的每一個人宣講福音，還要向那些聽不到的人宣講"。[7]

這個事件成為其他列強動手的信號。俄國維特伯爵就把它看作是"我們攫取一個中國港口，特別是旅順港的有利時機"。他還與法國人達成協議，表示俄國不反對法國對廣州灣的要求。德國和俄國很快就分別獲得了青島和大連灣附近的旅順商港。在隨後的談判中，以租借方式確認了這些地區的讓渡，英國人把這些租借條件當成拓展香港的先例。整個膠州灣地區和毗鄰島嶼租借給德國，租期 99 年；另外 50 平方公里地帶的主權仍歸中國，

5　　1850 年 8 月 13 日，沙皇軍隊佔領中國黑龍江口的廟街，用沙皇的名字改廟街為尼古拉也夫斯克。—— 譯註

6　　克萊麥特，1896 年 11 月 28 日，引自約瑟夫：《對華外交，1894-1900 年》(P. Joseph, *Foreign Diplomacy in China, 1894-1900*)，第 195 頁。

7　　馬士：《中華帝國對外關係史》，第三卷，第 108 頁。

由德國軍隊駐紮，其管治需得到德國的認可。俄國人的租借地租期只有 25
年，但規定進入旅順港的船隻僅限俄國和中國船隻，雖然大連灣向所有國
家開放。俄國人也建立了一個類似的安全區，主權歸中國，控制權由俄國
人掌握。

上述兩項協議都是在 1898 年 3 月達成的。同年 4 月，法國宣佈租借廣
州灣作為海軍基地，這次的租期又是 99 年，租借地範圍從廣州港向外擴展
35 海里。

所有這些事件令英國政府大為惱火，把這些武裝干涉視為對地區穩定
的嚴重威脅。英國政局也有了新變化。格拉斯敦提出《愛爾蘭自治法案》，
在上議院的堅決反對下未能通過。1894 年，羅斯伯理勳爵接替了格拉斯敦
的首相職位，繼續與貴族反對派作鬥爭，最後因為很次要的火藥供應問題
在信任投票中被擊敗。1895 年，保守黨政府上台，索爾茲伯里勳爵和亞瑟‧
貝爾福在此後 11 年中先後執政。保守黨執政的首 9 年時間裏，約瑟夫‧張
伯倫一直擔任殖民地大臣，事實表明他是曾任此職的最有影響力的政治家，
其影響遠遠超出了以往的歷任殖民地大臣。在世界其他地方，尤其是在非
洲，張伯倫推行咄咄逼人的擴張主義政策，但是，保守黨政府有理由宣稱
對中國沒有領土野心。

英國政府看重的依然是對華貿易的前景。發展中的工業國家憑藉關稅
壁壘保護本國產品，英國出口商品遇到越來越大的阻礙。1880 到 1900 年
的 20 年間，英國鐵和鋼的出口增幅不大（從 3,200 萬英鎊上升到 3,800 萬英
鎊），仍然被視為最重要出口貨物的紡織品出口實際上下降了（從 10,400 萬
英鎊下降到 9,700 萬英鎊），其他國家的產品逐漸趕上英國產品。中國依然
是一個自由的市場，英國在對華貿易中佔據主導地位，成為中國最大的交
易夥伴。1898 年，中國海關關稅的 56.4% 來自英國商品的稅收，俄國與法
國商品分別僅佔 1.63% 和 2.49%。中國外貿總額為 3.78 億兩白銀，英國佔
了 2.34 億兩，法國和德國等其他歐洲國家的份額僅為 3,500 萬兩。只有日
本和美國正在把她們在華的市場份額增加到相當大的比重。

從英國的角度看，中國市場的經濟重要性有待進一步拓展。1898 年英
國對華出口僅佔其出口總額的 1.5%，即使把中國從包括香港在內的所有英
國屬地的進口都計算進來（其中鴉片進口仍然佔有很大比重），中國在英國

出口總額中所佔比例仍低於荷蘭。在 25 年時間裏,英國對華出口幾乎沒有多大增長,英商中華會社卻始終認為對華貿易前景廣闊。在這個時期,阿根廷已擁有 6,000 多英里鐵路,中國鐵路里程僅有 340 英里。外國政府強行從中國攫取特權,越來越強烈地刺激着英商中華會社在倫敦和海外的成員,他們提出了一連串過分的建議,對本國政府糾纏不休。怡和洋行的克錫先生提出,應當把所有中國沿海省份都劃入英國的勢力範圍,"我們有這個實力,所以有這種權利"。來自渣打銀行的立法局議員湯瑪斯·懷特黑德要求致電外交部,"中國日益動盪,民怨沸騰,不可能無限期地防止大爆發,形勢十萬火急,迫切要求派出一支英國機動部隊前往威海衛或香港"。懷特黑德的真實意圖是佔領整個揚子江河口,進而與地方當局合作,把北京政府拋在一邊。那些在英國下議院擁有議席的英商中華會社成員則建議,"如果有必要,英國應當做好戰爭準備,維護在中國的主導地位"。

這種近似歇斯底里大發作的背後,有着急迫的經濟原因。棉花王國日漸衰落,工業革命的心臟地帶正在走向衰退,英國棉紡織品出口逐年下降,從 1880 年的 75,564,000 英鎊下降到 1900 年的 69,751,000 英鎊。以往歐洲國家消耗的皮棉還不到英國進口皮棉的三分之二,如今這些國家的進口量已是英國的兩倍。只有印度和中國依然是英國主導的市場,對於英國商人來說不祥的徵兆是,1891 年中國人建立了自己的第一家棉紡廠。同年 7 月 13 日,英商中華會社向政府發出了一封憂心忡忡的正式函件。協會書記蓋德潤私下裏勸說外交部的 F. L. 伯爾蒂採取更強硬的立場,他提出了一個有趣的建議:"最好是找到一位明朝遺老,扶持他在南京與北京'對峙'。"[8]

這些建議不可能得到英國政府的認真對待。伯爾蒂——日後成為泰晤士的伯爾蒂勳爵,第一次世界大戰期間曾任英國駐法大使——毫不含糊地駁斥了諸如此類不負責任的鹵莽想法,"政府永遠不會同意這種行動"。這些建議也沒有得到多少預期的支持。1898 年 1 月,下議院領袖亞瑟·貝爾福在演說中指出:"我們的在華利益並非領土方面,而是在貿易……領域。至於我們無需為潛在的軍事行動提供基地,這不是一個有利因素,而是不利因素。"財政大臣邁克爾·希克斯·比奇爵士緊隨其後,在一週之內宣佈

8　佩爾科維茨,前引書,第 250-256 頁。

了一份"對華門羅宣言"："我們不把中國看成是任何歐洲列強的征服對象或獵物。我們把中國視為未來我國貿易和世界貿易自由開展的場所，大有希望之地。"是年 3 月，下議院舉行了一次辯論，主題是"應當維持對英國貿易和勢力至關重要的中國領土之獨立"。外交部常任次官喬治·寇松代表政府作答："本屆政府傾向於接受該項動議……中國的獨立與完整……應當成為我們政策的主要基石……我們反對犧牲中國領土，反對犧牲中國的獨立。"[9]

很難説這些言論預示着英國對帝國主義擴張有多大熱情，不過，即便是寇松也注意到其他列強正在加緊對中國下手。這位常任次官提醒下議院，一旦形勢發生變化，英國就需要改弦更張，儘管"英國政策的主線並不是攫取中國領土、兼併中國領地或僭越中國主權"。形勢很快就有變化，雖然寇松有言在先，但英國人發現必須回應所謂的俄國威脅。首相兼外交大臣索爾茲伯里勳爵親自主持有關談判，可是他在談判中屢屢出錯。索爾茲伯里未能與其他列強達成任何協議，也無力勸説中國收回給予德國、法國和俄國的租界。因此，英國人最終尋求一些小而彌珍的東西，抗衡其他列強獲得的權益。[10] 中國人提出，英國人可以考慮離德國人膠州灣租界不遠的威海衛，索爾茲伯里起初拒絕了，理由是兼併中國領土不符合英國政策。隨着局勢日益明朗，其他歐洲列強不會因為英國政策而有所收斂，英國冷淡地接受了中國的提議，租借期"與俄國佔領旅順港的時間相同"。與此同時，英國要求中國同意拓展香港邊界。

無視法律的惡例

1884 年，薩金特將軍首先提出香港拓址，倫敦回絕了他的提議。當時認為，倘若真的遇到麻煩，只要進行一次遠征，就足以輕鬆佔領香港防務

9　約瑟夫，前引書，第 234-254 頁；另見利普遜：《守衛》(Lipson, *Standing Guard*)，第 43 頁；更為晚近的觀點："（英國對華）政策是嚴肅的，但它們做出了小心謹慎的限制。事實表明，在法國和德國的對外政策日益咄咄逼人的情況下，這些政策難以維繫……即便如此，人們普遍不願拋棄早先的做法。"值得指出的是，希克斯·比奇的"門羅宣言"比海約翰的"門戶開放"政策要早將近兩年時間。

10　約瑟夫，前引書，第 286、306 頁。

所需的任何地方，因為英國要麼是與中國開戰，要麼是站在中國一邊向其他國家開戰，相比之下，後者的可能性還要大一些。直到日本人證明能夠多麼迅速地打敗中國軍隊，歐洲列強開始執行掠奪計劃之後，英國人才有了緊迫感。1894年，香港駐軍司令伯加將軍向威廉‧羅便臣爵士建議，出於防務的需要，香港邊界應擴展到深水灣至大鵬灣一線，包括距香港3英里範圍內的所有島嶼（英國最終獲得了這些島嶼，還增加了大嶼山）。

保羅‧遮打爵士支持這些意見，他是個出色的亞美尼亞金融家，1887至1926年間一直擔任立法局和行政局的議員。遮打曾倡議在維多利亞中區填海造地，他不僅關注其他許多事務，還注意到潛在的九龍拓址所帶來的地產發展機會。他指出，中國雖然被日本打敗，蒙受恥辱，但"這個帝國固有的頑強，豐富的資源以及一如既往的忍耐和毅力，將使得她很快就能擺脫目前的狀況"，英國應乘中國積弱不振之機採取行動。羅便臣對拓址十分熱衷，甚至建議把惹麻煩的孫逸仙博士引渡給中國，以此作為拓址的交換條件 —— 他因此受到申斥 —— 倫敦卻仍未答覆。英國人認為，乘中國軟弱之機拓展英國領土，不僅與英國政策完全背道而馳，而且是不道德的，將為小國樹立無視法律的惡例。直到那些國家開始仗勢欺人，或如德國那樣咄咄逼人，英國人終於認識到形勢已不復從前，陸軍部方才同意要求拓址。於是，駐北京的英國公使竇納樂爵士受命前往總理衙門，要求獲得補償性特權。

兩年後，竇納樂爵士在北京組織各國公使館抵禦義和團的進攻，旋即成為世界關注的人物。這樣的大膽舉動對於竇納樂來說不過是家常便飯，至於他是否具備外交家的素質，卻值得打一個問號。到北京之前，竇納樂一直在陸軍服役，服役24年之後才晉升到少校軍銜，其間有9年時間擔任駐西非總領事。他的全部外交經驗僅止於此，他對中國的了解自然是少之又少。日後，外交部任命這位北京的英雄出任英國首任駐日大使，結果引起爭議，外交部肯定對他不再信任。竇納樂好戰和尖刻的特點在拓址談判中暴露無疑。

此時，竇納樂的談判對手總理衙門已是一蹶不振，更何況這個機構從來就沒有真正掌握過實權。1895年，中國敗於日本，受此慘敗的刺激，朝廷裏的保守派和改革派加緊推行彼此截然不同的計劃。1898年6月，改革派佔了上風，在一個不長的時期裏，光緒皇帝決心行使權力，開始了短命的憲政改革。這次流產的嘗試本來至少可以減少義和團造成的流血傷亡，避免外國列強隨後索取巨額賠償。改革僅僅推行了3個月，就被兵部侍郎袁世凱出賣，最終被慈禧太后無情地扼殺。無論如何，英國人要達成九龍拓址的協議並非易事，在一系列會晤和談判中，條款是由中國人提出，英國人接受的。在英國，下議院領袖索爾茲伯里勳爵放手讓亞瑟·貝爾福處理相關事務。協議必須包括三個要點：領地的範圍、獲得的條件以及該地區的司法審判權。

從一開始事情就很清楚，九龍城問題將成為一個障礙。九龍城城牆外已經形成了被稱作"九龍寨"的城郊，聲名狼藉的賭場、妓院和店舖都聚集於此，而九龍城本身是中國在這個地區設防的管治中心。香港當局很想肅清九龍城郊的不法活動，中國人也贊成這一點，但九龍城 —— 其城牆修建於1847年，目的是防禦香港的英國人 —— 是中國主權的象徵，北京當然希望維持現狀。

談判剛剛開始，竇納樂就於1898年4月26日表示，"如果我們保證中國在九龍城繼續行使管轄權，將對談判大有助益"。貝爾福堅持認為："不論我們如何克制我們的要求，這個城鎮必須歸我們所有。"（4月28日函）[11] 英國的要求沒有先例可循，在其他西方列強的租借中，中國一直保有"緩衝帶"的主權。即便是威海衛，也允許朝廷官員進駐。若要使貝爾福和中國人雙方都滿意，勢必要迴避某些問題。

總理衙門對英國人提出的領地面積大為吃驚，他們"考慮的只是有限拓址，能夠使英國當局在香港港口兩側設防，防禦俯瞰港口的山丘"。英國人曾經設想拓址的兩條理由，實際上只提出了其中的一條。在1898年5月27日致索爾茲伯里勳爵的225號函件中，竇納樂爵士毫不掩飾自己的情緒，他覺得香港方面提出的狹隘理由實在可笑。署理香港總督在函件中列舉了"五花八門的贊同擴大香港領土的理由，諸如要興建一座打靶場，為部隊提供操練場地，香港公墓面積不足等等。但是，據我估計，鑒於所要求土地

11　往來函件請見1898年議會檔案，全面研究請見衛斯理－史密斯：《不平等條約，1898-1997年》（Wesley-Smith, *Unequal Treaty, 1898-1997*），本節關於英國佔領新界的資料主要來源於這部著作。

的面積約為 200 平方英里，我認為不適合把這些意見提交……總理衙門，他們將在與我會晤時給予我們為上述目的所要求的全部領土。"

英國人之所以提出這樣的要求，主要原因在於造炮術上最新的技術進步。阿爾弗雷德‧諾貝爾研究炸藥的成果發明後，英國大炮的炮彈使用了無煙火藥——這件事間接導致了自由黨政府的垮台——再加上大型鋼鐵鍛件鑄造技術的進步，英國能夠製造出威力更大的大炮（1893 年的 9.4 英寸口徑伍利奇大炮的射程將近 3 萬碼，射擊精度相當高），這種重型大炮可以由當時準備修建的廣州至九龍鐵路——不論鐵路的終點設在英國的還是中國的領土上——輕易地運送到發射位置。因此，香港的防禦線若要覆蓋林村山丘的反坡、深水灣水域和吐露港，勢必比中國人原先設想的位置突前許多。當時中國人並不完全清楚英國建議的內容，寶納樂也沒有一份經過雙方協議認可的地圖，劃分海上疆界時也出現了混亂，但至少有一點是清楚的，那就是英國人想要的超出了中國人的預料。英國人要求獲得以維多利亞港為中心、半徑 20 英里範圍內的大陸和島嶼——其中大嶼山的面積比香港島大得多——從而形成了一條與中華帝國接壤的大約 10 英里長的陸地邊界。

總理衙門極不願意割讓如此大面積的領土，爭辯說已經同意英國租借威海衛以抵銷其他列強獲得的租界。寶納樂爵士認為，威海衛"租讓給我們，既是為了我們的利益，也是為了他們的利益，假如俄國人離開旅順港，我們明天就放棄威海衛"。至於香港，"倘若我們不是擔心為其他列強樹立先例，很早以前就讓中國把這個殖民地的安全所必需的地方轉讓給我們"。寶納樂還指出，出於非常相似的原因，為防禦新近獲得的青島領地，德國人已經獲取了一塊同樣大小的地盤，法國人也提出了同樣的要求。

4 月 28 日，寶納樂通知英國政府，"必定是以租借方式安排所希望獲得的地區"，他加上了一句聽起來像是一項建議的話，即該協議日後可以轉變為長期性的："應當指出，英屬九龍最初也是以租借方式獲得的。"貝爾福沒有提出異議，只是希望租借不要確定明確的時間，"其期限可以由雙方協商確定"，如果無法做到這一點，那麼，"像膠州灣一例"的 99 年租期也是可取的。當時外交界有一種極端的情緒，倘若原則上達成框架協議，細節問題可以留待日後解決。但是，問題就出在細節上。

　　英國最終做出讓步，中國仍保留對九龍城的管轄權，九龍登陸點也仍由包括戰艦在內的中國船隻使用，中國戰艦還獲准使用深水灣和大鵬灣。這些讓步在某種程度上消除了總理衙門的主要顧慮，在香港卻引發了強烈批評。竇納樂意識到這些讓步不會在這個殖民地受到歡迎，因而堅持要求香港當局通力合作，要求"香港政府盡一切努力與中國官員平穩共事"。他還贊成羅伯特·赫德爵士勸說香港在控制走私方面提供更多幫助，提出殖民當局應保證"採取適當措施整頓大鵬灣的秩序，把另一個地區置於他們的控制之下，並且防止走私"。

　　香港輿論充分表達了憤怒之情。香港總商會認為，中國保留九龍城管轄權，"無異於一個外國政府在英國領土上行使管轄權……絕無先例可言"。英國上議院也表示反對。6 月 13 日，坎帕登勳爵提出，政府已經簽署一項條約，"大意是大大地拓展了香港殖民地的邊界"，議會兩院卻未得到任何正式通知，議員們只是從《泰晤士報》的專欄文章才獲悉這項條約的內容。索爾茲伯里勳爵態度極為傲慢地親自作答："我高貴的朋友的不滿，要歸咎於電報所造成的新情況"（當時，倫敦與香港的電報已經開通 27 年，上議院卻沒有多少發展）。索爾茲伯里勳爵表示，政府收到條約文本後會立即提交議會，但他"認為此事的細節無關大局，雖然它們具有重要的戰略意義"，他還接着談到"香港殖民地的些微拓展"。這位首相對這個問題所知甚少，不得不囉哩囉嗦地迴避實質性問題。他宣稱目前所做的一切，"符合謹慎的一般性軍事原則，即修正所有戰略考慮，以便在發生無法預見的突發事件時，我們不會受到任何危險或不利條件的影響"。中國政府"重視我們所表達的關切"，"在此事上異常坦率和慷慨地滿足了我們的要求……我想再沒有甚麼可以向這位可敬的貴族說明的了"。

　　1898 年 8 月 6 日，兩國政府批准了協議。英國人若要接管這個早已以"新界"聞名的地區，還面臨許多有待解決的問題。此時出現了一個新的困難，當時正值美西戰爭期間，美國海軍正把大鵬灣作為基地，英國佔領這個地區無疑會侵犯美國軍艦停泊的權利。這是英國政府不願意看到的，此時英國正試圖修補 1895 年──美國國務卿奧爾尼宣佈美國對美洲大陸享有"實質上的主權"──以來陷入僵局的英美關係。此外，這個地區的中國海關檢查站的前途也需要做出安排。羅伯特·赫德爵士從竇納樂那裏只得到數句安慰之辭，說中國的財政收入不會蒙受不利影響。總理衙門受到赫德的鼓動，何況本來就對殖民地當局抱有懷疑，依然關注關稅徵收問題。11月10日，羅伯特爵士承認，"中國不反對為防禦香港所做的任何嘗試，但絕不會積極從旁協助"，他希望在租借地區保留收稅站。香港總商會堅決反對，"如果說我們有望從領土的獲得中得到更大的好處，那就是有望擺脫這些收稅站"。他們認為中國的要求"完全無法接受……應當明確加以反對，這不但是為了貿易，也是為了英國在香港和中國的地位和聲望"。[12]

合乎邏輯的做法是雙方首先明確劃定邊界，但這項工作並未啟動，部分原因在於缺乏合適的測量圖。實際上，多年來雙方一直圍繞一些細節問題爭論不休；甚至到 1967 年，兩國官方出版物中仍有彼此矛盾的地方。兩廣總督勉強承認北京所作的割讓，要求把他自己頒佈的法規納入租借地區的法令，這大概算是直截了當的不合作，表明他確實誤解了租約的法律地位。索爾茲伯里勳爵正確評價了這位總督的要求，認為總督的要求是"試圖把該租借地區視為一個通商口岸的租界"，並立即拒絕了這些要求。不過，雙方斡旋期間，香港輔政司駱克有機會詳細考察了這個地區及其居民的狀況。駱克的考察在日後帶來了很多好處，為決定該地區前途的重大決策奠定了基礎。

由於雙方存在諸多爭議，耽擱了相關事宜，英國直到次年才佔領新界。這引發了一些抱怨："我們獲知九龍內地現在已歸我們所有，但是我們迄今仍未看到任何接管的跡象。"（《士蔑西報》，1899 年 1 月 19 日）在不穩定的過渡時期，一些新界居民由於其前途未被考慮，表示要抵制英國的佔領。有人斷定這種反抗要歸咎於三合會的密探，要麼是受到鄉紳和家族首領的鼓動，這些人擔心自己的既得利益受到損害。事實也確實如此，但很多村民是自發地嚴密組織起來抵制佔領。清政府的態度很有可能已經轉變，這項條約批准後的數週之內，1898 年 9 月發生了一場政變，首都的排外情緒十分強烈。當時，朝廷地方官出於慎重，鼓勵乃至組織抵制外國人佔領中國領土。英國人最終做出決定，即使依然存在懸而未決的問題，仍將於

12　約瑟夫・沃頓議員，載《中國及目前的危機》（*China and the Present Crisis*）。

1899 年 4 月 17 日實施接管。14 日，一個連的香港義勇軍 [13]（當地的民兵）
和一些員警前去該地區為接管做準備。他們發現清軍駐守在預定的陣地，
還有大炮的支援。於是，香港方面增派了 3 個連，每個連配備一挺馬克沁
機關槍，"名譽"號炮艇提供火力掩護。這樣一來，英國的國旗提前一天，
於 4 月 16 日升起。一些中國人死亡和受傷，英國方面無人死亡。香港義勇
軍很高興參加這次行動，他們的司令伯傑上校寫道："在看慣香港自私的物
質生活之後，與一羣毫不做作的人相處真是一件樂事……一個人不會因為
忘了在大衣上別一朵花，或是讓自己的鬍子保持捲曲而受人冷落。"17 日
又發生了一場混戰，英國人輕易擊潰了大約 3,000 名中國人的數次進攻。總
而言之，雖然中國人傷亡數百，但"一頭暴怒而愛國的水牛也對英國部隊造
成了最嚴重的損害"。中國人的抵抗並不激烈，也沒有持續多久，卻足以表
明 60 年前可能遇到的麻煩 —— 假如當時把殖民地選在富庶的舟山而不是人
煙稀少的香港島。

　　1841 年，香港島僅有少數漁民，而新界人口眾多，居民有固定的職業。
同樣，英國人到來之前，香港島只有不多的文字記載，大陸上的新安縣雖
然幅員不大，卻是廣東行政體制中公認的組成部分。[14] 新安最早的居民大概
集中在食物豐富的沿海地帶，石刻留下了他們曾經居住過的永久痕跡。新
界海岸邊發現了一些石刻，它們不同於英國北部發現的同一時代刻在杯形
或輪狀物上的雕刻。甚至在更早的時候，大約是公元前 1000 年，這些石刻
中的人物就已經具備了"中國人"特有的體貌，雖然這裏的土著居民並不是
漢族人。

　　目前尚不清楚沿岸地區何時併入中華帝國，保留下來的 11 世紀之前的
文字材料不多。在這個時期之前很久，漢人就已經來到此地，即使尚未在此
地定居。有關記載的時間能夠上溯到宋代，其中，最著名的是刻在大廟灣一
塊石碑上的碑文。這塊公元 1274 年的石碑記錄下一位鹽官嚴益彰的慷慨，

13　基本是志願人士組成的部隊。1920 年改稱"香港防衛隊"，1949 年改組為"香港軍團"，
　　1995 年解散。　　—— 譯註

14　關於新界的歷史與文化已經做了大量研究工作，尤其是近年來，新界一直是中國少數傳統社
　　會形式得以延續的地區之一。最好的介紹性著作當屬吳毓璘與裴達禮的英譯《新安縣志》(P.
　　Y. L. Ng and H. D. R. Baker, *New Peace County*) 和許舒的《香港地方，1850-1911 年》(J.
　　Hayes, *The Hong Kong Region, 1850-1911*)，兩本書都有很好的書目。

他在東龍島建造了一座塔,修整了位於如今天后宮附近的吉澳天后宮。嚴益彰到達此地之前的一段時間裏,中原漢族定居者不斷遷徙到這個地區,自稱是"本地人"(意即土著,但他們其實不是土著)。據說,受排斥的土著居民形成了如今的船上人家"蜑家",他們是香港島最初居民的主體。香港現存最古老的建築是鄧族、侯族、彭族、廖族和文族等 5 個中原定居者大家族修建的大屋,雖然目前保留下來的建築可能並非全都建於 17 世紀末以前。

17 世紀,新的清朝統治者殘酷無情地征服了新安縣的居民。1662 年,新安縣進行了徹底的強制性遷移,老百姓被迫遷離沿海地帶,東印度公司在蘇拉特的代理人記錄了當時的情景:

> 用一根繩索筆直地劃出一條界線……挖了一道深壕……越過此壕一步即處死……妻離子散,男童的賣價是兩加侖大米,女童則是一百銅板……一些家庭全體服毒,另外一些則跳河自盡……當局對待這些人如同螻蟻,不提供任何救濟……據記載,有來自 8 個區的數萬人死亡。

這次遷移之前,當地曾發生過反清運動,結果,"這個縣在 3 年之內有如一個戰場……屍骨纍纍,晝則哀鴻遍野,夜則啜泣之聲不絕於耳"。新安縣人口銳減,這個地區的人口本已從 16 世紀的 3 萬人下降到這次遷移前的17,871 人,遷移後又銳減至 2,000 人多一點。將近一個世紀之後,這個地區的人口才恢復到過去的水準。

從很大程度上說,人口增長是因為北方沿海省份的新來者大量湧入,"客家人"讓當地農業再度恢復生機。"福佬"是來自福建沿海的漁業居民,他們從事與"蜑家"相同的行當。不同的民族難以共同生活。E. J. M. 羅茲評論說:

> 這三個羣體彼此關係的特徵是爭執不斷,公開衝突時有發生。原因之一在於"本地人"看不起"福佬"和"客家人",認為他們根本不是漢人,而是未開化的土人。另一個原因是客家人的

攻擊性，身處逆境的客家人贏得了刻苦、節儉和勤奮的名聲。[15]

1573 年之後的《新安縣誌》記載了一些重要的事件，宋學鵬的收藏則提供了一些有趣的傳記資料。[16] 兩位令人印象最深的名士是兩廣總督周有德和廣東巡撫王來任。1669 年，他們上書康熙皇帝，請求撤銷遷海令，錦田修建了用他們的名字命名的紀念祠堂。至今新界各地仍散佈着各種宗祠、私塾、廟宇、炮台和圍寨，這些古建築往往深藏於新建築羣落之中，難覓蹤跡。錦田還有吉慶圍、永寧圍、泰康圍等鄧族圍寨，荃灣有三棟屋客家民俗博物館，所有這些建築都保留了 1898 年以前新界生活的痕跡。[17] 大嶼山的東涌炮台是個很好的例子，它與其說是名副其實的防禦工事，不如說是設防的軍事大本營。九龍城寨屬於一個更大的類似設施。

廣州的不合作以及起義的失敗，給英國提供了絕好的藉口，英國人借此可以用於己有利的方式解釋九龍城問題。最直接、最有吸引力的選擇是不再承認中國對該城的管轄權，於是，英國人指出九龍城危及這個殖民地的軍事防禦，1899 年 12 月 27 日，英國單方面對九龍城實施管治。依英國人看來，自那時起九龍城就併入了這個殖民地。中國人持保留意見，經常明確表示他們沒有同意英國佔領九龍城。香港的許多英國人強烈要求徹底割佔這個地區，英國政府仍堅持不鼓勵其他列強對中國提出進一步要求的政策。英國政府的政策並未阻止歷任香港總督鼓吹把握時機讓租借轉化為永久佔有，梅含理於 1905 年，盧吉於 1909 年，司徒拔於 1921 年，金文泰於 1927 年，都曾提出過同樣的建議。

推遲佔領新界的原因之一是希望等到新總督上任後再採取行動。1898年 11 月，亨利・卜力抵達這個殖民地。卜力是個友善的大塊頭愛爾蘭人，不但具備前任約翰・波普・軒尼詩的仁慈品質，還擁有其他多方面的素質。1898 年時，他已經有 15 年擔任殖民地總督的經驗，曾先後出任巴哈馬、紐芬蘭和牙買加總督。由於他在前一個職位工作了 8 年，探親長假延誤了他

15　羅茲：《中國的共和革命》(E. J. M. Rhoads, *China's Republican Revolution*)，第 13 頁。

16　見《皇家亞洲學會香港分會會刊》，第 13、14 卷。

17　關於香港古文物的介紹，見白德：《香港文物志》(S. Bard, *In Search of the Past: A Guide to the Antiquities of Hong Kong*) 和羅德威爾：《歷史上的香港》(S. Rodwell, *Historic Hong Kong*)。

抵達香港的時間。卜力與下屬和公眾的關係不錯,儘管他的妻子艾蒂斯首次邀請華裔女士到總督府曾招致了一些非議。艾蒂斯的姐姐是一位女公爵(聖阿爾班女公爵),這層關係使她的草率舉動較易為英國婦女所接受。卜力是從愛爾蘭警方進入殖民地部門的。他曾擔任常任治安法官,這種經歷對他掌握管理藝術大有幫助。他在緊急情況下施展出一名員警的技能,他曾親自照料疫病病人,參加颱風救援工作。卜力在日後的著作中記下了對華人處境的評價:

> 接觸到外國列強的華人把外國人視為惡棍,憑藉其破壞性的本領強迫中國接受他們。迄今為止,在這個問題上尚未出現明確的抱怨,但決不能認為沒有任何憤怒的情緒……我們不知道,重新考慮對外關係的要求會多麼迅速地變得日益緊迫。[18]

輔政司兼華民政務司駱克從一開始就負責管理新界。新界的面積有 365 平方英里,而不是索爾茲伯里勳爵所說的 200 平方英里。[19] 駱克與上司截然不同,他是個能幹的蘇格蘭人,身材矮小,咄咄逼人,很少能夠容忍笨人。他以官學生身份前來香港,已經在這個殖民地工作了 18 年。他學識頗為淵博,親身了解華人的習俗,這個長處緩和了能幹的殖民地官員時常表現出來的敏銳、有時甚至是冷漠的、講求效率的特性。對於那些"想到這個殖民地發財,以期盡快返回英國"的行商,駱克表現出職業性的厭惡。在香港這樣的殖民地,居民是華人以及一心想盡快"發財"的英國人,駱克的這些情緒勢必使他難以大展拳腳,唯一可以預料的是,駱克在一系列問題上很難與卜力步調一致。英國與中國的條約簽署時,駱克正在倫敦度假,他被迅速派回香港以做出初步的評估。日後,正是他商定了雙方的邊界,升起了國旗,與軍隊一道橫掃新界。

卜力與駱克兩人在處事方式上的差異很快就變得明顯。就在英國人接管新界的當天晚上,3 名中國村民被殺。駱克對這一罪行的處罰是燒掉嫌疑

18　卜力:《中國》(H. Blake, *China*(1909))。雖然本書基本上是畫冊,但卜力的說明文字饒有趣味,反映了他本人的觀點。

19　關於駱克,見艾爾利:《薊與竹》(Airlie, *The Thistle and the Bamboo*),以及勒斯布里奇:《穩定與變革》(Lethbridge, *Stability and Change*),第六章。

犯的房子，對村莊課以罰款。卜力抨擊這種舉動："我們來此是為了引入英國法律體系，而不是採取中國人的做法。"駱克"頗為失望，至少可以說……英國法律體系在理論上是極好的，在現實中根本行不通"。但是，卜力提供懸賞的政策很奏效，殺人者被抓獲、審問和判刑，其中一人是死刑。罪犯中有兩人是鄉紳，如果按照中國法律，他們本來能夠逃過嚴厲的刑罰。

駱克還惱火地發現，一些鄉紳為了阻止英國佔領，曾經上書新安縣知縣。駱克試圖立即驅逐這些鄉紳，沒收他們的財產。卜力否決了這種做法，認為上書者完全有權這麼做，要贏得華人居民的支持就應當通過鼓勵和公正的舉措，而不是恃強凌弱。在必須盡可能保留與英國觀念相容的中國法律和習俗方面，卜力和駱克的意見較為一致。

英國人頗為老練地着手管治這塊新近獲得的中國領土。關於新界問題的樞密院令特別強調，這個地區是"女王陛下香港殖民地的重要組成部分，正如它實際上已成為該殖民地的一部分一樣"（1898 年 10 月 20 日）。卜力意識到新界的環境完全不同於香港，在城市化、發達的香港，居民已經適應了英國人的方式。他希望與一位英國駐外公使共同管理相關事務，採取一種最初在非洲實行的間接統治體制，由年長者組成的委員會進行管理。新九龍，此時九龍半島的這一部分尚未割讓，和大嶼山則另行處理，這兩個地方被認為有可能併入毗鄰的香港地區。在少數官學生 —— 其中包括日後成為總督的金文泰 —— 的協助下，駱克受命在不過分打亂既有習慣的前提下，逐步把這個地區其餘部分的 8 萬名居民納入到維多利亞女王的保護之下。

在農業社會中，土地所有權是個敏感問題。新界不同於作為英國王室財產的其他殖民地，後者可以授予長期土地租約，而新界的 99 年租期限制了土地的自由讓渡。總督宣佈"土地和商業利益將得到保護，土地的使用和良好的習俗不會受到任何干涉"[20] 這不過是承認了土地使用期限的限制。要明確區分各種土地利益並非易事，有的土地按照地價劃分成不同等級，有的分成五花八門的特殊類型（個人地產、祖傳地產、廟宇地產、在冊的會所地產），面積度量單位也不統一。正式記錄中以"畝"（每畝約合 0.15 英畝）

20　此處及以下的引文，引自《關於香港新界的報告》（'Report on the New Territory at Hong Kong', cd. 403），1900 年 11 月。

為單位，租金卻根據播種一塊地所需的種子數量來計算。由於缺乏平面圖，不可能精確標出土地之間的界線，土地所有者往往無法辨認出自己的地產。許多人不願意這麼做，"眾所周知，中國人是個多疑的民族，他們一旦起了疑心，就很難消除……對他們政府統治方式的長期經驗使得居民普遍對所有的官員都疑慮重重"。不過，許多曾經體驗過英國行政管理可靠性的人，急於用低價格從憂心忡忡的人手裏購買土地。寶納樂對香港僑民的不信任不遜於任何人，他宣稱在過去數年間，一些殖民地居民在以愛國為由煽動擴張的同時，始終在偷偷摸摸地廉價購買他們希望變成英國領地的土地，"他們將使之成為一樁有利可圖的交易"。

　　問題及時得到解決。1899 到 1903 年間，印度測量人員首次繪製出這一地區的測量圖。新界地區不僅修建了道路，鋪設了電話線，還引入了有效的治安體制。以往，這個地區治安混亂，海盜和土匪頻繁出沒，大躍頭的一個圍寨曾被強盜圍困長達 3 個月之久。隨着治安走上正軌，犯罪迅速減少，雖然這個地區仍有許多歹徒逍遙法外。英國人並沒有立即推行英國標準和習慣，許多法令在新界沒有執行，新界的管理方式也不同於香港。每一座村莊，或者一百人的小組，都有權指派社區委員會的成員與政府磋商，雖然這種磋商是以一種謹慎的家長制方式進行的。這種間接統治體制沒有收到多大成效。裴達禮博士評論説，"以前的非官方體制之所以能夠延續，是因為官方體制的不作為和無能"。[21] 由於英國地方法官清廉、可親，對法院的信任度迅速提高，該委員會沒有收到多少要求協助解決爭端的請求。農民第一次有機會擺脱鄉紳對土地的控制，免除以往的各種宗族捐税和費用。至少有一個區，長洲，"主動提出支付增加的王室租金，我或許可以公正地稱之為增加的土地税"。

　　這些爭取公正的努力代價不菲，新界花費巨大。在最初的 8 個月之內，新界的開支就達 233,034 元，其中僅有 7,273 元是各種收入所得。新界 90% 的地區是灌木叢和岩石，遠遠算不上肥沃的良田：

　　　　香港 1,060 平方公里的土地中，大約有 67 平方公里屬於可耕

21　裴達禮：《一個華人同宗村莊》（H.D.R. Baker, *A Chinese Lineage Village*），第 12 頁以下。

地，其中已耕種的土地約有 6,943 公頃。其餘大多是陡峭不毛的山地，土壤一般為酸性，養分不足……自租借新界之日……到第二次世界大戰……農民小面積地種蔬菜，主要是為了自己食用。[22]

農作物的成色不好，需要進行科學改良。1900 年 2 月 19 日，總督在措辭謹慎的第一份報告中似乎想退而求其次：

> 新界能夠發展到何種程度尚有待觀察。這主要取決於是否能夠在山坡上種植多汁植物或有商業價值的林木。如果前者可行，就有理由發展極有價值的養牛業。福特先生（政府林務主任）準備用樟腦樹和葡萄藤做一些實驗，這兩種植物都能成為這個殖民地的寶貴資源。

雖然新界的獲得終將改變這個殖民地的性質，但效果的顯現仍尚待時日。這個地區面積巨大，人口分散，人口僅佔殖民地總人口的四分之一，他們的習慣以及與維多利亞城不同的生活方式使得他們顯得與眾不同，大嶼山的大澳等地至今仍是如此。

秘密社團的"惡棍首領"

19 世紀 90 年代，香港面臨很大的財政壓力，這主要是由於銀價下跌造成的。滙豐銀行的處境也岌岌可危，有謠言說滙豐銀行將在 1890 年 1 月倒閉，羅伯特·赫德爵士聞訊後把存在該行的海關關餘 5 萬英鎊轉存到英格蘭銀行。兩年之後，他依然感到擔憂，1892 年 6 月 19 日他寫道："我已經分批把存在滙豐的錢大多存到英格蘭銀行。情況依然叫人不放心。"赫德對滙豐銀行的看法非常乾脆："誰讓它總是舉辦板球賽……做事漫不經心……它（挪用利息）的新念頭真是丟人。"[23]

在赫德爵士的中國僱主看來，更可惡的事情要數香港政府庇護那些致

22　《香港地理》(Chiu and So, *A Geography of Hong Kong*)，第 161、164 頁。

23　赫德書信，第 736、843 號（1896 年 6 月 19 日）、1039 號（1890 年 10 月 18 日）。

力於推翻清政府的中國人。相對中國的其他地方，香港為青年人提供了汲取西方憲政思想和學習英語的機會。19 世紀 90 年代初，香港的人士就提出過一些早期的建議，這些建議很難説是革命性的。楊衢雲和謝纘泰都曾在香港學習，他們在香港從小就講英語（楊衢雲甚至幾乎不會講漢語），從英國當局的統治手法中找到了他們認為足以取代搖搖欲墜的清王朝的東西。他們憑藉所受的教育認識到，他們在嚴格實行種族限制的英國政府部門機會十分有限。他們的社團"輔仁文社 —— —[24]是個非常溫和的組織，遠遠不如"四大寇" —— 楊鶴齡、陳少白、尤列和孫逸仙 —— 在上環歌賦街楊耀記舉行的秘密會議。[25]

"四大寇"都是通過香港了解到西方的觀念和習俗。未來的國民黨締造者和中華民國總統孫逸仙，1892 年畢業於孟生博士創辦的香港華人西醫書院，是書院培養出來的最傑出的學生。在他的性格形成時期，孫逸仙始終受到英國的影響。除開在奧阿厚學院和一所廣州醫院度過的短暫時期之外，他一直就讀於夏威夷的一所英國教會學校和香港的皇仁書院。

倘若沒有一些富裕贊助人的支持，年輕的革命者就無法從紙上談兵轉為實際行動。贊助者不是別人，正是那位反常的立法局議員何啟爵士。他曾經強烈反對推行西式衛生和醫療措施，同時又斥資創辦了西醫書院和雅麗氏紀念醫院。何啟是孫逸仙在西醫書院的導師之一，幾乎可以把他與孫逸仙的關係看作是恩格斯與馬克思的關係，只不過他走得更遠，不但為武裝暴動提供資助，還親自參與構想中國未來社會的藍圖。像香港其他華人領袖一樣，何啟的中文水準不高，便找了一位合作者協助發表政治觀點。借助也是在香港接受教育的胡禮垣的協助，何啟完成了自己的文集。1887年，文集以《新政真詮》為名出版。這些論文沒有翻譯成英文，陳劉潔貞博士概述了它們的主要內容："何啟主張，要擺脱中國積弱不振的狀況，必須從實質和方法論兩個方面了解和採納西方知識和制度。不過，在學習西方的時候，必須遵循明確的輕重緩急次序。社會改革應先於軍事改革，攘外

24　輔仁文社的宗旨是"開通民智"，這反映了這個運動的特徵。關於香港的革命者，見陳劉潔貞博士：《中國、英國與香港，1895-1945 年》（Dr Kit-ching Chan Lau, *China, Britain and Hong Kong, 1895-1945*），下引即引自該書。關於廣東的事件，請見史景遷：《中國的助手》（Spence, *The China Helpers*）。

25　原文為 "四大寇" 於屯門的紅樓會面，疑為作者誤解。—— 編者註

必先安內。"

何啟談不上有多少關於中國的經驗，他借鑒的對象是英國，尤其是香港。他切身了解英國，更在 20 年間積極參與香港政治。何啟的方案究竟能在多大程度上應用於中國這樣一個幅員廣大，從來沒有任何正式民主機制的國家，尚值得懷疑，但他提出的許多優先考慮事項實際上已被 20 世紀中國政府所採納。何啟希望建立一個民主選舉的（不幸的是，這一點至今仍需努力）"由志同道合者組成的政府"（這是中國的做法，但通常是採取極端手段），消除腐敗，全面推行西式教育。只有在完成這些改革之後，才能着手進行激進的經濟改革和鞏固國防，不能像當時那樣採取三心二意、零敲碎打的做法，事實表明這種做法收不到任何成效。

這項計劃將在外國投資的幫助下實施，中國應當摒棄不寬容的排外立場，不再堅持中國能夠"獨立自主"。海關稅務司已經表明外國人能夠給中國帶來何等重要的幫助，何啟提出應將外國人的許可權擴大到國內財政稅收領域。何啟所説的外國人特指英國人，他是徹頭徹尾的親英派，"明顯偏愛英國，英國是他最看重的西方強國。依他的看法，英國當屬強中之強，應當效法英國的政治制度"。此外，

> 何啟引以為自豪並始終不渝地忠於自己的出生地英屬香港。在他看來，它是英國實力和威望皇冠上的寶石，是他所仰慕和宣導的政體的縮影。香港的教育和考試制度遠比中國優越。在這個殖民地，商業繁榮興旺，商人階層在社會中佔有重要地位。總而言之，何啟認為香港華人只要具備能力，就應受到英國人的公平對待，獲得社會中向上爬的一切機會。

1895 年 2 月，革命者從理論走上實踐的道路。此時，畢業後即離開香港的孫逸仙又回到香港，在當地組建他在夏威夷創立的興中會的支部。由於特殊的地理位置和相對較少官方干預的自由，香港很快成為興中會最重要的活動中心。興中會香港分會的成員包括孫逸仙的老朋友，此外還有一位重要的新成員——富商黃詠襄。黃詠襄是黃勝的兒子，如今接替了伍廷芳在立法局的位置。興中會很快就籌劃了一場由當地人提供資助的政變，

目標是推翻廣東政府。香港一家同情革命的英文報紙——何啟查證過它的傾向——完全公開了政變計劃：孫逸仙的組織被稱作"改革黨"，這個黨的意圖是保證實行"公正的改革，範圍涉及現代教育、宗教寬容、經濟發展和地方政府改革"。該黨允諾開放更多的貿易中心和口岸，"廢除一切妨礙貿易的法律"，所有這些無不令香港商界大為安慰和滿意。

提前曝光起事計劃並非上策，對密謀者毫無助益，他們的計劃無可挽回地失敗了。1895 年 10 月，起義者在香港以每人 10 塊錢的代價僱傭了400 名苦力，用船把他們送到廣州。他們一上岸立即被抓了起來，藏在水泥桶裏的武器也遭起獲。3 名謀反者被處決，絕大多數人設法逃回香港。

香港政府落入左右為難的境地。不論私下裏如何贊同革命者的目標，他們不希望被看成在鼓勵那些致力於推翻一個友好大國的政府。總督威廉·羅便臣爵士並不贊同革命，當時中英兩國並沒有出於政治原因向中國引渡人犯的安排。羅便臣願意考慮改變這種狀況，以換取眼前的利益——他指的是九龍拓址。索爾茲伯里勳爵更反感那些擾亂既定秩序的人，認為這是一筆"上好的交易"，英國能夠從中獲得回報，還可以除掉"一小撮藏匿在香港的秘密社團的惡棍首領"。[26] 在殖民地部，約瑟夫·張伯倫一開始就阻止了這個玩世不恭的"現實政治"舉措。張伯倫並不反對在適當時機推行"現實政治"，1895 年他參與特蘭斯瓦的詹姆森突襲，就很能說明問題，但他認為羅便臣的建議"荒誕不經"，斷然拒絕予以考慮。

為解決孫逸仙這個難題，羅便臣頒佈了一道命令，禁止孫逸仙重返這個殖民地。雖然有人提出抗議，但命令依然生效了。1896 年，英國報紙頭版頭條刊登了孫逸仙在倫敦遭綁架，被秘密帶往中國公使館的消息。只是憑藉他在香港西醫書院的老師康德黎的大力營救，孫逸仙才從中國公使館獲釋。前芬尼黨革命者邁克爾·達維特——如今他更讓人肅然起敬，他蹲過兩次大牢，並且在 4 次當選後最終獲得議會席位——在下議院質問：為甚麼孫逸仙未能在香港獲得他在英國所得到的政治避難權利。達維特為人正直、口才過人，他成功地讓政府出醜，卻未能使禁令撤銷。此後，孫逸仙不再去香港，雖然那裏仍是他的革命組織的重要大本營。

26　陳劉潔貞，前引書，第 36 頁。

　　何啟是個現實主義者，他認為自己把籌碼押在了輸家身上，便不再公開支持革命者，除非時機更加成熟，從此滿足於為革命事業募集資金。中國的局勢前途渺茫。1898 年，光緒皇帝企圖獲得自由，推行改革，結果百日之後遭慈禧太后廢黜和軟禁。改革派遭處決，其中最有名的人物康有為設法逃到香港。從那時起，不可能再指望朝廷會實行任何憲政改革，一場成功的革命也就指日可待了。

　　之後，朝廷支持荒唐可笑的義和團起義，強迫西方列強做出只能有一種結果的決定，所有希望全都化為泡影。極端排外的義和團圍攻北京的西方國家公使館，西方國家派出遠征軍，這場主要發生在中國西北地方的起義被迅速鎮壓。中國對所造成的損失和大約 200 名西方人的死亡支付了巨額賠償，金額將近 1 億兩白銀，賠償以分期付款的方式在 39 年之內償清。外國軍隊佔領北京，王朝臉面盡失，喪權辱國。在香港，人們對義和團十分反感，除一家報紙外，所有中文報紙都把造反者污蔑為“強盜”。慈禧太后再次轉而推行改革措施，但為時已晚，只不過激發了革命的浪潮。

　　1898 年 11 月，亨利‧卜力爵士抵達香港。新總督、何啟與被貶謫為兩廣總督的李鴻章之間形成了不同尋常的三角關係，在香港避難的革命者處境有所改善。義和團運動興起後，李鴻章像許多十分明智的地方督撫一樣，預見到其必然的結局，盡力置身事外。他竟然一度考慮宣佈兩廣獨立，還邀請當時在日本的孫逸仙到廣州會晤。孫逸仙也認為義和團起義將遭到迅速鎮壓，隨之而來的必然是民眾的憤怒浪潮，便同意與李鴻章會面。李鴻章發出邀請時，卜力不在香港。卜力返回這個殖民地的當天，何啟便匆匆趕來爭取他的支持。這位總督被告知，李、孫之間有可能達成協議，何啟還出示了他自己起草、得到孫逸仙同意的一份聲明，聲明宣佈成立一個“以李鴻章為首、有孫逸仙的合作和英國保護”的獨立南方政府。

　　卜力對此十分支持，同日致電殖民地部稱，一些“中國紳士”通知他準備反抗朝廷，他們的計劃沒有任何排外的成分，事實上其首領還希望能夠獲得英國的支持。10 天後，他在另一封電報中建議：“為維護英國的利益，應同意孫（逸仙）與李鴻章達成協議，根據卜力的消息來源，李鴻章甚至提出要武裝‘改革者’。本總督認為，擬議中的協議完全能夠防止（中國）南方出現可能發展成一場排外運動的大騷亂。”

　　相當讓人驚奇的是，並不贊同革命的索爾茲伯里勳爵政府願意考慮支持孫逸仙，條件是相關計劃必須得到李鴻章的首肯。問題是李鴻章已經改變主意。1900 年 7 月 17 日，孫逸仙抵達香港，此時李鴻章已接到朝廷召他赴京的命令。李鴻章並不急於表態，沒有馬上接受英國人發出的會晤邀請。他意識到自己作為唯一具有國際聲望的人物，在王朝行將崩潰之際出現在北京，可能會帶來一項最高的獎賞，按照卜力的話說，李鴻章自己當"總統或國王"。李鴻章決定依靠列強的支持冒一冒風險，便在孫逸仙抵達香港的當天離開了廣州。

　　卜力事先獲悉了李鴻章的打算，此時他念念不忘李孫聯盟的念頭，便要求英國駐廣州領事勸阻李鴻章前往北京，還致電殖民地部請求允許把李鴻章拘禁在香港。張伯倫不容分說地否決了這個異乎尋常、根本不現實的建議，他在回電中答覆說："絕對禁止拘禁李（鴻章），或是以任何方式強行干預李的行動。"香港總督與兩廣總督確實在 7 月 18 日舉行了會晤，孫逸仙沒有到場，當時他在港口的一艘船上空等。李鴻章會晤卜力時隻字未提以前的計劃，還敦促卜力不要允許造反分子利用這個殖民地為基地。一旦有機會攫取權力，李鴻章就不想再與革命者打交道了。他甚至試圖說服卜力相信這種權謀的智慧，極為詳盡地闡述了"他力求作為'中國最合適的人'成為中國的統治者，如果像到處傳聞的那樣，義和團確實已經殺掉了各國公使，列強就應當做出抉擇"。

　　卜力沒有放棄支持革命者的立場，何啟也再度代表孫逸仙爭取讓英國支持另一次冒險行動，這一次是在九龍北面的惠州舉行有計劃的起義。英國人認為這太過分了。總督提出應當向列強遞交一份請願書，具體說明孫逸仙及其支持者想推行的改革，然後他再致電報予張伯倫，努力勸說這位殖民地大臣相信英國應當敦促把這些要求納入和平協議。何啟概述了改革者的計劃，計劃的內容是從他本人論述改革的著作中抽出來的：一位政府首腦將對"人民的意志負責，服從憲法的制約"；同時，他應得到外國代表的大力支持，隨後穩步發展民主、現代化和經濟，取消對貿易和工業的所有限制。這個方案適於吸引具有自由主義傾向的外國政府，張伯倫對這類思想毫無興趣，明令卜力終止和鎮壓這個殖民地的一切革命活動。

　　卜力不願協助清朝廣東當局實施鎮壓——張伯倫再次命令他與清政府

配合。革命者發動了所籌劃的起義，起義再次被血腥地迅速撲滅。何啟又一次退到幕後，沒有參與革命者在香港策劃的下一次行動，那次行動也失敗了。

廣東政府並不滿足於平息暴動，還想懲罰那些發動起義者，即使他們已在香港獲得庇護。1901 年 1 月 10 日，孫逸仙在香港最早的合作者楊衢雲正在夜校授課，4 名男子突然闖入，其中一人"抽出一把左輪手槍，迅即連開 4 槍……槍槍命中，一槍擊中頭部，另外 3 槍打中左肩、胸部和腹部……雙方都未發一聲，整個過程僅持續了數秒鐘"。當時懷疑這些刺客是廣東政府僱用的，後來證實確實如此。

全港輿論譁然，強烈要求對廣東當局採取有力行動，最終事態通過各種方式平息下來。廣東方面先是獎賞了罪犯，之後首先處決了那個開槍的殺手，後來又處決了另一個殺手，第三個殺手在香港被捕和處決。唆使謀殺的兩廣總督也死了 [27]，卜力仍施加壓力，要求賠償和進一步懲罰，外交部卻決定見好就收。卜力還代表革命者獲得了道義上的勝利，廣東當局送來一份香港涉嫌參加革命活動的人士的名單——其中有何東，即後來的何東爵士——這位總督憤怒地提出抗議，表示名單上的人全都沒有牽連。真正的首領李紀堂甚至得到警方的大力保護，以防止廣東當局採取進一步的報復行動。

彌敦爵士的鐵路

1903 年 11 月，卜力離開香港，前去接任錫蘭總督。在次年 7 月新任總督抵達之前，輔政司梅含理 [28] 負責掌管這個殖民地。梅含理畢業於哈羅公學和都柏林三一學院，1881 年來到香港。他為人緘默，不露聲色，講求效率，喜歡發號施令。梅含理比卜力年輕 20 歲，缺乏頂頭上司那種對中國激進變革的熱情，十分憎惡革命者。他尤其懷疑革命者接近總督的動機，雖然他的這些疑慮往往是出於正當的理由。他本人日後也曾擔任總督之職，成為

27　追捕革命者的兩廣總督是譚鐘麟，他於 1901 年以病告歸，卒於 1905 年。——譯註

28　Francis Henry May。關於梅含理的書目，也可以按照他的宗教名來查找。他在通信中署名 "Frank"。

第一位擔任總督的官學生。在總督任職期間，他猛烈抨擊何啟，指斥何啟是個"奸詐之徒"。

　　梅含理馬上利用他的新職位來拆前任總督的台，通過了旨在禁止非歐洲裔居民在山頂地區居住的《山頂區保護條例》。出於對英國國內自由主義輿論壓力的顧忌，這項條例尚未膽大到公然禁止非歐洲裔居民出入山頂區。條例中有一項撫慰性的條款："總督有權豁免任何一位華人遵行本條例。"事實上，總督認為只有一種情況下才適合這樣做，那就是英籍華裔的何東爵士申請在山頂區居住（與何啟不同，他總是身着中國服飾）。勒斯布里奇把山頂區描繪成"索比頓和溫布頓"，那裏的環境就像烤牛肉和小鬆餅一樣是地道英國式的。華人即使能夠設法使總督相信他們適合在那裏居住，也將被自動排除在山頂俱樂部之外，這個俱樂部是"晚餐前提供茶舞會和橋牌聚會的中心"。應該公道地補充一句，華人這個敏感的民族並沒有流露出任何想加入這種消遣的跡象。何啟覺得這項條例帶有"明顯的階級立法意味，便與華人團體進行磋商，發現他們沒有明確的意見或反對"，他們滿足於"修訂措辭，使華人遭到排斥一事看上去不那麼顯眼"。

　　梅含理的舉措惹怒了卜力，他從錫蘭致電殖民地部，控告這種種族歧視的做法。更讓卜力氣憤的是，梅含理驅逐了抨擊清政府的華文報紙主編。嚴格說來，梅含理無權這麼做，但驅逐令仍然付諸實施。殖民地部遲疑不決，卜力捍衛公民"自由思考和發表言論，只要遵守法律就可以依照自身意志行事"的權利，不過他的行動沒有收到甚麼成效。1904 年 7 月，新任總督馬休·彌敦爵士抵達香港，更熱切地支持梅含理的限制性法令。一位殖民地部官員評論說："如果《笨拙》雜誌是中國人辦的，在香港肯定會受冷落。"[29]

　　不難想見，要服從對中國所知甚少，又比自己小兩歲的彌敦，梅含理多半會覺得委屈，不過他完全克制住了自己的這種情緒。彌敦的偏見與梅含理的觀點不謀而合，兩人各有擅長的領域，令人欣慰地可以取長補短。彌敦有不少缺陷，他本人也明確意識到這一點。他是個年輕（當時 42 歲）

29　關於彌敦，見海頓：《馬休·彌敦爵士》（A. P. Haydon, *Sir Matthew Nathan*）。彌敦是香港總督中少數有傳記行世的總督之一，儘管任職香港在其公職生涯中所佔的分量不重；另見海厄姆：《帝國與性別》（Hyam, *Empire and Sexuality*）。

的猶太人，家世背景一般，官階不高（只是皇家工兵少校），不善於處理人際關係。他還是個單身漢，之後也終身未娶。這倒不失為一個有利條件，畢竟梅含理夫人已成為這個殖民地上流婦女的首領，在社交事務上一言九鼎。

　　雖然英國歷來沒有法國那樣強烈的反閃族主義，但像彌敦這樣年輕的猶太人首次任職便擔任殖民地總督 —— 37 歲時出任塞拉里昂總督 —— 還是很難得的，更何況他是從軍隊中脫穎而出的。[30] 只有才智出眾，背靠得力的政治後台，才有可能獲得這樣的升遷。彌敦確實才華橫溢，他曾在約瑟夫·張伯倫主持的殖民地防務委員會擔任秘書，得到張伯倫的青睞。除此之外，彌敦雄心勃勃，能夠割斷可能會妨礙事業的感情紐帶（他的繼任者盧吉的婚姻卻與其事業息息相關）。彌敦沒有親密的同性朋友，與許多富有才華和情趣的女性友人（其中包括瑪麗·金斯利）也保持一定的距離。彌敦爵士不愛出風頭，雖然意識到必須維護自身職務的尊嚴，但卻很少流露出專橫的態度。彌敦放手讓有 25 年香港經驗的梅含理去做他本人不願親自過問的所有事情。

　　殖民地部任命彌敦時，大概已經考慮到新界需要具備行政區長官經驗的人選，這種管轄體制在非洲很普遍。彌敦確實對新界的發展抱有濃厚的興趣，促成修建把九龍和新界連接起來的彌敦道，這項工程當時被稱作"彌敦的荒唐事"。他最適合、對他來說也是最重要的一項工程是九龍至廣州的廣九鐵路。與怡和洋行有業務往來的中英公司獲得了特許權，在 6 年時間裏該公司與廣東政府沒有取得任何實質性的進展。彌敦指責雙方辦事拖遝，懷疑該公司董事對轉讓特許權比工程施工更感興趣。1905 年，廣州至漢口鐵路的修築權將要出售，一旦這條鐵路與廣九鐵路相通，香港就可以與中國心臟地帶建立起直接聯繫。彌敦認為，如果英國與中國合作買下廣九鐵路的修築權，就不但可以防止這條鐵路落入法國或俄國之手，還可以推動廣九鐵路的修建。彌敦在殖民地部頗有勢力，勸說殖民地部通過王室代理人為廣州提供了一筆優惠貸款，利息為票面價值的 4.5%，這一條件比以往所有貸款要優惠得多，但這筆貸款未能吸引市場，利潤大部分落入承銷人

30　僅有的另一位猶太人殖民地總督是弗雷德里克·格吉斯伯格爵士（Sir Frederick Guggisberg），他也出身工兵部隊，就任黃金海岸總督時已經 50 歲了。

的腰包。

　　彌敦爵士十分得意於他所謂的"財政上的妙着"，實際上整個事情一團糟。又經過一年的艱苦談判，才最終與兩廣總督達成關於鐵路修建和運營費用的協議。這對彌敦的耐心是個嚴峻考驗，他決定從九龍起始的鐵路至少要延伸到中國邊境。彌敦身為專業工程師，對鐵路自然是行家裏手。他急於參與具體施工，時常與承建商和殖民地部發生衝突。彌敦爵士的傳記作者敍述了他"對鐵路幾乎是着魔般的興趣，以及他暴躁而傲慢的舉止"。結果，殖民地部對這位總督的熱情開始消退。

　　這條鐵路最終開通——1910 年修到中港邊界，兩年後全線開通。此時彌敦已經離開香港很長時間了——九龍迅速發展起來。鐵路開通前 50 年英國佔領期間，九龍的建築設施大多位於佐敦道以南。聖安德烈堂背面的金巴利道和加連威老道地區修建了一些舒適的民用住宅，但大部分土地仍由軍隊佔據。如今九龍公園的所在地當時是威菲路軍營，其他地方還有一些較小的設施。為紀念那位總督而命名的彌敦道在他任職時還只是一條小路，在廣九鐵路的帶動下，九龍開始發展成規模很大的社區。

　　1904-1905 年日俄戰爭引發的問題，使彌敦的才幹有了更大的施展空間。俄國艦隊曾在北海把英國漁船誤認作日本軍艦，暴露出俄國艦隊的無能。如今這支艦隊侵入南中國海，英國海軍部對此深感不安，惟恐俄國人進攻香港，不論是有意為之還是再次弄錯都不能容忍。結果，這個殖民地的衛戍部隊和皇家海軍中國艦隊進入長達 6 週的戒備。島上擠滿了俄國難民，他們旋即遭到拘禁。為杜絕向俄國輸送武器的走私活動，香港實施警戒，香港華人開始表現出與祖國的團結。

　　這種團結以抗議方式表現出來，華人的抗議不是針對俄國人，而是旨在針對美國——按照本傑明·哈里森總統的話説——"驅逐異族，捍衛我們的文明"的法律。哈里森所説的異族是指華人，那位"智力遲鈍"的國務卿詹姆斯·布雷爾聲稱華人"帶來了精神和肉體疾患、貧窮和死亡的種子"。[31] 美國在新征服的菲律賓和夏威夷等地時，粗暴地實施這些法律，激起了極大義憤。一位學生在上海自殺以示抗議，這個事件在全中國激起廣

31　引自史景遷：《追尋現代中國》，第 215 頁。關於布雷爾的性格，見莫理森：《牛津美國史》
　　（Morison, *Oxford History of the United States*），第三卷，第 44 頁。

泛的抗議浪潮。苦力舉行罷工,對美國貨實行全面抵制,美國香煙被當眾
銷毀。華人商會計劃舉行一次公眾集會,彌敦迅速加以制止,稱之為"侵
犯一個友好國家的商業",他還驅逐了一家刊登反美連環畫的報紙的主編。
當時的美國陸軍部長威廉‧霍華德‧塔夫脫向彌敦表示感謝。此時殖民地
部已由阿爾弗雷德‧列堤頓執掌,殖民地部對此事不那麼熱情,認為這位
總督採取的行動不合法。列堤頓擔憂這個問題的原因不難想見,正是他在
1904 年做出決定,允許華人契約勞工以英國公眾認為幾乎無異於奴隸制的
條件前往南非,此事將導致他的政府垮台。

　　這個事件導致彌敦任職只有短短 3 年時間就被調離香港。彌敦提前離
職並不意味着他已在白廳或香港失勢,雖然新上台的自由黨政府沒有任何
理由去關照張伯倫的被保護人,尤其是彌敦反對自由黨削減國防開支的政
策,乃至曾在 1905 年以辭職相威脅。他的兄弟 W. S. 彌敦進入開平礦務局
管理層一事也引起了人們的關注。那裏的反閃族主義頗為興盛。《泰晤士報》
的莫理循在抨擊彌敦的同時,把這位礦務局主席說成是"一個在打牌時會欺
騙自己的瞎眼老祖母的猶太人"。[32]

　　彌敦提前調任的真正原因在於,那位令人敬畏的芙羅拉‧肖如今已是
盧吉夫人,她想讓自己的丈夫遷到一個氣候宜人的地方,而盧吉夫婦的勢
力是難以抗拒的。芙羅拉‧肖極為優秀,不但是成功的職業女性、有影響
的新聞記者,還是殖民地事務的行家。按照 L. S. 艾默里的話說,"一位才
華出眾、勇於進取的女性"。弗雷德里克‧盧吉結婚 4 年後就當上了駐北尼
日利亞的高級殖民地專員。為了給盧吉騰出香港的位置,殖民地部搞了一
個搶座位遊戲。當時 65 歲的卜力被勒令從錫蘭退休,亨利‧麥卡勒姆爵士
自納塔爾調到錫蘭,彌敦則不情願地被派往納塔爾,薪水也減少了。梅含
理再次被留在香港獨自支撐局面,等待一位新總督的到來。

32　莫理循:《書信集》(Morrison, *Letters*),1906 年 9 月 8 日,致 V. 奇羅爾函。

第十二章

香港與中國革命

惡毒的議員

1905 年 12 月，索爾茲伯里勳爵之後的亞瑟·貝爾福內閣垮台，亨利·坎貝爾—班納曼爵士領導的自由黨取代了執政 11 年的保守黨，隨即憑藉壓倒性的大選勝利站穩了腳跟。新的自由黨內閣在才具和品德方面，堪與任何一屆格拉斯敦內閣相媲美。那位"威嚴的老人"的孫子赫伯特·格拉斯敦擔任內政大臣，印度事務大臣是格拉斯敦的傳記作者約翰·莫利，愛德華·格雷爵士出任外交大臣，歷史學家詹姆斯·布賴斯出掌愛爾蘭事務部。唯一名聲不好的任命是勞合·喬治出人意料地出掌貿易部。在低級閣員中，殖民地部大臣是第九世額爾金伯爵、前駐華全權公使的兒子，自由黨新成員、31 歲的溫斯頓·邱吉爾出任殖民地部次長。

新政府在殖民地事務上猛烈抨擊前政府的帝國主義政策，反映出新政府不從國教派支持者的道德關注。自由黨在大選中提出所謂的"中國奴隸"問題，"中國奴隸"是對南非華人契約勞工的一個方便的稱呼，這個稱呼並不準確。最惡劣地虐待早期中國移民的"豬仔貿易"已有所改觀，但來自南非的報告打動了自由黨人的良知。苦力簽訂為期 3 年的契約，到蘭德的礦井做工。他們被關在圍地裏，條件簡陋，管制很嚴，還常常遭受體罰，這樣一種體制是自由黨人早就承諾要廢除的。公眾輿論逐漸拋棄沙文主義的那一套，願意彌補與自由黨的道德準則背道而馳的罪過。在這些罪過中，鴉片這個老問題並不是最不重要的。

1906 年 5 月 30 日，蘭開夏自由黨人希歐多爾·泰勒在下議院提出"印度—中國的鴉片貿易在道德上不可原諒"的動議，要求採取"一切必要步驟，迅速終止這種貿易"。印度事務大臣陷入一個兩難境地，他並不想為他在議會辯論中所稱的"一種可怕的藥物……瘟疫般的災禍"辯護，然而正是這種"災禍"平均每年帶來 225 萬英鎊左右的收入，佔印度政府年收入的

7%。如果有人要求財政大臣用其他收入來取代鴉片收入，他肯定願意進行討論，但他"認為討論不會持續多長時間"。不過，如果"中國嚴肅而真誠地希望限制這種藥物在中國的消費，英國政府不會關上大門……儘管這或許要以我們做出犧牲為代價"。這項審慎的承諾並沒有限制任何人的任何行動，下議院只是走走過場便一致通過了動議。

讓很多人感到驚奇的是，中國似乎急於取得實質性的進步。半個世紀後仍在掌舵的慈禧太后頒佈一道飭令，關閉鴉片煙館，限期 10 年銷毀鴉片製品。作為回應，英國和印度政府同意在 10 年內同步削減對華鴉片出口。

消息傳到香港，立即引起一片驚慌。鴉片專賣收益巨大，對香港的重要性遠遠超過對印度的重要性。寶寧推行實用主義的立法，設立鴉片專賣制度，授權在這個殖民地配製一定數量的鴉片，不管這些鴉片是就地銷售還是重新出口。專賣權由出價最高的競投者獲得，隨着時間的推移，這種頗有價值的專賣權帶來了巨額財富。在上一年度，雖然鴉片專賣已經顯露出衰退跡象，但專賣收入仍然高達 204 萬英鎊，將近佔到這個殖民地總收入的 29%。彌敦被召回國內後，署理政府的梅含理曾給殖民地部發去一份措辭尖刻的備忘錄，不過這個具有潛在破壞性的問題要留待即將上任的新總督來處理。

1907 年 6 月，盧吉爵士抵達香港。他接受這項任命頗有些勉強，在寫給其兄弟愛德華的信中，盧吉表示自己從未承擔過這樣一項職位："我感到自己才具不足，因此越發猶豫不決。"盧吉是個富於浪漫色彩的人物，在阿富汗、蘇丹和緬甸打過仗，參加過打大獵物的狩獵（他心愛的來福槍就是用打死一頭食人虎的獎金買的）。他還曾在非洲探險，與奴隸販子作戰，效力於聯合非洲公司的創始人——開發尼日利亞的喬治·戈爾迪爵士。[1] 1900年後的 6 年時間裏，為了平定和統一那個廣袤的地區，盧吉一直與北尼日利亞的酋長作戰和談判。在這 6 年中，他與倫敦社交界的一位女士有過一場並不幸福的戀愛，結果造成他情緒一直很緊張。

《泰晤士報》殖民地事務編輯芙羅拉·肖一直愛着喬治·戈爾迪。當戈

1　馬喬里·佩勒姆夫人（Dame Marjorie Perham）權威的盧吉傳記至今依然是上乘之作，另見海厄姆：《帝國與性別》（Hyam, *Empire and Sexuality*）。陳劉潔貞博士深入研究了羅茲圖書館所藏盧吉檔案。

爾迪贏得自由身，可以不受約束地與她結婚時，卻拋棄了她，芙羅拉只好嫁給盧吉。兩人結婚時都已年屆 40，他們成為頗有勢力的一對夫婦。盧吉能夠出任香港總督，很大程度上要歸功於妻子。（蘇珊娜·霍伊引述羅茲圖書館佩勒姆檔案的一份檔案指出，盧吉的傳記作者認為："一位尊貴的女士想去香港，看起來這不但是她的意向，也是他的意向。"[2]）然而，盧吉在香港留下了歷任香港總督中最令人難忘的記錄，他也成為那個時代英國殖民地部門最傑出的人物。盧吉不但把大片非洲土地納入英國統治，還差一點就成功地完成了一項更為艱巨的任務：勸說殖民地部改變整個殖民地管理體制。他提出一項建議：殖民地總督每年只花半年時間處理轄區事務，另外半年回到白廳處理其他相關事務，協調與其他部門的關係。邱吉爾反對這種做法，以一種早期邱吉爾式的風格評論說："我們不會為了殖民地總督休假，以一種把殖民地部變成萬神殿的方式來簡化工作。"[3]

盧吉爵士精力異常旺盛，富於決斷，不過並不獨斷專行。實際上，他為人相當靦腆——"實在太過靦腆了"，一位香港女士如此評價他。他喜歡在總督府花園裏漫步，有一次還曾被一個渴望在總督府來賓簽名簿上留名的年輕人誤認作園丁。盧吉夫婦不喜歡閒談和輕佻的聚會，對外交禮儀和禮節秩序也不感興趣。芙羅拉試圖組織讀書聚會，提升這個殖民地上流社會女士的知識水準，卻並不受她們的賞識。從金條經紀、前《泰晤士報》記者、立法局議員默里·史都華的言語，不難看出反對盧吉夫婦的那些人的素質："對於寶座的兩位擁有者，我真的沒有任何好話……我對他們不感興趣，這就是我想說的一切。"史都華接着寫道："我們的一些'紅頭阿三'臣民，巴格達人、帕西人、孟加拉巴布以及諸如此類的人，因為與英國人的待遇不同，自然會覺得自己珍貴的情感受到傷害。難道我們中的一些人不也是卡爾頓俱樂部的會員，其他人不也在誇耀與國王的友情嗎？"[4]

來年 5 月，紐利敦的自由黨後座議員威廉·約翰斯頓先生成功提出一項個人動議，要求重新就鴉片問題舉行辯論。如此一來，任何周全地解決鴉片問題的機會都喪失了。約翰斯頓宣稱，印度和中國政府已經有所行動，

2　霍伊，前引書，第 209 頁。

3　佩勒姆：《盧吉》(Perham, *Lugard*) 第二卷，第 242 頁。

4　致莫理循，1908 年 6 月 6 日，莫理循書信。

殖民地部卻"幾乎沒有"動靜，香港當局根本沒動。他提出的動議很明確：
"採取措施迅速廢除我們一些直轄殖民地目前通行的發放鴉片煙館許可證制
度，尤其是香港、海峽殖民地和錫蘭。"希歐多爾·泰勒也重提兩年前的舊
話，儘管他在此期間曾經訪問過中國，在香港問題上同樣態度堅決，香港
是"我們擁有的中國的一個偏遠角落"，我們"從這種鴉片貿易中獲取成百
萬的金錢"，香港"沒有做出任何努力，沒有採取任何行動"。

　　答覆動議這個不值得羨慕的任務交給了殖民地部新任常務次官傑克·
西利上校。西利此人不是以謹慎，而是以勇氣和幹勁出名。答覆動議的講
話是他新官上任後的首次演說。希賴爾·貝洛克評論說，這次演講是"必要
時刻的一次果敢行動，表明了誰是英雄，卻沒有任何成果"。在未與任何人
協商的情況下，西利宣佈已於前日致電盧吉："女王陛下政府已經決定，必
須採取措施關閉香港的鴉片煙館。"辯論過程中，有人提出警告，加速實施
雙方同意的取締鴉片製品的計劃可能會給印度帶來影響，但沒有人指出這
將對香港造成更嚴重的後果，最終動議再次獲得一致通過。

　　消息傳到香港，引發了憤怒和懷疑，人們獲知下面這個消息後更是大
為惱怒：1908 年 7 月 28 日，西利因為自作主張而在下議院受到批評，他
答覆說："儘管他們盡了最大努力來了解人們的意願，卻根本不可能從香港
居民那裏獲得任何通情達理的意見。"在香港居民聽來，西利的話不僅是謊
言，而且是一個侮辱性的謊言。立法局舉行了公開譴責西利的表決，全體
非官守議員表示支持，官守議員以多數票否決了動議。盧吉不得不盡力為
倫敦的上司辯白，不過他的辯護毫無熱情可言。他着手進行調查，不相信
鴉片有害處，他曾走訪過眾多"吸煙室"——他更喜歡這個詞而不是感情用
事的"煙館"，發現它們"與我從西利上校那裏得知的'煙館'概念截然不
同……那裏一切都富於生氣、深思熟慮，沒有半點糊塗或眩暈……最後給
人的印象是，這種所謂的'惡習'實際上是酒精等物的極其溫和、符合要求
的替代品……在英國的酒館裏看不到這樣的情景"。[5]

　　這個插曲典型地反映出倫敦與香港之間的誤解。倫敦政府的政策不論
好壞，都服從於政治壓力，香港卻無力維護自身所認為的、不論正確與否

5　佩勒姆，前引書，第二卷，第 329 頁。

的本地利益。英國的議員，尤其是後座議員，認為最重要的聽眾不在下議院，而是所在選區的選民。來自伍茲托克的自由黨議員貝內特先生認為，必須譴責愛德華‧格雷爵士，抨擊 "'在現場的人' 這種帝國主義的偶像，他們的出眾才智和經驗在決定重大政策和道德問題時是最為重要的"（1908年5月6日）。貝內特猛烈抨擊盧吉的主張，斥責盧吉是 "阻撓本國政府政策的帝國官員⋯⋯難以容忍，我認為應當非常嚴厲地申斥這類官員"（1909年7月27日）。

　　盧吉不是那種可以隨便加以嚴厲申斥的人，最終殖民地部提供了一筆津貼，幫助香港彌補潛在的收入損失，事情才平息下來。事實表明，這不過是暫時的解決辦法，盧吉離職後鴉片問題再度重提。1909年7月26日，盧吉在寫給妻子的信中譴責 "趕時髦的人"，"這些惡毒的議員⋯⋯因為他們是某個郊區住宅區的議員而得意忘形⋯⋯造成了極大損害，使殖民地仇視宗主國。讓華人獲知對他們總督的這些指責，毫無益處可言"。[6]

愛國的通姦行為

　　在中國革命的困難時期，盧吉成為許多事件上首當其衝的理想人物。他倚重梅含理從旁協助，把這位副手説成是 "知識的活字典"，他本人也像梅含理一樣對革命者抱有謹慎的懷疑。鑒於官方高層的這種不支持態度，盧吉任職期間革命運動在香港得以如此自由地開展，而且香港顯然成為最鞏固的革命基地，就顯得很不尋常。

　　1905年8月，流亡的孫逸仙在東京創建同盟會，此時同盟會正逐步發展成國民黨。同盟會很快在香港建立支部，在以後的6年裏成為中國革命的中心。[7] 革命者創辦炸彈工廠，收集武器，招募成員，籌劃一連串起義和刺殺行動。同盟會在廣東和廣西兩省至少發動了6次起義，這些起義都是在香港謀劃的，也全都失敗了。何啟與另一位立法局華人議員韋玉（珀斯郡克萊克曼南學院的畢業生，後封為爵士）雖然贊同暴動者的目標，卻對這些

6　　佩勒姆，前引書，第二卷，第335頁。

7　　陳劉潔貞，前引書，第一、二章；A. Ng 發表在《皇家亞洲學會香港分會會刊》上的文章，1981年，第12卷。

不合格的造反者敬而遠之。廣東當局企圖以莫須有的搶劫罪名引渡著名革命家尤少紈，何啟運用自己的專業知識擔任律師。尤少紈的辯護律師、王室法律顧問亨利‧伯克利爵士使法庭相信，他的當事人實際上是以政治犯身份被要求引渡的，理應受到香港法律的保護，不能被引渡回中國。

1911 年 4 月，香港革命小組做了最後一次努力，但仍以徹底失敗告終。這次起義在廣州造成大規模流血犧牲，此後香港人對革命運動的熱情幾乎喪失殆盡。當年晚些時候最終成功推翻清王朝的起義，發生在湖北省的武昌城，與同盟會的努力沒有多少關係。湖南、湖北兩省的革命領袖黃興偏離了孫逸仙的政策，推行自己的戰略。這次起義不是平民的密謀，而是職業軍隊發動兵變點燃革命火種，隨後其他省份紛紛舉行起義，宣佈脫離中央政府獨立。北京的清政府把賭注全都押在圓滑的騎牆派袁世凱身上，一旦袁世凱決定支持革命，清王朝的下場也就註定了。1912 年 2 月 11 日，5 歲的宣統皇帝溥儀正式退位。從這時起，除一個省份之外，中國各省均為袁世凱或當地顯要所控制。只有在廣東，同盟會—國民黨取得了成功。清朝在廣東的最後一任總督是頗具才幹的年輕人張鳴岐，他設法避免了廣州城爆發軍事革命，國民黨得以在 1911 年 11 月和平接管城市，溫和派的胡漢民成為政府首腦。

推翻滿族統治的努力最終獲得成功，為此在過去的一個世紀裏犧牲了上百萬生靈，然而新政權並沒有取得十分明顯的進步。為了支持袁世凱，公認唯一可能擔任政府首腦的孫逸仙推辭出任國家元首。1912 年 12 月舉行了一次選舉，雖然這次選舉的選舉權有諸多限制，但仍是到那時為止中國僅有的一次合法選舉。國民黨在選舉後成為第一大黨，袁世凱覺得這未免民主得過了頭，於是宣佈國民黨為“煽動性組織”，查禁了國民黨。此後，袁世凱加緊推行新帝制，這種做法太不得人心，許多省份正式宣佈斷絕與中央政府的關係。

盧吉寫道，1911 年 11 月廣州發生的一系列事件過早地被視為帝國覆亡的標誌，消息傳到香港後，引發了“這個殖民地歷史上聞所未聞的最令人驚異的情感爆發……華人居民欣喜若狂，嘈雜的爆竹聲……震耳欲聾，歡呼聲不絕於耳，到處旗幟招展，對華人來說這是最不同尋常的狂熱方式”。[8]

8　陳劉潔貞，前引書，第 103 頁。

這位總督還寫信給他的兄弟："就連妓女也在海報和報紙上宣佈把收入的一半交給'事業'，出於愛國的動機邀請額外的顧客光臨。只有在中國才會有這種非常愛國的通姦行為！"[9] 盧吉明智地決定睜一隻眼閉一隻眼，不去干涉這些示威行動。11 月 13 日，他徵求何啟與韋玉的意見。雙方達成協議，允許華人再次舉行示威，但示威不是認可一場仍處於初期階段、遠遠談不上成功的革命，而是"對廣州沒有發生流血表示欣喜"。何啟和韋玉話裏有話地向總督保證，示威沒有任何政治意義，盧吉明智地相信了。

數天後，11 月 19 日，盧吉召集華人領袖開會。他在會上解釋說，華人有權對中國政局表達自己的看法，他本人"同情他們合法的渴望"，但這個殖民地必須遵守某些行為規範。公眾的熱情已經過火，發生了不少排外行為、搶劫和妨害治安事件，其中大多是廣東"船民"幹的，坦率地說，這些人與歹徒沒有甚麼兩樣。以前在尼日利亞時，盧吉時常碰到這類問題，他也樂於應對這種局勢。他派出武裝巡邏隊前往形勢最緊急的地區，宣佈實施緊急《治安維持條例》。這項條例授權法官當場執行鞭刑，"從而使大多數造反的地痞流氓當眾出醜，寧願老老實實待着"。到次年 2 月緊急條例取消時，共有大約 50 名"地痞流氓"遭到鞭打。香港似乎又回到過去的街頭暴力和蓄意投毒的糟糕時期，人們大為驚慌，但與邊界另一邊所發生的一切相比，香港的事態不值一提。陳劉潔貞博士認為："這位總督確保了革命期間香港在對外關係上舉措得當。他採取無情的嚴厲政策對付所謂的不法之徒，成功地在這個殖民地恢復了法律與秩序。"[10]

像之後數任總督一樣，盧吉在很大程度上受制於殖民地部設置的種種限制。中華帝國明顯正在分崩離析，英國的政策卻依然是盡可能長久地維持這個帝國。1915 年，英國決定支持袁世凱復辟帝制，表明英國希望這個帝國能延續得更久。香港的外部利益不得不退居次要地位，這些利益與北京的當權者沒有多大關係，倒是與廣東的局勢密切相關。在盧吉看來，這種局面委實令人沮喪。作為最後的領土擴張主義者，盧吉慣於借助懲罰性的遠征來強化外交努力，與隨後數位繼任者相比，他更清楚地認識到自己處境微妙，因此努力與廣東政府保持良好關係。他在這個方面做得很成功，

9　佩勒姆，前引書，第一卷，第 361 頁。

10　陳劉潔貞，前引書，第 105 頁。

乃至引起殖民地部和外交部的不滿，他們認為盧吉僭越了本屬於英國駐廣州總領事的職責。

盧吉為香港做出的最重要的貢獻是對香港大學的創建發揮了重要作用。他成功的關鍵因素是獲得了兩廣總督的支持。[11] 早在 19 世紀 80 年代香港華人西醫書院創辦之際，就已經有人提議設立一所綜合性大學。盧吉提出新的綜合性大學應由現有的香港華人西醫書院與剛剛開辦的工程學院聯合而成，《德臣西報》主編 W. H. 唐納德——"一個性格溫和、笑口常開的人"——之前就熱切地支持這種想法。

孟生博士的香港華人西醫書院培養出為數不多的合格醫生，始終依靠本地學生交納的數額不等的學費勉強維持，政府資助每年僅有 2,500 元。要創辦一所新學校，籌措資金十分關鍵，這大概歷來是艱巨的任務。一位卓有成就的帕西人 H. N. 摩地不僅極富同情心，還非常仰慕盧吉夫人（盧吉曾寫信給芙羅拉說："可愛的老摩地，他對你幾乎是頂禮膜拜，這個可愛的老傢伙。"）[12] 摩地捐贈了第一筆慷慨捐助。之後，籌建工作進展十分迅速，堪為任何想把工作做好的殖民地政府借鑒的榜樣。摩地把初期籌備事宜託付給香港麵粉廠的創辦人 A. H. 賴內（"我看與盧吉商量這件事沒有用……我把一切都託付給你……我的好友，我完全信任你，如果你對選址和其他方面的安排都滿意，你就擁有了為興辦一所綜合性大學而設的 15 萬元。"[13]）1908 年 2 月 17 日，賴內面見盧吉，提交了一頁可行性報告，報告設想新大學將開設醫學、商科和工程等系科。盧吉與保羅‧遮打爵士進行磋商，決定立即着手籌建。3 月 13 日，盧吉又與賴內和梅含理（他對此事並不熱心）開會。3 天後組織了一個委員會，3 月 18 日，委員會舉行第一次會議。委員會向東京大學、伯明罕大學、曼徹斯特大學和格拉斯哥大學徵求意見，詳細研究資金和收入項目的可行性（就在麵粉廠倒閉，賴內自殺後不久）。各方在校址的選擇上出現了一些爭執，摩地認為預定的太平山校址是"一個

11　梅樂彬：《香港大學》(B. Mellor, *The University of Hong Kong*)。未分類檔案：《香港大學的設想和創建》(Misc. Documents, '*The Conception and Foundation of the University of Hong Kong*'（CFUHK），現藏於香港大學孔安道紀念圖書館（Hung On-to Memorial Collection）。

12　佩勒姆，前引書，第二卷，第 351 頁。

13　見《香港大學的設想和創建》。

疫病滋生的溫床，連華人都避之不及"，香港華人西醫書院校方則認為薄扶林位置太偏遠。

　　到 10 月份，萬事俱備，盧吉發起了一場募捐運動，呼籲保守的華人為香港大學捐款。香港需要一所綜合性大學，因為在國外完成中等教育和大學教育要花 10 年時間，這段時間對於與父母離別的青年人來說太漫長了，"我還聽說，華人父母憑經驗得知，子女從國外學成歸來時沾染了革命思想，成為國家的危害。香港大學將特別留意不鼓勵或容忍任何此類有害的學說"。華人對盧吉的呼籲反應謹慎：是否只有華人才為大學籌款？華人對大學的管理是否有發言權？學費是否比倫敦的學校低？最後，大學會不會比一所"紅頭阿三"的大學好不到哪裏去？盧吉保證，華人絕對能夠進入大學管理部門，他們的貢獻將"依照捐贈的數額而非捐贈者的社會地位"鑴刻在合適的牌匾上。擬議中的名單送交華民政務司伊榮審查，他認為名單可行，"他們都是地道的平民，被推薦的唯一原因是他們都很有錢。我看不出有甚麼理由反對他們當中的任何一個人"。然而，廣州的吳道台接到總督的指令，指證這些人中有兩人"是著名的以孫逸仙博士為首的革命黨活躍分子"。1909 年 3 月 19 日，警務專家梅含理在審查了名單後報告說："陳氏是一家中文報紙的主編……身着歐式服裝……但不是革命黨。倘若他真的像孫逸仙博士一樣危險，那早就沒命了。"

　　起初，歐洲人甚至比華人更疑慮重重，當局遲遲沒有募得大額捐贈。幸運的是，最大的行商之一的太古洋行此時正與華人鬧糾紛：他們的收票員踢死了一個上了年紀的華人，華人實行報復性的聯合抵制。於是太古洋行惟有慷慨解囊，提供了 4 萬英鎊捐贈，以使抵制結束，英商中華會社也提供了同等數目的捐款。

　　人們必須解決一些實際困難，經過勸説，立法局同意為香港大學斥資 5 萬元，殖民地部介入進來否決了這筆贈款。從某種程度上說，殖民地部此舉是受了另一所競爭學校的影響，這所學校的後台是日後的埃塞克特大主教威廉·塞西爾勳爵。塞西爾正在為創辦一所專門的教會大學尋求支持，他用虔誠的語句表達了對盧吉計劃的厭惡，"我們基督徒把更高的道德素養擺在他們（年輕人）面前。純粹功利主義的大學很容易使年輕人的熱情無從釋放，將成為滋生革命密謀的溫床"。帝國政府最終給予新大學的只有區區每年 300 英鎊，用來設立愛德華三世國王獎學金。北京政府做得更好，提供了 25,000 英鎊，廣東也提供了大致相等的贈款，之後當局又多方募集了 150 萬元資金。1910 年 3 月 16 日，香港大學舉行了奠基儀式。盧吉在典禮上作了演講，這次演講以缺乏先見之明而著稱："讓我們展開豐富的想像……我們正在鑄造用友誼和善意把我們與這個偉大帝國—— 本殖民地就位於其邊界—— 連結起來的鏈條。"僅僅過了一年，這個帝國就徹底崩潰了。

雖然威廉・塞西爾勳爵做了悲觀的預言，但香港大學卻非常成功地實現了當初設定的一個目標：防止學生熱衷於革命學說。吸引大陸中國人前來就讀的目標就不那麼成功。在中國年輕人的心目中，日本是更令人嚮往的求學之地，中國人在那裏沒有太大的語言障礙，也不必忍受那種降尊紆貴的冷漠態度，英國人對待華人的態度充其量也不過如此。至於美國人在華開辦的大學，充足的資金使其辦學水準遠遠超出香港大學。香港大學的規模也不夠大。1912 年，大學如期建成，配備師資以及合併後開始招生，全校只有 77 名大學生，學生主要來自中國大陸，分別就讀於醫學院、工學院和文學院。遠離塵世的威廉・塞西爾勳爵悻悻地寫道："非常不幸，英國人依照世俗制度開辦香港大學……如果香港大學完全依照基督教原則來創辦，並且如我們希望的那樣傳授對儒家哲學的尊崇，廣州就不會有任何麻煩。"[14]

香港大學首任校長的人選頗為出人意料。查理・儀禮爵士是本傑明・喬伊特在巴里奧爾學院的得意門生，"牛津的重要學術神童之一"。儀禮是個身材修長纖細的年輕人，眼睛明亮，嘴巴説個不停，他能夠流利地説 27 種語言，但是"很難算出一堆英鎊、先令和便士的數目"；他"厭惡工程師職業，認為這些人使城市濃煙密佈，骯髒不堪，從而令老派的居民感到不滿"。[15] 上述這些品質大概無助於儀禮擔任一所基本上屬於工科性質的大學的首腦，何況這所大學最大的學院正是工學院。儀禮曾在外交和駐外部門工作，1901-1904 年出任英屬東非專員。在東非期間，他的白人至上主義立場和政策表露無遺。他曾發表自我辯白的《東非人的庇護者》，從這本書中摘錄一些詞句，可以讓我們對這位香港大學首任校長的品質略見一斑："美

14　梅樂彬，前引書，第 73 頁。

15　帕萊特，〈回憶〉，載儀禮：《日本佛教》（H. Parlett, Memoir, in Eliot, *Japanese Buddhism*）。

國黑人不適合有選舉權"，"非洲人顯然沒有絲毫藝術感可言"，"歐洲人與黑人絕無融合之可能"，黑人"這個人類的劣等種族必須受到保護，以免遭到非正義的侵略，還應當確保有足夠的土地滿足他們的需要。但是，我認為應加上一個附加條件：必須承認歐洲人的利益至高無上"。[16] 在英屬東非被解職後，儀禮當上了謝菲爾德大學校長，1912 年從那裏前來香港。他在香港大學並未取得多大成就，1920 年，為了挽救香港大學，香港政府不得不提供 170 萬元的補助。這筆款項用來償還 50 多萬元的債務，以及設立一項捐贈基金。這筆意外之財來自這個殖民地歷史久遠的財政支柱——鴉片。中國新成立的國民政府正在雷厲風行地查禁這種毒品（通過槍斃吸食者這樣一個簡單的辦法，已經把累犯率幾乎降低為零），結果使香港政府的鴉片專賣變得極為賺錢，香港大學也就成為由這種毒品貿易資助的少數對象之一。1918 年，儀禮辭去香港大學校長之職，就任英國駐西伯利亞高級專員。圍繞新校長人選發生了一場典型的香港式的爭吵，立法局邀請威海衛行政公署長官莊士敦出任校長，香港大學評議會拒絕批准這項任命，原因據說是莊士敦有"明顯的反傳教士偏見"。有傳言說殖民地部的金文泰有意出任此職，後來證實純屬子虛烏有。[17] 結果，莊士敦前往北京，當上了被軟禁在紫禁城的小皇帝的老師，金文泰則在 6 年之後以總督身份來到香港。

香港大學為新中國培養領袖人物的努力沒有成功。1937 年的一篇評論雖然頗有諷刺意味，但卻正確評價了香港大學的目標：

> 1911 年，中國開始甦醒。她的教育體制依然可悲地不完備。中國的鐵路、公路、自來水廠、發電站和工廠，無不有廣闊的發展空間。英國一直在工程技術領域處於領先地位，應當於英國在華前哨提供一種途徑，通過這種途徑培養這種覺醒所需要的工程師。對於英國來說，有甚麼比這種角色更為恰當的呢？這將會帶來威望、善行，以及間接的益處，當中國開始購買工廠設備時，中國的開拓者將考慮英國標準和原料。

16　儀禮：《東非人的庇護者》（Eliot, *The East African Protectorate*），1905 年。

17　關於這場典型的香港式爭論的經過，見施勳手稿，羅茲圖書館（Severn mss., Rhodes House Ind. Oc. S176）。

這種期望沒有成為現實。香港大學的畢業生大多沒有回到中國，"多數人的職位很難與其所受教育的花費相稱"。醫科畢業生獲得了國際承認的學位，更不願回到國內，而文學院"像不那麼受歡迎的異父兄弟一樣隸屬於兩個科學學院，至少在其創立者看來，正是後兩所學院做出了毫不含糊的承諾"。[18]

1912 年 3 月，盧吉離開香港，重拾他在非洲的事業。梅含理終於獲得總督職位，至少在他本人看來，他的資歷完全能夠勝任這個職務。實際上，梅含理這位一流的助手是否具備擔任總督所需的素質是值得懷疑的。1893 到 1902 年間，梅含理升任警務處長，他在警界推行全面改革，嚴格遴選員警。在署理總督期間，他採取的行動往往是輕率和欠考慮的。他從不參與公共場合，而這本來可以使他能夠嚴詞反駁各種批評意見。梅含理的妻子海倫娜在一定程度上彌補了總督本人的缺陷。海倫娜的名字來自同名會所，蘇珊娜‧霍伊認為，梅夫人公益會是"一個成功的婦女俱樂部，地點在可愛的古代建築。薩利‧霍威爾認為它也以聖女靜修而聞名"。同她丈夫一樣，海倫娜也是香港的元老，她是提議拓展九龍的伯加將軍之女，為這個殖民地充滿活力的慈善事業工作了 25 年。

在初次踏上香港的土地 31 年之後，梅含理擔任了此生第二個、也是最後一個總督職位。1910 年，他曾出任斐濟總督。1912 年從斐濟回到香港後，他發現中國不再是他在波普‧軒尼詩手下時所了解的樣子，中國局勢甚至與兩年前也大不一樣了。在這短短兩年時間裏，滿清帝國已經滅亡，取而代之的是袁世凱任總統的脆弱共和國。

梅含理上任的第二天，新環境就給了他一個下馬威。當時，梅含理從碼頭前往香港大會堂參加就職典禮，人群中有人向他開槍。香港以前從來沒有發生過針對官員的暴力事件，這與廣州的情形形成了鮮明的對比，1910 年的數月之內，廣州先後有兩位提督遇刺。針對梅含理的襲擊並非出於政治目的，而是一個誤會。1912 年 8 月 11 日，梅含理致函《泰晤士報》駐北京記者莫理循："針對我的襲擊沒有任何政治目的，我敢肯定那人是個瘋子，雖然在我的提議下，醫生對他進行檢查後認為他神智清醒。他反常

18　《香港大學評議會的報告》，1937 年。

地把斐濟與南非（廣東話叫'非洲'）混為一談，還以為我是特蘭斯瓦的總督，把他的同胞趕出了那個國家。"[19] 顯然，當時的自由黨政府禁止在特蘭斯瓦使用中國契約勞工的禁令，不受它所保護的人的歡迎。然而，雖然香港很少發生直接針對英國官員的政治暴力，但廣東的騷亂不可避免地影響到這個殖民地，尤其是新界，大量船民從新界湧入香港。1912 年 8 月，海盜洗劫了大嶼山附近的長洲島，搗毀警局，殺死員警。

頗具香港特色的衝突發生在電車上。為了方便起見，香港歷來廣泛使用大小重量與港幣相同的廣東硬幣。1912 年秋，廣東通貨大幅度貶值，香港政府被迫着手實施幣制改革，這勢必要禁止廣東硬幣在香港流通。電車公司和天星小輪公司不得不堅持只收香港鑄造的硬幣，這個舉措引發了普遍的憤怒。人們不但覺得不方便，還把這種做法視為對新生的中華民國的侮辱，因此發起抵制行動，拒乘電車。性格專橫的梅含理採取了異乎尋常的強制措施，頒佈了一項《預防抵制條例》。這項條例賦予總督廣泛的權力，懲處煽動抵制者，對發生抵制的地區徵收懲罰性稅收。

白廳頗為懷疑這項"極其令人不快"的條例，也確實曾指示香港廢除該條例，但梅含理置之不理。[20] 這位總督還憤怒地斥責那些在他看來沒有盡力抗衡抵制的華人。實際上，當地報紙和幾乎所有華裔名流都站在政府一邊，但仍不足以使他們逃脫梅含理的憤怒指責。梅含理尤其死盯住老對頭何啟不放，指責何啟"沒有作過一次支持政府的演說"。梅含理無法接受華人應當進入政府機構的想法，對何啟在當年被封為爵士耿耿於懷，他在給殖民地部的報告中寫道："我仍然很相信韋玉先生（另一位立法局華人議員），經驗表明這種信任放在其他任何一位華人身上也是穩妥的，我得遺憾地説，何啟爵士是個例外。"[21] 殖民地大臣路易斯 · 哈考特爵士作為具有自由主義傾向的自由黨人，並不是梅含理的仰慕者，認為梅含理在電車公司一事上"處置失當"。哈考特尖刻地評論説："這個人簡直太能幹了，我或許必須把他提拔到聖赫勒拿島上去。"作為妥協，雙方同意立法局議員不得連任兩屆，從而排除了 1890 年當選為議員的何啟重新當選的可能性。一個月之

19　莫理循，《信函》。

20　邁樂文：《帝國統治下的香港》（N. Miners, *Hong Kong Under Imperial Rule*），第 75 頁。

21　陳劉潔貞，前引書，第 117 頁。

後，梅含理就提名韋玉第三次出任議員，上述決定成為一紙空文。

　　廣東政府的財政狀況日益惡化，引起了廣東和香港商人極大關注。1913 年春，情況開始有所好轉，袁世凱總統從北京提供一筆貸款，拯救了廣東政府。這個舉動受到香港華人的熱烈歡迎，他們對於孫逸仙博士及其追隨者的熱情已大不如前。1913 年 6 月，孫逸仙途經香港時竟然受到冷落，甚至有謠傳說，有人朝這位革命之父的照片扔石頭。當袁世凱進攻國民黨控制的省份時，1913 年 7 月的 "二次革命" 在香港受到普遍歡迎。尤其是殖民地當局，他們認為廣東穩定的先決條件就是建立一個得到北京支持的地方政府。因此，殖民地當局準備容忍 "公然的腐敗、低效、暴行和野蠻"[22]，只要邊界那邊發生的事情沒有影響香港的繁榮和穩定。

　　1914 年 8 月以後，歐洲不再關注中國的事件。對於英國政府而言，香港比過去更加無足輕重。第一次世界大戰並沒有太多地擾亂香港的生活。滙豐銀行董事局有若干德裔董事，滙豐銀行與德國銀行有業務往來，還受到一定的德國影響，因而成為神經過敏者的懷疑對象。德國人遭拘禁，對德業務也停止了，香港的英國人組織了人數眾多的義勇隊。香港在戰爭期間日趨繁榮，這在一定程度上要歸功於那種歷史久遠的支柱商品 —— 鴉片。

　　雖然英國政府有所保留，但中國人似乎比預想的要更認真地打算禁絕這種毒品。這種熱情往往流於形式，陳劉潔貞博士指出："該省（廣東）以禁煙為幌子，在廣州設立所謂的鴉片檢查所，實際上是企圖集中貨源、集中出售，然後把利潤輸往北京。"[23] 不過，其他省份採取了有力措施，尤其是 1911 年革命後，僅湖南一省就有包括 5 名婦女在內的 47 人因提煉或吸食鴉片被槍斃。這種嗜好如今變得如此危險，其吸引力很快便喪失殆盡，對進口鴉片的需求隨之驟減。這樣就出現了一種有趣的狀況，香港庫存鴉片的價值達到 1,200 萬英鎊，貨款都是由遠東的英國銀行提供。中國禁絕鴉片消費的措施使得這些積壓鴉片根本不可能在不遠的將來賣出去，與此同時印度生產商仍按照十年協議的規定源源不斷地大量生產鴉片。商人和銀行家瘋狂地向英國政府施加壓力，要求政府出面強迫中國當局遵守十年協議，允許鴉片再度進口。

22　陳劉潔貞，前引書，第 131 頁。

23　同上，第 134 頁。

當時的情形似乎就是 1839-1840 年事態的重演，下議院同樣舉行了類似的辯論。1913 年 5 月 7 日，威爾士民族主義者約西亞·陶恩·鍾斯牧師在下議院提出動議，要求廢除中國允許鴉片進口的條約義務，那樣的話，"她（中國）就有權禁止目前堆積在各通商口岸和香港的庫存鴉片進口"。這項動議一旦獲得通過，將導致巨大的、也許是災難性的損失。鍾斯請求人們原諒他首次演說的缺陷，因為英語對他而言是一門外語，但他講得非常精彩：

> 在英國，我們把鴉片列為一種毒藥……從其作用來說，不論膚色與種族，國家與地域，它四處傳播疾病、墮落和死亡……英國政府正在違背中國人的意願和良知，憑藉極不正義的戰爭帶來的不公正條約，強制推行這種不道德的貿易，這個事實無法估量地加深了我們的罪孽和恥辱。

怡和洋行的大班、從香港退休後當上代表伊普松的議員的亨利·克錫企圖抗衡這股潮流，他在下議院表示："如果你們相信今晚在本院所說的一切，你們或許會以為吸食鴉片乃是一種非常可怕的罪惡。它的壞處並不比一杯啤酒或葡萄酒更大。"泰勒質問克錫是否願意自己的兒子吸食鴉片，克錫回答說不會，"我本人吸鴉片，這確實使我身體很差"。他接着提出英國人的體質適合喝葡萄酒和威士忌，中國人適於鴉片，至於他的三個兒子，他希望他們"在適當的時候……自行決定"是否享用這種飲料。

1913 年的自由黨政府不可能採取巴麥尊的那種強硬路線，也不可能強迫銀行承受如此巨大的損失。印度事務部常務次官愛德溫·蒙塔古用恰如其分的華麗辭藻提出了唯一可行的解決辦法：

> 我很高興能夠向本院報告……儘管我們與中國訂有條約，儘管我們能夠從這些鴉片中獲得大約 1,100 萬英鎊的財政收入……我們不打算在中國出售更多的鴉片，不光是今年，也不是這些庫存鴉片都售完以後，而是永遠。

動議被撤回，雙方相互祝賀以最小的代價完成了正確的事情，辯論就此結束。

各國在禁絕鴉片問題上有了長足進步。1912 年，各國通過《海牙公約》，規定通過"漸進的有效措施"徹底禁絕鴉片貿易。由於《海牙公約》以及禁止印度對華出口鴉片的禁令，香港政府在與鴉片承包商重議合同時不可避免地陷入貿易困境。為努力扭轉這種狀況，殖民地部主動提出廢止這種體制，香港政府應當把鴉片專賣權掌握在自己手裏。為了彌補查禁鴉片煙館造成的損失，同時對煙草、酒類徵稅，香港業已組建起打擊走私的部隊，所以政府掌握鴉片專賣權不會帶來額外開支，海關人員能夠同時控制各種成癮的毒品。梅含理與立法局、行政局都同意這個方案，英國下議院也對下面這樣一種解釋感到滿意，即鴉片專賣權的變更是禁止鴉片貿易長期計劃的組成部分。（這項工作確實拖得很長，因為直到 32 年之後香港才宣佈鴉片為非法。1945 年 9 月 20 日，戰後香港軍政府宣佈禁止鴉片貿易，也只有在殖民地政府缺乏威信的情況下才能做到這一點，不然的話，殖民地當局會像前任一樣頑固地為這種政府財政收入的來源辯護。希歐多爾·泰勒活着慶祝了這一天的到來，因為他一直活到 1950 年，享年 102 歲。）

鴉片專賣權的轉手取得了直接的、甚至是令人尷尬的成功。在以往的體制下，經過廢除鴉片貿易者的努力，1912 年的鴉片收入已經下降到 1,183,200 元。政府專賣後的第一年，鴉片收入猛升到 2,680,617 元，1918 年達到最高點的將近 800 萬元，鴉片收入佔香港政府財政收入的比例超過 46.5%。雖然收效異常令人滿意，但也必須保持得體的平靜，以免熱誠的改革家提出控告。當局為了掩蓋真相，鴉片專賣收入的名目是"許可證、國內稅收等專用賬戶"收入。令人啼笑皆非的是，在設立專賣制度時擔任總督秘書的 G. R. 塞耶在其香港史著作中隻字未提上述事實，把這個殖民地在第一次世界大戰期間的繁榮說成是來自更為體面的收入，這種收入能夠使香港提供 500 萬元"供國王陛下政府使用"。[24] 第一次世界大戰的 5 年間，香港的鴉片淨收入超過 2,500 萬元。

第一次世界大戰雖然導致了作戰人員的可怕傷亡，但對英國的長遠影響往往比人們想像的要小。在戰後世界，愛德華時代的上流社會重新享受

24　塞耶：《香港，1862-1919 年》(G. R. Sayer, *Hong Kong, 1862-1919*)，第 120-121 頁。

舒適的生活，大量的失業工人保證了軍隊依然有充足的兵源，雖然士兵們沒有以前那麼彬彬有禮。帝國的願望得到莫大滿足，聚集在帝國旗幟下的不但有白種人的自治領地澳大利亞、新西蘭和加拿大，就連南非、愛爾蘭和美國也派出成千上萬的自願者。印度軍隊忠心耿耿地為帝國效忠（一兩次兵變除外），看起來帝國的各個地區能夠恢復元氣，重新聚合，逐步走上自治的道路。

在這種背景下，很難指望香港的統治者會輕而易舉地接受新生事物，尤其是與中國民族主義和共產主義相關的事物。在中國，先是嘗試建立一個有望成功的共和國，接着是北京的帝制政府，都隨着 1916 年袁世凱之死而失敗。中國陷入地方割據之中，手握兵權的地方領袖掌握了各地的控制權。孫逸仙再度試圖以廣州為基地建立政權，1917 年在廣州建立起短命的政府。軍閥統治下的中國，權力如走馬燈般頻繁更迭。1923 年 2 月孫逸仙復出，擔任軍政府的首腦——"大元帥"。

香港民眾對任何一位大陸領袖的支持依然是有限的、不甚熱情的，香港政府卻未能享有戰後的平靜時期。梅含理得過一次不太嚴重的中風，之後不情願地於 1918 年 9 月離職。司徒拔爵士將於 1919 年 9 月接任總督。兩任總督之間有長達一年的過渡期，輔政司施勳在此期間負責管治香港。施勳是"一個機智、幽默的老胖子"，"一個和善的人，只是有點狂妄自大"。有一次，他負責將一位新娘交給新郎，結果在教堂等候的時候居然睡着了。[25] 施勳來自一個體面的殖民地家庭，喜歡板球，愛寫一些輕鬆的詩，深愛新婚妻子南恩，他的新上司卻是在嚴格得多的環境裏長大的。

司徒拔爵士的父親是大名鼎鼎的牛津主教斯塔布斯。斯塔布斯個性極強，是當時一流的歷史學家。司徒拔"繼承了父親的全部學術才華，在言談直率方面更是有過之而無不及"。[26] 司徒拔憑藉古典文學和經典作品兩門功課的第一名輕鬆過關，進入殖民地部。在白廳工作 13 年之後，他決定轉到殖民地工作。年輕時，司徒拔如同所有的白廳官員一樣，對"在現場的人"極盡抨擊挖苦之能事，尤其是針對香港官員，在香港，"甚至連官學生也想

25　斯特娜．本森，引自霍伊前引書，第 184 頁。

26　見《名人傳記辭典》的司徒拔條目；另見施勳手稿，羅茲圖書館。

以上帝的身份行事"。[27] 在殖民地僅僅工作 6 年 —— 在秩序井然的錫蘭擔任
輔政司,這麼短的見習期前所未有 —— 之後,43 歲的司徒拔就被任命為香
港總督。司徒拔先是在氛圍高雅的牛津和白廳,戰爭年代又一直在相對較
為平靜的錫蘭,因此很難跟上中國令人眼花繚亂的急速變革。此外,他脾
氣急躁,堅信只有自己的那些十分傳統的觀點才是正確的,這往往使他陷
入窘境,有時甚至是嚴重的困境。

　　戰後,香港政府陷入一種難以自拔的兩難境地。香港當局迫於現實的
壓力,不得不與廣州的任何一個政府打交道,廣州離香港只有 3 個小時的
火車路程。英國政府派出的大使和其他外交使團都駐在北京,控制北京的
卻是常常與南方發生衝突的另外一批政客和將軍。在中國首都的朱爾典爵
士從未更多地考慮過香港,而戰後的和解似乎提供了一個有益的機會,
可以通過把新界歸還中國來改善兩國關係。朱爾典承認這將是"很大的犧
牲……就獲得或繼承了 1898 年租借地區的所有列強而言,似乎不做出犧牲
就無法解決(中國)問題"。外交大臣寇松勳爵不理會這種"理想化又根本
行不通"的看法,"我們不能把以往的割讓、永久租借等等全都連根拔掉。
我認為絕無可能歸還九龍拓展地"。外交部負責中國的部門則始終持懷疑態
度。

　　一般來說,中國北方發生的事件很少波及到香港。《凡爾賽和約》談判
期間,前任北京政府在西方盟國支持下,把山東省的廣泛權益轉給日本。
事情曝光後,全中國人都以憤怒和幻滅的心態反對這個協議。但是,1919
年的五四運動 —— 學生在天安門廣場示威遊行引發的全國性騷動 —— 只
在香港激起些微漣漪。不論本身抱有何種政治態度,香港的華人居民出於
自身利益的考慮,傾向於支持任何一個能夠在廣東維護適度穩定的集團。
1913 到 1916 年,雲南軍閥龍濟光將軍殘忍腐敗的統治一直未受觸動,還得
到北京的支持。梅含理鎮壓了香港國民黨支持者的活動。1916 年 5 月 4 日,
他致函殖民地部表示:"我過去和現在一直致力於支持現政府,阻止香港華
人用實際行動或革命宣傳來支援反叛,該政府已經表明能夠獨力維持那個
省的秩序。"

27　佩勒姆,前引書,第二卷,第 368 頁。

　　1916 年 6 月袁世凱死後，龍將軍撤出廣東，孫逸仙的老戰友、以前同盟會的成員陳炯明上台，香港輿論開始出現分化。陳炯明致力於維護廣東的安寧，出於實際考慮很少使用革命言辭，吸引了較為保守的人，孫逸仙則贏得更富熱情的年輕人支持。梅含理認為孫逸仙是"秘密的布爾什維克"，毫不遲疑地支持陳炯明。司徒拔抵達香港之際，孫逸仙對共產主義的熱情正在降溫。袁世凱背叛革命後，孫逸仙的黨已靜悄悄地取消了所採用的"中華革命黨"的稱號，恢復了"國民黨"的稱呼。

　　孫逸仙大概始終傾向於贏得英國的支持，他非常了解這個國家，十分推崇英國的體制。他在廣東掌握政權後，旋即於 1923 年 2 月正式訪問香港，司徒拔在總督府熱情迎接和款待了他。孫逸仙在香港大學演講時，把這個島嶼說成是他的"智識之誕生地"，他在香港形成了"革命與現代之理想"。在一陣"震耳欲聾的歡呼聲中"，他稱讚英國的議會制度，敦促聽眾把這種良好政府的範例推廣到全中國。[28] 這種觀點大受歡迎，司徒拔急欲支持孫逸仙，為此還在英國國內遇到麻煩，差一點就丟了官。

　　對於司徒拔而言，在前一年必須與廣東政府保持友好關係無疑是很痛苦的。那裏的地方政府一直面臨財政困難，這在很大程度上是由於無法保留關稅這一最可靠的收入來源。這筆收入直接上繳北京，倘若在扣除商定數額的外國債務之後，能夠有一部分關餘直接劃歸廣東，地方政府就能夠以之作擔保，向香港借到急需的貸款。北京當局希望自己控制這筆錢，自然對此不予理會，理由是外交公使仍在北京。司徒拔收到廣東的提議，請他代表廣東開展有益的行動。司徒拔非常樂意這麼做，他致函殖民地部，請求不要反對孫逸仙對海關稅收的要求，"我最強烈地要求，國王陛下政府的干涉不應超過償還外國貸款所必需的程度。採納孫（逸仙）的最新建議，可以防止發生這種狀況"。

　　寇松勳爵為首的外交部認為，一個小小的殖民地總督竟然插手國家對外政策，實在太出格了。寇松十分看重禮節和自身的地位，必須對司徒拔來個殺一儆百，要麼把他解職，最低限度也要"嚴厲申斥"。結果，外交部斥責了司徒拔，司徒拔及時允諾改正，當危機再度出現時司徒拔已經能夠

28　陳劉潔貞，前引書，第 154 頁。

採取正確的慎重姿態。[29]

關於 1924 年的廣州商團事件，迄今沒有令人滿意的解釋。這次異乎尋常的冒險之後不久，事件的主要當事人就死了。在這次冒險中，一家聲譽卓著的銀行涉嫌軍火走私。滙豐銀行的總經理 A. G. 史提芬是個有創意的銀行家，樂於抓住傳統的出借人往往猶豫不決的機會。廣州商團是一支在當時的中國十分常見的私人武裝，它由商人提供的捐款組建，目的是維護廣州商人的利益，對抗外來的革命者。廣州商團的首領陳廉伯負責廣州與香港之間的聯絡，陳廉伯是滙豐銀行在廣州的買辦，極為富有。史提芬熱切支持陳廉伯進口一批數量可觀的輕型武器，至少有一萬支步槍和手槍以及數百萬發子彈。這項計劃不但與英國政策相抵觸，也違背了現有的協議。陰謀被揭露，武器也遭沒收，史提芬暗示司徒拔至少是默認此事的。司徒拔憤怒地否認了這個極具潛在破壞性的暗示，"史提芬先生絕對從未與我談起過此事……我不知道史提芬函件中……關於'香港政府將保持善意的沉默'的說法……我難以相信像史提芬先生這樣熟悉我的人會有這樣一種看法"。[30]

兩個月之內，這支商人武裝就與國民黨發生衝突，結果國民黨迅速贏得絕對勝利。香港輿論刻薄地看待這個消息，"孫（逸仙）必須離開"成為《士蔑西報》的頭條標題，華人報紙的態度也同樣苛刻。事態到這個時候已經很明顯，由於已沒有任何選擇餘地，孫逸仙決定依靠俄國人的支持。1923 年 10 月，俄國"特別顧問"鮑羅廷抵達廣州，試圖使新成立的中國共產黨與國民黨建立起和睦關係。與此同時，一位退役的俄國內戰時期騎兵指揮官加倫在黃埔新組建一所軍事學校訓練士官生。兩人很快取得成功，到 1925 年 3 月 59 歲的孫逸仙去世之際，國民黨左翼和共產黨人聯手控制了廣州，全力以赴地把這個帝國主義前哨的動亂引向中國南方。

以往，香港華人曾經通過有組織的罷工和聯合抵制抗議他們所認為的不公正，而司徒拔面對的是已臻於完善的罷工與抵制。他抵達香港後不久，1920 年 4 月，香港就發生了第一次罷工。當時，香港華人機器會代表機工

29　陳劉潔貞，前引書，第 158 頁。

30　關於廣州商團事件，見景復明，前引書，第三卷，第 156-157 頁、陳劉潔貞，前引書，第 159-168 頁。

要求增加工資 40%，以抵銷生活費用的上漲。香港華人機器會成立於 10 年前，一戰後，香港物價騰貴，尤其是大米價格上漲，機工幾乎難以靠工資維持生計，他們做好了採取行動的充分準備。僱主拒絕了他們客氣的請求，於是大約 9,000 名機工乾脆離開香港前往廣州。此時，香港至少已部分成為一個現代工業化社會，通訊、電車、電力、煤氣行業構成了這個發展中工業社會的基礎，各種熟練工程技術人員的驟然喪失，很快導致社會生活陷入停頓。兩個星期之後，僱主才同意增加工資 32.5%。與以往的罷工不同，東華醫院董事會之類的傳統機構在這次罷工中沒有任何干預的機會。這次罷工組織嚴密，工人直接與僱主對峙。

　　第二年，中國海員工會提出類似的增加工資要求，勞資雙方爆發了更嚴重的衝突。[31] 海員是最缺乏組織性、最底層的工人，華人海員處境尤為悲慘。他們的工資僅及相同崗位的歐籍海員的零頭，還不得不把微薄工資的很大一部分交給為他們提供職位、在航行間歇期提供飯食和寄宿處的船東。對於華人海員來說幸運的是，正是由於這種把海員集中在污穢不堪的寄宿所的體制，他們更容易組織起來。每一幢寄宿屋推選代表組成一個富有戰鬥力的加薪委員會，還配備了英文和中文秘書，向資方提出要求增加工資。僱主竟然愚蠢無禮地對這一要求置若罔聞。1922 年 1 月 13 日，海員們仿效機械師的榜樣，舉行罷工並前往廣州。越來越多其他行業的工人也參加罷工，其中包括僕役、機工和苦力，罷工工人多達 12 萬人，佔這個殖民地勞動力總數的半數以上。苦力的僱主明智地表示立即增加工資。苦力們表現出團結一致的決心，堅持繼續罷工，直到海員的要求得到滿足。面對如此大規模的抵抗，僱主、政府和傳統的華人領袖舉行了一次氣氛緊張、毫無成效的秘密會議。以往維護華人利益的東華醫院董事會成員為了保住自己的錢袋，完全站在僱主和政府一邊。他們污蔑罷工者是自私自利的蠢貨，1926 年當上行政局首位華人議員的周壽臣爵士要求政府決不能"後退半步"，希望公開鎮壓所有的工人聯合會。在這種"明辨是非的華人輿論"的支持下，政府頒佈一項賦予政府特殊權力的《緊急管制條例》，宣佈海員工會為非法組織，並襲擊了工會總部。最醜惡的一幕終於上演：華人被禁

31　關於罷工和聯合抵制的最佳敘述，見陳偉群前引書，第五章。關於廣東的共產黨員，見史景遷：《中國的助手》。

止離開這個殖民地，印度士兵增援員警，向試圖穿越邊界的大批人羣開火，當場打死 5 人。

這種鎮壓措施招致倫敦的指責。1922 年 3 月 6 日，工黨議員約西亞·韋奇伍德上校在下議院指責香港政府阻止勞工離去，實際上就是"用飢餓代替工作"，香港政府的鎮壓行動不但是可恥的，也根本於事無補。政府和僱主咬牙切齒地指責共產黨支持罷工工人，不得不承認自己遭到屈辱的失敗，海員贏得了這次著名的罷工勝利。司徒拔意志消沉，1922 年 9 月 16 日，他向殖民地部預言："我們至多再保有香港 20 年時間。"[32] 這大概是一個少有的精確的估計，19 年之後，日本人於 1941 年 12 月佔領了這個殖民地。司徒拔在同一份函件中做出了另一個同樣準確的預言："遲早將發生一次聯合抵制。" 3 年之後，這個預言也完全應驗了，這次聯合抵制成為考驗新的廣東左翼政府和香港政府意志力的試金石。

這場聯合抵制[33] 的導火線是 1925 年的五卅慘案。在上海公共租界，11 名示威者被英國人指揮的中國和印度員警殺害。這個事件在全中國激起極大憤慨，人們號召上海和香港舉行總罷工。活躍在香港的廣東共產黨工人領袖本來還需要做大量宣傳工作，以使人們廣泛響應罷工號召。但是，3 週之後，另一羣示威者在廣州遭到英國人為首的軍隊開槍射擊，52 人死亡。至此任何鼓動都是多餘的了。香港政府拖拖拉拉的調查未能確定是哪一方挑起的衝突，但這與雙方的傷亡（僅有一名外國人被殺）以及中國人對中國城市的心臟地帶有武裝的外國飛地的痛恨沒有多少關係。廣州的憤怒浪潮日益高漲，很多人呼籲對英開戰。香港首次掀起了猛烈而明確的反英浪潮，罷工迅即發展成總罷工，在一個月多一點的時間裏，25 萬罷工工人和家屬從香港前往廣州，組織嚴密、資金充足的罷工委員會在廣州為他們提供膳食和住處。從某種程度上說，罷工委員會幾乎相當於一個政府，罷工委員會設有中央委員會，下設幹事局、騎船局、聯絡部、宣傳部和財政委員會，一個罷工者法庭和一支 2,000 人的身着制服的糾察隊。一個中國城市的行政當局首次擁有屬於自己的有效、可靠的管理機構。

香港當局做出回應，政府提供貸款，阻止對華人銀行的擠兌，醫院和

32　引自斯威廷，前引書，第 393 頁。

33　即 1925 年的省港大罷工。——譯註

基礎設施行業配備了自願人員，組建臨時機構負責監督食品供應、勞工和運輸。東華醫院董事會也首次積極參與政治。當局正式頒佈了常見的緊急管制條例。針對罷工者的宣傳，當局組織了反共產黨宣傳，在很多情況下對罷工者的脅迫進行反脅迫。到 7 月末，罷工熱潮已經降溫，工人陸續返回這個殖民地。廣州罷工委員會運用一個更有力的手段，即全面抵制英國商品，禁止所有船隻進入香港。這次行動一直持續到次年 10 月司徒拔離去之後，給香港造成極大損失。

司徒拔曾經請求留任以結束這場危機，但日趨明朗的事態表明，與以往的罷工不同，聯合抵制不是香港能夠解決的。廣州罷工委員會的行動顯然違背了條約規定，北京政府卻無能為力。英國唯一可行的方案是重新採取炮艦政策，憑藉武力維護條約規定，驅逐廣東的當權者。從司徒拔到殖民地部都極力主張採取這種行動，職責所在的外交部認為這麼做無法自圓其說。總督越來越激動，堅決主張推翻廣東的布爾什維克政權。1925 年 8 月，似乎出現了一線機會，施勳在寫給妻子南恩的信中說："我們希望對廣東和公然違背條約的行為採取行動。昨天，一名重要的工人領袖和共產黨人被刺殺，這或許會有一些效果。"[34] 這名受害者是廖仲愷，他在革命前就已經是一位著名的國民黨人，但除掉他根本無助於阻止轟轟烈烈的聯合抵制。

司徒拔再次轉而尋求資助一支"反共"力量的可能性，極力要求殖民地部批准立法局非官守議員提出的一項建議。這項建議提出徵集 100 萬元資金，這筆錢要麼從公共基金劃撥，要麼向私人募集。外交部再次否決了這項提議。司徒拔在失望之餘，不惜鋌而走險，建議賄賂北京當局進行干涉，"迫使廣州結束反英行動，為此目的，國王陛下政府應提供資金和物質援助"（1925 年 11 月 12 日）。司徒拔提出給北京的適當報酬是 300 萬元，這個計劃同樣遭到白廳否決。司徒拔迫於無奈，耍了一個可憐的小花招，讓東華醫院秘密（一個非常公開的秘密）提供 5 萬元資金資助一次叛亂。這次行動一敗塗地，東華醫院除了財政赤字之外一無所獲。最終，殖民地部不得不支付這筆開支，告誡司徒拔不得再次"可恥乃至是違法地盜用信託基金"。

34　施勳手稿，羅茲圖書館。

與此同時，左翼華人指責東華醫院董事會是"英國人的走狗"，只顧保全自己的財產，無視"民族聲望的淪喪"。

　　這個事件曝光的時候，司徒拔已經離開香港（1925 年 10 月），而聯合抵制正如火如荼。

第十三章

動盪的局勢

冷若冰霜的面孔

　　總督司徒拔情緒激動地要求用賄賂或武力來結束抵制，繼任者金文泰爵士則採取了較為平和的政策。金文泰是殖民地部門的一個怪人，他以優異成績畢業於牛津大學，文官考試的成績異常出色，足以讓他任意挑選工作部門。他本可以去印度事務部、外交部或財政部，結果卻選擇了被視為才智平庸之輩避難所的東方殖民地司。金文泰興趣廣泛，頗具個人魅力，還曾編輯出版 4 世紀拉丁情詩集《維納斯的不眠之夜》，這本書是少數出自殖民地總督之手的學術著作。1900 年，金文泰前往香港，在新界從事土地登記工作。金文泰的上司全都熱情稱道他的才幹，卜力認為他是“東方司最具才幹者之一，一個學者和思想家，有朝一日必將有所成就”。[1] 盧吉認為他才華橫溢，富有同情心，令人愉快。在出任香港總督之前，金文泰曾被鄭重其事地提名為香港大學校長。他的足跡遍佈中國，學會了多種語言。1907 年，他開始進行從中亞到九龍長達 3,000 英里的徒步旅行。此後，由於殖民地部眾所周知的原因，金文泰在英屬圭亞那和錫蘭工作了 12 年，關於中國的稔熟知識在那裏毫無用武之地。

　　可憐的輔政司施勳竟然一度想當總督，1925 年 8 月 22 日，他在給妻子南恩的信中寫道：“金文泰被任命為總督讓我非常吃驚，我想他會幹得很出色，這個任命不失為明智之舉，可是我也在香港，大家都認為我幹得很不錯，這個任命就很成問題了。”[2] 金文泰很快理順了司徒拔時期遺留下來的糾纏不清的各種關係，不但與廣東政府，還與英國外交部及其駐北京、廣州的代表建立了聯繫。駐廣州總領事詹姆斯·傑彌遜長出了一口氣，他認為司徒拔和施勳根本不了解中國人，“香港的外國人甚至比中國大陸的外國

1　致 G. E. 莫理循信函，1903 年 5 月 8 日（莫理循信函）。

2　施勳手稿，羅茲圖書館。

人……更把握不住變革的性質和範圍"。傑彌遜正確地覺察到中國"非常敏感的民族主義精神的發展",香港當局卻對此"無動於衷,十分愚蠢地一無所知"。[3]

這位新總督竭力爭取輿論的支持,他得到日後成為行政局議員的羅旭龢和周壽臣的幫助。羅旭龢得到一筆政府津貼的扶持,出版了一份在這個殖民地和華人中有眾多讀者的反共報紙。金文泰力圖鞏固這一成果,抱怨倫敦禁止他展開"防禦性的反宣傳……我希望上次大罷工的教訓在本地勞工界形成足夠強的輿論,使人們相信相對於肆虐的工會暴政,資本主義剝削的鞭子還算仁慈的"。[4]金文泰認為必須猛烈回擊共產主義宣傳,只有那些盲目輕信的人才會相信政府為了保障橋樑的安全而把幼兒埋在橋底下的傳聞。但是,印度旁遮普發生臭名昭著的阿姆利則大屠殺之後,下述傳言就不是空穴來風了:"1919 年,昂澤黎 (?) 部族 1 萬多人在公園集會,結果遭到英國士兵用機關槍掃射,全部罹難。"殖民地部並未密切留意這個殖民地的民意,1927 年 2 月 21 日,殖民地部助理次官沃爾特‧艾理斯寫道:"我認為不必理會那種認為香港華人'秉性忠誠'的說法。中國佬一無所有,勢必會感謝上蒼讓他們生活在英國正義護佑、而不是 (?) 軍閥和共產主義者控制的香港。"[5]

廣東政府全面支持罷工者,罷工者的行動很快就失去控制。他們要求資方徹底讓步,恢復工作,發放金額超過 2,000 萬元的罷工津貼和賠償。香港政府不願輸得如此灰頭土臉,經過毫無成效的磋商,金文泰決定轉而採取強制措施。這個決定遭到英國駐廣州總領事約翰‧白利安爵士的強烈反對,卻得到殖民地部的大力支持。自去年 11 月以來,利奧‧艾默里執掌殖民地部,總是樂於表現出一種極端的帝國主義姿態,艾默里在自傳中寫道:"中國咄咄逼人的反歐民族主義的發展……導致我們與外交部發生巨大分歧,外交部主張採取綏靖政策,我們更關心英國企業在香港這樣一個繁榮的殖民地的既得利益……但是,"他不無遺憾地補充說,"面對華人的抵制,

---

3　科提斯,前引書,第 456 頁。

4　外交部檔案(CO 129/499),1927 年 2 月 4 日。

5　同上,1927 年 2 月 21 日。"昂澤黎"的部族無從查找,大概是虛構的,而文件中限定性的"軍閥"一詞字跡模糊難辨。

香港幾乎束手無策。"[6]

抵制造成了廣泛的影響,其中包括不能賒賬這樣令人難以忍受的不便。法國外交官保羅·莫蘭幸災樂禍地報告說:

> 香港正陷入一蹶不振的境地……革命的中國通過令其商業破產,竭力一點一點地使這座城市屈服……通常在這些地區買任何東西都可以簽單,就連雞尾酒也可以賒賬。現在情況完全不同了,旅館和商店貼出告示,提醒人們:"請付現金"。[7]

不過,事態正朝着有利於這個殖民地的方向發展。孫逸仙去世後,蔣介石掌握了國民黨領導權。蔣介石曾在日本軍隊受訓,到莫斯科考察過紅軍的體制,他被任命為黃埔的軍事學校校長。他以這所軍校為基礎,組建了一支強大的軍隊,日後憑藉這支軍隊重建中央政權。蔣介石的第一個舉措是發動向上海和南京的北伐,這就需要鞏固他在廣東的地位。1926 年 3月,蔣介石支持者發動政變,解除了共產黨人的武裝,從而大大緩和了局勢,白利安稱之為"一次徹底的大轉向"。6 月,蔣介石提出一項"八點方案",其中之一就是結束抵制。至此,秋後算賬是遲早的事了。英國皇家海軍小規模地炫耀武力,驅趕碼頭上的示威者,香港政府也堅決拒絕給罷工者任何金錢補償,進一步加速了抵制的結束。1926 年 10 月,在沒有獲得任何補償的情況下,抵制靜悄悄地結束了。陳劉潔貞博士言中肯綮地指出:"很顯然,罷工和抵制的結束是廣東政府使然……教訓沒齒難忘。金文泰在香港任職的其餘時間裏始終確信,為了這個殖民地的安寧,必須不惜一切代價改善和維護與廣州的友好關係。"[8]

在罷工和抵制的連續打擊下,香港蒙受了嚴重損失。陳劉潔貞認為,"相當保守的"估計是每週損失 500 萬英鎊,財產損失高達 5 億英鎊。1927年 4 月 6 日《泰晤士報》的估計要低得多,為 1 億英鎊。必須注意的是,這

6　艾默里:《生平》(L. Amery, *Life*) 第二卷,第 305 頁。

7　佩利瑟爾:《甦醒的中國,1793-1949 年》(R. Pelissier, *The Awakening of China, 1793-1949*),第 282 頁。

8　陳劉潔貞,前引書,第 218-219 頁。

些數字都包含因財產價值縮水導致的無形損失，這些損失顯然能夠挽回，也確實挽回了，只有在危急情況下出售資產才會造成實際損失。流通損失應該從銀行賬戶上反映出來，在危急的 1926 年，最大一家銀行滙豐銀行獲得了創紀錄的港幣收入，英鎊收入也只是略有下降。即便如此，罷工和抵制對香港的貿易無疑造成了嚴重而持久的損害。

蔣介石的北伐最終取得了成功。到 1928 年，國民黨以及配合北伐的地方統治者已經控制了大半個中國。滿洲是個重要的例外，地方軍閥張作霖在那裏建立起半獨立的政權。此外，毛澤東領導的一些忠誠的共產黨人依然留在江西。中國的新首都建在南京，遠離危險地毫無屏護的北京（當時更名為北平）。地區衝突仍時有發生，1929 年，廣西、廣東兩省發生了一場小規模內戰。內戰結束後，兩省又聯合起來與南京對峙。與中央政府的衝突結束後，兩廣地區仍處於半自治狀態，享有了一段前所未有的繁榮。中國其他城市也在不同程度上有所發展，儘管農村地區依然落後。1928-1937 年的南京政府似乎要成為國民黨統治下新中國長治久安的開端。這個政權得到列強的承認，各國使館也從北京遷到南京。中國陸續收回因西方侵略喪失的權益，日本和英國把青島和威海衛歸還給中國。國際間以務實的方式表達對中國的同情，降低拖欠公債的賬面價值，重新談判相關條件，還安排了新貸款。非常有意思的是，一個咄咄逼人的獨立民族主義國家簽署的這些協議，其條款幾乎與半個世紀前簽訂的那些被視為帝國主義剝削的條約如出一轍。

在罷工的高潮階段，施勳於 1925 年 8 月 21 日寫信給妻子：“我確信即將發生一場巨變，人民意識到被愚弄後，廣州的俄國人將面臨可怕的懲罰。”[9] 懲罰臨頭的時間略有推遲，最終在 1927 年 12 月殘酷地兌現了。史達林指示廣州的代理人組織一次起義，指示得到忠實執行。起義導致了常見的暴行、破壞和傷亡，隨後建立的短命公社未能獲得多少支持，被國民黨軍隊迅速撲滅。鎮壓造成了更大的殺戮，6 名仍留在領事館的俄國人中有 5 人遇害。此後，廣東先後被多個國民黨派系控制，在派系交替期間比較穩

9　施勳手稿，羅茲圖書館。

定，變得日益繁榮。[10] 過去的嚴酷被遺忘，金文泰訪問這座城市時感受到"一種熱情洋溢的親英情緒"。

與暴力事件不斷的廣東相比，香港無異於風平浪靜的避風港，生活也恢復了常態。從許多方面來看，香港並非一個有魅力的地方。1902 年，政府頒佈了一項條例，延續了自設立山頂保留區以來的種族隔離。這項條例僅以衛生這個似是而非的理由（華人滅蚊的能力受到懷疑），把九龍 2 萬英畝土地劃撥給歐洲人。自最初的時期以來，英國人對中國人的態度已經改變，這與印度的情形頗為相似。最早的殖民者認為，他們遇到的中國人奇特、富於魅力，往往不好對付，不時有一些令人欽佩的人物，當時英國人至少是把中國人看成獨特的同類。1842 年，按察司與皇帝的叔父共舞；砵典乍和耆英交情甚篤，砵典乍手下的外科醫生理查·伍斯南還曾為"可憐的老伊里布"去世傷心落淚。但是，這些中國人都是大權在握的帝國高官，他們往往頗具魅力。殖民地建立之後，西方人接觸的是地位卑微的華人，僕役、店主，充其量是買辦或商人。這樣一來，香港的種族歧視之外又加上了社會歧視。香港的西方人也並非來自社會頂層，除少數人外，文職人員大多來自社會下層。以往那些指揮艦隊、影響政府決策的顯赫大班已經隱退，留下來的是經商的商業人士，這些人往往卓有成就，卻不再有大班那樣的威風。

在某些場合下，情況也會有些許變通。19 世紀 50 年代，香港社交界就接納了一位華人，即高和爾的妻子。她讓自己的孩子在大教堂裏受洗，還設宴款待過劇團經理阿爾伯特·史密斯，史密斯與她一家人度過了"此行最愉快的一個晚上"。高和爾夫婦是大教堂的重要支持者，還為多達 24 人的家眷延聘了一位私人牧師。宗教界本應主張人人平等，卻變得墨守成規，至少英國國教徒是這樣，他們死抱住社會等級觀念不放。不從國教者比較開明，1877 年，倫敦傳道會的羅爾小姐描述了一次有華人家庭參加的宗教儀式：

> 他們使儀式具備一種社會功能，嬰兒被帶來參加儀式，由母

10　不用說，共產黨學者對事件的解釋完全不同。翦伯贊等人在《中國通史綱要》（*A Concise History of China*）中宣稱，"錯誤的"政策取代了"史達林和毛澤東的寶貴意見"。

親負責照料，男女小孩與嬰兒一道玩耍……就連家犬也與小傢伙
們逗樂……像一次沉默的野餐……歌聲聽起來有點可怕……凡是
識字的人都覺得有義務把歌詞大聲喊出來，就像祭祀巴力神的司
祭那樣，他們以為上帝睡着了。[11]

　　高和爾不但是虔誠的英國國教徒，還是共濟會成員。多年前，共濟會
香港分會可以自行決定是否吸收華人入會，最晚到 1895 年就有這樣的記
載：“總會強烈反對批准華人加入共濟會。我們不幸已經讓一兩個這種民族
的人加入了分會，他們的人數不會再增加了。”[12]

　　1869 年艾菲的香港之行可以看作是一個分水嶺，此時香港的英人社會
已略具雛形。總督與常任官學生位於社會的中心，與駐軍總司令、會督 (當
然是英國國教的) 和大班構成了金字塔的頂端。這是一個人數很少的集團，
加上他們的妻子共有 30 人。那些體面的人士、太平紳士、主要的陪審員、
各個行當的業主，大概有 300 人。接下來是部屬、職員和店主。少數猶太
人、亞美尼亞人、葡萄牙人和帕西人也得以躋身這個社會。他們清楚自身
的地位，知道自己該幹甚麼，在許可的範圍內發財致富。在這個社會之外，
有一定數量的葡萄牙人和歐亞混血兒，他們心安理得地擔任基層文員和低
級行政職務。從個人所屬的俱樂部可以清楚地判斷一個人的社會地位。精
英分子是香港賽馬會和香港俱樂部的成員，維多利亞俱樂部則允許其他人
士入會，德國人有自己的俱樂部日爾曼尼亞俱樂部，葡萄牙人有盧西塔尼
亞俱樂部。板球俱樂部和業餘劇團廣泛網羅人才，薩勒敦勳爵的牧歌俱樂
部也是如此。

　　不久之後，有一兩位華人進入英人社會，不過始終沒有被完全接納。
何啟爵士是第一位進入英人社會的華人，他兼具東西方背景，堅持認為華
人是與眾不同的。在他看來，一些歐洲人似乎“忘記了在中國土生土長的人
與來自歐洲的人之間有着廣泛的文化差異。他們容不下習性、習慣、生活

11　史密斯：《中國的基督徒》(C. T. Smith, *Chinese Christians*)，第 173 頁以下。
12　哈夫納：《東方的行會》(Haffner, *The Craft in the East*)，第 73 頁。

方式以及其他許多事情上的差異"。[13] 何啟曾勸説盧吉,隨地吐痰當然令人
不快,但不應該、實際上也無法禁止華人這麼做。何啟認為華人不反對種
族隔離,但第二代華人爵士羅文錦在取消住宅隔離(直到 1946 年才實現)
之際強調,"完全是由於種族歧視的緣故……華人居民十分堅定而強烈地反
對這一舉措"。[14]

　　明德醫院開辦於 1906 年,這家按照商人格蘭維爾‧夏普的遺囑,以
他妻子的名字命名的醫院,"主要是為了給予無助的病人幫助、照料和幸
福……尤其是……窮人、無依無靠者、被拋棄者和孤獨者"。唯一的條件
是病人必須是白人(1940 年,一位美國婦女被禁止與華人結婚,很顯然,
正式提出來的原因是民族而不是膚色。"華人不得入內"被普遍視為理所當
然,無須令人尷尬地加以明文規定)。夏普是個頗受尊敬的商人,不加掩飾
地流露出白人至上主義的態度。他在 1896 年時寫道:"以前我們太仁慈了,
我第一次來香港時,每個中國苦力都會脱帽致敬,站在一旁為你讓道。如
今你還能見到有苦力這麼做嗎?我們沒有發揮我們確定無疑的優勢,我們
必須用權威來統治。"[15]

　　夏普抱怨歐洲人以往那種無動於衷的無情態度有所軟化,這種態度已
被令人氣憤不已的自命不凡所取代,華人對此深惡痛絕。19 世紀 70 年代,
一位華人紳士抗議自己未得到他的同事都享有的"先生"的尊稱。公共場所
不允許有正式的種族隔離,這並不能杜絕為了能否進入博物館,或能否在
公園裏坐相同的椅子所發生的爭執。1908 年,甚至有人提議要專門為外國
人保留一些停車場地和部分公交設施。"當然,"陳劉潔貞博士評論説,"如
此露骨的歧視性立法沒有成為現實"[16],它所體現出來的心態卻是毫不掩飾
和十分普遍的。事實上,香港確實存在制度化的歧視。例如,華人不能獲
得東方殖民地政府部門的高級職務,直到 1942 年,殖民地部才取消高級官

13　遞交衛生署的反對意見備忘錄,1886 年 12 月 2 日,引自蔡永業:《何啟爵士的生平與時代》
　　(Choa, *The Life and Times of Sir Kai Ho Kai*),第 105 頁,以及佩勒姆前引書,第二卷,
　　第 315 頁。

14　萊斯布利奇,載查維、阿加西:《香港:轉型中的社會》(H.J. Lethbridge, in I. C. Jarvie and
　　J. Agassi, *Hong Kong: A Society in Transition*),第 95 頁;羅文錦的意見另見葛量洪:《葛
　　量洪回憶錄》(Grantham, *Via Ports*),第 110 頁。

15　見史密斯:《瑪蒂爾達》(J. S. Smith, *Matilda*),第 89 頁;陳偉群,前引書,第 120 頁。

16　陳劉潔貞,前引書,第 119 頁。

員必須是"純歐洲血統"的要求。甚至到 1992 年，香港的最高職務仍全部由英國官員出任。[17] 這種情況與印度事務部形成了鮮明對照。印度事務部是一個頗受重視的部門，自 20 世紀 20 年代以來，它一直鼓勵印度籍求職者擔任最高職務。在錫蘭，最高級職位有三分之一由錫蘭人擔任。在香港，即便是那些在帝國其他地方總是由當地人充任的低級職位，也只留給外來的白人。政府宣稱，一旦面臨危急時刻，無法依靠廣東籍員警管制他們的同胞，他們無力或不願對抗罷工者的威脅。政府招募歐洲人、印度人以及威海衛的中國人來代替廣東籍員警。直到第二次世界大戰爆發前夕，華人才得以在警界擔任副幫辦之職，但仍需聽命於職位比他們低的英國員警。到 1946 年，極端保守的警司辛士誠仍舊維護這種不可原諒的政策，還希望禁止種族間通婚。在香港其他政府部門，完全是出於種族上的原因，歐洲人 —— 他們多半不是僑民，而是就地招募的 —— 從事與華人相同的工作，報酬卻比華人高。從試用期文員到衛生官員，華人與歐洲人在所有級別都受到區別對待。

　　這種做法並未招致人們想像的那種明顯不滿。1936 年，羅文錦爵士甚至表示華人並不期望獲得與歐洲人相同的薪水。[18] 同時，還應考慮到華人自身的種族傾向，這在很大程度上緩和了歧視帶來的最惡劣的影響。華人一般不會特別希望與歐洲人一道消磨時光，與印度人不同，華人從不打板球和馬球，既不騎馬狩獵，也不會熱切地仿效英國中產階級的風俗。漢族人認為自己幾乎與人類其他種族完全不同，其他民族在注意到華人的進步的同時，必定時常懷疑華人的這種信念是否有問題。如果那些散發着刺鼻的汗味、吃乳酪的西方人想保持他們令人反感的習慣，華人是不會有怨言的。英國高級官員是可敬的，華人社會本來就有尊重權威的傳統，這些大人物出於種種實際的考慮不去貪污受賄，就更值得敬重了。人們對於這樣一個事實並沒有表現出太大的憤恨，即不論是哪個種族的低級官員都不會放過小撈一筆的機會。過去，人們一直默認官員的手下，即衙役，憑藉他們的職位撈油水，所以現代的跟班、聽差之流幹同樣的事情，未必會引起怨恨

17　在本書寫作的 1992 年，立法局所有當然官守議員，總督、布政司、財政司、律政司和駐港英軍總司令，全都是英國人。

18　邁樂文，前引書，第 85 頁。羅文錦指出，公務員的當地語系化本應進展得更快。

情緒。平民與員警或其他官吏發生小摩擦，總是適度地送點禮物息事寧人，
乃是常見的慣例，不會引起多大的憤怒。

　　在香港，其他民族的居民很可能因為某些英國人的態度受到傷害。葡
萄牙人歷來受人輕視，只能擔任低級職務。以前曾有人數次提議讓葡萄牙
人進入立法局，直到 1927 年，葡萄牙人布力架才被任命為立法局議員。較
之葡萄牙人遭受的侮辱，下議院議員亨利‧諾曼爵士對猶太人的侮辱更加
露骨。他把香港俱樂部門廳的猶太人稱作"以黑人小隊聞名的古怪小分隊，
從他們的巴勒斯坦人的面容和斯皮特菲爾德口音就可以認出他們"。[19] 布力
架本人在反對制度化的種族主義方面取得了一些成就，1921 年，他勸說剛
剛成立的聯誼會致力於"消除種族歧視……不分種族、階級或宗教"。協會
主席亨利‧普樂想證明並不存在種族歧視，在羅文錦的支持下，布力架獲
得了勝利。此後，香港在這個方面再沒有取得任何進展。[20]

　　愚蠢的勢利和頑固地恪守禮儀，使得歐洲人，尤其是英國人內部發生
分化。小說家斯特娜‧本森在日記裏十分客觀地描述了 20 世紀 30 年代初
這個殖民地的狀況。斯特娜是個成功的作家，她的丈夫是中國海關稅務司
詹姆斯‧奧戈曼‧安德森，因而在香港社交界擁有穩固的地位。斯特娜的
看法直截了當、不落俗套，往往危及她的社會地位。她對香港並無偏愛——
"這是個乏味的地方"——雖然她喜歡航行和游泳。她對香港社會的狹隘感
到厭煩，"這裏沒人讀書，沒人對歐洲政治感興趣……實際上，這裏甚至
沒有人喜歡最起碼的誠實……人們的面孔冷若冰霜，除非是談論娛樂和天
氣"。[21] 閒聊是主要的消遣，施勳如實地向妻子轉述了一些最重要的話題：
"至於布羅克斯厄姆上尉的婚事，情況是這樣的：在春天，一個雜耍劇團兩
度來本地演出，其中一個節目是 6 位年輕女士跳一種名叫'利‧懷特的美人'
的舞蹈。您的朋友哈里曼欽慕其中一位女子，還買了一枚戒指，據說她在
馬尼拉把戒指當掉了。讓我們大吃一驚的是，布羅克斯厄姆上尉與另一位
女子奧黛麗‧鍾斯訂了婚。"[22]

19　諾曼：《遠東的人民和政治》(H. Norman, *The Peoples and Politics of the Far East*)，第一章。

20　陳劉潔貞，前引書，第 135-136 頁。

21　斯特娜‧本森未發表的日記（現藏於劍橋大學圖書館，編號 add. Mss. 6762-6802），為我們
　　提供了豐富的資料。蘇珊‧霍伊頗有成效地利用了這些資料。

22　施勳手稿，羅茲圖書館。

當作家、索瑟恩女男爵貝拉·伍爾夫向她求助時，斯特娜·本森找到了有益的消遣。貝拉·伍爾夫是維吉尼亞·伍爾夫的小姑子，她在自己的平庸之作中很少提及這層親戚關係。作為輔政司的妻子，索瑟恩夫人（她當時還未被封為女男爵）負責接待二等英國居民，"她耍了一個聰明的計謀，設法把九龍家道衰微的貴婦人和太平山家道興旺的貴婦人"一起拉到茶會上，她邀請後者"使這些下層社會的人變得優雅"。1931年8月18日的茶會上，斯特娜讓氣氛活躍起來，她"淘氣地"教"索瑟恩夫人和兩位很正派的華人，周和唐，玩撲克"。斯特娜並不喜歡索瑟恩夫婦，她在日記中寫道："索瑟恩先生為人還欠火候，他相當英俊，但不知何故顯得軟弱，不夠厚顏……就像個小麵團。索夫人十分精明、坦率，不知怎麼的，她那十分討人喜歡的作風使你覺得她的職責就是支持丈夫的事業，很奇怪她會是列奧納德·伍爾夫的姐姐，她可一點也不聰明。"

斯特娜敏銳地注意到香港社會的特點，"香港的女孩子似乎與倫敦那些在公共汽車上層後座上唧唧喳喳說着蠢話的女孩屬於同一個類型"，熱衷於"奴隸般地向男人自我奉獻"。一位非常傑出的女性瑞切爾·克勞迪夫人——她在戰時負責護士自願救護隊，後擔任國際聯盟社會問題和鴉片貿易署署長——前來香港，她在去總督府之前先會見了斯特娜。直到面對總督"冷冰冰的面孔"，斯特娜才意識到："我已鑄成大錯，在總督遞給他的客人餅乾之前就款待了她。我立刻感到非常憂慮，唯恐妨礙詹姆斯的前途。"總督的助手證實，瑞切爾夫人不恰當地前去會見斯特娜，總督為了等她，不得不將午餐推遲半個小時，為此總督確實相當不快，斯特娜應向總督深表歉意。斯特娜及時表達了歉意，也得到了原諒，但晚宴上詹姆斯被安排在末席，"非常奇怪，那些殺豬的、修電燈的、兜售保險的，席位都被排在中國政府的代表之上"。

斤斤計較於排名座次歷來是香港社會的一個特徵。每逢正式場合，人們都遵守一份公認的標明社會地位的等級名單。這份名單有一些鮮為人知的安排，例如，（五級）皇家維多利亞勳章獲得者的夫人排在最低級爵士之女的前面，後者的地位則高於貴族次子所生次子的夫人。這份名單或許對關注此事的貴夫人有用，她們對自己所屬的具體等級一清二楚，在香港沒有多大實用價值。名單羅列了178個等級，香港社會幾乎完全是由第173

等級組成，這個等級排在皇家陸軍中尉之後，屬於"專業人士，如律師、代理人、學監、工程師、建築師、開業醫生、藝術家、文人、商人、大工廠主、教師和其他人"。人們注意到，這個階層完全是由不同職業者組成，他們被視為"擁有某種社會地位"，彼此之間並不存在法定的前後次序。[23]

"來賓簽到"的例行儀式劃分了不同的階層。訪問外國首都，尤其是殖民地，在大使館、高級專員府或總督府的來賓簽名簿上簽名，在過去被視為雅事，直到如今在某些圈子裏依然如此。在香港，這屬於基本的外交禮儀。1935-1937 年任香港總督的郝德傑爵士諷刺地描述了一個虛構的殖民地是如何實行這種禮儀的："部門負責人必須簽名，他們的副手應該簽名，其他有 10 年以上資歷的官員可以簽名……立法機關議員必須，市鎮委員會成員應該，商行負責人和其他授權'代理'簽名的人可以簽名……其他人等一律不得簽名。"[24] 這本簽名簿可以作為一本指南，決定邀請甚麼樣的人參加甚麼樣的活動，從私人晚宴到女王誕辰日舉行的人員蕪雜的遊園會。

葛量洪爵士 (1947-1957 年任總督) 寫道："浮誇似乎是輔政司和公司老闆一類重要人物固有的秉性。香港政府機構極其臃腫，對小事斤斤計較。"葛量洪"對總督、輔政司和其他高級官員花那麼多時間處理本應由低級官員去辦的小事感到震驚"。[25] 由於把財富的多寡當作重要的衡量標準，人們的判斷力十分低下。香港的窮人也和英國的窮人一樣，在紳士派頭中求得些許慰藉，這一時期《笨拙》雜誌的笑話取材於誰説了甚麼不該説的話，穿了甚麼不該穿的衣服。

大公司的慣例加劇了香港社會生活的狹隘和勢利，開明人士對此難以忍受。滙豐銀行的僱員必須答應在東方工作的最初 10 年裏過一種體面的獨身生活，只有得到總經理的許可才能結婚。20 世紀 30 年代初，祁禮賓出

23　見多德：《貴族、從男爵與騎士》(Dod：*Peerage, Baronetcy and Knightage &c.*)，另見費理斯 (J. W. Ferris)，羅茲圖書館，編號 Brit. Emp. S. 281："政府每年出版一本'藍皮書'(通常稱作'血統簿')……對於女主人來説，它是無價之寶，一位沒有名列其上的官員當然不能進入上流圈子。"

24　郝德傑：《郝德傑回憶錄》(A. Caldecott, *Fires Burn Blue*)，第 181 頁。關於總督府的來賓登記簿，費理斯補充説："如果你離婚了——或者説有人知道你離婚了，就不能在上面簽名。"在來賓登記簿上簽名，教名和姓氏的用法有嚴格的規定。

25　葛量洪，前引書，第 13 頁；在一次電台採訪中 (羅茲圖書館。手稿，Brit. Emp. S. 288)，葛量洪描述了戰前香港政府的高級官員"獨自在一架飛機上……我們幾乎不得不倒行着走到他們跟前"。

任滙豐銀行總經理，祁禮賓精力旺盛，"粗魯、傲慢、剛愎自用，缺乏圓通"。他談論下屬職員婚姻的信函，真實反映出他的粗魯："我不贊成與非英國籍婦女結婚"，"外國人、本地人、混血兒肯定在禁止之列"。[26]（如果這條歧視性禁令生效，那麼波普・軒尼詩和寶雲兩人的婚姻都在被禁之列，因為軒尼詩夫人是混血兒，寶雲夫人來自意大利科孚島。）祁禮賓還僅僅是這種粗魯言行的一個例子。滙豐銀行的政策是不讓華人進入董事會，種族主義傾向遠比其他地方的匯兌銀行嚴重。其他香港公司樂於讓職員與歐洲人通婚，事實上，不少香港銀行職員與外國人結婚，但沒有一例是華人。哈迪上校在二戰前曾是駐中國基地的下級軍官，他親口告訴我，他因為過分熱情地與一位年輕華裔女士跳舞而受到上校警告，這位女士還是畢業於一所美國大學，出身於大富之家。[27]

葛量洪爵士曾於 1932-1935 年間在香港任政務官，戰爭結束後，他返回香港出任總督，此時他發現情況有所好轉：

> 我回來後首先注意到的現象之一，就是社會上的勢利風氣有了顯著的改觀。"大班"和政府高級官員不再被人們——包括他們自己——敬為天人……我還注意到各民族之間更為和睦……正是一些歐洲人對亞洲人心理上的傲慢態度引發了極大的憤恨，儘管建立殖民地和治外法權這類實質性的侵犯更令人憤恨。歐洲人的傲慢基於如下的假定：歐洲人生來就比亞洲人優秀，其表現形式是拒亞洲人於俱樂部之外，徹頭徹尾地無禮或是擺出一副恩人的架勢。[28]

任何這類假定都在 1941 到 1945 年間被無情地打得粉碎。

26　景復朗，前引書，第三卷，第 286 頁。

27　私人通信。

28　葛量洪，前引書，第 104 頁。

為甚麼必定會發生對日戰爭？

1922 年 9 月 16 日，正在英國休假的總督司徒拔沮喪地致函殖民地部：
"這是毀滅的開始。我曾向你們表示，我認為我們會繼續保有香港 50 年，
現在我認為頂多不過 20 年。"[29] 就在司徒拔寫下這段話的時候，英國政府正
不由自主地採取一種立場，這種立場使得英國在司徒拔爵士預言的時間之
前就喪失了香港。

第一次世界大戰結束前夕，預定於 1922 年續訂的《英日條約》就已經
出了問題。這項條約是戰前達成的，英國想借助日本在太平洋的海軍力量
對抗德國海軍的威脅。日本的參戰，儘管不是特別積極，但確實起到有益
的作用。日本的中立同樣可以保障至關重要的太平洋和印度洋海上交通。
到 1922 年，局勢已經明朗，中國和美國是僅有的兩個可能與日本發生衝突
的大國，英國與這兩個大國均保持了友好關係（英國人認為俄國陷入國內問
題不能自拔，難以構成多大的威脅）。像以往一樣，中國的利益被置於次要
地位，與美國的友誼是最重要的。澳大利亞和新西蘭從英日同盟中獲益最
大，以現實的態度看待美國不願維護從前盟友的利益 —— 此時美國開始了
長達 10 年不光彩的孤立主義時期。1921-1922 年的華盛頓會議試圖解決問
題，這次會議旨在確定未來各國的遠東和太平洋政策，並就限制海軍軍備
達成協議。會議開得拖拖拉拉，令人費解，期間有三個會議同時舉行，每
個會議有不同的與會國參加。美國、英國與日本最終達成協議，三國海軍
艦隻總噸位的比例確定為 5：5：3，各國主力艦的最大排水量限制為 35,000
噸，10 年內暫停建造主力艦，停止擴建香港的防禦工事。英國沒有續訂英
日同盟條約，這個舉動將產生影響深遠的後果。科勒利‧巴內特認為《華盛
頓限制海軍軍備條約》是 "英國歷史上最大的災難之一"[30]，但這項條約本身
是否產生了引人注目的效果，值得懷疑。既然英國在兩次世界大戰之間的
年代裏只願意維持最低限度的軍備，那麼即使沒有條約限制，英國也未必
會向皇家海軍投入充足的資金，使其能夠發揮超出炫耀武力之外的作用。

英國參謀長聯席會議對未能續訂《英日條約》深感憂慮，他們正確地認

29　引自斯威廷，前引書，第 395 頁。

30　巴內特：《英國霸權的崩潰》（C. Barnett, *The Collapse of British Power*），第 272 頁。

識到遠東是最危險的潛在動盪地區。財政大臣溫斯頓‧邱吉爾不同意這種看法：“對日作戰！為甚麼必定會發生對日戰爭？我認為在我們的有生之年決無可能……試想我們因為中國的緣故與日本發生衝突並對日宣戰，那將會發生甚麼事情？我們不得不把我們最精銳的艦隊開往新加坡。香港勢必在最初階段就被日本佔領。”即使像邱吉爾這樣熱誠的海軍支持者——第二次世界大戰期間，他自稱是“海軍的人”——也很願意削減海軍軍費，“他們（海軍）應當以未來 20 年之內不發生針對一支一流海軍的海戰為基礎，重新確定全盤計劃、規模和標準”。不僅如此，削減海軍軍費還有選舉上的考慮，“如果我們帶着這些巨額花費的海軍財務報表參加大選，又提不出其他東西……我想不出還有甚麼做法比這更會確定無疑地導致社會主義者的勝利”。邱吉爾認為，工黨一旦上台更會大幅削減海軍軍費，那樣的話，海軍的下場更慘。[31]

　　英國之所以選擇新加坡而非香港作為英國的遠東基地，完全是出於戰略上的考慮。一支巡洋艦艦隊從新加坡出發，能夠在兩天之內到達印度洋，或是抵達中國南部海岸。新加坡位於一個半島的頂端，這個半島也屬於英國領地，四周有英國、荷蘭和法國屬地的可靠保護，只有獨立的暹羅有可能成為日本侵略的跳板。另一方面，香港的位置雖然也非常適合在中國海域展開行動，卻令人不安地靠近日本，離日本佔據的領地福爾摩沙更近。人們大多同意邱吉爾的看法，即香港實際上無力抵禦來自大陸的進攻，至少就為此目的配備的任何部隊而言是如此。《華盛頓條約》規定不得擴建香港的防禦工事，撒母耳‧霍爾爵士甚至希望採取進一步行動，拆除現有的一些工事，而這些工事本身就不完備（該島的全部重型裝備只有兩門 9.2 英寸大炮和兩門 6 英寸大炮）。外交大臣寇松勳爵表示反對，霍爾的建議也就不了了之。[32] 在這種情況下，香港的安全取決於中國依然由對英國還算友好的人控制，至少由那些沒有太大能力造成損害的人掌握。人們始終認為香港的積極防禦有賴於皇家海軍的迅速馳援，然而，兩個因素將改變這種狀況，一是日本發動對華戰爭，二是空中力量的發展。

31　吉伯特：《邱吉爾》（M. Gilbert, *Winston Churchill*），第五卷，第 75 頁以下。

32　英國內閣檔案（Cabinet Documents（CAB）2.5），1925 年 1 月 5 日。引自貝洛夫：《帝國斜陽》（M. Beloff, *Imperial Sunset*），第二卷。

在整個 20 世紀 20 年代,列強在華盛頓確立的政策似乎有望獲得成功。日本沒有滋事的跡象,它加入國際聯盟,舉止適宜,像一個模範會員國。由於未能續訂《英日條約》,英國這個昔日的朋友和顧問 —— 英國人使得東鄉平八郎海軍司令成為打敗俄國海軍的民族英雄,第一支打勝仗的日本艦隊也是在英國造船廠建造的 —— 背棄了日本,日本沒有表現出絲毫怨恨。其他國家也推行了十足的種族主義政策。1924 年,美國通過一項移民法案,法案明顯旨在限制非北歐移民的人數,尤其對日本移民做出嚴格限制,廢止了以前實行的"君子協議",把日本移民配額確定為低得荒唐的每年 200 人,當時僅加利福尼亞就有 10 萬日本人。[33]

英國決定把遠東的軍事力量集中在新加坡 —— 雖然那裏修建軍事基地的進度大大落後於最初的預計 —— 削弱了香港的戰略重要性。上海的發展則使這個殖民地的貿易地位大受衝擊,到 1911 年,上海的貨物輸送量為 18,179,472 噸,逼近香港的 20,490,520 噸。香港的貨物輸送量大部分屬於運往其他港口的轉口貨物,所以上海的實際國際貿易額已經超過香港。1911-1915 年間,中國 28.3% 的對外貿易是轉口香港。大罷工和抵制之後的 5 年時間裏,這個比例降至 16.4%。20 世紀 20 年代,中國人反英情緒高漲,英國對華貿易遭受打擊,香港更是首當其衝。其他英帝國領地的對華貿易大多通過上海,其所佔份額增加到幾乎與香港持平,1930 年上海為 16.7%,香港為 16.8%。英國對華貿易衰退,日本和美國從中獲得實惠。到 1918 年,日本幾乎佔到對華貿易總額的 40%,之後開始下降;美國對華貿易穩步增長,最終在中國對外貿易中佔到與其他主要競爭者相同的份額。

相對於香港這個英國殖民地,上海的公共租界和法租界要有趣得多,正如 W. H. 奧登所說:

> 在這裏,疲倦或好色的商人能夠找到滿足慾望的所有東西……參加賽馬會、棒球比賽或足球賽,看最新的美國電影。如果想要男孩或女孩,可以在公共浴室和妓院以不等的價格弄到手。如果鴉片癮犯了,可以去最好的煙館,鴉片就像下午茶一樣

---

33 日本的自由派人士把美國和英國當做榜樣;兩國的背棄嚴重危害了這些人士的目標,實際上確保了軍國主義分子的最終奪權。

放在托盤裏。在這個地方很難弄到好酒，但威士忌和杜松子酒多得足以浮起一支艦隊……最後，如果想懺悔，這裏有各個教派的教堂和禮拜堂。[34]

無論如何，香港也有這些賞心樂事，只是更多地受制於法律和社會禁忌的束縛。半個世紀之前，吉卜林就在《飄洋過海》一書中寫道："天下烏鴉一般黑，但如果有人想品嚐墮落的樂趣，就去香港好了。"50 多年過去，情況並沒有多大改觀。

香港的狀況與上海貿易的持續發展形成鮮明對照，香港越發顯得像個停滯不前的殖民地，金文泰之後的總督人選反映出香港的這種地位。作為在現場的人，殖民地總督傳統上具備宗主國政府賦予的很大的行動自由，倘若總督是公認的人才，並且充分意識到自己的力量，就往往會表現出一種不受歡迎的獨立性。金文泰不時讓殖民地部感到擔憂，"他覺得自己作為香港總督，有權掌管中國南部的全部海陸空部隊，決定我們在那裏的政策"。[35]

1930 年，海峽殖民地發生危機，需要有一位資深官員出任總督，金文泰不得不前往海峽殖民地。金文泰對冷漠無情的殖民地部深感失望，與夫人佩尼洛普一道不情願地離開香港，兩人都很悲傷："對於我們兩人來說，離開使我們一直很愉快的香港是十分痛苦的……我寧願快樂地留在這裏，不想去其他任何地方。"[36]

貝璐爵士被匆忙找來替代金文泰爵士，他從未想過竟然能獲得如此重要的職位，不由得擔心自己的前途。若論天資，貝璐遠不及金文泰，但他為人端方，不大會讓白廳神經緊張。"一個英俊而不動聲色的老人"，這是斯特娜·本森對貝璐的第一印象。"與統治着帝國邊陲殖民地的任何一個和藹而正統的老人幾乎毫無二致"，日後她覺得這位總督是"一位頗具魅力和聰明的老人"。這是貝璐爵士首次出任殖民地總督，此前他已在各個殖民地兢兢業業地工作了 32 年。他的前一個職務是在馬來聯邦擔任輔政司，所以

34　奧登：《走向戰爭》(W. H. Auden, *Journey to a War*)，第 237-238 頁。

35　撒母耳·詹森檔案，1926 年 12 月 20 日。引自邁樂文，前引書，第 291 頁。

36　致彌敦的函件，1929 年 12 月 31 日，引自陳劉潔貞，前引書，第 253 頁。

對華人相當了解。在廣為人知的"妹仔"[37]和賣淫問題上,他的這種知識很快就將面臨考驗。

關於如何控制香港的賣淫問題,殖民地部與香港政府過去就曾經發生過衝突,雙方在這個問題上僵持不下(見第九章)。改革家痛恨不已的《傳染病防治法案》已經廢除,香港政府仍然保留了查禁妓院的權力。既然得不到政府許可的妓院必須關閉,這就等於授權當局明確指定哪些妓院可以繼續開業。實際上,對於香港政府而言,不論引入何種管理體制,都可以取得最佳效果。當局熱切地抓住了這個機會:

> 妓院分成接待歐洲人的妓院(這類妓院又可細分為擁有歐洲妓女、日本妓女和華人妓女的妓院)、接待印度人的妓院和接待華人的妓院(又分一、二、三等)。華民政務司署秘書科確定鴇母向手下的女孩收取食宿費的數額。凡有意操此行當者,必須攜帶三張本人照片到華民政務司署接受詳盡的盤問,以證實她們是自願從事這個行當。如果當局消除了疑慮,並且女孩的年齡超過19歲,就發給她一張貼有本人相片的卡片,上面有她的編號、姓名以及地址。另外一張相片由秘書科留底,第三張相片交給妓院老鴇,貼在妓院的花名冊上。[38]

這種制度化的賣淫體制完備有效,運行良好,當事各方都十分滿意,還防止了性病的蔓延。國際道義力量要求廢除這種體制。1921年,"防治性病全國委員會"的一個考察團訪問香港,考察團由奧利佛·內維爾—羅爾夫夫人和哈勒姆博士組成。他們提出的措施日後最終付諸實施,結果導致性病發病率猛增3倍。總督司徒拔曾經在"妹仔"問題上遭到衛道士克拉拉·黑斯伍德夫人的嚴厲抨擊,拒絕與考察團合作。

考察團不難找到抨擊的靶子。自19世紀90年代以來,香港政府始終

37　舊中國南方的小婢女。——譯註

38　邁樂文,前引書,第197頁。關於妓院監管體制,見邁樂文,前引書,第十章;休斯在《香港:借來的地方?》(Dick Hughes, *Hong Kong: Borrowed Place, Borrowes Time*)第76頁中指出,同樣的"藍卡"體制在20世紀70年代頗為有效。奧卡拉漢在《黃奴貿易》(Sean O'Callaghan, *Yellow Slave Trade*)一書中指出,香港是"遠東非法買賣婦女和兒童的中心"。

遵循既定的慣例，即華人事務由華人自行解決，政府只負責推行最基本的公共衛生標準。結果，兒童死亡率和發病率居高不下，對華人妓院的管制也比歐洲人妓院鬆懈得多。合理的解決辦法當然是在華人和歐洲裔居民中推行相同的標準。實際上，隨着越來越多的中國人為躲避中國大陸不斷升級的動亂湧入香港，那些主張採取不同標準的論調明顯變得蒼白無力，問題是這無異於鼓勵墮落（在英國衛道士看來，"墮落"一詞特指七宗罪中的賣淫）。無論如何，妓院必須關閉。

新加坡首先成為新興的道義浪潮的犧牲品。1916 年，新加坡查封了妓院。結果非常糟糕，乃至一個醫療委員會敦促全面恢復《傳染病防治法案》。這當然與時代精神完全背道而馳，白廳嚴令新加坡查禁妓院。數任香港總督巧妙地推行無為政策，司徒拔還有其他事情要應付，金文泰想方設法迴避保守黨政府並不熱衷的這個問題。貝璐十分清楚新加坡的狀況，在香港推行同樣的方針，在殖民地部的支持下竭力維護既定體制。他徒勞地主張維護華人的"忠誠"，提出"華人看待賣淫的態度與我們不同……妓女不是'西方'國家中的社會棄兒。妓女往往成為十分體面的妾"。[39] 這種論調自然難以説服阿斯特爾夫人這樣的反對者，在這些社會改革家看來，妾與妓女沒有甚麼兩樣，都十分令人反感。貝璐的説法沒有説服任何人，只得採取行動。1932 年，接待歐洲人的妓院關閉。3 年後，接待華人的妓院也關閉了。

結局正如這個問題上富有經驗者所料，街頭流鶯隨處可見，偽裝成按摩廳或舞蹈學校的"地下"妓院大量湧現，士兵感染性病的比例由 7% 上升到 24%。普通居民患性病的人數無法估計，肯定更多。1938 年，當局又任命了一個委員會，他們的結論是"查禁妓院導致性病患者增加，對這個殖民地衛戍部隊造成了可怕的影響，街頭令人不快的狀況比以往的妓院更有失體面"。[40] 隨着中國大陸的形勢惡化，新來者蜂擁越過邊界，加入到這個最古老的行當之中。灣仔成為有組織賣淫的新中心。1941 年日本人到來時，南平妓院和舜華妓院被選中作為香港銀行家的臨時住所。

斯特娜·本森對當局拖延關閉妓院感到震驚，她在 1930 年 11 月 1 日寫道："眼下十分清楚，政府（目前的成員有哈利法克斯先生 [華民政務

39　邁樂文，前引書，第 202 頁。

40　同上，第 204 頁。

司]、伍德先生、金文泰爵士)非常狡猾和不真誠,故意把眾人注意的中心
轉到'妹仔'或奴婢問題上,並且廢除了那種習俗,因為那是一種華人的習
俗,不會影響到歐洲人。"

妹仔

　　1850-1950 年的 100 年間,印度的重要性使得英國的對外政策相形見
絀,這個領地幅員廣大、錯綜複雜,多民族的人口佔世界人口的五分之一。
英國以宗主國的身份妥善解決印度帶來的一系列廣泛問題,出於維護印度
的需要,英國政府經常不由自主地在緬甸、西藏、阿富汗、尼泊爾、埃及、
蘇丹和中國採取咄咄逼人的、有時是防禦性的行動。除了為時短暫、爭議
頗多的南非事件之外,英國在其他的殖民領地從未形成成熟的帝國主義。
在南非,英國試圖把帝國統治強加給波耳人和黑人,最終以詹姆遜奇襲和
波耳戰爭的慘敗告終。到 1906 年,帝國主義的鼓吹者失去了人們的信任。
南非政策的主要擁護者米爾納勳爵被革職,受到下議院的公開譴責;約瑟
夫‧張伯倫遭到失敗,最終喪失了權力。殖民政策終於形成了 20 世紀的模
式。1922 年,殖民地大臣德文公爵把這種政策定義為"基於一項基本原則:
當地人民的利益至高無上"。這項以"德文宣言"聞名的原則並未徹底貫徹,
但常常得到嚴格執行,英國也洗刷了奴隸制的污點。

　　長久以來,人們一直認為香港華人在奴隸制問題上的疑慮並未消除,
而"妹仔"問題很久以前就提出來了。過繼是指窮人為了獲取一筆現金轉讓
自己孩子的撫養權,過繼的對象既有男童也有女童。這種風俗古已有之,
儒家典籍《禮記》中就有明確說明。然而,讓人十分不放心的是,被稱作
"妹仔"的女童往往被當作"婢女",有的還被訓練成妓女,"她們在很小的
年紀就淪為犧牲品,浪蕩子在'地下'妓院奪去她們的貞操,付給'鴇母'
一大筆錢,她們從此開始皮肉生涯"。[41] 與此同時,在收養貧苦兒童方面也
有許多值得稱道的安排,否則他們的境遇將更加悲慘。1878 年,好鬥的按
察司斯馬萊爵士首先提出"妹仔"問題,他斷言這個殖民地有一到兩萬名奴

41　見《1879 年香港傳染病防治委員會報告》(Hong Kong Contagious Disease Commission
　　report, 1879) 和《關於收養兒童的報告》(Report on Child Adoption),1886 年 7 月 18 日。

婢。在富有的著名買辦、東華醫院董事馮明珊的領導下，一些體面的華人試圖說明古老的習俗與其弊端之間的不同。馮明珊還採取了一個切實步驟，經當局批准組建了保護婦女和女童的機構"保良局"。保良局的目標是打擊拐賣婦女，從而也維護了"妹仔"制度。日後，保良局與東華醫院聯繫日益密切，被政府視為大多數華人意見的可靠代表。1880 年 6 月 21 日，英國上議院就"妹仔"問題舉行辯論，責成殖民地部展開調查，結果是授權華民政務司與保良局密切合作，實施對"妹仔"的法律監護。

　　事情就此平息，直到 1917 年約翰·華爾上校途徑香港，注意到"妹仔"問題。華爾是個有趣而頗具影響力的人物，他 12 歲就當小工，創立壯工聯合會，還當選為特倫特河畔斯托克的自由黨議員。戰爭期間，他曾在西線指揮米德爾塞斯團的一個營，戰爭結束後又在俄國與布爾什維克作戰，被任命為哥薩克頭領。這些經歷使他充其量只能使殖民地部和全國工會聯合會注意到"妹仔"問題。1919 年末，克拉拉·黑斯伍德與退役的海軍軍官丈夫介入此事，情況才開始有所改觀。

　　考慮到當時還存在其他許多更為醜惡的不公正，黑斯伍德反對"妹仔"制度的運動究竟有多少正當性，值得懷疑。但是，香港政府，尤其是司徒拔，憑藉蘇珊·霍伊所說的"謊言和歪曲"手段壓制黑斯伍德，肯定讓人反感。黑斯伍德被迫辭去海軍部的職務，他原是香港海圖局的督辦。總督本人屈尊俯就地憤怒抨擊黑斯伍德夫人。華爾回到英國後，於 1920 年 4 月 26 日在下議院提出了這個問題，要求採取行動"抹掉英國在遠東名譽上的這個污點"。當時的殖民地大臣是復職的米爾納勳爵，不可能指望他會做出同情的回應。1921 年 2 月，溫斯頓·邱吉爾取代米爾納出任殖民地大臣。邱吉爾當時正把注意力放在中東問題上。過了一段時間，韋奇伍德上校和邱吉爾的秘書埃迪·馬什等頗具影響的支持者才使他關注這個相對較為次要的問題。

　　邱吉爾一旦行動起來，就表現出一貫的雷厲風行作風。1922 年 2 月 22 日，他致電司徒拔："關於'妹仔'問題，我非常不滿。除非這種制度沒有半點強迫的成分（這是奴隸制的本質所在），所有達到一定年齡的妹仔在法律上和現實中都可以自由離開養父母或僱主，否則我不贊同一個英國殖民地繼續存在這種制度。"[42] 邱吉爾接着指示司徒拔,必須立即發佈公告,闡明香港不承認在中國被視為理所當然的"妹仔"的身份。司徒拔陷入了以往的香港總督曾經遭遇過的困境:一方面是英國人突如其來的道義浪潮,另一方面是華人頑強地決意維護自身古老的習俗。這個殖民地的英國僑民憎惡任何來自白廳的指令,進一步加劇了司徒拔的困境。司徒拔回覆邱吉爾,香港政府和華人顧問認為,"發佈公告是很危險的,尤其會暴露許多落入老鴇圈套的女孩的身份,她們反對這麼做"。邱吉爾不接受這種解釋,3 月21 日,他嚴令司徒拔"按照指令立即發佈公告"。

香港政府的拖延機制開始發揮作用。在倉促行動之前,總是要擬訂一份報告,報告無助於迅速採取行動,反而提出了一項內容廣泛、耗資巨大的計劃,要創辦一所新的工業學校來拯救和培訓"妹仔"。這項提議可能導致的花費引起了香港納稅人的憤怒,總督乘機建議做出妥協。7 月 24 日,報告送達倫敦,正趕上議會的休會期,這可不是政府採取行動的有利時機。一個月之後,邱吉爾發出指示,總督的方案"應當立即着手實施"。香港的反應只是回了一封電報,電文不是已外出度假的司徒拔起草,而是出自輔政司施勳之手。電報解釋說,鑒於華人居民的強烈反對,即使是目前的這一行動也是不明智的。此時,邱吉爾已經離職,不得不面對這個難題的是正派而又困惑的德文公爵。香港當局再次採取拖延策略,同時再次討論了這個問題。

在香港,1922 年 12 月 28 日的立法局辯論異常激烈。周壽臣爵士擔心,如果"妹仔"在 18 歲這個"非常需要管束的年紀"就從法律上獲得解放,可能會以各種方式濫用她們的自由。行政局和立法局雙重議員 P. H. 霍利約克控告"英國報刊卑鄙的含沙射影、十足的誤導和荒謬的誇大其詞"。總督司徒拔不得不利用官守議員的多數來執行白廳的指令,與此同時,他向議員們保證他本人"與國內那些無知者對華人居民的惡毒攻擊"毫無瓜葛。

華人事務從來不像邱吉爾想像的那麼簡單。在邱吉爾首次指令"立即"採取措施一年後,1923 年 3 月,政府頒佈了一項新條例,明確規定不得為了報酬轉讓"妹仔"的人身權利,對現有的"妹仔"進行登記,禁止訂立新

---

42 《關於妹仔問題的文件》(Cmd 5363)。

的過繼契約。但是，登記條款只是授權總督要求"妹仔"進行登記，並沒有特別指令總督這麼做。立法局與華人一致反對登記，所以條例的相關條款暫緩執行，沒有進行任何登記，盡可能保持事態平穩。

1928 年，另一位精力充沛的女士開始對香港發生興趣。人稱"赤色小愛倫"的米德爾斯堡工黨議員愛倫‧威爾金森提出了楊秉璜（音譯）案件，後者是個僕童，因為擁有兩本名為《赤旗》的出版物遭到毒打和囚禁。殖民地大臣列奧‧艾默里是個不思悔改的帝國主義者，沒有理會楊秉璜問題，但不得不重新審議"妹仔"問題，並要求接替司徒拔出任總督的金文泰爵士提出建議。新總督向白廳提出的意見與那些"體面的"華人的看法如出一轍。香港當局面臨一個令人尷尬的新問題，兩年前中國政府頒佈了解放奴隸和"妹仔"的法律，這與香港當局的所作所為形成鮮明對照。

在 1929 年 5 月 16 日的函電中，金文泰一開始便表示，"廢除妹仔制度顯然是本屆政府既定的和公開的政策"。在接下來的 10 頁篇幅和附錄中，他力圖證明中國政府在解放"妹仔"問題上並未收到成效，只不過是耍了一個狡猾的計策，把妹仔改稱"養女"。金文泰反對"任何'純屬欺騙'的立法計劃"，斷定"除非在這個問題上逐步教育華人，通過長期不間斷地施加壓力，運用一切可能的辦法加以勸阻，否則就不可能根除這種制度……香港要廢除這種制度，如同想在珠江口找到一塊沒有泥濘的地方一樣困難"。他指出，不論上一個世紀的情況如何，沒有任何證據表明現在的"妹仔"是招來充當妓女的，"妹仔所受的教養並不適合充當妓女。女童被賣為妹仔，實際上使其不致走上賣淫的道路"。就連雛妓也比人們想像的要快樂，"被買來訓練成妓女的兒童不會成為奴婢。她們通常學會了唱歌、打麻將，在餐館裏扮演演藝者的角色。在中國，這些以'賣唱女'聞名的女童人數眾多，在飯館裏經常可以見到她們的身影，她們被叫去取悅就餐的顧客"。[43]

金文泰的這份冷漠寡情的報告想必會讓艾默里滿意，後者卻沒有機會收到這份函電了。1929 年 5 月，保守黨在大選中被擊敗，工黨在自由黨的支持下組閣。新任殖民地大臣是費邊社學者、帕斯菲爾德勳爵西德尼‧韋伯，他要求採取更積極的行動。8 月 22 日，韋伯致電金文泰，以最明確的

43　陳劉潔貞，前引書，第 135-136 頁。

措辭指示：

> 在充分考慮你在函電中詳細陳述的廢除這一制度的種種困難之後，我必須通知你，本國和下議院的公眾輿論不會平靜地接受這種結果……因此我下令，必須立即實施《家庭僕傭條例》的第三部分……不得使其成為一紙空文……我充分意識到該法令產生收效尚待時日，但我不會默許該法令有名無實的執行。

斯特娜‧本森認為韋伯的指令本應使"妹仔"問題就此了結，這是低估了香港的反改革勢力。

金文泰爵士勉強地着手實施登記，結果找到了超過 4,000 名"妹仔"。在進一步的壓力下，政府任命了巡視員來負責她們的福利。改革者不滿足於僅取得這一點點進步。國際聯盟反奴隸制常設專家諮詢委員會[44]、廢奴與保護土著協會、全國婦女大會、教友會、坎特伯雷大主教和約克大主教等組織和個人希望取得更大的進展。隨後進行了多次到東方的免費旅行。一個香港委員會審查了 1934 年國聯專家報告，1935 年，報告做了重大修改。之後，英國政府成立的調查委員會前往香港和新加坡，1937 年委員會提交了一份報告。起初，委員會提出的建議得到採納，但隨即被擱置起來，轉而執行一份反映少數派意見的報告。

最終的結果是，1938 年當局安排所有養女進行登記，人們認為這樣一來就可以找到那些失蹤的妹仔，這次登記恰好找到一名衝破羅網的女孩。1938 年 5 月的法案推行後，沒有找到任何一個被引誘賣淫的兒童。應當指出的是，對於登記和檢查必然產生的對個人隱私的侵犯，華人沒有表現出絲毫抵觸情緒。跟以往一樣，登記制度毫無作用，有關虐待養女的報導接踵而至，訴訟也開始了。

44　麥克唐奈：《英國，他們的英國》(A. G. Macdonell, *England, Their England*) 有趣地虛構了國際聯盟在這類問題上的活動。

蹣跚走進 20 世紀

　　香港與倫敦在妓女和"妹仔"登記問題上的分歧，起因於一個相同的原因：香港是唯一一個自治權力受到嚴格限制的直轄殖民地。第一次世界大戰期間，引入民主代表制的問題再度提上議事日程。按照方案，立法局和行政局的非官守議員應由選舉而非任命產生。1916 年 1 月，殖民地大臣收到一份請願書，請願書要求建立"能夠更好地代表本殖民地商人意願"的政府。請願書建議，為實現上述目標，立法局應增加 4 名非官守議員，使非官守議員在立法局形成多數，行政局應增補兩名非官守議員。[45] 請願書遭到毫不客氣的回絕，但要求改革的壓力一直延續到戰後。人們提出的各種建議有一個相同的特點，即實行十分有限的間接選舉，從而把華人（當時約佔香港總人口的 96%）完全排除在外，他們不得不寄希望於總督任命的兩三名華人代表。

　　即使英國政府曾經考慮過改變香港的政制，但在戰後非殖民化和附屬國人民要求權利的氣氛中，這樣的舉措在政治上也是不可想像的。1928 年 10 月，金文泰準確地概括了當時的形勢："這樣一種認識幾乎壓倒了歐洲人實行憲政改革的願望，即任何變革都會朝着親華的方向發展。"[46]（請注意"親華"一詞不自覺地流露出來的寓意，它不是源自對華人的熱愛，而是對影響英國政府的政治現實的承認。）

　　實際上，英國政府不可能在香港憲政改革的道路上走得更遠。中國國內局勢動盪不安，哪怕西敏寺仍能控制局勢，英國也難以穩妥地管治香港。憤憤不平的殖民地部可以舉出許多事例，表明他們理論上擁有的絕對權力受到多麼大的限制。在立法局和行政局的支持下，難以駕馭的總督拖延執行殖民地部的指示，有時甚至能夠拖延很長一段時間。通過民主選舉產生的立法局不論權力多麼有限，也擁有英國政府幾乎難以抗拒的巨大道義權威。不僅如此，民選的立法局和行政局不可避免地受到華人民族主義熱情的左右，雖然人們應當注意到，即使是貝璐這樣十分保守的總督，也曾經

45　關於 1916 年請願書，見安德葛：《香港的政府與人民》（Endacott, *The Government and People of Hong Kong*），第七章。

46　引自邁樂文，前引書，第 141 頁。

保護過許多持不同政見者和革命者。1930 年，胡志明在香港創立越南共產黨，該黨最終發展成致力擺脫法國統治的越南獨立同盟，後來以"越共"聞名。次年，胡志明被捕，法國當局要求引渡胡志明。英國律師弗蘭克・洛斯比負責這個案子，把官司一直打到英國樞密院，最終達成了庭外和解，胡志明獲准前往他所選擇的一個目的地，上訴費用由香港政府承擔。香港政府在案件審理過程中常常使用可恥的計謀和卑鄙的手段，但法治幾乎始終佔據上風。

殖民地部真正贊同的是 1928 年金文泰所提出的擴大立法局的建議，官守和非官守議員各增加兩名。新增議員的選拔由總督負責，金文泰挑選了一名華人和一名葡萄牙人，這表明增加"本殖民地商人"—— 英國人 —— 代表權的想法徹底過時了。首位華人進入行政局成為一個模糊的徵兆。周壽臣爵士生於香港，在回香港之前曾先後效力於清朝和中華民國政府。金文泰要求任命周壽臣的請求在白廳引起一陣騷動，外交大臣奧斯丁・張伯倫和殖民地大臣列奧・艾默里均非思想進步之人。白廳表示無法相信周壽臣不會洩露行政局的機密，金文泰答覆説，歐洲裔議員同樣可能洩密。他或許可以加上一句：行政局會議上討論的重大事項少之又少，保密並不是那麼重要。金文泰説服了對方，外交部卻堅持今後行政局議員不得接觸機密檔案。華人能夠進入這個殖民地的最高行政機構，在警界卻只能擔任最低等級的職位，當局對於如此諷刺的狀況聽之任之。[47]

華人沒有施加要求增加代表權的明顯壓力，所有的騷動都來自英國僑民，而且是一部分英國僑民。當局至少應該採取措施爭取公共輿論的支持，人們對香港唯一帶有民主色彩的公共機構潔淨局的選舉十分冷漠。選舉總是毫無競爭可言，1932 年進行了僅有的一次競選活動。

1908 年，潔淨局進行改組，從此確定了 6 名非官守議員對 4 名官守議員的比例。6 名非官守議員中，兩名華人和兩名其他民族的議員由總督任命，另外兩個人選由一個包括許多華人在內的評選委員會選舉或罷免。這種制度不僅使非官守議員在潔淨局佔據多數，還有可能使華人在非官守議員中佔多數。

47　引自邁樂文，前引書，第 139 頁。

　　潔淨局的職能並未擴大，因為香港政府牢牢把持着行政權。潔淨局主席並不具備醫學資格，而是一個政務官，其人選依然是出於傳統的理由，即需要在漢語和華人習俗方面訓練有素者維護安寧，而不是提高辦事效率。華人非官守議員強烈支持這種態度，堅決反對任何變革，決意"在華人與職業衛生專家之間設置某種緩衝物，後者會打擾他們的家庭隱私和家庭生活，使他們無法自由地憑藉過度擁擠的廉價公寓最大限度地獲取利潤，侵犯他們在不衛生的環境中生活，並把疾病傳染給鄰居的自由"。[48]

　　1929 年，首位醫務及衛生局局長 A. R. 威靈頓博士走馬上任。他花了 7 年時間才說服政府，必須建立現代化的公共衛生制度。金文泰表示支持，貝璐卻頑固阻撓任何變革。1935 年，香港的污水處理仍舊沿用歷史悠久的盆裝桶盛，1878 年時戈登・卡明夫人曾對這種方法驚訝不已。變革真的來臨時，是以最經濟的方式實現的。除了名稱之外，潔淨局幾乎沒有任何變動，這讓所有抵制改革的人大為滿意。潔淨局依然由一位政務官領導，也還是原班議員，由相同的選舉人選舉產生，擁有大體上相同的權力，只是名稱變成"市政局"。如此一來，巧妙地消除了人們的異議，公共衛生機構的負責人必須具備相應資格，市政局主席顯然無須如此。直到 1939 年，新的醫務署署長才被賦予實質性的管理權。

　　教育署同樣遭到人們的非議。與潔淨局一樣，教育署的負責人也是沒有受過任何相關訓練的政務官，而不是合格的教師。1927 年，當時在艾默里手下擔任殖民地部常任次官、日後成為哈萊克勳爵的 W. G. A. 歐姆斯比─戈爾就指出了這種做法的危害：削弱了該部門的聲望，由於斷絕了部門內部人員晉升的前景，該部門很難招募到新人。他認為一旦這個職位空缺出來，就應當改革這種體制。但是，當時整個英國行政管理的理論是基於這樣一個假定：通才能夠承擔任何一項工作，時至今日情況基本仍是如此。寫拉丁詩的天賦不再是文職部門官員高升的必備條件，但有分析表明，最高層文官大多擁有牛津大學和劍橋大學的文科學位。30 年代，香港的教育署署長是 G. R. 塞耶（牛津大學英王學院古典文學學位），他著有一部香港史著作，翻譯過一些中文作品，編輯了一部賀拉斯選集。塞耶不僅從原則

48　引自邁樂文，前引書，第 149 頁。

上說不符合條件，顯然也不具備主管教育的能力。此前他負責一個政府部門的經歷只是主管潔淨局，在那裏他同樣不能勝任。

1934 年，殖民地大臣菲利浦·坎利夫—李斯特爵士重提往事，在發給貝璐的函件中口氣強硬地提出，香港的教育若想提升到與中國其他地方相當的水準，"必然意味着這個殖民地的教育署署長應當具備專業經驗和技能，能夠就最大限度地把學校體制、教學方法等方面的持續改善應用於香港提出建議。不能指望政務官具備職業教育家才具備的這種最新的專業知識"。[49]

塞耶差得太遠。1937 年 8 月，殖民地教育諮詢委員會收到一份關於這個殖民地教育狀況的報告，注意到塞耶的無能，"我們沒有理由懷疑《伯恩報告》提出的建議，我們認為，倘若香港政府的教育政策依然與塞耶先生的觀點相同的話，這些建議就得不到實施"。[50] 諮詢委員會得出這一結論後不久，塞耶便於 1937 年 8 月提前退休了，香港教育體制的現代化還要等到戰爭結束之後。

才具不足的通才主管衛生和教育，或許不會造成太大的危害，財政卻是敏感得多的領域。20 世紀 30 年代，香港雖然沒有遭受歐洲和美國那麼大的損失，卻未能完全擺脫大蕭條的影響。在美國大舉購銀的壓力下，白銀價格在 30 年代頭幾年持續上漲，中國被迫在 1935 年宣佈放棄銀本位，香港不得不緊隨其後放棄銀本位。香港政府第一次能夠管理這個殖民地的通貨，也收到一定成效，港幣貶值到有競爭力的水準，有力刺激了這個殖民地的貿易。儘管存在種種不利因素，但這種做法使得這個殖民地的財政收入穩步增長，從 1935 年的 2,840 萬元增長到 1939 年的 4,150 萬元。由於開支大多必須以貶值的英鎊結算，政府削減了公務員的薪水。

為了更為專業地管理財政事務，1937 年，所有英國殖民地的庫務司升級為財政司，財政司成為殖民行政序列中排第三位的高級官員。在香港，財政司往往是最具影響的官員。事實已經表明官學生無法令人滿意地擔任這個職務，1931 年，最後一位官學生出身的庫務司 C. M. 梅瑟被一名專業財政審計官取代，此人就是愛德溫·泰勒。此前泰勒已在貿易部和英屬非

---

49 外交部檔案（CO 129），引自斯威廷，前引書，第 404 頁。
50 同上。

洲的財政管理部門工作了 30 年，他為香港第一位財政司西德尼·凱恩鋪平了道路。年輕的凱恩（時年 35 歲）畢業於倫敦經濟學院，日後成為該學院的院長。他到香港任職後很快制定了一套現代化的財政計劃體系，這個體系首次包含了全面的稅收制度。鴉片專賣過去曾是財政收入的可靠來源，此時僅佔總收入的 1%。

　　在貝璐爵士繼任者的任期內，並非總是樂於接受新事物的立法局認可了上述改革。1935 年，郝德傑爵士被任命為總督，任職不到 18 個月就被羅富國爵士所取代，後者任期只比郝德傑長一年。郝德傑風度翩翩、頗得人心，曾在馬來亞工作 30 年。他很快就從香港被提升為錫蘭總督，在錫蘭為自治做了大量準備工作。羅富國平易近人、盡職盡責，但身體一直很差。曾經發生過一件令人尷尬的事：他向殖民地部發出一封函電，發出後才發現忘記署名，卻怎麼也想不起函電提出的建議，只記得自己不贊同這些建議。

　　許多不太稱職的政務官晉升到超出其能力的職位，他們一一被清退，但羅富國留下了最差勁的一個。R. A. D. 福里斯特受命擔任公認極其艱巨的一項任務：在數以千計的難民為躲避日軍蜂擁越過邊境的時刻負責管理入境事務處。20 世紀 20 年代，香港人口穩步增加到 60 萬人。中國國內動盪的局勢使得這個數字在 1938 年突破 100 萬。在之後兩年裏，有超過 50 萬中國人逃往香港，有時每天多達 5,000 人，入境事務處要為所有這些人提供證件。腐敗的機會比比皆是，而且看起來確實發生了。一個政府調查委員會發現福里斯特是“一個不負責任的無能之輩，不適合主掌一個政府部門”，他成為香港政府部門歷史上僅有的兩個被勒令辭職的政務官之一。

第十四章
大東亞共榮圈

可恥的默許

中國與日本的戰爭始於 1932 年，最終在 1937 年全面爆發。究其緣由，這場戰爭不僅僅是日本未經挑釁就發動侵略這麼簡單，而是有着更為複雜的原因。毫無疑問，1868 年明治維新後，日本往往推行武力擴張政策，正是這種政策驅使日本在 1895 年發動對華戰爭，吞併福爾摩沙（台灣）、澎湖列島；1905 年又與俄國開戰，迫使俄國割讓在滿洲的權益；1910 年又吞併朝鮮。第一次世界大戰期間，日本成功地迫使袁世凱政府簽訂一項協議（《二十一條》），加強了日本對中國華北的控制。1918 年，日本與袁世凱的接班人段祺瑞簽署協議，進一步鞏固了日本在華地位。有政治覺悟的中國人極其反感的是，這些條約大多在戰後和平協議中得到確認。

1919 年以後，日本的姿態明顯變得緩和，民主制度似乎開始生根（1925 年，日本確立了成年男子選舉權，歷屆政府普遍具有自由主義傾向）。日本及其佔領區井然有序，與軍閥混戰的中國形成鮮明對比，令日本人不免有些自鳴得意。日本與國際聯盟真誠合作，表明日本願意翻開國際事務的新篇章。但是，20 世紀 20 年代末，日本國內分歧不斷加劇，人口迅速增加，大衰退導致出口市場蕭條，美國的歧視性立法和中國的抵制，令不滿情緒日益加深，達到近乎爆發革命的邊緣。30 年代頭兩年，就有兩位首相、一位財相被刺。失意的軍隊指揮官在心懷不滿的年輕人支持下試圖另闢蹊徑，民主政治的前景越來越渺茫。

正是當地日軍的決定 —— 這些決定得到嚴格執行，日本領事的抗議被置之不理 —— 導致日本 1932 年兼併滿洲，建立起以廢帝溥儀為首的偽滿洲國政府。日本人找了一些藉口，比如滿洲在張作霖元帥父子的個人統治下幾乎成為獨立於中國的未知因素。日本是國際聯盟的少數可靠支持者之一，日本吞併滿洲的行動令國際聯盟大為驚恐。倘若日軍沒有進攻上海 —— 這次依然是當地軍隊指揮官的決定，事先沒有徵得東京的同意—— 事情也許就此掩蓋過去。滿洲地處偏遠，西方人很少注意到那裏發生的事情，上海卻是個國際化都市，全世界都在關注，數百名平民死於非命激起了人們的義憤。國際聯盟隨後的調查雖然十分巧妙，但多少仍免不了要批評日本，結果日本在 1933 年憤然退出國際聯盟。自那時起，日本大造輿論，開始實施 "大東亞共榮圈" 計劃，其實質就是日本統治俄國邊境以南盡可能廣大的地區。日本以滿洲為基地，進犯鄰近的熱河和河北。到 1933 年 5 月，日本控制了中國東北全境，日軍還進駐北平。

國民黨政府竭力抵禦日本入侵，但收效甚微。南京政府腐敗不堪，蔣介石效法意大利法西斯建立有效獨裁統治的努力化為泡影。如果蔣介石不去仿效墨索里尼的經濟改革，中國軍隊在未來三年裏或許能夠表現出意大利軍隊明顯缺乏的勇氣。

1937 年 7 月，日軍在北平城南盧溝橋不宣而戰，戰鬥隨即發展成一場持續 8 年之久的野蠻而殘酷的戰爭。之後，國民黨又與共產黨打了 4 年內戰。不過，盧溝橋事變並不是事先計劃的，而是又一次地方衝突的結果，當時兩國決定以之作為開戰理由。蔣介石在空中轟炸上海，開始了真正的戰鬥。這次空襲的目標是摧毀日本艦隊，結果由於指揮失當，誤傷大批市民。在上海市郊的激烈戰鬥中，中國付出了 25 萬人傷亡的代價。日軍隨後進抵國民黨首都南京，蔣介石政府撤退到重慶避難。以前中國曾經發生過大屠殺的慘劇，事實上，不到 100 年前的太平天國起義期間，南京就發生過屠殺。但是，報紙和新聞影片記錄下 "南京大屠殺" 期間日軍令人震驚的殘暴行徑，全世界為之震撼。從此，日本被視為一個最下等的國家，不可能有任何文明的氣息。這種毫不妥協的立場勢必使得人們斷然拒絕日本輿論中較為開明和愛好和平的呼聲，從而導致了軍國主義的勝利。

在這個時期之前，英國本來可以通過承認日本在華地位來恢復兩國關係，這種舉措不論多麼令人反感，在戰略上是十分合理的。作為一個日漸衰弱的帝國，英國正面臨越來越迫在眉睫的大規模歐洲戰爭；在歷屆崇尚節儉的政府的鼓勵下，英國忠實履行了各項限制軍備條約。日本退出海軍協議後，明確宣佈加速實施大規模擴充海軍計劃，英國無力同時抵禦日本在太平洋的進攻。科勒利·巴內特認為，英國之所以未能與日本達成諒解，原因在於選舉上的壓力，這種壓力來自"一個都市化、無所寄託、感情用事的中產階級，這些人總是因道德義憤寢食難安"。[1] 如果說 1935 年的英國確實如巴內特所說，那麼對於日本兩年後的行動，任何一個有自尊的政府都不可能再妥協了。

日本始終沒有宣戰。對華戰爭全面爆發後，日本為了切斷大陸的物資供應，企圖封鎖整個中國海岸，只有那些外國港口除外，其中香港當然是最重要的港口。大批武器，估計每月 6 萬噸，從香港源源不斷地輸入中國。在英國駐東京大使羅伯特·克賴琪爵士的有力支持下，日本一再要求禁止軍需物資穿越中港邊界。日本迅速加強了封鎖，一方面轟炸廣州和廣九鐵路中國段，另一方面加緊對英國政府施加外交壓力。日本咄咄逼人的行動迫使英國公眾輿論、外交部和殖民地部再次在抵禦日本問題上達成一致，法國與葡萄牙卻在日本對各自屬地的威脅下屈從了。

然而，隨着對德戰爭日益臨近，英國抗擊日本的決心開始動搖。為了避免陷入兩線作戰的窘境，越來越有必要安撫日本。只有美國願意提供援助，英國才能與日本抗衡，問題是當時不可能獲得美國的援助。人們總是認為，至少英國人這麼認為，英美兩國將共同確保在太平洋的支配地位。按照 1933 年《倫敦協議》確認的華盛頓會議條款，英美兩國在太平洋的艦隊能夠抗衡日本，甚至足以實施兩洋戰略（即同時在太平洋和大西洋保持海軍優勢）。但是，日本在 1934 年正式廢除了這項協議，制定了龐大的海軍造艦計劃，而美國始終不肯捲入外國事務，拒絕加入國際聯盟 —— 從值得欽佩的創建到最終的失敗，這個機構一直備受美國人的指責 —— 也不抵制新興的極權主義政權。燒焦的嬰兒屍體的照片令美國人大為震驚，他們儘管從感情上同情中國，卻依然膽怯地奉行孤立主義，不願抵抗侵略。正如前國務卿亨利·史汀生所說，美國"消極和可恥的默許負有責任"。香港顯然很可能成為即將爆發的英日衝突的焦點，那些狂熱地愛好和平的美國孤立主義者以不支持英國帝國主義為藉口，拒絕向英國提供援助。

孤立無援的英國只得採取騎牆態度，一方面不限制對華戰爭物資出口，同時設法安撫日本。這種局面一直持續到 1938 年 10 月 12 日日本佔領廣

1　關於英國戰前心理的分析，見巴內特：《對戰爭的評估》（Barnett, *The Audit of War*），第一章。

州。英國駐重慶大使阿奇巴爾德・克拉克・卡爾爵士把這一天説成是香港淪陷的開始，"因為毗鄰香港，廣州曾被認為是安全的，你會説這是不切實際的想法，但這種想法根深蒂固。廣州淪陷和我們令人費解的默許，動搖了上百年來中國人對大不列顛威望的信念，現在這種信念轉向日本了"。[2]

頃刻之間香港就處於戰爭的最前沿。之前從香港源源不斷運入的武器極大地幫助了中國的事業，現在的問題是香港是否會向日本開放，為日本人供應軍需物資。英國政府出於榮譽的考慮，堅決反對為日本人提供方便（雖然他們不會不注意到，一旦向日本屈服，香港華人很有可能會舉行罷工）。在仍然未得到美國援助的情況下，1939 年 1 月，英國政府同意暫停武器裝備穿越中港陸路邊界。

1939 年 9 月，醞釀已久的歐洲戰爭終於爆發。英國的遠東戰略以一個假定為前提，即英國將得到美國的合作。同樣，英國在歐洲依靠法國把敵軍的進攻擋住足夠長的時間，以使英國能夠召集、訓練和裝備軍隊。1940 年 6 月，法國出人意料地突然崩潰，只剩下英國獨力抵禦德國及其盟國。在這種情況下，對日作戰已不在考慮之列，對日本做出進一步妥協也就在所難免。此時，取道香港的對華物資供應逐步轉由新建的滇緬公路運輸，日本人堅持要求關閉滇緬公路。英國駐華盛頓大使洛西恩勳爵力圖爭取美國的支持，抵制日本的這個要求，結果被告知美國"無法採取有效行動"。美國國務卿科德爾・赫爾向洛西恩勳爵建議："最好是退讓，同時不要做出無可挽回的讓步。"至於如何協調這種政策的兩個部分，赫爾沒有賜教。赫爾還無動於衷地表示，"英國政府或許渴望自主地尋求與日本和解的可能性"。雖然赫爾提出了這些異乎尋常的建議，但是，1938 年 11 月，英國政府同意關閉滇緬公路 3 個月，他卻認為有理由批評英國政府的行動"毫無道理"。[3]

中國人對英國的軟弱退讓極其憤慨，他們更關心抵抗日本侵略者的戰鬥，而不是英國在歐洲的戰爭。香港政府亦是如此。這個時候，廣東人的進取精神再次得到驗證，大規模的汽油和零部件走私貿易迅速發展起來，

2　克拉克・卡爾致哈曆法克斯勳爵，1938 年 11 月 11 日，英國外交檔案（Documents on British Policy III），第三編，第七卷，第 233 頁。

3　卡多根：《日記》（A. Cadogan, Diaries），第 310 頁。

香港當局善意地睜一隻眼閉一隻眼。更有力的援助即將來臨,羅富國敦促把這種貿易合法化,英國收回不取道香港運輸軍用物資的保證。日軍不斷製造針對香港的挑釁事件,這種行動很可能導致日本在太平洋總體戰爭之外單獨對香港發動全面進攻。這是否會成為直接的戰爭理由,還有待考證。英國駐東京大使羅伯特‧克賴琪爵士孤注一擲地試圖避免"在如此危急的時刻……由當地日軍挑起的事端",他說服英國政府最好是維持現狀(克賴琪還企圖拼湊一項對日協議,用恢復對日物資供應來換取日本從印度支那撤軍。這種做法即使能夠成功,也只會進一步惡化中國的局勢)。1941 年 8 月 8 日,富有先見之明的外交部常任次官大衛‧司各特爵士指出:"我想我們最好是讓時間來解決問題。問題大概很快就會以某種方式自行解決。"[4]

大難降臨

當年 12 月,日本最終發動進攻,證明大衛爵士的判斷是正確的。日軍的攻擊速度和勢頭完全出乎受害者的預料,在登陸馬來亞、空襲香港和菲律賓的次日,日軍襲擊珍珠港(12 月 7 日)。24 小時後,英國戰列艦"威爾士親王"號和重巡洋艦"卻敵"號被擊沉。邱吉爾在回憶錄中記下了獲悉這一消息後的震驚心情:"在整個戰爭過程中,我從來沒有受到過一次比之更直接的震驚。這篇記述的讀者們當可了解到,多少努力、希望和計劃隨着這兩艘戰艦沉入了大海。當我在牀上輾轉反側時,這個消息十足可怕的感覺深深地滲入我的心坎……日本獨霸了這一大片廣漠的海洋,我們則到處是脆弱的和沒有防禦的。"[5]這種情形在香港比其他任何地方都來得更真切。

1941 年 1 月 7 日,當時已任首相的邱吉爾致電英國遠東總司令伊斯梅將軍,邱吉爾就伊斯梅敦促的增援香港一事寫道:

4　引自陳劉潔貞前引書,第 289 頁。隨着新材料解密,人們才逐步了解到克賴琪避免戰爭的努力。羅伯特爵士堅信,日本內閣大多數成員以及山本海軍上將都反對對美國開戰,而且會接受和解的安排。研究這個問題的著作有克勞森:《珍珠港:最後的審判》(Henry Clausen, Pearl Haror: Final Judgement),以及拉斯布里傑:《珍珠港的背叛》(James Rusbridger and Eric Nave, Betrayal at Pearl Harbor)。

5　邱吉爾:《第二次世界大戰》(Churchill, The Second World War)第三卷,第 551 頁。

　　如果日本對我們宣戰，我們根本不可能守住或馳援香港。增加我們勢必將在那裏遭受的損失是極不明智的。不但不應增加守軍，還應當把兵力減少到象徵性的規模，那裏發生的一切衝突必須在戰後的和會上處理。我們應避免在難以守住的據點消耗我們的實力……我寧願我們在那裏的駐軍更少些，但是抽調任何一部分軍隊必然引人注目，招致危險。[6]

　　1941 年 9 月，香港成為新任總督楊慕琦爵士的職權範圍。羅富國已經病了一段時間，不得不在 1940 年 5 月離港接受治療，他返回香港後顯然已不適合再擔任這一職務。除了在錫蘭擔任過政務官外，楊慕琦爵士沒有任何在東方的經驗。1928 年起，他先後任職東非、西非、巴勒斯坦和巴貝多，卻沒有得到多少有益的訓練來領導一個遭到進攻的華人社會。

　　一旦與日本爆發戰爭，香港的地位就成為英國政府討論的焦點問題。喪失香港無疑將極大地打擊英國的威望，外交部對這一點尤其敏感，卻又無力保衛這個殖民地。政府曾經討論過三套防衛標準，香港的防務分為 A、B、C 三級，三套方案按照一個主要海軍基地的防務標準逐級下降。最後達成一致意見的是最低方案，即提供支援拖延行動所需的最低限度的兵力。這個殖民地唯一的任務是盡可能長久地拖住日本人，以使新加坡得到增援。具有諷刺意味的是，戰爭爆發後，海軍司令湯姆·菲力浦斯迫切要求把香港的防務等級提高到最高標準，以威懾日本，日本人“這個墨守成規的民族”將會因為“被英國艦隊截斷退路而惴惴不安”。這個時刻真的來臨之際，菲力浦斯和他的戰列艦卻沉入了海底，他們是被這個墨守成規的民族掌握的新式武器轟炸機擊沉的。防務委員會不贊同菲力浦斯的意見，仍然堅持從前的政策，“必須把香港看成是一個前哨陣地，支撐盡可能長的時間。我們將頂着勢必是巨大的壓力馳援香港，但肯定無法解救香港”。[7]

　　防務委員會雖然做出了準確判斷，但仍向香港派出增援部隊。1941 年 11 月中旬，兩個加拿大步兵團抵達這個殖民地，不過沒有攜帶任何重裝備。12 月 1 日，參謀長聯席會議決定請求加拿大政府補足一個步兵旅的其餘兵

6　邱吉爾：《第二次世界大戰》（Churchill, *The Second World War*）第三卷，第 157 頁。

7　海軍部檔案，（Admiralty（ADM）116/4271 81），1940 年。

力（大致是一個步兵營加上旅屬炮兵和工程兵），不幸的是兵力補充未能及時完成。雖然最後的結局是災難性的，但這種戰略部署並非毫無根據。經過邱吉爾的不懈努力，英美合作大大加強，兩國聯合對日本實施戰略物資禁運，明確警告日本若是企圖發動進一步侵略，兩國就對日開戰（日本可能願意妥協以換取解除禁運，羅伯特·克賴琪爵士確信自己曾經掌握過這樣一份協議）。然而，美國依然沒有承諾對日本攻擊英國領地做出反應，也沒有任何跡象表明美國有可能做出這種承諾。英國決策者只能假定美國遲早會參戰，英國所能做到的就是千方百計拖延時間，等待美國參戰。

1941 年 12 月初，日軍的攻勢取得了令人吃驚的成功，英國的種種假設化為泡影。美國懷着復仇的心態參戰，她在太平洋的海軍力量幾乎喪失殆盡，像英國戰艦一樣沉入海底。大批部隊源源不斷地湧入新加坡，人們依然認為新加坡至少可以堅守 6 個月時間，對香港則不抱任何指望。邱吉爾承認，"從一開始這個要塞肩負的任務就超出了自身的實力"。加拿大人在 11 月份到達後，香港共有來自英、加、印三支軍隊的 6 個步兵營，分別是皇家蘇格蘭營、米德爾塞斯營、旁遮普營、拉吉普特營、溫尼伯近衛營和加拿大皇家步槍營。此外還有本地自願人士組成的"香港防衛軍"，他們即將證明自己與正規軍相比毫不遜色。為了抵禦從未發生的來自海上的攻擊，香港建造了完全固定的海岸防禦系統。結果，在戰爭的大部分時間裏，許多大口徑火炮，1893 式 9.2 英寸大炮中的 8 門，較新式的 6 英寸大炮中的 15 門，瞄準的是一個錯誤的方向。香港皇家炮兵團承擔了近距離支援步兵的任務，這個團部分配備了被吉卜林稱作"螺旋乾油槍"的輕型組裝大炮。由於沒有任何空中觀察，在遭到日軍首輪打擊後又喪失了所有的前沿觀察哨，該團火力大多沒有發揮出來。與此相反，日本人有精確的觀測，加上進攻開始前滲入這個殖民地的第五縱隊提供了地圖資料，日軍的壓制火力出奇地準確。按照以往制訂的計劃，保衛這個殖民地歷來屬於皇家海軍的任務。然而，日本入侵後，皇家海軍只能集結起 1 艘驅逐艦、4 艘小炮艇和一些摩托艇。戰爭打響不久，日本人就把少量過時的英國皇家空軍飛機擊毀在地面上，從而掌握了絕對的制空權。

首相邱吉爾先前就表示，一旦爆發戰爭，香港不可能得到增援。儘管如此，12 月 20 日，身處圍困之中的楊慕琦爵士電告倫敦的殖民地大臣：

"余漢謀將軍的部隊目前就在咫尺之遙。"[8] 當時，的確有少量中國軍隊在日軍後方不太遠的地方，卻只是表現出最愛好和平的姿態。蔣介石此前曾聲稱有兩個師中國軍隊正急速趕來增援香港，並與日軍展開激戰，這純屬無稽之談。在缺乏任何救援的情況下，英軍不可能組織起成功的防禦，唯一的問題就是何時投降。

英軍投降比預計的要快得多，原因在於英國人運氣不佳、計劃欠周、戰術錯誤以及日本人訓練有素的作戰。[9] 英軍指揮官 C. M. 莫德庇少將 8 月份才到任，沒有多少時間訓練部隊，英軍面臨一連串不利情況，地面部隊兵力不足，缺乏訓練，裝備很差。英軍的迫擊炮大多彈藥不足，每門 9.2 英寸口徑的岸防炮只有 15 枚炮彈。步兵必須防守橫貫新界的醉酒灣防線，實際上任何一支守軍都不可能守住這條建造得不合格的防線。英軍原來指望靠 3 個營、大約 3,000 枝步槍至少守住這條 11 英里長的防線一個星期。這是盲目樂觀的估計，戰鬥僅僅持續了 48 小時，英軍就決定撤離大陸，包括九龍城。

莫德庇發給英國遠東總司令的電報充分說明了當時的局勢。12 月 11 日，他報告說已經擋住敵人的進攻，敵人被"打退"。他接着用標準的輕描淡寫軍人口吻表示："不過，根據形勢我們需要重新調整防線。"[10] 這個說法容易引起誤解，遠東總司令因此信心大增。遠東總司令發往陸軍部的電文說明英國軍事情報人員素質低下，他認為日軍的行動"實際上是封鎖"。[11] 次日，莫德庇發出第二封電報，一切都真相大白，"目前形勢已不宜進行長久抵抗，中午已經做出決定（放棄唯一的防線，撤出大陸地區）⋯⋯由於意想不到地撤出九龍，平民百姓的士氣大受打擊。第五縱隊活躍"。

香港島成為猛烈炮火和空中轟炸的目標，固定大炮被毀，華人炮手棄炮而去，英軍司令部要麼是不知情，要麼是出於習慣，仍在泰然自若地向遠東總司令發出報告。12 月 16 日的傷亡"很小"，9 名軍官和 102 名士兵

8　英國內閣檔案（Cabinet（CAB）80/51）。

9　關於日軍進攻和佔領香港的歷史，最佳著作是安德葛：《香港之蝕》（Endacott and Birch, *Hong Kong Eclipse*），見第 327 頁註釋 16。關於印度軍隊的作用，見巴加瓦與薩斯特里：《印度軍隊第二次世界大戰作戰史》（*Bhargava and Sastri, Official History of the Indian Armed Forces in the Second World War*）。

10　此處及下文關於戰事的引文，引自內閣歷史系列（Cabinet History Series, PRO）。

11　遠東總司令部致陸軍部電，1941 年 12 月 11 日。

陣亡和失蹤。一名華裔商人陳廉伯"因為散佈失敗主義言論"被捕,平民的士氣"依然高漲"。日本人提出的投降建議被拒絕,莫德庇將軍認為"敵人處境不佳,雖然很難說究竟是因為中國人威脅到他們的通信聯絡,還是我們已經給他們造成了損失"。12 月 18 日,遠東總司令告訴陸軍部,日本人對"有力的防禦態勢"感到震驚,而 3 天前要求印度駐軍總司令提供空中支援、緩解香港壓力的請求卻沒有進一步落實。日本人非但沒有驚慌,反而對如此輕易取勝又驚又喜,勝利來得"遠比預期的要快得多"。[12]

邱吉爾認定香港必敗無疑,他依仗新加坡來把守遠東前線,同時與美國人做出安排。珍珠港事件的消息傳出 4 天之內,他就啟程前往華盛頓會晤羅斯福,在途中向香港發去激勵的電報:"我們每時每刻注視着你們對於香港港口和堡壘的防禦。你們保衛着世界文明史上聞名遐邇的連結歐洲和遠東的紐帶。我們確信,香港抵禦無端的野蠻襲擊,將給英國歷史增添光輝的一頁。"[13]

就在遠東總司令報告"有力的防禦態勢"的同一天,日本人在香港島登陸。莫德庇發出信號,表示正在"全力以赴驅逐他們"。總督楊慕琦爵士致電皇家軍隊:"向敵人反攻的時刻已經來臨。帝國在注視着你們。務必堅強、勇敢、恪盡職守。"這個時候還談論進攻敵人是非常不恰當的,因為經過初期的頑強抵抗之後,通訊已經完全中斷,總督和駐軍總司令與前方戰鬥部隊失去了聯繫。12 月 20 日,楊慕琦爵士致電倫敦:"我們在黃泥涌峽鄰近地區成功發起一次反攻。日本人被擊退……敵人沒有進一步的進攻行動……在淺水灣地區掃蕩了數羣敵軍。"事實上,這次行動以英軍損失慘重的徹底失敗而告終。英軍完全被打散,不但無法靠攏中央指揮部,也無法到達補給地點。12 月 21 日,駐港海軍司令在發往海軍部的電報中表示:"香港已經沒有多少地方仍在我們控制之中,陣地被包圍,無法抵達食品和彈藥倉庫。"

同日,總督致電倫敦,請求授予自行決定是否投降的權力,得到的回答卻是邱吉爾式的廢話:"世界在注視着你們,我們希望你們抵抗至最後一刻,帝國的榮譽掌握在你們手中。"實際上,這封電報是倫敦在收到楊慕琦

12　安德葛:《香港之蝕》,附錄六所引戰後美國的報告。

13　邱吉爾,前引書,第三卷,第 562 頁。

來電之前發出的,首相當時正在大西洋中部。不過,香港總督仍被特別告知:"國王陛下政府希望你如首相電文中所說的那樣戰鬥到底。"12 月 21日,邱吉爾親自發出的另一封電報證實了這一點,這封電報以批評的口吻指出:"聞悉日本人已在香港島登陸,殊為關切。我們在此間無法斷定使登陸成為可能,或阻礙對侵略軍展開有效反攻的情況。但是,決不能有投降的想法。島上每一個地段都要爭奪,必須極其頑強地抵抗敵人。應當最大限度地消耗敵人的有生力量和裝備。在內線防禦中務須奮力作戰,如有必要就逐屋作戰。"最後,邱吉爾表示:"通過長時間的抵抗,你和你的士兵就能夠獲得我們確信將屬於你們的不朽光榮。"[14]

邱吉爾下令抵抗的命令招致了眾多批評,尤其是用後知之明的冷靜眼光來看,這道花言巧語的命令既冗長又毫無意義。但必須考慮到一個事實,首相此時正在前往參加一次關鍵性會晤的途中,要考慮很多比香港及其守衛者的未來更重要的事情。實際上,香港的前途馬上就要見分曉,其結局是令人不快的,像以往很多時候一樣,香港在英國優先考慮的議事日程中排不上號。對於不得不進行的抵抗而言,唯一的問題是將在何時投降。在事情過去多年之後的今天,很清楚的一點是,既然沒有守衛這個島嶼的明確計劃,也不具備防禦手段,又看不到任何得到救援的現實可能性,最明智的做法本應是接受日本人在 12 月 13 日第一次提出的投降建議。然而,總督和駐港英軍總司令服從上司的指示,隨即把命令傳達給下屬部隊。莫德庇將軍向部隊發出一封電報:"讓今天成為我們帝國歷史上具有歷史意義的一天。今天的命令是堅守。"直到聖誕日之前,他們確實與日軍一決雌雄,守住了陣地,儘管他們遭到登陸的數支日本重型攻城炮部隊和坦克的猛烈轟擊,損失慘重。香港防衛軍非常值得稱道,他們的蘇格蘭人連、華人連和葡萄牙人連與正規軍並肩作戰。一個名為"瑪土撒拉"[15] 的連隊全是由上了年紀的自願者組成,他們遭遇日本人的猛烈進攻,堅守陣地一晝夜,多人陣亡。

那些被要求書寫帝國歷史的人,困惑不解地對他們的指揮官提出批評。自願者波茨上尉失望地發現司令部"安全地躲在地下",靠電話進行通信聯

14　邱吉爾,前引書,第三卷,第 563 頁。

15　瑪土撒拉是《聖經》所述的一位壽高 969 歲的老人,人們以此比喻年高的人。——　譯註

絡，在很大程度上完全不了解戰況。另一位自願者、二等兵雷米迪奧把邱吉爾的話牢記在心，"當時我非常輕信，以為香港會戰鬥到最後一人"。伯雷索上尉也是如此，"我一直相信並被要求告訴我的部隊，我們將戰至最後一個人、最後一顆子彈。因此，得知要投降的消息對我是個沉重的打擊"。[16] 好鬥的波茨上尉看到一個日本人走進視線就開了火，結果受到一名正規軍軍官的嚴厲申斥，因為他未得到命令就開槍。如此遵守禮節並未阻止明德醫院被當作軍火倉庫，聖士提反醫院被加拿大人當作火力點，兩者都造成了悲劇性後果。

　　英國人關於香港淪陷的記述突顯出日本人犯下的暴行。香港確實發生了強姦護士、屠殺醫生和病人，以及武力侵佔一座城市後必然出現的種種罪惡行徑。慈幼會前沿急救站的奧斯勒‧湯瑪斯中尉提供的一份記錄，可以代表所有關於日本人可恥獸行的記錄："傷患被殺害後，醫生、醫務兵和班菲爾（上尉指揮官）被挑出來，他們上身赤裸，沿暴雨水溝站成一排，在日軍的一陣狂笑聲中，他們被用刺刀捅死或亂刀砍死。"[17] 不過，這種恐怖大多起因於英國人不習慣成為這類行為的受害者。所有歐洲國家都有過被入侵者屠殺和劫掠的經歷，世界各地的許多國家也都承受過英國軍隊帶來的後果，雖然這些後果往往是相對無害的，但至少在晚近時候是如此。英軍鬆懈的指揮必須對一些最殘暴的屠殺承擔責任，英軍指揮官竟然允許不恰當地利用醫院建築作戰，如聖士提反醫院的例子。有證據表明日軍指揮官曾經試圖約束部隊，一位目擊者敍述說，一些有關的人隨後被槍斃。

　　香港淪陷後，華人承受了最慘重的痛苦。李樹芬博士當時在九龍開辦一家醫院，他估計至少治療了 1 萬名強姦受害者，很多人被刺刀捅倒在大街上。其他人受到更令人咋舌的處置，有些人被用繩索穿過手臂上用刺刀戳出的洞穿在一起，被推入港口的海裏；躲在山頂電車站附近樹上的約翰‧斯特瑞克看見"三串像珠串一樣的華人……其中一人精疲力竭地倒下，拉倒

16　波茨：《戰時日記》，手稿藏於香港大學香港特藏（Potts, 'War Diary' in ms. in Hong Kong Collection, HKU）。伯雷索：《香港防禦部隊》，手稿藏於羅茲圖書館（H. Boletho, 'Hong Kong Defence Force' ms. in Rhodes House Ind. Oc. c. 108）。

17　引自萊德：《英軍服務團：香港的抵抗運動》（E. Ride, *The British Army Aid Group: Hong Kong Resistance*），第 3 頁。

了另一個人，他們就這樣相繼死去"。[18]

我們現在自由了

　　日本入侵後，一小羣不同年齡、來自許多國家 —— 當然主要是英國 —— 的平民被關進赤柱半島的集中營。他們在長達 3 年的時間裏遭到惡意的忽視，承受着飢餓、嚴厲的懲罰以及隨時可能發生的拷打和死亡。在這期間，不時有一些仁慈和人道的行動。集中營的居住者自行組織起來，並且得到一位英國高級行政官員的正式指導，此人就是前輔政司佛蘭克林·詹遜。日本人把楊慕琦爵士與其他人隔離開來，這位總督後來受到極不人道的對待。在開始的時候，他的待遇還是相當不錯的。他被監禁在半島酒店，12 月 30 日，他從酒店寫信給詹遜，說日本人"非常有禮貌"，要求送來一些暖和的衣服，還開了很長的一張清單，列出了一位被囚總督的生活必需品，其中包括吊褲帶、數本簡·奧斯丁的小說和《斯托基公司》。[19]

　　詹遜 12 月 7 日才到達香港，真是趕上了一個極為不幸的時刻。當時詹遜 51 歲，此前一直在錫蘭政府部門工作，在錫蘭愉快和享有特權的生活並非是住進日本集中營的理想準備。他是個忠心耿耿的殖民地行政官員，雖然沒有多少幽默感，卻能夠在最混亂的情況下穩妥而幹練地恢復秩序。直到 1942 年 3 月，詹遜才獲准與其他囚徒關在一起，此時他們已自發組織了一個英國人社區委員會。這個機構由全體囚徒直接選舉產生，意味深長的是，除了警務專員伊雲士之外，所有前政府官員都落選了。這個組織的執行委員會由一名報紙主編和三名大班組成，防務司則是委員會的非正式成員。

　　對於這些痛苦不堪的囚徒來說，香港政府徹底威信掃地。日本入侵之前很久，不滿情緒就已經在香港彌漫開來。1940 年，強制疏散英籍婦女和兒童引起了很大爭議。在兩位英國女士的鑒別下，白種婦女和兒童被送往澳大利亞，棕色或黃色皮膚的混血兒被遺棄在馬尼拉。立法局抨擊這種

18　李樹芬：《香港外科醫生》(Li Shu-fan, *Hong Kong Surgeon*)；斯特里克，載伯奇、科爾：《日佔時期》(J. Stericker in Birch and Cole, *Captive Years*)。

19　詹遜，未分類檔案，羅茲圖書館 (Gimson, Unclass. Wm/194)。《斯托基公司》是吉卜林的一部小說。 —— 譯註)

"可恥的種族歧視",宣稱"政府……在很大程度上喪失了居民的尊敬和信任"。經過兩年多籌備之後,香港的各項應急設施依然"效率低得令人難以置信"。人們斥責防空設施建設和移民署的欺詐和低效,最終成立了一個大規模調查委員會,對公共機關的腐敗展開調查。日本發動進攻導致調查被迫中斷,退休總督羅富國依然非常關注此事,他向殖民地部報告說:"數位政府官員有收受賄賂的重大嫌疑……我擔心的另一個令人不安的問題是政府開支管理鬆懈……所有這些使我離職時快快不樂,我覺得在某種程度上我本人要對這些事情負責。" 20

詹遜新來不久,當然沒有任何嫌疑,他顯然是正直和清廉的,但他脾氣暴躁,近乎傲慢無禮,這些品質無助於平息人們的不滿。他堅持認為合法的香港政府依然存在,而他本人就是政府的化身。這個立場確實在很大程度上保證了戰爭結束時香港仍在事實上屬於英國,但詹遜很少利用集中營裏的民主機制,竭力把它降格為純粹的諮詢機構。他尤其不信任、實際上是蔑視那些商人。他在日記中連篇累牘地寫道:"商人們不可能討論政治問題,在考慮有關香港前途的建議時,他們的想法必定有失偏頗,"那個選舉產生的委員會是"一個革命性機構……顛覆性組織"。21

詹遜擔任集中營委員會的司令官,委員會在日本人許可的範圍內處理內部事務。前政府官員逐漸在委員會中佔據了多數,正按察司阿索爾·麥克葛列格爵士主持的集中營法庭負責解決各種糾紛。約翰·斯特瑞克擔任委員會秘書,他敍述了委員會的活動,"非常奇怪,這些英國人熱衷於組織各種委員會,如果你成立了委員會,就必須認真行事。每件事都得按部就班,你只要正襟危坐做記錄就行了"。詹遜以着眼於戰後的遠見,不斷提議應在戰後把英國和美國囚徒遣返回國,以維繫帝國在香港的形象。日本人無意之中提供了幫助,他們在這個殖民地設立總督,把香港作為單獨的日本領地,沒有把香港與廣東的佔領區合併。

面對集中營生活的重壓,人們暴露出一些令人反感的特徵。何東爵士的女兒何錦姿也是被拘禁者的一員,她敍述說:

20　勒斯布里奇:《香港的貪污》(H.J. Lethbridge, *Hard Graft in Kong Kong*),第47頁。

21　安德葛:《香港之蝕》,附錄五所引詹遜日記,藏於羅茲圖書館(Ind. Oc. Mss. 222)。對於詹遜來說,發現大班比政府官員更受信任,必定是十分惱火的一件事。

　　一些英國人認為，如果不是因為這個集中營裏有很多歐亞混
血兒，他們就會有充足的食物。大難臨頭之際，種族歧視絲毫沒
有緩和。那些人的看法極為偏頗，他們沒有認識到，日本人並不
是充足地供應食品，而是按照人頭定量供應。[22]

　　這些囚徒之所以落到差一點餓死的境地，並不是日本人有意為之，而
是由於無能和資源匱乏。原則上說，集中營可以獲得紅十字會和外界的援
助，囚徒們有時也確實得到了援助。祁理賓爵士為首的滙豐銀行高級職員
是集中營獲得援助的一個重要管道。日本人留下這批人清算滙豐銀行的資
產，發行當時日本橫濱正金銀行使用的軍票。他們寄宿在維多利亞城，因
而得以組建起一個大大超出許可範圍的活動網絡，其中包括為在華開展行
動的英軍服務團提供廣泛的情報。他們憑藉這些管道策劃了多起逃亡，把
大量金錢偷運進平民和軍事集中營。他們的活動最終被一名印度裔告密者
出賣，一名成員 C. F. 海德被處死，包括祁理賓在內的其他兩人死於監獄醫
院，實際上是死於十足的疏忽。[23]

　　另一個外援來自聖保祿醫院，司徒永覺博士及其妻子希爾達獲准留下
來管理醫院設施。塞爾溫—克拉克負責把醫療用品偷運進集中營，運送藥
品倒不太困難，但是，"對於業餘走私者來說，運送一把牙醫椅子就完全是
個挑戰了"。經過仔細觀察，克拉克夫婦測定了日本巡邏隊的活動時間，計
算出他們有 30 分鐘時間潛入倉庫、搬出椅子並重新關上大門。日本人對這
類行為的處罰是處決，雖然這兩位偷運者在那次行動中得手，但克拉克最
終還是遭到出賣，被日本憲兵逮捕。[24]

　　這些內部的抵抗者得到了英軍服務團的支援。英軍服務團在中國被佔
地區開展活動，成為英國人獨特的個人抵抗運動之一。英軍服務團最初是
由一些來自香港的逃亡者發起，其中最著名的是香港防衛軍上校、香港大
學生理學教授賴廉士。他召集起各行各業的人員，有數百名醫生、護士和

22　見吉汀斯：《融會東西》（J. Gittins, *Eastern Windows, Western Skies*）；陳偉群，前引書，
　　第 118 頁以下。

23　關於滙豐銀行職工，見景復朗，前引書，第三卷，第 12 章。

24　司徒永覺：《時光的足跡》（Selwyn-Clarke, *Footprints in the Sands of Time*）。

士兵，正式編入英印陸軍。英軍服務團的大本營在桂林，還設立了一些前方辦事處，其中包括設在東江惠州的辦事處。英軍服務團在中國華南收集情報，與香港的平民和軍事集中營裏的被囚者保持經常的聯繫。[25]

日本統治香港的最大成就在於，華人居民通過大東亞共榮圈的現實，認識到英國的統治是既溫和又稱職的。事情本來會是另外一種結局，因為日本人走錯了幾步關鍵的棋，在種族問題上尤其犯了致命的錯誤。日本對中國長達半個世紀的侵略，先後導致數百萬中國人死亡，中國人當然不會把日本看成未來的夥伴。但是，中國人歷來強烈憎恨英國人往往是下意識地流露出來的種族優越感，雖然這種憤恨之情始終受到壓制。日本佔領期間出版的《香港新聞》一針見血地指出，一個把權力賦予"乳臭未乾的英國青年"和"愚笨至極的英國佬"的政權已被取代，"多虧了日本，我們現在自由了，掌握了自己的命運。從此再沒有膚色問題"。[26] 在擴大華人參與決策方面，日本人在某種程度上確實做得比英國人好。日本人建立了區役所、地區事務所、華人代表會和華民協議會，有更多華人在名義上參與了政治。

如果説日本人設立的這些機構多半只是表面文章，那麼英國統治時期的市政局也不過如此，問題是其他一些因素把日本人在這個方面的善意一掃而光。英國統治時期，腐敗始終控制在有限的範圍之內，員警和其他官員的腐敗比較少。日佔時期，腐敗成為惡性的和普遍的現象。日本佔領當局頒佈了大量瑣細的法令，各個部門都有了勒索的機會。李樹芬記述説："各種繁文縟節數不勝數，難以忍受，令人厭惡，日本人的命令得不到執行……為了個人劫掠和謀取職位，日本官員之間發生了多次爭吵和暗中破壞。"據估計，日本人處死了超過 1 萬名香港平民，但按照李醫生的看法，引起最大民憤的卻是日本人動不動就打華人耳光。[27]

日本佔領當局曾試圖在學校裏用日語取代英語，但與其他公共部門一樣，香港的教育部門幾乎完全癱瘓了。佔領前香港有 12 萬學童在校學習，日本佔領期間就讀兒童始終沒有達到上述數字的十分之一，戰爭結束時在校人數僅有 3,000 人。

25　關於英軍服務團的非凡經歷，見萊德，前引書。

26　引自安德葛：《香港之蝕》，第 98 頁以下。

27　李樹芬，前引書。

很自然，除了個別的例外，沒有人與侵略者竭誠合作，香港出現了大規模抵抗運動，尤其是在新界，中國遊擊隊常常滲透到這個地區。許多著名華人沒有採取如此堅定的行動，立法局和行政局的所有非歐洲裔議員頗為令人失望地一致轉而效忠日本人。羅旭龢爵士、周壽臣爵士和羅文錦爵士等人全都加入了新生委員會，羅旭龢與周壽臣後來還當上了華人代表會和華民協議會議員。事實上，一個包括律政司和防務司在內的港英當局代表團曾專門請求羅旭龢爵士和周壽臣爵士"促進華人與日本人的友好關係，恢復公共秩序，保護生命和財產，維持內部穩定"，至少羅旭龢爵士曾經聲明："全體華人必須竭盡全力支持中國與日本早日贏得這場聖戰的勝利，建立大東亞共榮圈。"[28] 這項聲明超出了有限合作的限度。香港光復後，英國文職政府接管權力，告知羅旭龢爵士必須接受審查，不得在公共場合露面，他後來又復職了。對於華人與英國人的友好關係來說幸運的是，兩位最死心塌地的通敵者，過去廣州商團叛亂的煽動者陳廉伯以及在日本受教育的商人劉鐵城，都在英國人回來之前就死了。一些人受到審判，但人們認識到，不能因為他們服從另外一個異族的統治就譴責為日本人效力的大多數華人。

英帝國被一筆勾銷了

戰爭結束後香港能否恢復英國的統治，這個問題根本不會讓赤柱集中營的全體囚徒感到煩惱。詹遜是個例外，他仍然堅定不移地履行過去殖民地的職責。中國當然不願意看到英國恢復對香港的統治，把中國參戰看成是解決治外法權、外國特權和租界等老問題的手段。1942 年 10 月，中國向英國提交了一份條約草案，主要內容就是解決上述問題，其中還包括要求英國放棄新界租約的條款。英國政府本不打算對草案予以考慮，迫於壓力才勉強同意在戰爭結束後討論相關問題。這個決定使得英國將來能夠同意放棄治外法權和各種在華特權，為集中力量解決香港前途問題鋪平了道路。

28　1943 年 1 月 10 日。勒斯布里奇，載伽維、阿加西，前引書，第 112 頁。

1942 年 12 月 4 日至 14 日，美國在魁北克附近的蒙特朗布朗主持召開了討論戰後遠東政策的會議。中國在會議期間合理地依靠美國的支持，説服英國在主權問題上改變立場。因為珍珠港事件被迫參戰後，美國人一直謹慎地克制的同情心迸發出來。蔣介石政府吸引了日本的一些注意力（到1941 年 1 月，他轉而與共產黨而不是日本人作戰），除此之外沒有為盟國的事業做出甚麼積極努力。蔣介石政府佔用了大批物資，這些物資本可以在歐洲得到更好的利用。如今，這個政府獲得了巨額貸款，中國也被列為"強國"之一。羅斯福最初草擬的聯合國宣言中，中國的地位排在蘇聯和英國之前，僅次於美國，這反映出總統內心的想法，該草案後來做了修正。[29]

羅斯福致力於支持中國的事業，很多客人被提醒注意他的外祖父沃倫·德蘭諾是旗昌洋行的合夥人，他的母親曾在香港度過一段童年時光。這位總統似乎忘記了這樣的事實：旗昌洋行從事鴉片貿易，而這個幸福的家庭是生活在一個英國殖民地。1945 年 1 月，第 17 世德比勳爵之子、殖民地大臣奧利佛·斯坦利訪問華盛頓，羅斯福總統告訴斯坦利："我不是想對英國人苛求或無禮⋯⋯你們在 1841 年獲得香港並不是以購買的方式。"斯坦利馬上反唇相譏道："讓我想想，總統先生，那大概是在墨西哥戰爭[30] 期間，不是嗎？"[31]

這位總統對亞洲的殖民主義問題抱有非常古怪的想法，他尤其憎惡法國人。美國不止一次非常明確地承諾，戰爭結束後，"不論法國本土還是殖民地，法國國旗飄揚的所有領地"都應由法國重新行使主權，羅斯福卻在私下裏告訴身邊與此事相關的每一個人，例如埃及駐華盛頓公使，"他認為對法蘭西帝國的許諾並不重要"。國務卿科德爾·赫爾試圖為這種頗為傲慢的態度辯解，赫爾告訴英國駐美大使哈利法克斯勳爵，總統認為"一百年來法國一直在壓榨那裏（印度支那）。印度支那人民有權獲得更好的待遇"。羅斯福之所以會有這種態度，原因在於他對亞洲事務驚人地無知，他竟然曾

29　塔齊曼：《史迪威與美國在華經歷，1911-1945 年》(B. W. Tuchman, *Stilwell and the American Experience in China, 1911-1945*)，第 300 頁。

30　墨西哥戰爭是指 1846-1847 年美國與墨西哥之間的戰爭。戰爭的結果，墨西哥把相當於現在美國的新墨西哥、猶他、內華達、亞利桑那和加利福尼亞等州的領土割讓給美國，得款 1.5 億美元。—— 譯註

31　索恩：《同盟者》(C. Thorne, *Allies of a Kind*)，第 25 頁。

經對蔣介石表示，後者應該在戰後接管法屬印度支那，這無異於邱吉爾指令戴高樂收復路易士安那州，肯定會遭到越南人的強烈反對。[32]

赫爾試圖安撫"美國國內叫得最兇的那些人，其中包括副總統華萊士，這些人希望所有殖民地立即獲得獨立，一個德克薩斯人尤其敦促英國把香港歸還給中國。我答覆說，香港屬於英國的時間比德克薩斯併入美國的時間還要早，我想沒有人樂於看到德克薩斯歸還給墨西哥"。英國政府不安地注意到美國人的這種傾向。1942 年 6 月 11 日，外交部遠東司的阿什利·克拉克爵士在訪問美國後報告說，美國把中國視為與英國同等重要的戰時夥伴，美中兩國的"基本關係更為熱烈、更多信任"。外交大臣安東尼·艾登承認："英帝國已被美國輿論一筆勾銷了。"

至少有一些英國人，例如幾乎所有的外交部官員，甘願把香港歸還給中國。他們總是把香港視為眼中釘，認為香港妨礙了更重要、更高貴的使命。第一次世界大戰結束時，他們就想把香港歸還中國，當時英國駐北京公使朱爾典爵士提出至少把新界歸還中國，他承認這將是個損失，但不付出這種代價，"就無法解決問題"。寇松不贊同這種"理想化而又行不通"的觀點，不肯"把以往的割讓、租借等全都連根拔掉"。現在，一些外交部高官再次試圖擺脫這個不受歡迎的殖民地，格拉德溫·吉布極力支持放棄這個殖民地，北美司的內維爾·巴特勒認為香港之所以重要，乃是因為"美國對中國人的熱情"，阿什利·克拉克和遠東司的約翰·白利安爵士（前廣州總領事，他始終鄙視香港政府"十足的無知"）贊同這種意見。唯有遠東司司長莫里斯·彼得森爵士認為這些看法是錯誤的，他堅定地表示："鑒於我們被匆忙趕出香港的屈辱處境，我們應當重返那裏，我個人認為我們必須這麼做，否則無法重新贏得東方的尊重。"[33]

殖民地部採納了一種更有力的觀點。這種觀點只是表示，"在這個殖民地維護英國主權並未超出此類討論的範疇"。只有那位頑固的老派右翼人士、當時在印度事務部任職的列奧·艾默里考慮到香港居民的切身利益，

32　關於羅斯福的看法，見伍德沃德：《第二次世界大戰中的英國外交政策》（Woodward, *British Foreign Policy in the Second World War*），第五卷，第 533 頁；赫爾：《回憶錄》（C. Hull, *Memoirs*），第二卷，第 1596 頁；塔齊曼，前引書。1941 年 7 月，法國維希政府把印度支那的戰略控制權交給了日本。

33　赫爾，前引書，第 1599 頁；伍德沃德，前引書，第 59、60 章。

他認為，香港居民是英國臣民，不應當拋棄他們。[34] (這種觀點肯定不會吸引未來保守黨政府裏的繼任者。)

當時的一致意見認為，英國必須準備就放棄香港展開談判，但這只能是作為東南亞全面解決方案的一個組成部分。目前未知因素太多，例如國民黨越來越顯示出無力在戰後控制中國的跡象，英國無法就未來局勢做出明確和永久的決定。在 1942 年 7 月 14 日的備忘錄中，殖民地大臣克蘭伯恩勳爵闡述了深思熟慮的官方觀點，這種觀點將成為英國政府的香港政策的基礎。英國對美國的怨恨是顯而易見的：

> 我們不應該任由他人操縱，落入單獨對東亞事務承擔責任的境地。事實上我認為美國的責任要遠大於我們，假如他們在中國事件的初期階段願意與國際聯盟合作，之後發生的一切就可能、或許多半就能夠避免。實際上，他們非但在局勢無法挽回之際退縮不前，甚至在他們真的受到攻擊時仍是如此。

只有作為亞洲一攬子解決方案的一部分，英國才能同意把香港的主權歸還中國，這種一攬子解決方案包括新加坡和香港 "在防務和行政上均由國際機構管制"，中國和荷蘭必須做出類似安排，美國也要同意把檀香山和馬尼拉納入此方案一併考慮。倘若沒有達成這種安排，香港依然屬於英國。[35]

麥道軻是殖民地部參加蒙特朗布朗會議的代表。日本入侵前，麥道軻是香港政府新聞檢查處處長，正是他的備忘錄促成了克蘭伯恩勳爵的聲明出台。香港淪陷前夕，麥道軻參與了以中國將軍陳策為首的一次非常勇敢的冒險，逃離了這個殖民地。在蒙特朗布朗，麥道軻頗有反諷意味地致函外交部的諾埃爾·薩拜因：在這次會議上，"美國人幸災樂禍……(美國人的)職業是反英"。麥道軻表示自己在會上有兩個突出感受，一是"中國人是個有着高不可攀的聖人和英雄的民族"，二是"對英國的懷疑，尤其是針對它重新殖民地化的計劃"。後來，亞瑟·克利奇·鍾斯受命前去充實代表團力量，他認為麥道軻的這種批評口吻太過分了。鍾斯是勞工與民族

---

34 艾默里，前引書，第二卷，第 955 頁。

35 外交部檔案 (CO 825/35/55 104/1942)。

事務大臣以及歐尼斯特‧貝文的議會助手，在戰後當上了殖民地大臣。鍾斯"寧願像勞工領袖那樣激動得滿臉通紅，也不願表現出半點'老爺'的架勢。他兩手叉腰，對所有人一通亂罵⋯⋯還極為豪爽地大聲喊叫。更絕的是⋯⋯他輕蔑地把那些還在為早已蓋棺定論的觀點爭論不休的年輕人拋到一邊"。[36]

在香港問題上，外交部代表蒲納德爵士使克利奇‧鍾斯的猛烈攻擊啞了火，蒲納德非常主動地向與會代表保證："一旦處理香港問題的時機成熟，中國方面將得到十分滿意的結果。"就連外交部也對此感到不安，莫里斯‧彼得森爵士在談及蒲納德時憤怒地寫道："我們最要緊的事就是把他召回國內拘押起來。"

蒙特朗布朗會議至少從當前的議事日程上劃去了香港前途問題，中國對於美國將迫使英國放棄香港的承諾感到滿意。1943 年 11 月盟國召開的開羅會議上，羅斯福的提議披露出來，進一步強化了這種印象。羅斯福提出，如果蔣介石與中國共產黨合作對日作戰，他將支持蔣介石不讓英國人繼續留在香港。羅斯福是在私下會晤蔣介石元帥及其夫人時提出這個方案的，沒有留下任何文字記錄，這種情形無助於打消英國人的疑慮。這次會議也是羅斯福首次會晤蔣介石，面對中國抵抗事業的這位不稱職的代表，這位總統對中國抵抗事業的不切實際的情感大多破滅了。東南亞戰區司令路易‧蒙巴頓勳爵討論緬甸戰役計劃，季候風與過去一樣是個制約因素，蔣夫人承認她丈夫的無知："不管你信不信，他不知道季候風是怎麼一回事。"[37]

羅斯福認為難以説服英國盟友認可這種單方面的交易，因為邱吉爾的立場歷來十分明確。美國國務院的斯坦利‧霍恩貝克如實報告了邱吉爾的觀點：香港是"英國的領地，他認為沒有甚麼正當理由改變這種狀況⋯⋯他提到他本人的公開講話，大意是他當首相不是為了參與清算英帝國"。[38]

隨着戰事的進展，美國越發難以對英國的殖民地政策施加影響。盟軍先是在意大利登陸，1944 年 6 月又在諾曼弟登陸，決定性的地面戰爭從太平洋地區轉移到英美軍隊在歐洲的戰場。因此，最重要的是確保各國的協

36　羅茲圖書館（Ind. Oc. 300），1942 年 12 月 22 日。

37　塔齊曼，前引書，第 518 頁。

38　伍德沃德，前引書，第 519 頁。

調行動不受干擾。另一個戰場的形勢日益表明,蔣介石無力控制整個中國,美國人也開始了解國民黨政府令人不快的真相。

雖然美國毫不含糊地在口頭上支持蔣介石,但蔣介石的統治越來越不得人心,中國政府的腐敗無能已經淪為笑柄,"重慶的領導人並不想擴充軍隊打日本人。同往常一樣,他們的計劃是保存實力……在戰爭結束後專門用來對付北方的共產黨人"。中國戰場的價值在於拖住大批日軍,實際上中國被佔這個事實本身就起到了相同的作用,即使那裏沒有任何戰事(大多數時候沒有頻繁的戰事)。1944 年夏季,日本人發動一次攻勢,輕而易舉地把蔣介石那些垂頭喪氣的應徵士兵打退數百英里。日軍得到了中國農民的幫助,他們轉而反對名義上是他們自己的軍隊。只有在緬甸,中國才投入了訓練有素的士兵,他們在史迪威將軍的指揮下,與英國軍隊並肩作戰。

也有人強烈要求維護英國的利益。西南太平洋戰區盟軍司令道格拉斯·麥克亞瑟將軍"反覆表示支持英帝國在遠東的目標。1944 年 10 月,他告訴拉姆斯頓將軍,他本人完全理解英國軍隊重新佔領香港的必要性"。印度政治家開始對中國在戰後的復興感到不安,老資格的香港通約翰·克錫擔任蒙巴頓的顧問,成功地為這個殖民地進行了有力的辯護。

香港的前途問題本來有可能低調處理,但羅斯福依然堅持他所認為的中國利益。中國的局勢越來越明朗,毛澤東領導的共產黨比不可救藥的、腐朽了的國民黨更有能力。1944 年 8 月,羅斯福派遣特使派翠克·J. 赫爾利會晤蔣介石。赫爾利是"一個相當老派的美國人",也有人説他"遲鈍而狂暴,大言不慚,慣於説謊"。[39] 他有愛爾蘭血統,所以堅定不移地秉持反英立場。他對英國的殖民地政策——到當時為止,這種政策已經在 20 多年時間裏致力於非殖民化——抱有極其誇張的看法:"英國帝國主義看上去似乎獲得了新生。這只是虛幻的表面現象。那些看起來是英國帝國主義新生命的東西,其實是一個自由國度通過租借法案向其贏弱的軀體注入的生命力和自由的新鮮血液……英國……必須接受自由與民主的原則,拋棄非正義的帝國主義原則。"[40]

赫爾利熱情支持蔣介石,日後,他的愛爾蘭裔美國同胞約瑟夫·麥卡

39　索恩,前引書,第 640 頁。

40　索恩,前引書,第 573 頁;赫爾致羅斯福,1943 年 12 月 2 日。

錫參議員進一步強化了這種立場。1945 年 2 月關鍵的雅爾達會議召開之際，重慶政權顯然已不可能對這場戰爭做出多少貢獻，因此必須讓俄國人參加對日作戰。圍繞如何在新成立的聯合國解決香港前途問題，邱吉爾詳盡闡述了自己的意見。羅斯福無法再加以反對，"如果國王陛下政府同意總統（關於未來聯合國的基本框架）的建議，中國會要求國王陛下政府歸還香港"，國王陛下政府有權闡述與中國方面截然相反的理由。中國也將獲准公開"申訴自己的所有主張"，最後將由聯合國安全理事會"在國王陛下政府不參加表決的情況下對所有問題做出裁決"。英國政府"接受"了這個方案，因為任何一個大國在涉及本國的問題上不得行使否決權。當然，邱吉爾補充說："安理會不能強迫他們把香港交還中國，除非他們認為這是正確的步驟。"[41]

1945 年 4 月，羅斯福逝世，哈里·杜魯門成為總統，美國對香港問題的熱度進一步降溫。新總統不像羅斯福那樣滿腔熱情地支持中國，他接受了國務院的建議："我們應當在適當時機歡迎並協助達成和平安排⋯⋯包括把香港歸還給中國。"[42] 杜魯門認為，哪個盟國把香港弄到手，"主要屬於軍事行動性質的軍事問題"[43]，取決於誰的部隊首先到達香港。新加坡很快回到帝國的懷抱，正式併入蒙巴頓所轄的東南亞戰區。當時英國人駐紮在仰光，這個地區也沒有中國軍隊，但香港處於中國戰區，中國的非正規軍就在附近地區活動。

1945 年 7 月的波茨坦會議上，英國人被告知美、中兩國軍隊將聯合向廣州和香港挺進，中國正規軍收復香港的可能性更大了。當然，英國可以先發制人，派遣一支皇家海軍艦隊前去。但是，作為擬議中的對日最後一戰的一部分，遠東所有英軍由美國人指揮，要採取上述行動就必須事先得到美國人的正式批准。此時，邱吉爾剛剛輸掉大選，取而代之的是從前聯合政府裏的同事克萊門特·艾德禮。工黨政府外交大臣是那位大名鼎鼎的歐尼斯特·貝文，他對帝國的忠誠絲毫不比托利黨人遜色。英國人強烈要求應由他們而不是中國人在他們的殖民地受降，為此雙方情緒激動地交換

41　吉伯特，前引書，第五卷，第 1183 頁。

42　杜魯門：《回憶錄》（H. S. Truman, *Memoirs*），第 106 頁。

43　同上，第 380、383 頁。

了意見。杜魯門認為中國提出的折衷建議是合理的,向蔣介石發去了一封"對他考慮周到的姿態表示讚賞的私人信函",貝文卻毫不動搖。赫爾利敍述說,最高統帥認為"英國的立場是帝國主義的、專橫跋扈的,與一個聯合國成員國不相稱"。雖然美國新聞界一陣騷動,但英國仍與美國達成協議,麥克亞瑟將軍受命安排由英國指揮官在香港接受日軍的投降。杜魯門總統保證,對英國的這個讓步並不代表美國未來在香港問題上的政策,蔣介石才頗為勉強地同意了這個方案。

　　日本的投降只是個時間問題——最終在 8 月 14 日正式宣佈——必須迅速結束棘手的香港前途問題談判。海軍少將夏愨爵士受命以最快的速度從悉尼開往香港,來不及開封的軍需物資直接堆在軍艦甲板上。他們不得不在菲律賓的萊特島等待清理出進入香港港區的通道。直到 8 月 30 日,夏愨才抵達香港維多利亞城。迎接他的不是戰敗的日本人,而是可敬的詹遜。這位輔政司填補了權力真空,在日本宣佈投降的極富戲劇性的時刻採取了一位優秀文官所應採取的果斷行動,還召集了一個委員會。他寫道:"有人懷疑……我宣誓就任掌管政府的官員是否明智,我當然有權這麼做,任命我的決定耽擱了。"他並未就此止步,"俘虜與被俘虜關係的改變讓我歡欣鼓舞,我感到這是個機會,借此可以通過宣佈'我將以香港政府高級官員的身份掌管政府'來維護我的權威"。日本人提出異議,指出香港有可能不再屬於英國,詹遜根本不予理睬:"我答覆說,這種觀點只是他們的看法,我根本不予理會。我要做的是履行國王陛下政府賦予我的職責。"詹遜接觸到英軍服務團的一名中國隊員,證實日本確實已經投降,便"立即召集赤柱的少數幾位頭面人物,還有這個殖民地的正按察司阿索爾·麥克葛列格爵士,我宣誓就職"。[44]

　　在之後的兩週時間裏,詹遜坐鎮法國外方傳道會大樓,憑藉其令人難忘的個性控制住當時仍是這個殖民地唯一武裝力量的日本人。日本人拒絕讓一架英國飛機在啟德機場着陸以安排受降,詹遜下了決心,"我覺得必須維護我的權威",他指示傷心的日軍聯絡官,"這次拒絕的詳情必須列入你們的報告。倘若你們拒絕,以及你們對飛機在啟德機場着陸一事的態度,

---

44　詹遜日記,安德葛,前引書。

將被視為提交刑事法庭審判的罪行"。盡心盡力的詹遜以管理這個殖民地的政府官員身份，在適當的時候以適當的方式歡迎皇家海軍。

8 月 30 日，詹遜得到夏愨海軍少將的援助，結束了他幾乎是單槍匹馬的統治階段。原先預計日本人會組成自殺小隊，但只遇到一艘小艇的反抗，它大概是一艘自殺艇，英國人誤解了這艘小艇的意圖。夏愨海軍少將的旗艦"快速"號駛入海港時收到信號，說大鵬灣發現一艘"海盜"船，"快速"號用無線電向後面的"不屈"號航空母艦報告了這一情況，不久便收到簡潔的答覆："帆船已擊沉。"[45] 他們上岸後遭遇零星槍擊，一些身着便裝的日本人向他們開火，這些人不管有沒有罪都被當場處決。"華人乘機打死了幾個日本人，把他們拖下電車，用錘子砸他們的腦袋。"登陸部隊對碼頭的狀況十分震驚，海軍上尉約翰·吉卜森用地道的航海術語描述説："到處凌亂和骯髒。滿地都是蘋果酒瓶和啤酒瓶，有些喝剩下一半。油漆班駁⋯⋯纜繩是五級的。"[46]

接管詹遜的過渡政府是件微妙的事，那些獲釋的囚徒掌管了權力，絕大多數人身體十分虛弱，疲憊不堪，他們忠於職守，把新來者看成闖入者。他們還不得不適應一個改變了的世界，英軍服務團的一份新聞稿描述了這種變化：英國現在已不再是以往的那個強國，而是個負債國，所得稅達到每鎊徵稅 10 先令。當然也有一些好消息：人民更加友好，更少矜持，啤酒的味道也越來越濃。9 月 8 日，艾德禮先生親自致電詹遜："你經受了拘禁的嚴峻考驗，獨自邁出了在香港重建英國統治的第一步⋯⋯這種勇氣與智慧令我欽佩不已。"[47]

新政府由麥道軻負責，他一直在白廳領導一個小組為恢復英國對香港的統治做準備。[48] 新政府由殖民地文職人員組成，其正式性質是軍政府，海軍少將夏愨擔任司令，文職官員也都授予軍銜，麥道軻的軍銜是準將。新

45　與哈迪少校的私人通信。

46　吉卜森：《淡水》，載《布萊克伍德雜誌》(J. Gibson, 'Sweet Waters', *Blackwood's Magazine*)，1946 年 1 月。

47　希爾：《香港的淪陷》，羅茲圖書館 (Hill, *'The Fall of Hong Kong'*, Rhodes House, Ind. Oc. S73)。

48　關於麥道軻在香港的作用，見多林森：《英國在遠東的軍事管制，1943-1946 年》(F. S. V. Donnison, *British Military Administration in the Far East, 1943-46*)，第 203 頁以下；曾鋭生：《被擱置的民主》(S. Tsang, *Democracy Shelved*)。

政府面臨的任務十分艱巨，日本佔領當局崩潰後，這個殖民地的經濟遭到嚴重破壞，居民陷入飢寒交迫的境地。事實上，華人怎麼會希望恢復英國的統治？夏慤海軍少將抵達時，成千上萬面中國國旗淹沒了寥寥無幾的英國國旗。一個華人女孩被一個英國水手謀殺，一名印度員警意外導致一名小販死亡，這些事件激起華人憤怒的騷亂。對於新政府而言，這種麻煩還可以擱置一旁，當務之急是解決越來越嚴重的食品匱乏。

除了他們具備的能力和麥道軻出眾的幽默感之外，政府人員幾乎沒有任何辦法實施救濟。麥道軻報告說："憑藉種種計謀和遁詞，我們在 9 個星期時間裏始終隱瞞我們異常薄弱的一個環節：食物貯藏室空空如也……解放者沒有帶來任何可以填飽肚子和裝點房間的東西。"不過，他們仍想方設法完成了一些十分艱巨的任務，清理了日本統治時期遺留下來的廢墟。政府直接僱用 3 到 4 萬名苦力清除垃圾，9 月 4 日又增加了 3,000 名皇家空軍技術人員。

夏慤海軍少將日後曾經表示，英國政府難得地沒有對他發號施令，賦予他"十足是獨裁的權力"，一旦有必要他可以把這種權力授予麥道軻。當局開始時唯一能夠投入使用的治安力量是"大約 700 名華人歹徒，日本人准許這些人經營賭場，以換取他們維持法律和秩序，日本人還利用他們充當員警，希望能使這些人不參與破壞活動，並管理其他的下層華人。他們不能享有賭場的豐厚收入，但另有薪水補償，日本人還承諾一旦組織起正規警力，就允許他們退出"。[49]

1946 年 5 月 1 日，楊慕琦爵士回到香港，恢復了文職政府。8 個月的軍政府時期是香港發展歷程的轉捩點，詹遜與麥道軻兩人的差異就體現出這一點。像莫德庇和楊慕琦一樣，詹遜屬於維多利亞和愛德華時代對帝國忠心耿耿的一類人，他的個人觀點形成於第一次世界大戰之前所受的教育（楊慕琦和莫德庇兩人都參加過一戰）。麥道軻生於 1904 年，屬於戰後的一代，這是殖民地管理者按照"德文宣言"行事的時代。麥道軻成人後即認為殖民統治不過是過渡性階段，對美國人在蒙特朗布朗沒有認識到這個事實頗為惱火。詹遜能夠在最困難的情況下，令人欽佩地發揮中流砥柱作用，

49　勒斯布里奇，載伽維、阿加西，前引書，第 127 頁。

麥道軻則具備相應的靈活性來管理一個陷入危險及混亂狀態的社會，這個社會剛剛把以往的首領趕了出去。如今，英國的威望無可挽回地煙消雲散了。在過去，這種威望能夠在沒有任何名副其實的武裝力量做後盾的情況下把一個帝國團結在一起。從今以後，英國不得不靠成績而非神話來博得一席之地。

麥道軻及其小組幹出了一番成績。在滙豐銀行的密切配合下，殖民地恢復了貨幣流通。滙豐銀行同意承兌他們的職員在日本佔領期間發行的軍票，凍結一切戰時債務，立即提供公用事業正常運轉所需的資金。香港實行了物價管制和最低工資標準，迅速提供緊急食品供應，還提供免費食物。傑克·姬達協助傑佛瑞·赫克羅斯博士恢復漁業這一重要的食物來源。日後姬達當上輔政司，成為香港的一位傑出人物，赫克羅斯是剛剛從赤柱集中營出來的一位生物學家。香港戰後重建的速度是其他地方無法比擬的，有魄力的建設性努力很快就收到成效。1945 年 11 月，香港取消了政府管制，恢復了自由企業制度。對於英國統治的信心因 1941 年的經歷而瓦解，此時也日漸恢復。當地華人"驚訝於經濟恢復的速度，法律與秩序的建立以及有利於獲取財富的社會環境的形成……佔領結束後，香港取得了值得稱道的成就，它相信商業至上"。戰前時代的英國人幾乎全都離去，這產生了另一個重要的後果：許多以往為英國僑民保留的職位只能由葡萄牙人和華人充任。這個變化幾乎完全是有利的，不過其全部意義尚待時日才能充分顯現出來。

英國選民根本不在乎香港

外交部反對楊慕琦爵士重返總督府，認為任命楊慕琦即意味着決意維持戰前的狀況，而香港實際上已不可能再恢復戰前的狀況。夏愨海軍少將批准了要求給予香港華人更多公平待遇的《1946 年度展望》。羅文錦爵士在重建的立法局的首次會議上明確指出，必須促進"本殖民地的整體利益，而不是某個特殊社會階層的利益"。

楊慕琦對代議制政治的好處深信不疑，無須羅文錦的提醒。他的第一項舉措是建議修訂《香港憲章》，以期使"本地區居民更充分、更負責地參與自身事務的管理"。

　　楊慕琦爵士把香港稱作一個地區而不是一個殖民地,這是意味深長的,預示着英國工黨政府在非殖民化問題上的態度。第二年,英國承認了印度、巴基斯坦和緬甸的獨立。關於香港的建議沒有這麼引人注目,楊慕琦爵士詳細闡述了一份計劃,把"重要的政府職能"轉交給"一個基於完備代議制的市議會"。這項建議以"楊慕琦計劃"聞名,雖然楊慕琦實際上只是轉述一個殖民地部戰時委員會擬定的意見。在倫敦英商中華會社的那些香港大班的支持下,該委員會建議把市政局徹底改組為一個民主機構,同時擴大立法局的代表權。[50]

　　總督做出決定之前,要求全體居民充分討論,以便能夠在是年年底之前最終確定方案。政府收到不少回饋意見,8 月 26 日,楊慕琦爵士公佈了令人滿意的、達成一致的方案:立法局三分之二的席位由直接選舉產生,華人與非華裔人選各佔一半,其餘席位由代表團體任命。在立法局,官守議員與非官守議員人數相等,從而使得總督掌握了否決權。作為代議制機構,市議會的長處在於可以把選舉權擴大到全體成年人,不論是否屬於英國臣民,而立法局的投票權被認為必須限於只佔總人口一小部分的英國臣民。

　　這些建議迅速發往倫敦,從此陷入了沒完沒了的討論和拖延。下議院倒沒有多少分歧,1947 年 5 月 16 日的議會辯論中,伯里的保守黨議員沃爾特‧弗萊徹要求政府"明確確定香港和租借地區公開地、不折不扣地維持現狀,在未來長時期內不會有任何變動"。7 月 29 日,下議院又進行了一次相當混亂的辯論,大衛‧里斯—威廉姆斯上校(後來成為奧格莫爾勳爵)認為"中國的民主力量(不論從哪個角度來界定)並不希望看到香港移交給國民黨政府"。 艾弗‧布林默—湯瑪斯代表政府宣佈:"香港引入穩定政體一事頗有進展……我們已經建立了一種更為民主的機制,包括一個市政當局……草擬了 10 年經濟增長計劃,採取了一切必要步驟來維持穩定,促進經濟增長。""建立"一詞用心良苦,給人的印象是憲政改革走在了實際情況的前面。沃爾特‧弗萊徹代表在野黨同意,"我們大家都堅決主張本地人

50　關於楊慕琦計劃的詳細討論,見曾銳生前引書,要理解戰後英國試圖設計某種代議制政府體制,曾銳生的著作是必讀的;另見多林森前引書,第 138 頁。

的代表應佔較大比例的原則"（不論在香港歷史上"本地人"一詞曾經意味着甚麼）。他又指出"目前要在香港做這樣一件事，恰逢一個極其危險的時刻"，還補充説已有超過 100 萬難民湧入香港。

下議院雖然給人一種香港已經取得重大成就的印象，但詳細的議案卻花了 3 年時間才制訂出來。1949 年 11 月 30 日，工黨議員伍德羅·懷亞特質問道："為甚麼用了長得如此令人難以置信的時間？"當時已是殖民地大臣的亞瑟·克利奇·鍾斯不得不尷尬地承認，"由於種種原因，未能取得迅速的進展"。次日，他又受到另一位工黨議員的質問："他是否認為香港確實不必有某種民主立法機構，市議會或其他形式的民主機構？"鍾斯只得表示願意看到香港建立民主機制，還補充説："制定政體並非一蹴而就的事。"

造成拖延的一個因素在於新任總督葛量洪爵士，他於 1947 年 7 月接替楊慕琦爵士。楊慕琦爵士受到日本人的虐待，健康狀況惡化，儘管他的個人品質絲毫未受影響。麥道軻認為，葛量洪是"一個十分勝任的文官"，不像楊慕琦那樣傾向於"冒險和革新"，也缺乏前任的"想像力和個性"。葛量洪爵士抱負很高，是個"機敏的、看上去很時髦的人物"。他出身於桑德赫斯特陸軍學院和劍橋大學，曾先後效力於輕騎兵部隊、倫敦帝國防務學院和殖民地部。自制、或許還不無自得的葛量洪擔任了 10 年總督，在困難時期管理着香港，期間沒有受到白廳多少干預。他曾於戰前在這個殖民地擔任過 13 年政務官，對香港前途有自己的看法。他不贊成楊慕琦計劃，認為必須推行一種善意的獨裁政治。他做到了這一點。[51]

最終提交立法局討論的方案只涉及行政局，方案規定了一種十分複雜的選舉體制，居民是否有選舉權取決於國籍、居留時間和文化程度，結果大約有 1 萬人獲得投票權。立法局本身沒有任何變化，那些認為理當首先解決立法局民主化的人士馬上提出了反對意見。於是，立法局制訂了自身改革方案，1949 年 6 月進行了討論。這些方案出自羅文錦爵士之手，他再度成為香港事務上的領袖人物。葛量洪爵士稱讚羅文錦具有"一流的頭腦，巨大的道義勇氣、見微知著的才能……在以傳閱檔案方式討論複雜乏味的事項時，議員們會在文件上寫下各自的意見，我總希望看看'文錦'寫了些

51　對葛量洪的評價，見曾鋭生，前引書，第 viii 頁、第 186 頁以下；迪克·威爾遜：《香港！香港！》（D. Wilson, *Hong Kong! Hong Kong!*）。

甚麼,而且多半不必忍受閱讀其他備忘錄時的那種單調乏味。他總是能夠切中要害"。[52]

在討論過程中,"M. K."(羅文錦)梳理出香港憲政改革必然面臨的首要難題:種族問題。英國臣民的人口資料是 1931 年的人口普查資料,他們所屬的種族背景如下:

華裔	61,640 人
歐裔	6,636 人
歐亞混血	717 人
葡萄牙裔 [53]	1,089 人
印度裔	3,331 人
其他民族	453 人
總計	73,866 人

英國臣民僅佔香港總人口的一小部分,人數還不到總人口的十分之一,因此完全不具備代表性。"M. K."最後表示:"我非常不贊同這樣一種主張,即認為一小部分選民選舉的議員能夠代表、而且能夠比委任議員更充分地代表本殖民地。"立法局同意優先考慮自身的重組,把另一套方案提交倫敦,以便進行拖遝和長時間的研究。

1949 年,中國局勢發生巨變,加劇了香港人口成分的失衡。對日戰爭結束後,蔣介石馬上着手進行 20 世紀 20 年代以來消滅共產黨人的未竟事業。美國深信有一個莫斯科領導的共產主義陰謀,繼續向國民黨政府輸送大量援助,擔憂香港可能引發潛在的進一步衝突。1947 年 3 月,美國駐倫敦大使提出,這個殖民地應當在"一個確定的時間""體面而大度地"歸還中國。1948 年,為報復平民在九龍遭槍殺,一羣暴徒焚燒了廣州的英國領事館,美國方面沒有對英國表示多少同情。在重慶,美國駐華大使克拉克告訴英國駐華大使施諦文爵士:"預計香港將成為英中關係揮之不去的肉中刺……我認為英國可能願意考慮,英國的最大利益取決於是繼續保留這個

52　葛量洪,前引書,第 110 頁。
53　在香港,"葡萄牙人"一詞也用來指有葡萄牙語姓名的華人。

刺，還是在某個適當時刻拔掉它。"[54] 克拉克表示施諦文對他的話表示贊同，但認為英國不會認真考慮同丟臉的國民黨談判。國民黨針對共產黨的行動沒有任何進展，他們將被無情地趕出所有的地盤。1949 年 1 月，北平落入共產黨之手。4 月、5 月和 10 月，南京、上海和廣州相繼被共產黨佔領。

反對蔣介石的人士紛紛到香港避難，香港再度成為中國唯一個人自由有保障的地方，另一批難民開始湧入這個殖民地。1950 年 3 月，香港人口增加到 236 萬人左右。[55] 唯一這些難民既有廣州的，也有來自更遠的地方，上海難民尤其把寶貴的人才帶入這個殖民地。轉瞬之間，上海就不再是中國的商業中心，那些使之成為商業中心的人才紛紛離去，業務也停頓了，隨即出現向香港的大逃亡。這個殖民地仍在艱難地重建日本佔領期間遭到破壞的房屋，如此大量的人口湧入給政府帶來難以承受的壓力。許多新來者找不到住處，只得住在走廊、閣樓和馬路上，用任何能夠弄到的材料搭起簡陋的小棚。早先的難民傾向於反國民黨，新來者即使不是親國民黨分子，也多半是堅定反共的，這種情形很快就引發了尖銳的對立。1949 年 11 月，共產黨關閉邊境，想維持傳統的自由出入政策的殖民地當局頓時長舒了一口氣。

白廳官員沒有因為共產黨的勝利而過度驚惶，他們本來就對國民黨毫無信心，普遍認為共產黨要強大得多。不過，新政權確實對英國利益構成了潛在的威脅。"紫石英"號輕型護衛艦受到攻擊 —— 1949 年 4 月，它在揚子江落入人民解放軍的圈套 —— 以及隨後戲劇性地逃脫，在英國引發了異常強烈的愛國主義情緒。1949 年 5 月 5 日，在野的保守黨議員哈樂德·麥克米倫在下議院發言，強調香港是"東方的直布羅陀"，必須加以捍衛。倘若有人問他為甚麼這樣說，他恐怕說不出個所以然。直布羅陀是通往蘇伊士運河航線上具有戰略意義的據點，即使印度獨立後，蘇伊士運河依然是至關重要的水上通道。香港的地理位置並不是咽喉要道，也沒有控制甚麼關隘。工黨國防大臣 A. V. 亞歷山大答覆說："長期以來，香港就有中立和不干涉中國政治的傳統……（政府）業已採取措施……應付可能發生的對

54　《美國外交檔集》(Foreign Relations of the United States)，1947 年，第七卷，1947 年 3 月 4 日；1948 年，第七卷，1948 年 1 月 29 日。

55　同上，1947 年，第七卷：香港被描述為"持不同政見者的最佳庇護所……華人資本的安全島，中國南部唯一有出版自由的地方"。

下述狀況的破壞，即中國國民，不論是國民黨人還是共產黨人，都可以在此地居住。"自 1941 年以來，香港的警務力量翻了一番，英國還派出兩個旅的兵力前往香港充實衛戍部隊。後一項行動是向中國新政權做出的警告性姿態，表示英國認真對待香港前途問題。正如葛量洪日後解釋的，英國的政策是部署充足的兵力，在足夠長時間裏抵禦任何可能的進攻，等待政府施加外交壓力。

諾維奇的議員約翰·帕頓——他是個工人領袖，以往的獨立工黨成員——闡述了指導此後歷屆政府政策的基本原則。帕頓表示："尊敬的議員們難道從來沒有想過，面對充滿敵意的共產黨中國，我們難以無限期地維持我們在香港的地位。一旦我們開始這麼認為，我們將不可避免地失去香港。"帕頓得到了伍德羅·懷亞特的支持（頗為諷刺的是，懷亞特勳爵後來轉向右翼），懷亞特指出，毛澤東肯定會打贏內戰，毛氏具有不同於俄國人的品質，不是熱衷於領土擴張的史達林主義者。懷亞特提出了一些有創意的建議，諸如擴大租借地區，用香港來交換福爾摩沙等等。後一項建議是 19 世紀時的一種見解——渴望得到比這個"貧瘠之島"更好的地方——的最新翻版。

第二年的大選中，工黨在戰後的壓倒性優勢差一點喪失殆盡，艾德禮政府在下議院只掌握了 6 席多數。1951 年 10 月，邱吉爾領導的保守黨取代工黨，英國推行非殖民化的熱情顯著消退。不過，1952 年 5 月 16 日，在葛量洪支持下，新任殖民地大臣奧利佛·利特爾頓仍然把經過修正的楊慕琦計劃提交內閣，他在備忘錄中寫道：

> 香港的憲政改革在戰後即已做出承諾，1946 年以來一直在審議之中。我於 12 月份訪問香港時，總督向我表示……改革沒有任何進展的事實已經開始引發騷動，他認為越來越難以長久地控制局勢。

他指責外交部應對延誤負責：

> 早在 1950 年年底，這些建議就已獲通過，但在外交部的要

求下擱置起來，理由是由於沒有規定廣泛的華人選舉權，或許會激起一場宣傳運動。

但是，目前所有部門都已經同意：

> 外交部、英聯邦事務部、國防部都已經解決了問題……各個部門一致認為，時機已經成熟。[56]

　　然而，就在新舉措公佈前夕，一個包括立法局、行政局最重要的議員在內的代表團造訪了總督，請求總督"終止這個將毀滅香港的瘋狂舉動"，他們表示，"沒有人真正要求"擴大選舉權。僅僅數月之前，葛量洪才告訴殖民地大臣，要求改革的"騷動"極其強烈，乃至他認為"越來越難以控制局勢"，此刻他卻接受了代表團要求放棄該方案的建議。消息傳到殖民地部，官員們無不目瞪口呆，"他們恨得咬牙切齒，只得繳械投降：'葛量洪，內閣批准了你的方案。'"利特爾頓並不介意告訴內閣的同事說自己改變了主意，他在備忘錄中寫道："我很遺憾不得不再次打擾內閣……（在與那位總督討論後）我提議不再推行這些改革，等到條件更成熟時再說。"

　　葛量洪爵士在自傳中寫道，殖民地大臣同意放棄憲政改革，原因在於"這個問題不會引起英國選民的興趣"。1968年，他在一次未播出的電台採訪中更直白地透露了許多內情：利特爾頓"非常想否決該方案，任何一屆英國政府唯一關心的就是重新執政，而英國選民根本不在乎香港"。[57]1951年時，情況確實是這樣，以後也依然如此。

　　經常有人提出，楊慕琦方案悄無聲息地夭折，意味着香港政府喪失了在不招致中國干預的情況下引入民主機制的最後機會。從另一個角度來說，楊慕琦方案提出的有限選舉權把如此眾多的居民排除在政治權力之外，也有可能成為進一步改革的強大阻礙。

56　外交部檔案（C (52) 165）。

57　葛量洪，前引書，第 112 頁；葛量洪接受克羅澤電台訪問記錄，1968 年 8 月 2 日，羅茲圖書館（Br. Emp. 288）。

第十五章
在夾縫中生存

盎格魯—撒克遜人的態度

戰後歷任香港總督及其同事發現，香港陷入了四面楚歌的境地。中華人民共和國政府（北京）和中華民國政府（台灣）都把香港視為中國領土的一部分，也都暫時擱置主權要求，在這個殖民地展開針鋒相對的活動和宣傳。美國政府敵視中華人民共和國，全力扶持台灣當局。為了進行反共產主義聖戰，美國大肆利用香港的間諜設施，竭力阻礙香港經濟的發展。作為香港名義上的主人，英國政府夾在中華人民共和國（政治上極為重要）與美國（經濟上不可或缺）之間，只是聽任事態的發展，避免開罪中美兩國。在香港居民看來，這些強國往往無視他們的利益，真正為他們着想的是殖民地當局。

英美兩國遲遲未能真正把握戰後的亞洲局勢。1947 年 8 月 15 日，印度和巴基斯坦獨立，直到 20 年之後，這一事件的戰略意義才開始在英國政策中有所反映。時至今日，英國政府仍沒有給予充分的認識，仍然認為英國是一個世界強國。1949 年 10 月，毛澤東領導的中華人民共和國在北平（隨即改名為北京）宣告成立。不久，國民黨在福爾摩沙 —— 即現今的台灣 —— 偏安一隅，建立起冷酷無情的獨裁政權，美國花了 20 年時間才認識到這個政權並非中國中央政府的事實。英美兩國的這些錯誤觀念延續了很長時間，其影響波及到香港。

中國內戰時期，美國人用感情用事的援助支撐着國民黨蔣介石政權，國民黨失敗後，美國的援助不減反增。美國輿論似乎無法相信，蔣介石 —— 得到他的夫人及其掠奪成性的家族扶持 —— 不過是一個小集團的腐敗無能的領袖，這個小集團讓中國人民大失所望，還竊取了美國提供的成億美元資金。美國人炮製了一個神話，邪惡的共產主義控制了東方，台灣和金門、馬祖列島是陷入重重圍困的民主世界的前哨。雖然有證據表明國民黨內部貪污蔓延，但杜魯門政府依然不願批評這個眾所周知的腐敗獨裁政權。不僅在台北，此前在重慶和上海時也是如此。更讓人吃驚的是，雖然杜魯門袒護蔣介石政權，但蔣氏的代表卻在 1948 年美國總統選舉中公開支持共和黨。他們預計杜魯門的對手湯瑪斯·杜威將獲勝，所以授予杜威"青天白日勳章"。

歇斯底里的麥卡錫主義甚囂塵上，即便是頭腦清醒的人也很難質疑蔣介石的神話。美國國務院內外的"中國通"認為"蔣介石及其歷史短暫、掠奪成性、消極厭戰的軍隊不能代表未來的方向"，結果卻"遭到約翰·福斯特·杜勒斯和國會山麥卡錫主義分子的嚴厲斥責"。巴巴拉·塔齊曼斷定，"恣意的攻擊和殘暴的'恐怖統治'席捲美國對華政策……妨礙外交部門做出獨立判斷"。[1]

不可否認，人們在一段時間內對於這些問題的認識是模糊不清的。中華人民共和國成立後，必須確立普遍承認的合法邊界。中華人民共和國面臨許多當務之急的問題：聯合國在朝鮮的行動、英國在馬來亞的軍事行動、對台灣的領土完整事實上的承認、與印度在拉達科邊境地區的混戰、與蘇聯關係的確立，以及對西藏（客氣地說）重新行使宗主權。到 1962 年，這些問題都已解決，儘管還有不少麻煩，但已經很難動搖中華人民共和國的戰略決策。除了台灣和香港這兩個主要的例外，中國重新確立了歷史邊界，願意在沒有太大的壓力下，按照正常程序進行收復台灣和香港的談判。

若干年之內，中華人民共和國始終有可能武力收回香港。1949 年 10 月，人民解放軍南下進入廣州，一路上沒有遭遇多少抵抗，人們認為新政權得到了上天的眷顧。英國工黨政府發出決意守衛香港的信號，大大加強香港防禦力量，足以使武力接管變得困難重重。像工黨右翼之外的少數人一樣，粗獷樸實的工黨外交大臣歐尼斯特·貝文敵視共產主義，宣稱要使香港成為"東方的柏林"。英國派出 3 萬人的部隊，包括裝甲部隊和空中支援力量，以及一支航空母艦編隊，足以阻止人民解放軍的挺進。

英國執意在新興的馬來西亞聯邦抵禦共產黨咄咄逼人的滲透，在保衛

1　加爾布雷斯：《我們時代的生活》(J. K. Galbraith, *A Life in Our Times*)，第 258 頁；塔齊曼，前引書，第 671 頁以下。另見邁爾斯：《美國右翼的漫長旅程》(Miles, *The Odyssey of the American Right*)。美國國務院人士對中國共產黨抱有一種良好的想像，他們認為這個黨"穩步尋求發展民主，邁向英國那樣的社會主義"，這樣一種觀點難以得到客觀形勢的證明。

香港問題上的立場更為堅定。內閣達成一致意見，"除非局勢變化，我們打算一直留在香港"，等到時機成熟時，"我們應當準備與一個友好（草案中本來還有"民主的"一詞，但明智地刪除了）、穩定、統一的中國政府討論香港之未來"。北京新政府沒有任何入侵的打算，當時的強硬派人士彭真 —— 日後他試圖制止"文化大革命"的瘋狂行徑 —— 寫道："我們在沒有準備的情況下匆忙解決香港問題是不明智的。"[2] 人民解放軍的部隊僅有極少數的幾次挑釁姿態，中港現有邊界得到確認。

香港與北京的關係還算客氣（香港與廣東的關係要緊張一些），只是在1952 年的一段短時期內，雙方有過一場針鋒相對的宣傳戰。當時發生了兩起嚴重事件，中國軍隊炮擊一艘英國海軍巡邏艇，還擊落了一架民用飛機，兩起事件都造成了人員傷亡。不過，這並未超出人們的預料，與一個剛剛建立強大革命政權的大國為鄰，必然會遭受一些損失。雙方達成妥協，因為香港對中國極具價值，中國將近一半的外匯收入來自香港；對於這個殖民地來說，對華貿易更是至關重要。

在此之前，香港的難民人數已經增加到將近 300 萬人（一般稱這些人為"寮屋居民"，因為"難民"一詞意味着這些人逃離惡劣的環境，還意味着主人有責任安置他們，這對中華人民共和國是一種侮辱，也會讓香港付出巨額花費）。新來者蜂擁而至，數年之內人數就達到香港本地人口的 4 倍。他們佔據了一切能夠弄到手的設施，給潛心致力於戰後重建、時時面臨外部壓力的殖民地政府帶來巨大困難。可以想見，香港當局只是勉強接納"寮屋居民"，除了提供最基本的生存條件之外，當局不願承擔更多的義務。黎敦義於 1950 年進入香港政府部門，是當時的一批新政務官之一，他在 1991年《香港年度報告》中敍述了自己的經歷："我必須設法甄別寮屋居民，重新安置每一個人，為他們提供用 4 根界椿標出範圍的空地，供他們建造住所。政府逐步撥付少量資金，用於清理地基、修建儲水管、鋪設道路，還做了大量其他工作，但是不提供住房。"[3] 新來者大多對政治漠不關心，覺得能夠活下來就已是萬幸，只希望自己的生活不被打擾。若說他們對政治還有一點興趣的話，那就是不同情他們企圖逃避的共產黨。左翼分子，即一

2　英國內閣檔案（CAB 128/16），1949 年 8 月 29 日，引自曾銳生，前引書，第 105 頁。

3　《1991 年香港年度報告》（1991 Hong Kong Annual Review），第 9 頁。

般所稱的共產黨同情者，總是受到種種限制；極端的國民黨支持者對這個殖民地的安寧威脅更大。

1945 年香港光復後不久，國民黨煽動者就陸續進入這個殖民地，他們的後台是國民黨政府官員郭德華。郭德華的身份是“香港特派員”，這個頭銜表明了國民黨對香港的主權要求。香港的國民黨報紙不斷重申這一主權要求，呼籲台灣政府迅速收回這個殖民地。1948 年發生了一起嚴重事件，中國地方官員宣佈九龍寨城為中國領土，引發了抗議示威。員警前往該地區，並向示威者開槍，打死一名男子，打傷居民若干。在一陣報復浪潮中，廣州的英國領事館遭焚毀。

共產黨在中國大陸勝利後，香港的蔣介石支持者不得不改變策略，轉而集中攻擊北京政府。他們在這個殖民地開展恐怖活動，以此來脅迫英國人。共產黨與國民黨誰更危險，英國僑民內部看法不一。溫和的左翼高級教士何明華會督創辦工人學校，不止一次因為這些學校與保守的葛量洪及其“喜劇歌劇政府”發生衝突。按照葛量洪的說法，這些學校“完全受共產黨控制，是共產主義和反英思想的中心”。[4] 美國人站在國民黨一邊對英國人施加壓力。美國人種種最為拙劣的做法表明，香港的國民黨勢力比何明華的工人學校更應引起政府的警惕。

香港政府不像美國人那樣欣賞蔣介石，對共產黨人也沒有好感。大多數香港人起初並不反對北京的新政府，他們認為任何變化都要比國民黨好。倫敦也有同感，英國政府略微遲疑之後，就遵循既定的實用主義原則，即承認實際控制其領土的政府，於 1950 年 1 月承認了北京的新政權，成為最早承認北京政府的國家之一。英國繼續承認台灣的合法性 —— 多年之後，英國才與北京互換大使，實現兩國關係正常化 —— 但香港必須打交道的是中華人民共和國。北京堅持認為香港是中國不可分割的一部分，只是暫時處於外國管治之下，因此北京與香港不可能有直接的外交關係。當時採取了一個辦法擺脫窘境，由新華通訊社香港分社代表中國的利益。新華通訊社香港分社設在中國銀行大樓，表面上是一家新聞機構，實際上完全公開地代表中華人民共和國。

4　葛量洪，前引書，第 115 頁，帕頓：《香港何明華會督的生平與時代》(D. M. Paton, *The Life and Times of Bishop Ronald Hall of Hong Kong*)，第 188 頁。

　　美國依然承諾支持國民黨，猛烈抨擊英國對共產主義過於軟弱。美國公民被勸告離開這個殖民地，還關閉了一些美國公司。1950 年 6 月，在邱吉爾的大力支持下，工黨政府追隨美國譴責北朝鮮入侵南方，英美這兩個戰時盟國才恢復了友好關係。在隨後爆發的朝鮮戰爭中，中國站在北朝鮮一邊參戰，英美兩國對此做出了截然不同的反應。麥克亞瑟將軍和相當一部分美國輿論希望、甚至是極力主張進攻中國。1950 年 12 月，艾德禮首相匆匆飛往華盛頓，勸說杜魯門總統打消進攻中國的念頭。美國政府曾多次討論使用原子武器的可能性，許多美國人堅定不移地相信一種莫名其妙的看法：中國和俄國正在共同實施征服"自由世界"的共產主義陰謀。不論保守黨還是工黨執政，歷屆英國政府都設法說服美國人接受這樣一種觀點：必須把中國的共產主義與俄國的帝國主義區分開來，不要把中國推入俄國人的懷抱。

　　在這種情況下，美國在中國邊境擁有一個樂於合作的監聽站，好處自是不言而喻。美國充分利用了這個有利條件。不難想見，美國駐香港領事館的人員編制驟然膨脹，殖民地政府為此十分為難。1938 年，美國駐香港領事館只有一名總領事、兩名領事和兩名副領事。1953 年，美國領事館達到 116 人，有 4 名領事和 20 名副領事，管理包括他們本人在內的 1,262 名美國僑民。葛量洪爵士在自傳中曾談及此事，他在 1968 年接受電台採訪時更直率地表示，"我對它（美國領事館）—— 世界上最龐大的領事館 —— 看法很差"，領事館職員"敵視中國大陸的合法政府"。尤其是中央情報局"一度極其笨拙，我們不得不採取極為強硬的路線，讓他們不要再如此愚蠢"。[5]

　　湯瑪斯·杜威曾訪問香港，他很難理解一個英國殖民地政府何以如此開明地"恪守言論自由的原則"，"英國人嚴重妨礙了我們的情報工作……（他們）反對針對紅色中國的行動，包括美國的間諜活動"。杜威還吃驚地發現，美國的壓力並未卡住路透社，路透社向外界發送了其美國同行美聯社肯定會扣下的新聞，美聯社"從來不會發表那種會在那些國家給我們造成損害的新聞"（例如種族騷動）。杜威想知道，英國人如此不明智地迷戀個

5　前引電台訪談記錄，羅茲圖書館。葛量洪告訴美國聽眾，美國駐香港領事館的職員人數比任何一個城市都多，倫敦除外。（岩士唐檔案，普林斯頓（H. F. Armstrong Papers, Princeton)）

人自由，"是在打板球還是玩俄羅斯輪盤"？不過，杜威欣慰地獲悉，比英國更可靠的盟友法國正在從事反共產主義的鬥爭，法國將軍德·拉特·德·塔西尼向他保證："我們正在印度支那打敗胡志明。"[6]

　　兩航事件是引發英美摩擦的另一個原因。[7]內戰時期，中國兩家國有航空公司的大部分資產轉移到香港，其中包括 83 架客機。毫無疑問，它們是中國政府的合法財產，問題是它們應該屬於哪一個政府？英國在當時（1949年底）還沒有承認北京的共產黨政權，看趨勢很有可能會予以承認。陳納德和魏勞爾創辦了一家美國公司"中華航空公司"（簡稱華航），這家公司與中央情報局關係密切。陳納德等人認為，關鍵是不能讓這批飛機落入共產黨中國之手，它們會被用來進攻福爾摩沙的國民黨。他們接連組建了數家公司，先是在巴拿馬辦了一家公司，後在德拉瓦州建立"民用運輸航空公司"（簡稱民航）。按照陳納德的計劃，民航將從國民黨政府手中買下這批飛機，從而造成既成事實。計劃付諸實施，首先必須說服香港政府承認其合法性，才能禁止把這批飛機移交給中華人民共和國。事實上，移交已經在進行，因為 12 架飛機和航空公司的總經理已經飛往北京。1950 年 1 月 4 日，兩位強人拜會了葛量洪，他們是前美國戰略情報局局長、"野小子比爾"唐諾文和前戰略情報局在華負責人理查·黑普納。唐諾文在會晤時出語恫嚇，要求香港當局立即把飛機移交給他。唐諾文表示，如果不是美國參戰，英國早就輸掉了戰爭。他還威脅說，如果香港當局不肯合作，葛量洪爵士本人要承受嚴重後果。恫嚇從來不是最明智的做法，總督當然拒絕做出任何讓步。不僅如此，葛量洪還禁止隨同唐諾文前來的美國檢查人員接近這批飛機。

　　第二天上午，英國宣佈承認共產黨政府，事態急轉直下。案件提交香港法院，法院裁定這批飛機屬於中華人民共和國的合法財產。華盛頓威脅

6　杜威：《遠東太平洋之旅》（T. Dewey, *Journey to the Far Pacific*），第 147-159 頁。1931 年，胡志明在香港獲得避難權，並成功地擺脫法國的引渡要求，杜威更有理由對英國人關於法律管制下的自由的觀點感到惱怒。另一位美國人吉恩·格利森對香港的法治有更深刻的印象："15,000 名英國人如何管治這個地方 —— 站在大街上隨意四顧，就能發現英國人確實在管治香港；（英國人）專橫地、有效地、強而有力地、往往是刻板地實施管治，從來無需披上大眾統治的偽裝，但始終有嚴格的司法。"不過，他悲傷地補充說："如果他們能夠再稍微可愛一點，那該有多好。"（格利森，香港（Gleason, Hong Kong））

7　葛量洪，前引書，第 162-163 頁；另見利里：《飛機與反共分子》，載《中國季刊》（W. M. Leary, 'Aircraft and Anti-Communists', in *China Quarterly*），1972 年 12 月，第 52 卷。

要對英國實施經濟制裁，北京也拒絕與英國恢復全面外交關係，潛入香港的國民黨特務炸毀了 7 架飛機。美國的施壓收到了效果，英國政府雖然拒絕推翻香港法院的裁決（實際上這麼做也違法），但指示葛量洪扣留這批飛機，直到"所有的法律程序"經過詳細的論證。總督感到沮喪萬分，"我不過是個殖民屬地的總督，能向誰訴苦，即使有地方訴苦，又有甚麼用"？不過，葛量洪採取了靈巧的騎牆手法，美國駐香港總領事向國務院報告說，總督保證"不管案子結果如何，不會允許這批飛機從香港前往大陸"。[8]

整個事件直到兩年之後才有結果。1952 年 7 月，英國樞密院司法委員會裁決這批飛機屬於陳納德的合法財產。這個裁決在法律上站不住腳。前總檢察長哈特利·肖克羅斯爵士對這個案子的看法很能說明問題：問題在於，"政府的行動是側重安撫美國政府還是中國政府"。對於陳納德而言，這是個皮洛士式的勝利。此時這批飛機已無法飛行，況且英國政府堅持在任何情況下都不得把飛機移交給福爾摩沙。民航公司為了把昂貴的飛機運出香港，不得不求助美國海軍，租用一艘美國航空母艦運輸飛機。第二年，葛量洪再次蒙受打擊。倫敦命令他批准台灣政府徵用一艘中國油輪，他多次提出抗議，最終仍無濟於事。葛量洪表示，英國政府"害怕美國會對英國採取行動，卻不管中國是不是會對香港下手"。[9]

這次事件還不是葛量洪最後一次為了飛機傷腦筋。1955 年，一架國民黨戰鬥機——這次事件的有關資料從公眾能夠接觸到的檔案中清理得一乾二淨——神秘在香港降落。英國政府花了一年時間才做出決定。葛量洪為了過上安穩日子，聽從了他的朋友、殖民地大臣艾倫·倫諾克斯—博伊德的意見，把飛機和駕駛員交給台灣，同時對台灣"這種濫用香港設施的行徑"提出恰如其分的抗議。1956 年 3 月 13 日，首相安東尼·艾登質疑這個決定，"懷疑是否有必要用這種肯定會激怒共產黨人的特殊步驟來歸還這架飛機"。不過，倫諾克斯—博伊德設法使內閣相信，"總督本人一心只想徹底擺脫這種窘境"。[10]

8　《美國外交檔案》(*Foreign Relations of the United States*)，1952-1954 年，第十四卷，第 70 頁註釋 2。

9　前引電台訪談記錄，羅茲圖書館。

10　英國內閣檔案，1956 年 3 月（CAB 13，March 1956 22 (11)）及 CM 41 (55), Item 3。

　　當時，英國與美國的關係確實有一些不同尋常的因素。1953 年，共和黨人艾森豪威爾將軍當選總統，美國國內反共產黨中國的院外集團依然咄咄逼人。約翰‧福斯特‧杜勒斯把共產黨中國視為眼中釘，憤怒地指責英國在東南亞毫無作為。他的繼任者迪恩‧魯斯克乾脆無視中華人民共和國的存在，"中國並非一個獨立實體，他斷言它只是'一個蘇維埃的滿洲國'，不具備任何主權性質"。[11] 很顯然，這種觀點必定在現實世界裏碰得粉碎，實際上美國對外政策在許多年時間裏始終沒有走出虛幻的世界。1953 年 12 月，艾森豪威爾曾經認真考慮過一旦朝鮮停戰協議被打破，就使用原子武器，看來他根本沒有認識到原子武器與常規武器的區別。1951 年重新當選首相的邱吉爾耐心勸說這位總統不要這麼做，艾森豪威爾才收回宣佈美國"不受約束地使用原子彈"的聲明草案。[12]

　　然而，英國無力改變美國的政治態度。邱吉爾保守黨政府基本沿襲前任工黨政府的外交政策，這種政策並沒有得到國內的一致認同。外交大臣安東尼‧艾登希望中華人民共和國獲得中國在聯合國的席位，這種看法引起了很大爭議。邱吉爾強烈反對這種觀點，與艾登發生"憤怒的爭吵"（1954 年 7 月 4 日）。[13] 首相與外交大臣的爭執最終平息，兩人同意"必須尋求一條途徑，讓紅色中國以美國能夠容忍的方式進入聯合國"。要做到這一點尚需時日，因為英國在中東急需美國的支持，尤其是 1956 年英國在蘇伊士運河慘敗，當時已辭去首相之職的邱吉爾把蘇伊士運河事件稱作"一個重大錯誤"，"所能想到的計劃最不周密、實施最不順利的"行動。[14] 邱吉爾以民間身份鼎力協助政府與美國修好，復交的重任落在新任首相哈羅德‧麥克米倫和外交大臣塞爾溫‧勞埃德的身上。1957 年 10 月，勞埃德會晤艾森豪威爾，艾森豪威爾在會談中提出美國部分承擔保障香港安全的責任，英國相應地不再支持中國。英國政府立即同意了這個提議。1957 年 10 月 25 日，勞埃德在函件中表示："在未事先與美國政府達成一致的情況下，本屆聯合王國政府不會謀求或支持改變中國在聯合國及其附屬機構，以及其他

11　加爾布雷斯：《我們時代的生活》，第 419 頁。

12　科爾維爾：《權力的邊緣》（J. Colville, *The Fringes of Power*）第二卷，第 350-351 頁。

13　吉伯特，前引書，第七卷，第 1015-1016 頁。

14　同上，第 1224 頁。

將出現這個問題的國際組織中的代表。"

　　麥克米倫曾在回憶錄的初稿中清楚説明了英美之間的這些"交換條件",他寫道:"作為交易的一部分",英國同意"不再迫切要求允許共產黨中國進入聯合國……美國則同意考慮把香港納入共同防務體系"。這種做法顯然是為了重要的外交政策而放棄責任,政府明智地沒有公之於眾。內閣秘書讀過麥克米倫回憶錄初稿後,建議麥克米倫刪除相關內容,公眾是借助美國《資訊自由法》才得以獲悉塞爾溫·勞埃德信件的內容。[15]

　　香港的未來就這樣讓位於更重大的國際問題。朝鮮戰爭期間,西方開始實施對中華人民共和國的貿易禁運,這個殖民地的經濟遭受重大打擊,陷入嚴重的財政困難。1951 年的香港政府年報把這一年説成是艱難和蕭條的年份,種種因素"導致香港經濟陷入難以承受的境地"。禁運有兩種形式,一是聯合國實行的戰略物資禁運,二是美國實行的禁止一切對華貿易的全面禁運。共產黨人接管過去的通商口岸之後,把外國公司逐出這些口岸,中國的對外貿易大多轉口香港。貿易禁運使這種轉口貿易大幅減少,用葛量洪的話説,轉口貿易萎縮到"涓涓細流"的地步。曾經參加過針對義和團的懲罰性遠征的老兵埃利班克勳爵指出,貿易禁運就如同"你把刀子交給某個人,然後告訴這個人,為了他的利益應該割斷自己的喉嚨"。

　　為了實施貿易禁運,美國派出一批檢查人員充實本來就已經大大膨脹的香港領事館,確保不讓任何中國產品直接乃至間接地進入美國的自由土地。為了讓美國的禁運檢查官滿意,殖民地當局不得不證明出口貨物在意識形態上的純潔性。例如,海蝦或許是在香港周邊水域捕獲的,但這種甲殼類動物是在哪裏生長的,是不是共產主義的滲透者?由於無法找到明確的證據説清楚海蝦的來源,香港的海蝦一律禁止向美國出口。鴨子出口也面臨同樣的困難。它們很可能是在這個殖民地孵化、飼養和宰殺的,但鴨蛋的來源就絕對沒有問題嗎?

　　麥克亞瑟將軍也插手此事,他抱怨説,雖然實施了禁運,但中國仍然能夠設法獲得重要的軍事物資,香港的貿易利潤證明了這一點。英國政府

15　這一資料取自馬克·羅伯蒂(Mark Roberti)發表在 1992 年 4 月 12 日《南華早報》（*South China Morning Post*）上的一篇有趣的文章;另見霍恩:《麥克米倫》(A. Horne, *Macmillan*),第二卷,第 56 頁。

反駁麥克亞瑟的指責，總檢察長哈特利·肖克羅斯爵士指出，這類物資的數量幾乎為零，唯一的違禁物品是一架單反照相機，很難說有甚麼戰略意義。肖克羅斯進一步指出，雖然香港對華貿易大幅度下降，但日本對華貿易額卻從 1950 年上半年的每月 50 萬元，上升到第四季度的每月 300 萬元，而日本當時正處於麥克亞瑟將軍的管制之下。朝鮮戰爭前的一段時期內，走私者完全克服了本已大大強化的諸般限制，在愛國主義與利潤的雙重刺激下，走私大行其道。為了避免不必要的爭執，走私者不得不與稅務局分享利潤。葛量洪爵士解釋說，走私者與稅務官員常用的手法是，雙方約定稅務官員"在某一時刻……到甲處，這樣走私者就可以在乙處附近蒙混過關"。[16]

貿易限制雖然給香港的戰後恢復帶來諸多困難，但禁運也帶來一個重大的有益後果：轉口貿易萎縮，製造業發展起來。上海實業家成為這一潮流的先行者，他們要麼對國民黨的腐敗無能感到失望，要麼在共產黨進攻上海之際逃離那座城市。這批人自視甚高，認為自己"比廣東人更有才智，更有效率，也更為靈活和慷慨"，在他們眼裏，廣東人是"沒有教養的外省人"。上海商業歷來比香港的國際化程度高，香港更受制於英國的控制。《遠東經濟評論》主編迪克·威爾遜認為，"上海企業家在經濟上發揮了決定性作用"。香港政府也承認這個殖民地之所以能夠比亞洲其他國家和地區早起步 10 到 15 年，原因就在於"注入了上海的經驗和資本"。[17]

新來者的興趣主要集中在電影製片業（邵逸夫爵士）、紡織業（唐氏、李氏和王氏家族）和航運業（包玉剛、董浩雲和趙從衍）。上海人也開始在文職部門和政壇嶄露頭角。鄧蓮如女士是資深的香港政治家，不僅擔任立法局和行政局議員，還是英國上議院議員。這批人在被迫離開上海時大多財產受損，但其他一些人，尤其是那些帶着已經訂購和付款但還未交貨的機器前來香港的人，其中包括李承基和唐炳源，還是能夠把他們的資源轉移到這個殖民地。到 1955 年，政府已經表示"香港迅速崛起為一個工業基地"。起初，工業主要集中在紡織業部門。1962 年，紡織業產值超過 1 億

16　關於肖克羅斯的講話，見波特：《英國與共產黨中國的興起》(B. Porter, *Britain and the Rise of Communist China*)，第 120 頁以下；關於走私者，見葛量洪，前引書，第 166 頁及羅茲圖書館藏電台訪談記錄。

17　迪克·威爾遜，前引書。

英鎊，佔出口總額的 52%。隨後，其他工業部門開始多元化發展，包括人造花製品和初級電子產品。

禁運造成了巨大的資金損失，實際上大批貨物根本賣不出去，不得不花很大代價處理掉。滙豐銀行推行扶持政策，幫助商人們挺過這次打擊。1972-1977 年間擔任滙豐銀行總經理的 G. M. 塞耶描述了滙豐銀行態度的變化：1950 年以前，銀行職員幾乎全是歐洲人，他們很少直接與華人顧客聯繫，所有業務往來都由買辦經手；只有在上海，"人們普遍比較世故，教育程度較高，也確實具備更豐富的商業知識"，滙豐銀行與顧客交易無需買辦這一中間環節。管理人員具備這種知識，再加上了解香港的條件，就能夠揚長避短，開拓事業，新建樓宇，添置設備。儘管困難重重，但這個殖民地的恢復速度仍然大大超過宗主國，香港商人做出了貢獻。英國的信貸多年來一直受到官僚式的管制，香港還享有以美元結算的寶貴自由，而英國的通貨限制自戰爭結束以後一直延續了 35 年。[18]

1953 年，朝鮮戰爭結束，1957 年，馬來亞宣佈獨立，英國在遠東的戰略利益幾乎喪失殆盡。英國協助遏制了印尼在婆羅洲的滲透，同時遠離亞洲的一個主要衝突中心印度支那。英國逐步撤退，首先把香港衛戍部隊的規模縮減到僅能維持內部治安的程度，1958 年又關閉海軍船塢。從那時起，香港在英國人眼中就成為一個附屬物，一個沒有任何戰略意義的附屬物，英國也越來越不指望從香港獲得商業利益。英國議會很少關注香港問題，英國公眾對香港不感興趣，只是把它當作一個花費不菲的異國情調觀光地。

1951 到 1964 年，英國一直由保守黨執政，保守黨政府遵循既定的香港政策，即聽之任之的溫和政策。奧利佛·利特爾頓訪問這個殖民地，成為第一位在任職期間訪問香港的殖民地大臣。他知道該看甚麼不該看甚麼，因此覺得香港的生活令人滿意，葛量洪是"最富才幹和最有成就的殖民地總督之一……葛量洪夫人是位迷人的美國人，把總督府裝飾得富麗堂皇……華人僕役的紅色制服、窗簾、地毯、家具、鮮花和食品，無一不顯示出獨到的眼光和鑒賞力"。[19] 殖民地當局妥善處理經濟問題，使之不至於激化到

18　引自景復朗前引書，第四卷，第 352 頁。

19　錢多斯勳爵（奧利佛·利特爾頓）：《回憶錄》(Lord Chandos（Oliver Lyttelton），*Memoirs*)，第 375 頁。

需要外部援助的地步，這一點得到適度的讚許。相反，當局堅決裁撤一些
不必要的開支，如海軍船塢的 4,700 個工作崗位。在野的工黨也沒有針對
這個殖民地提出嚴厲的質詢。選區內有許多紡織業的蘭開夏議員抱怨說，
英國紡織業日益遭受來自香港工業的競爭。保守黨政府告訴他們："相比之
下，香港與西歐工資水準的接近程度高於西歐與美國工資的接近程度。"言
下之意，是不無道理地要求英國製造商停止抱怨，逐步增加對美國的出口。
在香港民主化進程方面，只有格拉斯哥的工黨議員約翰・蘭金提出過質疑。
楊慕琦計劃無聲無息地夭折後，這個殖民地在民主化方面再沒有任何新進
展。

　　只有涉及重大的對華關係問題，議員們才會直接關注香港。第一個這
樣的時刻是東頭寮屋區大火，這場火災造成一萬餘人無家可歸。香港政府
所能採取的唯一補救措施是把這些人遷到另一個臨時搭建的寮屋區。新的
廣東政府借機展開宣傳攻勢，提出派"慰問團"前來香港。葛量洪爵士認為，
"這個舉動的結果不難預料……嚴厲譴責'帝國主義'的演講，允諾'祖國母
親'的援助……最終會發生騷亂"。[20] 雖然慰問團未獲准進入香港，但 1952
年 3 月仍發生了騷亂，一人死亡。香港當局向下議院隱瞞了事實，下議院
議員被告知僅有一人用霰彈槍開過一槍，12 人輕傷。

　　殖民地當局對待難民的態度類似於火車站職員對待旅客的態度，就像
車站當局一樣，香港政府的責任是照看自己人，而不是"對來去匆匆的過客
廣施恩惠"。"寮屋居民"可以進入香港，這些人進入香港後就得自己照顧
自己。1953 年聖誕節，石硤尾寮屋區發生了更嚴重的火災，政府的這種態
度才開始有所改變。這場大火導致 5 萬多人失去了簡陋住房，香港政府被
迫做出一項重大決定，黎敦義敍述了當時的情況：

　　　　直到 1953 年聖誕節次日 6 時的一次會議上，葛量洪爵士才
　　決定由政府出面興建住房……
　　　　50 年代的徙置計劃並不是為了解決窮人的住房問題，它是
　　為發展掃清障礙的手段。光申請是不能得到一套徙置房的，只有

20　葛量洪，前引書，第 159 頁。

所住的寮屋將要拆遷,才能獲得徙置房。提供的徙置屋是座七層
混凝土建築,每戶可得到其中一小套房子,人均面積不過 24 平
方英尺,沒有電梯,沒有自來水,沒有窗戶,只有木製窗板,而
且位置接近公用廚房和衛生間。雖然這些條件聽起來十分可怕,
但人們還是拼命要擠進這種新大廈,畢竟這是屬於自己的合法居
所,而且不會再遭祝融之災。[21]

到 1956 年底,徙置計劃佔地 630 英畝,建造了 23,300 套分租房屋和
13,800 間平房,不知道用甚麼方法竟然安置了 20 萬人,人均居住面積還不
及一張雙人牀大。以這項計劃為標誌,政府開始了值得稱道的努力,更值
得一提的是,這項計劃是這個殖民地靠自身力量完成的,只有美國和中國
提供了一些幫助。香港從宗主國獲得了"大量令人愉快的口頭表態、英王陛
下政府的稱讚,但沒有得到任何資金,分文皆無"。只是在美國提供了一筆
贈款之後,殖民地部自感羞愧,才提供了同等數額的款項。此前葛量洪數
次要求英國政府為徙置計劃提供幫助,在白廳受到頗為無禮的冷遇,"我請
求女王陛下政府給予財政援助。我不斷懇求,反覆力爭,發函電,寫信件,
會見各級官員,向各位大臣説明情況。但是,一切努力都無濟於事,我們
沒有得到任何東西"。[22] 像過去一樣,只有當香港發生災禍,或是涉及英國
自身利益時,英國政府才認為值得關注香港。

令人驚奇的是,戰後十多年時間裏,除了國民黨特務製造的一些零星
恐怖事件之外,香港從未發生過嚴重的動亂。中國大陸湧入這個殖民地的
難民超過 200 萬人,他們只得到最基本的供應,每一個人都有飯吃有水喝,
有些人還分到了臨時住所,除此之外,他們就只有自謀生路了。石硤尾大
火之後,情況有所改觀。大多數難民對政治毫無興趣,活躍的國民黨支持
者人數很少,積極的共產黨分子也寥寥無幾,政府盡力阻止勢同水火的雙
方發生衝突,取得了不錯的效果。1949 年聖誕節,電車工人舉行罷工,罷
工得到廣東方面的支持,看起來 1922 年罷工的情形將會重現。罷工者前往
廣州,在那裏受到熱烈歡迎,不過事情僅止於此。廣東方面並沒有提供任

21　《1991 年香港年度報告》,第 9 頁。

22　葛量洪,前引書,第 158 頁。

何資金，罷工者陷入進退維谷的境地，無法返回香港。葛量洪認為這次罷工"令那些潛在的搗亂分子驚奇萬分，它表明政府才是自己房子的主人"。

英國下議院提及香港的次數屈指可數。1955 年 3 月 24 日，首相溫斯頓‧邱吉爾在下議院演說中提及香港，這也是他在 4 月 5 日辭職前所做的最後數次下議院演說之一。當時剛剛出版 1945 年雅爾達會議的會談記錄，其中涉及羅斯福總統希望盡快把香港歸還中國。歐德漢姆——55 年前，邱吉爾就是在這個選區第一次當選為下議院議員——的保守黨議員伊恩‧霍羅賓爵士提出質詢："女王陛下政府是否決意堅持香港問題上的立場？"邱吉爾對此做了肯定的答覆，並表示："按照（雅爾達會議）記錄，羅斯福總統清楚知道我會強烈反對這一點。這種說法完全屬實，甚而是一種保守的說法。"

葛量洪爵士鎮定自若地處理香港事務，很少受到倫敦的干涉。1956 年 10 月 10 日，葛量洪遇到了真正的麻煩。這一天是"雙十節"，是推翻清王朝的 1911 年 10 月革命的紀念日。"雙十節"是最重要的國民黨節日，一個好管閒事的徙置區官員下令撤走國民黨旗幟，從而引發了騷動。暴徒從徙置區衝到九龍，搶劫商店，劫掠屬於共產黨支持者的財產。當局以為騷亂會隨着"雙十節"的過去而平息，沒有採取果斷的干預措施。第二天，騷亂發展成全面暴動，國民黨分子襲擊的主要目標是共產黨活動的地區。最嚴重的暴力事件發生在距九龍中心區 5 英里遠的一個衛星城市，即集裝箱碼頭另一側的荃灣。一羣暴徒洗劫了一家診所和救濟中心，打死 4 人，把房子裏的東西搶劫一空。他們把抓來的人帶到國民黨香港總部大加虐待。共產黨人所有的工廠遭到襲擊，工人們被強迫磕頭和呼喊國民黨口號，一些人被殘忍地殺害。暴徒沒有專門針對外國人施暴，但仍有一些外國人不可避免地受到連累。最嚴重的案件發生在九龍，一輛小汽車被焚毀，瑞士領事的妻子被活活燒死。不過，大多數傷亡是國民黨與共產黨分子在荃灣的衝突所造成的。[23]

政府採取果斷措施，第 7 輕騎兵團的裝甲車開來增援警方，他們接到命令，一旦遭遇情況，可以"立即"開火。共產黨分子被送到員警營地保護

23　葛量洪：《關於九龍騷動的報告》（'Report on the Riots in Kowloon'），1956 年 12 月 23 日。

起來。10 月 12 日，騷亂平息。這場騷亂共導致 59 人死亡，其中 44 人在員警的行動中被擊斃，15 人被暴徒所殺。被擊斃的暴徒中 13 人有前科。毫無疑問，有不少人在動亂中趁火打劫。在隨後的審判中，有 4 人被判謀殺罪遭處決。

　　1956 年 11 月 8 日，約翰‧蘭金議員提請就這場騷亂舉行短暫的休會期辯論。一個英國殖民地發生了如此嚴重和狂暴的事件，相關質詢卻僅僅持續了 30 分鐘，辯論的過程準確反映出香港問題在英國議會議事日程上的地位微不足道。蘭金相當準確地敍述了騷亂的前因後果，指出惡劣的環境和微薄的工資是引發騷動的原因，三合會分子則想乘騷亂之機達到他們的邪惡目的，這個殖民地唯一的選舉機構市政局的選舉始終是走過場。蘭金還應補充一點，這一點在提交議會的資料中沒有明確提及：雖然市郊的騷亂矛頭明確指向共產黨分子，但九龍中心區的騷動卻是起因於赤貧所導致的厭倦感和絕望情緒。蘭金的質詢由殖民地事務大臣約翰‧麥克萊（後來成為繆爾希爾子爵）答覆，麥克萊剛剛從運輸部調任殖民地部，短短 3 個月之後又提升到蘇格蘭事務部。他的頻繁調動表明殖民地部依然被當作有才幹的年輕大臣飛黃騰達的一個跳板。這次答覆質詢是麥克萊首次以殖民地大臣身份露面。蘭金試圖把市郊的騷動與九龍地區的騷亂區分開，市郊的騷動帶有很強的政治性。這位大臣斷然反駁那位工黨議員，堅持認為荃灣就在九龍，這暴露出他對這個殖民地一無所知。

　　騷動過去後，英國人又像過去一樣對香港了無興趣。1958 年，國務大臣的勞工顧問正式訪問這個殖民地，推行了一些限制工作時間、調整僱傭條件的新條例。不知疲倦的蘭金依然密切關注香港事務，不時敦促香港推行選舉改革，批評"獨裁政治，即使是仁慈的獨裁政治"。殖民地大臣倫諾克斯—博依德用拖延戰術對付蘭金，倫諾克斯—博依德聲稱，政府"滿意地注意到（香港）並沒有在立法局引入選舉機制的普遍要求，也沒有這個必要"。1955 年 12 月 16 日，貴族出身的奧利佛‧利特爾頓否決了要求憲政改革的一份請願書，因為"在請願書上簽名的人大多是沿街叫賣的小販和其他未必能夠真正理解這個問題的工人"。蘭金駁倒了利特爾頓，他反駁道："這位尊貴的先生是不是說英聯邦裏就沒有小商販的位置？"

　　1958 年 5 月 23 日，在幾乎空空如也的議會大廳，英國下議院短暫討論了唯一引起嚴重關注的問題。當時普遍認為,相對於歐洲的標準,香港的工作環境非常惡劣,蘭開夏法恩斯沃思的工黨議員厄·斯特·桑頓[24]指出,即使以亞洲的標準來衡量,香港的工作環境也差得有失體面。桑頓自有理由關注此事,他所在選區的棉紡廠受到進口廉價紡織品的衝擊,大批工人失業,而這些紡織品大多來自香港。他先後訪問了印度、巴基斯坦、日本和韓國,發現只有香港的棉紡廠每週工作 7 天,唯有香港和韓國的女工每班工作 12 小時。香港的許多工廠每月僅放假兩天,有的甚至只有一天半。即便如此,只有在"極為特殊的情況下",如此少的休息日才有保障。沒有人懷疑桑頓提供的這些事實的準確性,政府大臣普羅富莫先生宣佈,香港政府正着手起草改善工作條件的《僱傭條例》。下議院最後通過決議:"下議院獲悉(香港)的工作環境如此惡劣,深感不安和憂慮,認為必須改善這種狀況。"下議院沒有提及香港紡織品價格低廉的另一個因素,香港企業大量使用現代化機器設備,而此時許多英國製造商不願在廠房和設備上投資,英國銀行也不肯為廠房和設備更新提供貸款。香港的繁榮或許在很大程度上靠剝削工人,但銀行業的有力扶持意義重大,政府對商業的徹底放開、不加干預政策也是十分重要的因素。

1957 年 12 月,辛勤工作 10 年之後,葛量洪爵士在一片讚譽聲中退休。葛量洪的任職經歷不同凡響,原因主要在於他巧妙擺脫了各種困境。他妥善處理與中國、台灣和美國的關係,香港儘管發生了種種具有潛在危險的事件,但卻始終沒有出現公開的敵對。葛量洪以嫻熟的手法恢復了英國的統治,在英帝國面臨民族主義壓力、日益分崩離析的時刻,香港維持了政局穩定,顯示出異乎尋常的包容性。

不論從哪一個方面來說,葛量洪都在很大程度上劃定了香港未來的方向。楊慕琦爵士的民主改革計劃被客氣地打入冷宮,香港商界、殖民地當局與英國政府全都抱有一種可以理解、甚至值得稱道的憂慮:不能動搖香港本來就不平穩的局面,這也是葛量洪的繼任者在此後 20 多年裏一直奉行的政策。

新任總督柏立基爵士性情平和,與他任內的香港局勢頗為吻合。

24　桑頓是老派的工黨議員,他 13 歲就開始工作,為改善工人的狀況不懈努力,他於 1992 年去世。

金錢至上

直到 1963 年 4 月 11 日，英國下議院才得以全面回顧戰後的香港問題，議會辯論總結了英國對於這個殖民地的看法。雖然英國恢復管治香港已將近 20 年，但仍有人想繼續迴避討論香港問題，下議院辯論因此差一點擱淺。傑瑞米·布雷博士是黎敦義的弟弟，他生於香港，是位博學而嚴肅的工黨議員。他在準備發表辯論演說前被召到工黨領袖辦公室，辦公室裏不僅有哈羅德·威爾遜，還有掌璽大臣、未來的保守黨首相愛德華·希思。他們告訴布雷，外交部和香港總督對下議院公開辯論香港前途問題深感不安，要求他停止辯論。布雷設法說服希思，公開討論不會危及這個殖民地的未來。布雷在下議院發言時隻字未提被召見之事，巧妙地以事實揭示了殖民地當局種種近乎偏執狂的做法及其與保守黨密切的政治關係。[25]

同樣具有象徵意味的是，代表政府作答的不是殖民地大臣鄧肯·桑茲，而是自認從未到過這個殖民地的殖民地部常務次官奈傑爾·費舍爾。更有意思的是，這個職位是費舍爾這位不合時宜地具有獨立思想的政客所獲得的最高職位，有野心的人是不會被放到這個特殊位置上的。辯論為時短暫，只允許進行一個半小時，提出的也都是如今人們耳熟能詳的問題，諸如痛惜美國繼續實行對華貿易禁運，強烈批評美國支持國民黨的顛覆活動（這種聲音來自保守黨後座議員）；再度惋惜香港在民眾代議制方面進展緩慢，對香港工廠工人的悲慘處境極為不滿（儘管注意到情況正在緩慢地改善）。1958 年，柏立基爵士接替葛量洪爵士，他的政府平靜地處理各種事務，避免發生衝突，穩定了對華關係。英國下議院朝野雙方很少在香港問題上發生分歧，雙方一致認為香港局勢令人滿意。香港醫院病牀數增加到 1 萬張，所有 7 到 14 歲的學齡兒童都有接受教育的機會，香港的工業和人口計劃也備受稱讚。香港並非人們一度滿懷希望地加以描繪的"東方的民主櫥窗"，英國仍對這個"成就卓著的殖民地"感到驕傲。費舍爾熱情地稱道香港，"它的經歷是有史以來的成功範例之一"，他接着透露了箇中內情："我發現我一提到香港，就連財政部官員也面露微笑，它是不要英國納稅人大把掏錢的少數殖民地之一。"

25　直到 25 年之後，布雷博士才在 1988 年 1 月 24 日的下議院辯論中講述了事情的整個過程。

　　這種理想狀態所以能夠延續，很大程度上要歸功於 1961 到 1971 年擔任財政司的郭伯偉爵士。在任內的絕大部分時間裏，郭伯偉爵士幾乎自始至終牢牢控制着這個殖民地的財政。一位不願透露姓名的同事表示："除了伯吉斯 (1958 到 1963 年任布政司的克勞德‧伯吉斯) 之外，沒有人能與郭伯偉爵士相比肩，他才智過人，長於辯論，能夠推行自己的政策，拍板每一個開支項目。"[26] 這位財政司先後效力於柏立基爵士 (1958-1964 年) 和戴麟趾爵士 (1964-1971 年) 兩任總督，他的政策不僅得到兩位總督的贊同，也受到商業界的熱烈擁護。研究香港經濟的阿爾文‧拉布希卡教授認為，郭伯偉"富有才華，有良好的經濟學訓練，不能容忍誇誇其談，原則性很強。假如他在英國國內擔任類似職位，就連 5 分鐘也幹不成，因為他從來不拿原則做交易，只有在香港的憲政體制下，他才能夠享有如此大的權力"。[27] 郭伯偉爵士屬於格拉斯敦和約翰‧斯圖亞特‧密爾傳統的政治經濟學家，或許可以稱之為香港學派經濟學家、堅定的曼徹斯特學派自由貿易者。他推行所謂"積極不干預"政策，認為政治家和文職官員不必像工商界人士那樣通曉經濟 (這在當時的英國乃是異端學説)，政治家也不必為商業衰退承擔責任，政治家應當集中精力處理自己分內的事務。市場機制會自行調節經濟的運行，政府只需為了赤貧者的利益，進行最低限度的集中干預。

　　郭伯偉的政策取得了毋庸置疑的成功。對利潤最大化的限制降低到最低限度，稅率始終維持在很低的水準上，公共開支也得到嚴格控制。儘管中美兩國的貿易禁運依然存在，但香港仍得以成為"格拉斯敦式的樂園"，"觀察市場競爭的活生生的試驗場"。郭伯偉的 10 年任期中，扣除通貨膨脹因素，香港的實際工資增長了 50%。月收入低於 400 港幣 (這一標準被視為絕對貧困線) 的家庭從 50% 多下降到 16%。雖然在 1965 年的恐慌時期，許多小銀行破產，隨即導致經濟停頓、失望情緒彌漫，但人們仍然可以説，香港已經從一個疲於應付難民潮、窮困潦倒的殖民地，發展成"一個穩定、日益繁榮的社會，幾乎每一個方面都堪與發達國家相媲美"。[28]

26　見拉布斯卡：《物有所值》(A. Rabushka, *Value for Money*)，第 55 頁。

27　拉布斯卡：《香港：一項關於經濟自由的研究》(A. Rabushka, *Hong Kong: A Study in Economic Freedom*)，第 42 頁。

28　《1971 年香港年度報告》(1971 Hong Kong Annual Review)，第 2 頁。

　　20 世紀 60 年代，香港逐漸形成了典型的現代社會態度，這種金錢至上的態度成為經濟擴張的發展動機，對任何帶有"福利國家"意味的事物嗤之以鼻。香港人以近乎藐視的眼光看待經濟發展相對緩慢的英國，認為英國經濟的癥結在於政府扶持難以存活的企業，導致進取精神的喪失。拉布希卡教授熱情稱道"這種純粹的'經濟人'，他命名為'香港人'"，宣稱："香港乃是幸福之地，英國卻是悲傷之國。"[29] 郭伯偉本人倒沒有這麼傲慢。像格拉斯敦一樣，郭伯偉認為政府對於最不幸的人負有責任，他表示自己身為一個傳統的蘇格蘭人，除非看到實實在在的益處，否則不願意往外掏錢。他反對政府舉債，儘管這對於香港來說只是舉手之勞，他反對政府舉債的理由甚至在亞當‧斯密時代都會被認為過時了。與此同時，他還以無可辯駁的理由反對被英國政府視為神聖的減免抵押貸款利息稅。他認為這樣做只會有利於境況較好的人，"不論我們對中等收入階層採取何種政策，都不能因為分散了資源和精力，損害到我們繼續最大限度地為社會較低階層提供住房的努力"。[30]

　　不論自由市場經濟學家對香港實實在在的成就多麼滿意，郭伯偉的政策並非毫無瑕疵。可以肯定，公共開支的評估應當體現一種更為精密複雜的成本—收益觀念。例如，教育投入能夠長遠、間接地影響社會的繁榮，醫療衛生開支能夠產生多種複雜的經濟作用，雖然並非每一種作用都能帶來有益的財政效應。如果政府扶持教育或醫療衛生等有益的事業，在 60 年代增加貸款，肯定能夠在很短時間裏收到可觀的成效，投入的資金也很容易從經濟增長中獲得回報。

　　此外，大力壓縮行政部門支出，獎勵開支最少的管理人員，只是一種預算控制方法。在現實的財政管理體制中，以成本為核心絕非一時心血來潮，而是出自有條不紊的計劃。一個部門提供特定服務，要提供這些服務必須準備適當的開支計劃。如果最終預算執行出現偏差，就必須做出解釋，如果未能用完所撥付的資金，也應像預算超支一樣做出解釋。

　　但是，在香港的體制下，各個部門總是有大量經費盈餘，卻沒有任何人提出批評。

29　拉布斯卡：《香港：一項關於經濟自由的研究》，第 83 頁。

30　拉布斯卡：《物有所值》，第 88-91 頁。

		1967-1968	1968-1969	1969-1970	1970-1971
教育	預算	288,603	327,811	383,451	471,258
	實際	254,052	279,315	326,816	397,996
大學	預算	68,084	77,728	93,615	131,413
	實際	35,235	65,888	63,406	93,588
社會開支補貼	預算	15,858	19,881	22,498	40,324
	實際	12,965	16,914	19,205	23,206
醫療	預算	54,609	62,085	64,023	88,882
	實際	46,341	52,458	57,732	63,147
社會福利	預算	9,888	11,625	12,741	16,167
	實際	7,814	9,350	11,069	12,425

（單位：千港元）

　　如此多的部門出現資金盈餘，本應做出解釋。例如，大學的預算資金使用率很低，1967-1968 年度的資金使用率將近 50%，1969-1970 年度也僅有 70%（雖然有種種限制，香港幾乎完全靠公共資金籌建和維持了第二所大學，香港中文大學迅速發展成一所聲譽卓著的大學）。更嚴重的是，雖然當時肺結核仍然是引起極大關注的一種疾病，但每年本就很少的醫療衛生預算仍然有富餘。郭伯偉任期的最後幾年，每年 8,900 萬港幣的醫療預算資金竟然有 25% 以上的盈餘。香港人均醫療費用只有 1 英鎊多一點。不過，香港仍取得了長足發展，到 1963 年，平均每天有 500 名難民遷入永久性住房，死亡率和發病率也穩步下降。

　　郭伯偉爵士任職期間，香港有能力在不受白廳干預和控制的情況下自行管理財政事務，這對郭伯偉奉行的獨立政策起到了很大的促進作用。香港歷來被要求盡可能通過皇家代理商在英國進行政府採購，日後皇家代理商被揭露有重大違法亂紀行為，他們作為商業夥伴的信譽大打折扣，代理商採購體制遭到沉重打擊。隨着早先的帝國關稅壁壘和各種限制的取消，香港市場向外國競爭者開放，限制香港當局以最優惠價格在市場上進行採購的限制也不復存在。戰爭剛剛結束之際，香港經濟一片蕭條，同樣遭受重創的英國政府給予香港大量財政援助，英國政府得以直接控制香港的財政。香港經濟復興的速度之快，讓所有人都感到吃驚。到 1947 年，香港雖然仍要求殖民地部批准更多的額外援助，但已無需倫敦提供津貼。1958 年，這種限制也不復存在，財政司掌握了廣泛的權力，包括可以無需白廳批准即可借貸。郭伯偉爵士只需偶爾徵詢一下倫敦的意見，保持這個殖民地以英鎊結算的信貸平衡。

　　1967 年 11 月，英國工黨政府—— 他們沒有採納香港的自由放任政策—— 面臨嚴重經濟危機，被迫宣佈英鎊貶值。這一舉動導致香港辛辛苦苦積累起來的儲蓄損失了 4.5 億港元左右。用醫療衛生開支做個比較，即可說明香港此次損失程度之大，當時這個殖民地每年花在醫療衛生上的開支為 4,600 萬港元，也就是說，香港因英鎊貶值遭受的損失大約相當於 10 年的醫療衛生開支。英鎊區的其他獨立國家也蒙受重大損失，為了勸說這些國家不要把財政餘額由英鎊兌換成其他更為安全的硬通貨，英國政府與主要國家中央銀行談判達成了《巴塞爾協議》，保證維持英鎊與美元的匯率。事實上，英國可以要求作為直轄殖民地的香港把英鎊作為外匯儲備貨幣。香港的外匯儲備佔英國海外英鎊餘額的 23%，但英國政府仍同樣向香港承諾維持英鎊與美元匯率。5 年後，香港政府擺脫了所有限制，立即明智地把外匯儲備由英鎊轉化為多種貨幣。從這時起，香港已完全像獨立國家那樣處理自身財政事務。在一屆工黨政府執政時期，香港決意行使自身的自由權利，推行與英國政府的主張完全背道而馳的政策。

　　1964 年，工黨在哈羅德·威爾遜領導下重新執政。可以想見，下野的保守黨政府會遭到諸多批評，尤其是保守黨政府未能推動香港民主機制的發展。人們期望工黨政府能夠改弦更張，事實讓人們的期望落空了。1963 年辯論中表現出來的兩黨合作一直延續到 1965 年，蘭金先生再度質問政府在香港建立 "民選代表機制" 方面有何計劃。一位低級大臣艾麗妮·懷特夫人負責回答這個問題（工黨政府仿效保守黨的做法，把香港問題列為次要問題。當時殖民地部負責香港問題的是兩位有才華的婦女艾麗妮·懷特和裘蒂絲·哈特，她們之所以被降到這個位置，完全是因為她們的性別，當時的工黨難以突破性別障礙）。懷特夫人謹慎地答覆說："擴大選舉權的建議目前尚在研究之中，""市政局將再增加 4 名非官守議員，其中 2 人將由選舉產生……目前尚沒有任何實行內部自治的計劃。" 在香港的民主化方面，這一次仍是總督採取主動行動。1964 年，接替柏立基爵士的戴麟趾爵士提出，香港應該在民主代議制問題上有所進展。他提議成立一個委員會，研究地方政府機構改革的可行性，因為地方政府"不同於全體居民之要求"。儘管在經濟事務上鼓勵採取審慎的政策，但戴麟趾爵士卻是較具改良意識的總督之一。就像之前的楊慕琦爵士一樣，戴麟趾發現政治進步的道路上阻礙重重。

問題被擱置起來，留待下一次辯論來解決。1967 年 2 月，英國下議院再次就香港民主化問題舉行辯論。這是一次休會期辯論，令人奇怪地只進行了區區半個小時。國務大臣裘蒂絲·哈特（像英國政府中其他許多負責香港事務的官員一樣，哈特夫人"從未訪問過這個殖民地"）在辯論中非常清楚地重申了自 1951 年"楊慕琦計劃"被打入冷宮後，歷屆英國政府在這個問題上一直沿襲的政策。哈特夫人並沒有用這個殖民地沒有要求推行改革作為遁詞，而是公開闡述了當時和日後香港不推行民主改革的真正原因：

> 香港的地位完全不同於我們其他的任何一個殖民地。完全是出於國際上的原因，香港邁向自治的穩步發展將引發諸多問題。鑒於香港與中國的特殊關係，不可能考慮實行通常意義上的自治，所以也不會考慮組成一個民選的立法局。

然而，香港仍然有可能在一個領域內取得進步，戴麟趾爵士任命的"地方政府改革工作組"——懷特夫人兩年前曾經提到過這個組織——剛剛公佈了改革建議，這些建議包括廣泛重組各級地方政府機構，地方政府由選舉產生的多數代表組成，現有殖民地政府維持不變。香港改革的一個特點是不慌不忙，直到 1973 年發表了一份白皮書之後，市政局的體制才有所變化，直到 1992 年，市政局大部分成員仍然不是由直接選舉產生的。

毛澤東的變革計劃

俄國和中國這兩大共產黨國家保留了各自國家革命前的許多特徵。毛澤東的思想及其實踐非常像兩個世紀之前奉行改良的皇帝的所作所為。毛澤東提出了許多宏大的變革計劃，鼓舞中國人民忠實地加以執行。先是1956年的"百花齊放"運動，之後是1958年的"大躍進"，1966年又開始了"無產階級文化大革命"。在這些運動的進程中，毛澤東神一般絕無錯誤的傳奇破滅了。另外一個顯而易見的事實是，不論在意識形態上還是戰略上，中國與蘇維埃俄國日益疏遠。中國對外政策已經從咄咄逼人的姿態——毛澤東曾經考慮用武力收回台灣，讓他的蘇維埃盟友大為驚恐——轉向尋求與西方和解。這一轉變花了10年時間，期間喪失了許多機會，由此帶來的不利影響至今仍未完全消除。

"大躍進"是毛澤東推行的一項瘋狂的計劃，耗費了大量人力物力開展一場"技術革命，在15年左右的時間裏趕超英國"。中國興建了許多巨大灌溉工程，把幾乎全部農業人口合併為26,000個公社。浮誇的言辭代替了合理的管理，結果導致農作物產量下降，至少有兩千萬人死於飢餓，到1963年，全部死亡人口的一半是10歲以下兒童。之後5年是相對比較穩健的時期，再加上中國人的靈巧和勤勞，中國從大躍進的災難性後果中恢復過來。毛澤東隨即又使中國陷入了一場更大的動盪"無產階級文化大革命"，這個時期充斥着迫害、恐怖和對中國歷史遺產的恣意破壞。1,000萬年輕狂熱的"紅衛兵"在北京的大街小巷遊行，高呼讚頌毛澤東的口號，大破所謂的"四舊"——舊思想、舊風俗、舊文化和舊習慣，正是這些過去的東西造就了中國的偉大文明。1971年之後，文化大革命的狂熱破壞活動漸漸減少，到1976年毛澤東逝世為止，中國浪費了整整10年光陰。

1966年，文化大革命的影響首先波及到澳門，無法無天的紅衛兵遭到葡萄牙軍隊開槍射擊。香港受到的衝擊沒有那麼大，應對的方式也比較平和。1966年4月，一些人抗議天星小輪公司提高船票價格（這種抗議毫無道理，因為上漲的只是頭等艙的價格），一位瘋狂的年輕人絕食示威，由此引發了九龍的騷亂。開始時，只有一些年輕人自發舉行示威，按照亨利·勒斯布里奇的描述，這些年輕人"使人聯想起兒童的打仗遊戲……隊伍歪七扭八，像舞獅隊……男孩們又是笑又是扮鬼臉，一個勁地炫耀"。之後，嬉戲變成頗具破壞性的搶劫和縱火。一個成年暴徒被員警開槍打死。[31]

31　勒斯布里奇：《香港的貪污》（H.J. Lethbridge, *Hard Graft in Hong Kong*），第57頁。

　　騷亂的根本原因當然不是輪船費上漲，騷亂的主要原因很有可能是相對貧困化和普遍的厭倦感。香港社區設施嚴重不足，街頭巷尾成為社會交往的中心。青年人住在過分擁擠的廉價公寓小房間裏，很容易從眾參與街頭騷亂。有犯罪傾向者更不會放過這種機會。令人遺憾的是，享有特權、生活舒適的殖民地權威人士缺乏想像力，未能意識到這些因素的存在。也並非只有香港才如此失敗，與同一時期的美國城市騷亂相比，天星小輪騷動實在是小巫見大巫。問題在於，考慮到香港的環境——傳統上平穩安定，卻始終深切意識到自身與可能發生革命的中國為鄰——平民的不滿將導致更大的麻煩。

　　立法局和市政局議員葉錫恩（即現在的杜葉錫恩夫人），竭盡全力讓人們注意到貧困的真正原因。30 多年來，杜葉錫恩夫人一直是香港自由派輿論的傑出代表。她出身於英國泰恩塞德一個工人家庭，1948 年來到中國，1951 年作為不支薪的"信仰傳教士"來到香港。在學校工作期間，她親身體驗到官員的腐敗（"那時到處充斥着腐敗"[32]）、怠忽職守和無情的冷漠。她曾寫信給教育署助理署長申訴政府教育投資不足，得到的答覆卻是"我們已經給社會下層建造了住房。難道你還期望我們為他們提供教育？"葉錫恩女士列舉了許多腐敗的現狀，尤其是在警界，但她的努力付諸東流。布政司（當時是祈濟時）"不願傾聽任何能使他了解真相的事情，他本人在香港的任期很短"。葉錫恩女士的申訴使她受到了何瑾爵士（香港正按察司）以及香港警署律師 D. J. R. 威爾科克斯（1965 年任香港檢察官）的攻擊。這兩位官員指責葉錫恩女士為示威者"煽風點火"，"毫無證據"地指控警方。奈傑爾‧卡梅隆認為，調查結果無異於"非常糟糕的連篇廢話"：

　　　　這次調查指責葉錫恩女士，何瑾爵士宣佈（因為他無法以任何合法的手段來審訊）她將受到"公眾輿論的審判，將受到所有正直人士的指責和批判，這些人士相信無辜者不會受到毫無根據的懷疑的玷污，相信率直和公正地處理人際事務的原則"。[33]

32　葉錫恩：《正義的十字軍》（E. Elliot, *Crusade for Justice*），此處的敍述和引文均引自該書。
33　卡梅隆：《插圖香港史》（N. Cameron, *An Illustrated History of Hong Kong*），第 310 頁。

第二年的暴亂組織更嚴密,持續時間更長,造成的後果也更嚴重。在北京,紅衞兵燒毀了英國公使館,在倫敦,中國大使館的"外交官"用斧頭襲擊員警。在香港,毛澤東的年輕信徒在胸前緊握偉大的《毛語錄》,以井然有序的方式包圍了只有少數英國士兵把守的總督府。共產黨擁有的建築外貼滿反英標語,中國銀行的高音喇叭不間斷地播放反英口號。大衞·博納維亞描述了當時的情形:

> 在今日的香港,薩姆塞特·毛姆的世界與毛澤東的世界發生了直接碰撞,雙方都沒有佔得上風。太陽還遠未落山,叫喊聲和喧囂聲就已經平息,總的來說雙方打成平手,但局勢對毛姆一方有利。總督府的大門半開着,有鏈條拴住。大門內有一張桌子,用來接收請願書。附近停車場的計費器單上了單子,警方新設立的標誌牌上寫着"停車場專供請願者使用"……示威者高唱雄壯的文化大革命歌曲,不斷重複呼喊口號。有時,不同的派別唱起不同的歌曲,與絕大多數人唱的《團結就是力量》極不協調,顯得十分刺耳……警方設置了警戒線,阻止其他人加入示威隊伍。示威組織者聲嘶力竭地指揮着,到後來他們中有些人再也說不出話來。黑色轎車裏悶熱難當,反迫害委員會成員接連中暑……最終,警戒線撤除了,示威者把熱得燙手的指揮車推到一邊……中午時分,示威者匆匆離去,一個小時後他們又捲土重來,繼續有節奏地高呼口號,直到下午五點才四散回家。唯一的受害者是總督的寵物卷毛獅子狗,它被激得狂吠不已,只好把它從現場拖走。大門上的標語都被撕下來扔掉。[34]

更嚴重的是,在騷亂持續的整個夏天,有人在各處放置了上千枚炸彈,炸死15人,其中包括一些兒童,更多的人受傷。為應對這種局面,殖民地政府採取了強制措施,他們的反應慎重而堅定。示威人羣被驅散,輕音樂蓋住了中國銀行高音喇叭裏傳出的喧囂聲。在邊界附近,一些員警被紅衞

34　博納維亞:《香港:最後的殖民地》(D. Bonavia, *Hong Kong: The Final Settlement*)。

兵打死，當局動用軍隊鎮壓騷亂，除此之外，軍隊沒有進一步捲入。警方顯示出巨大的勇氣和決心，雖然有 10 名員警喪生，更多員警受傷，但警方仍表現出訓練有素的克制態度，"香港在大動盪中沒有低頭屈服，更沒有崩潰。總督戴麟趾爵士在戰爭期間曾在敵後開展活動，因作戰勇敢榮獲十字勳章。現在他依舊泰然自若地在粉嶺打高爾夫，板球運動員也繼續照慣例在中環進行比賽"。[35]

戴麟趾爵士為人沉着鎮定，這當然有助於穩定人心，他正是在危急時刻擔當這個殖民地總督的最佳人選。戴麟趾是第一位沒有在戰前的英帝國有過任職經歷的香港總督。柏立基爵士 1930 年就進入殖民地工作，戴麟趾爵士 1938 年才從劍橋大學畢業，被派往遠離帝國核心的所羅門羣島。在困難時期，總督需要的正是直爽乃至粗暴的作風以及相當出色的敏銳感。倘若絕大多數香港人不願意支持當局，那麼不論香港政府採取多麼妥善的應對措施也不會奏效。同樣，如果中國決意給予示威者實質性支援，事情也完全會是另外一種結局。多數人因為平靜生活被打斷而苦惱，對事態進展不表態。在去年的騷亂中，街坊會領導人保持沉默，這一次卻急忙表態支持總督，因此受到獎勵，被邀請出席遊園會。中國當局的支援主要是口頭上的，只提供了少量資金援助。

紅衛兵已在廣東奪權，他們積極支持香港的鬧事者，北京政府反應十分謹慎。中國當局並沒有使出最厲害的手段，只是直接切斷香港的食品和淡水供應。但單單是切斷供水就能起到一錘定音的作用，因為自 1963 年以後這個殖民地供水嚴重不足，香港自身的水源遠遠不能滿足直線上升的需求。香港的住戶每 4 天才供水一次，每次 4 小時，街上的公用水龍頭每天通水一到兩小時，人們排長隊才能得到很少的一點水。雖然船灣正在興建一座新的大型水庫，但若要滿足這個殖民地的用水需求，顯然必須從大陸引水。經過談判，大陸向香港大量送水，數量達到每年 10 億加侖，一旦送水量減少哪怕一會兒，香港必將陷入癱瘓。中國不願意這樣做，這表明香港和澳門的示威都是局部的和自發的，也表明示威並非北京執行的政策所致。可以肯定的是，當葡萄牙人提出從澳門全部撤出時，中國拒絕了這一

35　博納維亞：《香港：最後的殖民地》（D. Bonavia, *Hong Kong: The Final Settlement*）。

提議，説明北京打算讓澳門和香港維持現狀。

　　對於香港發生的這些引人注目的事件，工黨政府的反應與保守黨人可能做出的反應毫無二致。在這個殖民地的中國官員確實捲入了這些事件，但英國不會要求聯合國進行干預，警方和總督完全可以控制局勢。自由黨領袖傑瑞米·索普和工黨議員羅伯特·麥斯威爾都提出了香港的選舉改革問題，也依舊像以往一樣遭到否決。

　　對於香港來説，1971 年是一個關鍵年份，這一年被視為標誌着香港開始作為一個城市國家的現代史。麥理浩爵士接替戴麟趾爵士出任總督，夏鼎基取代郭伯偉爵士。美國終於放棄支持台灣，同意由中華人民共和國繼承聯合國安理會的席位。中國停止了自我毀滅的無產階級文化大革命，開始在世界上贏得應有的地位。這一段極為有趣的歷史時期還有待更深入的研究。這個時期開始於尼克遜的總統選舉。1969 年 1 月，尼克遜就任美國總統，開始執行撤出越南的政策，一年後美國如期從越南撤軍。幾乎與此同時，中國開始顯露出謀求變化的跡象。哈羅德·威爾遜寫道："從外交函電中我們滿懷興趣地注意到英中兩國關係正在改善。關係的改善還僅僅停留在姿態上，但北京做出這些姿態並非偶然。"[36] 中國還做出其他一些"姿態"，如通過巴基斯坦給美國國務卿亨利·基辛格捎口信，提出雙方舉行會談無疑是有益的，接着又在 1971 年 4 月邀請美國乒乓球隊訪問北京。中國發出的暗示得到正確的解讀，同年 7 月，基辛格秘密會見中國國務院總理周恩來，為正式會談鋪平了道路。同月，美國取消對中國的貿易制裁，宣佈尼克遜總統將於次年 2 月訪問中國。

　　長久以來，支持台灣是美國外交政策的基石之一，如今這種支持正日漸削弱。1971 年 10 月，美國發起的保留台灣聯合國席位的動議遭到否決，時隔 20 年之後，中華人民共和國獲准加入聯合國，並獲得了中國在聯合國安理會的席位，美國政府對此並未提出異議。尼克遜成功訪問中國，1972 年 2 月 28 日簽署了著名的《上海公報》，標誌着這次訪問達到高潮。尼克遜總統宣佈："這是改變世界的一週。"

　　尼克遜訪華無疑改變了香港的形勢，《上海公報》在涉及台灣問題時宣

36　威爾遜：《1964-1970 年工黨政府》（H. Wilson, *The Labour Government 1964-1970*），第
　　989 頁。

佈："美國認識到，在台灣海峽兩邊的所有中國人都認為只有一個中國，台灣是中國的一部分。美國政府對這一立場不提出異議。"既然美國都同意自己的保護地台灣是中國的一部分，那麼，歷來被視為"殖民地"、進而被視為一個不幸和時代錯誤的香港，其結局是不言而喻的。《上海公報》發表僅僅 5 天之後，中國常駐聯合國代表黃華就要求聯合國非殖民化委員會把香港從殖民地地區名單中刪除，這舉動其實不足為奇。黃華闡述了中國的立場：

> 香港和澳門問題是屬於歷史上遺留下來的帝國主義強加於中國的一系列不平等條約的結果。香港和澳門是被英國和葡萄牙當局佔領的中國領土的一部分。解決香港、澳門問題完全是屬於中國主權範圍內的問題，根本不屬於通常的"殖民地"範疇。因此，不應列入反殖宣言中適用的殖民地地區的名單之內……中國政府一貫主張在條件成熟的時候用適當的方式加以解決。[37]

英國本來希望由外交部出面反對中國的立場，進而提出英國一貫堅持的另一種觀點，即香港是一個直轄殖民地，是英國通過 130 年前的條約獲得的屬地，新界也是英國通過日後的協議獲得的，租約到期後需要舉行進一步談判。但是，首相愛德華‧希思和外交大臣亞歷克‧道格拉斯—霍姆爵士沒有採取任何行動。在英國缺席的情況下，聯合國非殖民化委員會接受了中國的請求。英國之所以這樣做，原因不言而喻。幾天後，3 月 13 日，英中發表聯合公報，決定在倫敦和北京建立大使館，雙方一致同意奉行"相互尊重主權和領土完整的原則"。英中建交是雙方 20 年談判的頂峰，再加上英國預設把香港從殖民地地區名單中除去，無不表明香港的前途已成定局。希思先生和亞歷克爵士都曾是 1957 年保守黨政府的成員，應該清楚當時勞埃德和麥克米倫與美國達成的秘密協議。很難相信，1972 年春，英美之間沒有舉行過類似會談。1974 年保守黨大選失敗後，希思未能連任首相，但仍然與中國領導人保持了非常密切的關係，他說話常常比英國政府大臣更管用。1974 年，希思以反對黨領袖的身份訪問香港，確認香港肯定將在

37　引自拉弗蒂：《岩石上的城市》(K. Rafferty, *City on the Rocks*)，第 382 頁。

1997 年歸還中國。他的這一聲明被視為權威性的表態，十分清楚地表明英中雙方此前就已經達成某種諒解。[38]

　　不管雙方達成了何種解決方案，英國政府都有理由感到滿意，他們在談判桌上沒有多少牌可打。英國再也不可能派出一個師的兵力來保衛香港，實際上這樣做毫無意義。1967 年的騷亂表明，中國只要切斷供應，就可以很容易地收回這個地區。還有一個更簡單的辦法，中國只需開放大陸與香港的邊界就能夠達到目的。一位不願透露姓名的文職人員簡潔地評論說："他們只需送 200 萬人過來……我們就得和這個地方吻別了。"[39] 人們對英國政府有一種尖銳的批評意見，英國政府同意在未來某個時刻歸還香港，很少關注香港居民的福利。英國的首要目標是對華貿易，政府積極拓展對華貿易。英國熱切地向中國兜售軍用和民用飛機、機械設備和電腦，英國在上海舉辦了一個大型機械設備和科學儀器展覽會，雙方貿易代表團頻繁互訪，對華出口限制也放寬了。當時的貿易和工業大臣彼得·沃爾克寫道："顯然，這個世界上人口最多的國家理應成為我國乃至整個西方世界的重要交易夥伴。"事實表明這個目標可望不可及。英國向中國出口了一些產品，其中最重要的是霍克·西德利航空公司出售的 35 架三叉戟飛機。像上一個世紀一樣，中國仍然令英國出口商大失所望。經過 5 年努力，到 1977 年，中國進口英國產品的價值仍然低於韓國或巴基斯坦。若與過去的指標荷蘭相比，英國對華出口額僅為對荷出口額的 3%。

　　為了追求對華貿易這個難以把握的目標，香港的利益被置於次要地位。即使有人懷疑英國只願對殖民地的未來承擔十分有限的責任，但 1971 年的《移民法》也將打消這種懷疑。這項法律把英國的居留權限定為下列人士："在聯合王國及其殖民地出生、收養、歸化或者登記的公民，或是這些人的子女或孫子女……或是已在英國連續居住 5 年以上者……有權居留者即為'英國屬土公民'。"[40] 按照這項法律，有超過 300 萬香港華人屬於英國公民（其餘的人因為從未進行登記，被視為居住在香港的中國公民，雖然按照中華人民共和國的立場，所有香港華人均為中國公民），但只有極少數香港華

38　見派特里基夫：《黴變的珍珠》（F. Patrikeeff, *Mouldering Pearl*），第 127 頁。

39　衛奕信，前引書，第 197 頁。

40　皇家文書局，1976 年，第 11、12 頁。

人有資格成為英國屬土公民，沒有這種資格的那些人被告之不得尋求在英國避難。從那時起，香港不再被視為一個殖民地，而是一個領地，從而為英國最終不可避免的撤離鋪平了道路。

第十六章

黃金時代

麥理浩走馬上任

如果把 20 世紀 60 年代稱作郭伯偉時代，即經濟完全依靠市場力量的自由運作的時代，那麼 70 年代就是麥理浩時代，即公共開支迅速增加，中央計劃有所加強的時代。像大多數實用的概括一樣，上述說法並不絕對。不可否認的是，1972 年以後，一個新香港正在崛起，這個殖民地發生了翻天覆地的變化。在郭伯偉政策的指導下，香港社會日益繁榮，但這種繁榮並未充分地擴展到整個社會。20 世紀 80 年代，倫敦人對年輕人在地鐵站乞討和睡在紙板箱裏的場景早已是司空見慣，但在 70 年代，人們從心理上抵觸這種自由放任經濟的產物。1971 年的香港被描述成"一個冷酷的社會，窮人得到的幫助微乎其微。政府深信整個殖民地的經濟繁榮最終必將向下滲透，澤被最貧窮的人，因此有意識地推行旨在促進經濟增長的政策"。[1]但是，澤被社會底層所花的時間太長了，尤其是在殖民統治接近預定尾聲的時候。戴麟趾爵士屬於十分傳統的殖民地總督，其人瑕瑜互見。麥理浩爵士來自完全不同的環境，肩負着大為不同的使命，即逐步擺脫殖民地傳統，使香港朝着更為平等的社會邁進。他還必須牢記 1997 年的回歸日益臨近，以及由此而來敏感棘手的談判。英國將來必定不是以交還一個殖民地的方式歸還香港，而是盡最大可能在適宜的範圍內使之近乎一個獨立國家，移交的條件要能為原先的主人增光。

外交部和殖民地官員往往來自不同的社會階層，這一點與 19 世紀時沒有甚麼兩樣。流行的觀點認為，外交部官員多為年輕而優雅的伊頓公學畢業生，能為歐洲各地的沙龍增光添彩，殖民地官員類似於在遠離塵世的叢林地區身着卡其布衣服、抽着煙斗的地方官。這種說法雖然不無誇張，但

1　霍浦金斯：《香港：一個工業化殖民地》(Keith Hopkins, *Hong Kong: The Industrial Colony*)，第 277 頁。

卻道出了一些實情。兩個部門向各自屬下灌輸不同的觀念,外交部負責在境外代表英國政府(正如一位 17 世紀的憤世嫉俗者所說,大使就是為了本國利益被派到國外撒謊的人),殖民地官員逐漸認為自己更多地是代表各自的領地,他們致力於維護領地的利益,有時是非常熱切地反對(或者說尤其針對)帝國政府。1968 年,外交部與殖民地部合併(當時更名為"聯邦關係事務部"),現有官員的不同態度並沒有任何改變。歷屆英國政府選擇麥理浩爵士、尤德爵士和衛奕信爵士這三位來自外交部門的人擔任香港總督,表明總督最重要的任務不是照看香港,而是與北京打交道。在英國政府看來,任何有可能"當地語系化"、對香港的利益表現出過分熱情的人都是十分危險的。

1971 年 11 月,麥理浩走馬上任。殖民地總督在理論上擁有廣泛的權力,實際上所受的限制相當大。倘若總督為人幹練,性格百折不撓,尤其是能夠與大多數高級同僚志同道合,又得到英國政府的支持,就能夠發揮重大的影響。麥理浩就是這樣的一個人,具備發揮重大影響所需的全部素質。他此前曾有過在華經歷,戰後曾擔任駐漢口領事。1963 年,他在香港擔任柏立基爵士的政治顧問,1967-1969 年的危機時期,他是英國駐西貢大使。此外,他還在外交部和殖民地部擔任過多種職務,其中最重要的是 1965 到 1967 年擔任外交大臣首席私人秘書,先後效力於邁克爾·斯圖爾特和喬治·布朗兩位外交大臣。布朗才華橫溢,但為人難以捉摸、不夠審慎,能夠應付這樣的人,對於日後麥理浩挑起西貢和香港的重擔,無疑是個有益的準備。

儘管政策導向不斷變化,但香港接連數位幹練的財政司確保了政策的連續性。從 20 世紀 30 年代到 1991 年,香港先後僅有 4 位財政司,他們全都十分稱職,而同期輔政司之職八度易人。郭伯偉與夏鼎基兩任財政司之間的間隔時間長達 20 年,夏鼎基爵士就任布政司 —— 這是輔政司一職的新名稱,以適應新的時代 —— 的時候,麥理浩已經獲得了推行新政策所需的全部支持。麥理浩還得到白廳的支持,愛德華·希思、哈羅德·威爾遜和詹姆斯·卡拉漢等歷屆政府實行普遍開明的社會政策,助了麥理浩一臂之力。

新秩序與其說反映了政治變革,不如說反映出社會的變遷。英國政府

依然不肯在香港實行廣泛的代議制，香港也沒有出現多少渴望這種變革的
跡象。變化確實出現了──我將在下一章描述這種變化──伴隨着這種變
化，政府在公共關係方面做出很大努力，以求徹底改變香港的公眾形象。
香港迅速從一個直轄殖民地轉變為附屬殖民地，即使這不一定符合香港人
民的意願，但也符合中英兩國政府的願望。中美兩國建立起良好的關係，
有利於變革的推進。香港擺脫了貿易禁運，有理由相信會有更繁榮的未來。

局勢很快就明朗了，新總督打算實行變革：

> 麥理浩立即着手解除大量的閒職冗官。從總督府到立法局會
> 議廳的這段不長的路程，他不坐總督的轎車，寧願步行前去開
> 會。這位新總督穿着短袖開領襯衫，定期步行穿過人口稠密的居
> 民區，他平易近人的特性很快就家喻戶曉了。所有的一切都表
> 明，這裏終於迎來了一位屬於人民的總督。這本身就是對殖民體
> 制的巨大衝擊。[2]

右翼政治家對貨幣主義經濟學家的觀點情有獨鍾，堅持認為不能用“燒
錢”的辦法來解決問題。“燒錢”是個帶有感情色彩的詞，它掩蓋不了這樣
一個事實：要解決許多嚴重的社會問題，必須投入大量財力，而且要更為
合理地加以運用。麥理浩爵士領導的香港政府正是這麼做的。社會開支理
所當然地增加了（到那時為止，部分是出於意識形態上的原因，同時確實沒
有能力為不斷湧入的難民──1971 年前的 10 年間，香港人口從 3,133,131
人增加到 4,064,400 人──提供令人滿意的條件。）前一個時期緊縮的預算
保證政府有充足的資金來源。《1971 年香港年報》是麥理浩上任後發佈的第
一份年度報告，這是一份雄心勃勃的文件，幾乎就是一篇變革的宣言書，
預示着 20 世紀 70 年代香港政府的政策，正是這些政策使 70 年代成為香港
的“黃金時代”。這份報告在官方出版物慣常的溫和與刻板中注入了新的活
力。報告首先對前任表示了恰如其分的敬意，接着指明了有待發展的領域：
供水、供電、教育、醫療衛生以及最重要的住房問題，“住房仍然是人們關

2　派特里基夫，前引書，第 66-67 頁。

注的一個重要社會服務領域，它是解決醫療衛生、行為準則、家庭和睦、社區精神、勞動力配置以及通訊需求等諸多問題的關鍵所在"。[3]

香港人的住房條件極其惡劣。許多寮屋居民得到重新安置，但居住條件僅僅達到最起碼的標準。一套標準大單房就像一隻混凝土盒子，面積為 120 平方英尺，沒有任何生活設施，原先設計供 5 名成年人居住，實際居住者常常超過此數。一層樓要住 500 多人，"只有一間衛生間，沒有洗手池，只有水龍頭和男女分開的公用廁所"。[4] 報告認為寮屋區的生活環境更衛生，這並不令人吃驚，因為至少還有 50 萬人住在這種餅乾筒一樣鋪着席子的簡陋房屋。1971 年報告沒有多少根據地聲稱，這些徙置房屋"按照目前的標準完全能夠為住戶所接受"，同時也承認建造更多更好的住房已是勢在必行。

報告的整個回顧部分表明政府打算推行激進改革。報告對於"迅速惡化的環境狀況"表現出前所未有的關注，"市政局面對的是普通民眾、某些工業部門、農場經營者以及其他因為自私或固執而無視這樣一個事實的人，即污染就像某人的過失會影響到其他人一樣，既有害健康又代價高昂，既可以避免，也可能一直存在下去"。

報告雖然有所保留，仍對何瑾爵士等文職官員提出的批評持歡迎態度，這更加突顯出政府的新姿態：

> 有閒置時間幫助他人向當局申訴的年輕人……有時可能受到傲慢之心的驅使去支持極端的抗議行動，但他們通常是真誠的。如果人們的言語少一點恩賜的意味，就會滿意地注意到，種種跡象表明，眾多青年男女對社會有了更多的參與感，他們與少年罪犯截然不同。毫不奇怪，這種令人鼓舞的趨勢始終伴隨着對政府體制的日益加強的興趣和批評。年輕的一代人如同所有都市化社會的青年人一樣，已經擺脫了這樣一種傳統觀念：生活以家庭、尤其是家族為中心，"政府"乃是一個遙不可及、非人格化的實體，其統治方式從本質上說是難以把握的。

3　《1971 年香港年度報告》（1971 Hong Kong Annual Review）。
4　阿加西，載伽維、阿加西，前引書，第 248 頁。

這些鼓舞人心的言辭的的確確是出自香港政府的官方出版物。

新政策迅速貫徹實施。香港很快建立起更有效的預算體制，各部門負責人更加務實地評估本部門所需的資金，不再因為開支少而得到讚揚。1972-1973 年度是麥理浩任職的第一年，教育和社會服務部門多年來首次成功用完了所有預算經費，而且還略有超支，這種狀況顯然更為合理。

項目	預算金額	實際支出
一般性服務	636.6	637
社會服務	1,327.3	1,357.2
教育	683.2	694

（單位：百萬港元）

1970 到 1972 年，政府總開支增長了多於 50%，此後繼續穩步增長。例如，1992 年前的 5 年間，政府開支增長一倍多，實際年均增長率接近6%。1992 年，除社會保險和經濟開支外，所有政府公共開支項目，社會福利、醫療衛生、住房、環境、教育、基礎設施以及社區服務，達到人均 1,000英鎊以上，這種狀況與郭伯偉年代的節儉形成了鮮明對比。

這樣一種計劃勢必招致許多反對，一位憤憤不平的官員埋怨道："菲利浦（夏鼎基）真是昏了頭……土地拍賣的收入猛增，他就一個勁地花錢、花錢、花錢。沒有任何權威人士出面阻止他。"[5] 有些批評當然是有道理的，這方面的例子有香港科技大學的超支、地鐵投資巨大、新文化中心片面追求美觀等等，但增加開支並不是驚慌失措地應對難以忍受的狀況。計劃的目標是取得巨大的、或許是前所未有的成就。就實際完成的部分而言，包括重建道路交通體系，重新安置一半的人口，提供滿意的教育和醫療衛生服務，所有這一切都在很短時間裏完成。行政機構需要引入新的技能，現行辦事程序也有明顯改進。

香港以令人眼花撩亂的快節奏推進重建，複雜的重建工作必須進行長期的規劃研究。這項工作在麥理浩時期就已經開始着手，通常要到很久以後才能見到成效。新市鎮規劃就是一個例子。1972 年時，整個郊區人口大

5　拉弗蒂，前引書，第 156 頁。

約有 50 萬人，主要集中在較老的、迅速衰敗的荃灣和葵涌地區，1957 年的
騷亂就是從這個地區興起的。按照新發展規劃，要沿海岸建立一系列衛星
城市，從東部的大埔和沙田一直到與中國邊境毗鄰的上水和粉嶺。到 1991
年，已有 200 多萬人住進了這些新居民區。與這項成就相比，人口 10 倍於
香港的英國在戰後實行清除貧民窟計劃，花了同樣多時間重新安置了 300
萬人。一些香港新市鎮規模巨大，遠遠超過英國新建市鎮。例如，按照計
劃，沙田的人口將從 1991 年的 57 萬增加到 70 萬人。沙田離九龍商業區只
有 5 英里，幾乎不需要獨立城市所必須具備的設施。與其說它是一個市郊
住宅區，不如說是配備有一所規模很大的大學、一座跑馬場、一家精緻的
博物館和一座大音樂廳的社區。如今的荃灣規模更大，人口超過 70 萬人。
由於居民流向現代化程度更高的地區，荃灣的人口正逐漸減少。

　　人員流動意味着香港居民需要多次搬遷。1973 年，當局着手實施新市
鎮建設全面規劃，這項規劃切實可行地考慮了交通狀況。香港地形陡峭，
地域包括大陸地區和眾多島嶼，這種不利的自然條件給人員流動帶來特殊
困難。香港的公路網是世界上最擁擠的，公共交通車輛平均每天運營 700
多萬車次，更不必說還有 20 多萬輛私家車。廣九電氣化鐵路和世界上最繁
忙的地鐵 (很多關於香港的統計資料收錄了這方面的最高記錄) 把兩個市中
心與各個新興市鎮聯繫起來。1980 年，連接中環與九龍的地鐵開通，這條
地鐵是兩個因素融合的產物：一方面是香港對私人企業的偏好；另一方面，
倘若沒有公共資金的注入，要建成這樣一個地鐵網絡也是不可想像的。事
實表明，對於公眾的錢包來說，它並非一條廉價的地鐵。在竣工前的最後 3
年中，政府投入的公共資金將近 100 億港元。但是，在乘坐過紐約或倫敦
地鐵的人看來，香港地鐵宛如一個截然不同的世界：清潔、寧靜、可靠。

　　香港在其他領域"燒錢"，也收到了令人矚目的效果。相對於世界絕大
多數地區而言，香港似乎已成為一個烏托邦，就更不用說發展中國家了。
成百萬美國人或許會希望在這樣的制度下生活，沒有任何人會因為囊中羞
澀而享受不到完備的醫療服務。香港醫院收費歷來低廉，這表明公共基金
劃撥出巨額補貼。公立醫院的普通病房每天收費僅為 4.37 美元 (這一收費
金額是換算成美元的，而且必須考慮到香港的每日平均工資為 25 美元左
右)。這一收費包括從伙食、藥品、檢查到外科手術和其他各種必需的治療

費用，"對於經濟困難的病人，收費標準還可以降低或免費⋯⋯普通門診診所的門診費為 2.3 美元，專科診所為 3.56 美元⋯⋯老年人或精神病日間護理中心以及上門巡診的收費為 3.43 美元。如果證明有正當理由，這些費用也可以豁免。普通門診診所的注射和敷料費是 90 美分，而家庭預約診所和美沙酮醫療中心的上門巡診費維持在 13 美分⋯⋯婦幼保健院、結核病和胸科診所、性病診所、急診部一直是免費的"。[6]

像其他國家的醫療衛生體系一樣，香港的醫療衛生制度也未能免遭批評。《香港評論》很快就對香港的醫療制度提出了批評，這份刊物擁有一批與政府沒有任何瓜葛的優秀撰稿人，從民間的視角審視香港，對官方的自鳴得意起到了可貴的矯正作用。伍永強博士在 1989 年的《香港評論》中指出："由於強調公共醫療的範圍⋯⋯醫療和衛生服務實質上仍然停留在殖民地時期的水準"，"僵化的政府及官僚體制已經逐漸適應"，由於"缺乏明確的政策導向"，造成了一種"令人擔憂的狀況"。到第二年，他寫道："經過多年延宕和低效的官僚主義之後⋯⋯這一體制⋯⋯始終徘徊在危機的邊緣。"[7] 如果伍博士的不滿確有其事，那麼英國的醫療服務體制至少也應該受到批評。醫療衛生事業無法像市鎮規劃那樣進行周密的設計，即使是態度認真也不可行。在香港，醫療衛生體制"初現端倪"，服務品質時好時壞。香港的高科技專業醫療不如美國和英國那樣普及，但死亡率和發病率的統計數字反映出對醫療衛生服務的普遍滿意程度。在這兩項指標上，香港都要比美英兩國好。實際上，任何一項統計資料都無法充分反映出免費、便捷的醫療衛生服務給人們帶來的精神上的安全感。

不論香港的醫療衛生體制給人留下多麼深刻的印象，最令人稱奇的進步是教育領域。直到 1971 年這個關鍵年份，政府才完全實現了普遍初等教育。20 年之後，香港各類學校在校學生超過 130 萬人，政府在教育領域的開支超過 200 億港元，佔年度經常性開支的 84%。1981 年，5% 的適齡人羣在大學或工業學校學習，1991 年這一數字達到 18%，計劃在 1994-1995 年度達到 25%。這項雄心勃勃的計劃很難實現，除非對相應標準做出調整，尤其是師資隊伍正以令人擔憂的速度流失。香港的高等院校不像英國最好

6　《1992 年香港年度報告》（1992 Hong Kong Annual Review）。

7　《1990 年香港評論》（The Other Hong Kong Report 1990）。

的大學那樣屬於研究型大學，除一些特殊領域外，香港高等院校集中於本科教學。大學畢業生往往赴海外完成研究生學業。相形之下，單純地擴大本科教學要比同時把研究設施提升到與本科教學相當的公認水準容易得多。

香港人對待考試熱情十足，這種熱情類似於中國人追求能夠帶來顯赫地位的知識的傳統。這種體制競爭激烈，要求嚴格，學生能夠達到很高水準，卻扼殺了更具創造性和思辯性的思維。香港學生多半畢恭畢敬，不像所希望的那樣能夠批判性地探討問題。一旦通過了考試體制，許多大學生都設法到國外進一步深造，他們的一大優勢在於所受教育是用英語授課的（中文大學除外），畢業生比較容易在研究條件更好的英語國家大學裏站穩腳跟。其實，不僅香港是這樣，就連法國巴斯德學院也承認英語是目前科學研究的通用語言。1991 年，有 18,425 名香港學生前往美國、加拿大、英國和澳大利亞深造（進入美國大學的學生多是攻讀本科課程，美國大學的入學標準往往低於英聯邦國家）。説漢語的學生往往去台灣而不是大陸，前往台灣的學生人數相當多。1989 年，大約有 5,000 人進入台灣的大學，只有82 人選擇了大陸的大學。

香港年輕人中的佼佼者輕鬆進入英語國家，他們是香港社會寶貴的現實財富，從長遠看潛力更大。人們開始關注學生學成後不願返回香港的問題。行政部門規定必須掌握普通話才能獲得提升，這會削弱香港的國際化特色。但是，香港年輕人當中，一些最活躍的人在世界各地擺脱了考試的壓制，海外經歷所產生的促進作用肯定能夠抵銷上述缺憾。

香港政府取得的不容置疑的第三項成就，是為大多數居民提供了大量能夠買得起的住房。起初，政府努力為蜂擁而至的戰後難民提供起碼的住處，之後逐漸形成了一項新計劃，即建設和維護條件尚可的公屋。新政策在戴麟趾時期就已經初現端倪，1964 和 1965 年的《香港白皮書》都闡述了新政策的要點。直到人們開始認識到，極其惡劣的居住環境在一定程度上引發了 1966 年騷亂中突然迸發出來的不滿情緒，當局才加快興建住房的步伐。第一步是淘汰 1954 年後修建的街區，這些街區已經完全不適合居住。由於香港獨特的地勢，合適的建築用地奇缺，住房建設困難重重，迫切需要進行大規模的圍海造地。最初的計劃完成之後，1986 年開始了另一項工程，計劃提供 115 萬套住宅，其中 50 萬套已經竣工交付使用，其餘住宅中

有 40 萬套將屬於公共部門，可以安置將近 300 萬人。新建住宅都有大量補
貼，既可用於出售，也可以出租，目的是以佔家庭平均收入 7% 的價格為人
們提供住所。新公寓的租金為每月每平方英尺 35 美分，也可以 25,000 美元
以上的價格購買，這一點確實非常值得稱道。不過，正如黎敦義所説，"我
們常常憑藉統計資料來顯示我們有多麼繁榮，往往忽略了大多數人住的仍
是一居室"。[8] 直到此時，香港仍有大約 288,000 人住在條件十分糟糕的臨
時住所裏。

這些人當中處境最悲慘的，還不是睡在天星碼頭紙板箱裏的那些人，
而是旺角的"籠民"。他們沒有家庭，唯一的生活來源是養老金，所謂的家
僅有一張牀大小，四周以鐵絲網圍起來，以保護他們少得可憐的財物，每
20 個人才有一個公用廁所和浴室。香港的社會保障體系只能説是建立起防
止絕對貧困和飢餓的安全網，服務對象也十分有限。作為喪失勞動能力的
補助，70 歲以上的老人每年能夠獲得 2,500 美元左右的最低收入保障。如
果老人有家庭，這筆收入足夠了；部分是由於醫療衛生水準提高，人口正
在迅速地步入老齡化，老年人和鰥寡孤獨者處境艱難。[9] 倘若不是有各種管
道的非政府資金的幫助，他們的生存狀況會更加糟糕。非政府資金有許多
是香港公益金出面籌集的，每年為慈善事業募集的資金大約有 1,500 萬美
元。長久以來，行善得報一直是華人的傳統。行善者同樣應該得到正式的
承認，通過頒發獎狀、獎章，開闢紀念室來表彰捐贈人，最大方的做法是
修建一座紀念捐獻者的建築物。這與一個世紀前英國的情況非常相似，當
時的皮博迪大樓和卡內基圖書館（都是由美國人提供資金的）為地方政府寒
磣的設施增色不少。

名列慈善捐贈名單榜首的是"英皇御准香港賽馬會"。賽馬下注是香港
唯一合法的賭博（雖然非法的麻將賭博非常公開地四處盛行），廣東人極為

8　《1991 年香港年度報告》(1991 Hong Kong Annual Review)。

9　1992 年，新總督彭定康提出了一項社會改革方案，主動接受對公共開支不足的批評。方案
　　承認，這個殖民地有其"陰暗面"。方案建議採取廣泛的措施改善這種狀況，包括承諾在 5
　　年內投入 73 億港幣，實施"污水處理戰略"，提高社會保障支出，增加對衛生、教育、研
　　究和培訓的投入。彭定康先生提出，到 1997 年，香港經濟的人均國內生產總值可望達到
　　30,500 美元──相當於意大利和荷蘭 1992 年的水準──完全能夠承受上述這些舉措的費
　　用。他圓滑地迴避了一個事實：1992 年時，英國的國內生產總值已經低於他用來作為例證
　　的那兩個國家。畢竟，他是英國內閣成員，而此時英國已經淪為二流國家。

狂熱地企求好運，再加上英國人也並不厭惡賽馬，因此，香港賽馬場——吉卜林稱之為“漂亮的 7 弗隆 [10] 小賽馬場”——及其附屬設施的賭博收入每年達數十億元。這筆收入大部分流入政府的金庫。1991 年，香港賽馬會上繳了大約 5 億英鎊（香港政府 12 億英鎊的“境內收入”大部分來自賭博，這筆收入約佔整個政府財政收入的 15%）。在納稅和留足準備金之後，馬會的所有利潤全都用於慈善事業。這筆款項數額巨大，1991 年時總計約有 8,000 萬英鎊，折合 11.04 億港元。[11] 更能説明問題的是，這筆錢可以綽綽有餘地支付上年公共社會保障體制的全部費用（9.84 億港元）。分配這些資金是馬會董事局的一項正式職責，董事局並非選舉產生的機構，從最嚴格的意義上説它沒有任何責任，只對馬會會員負責。實際上，這些極有責任感、非常嚴肅的紳士與政府密切合作，使得捐助得到恰當和卓有成效的使用。例如，皇家香港賽馬會不但為香港科技大學提供資金，還管理其工程。不過，如此大規模地資助公共事業是否合適，尚有爭議。意味深長的是，政府歷來羞於讓人注意到馬會捐助。《1992 年香港年報》索引中沒有馬會的條目，有關章節甚至隻字未提馬會對高等教育的資助，雖然馬會的資助金額遠遠超過政府在全部教育領域的基本建設費用（4.37 億港元）。

　　麥理浩爵士的政府不僅取得了穩步進展，還做了一些表面的調整。20 世紀 70、80 年代，政府聘請著名的管理諮詢公司麥肯錫公司就機構重組提出建議。該公司花費的大量研究經費意味着他們的許多建議得到採納，這些建議很多已經在香港付諸實施。輔政司更名為布政司，華民政務司也從歷史教科書中消失，代之以民政司。輔政司的英文名稱從以往的 Colonial Secretary（殖民地司）改為 Chief Secretary（布政司）。[12]（機構更名直到 1973 年才完成，這反映出以往殖民地傳統的慣性。在一個華人佔總人口 98% 的社會，本應早就覺察到這一名稱是極不恰當的。）總督、布政司和財政司三巨頭掌握行政權，只有宗主國政府的一般性政策和《香港憲章》才對他們有一些鬆散的限制。數位司級官員直接向他們三人負責，司級官員各

10　弗隆為英制長度單位，一弗隆等於八分之一英里。—— 譯註

11　《1991 年皇家香港賽馬會年度報告》（1991 Royal Hong Kong Jockey Club Annual Report）。

12　華民政務司的英文名稱從帶有歧視性的 Secretary for Chinese Affairs 改為 Secretary for Home Affairs（民政司）。—— 譯註

負責一到數個行政部門，他們的角色非常近似於那些向公司執行董事會負責的分公司經理。以此類推，立法局和行政局議員的身份與股東相仿，他們有時候提供幫助，有時惹麻煩，大多數時候參與不了決策。

　　歷年的政府年報提供了比較正式的界定，行政局"在某種程度上起到了類似於內閣在西敏寺體制中的作用"。這種說法需要附加種種限定條件，不然聽起來像是張口就來的謊言。行政局 15 名議員中，總督、布政司、財政司、律政司和駐港英軍總司令等 5 人因為其職位成為當然官守議員，其餘議員均由總督任命，他們都是顯赫而忙碌的人士。1992 年的行政局議員包括滙豐銀行董事局主席、香港大學校長以及英國上議院議員、太古集團董事鄧蓮如女男爵。只有一位議員掌管行政部門，這就是銓敍司（1991 年亦改名為公務員事務司）屈珩先生。[13] 這些議員根本不可能像英國內閣大臣那樣在內閣和眾多內閣委員會進行詳盡的討論。同樣，較之幾乎是獨斷專行的英國內閣，行政局議員的權力受到更嚴格的限制。資金分配先由當然官守議員與司級首長協商後確定，再作為既成事實提交行政局。在其他事務上，行政局也沒有多少機會進行干預：

> 通常，行政局會收到一份經過商議的建議，以及對該建議的基本理由的詳細說明。行政局可以質疑、變更、修改這些建議，或者退回作進一步的研究……徹底推翻建議的情形並不多見，行政局很少對一個問題進行一般性討論，或者自行制訂解決方案。[14]

　　總督的權力也無法與英國首相的權力相提並論，首相可以辭退全體內閣成員，並在一夜之間組成新內閣；總督則忠於他上任時已在任、或是由他本人任命的議員，除非議員的任期屆滿，否則議員席位不得有變。政府年報措辭的變化反映出行政局議員履行職責的時間有限，1990 年以前，行政局例會是"至少每週一次"，現在變成"一般每週一次"。每到開會的日子，總督通常在上午的立法局會議和下午的行政局會議之間與議員共進午

13　本節所描述的香港政體狀況截止到 1992 年年初。當年 10 月，新總督彭定康徹底改變了立法局與行政局之間的力量對比。

14　民政司報告，1976 年 8 月，引自邁樂文：《香港政府與政治》(Miners, *The Government and Politics of Hong Kong*)，第 206 頁；另見劉兆佳，前引書，第 145-148 頁。

餐,這被稱作"牛腩會",因為在上午下午都供應牛腩,中午也有供應。自那以後,政府的傳統習慣或許有了改變,但香港的最高行政權力始終異常穩固地掌握在政府官員而非行政局議員的手中。

雖然香港政治的民主參與程度沒有任何提高,但 20 世紀 70 年代的體制變革還是增強了立法局、行政局的效力。1976 年開始,麥理浩爵士採取一個簡單的辦法,即不再任命新的官守議員進入立法局補足缺額,使非官守議員在立法局佔了多數,人數從兩人增加到 1984 年的 10 人。當然,一旦需要通過有爭議的提案,總督仍可以直接任命足夠多的官守議員,使提案獲得通過。人數上佔優的非官守議員並未顯示出任何不聽駕馭的跡象,辯論聽起來就像是"執政與在野的兩派議員以'伊甸園裏的歌喉'對唱聖歌",他們始終"心平氣和……因為缺乏世界各地,不論是布達佩斯和北京,還是哈瓦那和莫斯科,都普遍存在的公開反對派"。[15]

另一項早該採取的行動是 1974 年承認中文與英文共同成為官方語言,規定中英"兩種語言擁有同等地位,在政府和公眾交流中同等使用"。這一規定名不符實,因為新法律並未規定用中文頒行這一立法。直到 1989 年才開始同時用兩種語言頒行法規,已有的法律文獻的翻譯工作至今仍在進行之中。英語仍然是高等法院唯一使用的語言,漢語只是在地方法官審訊時才使用。就連這一變革在很大程度上也是表面化的,簡·莫里斯描繪了這樣的場景:一位法官"獨踞高座,以他根本不懂的一種語言審理涉及華人的案件……冷酷無情地威逼被告……脅迫證人……暴跳如雷地表明自己的地位:'這是在法庭……你懂嗎?聽見我說的話嗎?我又不是在對你說德語或其他甚麼你聽不懂的話。'"[16]

比較一下香港與威爾士,就很能說明問題。根據 1981 年的人口普查,威爾士有大約 50 萬人(總人口為 2,791,851 人)會講威爾士語,這些人當中絕大多數也能說英語,只有極少數人例外。但是,威爾士語在各個層次的政府機構中享有與英語完全平等的地位。在香港,超過 90% 以上的人講廣東話,只有一小部分人能夠同時說英語,他們不得不忍受莫里斯所描述的那種侮辱性言行。當然,威爾士人有選舉權,而香港人沒有。

15　阿德利:《香港巨變》(R. Adley, *All Change Hong Kong*),第 29 頁。

16　莫里斯:《香港》(J. Morris, *Hong Kong*),第 243 頁。

不論香港的政策存在何種缺陷,香港人民似乎有理由對這些政策的結果感到莫大的滿足。在香港,對政府的批評類似於任何一個發達國家政府受到的批評,但是,發達國家為滿足公共開支所徵收的稅金要遠遠高於香港。香港能夠通過增加稅收來提高供應水準,同時不會降低富有競爭力的效率。香港沒有多少走向代議制民主的跡象,這正是自由主義觀察家十分擔憂的。這個殖民地的政府堅持認為,他們在日常工作中融入了獨特的協商體制,無需為獲得選票去安撫特殊利益集團,因而能夠以冷靜而公允的立場看待各種社會需求。應該承認,至少在社會政策方面尚不能證明上述見解是錯誤的。人們的種種抱怨中,一種經常表達出來最為普遍的願望,並不是要求提供更多的公共救濟金,而是要求更有力地維持治安,更嚴厲地懲處違法者。香港人對個人平安的擔憂甚於對社會安全的關注。

司空見慣的腐敗

麥理浩爵士推行的各項政策中,最先收到成效的是強而有力的反腐敗行動。自最初的年代開始,腐敗在香港就是司空見慣的現象。在牟利已是人們唯一共同目標的社會,賄賂始終是打通關節的必備手段。像英國這樣有着悠久歷史的國家,腐敗不會那麼明目張膽,但頒發勳章和分配官職可以替代金錢的作用,激起公眾對國家本能的、必不可少的忠誠。這種體制在 20 世紀有了長足發展,英國新發明了一整套大英帝國勳位,從前有嚴格限制的勳位逐步擴展到全社會。大衛·勞合—喬治擔任首相時曾經在一段不長時期內或多或少地公開出售勳位,他本人任期屆滿時也被封為勞合—喬治伯爵和德威弗爾的格溫內斯子爵。時至今日,這類事情的處理要謹慎得多(不過,只有異常天真的人才會相信一家國有公司董事會主席把他人的大把金錢送給某個政黨,他不會在該黨上台執政後獲得回報)。在香港,這種體制只有些微變化。傑出人士在公益事業上表現突出(既意味着付出精力和時間,也可以指花費金錢),就可以得到標誌現代官階的徽章,英帝國員佐勳章、官佐勳章和爵級司令勳章。有突出貢獻者甚至可以獲得珍貴的印有 K 字 (Knight,騎士) 的孔雀翎。這種安排對於上層社會來說足矣,在市井階層眼中,金錢比任何東西都管用。

　　這個殖民地開埠之初，人們就對員警的腐敗感到不安。第二次世界大戰後，警界腐敗形成一種公認的、毫無顧忌的模式。在警隊正式等級體制之外，負責巡邏的員警是相當於英國陸軍一級準尉的警司以及在他們手下值勤的警署警長。除極罕見的少數情況外，這些華人員警全都捲入組織嚴密的貪污體制。他們充當"收規人"，安排下屬與犯罪分子聯絡，收取服務報酬，收到的巨額金錢再按照事先商定的比例在下屬和上司之間進行分配。作為回報，犯罪團夥和幫派頭目答應平息幫派內部分歧，不去打擾普通百姓的生活。這種體制時常引起新來者的恐懼，戰後第一任警務處長驚呼"從未見過如此大規模的腐敗"。這種體制利益巨大，使得任何可能的激進行動都無從落實。香港曾經組建過反腐敗機構，但它本身就是員警系統的組成部分，自然不會鼓勵其成員過於輕率地表現出對自身任務的熱情。[17]

　　1960 年 3 月 10 日，西敏寺第一次開始關注香港員警的腐敗問題。歐尼斯特·桑頓質詢殖民地大臣，是否考慮任命一個獨立機構調查香港的腐敗問題，結果得到了再簡單不過的回答："不，先生。"桑頓沒有就此放棄，他引證了一條資料：自 1957 年以來，協助總督的所謂"反腐敗常設委員會"只召開過 11 次會議。桑頓還從其他許多管道提供了香港腐敗橫行的證據。太平紳士查理先生曾經表示"這個殖民地的腐敗簡直太普遍了"。貝納祺先生在香港革新會演說時表示："每一個大城市都有嚴重的腐敗現象，但香港是世界上腐敗最厲害的城市之一。"《德臣西報》指出，"腐敗簡直成了我們的一種負擔"。

　　桑頓的反腐敗運動未能深入。湯頓選區的保守黨議員愛德華·杜坎向下議院保證，"毫無疑問……所有重要商人和文職公務員的誠實無可指摘，不容懷疑"。殖民地大臣伊恩·麥克勞德贊同這種觀點，他還補充說，總督本人"在處理這類事務上有非常豐富的經驗……覺得沒有必要展開這種調查"。在香港，桑頓受挫的消息必定讓很多人感到高興。

　　直到調查 1966 年騷亂的官方調查委員會着手搜集有關證據，腐敗問題才成為眾矢之的。警務處長伊輔極為勉強地承認警界存在貪污，但程度並不比其他政府部門嚴重。無論如何，員警部門有自身的特殊性，偵探要付

17　見勒斯布里奇：《香港的貪污》，本書是關於廉政公署的權威之作。

錢給線人，不得不收受賄賂。委員會不打算揭露這種不利的真相，尤其是員警在平定次年的騷亂中有上佳表現。他們是這個殖民地的英雄——現在改稱"皇家香港警隊"——應該讓這些出色的人不受打擾地享受他們的非法所得。針對員警的批評遭到歇斯底里的反對，批評這個殖民地的保護者會危及社會安定。布政司祈濟時爵士——他此前一直在西非任職，即使是香港這樣很不健全的民主機制對他來說也是十分隔膜的——破天荒地公開攻擊市政局的葉錫恩女士。他想當然地以為只有低級員警才貪污，也就是所有的華人員警，而高級警官是純潔的。因為說到底，高級警官都是英國人。

來自英國議會大廈的看法更能說明問題。1967 年 2 月 27 日，拉格比選區的工黨議員詹姆斯·詹森在下議院宣佈："就在上週，我與代表旺斯蒂德和伍德福德的尊敬議員（派翠克·詹金）連袂提交了對員警腐敗流傳甚廣的指控。我感到欣慰的是，這些指控出自眾多人士之口，他們來自社會各個階層、各種不同膚色以及各行各業。我和其他人士與總督討論了此事，他給予了大力協助。我意識到他處境艱難……我要求我尊敬的朋友認真考慮組建一個調查委員會，對這個極為與眾不同的殖民地的事務展開調查。"沒有人願意反駁這位可信賴的詹森。

一些保守黨議員冷嘲熱諷地指責詹森是為了謀取黨派利益，派翠克·詹金的看法就必須認真對待了，因為他本人就是保守黨議員，公認為人正直，日後他當上了社會服務大臣和工業大臣。

數年來，這個殖民地一直想方設法拖延組織調查委員會。香港對待賄賂的態度遠不及英國那麼嚴肅——這是 1972 年英國賄賂大案曝光前的情況，據說這場賄賂案不僅牽累了許多人，還導致內政大臣雷金納德·莫德林仕途受挫——而且認為只有最下層職員才貪污。賄賂甚至常常是出於正當的目的，對低級職員（醫院僱員和接待員就經常成為抱怨的對象）的抱怨通常只是針對他們的無禮言行，僅需一元左右的茶錢就可以擺平他們。

1973 年，這個殖民地自鳴得意的心態被事實擊得粉碎，鎮壓騷亂時表現最突出者之一的總警司葛柏被揭發貪污數百萬元鉅款。揭露葛柏是警務處長薛畿輔發動的肅貪運動的成果。薛畿輔 1969 年前來香港任職，他迅速着手清理警司隊伍，實際上這些人全都倉促離職，過上了舒適的退休生活。戴麟趾爵士對肅貪運動並不積極，在就反腐問題接受英國電視台採訪時，他就"像一根圖騰柱一樣僵硬地坐在攝像機前,言語唐突,態度曖昧"。兩年後,戴麟趾被麥理浩爵士取代,後者隨即制訂了在這個殖民地推行變革的綱領。麥理浩爵士領導了對葛柏一案的調查,最後斷定不可能依靠警方來有力、公正地調查涉及他們同事的指控,必須組建一個獨立的反貪機構。

在姬達爵士的領導下,麥理浩爵士建立的"總督特派廉政專員公署"(廉政公署)迅速取得了成功,不過這種成功委實令人難堪。姬達是個令人難忘、獨立性很強的官員,曾在巴勒斯坦和非洲的殖民地治安方面有過驕人成績。他在非洲成功應對了 20 世紀 50 年代肯亞的茅茅運動,因此獲得喬治勳章。在香港,姬達得到彭定國爵士的支持,彭定國此前已就任特別支部執行處處長,對警界瞭若指掌,這堅定了姬達的決心。

如果說廉政公署一班人馬與以往的員警有甚麼不同,那就是他們太得力了。廉政公署的調查揭露出規模巨大的有組織腐敗行為,大批警員被捕,僅一個分局就有 59 名警長被捕,一名高級警司自殺,3 名英籍警司拘留。如此下去太危險了,警方力圖掌握主動,組織了一次大規模集會,結果廉政公署辦公室被襲擊,工作人員遭毆打。

麥理浩不得不面對一個事實,腐敗是普遍的,除非甘冒整個公共秩序崩潰的風險,否則調查難以進一步深入。總督被迫退卻,下令赦免除罪大惡極者之外的所有涉案人員。與此同時,他明確表示今後將嚴懲一切不軌行為。數年之後,事態才完全平息下來,結局並不圓滿。奈傑爾・卡梅隆評論說:

> 統計資料顯示警隊的腐敗大大減少。有待討論的問題是,這些資料在何種程度上反映出腐敗在總體上減少。犯罪集團式的大規模腐敗確實已經消滅,同樣可以肯定的是小規模的腐敗行徑仍未絕跡。[18]

委員會的報告似乎證實了這樣一種情況,廉政公署對警務人員的檢控在總檢控案例中僅佔極小的比例。

18　卡梅隆,前引書,第 319 頁。

	1986	1987	1988	1989	1990	1991
檢控總數	251	485	382	333	284	314
檢控警方人員	19	14	12	16	10	8

　　不過，仍然存在一種可能性，地下活動大多仍與毒品有關。毒品消費量在這一時期沒有顯著下降，記錄在案的嚴重犯罪案件和被告人數卻穩步下降，查獲的麻醉品數量也大幅度減少：

	查獲的麻醉品數量（公斤）	嚴重犯罪案件	起訴人數
1987	737	4,143	5,231
1988	942	5,527	6,579
1989	1,154	5,040	6,050
1990	265	3,604	4,390
1991	184	2,998	3,631

　　政府非常謹慎沒有在政府年報中解釋這一趨勢，上述數字必定要麼意味着香港打擊毒品犯罪的力度在世界上首屈一指，要麼說明員警與三合會販毒者有一定的勾結。從香港海關高級緝毒官員張應龍（音譯）一案來看，情形很有可能是後者。張應龍是香港海關的高級幫辦，1990年被控走私50公斤海洛因到澳大利亞。

華人社會

　　香港不再是一個英國殖民地，逐步成為一個華人社會。這種趨勢最顯著的跡象並非政府的政策使然，而是自發的商業變革的產物。麥理浩到任之際，1949年時逃亡到香港的上海人已經重建了產業，開始成為這個金融王國的領頭羊，逐漸把一些老派的華人工商巨頭甩在後面。這些新來者當中，包玉剛爵士是最傑出、最成功的一位。1955年，他僅憑一艘小船進入航運業，在20年之內從無到有，發展成擁有2,000萬噸位的船隊，之後又在眾多領域進行多元化投資。另一位大企業家李嘉誠不是來自上海，而是土生土長的廣東潮州人。1950 年，22 歲的李嘉誠開始製造塑膠花，到 70 年代，他已經站穩了腳跟。

這些 "新人" 與何東爵士、馮華川爵士等早期華人鉅子的秉性完全不同，後者強調與殖民地政府保持密切聯繫。李嘉誠和包玉剛倘若需要政府的支持，是可以的、也確實能夠直接去找英國和中國政府的領導人。包玉剛爵士就是一個典型的例子。凱文·拉弗蒂敍述說，1982 年 9 月瑪格麗特·戴卓爾夫人與鄧小平在北京會談期間，"包 (玉剛) 似乎無處不在……一位始終憤憤不平的英國官員抱怨說：'他的舉止如同這是一場包玉剛主持的義演，戴卓爾和鄧小平都降到了配角的地位'"。[19]

在香港華人企業擴展的同時，共產黨人在鄧小平開始於 1978 年的經濟改革鼓舞下，着手利用資本主義提供的機會，大陸對香港的投資顯著增長。招商局集團是大陸投資集團之一，現擁有大約 40 家不同行業的香港公司。這家企業的歷史頗富傳奇色彩，最早可以上溯到 1872 年的輪船招商局。輪船招商局是李鴻章為了與外國公司競爭而創辦的數家企業之一，當時的外國公司主要有旗昌洋行、怡和洋行和太古洋行。李鴻章的這一商業冒險由買辦和商人出資，很快就取得了成功，買下了旗昌洋行，成為中國同類企業中實力最強的一家，就連怡和洋行也曾考慮向其出售股份。中國銀行的資歷比招商局略遜一籌，它 1912 年於上海成立，挺過了日本入侵和中國內戰的衝擊，只是黃金儲備被蔣介石在 1949 年悉數秘密運到台北。中國銀行是僅次於滙豐銀行的香港第二大銀行，這家銀行的總部設在宏偉的新中銀大廈，內行地管理着 300 多家分支機構以及約佔香港全部銀行存款四分之一的款項。

代表中國出口廠家的華潤集團和中國國際信託投資公司組建得較晚，發展卻十分迅速。中信公司最重大的投資包括掌握了國泰航空公司、東區海底隧道以及香港電訊公司的少數股權。有膽識的大陸人士在這個殖民地建立的企業數量激增，卻不想向他們的管理機關匯報有關業務活動，就連中國政府也無法確切掌握這些企業的情況。凱文·拉弗蒂認為，不論是華潤集團還是新華通訊社都無法輯錄出這些企業的名冊。美國國務院識別出

19　拉弗蒂，前引書，第 313 頁。

750 家以上的中資公司，大陸在港投資總額估計超過 100 億美元，約佔香港投資總額的 10% 左右。[20] 其他統計資料也證實了這一狀況。例如，1989 年，中資公司獲得的工程合同佔當年簽訂合同總數的 18%。這種狀況幾乎再現了上一個世紀的情形：有膽識、適應資本主義的中國人從大陸來到香港，在外國人擅長的商業領域打敗外國人，而他們的進取心受到北京那些維護既定秩序的傳統人士的強烈批評。

香港境內外的中資企業迅速擴展，意圖搶佔市場份額。與此同時，一些年代久遠的商行似乎徹底喪失了銳氣。英國人的商業勢力全部掌握在極少數大班手中，滙豐銀行、和記洋行、怡和洋行、太古洋行、牛奶公司和會德豐公司彼此之間都有兼任董事。和記洋行的大班祈德尊爵士進入了滙豐銀行、牛奶公司、會德豐公司和香港隧道有限公司的董事會，他還是香港賽馬會的董事之一。會德豐公司的 J. L. 馬登不但領導自己的公司，還擔任牛奶公司和和記洋行的董事。邁克爾‧赫里斯擔任怡和洋行大班時，不但是行政局、立法局議員，還擔任牛奶公司和滙豐銀行董事。這些大班來自極為相似的社會背景，例如，赫里斯與克錫家族、施懷雅家族成員一樣，也是伊頓公學出身。不用説，所有大班幾乎全都曾就讀於牛津大學或劍橋大學。這些人在香港俱樂部、香港遊艇會和香港賽馬會聚會，形成了非常緊密的小圈子，既能彼此間互助，又能攜手與政府高官合作。

1980 年，這個小集團首次面臨威脅，當時李嘉誠對和記黃埔採取收購行動。自 19 世紀 60 年代以來，和記洋行始終立足於碼頭和船運業，在 "一位天生會耍手腕的商人" [21] 祈德尊的有力領導下發展成最大的洋行之一。祈德尊為香港隧道有限公司提供資金，1972 年隧道開通，把中區與九龍連接起來，改變了香港生活的整個佈局。但是，這種 "隨意的和機會主義的" [22] 擴張速度太快，難以持久，滙豐銀行被迫對該公司進行重組，內容包括與更有來頭的黃埔船塢公司合併 (香港黃埔船塢公司是由林蒙的香港仔船塢與柯拜黃埔船塢合併而成，乃是最初的廣州貿易的倖存者)。作為重組計劃的一部分，滙豐銀行持有大量和記股份，改組完成後，他們將自己的投資以

20　拉弗蒂，前引書，第 332-333 頁。
21　迪克‧威爾遜，前引書，第 185 頁。
22　景復朗，前引書，第四卷，第 708 頁。

優惠條件轉讓給那位正在崛起的顧客李嘉誠。和記黃埔前任總裁韋理抱怨說："和記真是賣得太便宜了。它真是一筆意外之財。"問題是銀行方面希望能有一位"長期和富有建設性的持有人"[23]，和記黃埔轉到李嘉誠名下後，他們的這個願望完全實現了。在以前效力於怡和洋行的馬世民的高效管理下，和記黃埔進行了重組。如今，這家公司是香港證券交易所最大的一家上市公司，它不僅有華人的膽識和所有權，更具高效和反應迅速的管理層，兩者的融合正是這個時代的標誌。李嘉誠在多個領域擁有控股權，包括對香港電燈有限公司略少於半數的控股權以及在加拿大的大量投資，年利潤可達 10 億美元。李嘉誠身為香港最成功、最有實力的資本家，與中國當局保持了密切而友好的關係。李嘉誠慷慨捐助內地大學，金額之高足以令窮困潦倒的牛津大學、劍橋大學評議會垂涎三尺，到 1990 年，捐款總額達到 9,400 萬港元。

　　1985 年，英資企業的另一個支柱會德豐公司落入包玉剛之手。作為"包爵士"交易的一部分，包玉剛繼承了代表香港輝煌過去的連卡佛百貨公司，這家公司的歷史比倫敦哈樂德百貨公司還要悠久。連卡佛百貨公司的創辦人是萊恩先生，他曾是東印度公司駐廣州商館的大管家，19 世紀 40 年代遷到香港，與諾曼·克勞福德先生創辦了這家商行。會德豐公司的問世要晚得多，1946 年由喬治·馬登創辦。馬登曾當過海關稅務司署的僱員，被人稱為"中國沿海最固執的人之一"。

　　1979 年，包爵士出人意料地獲得了香港九龍貨倉有限公司的控制權，這樣一來，香港最大的一家洋行——怡和洋行也岌岌可危了。這家倉儲公司是威廉·克錫於 1889 年創立，公司章程的規定旨在確保怡和洋行對公司董事會的永久控制。這家公司經營天星小輪和電車公司，在香港歷史上佔有極為顯著的地位。對於怡和洋行來說，九龍倉公司被一個新來者，而且還是一位華裔奪走，就已經夠糟糕的了，更令他們大受傷害的是，包玉剛出乎意料的行動得到他們的老盟友滙豐銀行支持。到第二年，事態已經明朗，李嘉誠同時對怡和洋行及其旗下的香港置地公司展開重大行動。李嘉誠掌握的股權幾乎與克錫家族相當，必須採取決定性行動了。怡和洋行安

23　拉弗蒂，前引書，第 297 頁。

排了休戰，回購股票，設計了一種精巧的防衛性法人組織結構，這種結構使得不受歡迎的收購難以收到成效。

　　為了加強防衛戰略，怡和洋行嘗試向香港以外的地方多元化投資。怡和洋行原計劃中最重要的步驟是獲得一家紐約投資公司比爾·斯特恩斯公司不足半數的股份，對於像怡和洋行這樣的排外性盎格魯—蘇格蘭人公司來說，這是一個很奇怪的決策，因為比爾·斯特恩斯公司並不屬於傳統的美國東海岸"盎格魯—撒克遜裔白人新教徒"投資公司（雖然它擁有一個堂皇的門牌號碼"華爾街 1 號"），公司合夥人幾乎清一色是猶太人和愛爾蘭人。不幸的是，事實表明這項計劃完全判斷失誤，股東也大受打擊。1989年，證實必須放棄這筆交易，股東們被告之尚需 5,000 萬港元才能終止交易。到第二年，這筆金額上升到 5,700 萬美元，大約是一年前的 8 倍。即使是怡和洋行這麼大的公司，這筆款項也堪稱巨額虧損。如同這種時刻時常發生那樣，怡和洋行迅速更換常務董事，甚至連董事局主席也換了人。洋行老闆由紐壁堅換成美國人鮑富達（後者迎合了怡和洋行擴充新領域的渴望），但任職時間不到 6 個月。亨利·克錫早些時候被其兄弟西蒙取代，此時重新出任董事局主席，把局勢穩定下來。

　　怡和洋行嘗試多元化投資，但大部分資產仍然集中在香港——1990 時為股東基金的 66% 以及稅後利潤的 58%。這些資料並不準確，因為怡和洋行在香港的資產主要是房地產，房地產市場的波動將直接影響到資產價值。怡和洋行歷來留意避免與（按照亨利·克錫的話說，由一個馬克思列寧主義的政府管理的[24]）中華人民共和國有過於密切的關係，在中國只有適度的投資，他們比較看好日本、韓國、新加坡、台灣乃至印尼等國家和地區的投資前景。到目前為止，這些政策已證實是成功的。1982 到 1985 年危機四伏的 4 年間，公司股息沒有附加擔保，此後借助出售資產和讓渡儲備金，公司的利潤開始穩步增長。

　　1984 年，怡和洋行決定把公司註冊地遷往百慕大，這還僅僅是公司法人離開香港的開始。怡和洋行管理層渴望淡化這一變化的重要性，強調他們仍是香港最重要的上市公司（總公司及旗下公司的股票約佔香港證券交易所上市股票總市值的 12%）。1990 年，公司財務年報首次沒有把公司總部所在地註明為香港。董事局主席的報告中沒有提及這一變化，報告首頁沒有註明總部的位址，所列的審計事務所也不是羅兵咸事務所的香港辦事處，而是該事務所的倫敦辦事處。同樣，公司註冊地從香港改為百慕大。董事局主席亨利·克錫解釋說："董事局認為，在政制變化迫在眉睫，維持交易夥伴和本公司賴以成功的其他人士的信心顯得至關重要之際，本公司主要管理中心仍然留在香港不符合公司及股東的利益"，"公司把倫敦證券交易所的報價列為當前調整的當務之急"。總經理奈傑爾·里奇更直截了當地寫道，"問題的關鍵"乃是"擺脫為政治所左右的管制"。

　　太古集團是另外一家延續至今的英資洋行，它不像怡和洋行那樣擔憂香港的商業前途。由於擁有表決權的股票十分有限，太古受到妥善的保護，沒有理由擔心會遭遇競爭性收購，雖然他們過去的貿易記錄並不那麼成功。作為怡和洋行在對華貿易中最早的競爭對手之一，太古洋行歷來對中國持積極態度，他們在 1926 年的舉動就是一個例證。當時，金文泰籌劃一項計劃向廣州的工人糾察隊的挑釁，藉此使皇家海軍插手干預。怡和洋行雖然有些勉強，仍同意予以合作。但是太古洋行拒絕參與其事，聲稱"不願冒險在廣州採取任何可能對它在中國其他口岸的利益造成損失的行動"。[25] 第二次世界大戰後，洋行創始人的孫子施懷雅出任董事會主席，他冒了很大風險支持剛剛興起的航空業，這家公司日後發展成國泰航空公司。這是一家頗具規模的國際性航空公司，肯定也是最好的之一。

　　有一家香港機構雖然也歷經多事之秋，卻鮮有氣餒的跡象，這就是滙豐銀行集團。倫敦銀行家動輒以貴族式的輕蔑把滙豐銀行稱作"香港佬與上海佬銀行"。他們認為滙豐銀行反應遲鈍，僱員都是正直、勤奮、無可挑剔的蘇格蘭人，在國際金融界顯得天真而笨拙。日後，說這些話的人不得不承認自己看走了眼。香港擁有一家中央銀行還是最近的事，此前滙豐銀行一直充當清算銀行和最終借貸銀行的角色，承擔着英格蘭銀行在援助和重組英國公司方面所承擔的大多數職責。這些業務有助於管理層逐步提高危機處理和清算作業能力，這種技巧對於日後接管紐約海豐銀行大有助益。

25　陳劉潔貞，前引書，第 216 頁。

海豐銀行總部設在水牛城，由於在 20 世紀 70 年代輕率地擴張業務，銀行瀕臨破產。滙豐銀行先是在 1980 年獲得了海豐銀行 51% 的股份，後來海豐銀行的壞賬繼續增加，滙豐銀行便買下了該銀行的全部產權。解決海豐銀行問題以及在澳大利亞的投機失敗，使得滙豐銀行付出了十分高昂的代價，不過局勢已經得到控制。海豐銀行的虧損降至 2 億美元以下，滙豐銀行澳大利亞分行的虧損也降到 3,000 萬美元，由此獲得的管理經驗將有助於滙豐銀行整頓新近獲得的英國米特蘭銀行。

滙豐銀行收購米特蘭銀行，意味着滙豐銀行開始向海外大規模多元化經營。米特蘭銀行是一家英國清算銀行，也是在英國各主要街道設有分支機構的“四大銀行”之一，有 57,000 名僱員、1,600 家分支機構，客戶達 400 萬人。收購米特蘭銀行之前，滙豐銀行已經在倫敦金融界小試身手，收購了一家歷史悠久但業務蕭條的商業銀行安東尼—吉布斯銀行，以及一家著名的交易商詹金寶公司。相比之下，收購米特蘭銀行要重要得多，也是對滙豐銀行管理層業務水準的考驗。在滙豐銀行收購前，米特蘭銀行的規模要比滙豐銀行大得多。1972 年該行的資產是滙豐銀行總資產的 3 倍，但自那以後該銀行不可救藥地衰落了。這家銀行在發展中國家和美國投入過量貸款和投資，還非常不明智地收購了克羅克國民銀行。為了彌補這些失誤，米特蘭銀行改弦更張，致力於國內信貸業務，卻受衰落的房地產市場拖累，適得其反地造成了雪上加霜的結果。再加上 20 世紀 80 年代英國經濟特有的一連串交易失敗帶來的巨額損失，註定了米特蘭銀行被接管的命運。

英國另一家清算銀行——勞埃德銀行，也想爭奪這個戰利品，但滙豐銀行早已佔得先機，4 年前就用在當時來說是慷慨的價格收購了米特蘭銀行略少於 15% 的股份，並着手把兩家銀行的業務進行有限的合理化整合。滙豐全盤接管米特蘭銀行的消息公佈後，倫敦金融城明顯感到一陣輕鬆，這不啻是對滙豐銀行聲譽的稱讚，人們合情合理地認為，米特蘭銀行從此可以高枕無憂了。

如此大規模的多元化經營不可避免地徹底改變了滙豐銀行業務的性質。接管米特蘭銀行之前，滙豐銀行在亞洲和中東的資產為 533.9 億英鎊，在美洲只有 202 億英鎊。兼併米特蘭銀行後，銀行上述兩項資產僅有少許增加，在歐洲的資產卻從 156.1 億英鎊猛增到 719.27 億英鎊。[26]

　　新組建的滙豐控股有限公司將不再是一家主要業務在亞洲，尤其是在香港的銀行，銀行的資產或許只有三分之一集中在香港。即便滙豐銀行不打算縮減在香港的業務，銀行業務重心的轉移也足以產生深遠影響。甚至在收購米特蘭銀行之前，滙豐就已經進行了重組，在英國組建了一家新的控股公司"滙豐控股"，並在倫敦證券交易所掛牌上市。目前的計劃是這家新銀行將成為"一家總部設在英國，在歐洲、亞洲和北美擁有重要銀行業經銷權的國際銀行集團"。作為一家英國銀行，它將實行更為嚴格的業務報告規範，這可能會導致銀行壓縮公司業務領域的經營活動。目前看來，作為"逐步壓縮非金融性投資"政策的一部分，滙豐銀行減持了國泰航空公司的股份。但是，香港將因為擁有一家具有強大金融實力的國際性大銀行而獲益。滙豐銀行即使不能常駐香港，也將在香港擁有十分龐大的勢力。

　　所有這些發展，不論是政治、社會還是金融領域，都開始於 20 世紀 70 年代，一直持續到 90 年代。香港從一個殖民地管制的社會邁向一個獨立的城市國家，形成了自身獨特的政策以及某種名副其實的民族認同感。

26　資料來自兩家銀行的年度報告，以及滙豐銀行的最終報價。匯率按照 1 美元兌換 14 港幣計算。

第十七章

退　場

香港的前途

　　政治家們，尤其是那些很少被追問的政治家，一旦被逼得説話語無倫次的時候，多半就是陷入了非常狼狽的境地。在應邀接受採訪，被問及是否希望英國在 1997 年之後繼續留在香港時，戴卓爾夫人正是處於這種手足無措的狀態。

　　1972 年，英中兩國就已經明確了香港的前途，整個事件的細節至今仍未公開。曾經有人提出，如果當時英國不主動與中國接觸，就不會觸發整個問題，也不會擾亂現有秩序。有人認為香港對於中國來説太過重要，中國不會冒香港動亂的風險。工黨國防大臣威廉・羅傑斯曾談及“一種心照不宣的默契……應當維持現狀”。一些樂觀派人士認為，在承認中國對整個地區享有主權的前提下，英國可以與中國談判延長新界租約，畢竟澳門的情形與此類似。研究香港憲制的權威史維禮博士指出，這一點完全能夠做到，前提是接受中國的論點：以前的各項條約無效，因為將於 1997 年到期的新界租約從法律上説站不住腳。[1]

　　香港的銀行家，不論是本地銀行家還是美國銀行家，均十分關注抵押貸款的安全，離租約期滿只有不到 20 年時間了。新界租約是 1898 年達成，預定於 1997 年到期。在銀行家們的要求下，總督與他們會晤了一次，會上決定就這個問題與中國政府進行接觸。一些經驗豐富的行政部門人士指出，挑明問題即意味着關注，依照人所共知的中國傳統，這無疑是一種拙劣的談判策略，明智之舉是等北京先邁出第一步。這種意見得到詹德隆博士的贊同，他在 1989 年《香港評論》的序言中寫道：

1　關於威廉・羅傑斯的談話，見派特里基夫，前引書，第 117 頁。史維禮的談話，見鄭宇碩，前引書，第 203 頁以下。鄭宇碩翻印了許多寶貴的文獻資料。

如果英國不向中國提出 99 年租期的問題，就北京來說，本來一切都將繼續，就像甚麼事情也沒有發生過一樣。倘若外國銀行在 1982 年以後擔心向新界的房地產開發項目提供 15 年抵押貸款的安全，中國銀行會帶頭向界限街以北的房地產項目提供抵押貸款，事情就這麼簡單。中國領導人能夠忍受問題的存在，在條件尚未成熟之前不會提出解決方案……

　　直到 1981 年 4 月，在英國和香港政府反覆不斷的試探下，中國人才做出回應，中國方面的香港政策類似於這樣的邏輯："你們認為有問題，我們認為沒有問題，如果你們堅持認為有問題，那只是你們的問題。"中國領導人拒絕表態，私下裏埋怨英國官員"想強迫我們表態"。[2]

1978 年年底，麥理浩爵士應中國外貿部長的邀請訪問北京。英國一直努力扭轉對華出口不振的局面，自然不會錯過這樣一個機會。1979 年 3 月和 4 月舉行的雙邊會談"打開了誤會、故作姿態和不守信用的潘朵拉之盒"，雙方經過艱苦談判，就香港的前途達成協議。麥理浩爵士受到殷勤款待，麥理浩之行無疑是個歷史性事件，這是在任香港總督首次訪問北京，而且是在中國對外關係史上具有重大意義的一年。1979 年 1 月 1 日，中華人民共和國與美國建立全面外交關係。中美建交勢必要求廢除美國與台灣的防務協議，終止華盛頓與台北的外交關係。美國正式承認"中華人民共和國政府是中國的唯一合法政府"。到那時為止，台灣已經能夠在沒有美國庇護的情況下完全應付自如。蔣介石之子蔣經國於 1975 年繼位，開始引領台灣走向更為規範的民主。台灣經濟也取得了成功，年增長率高達 20%。但是，一種從前遺留下來的情緒，即認為美國將來有責任幫助台灣的觀點，在美國決策層中仍有很大市場。

　　與此同時，中國肅清了"文化大革命"的最後殘餘"四人幫"—— 四人中包括毛澤東的遺孀 —— 着手推行更合理的經濟政策，其中一項舉措就是效法台灣人的做法創辦經濟特區。經濟特區位於兩個沿海省份廣東和福建，其中兩個特區設在以往的通商口岸廈門和汕頭，分別毗鄰澳門和香港。緊鄰新界的深圳是最重要的經濟特區，它已經發展成廣東省的動力源泉，每年商品出口總額達 5 億美元。中國意圖使這些經濟特區像過去的通商口岸一樣，成為吸引外國投資的中心。

在這種情形下，中國領導人不希望嚇跑投資者，削弱香港對促進中國不斷繁榮的重要作用，進而損害中國的發展前景。他們寧願把香港的前途問題暫時擱置起來，毛澤東的繼承人、國家主席華國鋒宣佈：“可以通過協商找到一種合理的解決方案。”麥理浩爵士提出應該採取一些措施，緩解人們對租約臨近期滿的憂慮，畢竟離 1997 年只有 18 年時間了。鄧小平建議這位總督向投資者保證他們可以“放心”，他在私下裏明確表示中國將在租約到期後恢復行使主權。早在 1972 年，中國就發出明確無誤的信號，不承認英國對香港享有主權。兩年後希思先生證實了這一點，中美兩國的各項宣言和聲明也都正式予以確認。因此，若還有人對中國的這一立場表示懷疑，那真讓人感到吃驚。不過，有一種樂觀想法認為，即使中國恢復行使主權，也不一定意味着英國管治的結束。[3]

不時有人建議英國應該乾脆拒絕做出任何讓步，應該堅決主張對香港島和九龍城享有絕對主權，並要求重新談判續訂新界租約，這些建議大多是不嚴肅的。一些右翼人士甚至鼓吹沿界限街修築一道“柏林牆”，把英屬九龍與新界隔開。這麼做顯然根本行不通，只要中國反對，英國就根本不可能保住新界，供水問題還只是許多明顯難以克服的難題之一。對於英國來說，坦率地拒絕中國的立場倒有些可能。國際法有可能承認英國對香港島和九龍的主權，國際輿論很有可能會同意英國賦予香港獨立，中國很難完全無視國際法和國際間的親善關係一意孤行。

但是，在 1982 年，推行這樣一種政策十分危險。蘇聯仍是一個世界強國，雖然它陷入阿富汗以及東歐衛星國日益加劇的困境難以自拔。中蘇關係雖然仍處於緊張狀態（兩國關係直到 1985 年才開始改善），俄國將在聯合國否決任何中國堅決反對的香港獨立的動議。如果美國進行干預，情況或許會有所不同，但當時入主白宮的是列根總統，美國人的目光更關注伊

3　鄭宇碩，前引書，導言、第一章。

朗、尼加拉瓜、越南和蘇聯。美國對華軍事和民用產品出口不斷增加，人權問題還沒有像日後那樣成為美國關注的重要問題。

另外，從根本上說，英國並不準備與中國決一雌雄。香港作為重要的戰略或商業資產的時代早已成為過去。香港若能獨立當然是求之不得，更重要的是與世界上最大的國家開展貿易和保持良好關係。

謹慎的香港商人充分意識到英國這種雖不體面但務實的態度，他們的憂慮隨着時間的推移日益加深。惴惴不安的西蒙‧克錫試圖爭取自由派的支持，"我們必須不惜一切代價阻止共產主義者奪走這個地方"。[4]

1982 年底，羅得西亞獨立問題塵埃落定，阿根廷人也被趕出福克蘭羣島，瑪格麗特‧戴卓爾夫人為首的保守黨政府做好了與中國談判的準備。冷嘲熱諷者指出，英國一反常態地匆匆解決了處理香港問題的一個基本前提，這至少很容易讓人懷疑英國政府的動機。1981 年《英國國籍法》為了照顧福克蘭羣島和直布羅陀羣島居民，在"英國屬土公民"的界定上留下一個漏洞（確定了英國居留權的判斷標準）。這樣一來就把香港居民排除在外，而他們作為英國臣民，從憲法上說享有與福克蘭羣島和直布羅陀居民完全相同的權利。一旦與中國的談判破裂，香港局勢變得難以忍受，英國至少不會因為 330 萬香港華人要求英國居留權而頭疼。

1982 年 9 月，首相訪問北京，標誌着正式談判開始。談判並不成功。戴卓爾夫人還陶醉在戰勝阿根廷加爾鐵里將軍的勝利之中，頗有勁頭地提出英國的立場基於確認了英國權益的各項既定條約，問題是中國多年來反覆明確表示不承認這些條約的合法性。菲利克斯‧派特里基夫報導說，戴卓爾夫人"明顯顯得異常天真。她在會見鄧小平時強調 19 世紀簽訂的幾項涉及香港的條約的重要性，這些條約自然對英國有利。當她的話翻譯給鄧小平，他反應極為強烈，有很多異常激烈的言辭，乃至無法翻譯給戴卓爾夫人聽"。保守的《每日電訊報》援引鄧小平對一位助手低聲抱怨："我簡直沒法跟這個女人談，她根本不講道理。"關於這次訪問，還有一個謎團沒有解開。1984 年 12 月的一次記者招待會上，戴卓爾夫人宣稱對麥理浩勳爵 1979 年訪問北京時的會談內容一無所知。[5]下議院這個聲明令人難以置

4　派特里基夫，前引書，第 115 頁。

5　同上，第 1123、1136 頁；英國議會辯論記錄，下議院，1985 年 1 月 21 日。

信，因為駐北京大使柯利達爵士既參加了 1979 年麥理浩和鄧小平的會見，也參加了戴卓爾夫人訪華時舉行的會談，首相對上一次會談毫不知情這個說法很難站得住腳。

1982 年 9 月，鄧小平與戴卓爾夫人討論香港問題，首相結束對北京的訪問後又訪問了香港。《泰晤士報》的大衛‧博納維亞報導説："戴卓爾夫人於次日離去，有點像西太平洋刮來的一陣颱風，留下一連串破壞的痕跡。英國殖民地歷史上很少有哪一個人在如此短時間裏對如此多人的利益造成了如此巨大的損害。"菲利克斯‧派特里基夫暗示，首相表現出對香港 "二流"商人的 "憎惡"。不過，除了使英國談判代表的任務變得更為艱巨之外，很難説戴卓爾夫人造成了甚麼長期的災難性後果。事實上，中國決心已定，英國沒有甚麼底牌可打。

從軍事上説，倘若中國採取行動，英國無論如何無法抵禦。福克蘭遠征的成功其實非常僥倖，問題是中國並非阿根廷，香港也不再是一個荒島。中國完全清楚自身的權利，聯合國把香港從殖民地名單中撤銷，從法律上承認了中國的權利。即使在香港，雖然大多數人已經習慣英國管治，傾向於維持現狀（1982 年的一次民意調查表明，85% 的被調查者傾向於維持現狀，只有 4% 的人希望香港歸還中國[6]），仍有非常直率的少數人，尤其是青年學生，猛烈抨擊 "不平等條約"，表現出強烈的中國民族主義感情。

美國的支持是給予英國談判代表重大幫助的關鍵因素。戰後歷屆英國政府都意識到，倘若沒有美國參與，任何一項外交政策的推行即使不是完全行不通，至少也是極其困難的。1954 年 7 月 5 日，邱吉爾曾經談到過這個問題：

> 他用極為坦率的口吻懇求（安東尼‧艾登）不管中國能否成為聯合國的會員國，不要與美國發生爭吵……'1944 年 7 月之前，英國在許多事情上都有相當大的發言權。自那以後，我意識到是美國在重大問題上説了算。如今依然是美國決定大事。'

6　鄭宇碩，前引書，第 85 頁。

溫斯頓是用下結論的語氣説這番話的。

"我們迄今仍未了解美國所具備的無窮無盡的實力。"[7]

英國與中國談判之際，英美關係正處於蜜月期，更何況列根總統與戴卓爾夫人保持着良好的私人友誼。正是由於美國支持，福克蘭遠征雖然遇到很大阻力，但在聯合國沒有受到阻撓。為了回報美國的支持，日後美國入侵格瑞那達這個英聯邦成員國時，英國保持了沉默。美國有充分理由希望看到香港和平移交，這有兩方面的原因：一是美國當時正在進行針對"邪惡帝國"蘇聯的你死我活的鬥爭，中國是蘇聯必不可少的盟友；其次，如果不能首先圓滿地解決香港問題，台灣與大陸就不可能達成和解。這樣一來，與中國搞好關係，可能會導致英美兩國的外交政策誤入歧途。而兩國竟然支持卑鄙的柬埔寨波爾布特政權，原因只是因為美國人眼裏的反派角色 —— 越南反對波爾布特，中國又與越南不和（這種不和導致了一場邊境衝突，人民解放軍的弱點在這場衝突中暴露無疑）。更為現實的考慮是，美國在香港有上億美元投資，務須保護這些投資的安全。

但是，戴卓爾夫人在北京宣佈了英國的新外交方針之後，事情就沒有多少轉圜餘地了。1982 年秋，雙方開始談判，英國不願承認恢復中國的主權，談判陷入僵局。實際上，這可能是由於首相與外交部之間缺乏溝通所致，人們很難相信外交部會沒有意識到中國人對於"不平等條約"的感受。早在 1975 年，外交部就以務實的姿態表明了這一點。當時外交部平靜地從正式國際條約記錄中刪除了這些條約。法國人沒有效法這個舉動，依然認為以往與中國簽訂的協議有效。按照最恰當的中國習慣，傳統程序應該是英國體面地承認這些條約並不存在，雙方既往不咎，從頭開始。這樣，1997 年即將到來的緊迫感不復存在，也能照顧到雙方的面子，或許還可以做出包括讓英國繼續管治在內的安排。希思充分了解中國的立場，本來可以提供寶貴的指導意見，但戴卓爾夫人與外交部和希思先生關係不和。戴卓爾夫人對外交部在福克蘭遠征行動中的表現頗為失望，外交大臣卡林頓

7　　吉伯特，前引書，第七卷，第 1016 頁。

勳爵為此辭職，希思先生也沒有掩飾對這位繼任者的不滿，對此戴卓爾夫人唇槍舌劍地予以回敬。戴卓爾夫人是律師出身，決意恪守法律條文。

戴卓爾夫人最初的這種強硬態度既有政治考慮，也有個人原因。福克蘭之役勝利後，首相認為舉行全國大選的機會成熟了。在大選順利結束之前，政府在香港問題上表現出任何讓步的跡象都是不謹慎的。人們會把香港問題上的讓步與福克蘭的勝利做出令人不安的比較，質疑政府把英國臣民交由中國統治，更尷尬的是《國籍法》的問題。早在 1972 年 12 月，中國就明確表示決不接受英國繼續對這個殖民地的任何一個部分享有主權。直到 1983 年 6 月保守黨順利贏得大選之後，雙方的談判才得以恢復（確切地說，才真正開始）。英國代表團以駐華大使為首，起初是柯立達爵士，後來是伊文思爵士，成員包括新任香港總督尤德爵士，他在 1982 年北京會談前夕接替麥理浩。與麥理浩一樣，尤德的背景也是外交部而非殖民地部。尤德是個非常優秀的人選，戰後即在南京和北平開始在華生涯，負責與人民解放軍談判釋放皇家海軍"紫石英"號。此後，尤德爵士大部分時間都在中國，1974 到 1978 年出任駐華大使。尤德在倫敦期間曾一度擔任首相私人秘書，因而既富於對華事務經驗，也十分了解唐寧街。尤德富於獻身精神，廣受讚賞，但不知疲倦的工作使他於 1986 年過早去世。

在外交大臣傑佛瑞·賀維爵士堅韌而耐心的領導下，英國代表團花了一年多時間試圖就香港的前途達成協議。談判並不順利，他們從一開始就處於不利地位，一位代表團成員承認中國人把他們搞得"狼狽不堪"。[8] 1984年 12 月 5 日，賀維爵士向下議院提交協議最後文本，在解釋了這一年時間的延宕時只能表示："香港人民一開始確實希望我們考慮（保留主權）的可能性。"

談判只是在英國與中國之間進行，香港沒有代表參加。（尤德爵士曾經提出以香港總督的身份代表香港人參加談判，遭到中方的嚴厲駁斥。中方指出，香港人都是中國人，他們的利益理應由中國代表。尤德爵士自始至終是以英國代表團成員身份參加談判的。）除了向行政局秘密通報過簡要情況之外，再沒有就英中雙方的談判徵詢過香港人的意見，有關談判進展的

8　派特里基夫，前引書，第 128 頁。

報告也是含糊其詞和不確定的。1983 年 11 月 14 日，一位反對特權階層的資深左翼人士芬納·布羅克韋（日後成為布羅克韋勳爵）在上議院提出質詢時表示，"應當採取措施消除香港人民（98% 為華人）的失落感，談判是由非選舉產生的立法局、非選舉產生的總督進行的"。負責香港事務的大臣特雷夫加恩勳爵回答説："代表聯合王國的人士充分考慮了香港人民的意見。"當然，特雷夫加恩勳爵無法清楚説明，在談判代表與香港人民沒有任何溝通的情況下，這些意見是如何傳達給談判代表的。（值得一提的是特雷夫加恩勳爵此前的從政經歷，他曾在 4 年前當過保守黨督導員，之後在貿易部幹過幾個月的常務次官，他在外交與聯邦事務部同樣任職時間不長，後升任衛生與社會服務部，英國政府對香港的不重視由此可見一斑。）在各種混亂和不確定因素的作用下，香港人的信心大受打擊，發生了一場金融危機，港幣也受到衝擊。因此，英國將於 1997 年把香港主權和治權完全移交給中國的消息披露後（1984 年 1 月 22 日《星期日泰晤士報》首先披露，4 個月後，賀維士正式宣佈），人們普遍鬆了一口氣，知道最壞結果總比時刻對未知的將來提心吊膽要好得多。

在中國的強大壓力和賀維爵士的熱誠支持下——他在訪問北京期間解決了"大多數關鍵問題"——1984 年 9 月，雙方最終達成協議。中英《關於香港問題的聯合聲明》已是既成事實，"不可能再做任何修正。如果不接受現有協議，再也無法達成任何協議……這是香港歷史的現實所賦予的抉擇"。

1984 年 9 月 26 日英國政府與中國政府草簽的《聯合聲明》無疑是一份卓越的文件。[9] 退休的前任總督麥理浩勳爵認為："一個共產黨政府承諾維持這塊資本主義飛地，這聽起來十分怪異，簡直讓人難以置信。"[10] 這確實需要經過極為耐心的談判，所有參與其事的人都值得稱道。《聯合聲明》是一份前所未有的檔案，這份協議移交了一個人口超過挪威、以色列或愛爾蘭的地區，移交不是通過戰爭方式，所涉及的居民也沒有直接參與其事。中國在這份協議中承諾保留香港與大陸截然不同的法律、習俗和社會制度，允許香港人享受大陸人民享受不到的自由。

9　1984 年 9 月 26 日的英國政府《白皮書》，我所引證的《聯合聲明》文本即引自於此。（譯者按：譯文是按照《聯合聲明》中文文本）

10　英國議會辯論記錄，上議院，1984 年 12 月 10 日。

在主權問題上，中國的立場毫無疑問佔了上風：

> 中華人民共和國政府聲明：收回香港地區（包括香港島、九
> 龍和"新界"，以下稱香港）是全中國人民的共同願望，中華人民
> 共和國政府決定於 1997 年 7 月 1 日對香港恢復行使主權。

"決定恢復行使主權"這句話清楚地表明，與其說這是雙方的協議，不
如說是中國單方面做出的決定。《聯合聲明》沒有提及主權移交後英國繼續
參與香港行政的可能性。1997 年以後，香港問題將成為中國的內部事務，
英國無權過問。英方對此不得不做了委婉的解釋：

> 英國政府宣佈，將會在 1997 年 7 月 1 日歸還香港予中華人
> 民共和國。

隨着主權問題的解決，中國頗為體面地終結了被視為一個半世紀以來
屈辱的歷史。中國當局能夠表現出、也確實被要求表現出大度和寬容，《聯
合聲明》的"附件一"詳細規定了中國對香港的義務，包括保留香港現行法
律、司法體系，資本主義經濟制度和貿易制度以及教育政策。"香港特別行
政區"將組建自己的政府，保留包括一名行政長官在內的各種現行機制，實
行"高度自治"。特別行政區還獲准自行徵稅，所有稅收全部用於自身需要，
自行決定貨幣和金融政策，繼續發行自己的可兌換貨幣。人民解放軍駐香
港部隊不會干涉特區內部事務，香港可以加入各種國際組織和貿易協議，
並且在國外派駐官方機構，甚至可以有自己的區旗。"附件一"還對個人權
利做了詳盡的規定：

> 香港特別行政區政府依法保障香港特別行政區居民和其他人
> 的權利和自由。香港特別行政區政府保持香港原有法律中所規定
> 的權利和自由，包括人身、言論、出版、集會、結社、組織和參
> 加工會、通信、旅行、遷徙、罷工、遊行、選擇職業、學術研究
> 和信仰自由、住宅不受侵犯、婚姻自由以及自願生育的權利……

任何人均有權得到秘密法律諮詢、向法院提起訴訟、選擇律師在法庭上為其代理以及獲得司法補救。任何人均有權對行政部門的行為向法院申訴……

宗教組織和教徒可同其他地方的宗教組織和教徒保持關係，宗教組織所辦學校、醫院、福利機構等均可繼續存在。

表面上看，中國做出了不同尋常的讓步，這使得香港仍然比中國其他地方更為合意。出於各種實際的考慮，一切都是為了使香港成為一個通商口岸，很像根據《南京條約》建立起來的那些口岸。舉例來說，香港就像以前的上海，將成為由本地居民控制的一塊飛地，不受中國法律的約束，而是服從於自身司法體制所頒行的法令，這有點近似於以前歷屆中國政府嚴厲譴責的治外法權。獨立性體現在許多方面，香港特別行政區享有以往通商口岸所不具備的特權：特別行政區稅收不上繳中央，還有一個選舉產生的立法機構。

《聯合聲明》成為詳盡研究的對象，尤其是在香港，經過研究也確實發現了許多潛在的不足之處。普遍存在的一個疑慮是，《聯合聲明》做出了各種承諾，中國政府是否打算履行。人們還注意到，《基本法》即香港特別行政區的憲法，將由中國全國人民代表大會制訂，雖然起草委員會有香港代表參加。然而，不論有何種保留意見，《聯合聲明》仍是令人鼓舞的成就，也是唯一能夠達成的協議。

協議草案及時提交給香港現行的代議制機構。香港不存在舉行公民投票的問題，也沒有任何更具權威性地批准協議條文的民選機構，因此草案不是直接向香港人民徵詢意見，而是通過散發一份解釋性的白皮書，再進行一系列民意測驗和民意調查。這些調查普遍顯示出公眾廣泛的支持，雖然說這種支持算不上熱情。10 月的一次最可靠的民意測驗表明，在隨機調查的 6,124 人當中，79% 的人認為主權應該歸還中國，77% 的人相信這一協議是現有條件下所能達成的最好方案，有 71% 的人只認為這一協議 “很不錯”。[11] 調查還表明，相當多的人實際上並不理解所發生的事情。在另一

11　評價委員會報告，第三章。

次民意測驗中，4,614 名受訪者中有 27% 的人承認並不理解這份協議。青年人尤其堅持要求更多的民主，要求香港人能夠積極參與制訂《基本法》。

　　經驗豐富、正直誠實的政務官派翠克·奈恩爵士、高等法院法官李福善領導的評估委員會和無黨派監督小組就這些民意調查提交了報告，他們的結論是："大多數香港人認為協議草案可以接受"，"普遍存在一種如釋重負的感覺，希望在協議草案的基礎上建設香港的未來"。報告也提及所收到的 1,000 餘份書面答覆中，有三分之二以上對協議不滿意。工商界對協議草案幾乎沒有甚麼保留意見，畢竟協議做出了一些有力保證，消除了令人憂慮的變數，即使沒有得到板上釘釘的保障，商人們也沒有指望絕對的萬無一失。滙豐銀行主席沈弼爵士反問道："甚麼樣的承諾才能保證 1997 年時香港仍會有西德那樣的民主資本主義的市場？"[12] 西蒙·克錫也表示"無條件支持"這項協議。問題是，沈弼爵士也好，克錫先生也罷，一旦形勢不妙，他們就會像其他鉅賈大賈一樣離開香港。那些無法決定自身命運的人就沒有這麼幸運了，在他們看來，能否兌現協議的保證取決於北京政府能否延續一以貫之的政策。自 1949 年以來，西德始終有穩定的民選政府，而中國經受了一連串不幸的衝突、方針的改變、"百花齊放"運動以及文化大革命，直到最近中國才在鄧小平的領導下確立了合理穩健的經濟政策。鄧小平之後會發生甚麼，仍是一個大大的問題。

　　不難理解，人們覺察到未來困境的徵兆。立法局和行政局議員羅德承先生辭職，兩位議員在立法局就是否接受協議草案的表決中投了棄權票，其中一位是施偉賢先生，他認為英國的移民政策使得英國對那些自認是英國臣民的香港人關上了大門。他們發現自己的前途取決於英國的決定，他們在談判中沒有任何發言權，卻不得不接受談判結果。戴卓爾夫人"當即駁斥"了這個道義責任的問題，在北京簽署《聯合聲明》後短暫訪問香港時，戴卓爾夫人在這個問題上"敷衍應付……威脅恫嚇"。[13]

　　英國談判代表同意了《聯合聲明》中一些可能造成目前困境的條款：

　　1. 中國在制訂 97 後香港的《基本法》問題上擁有最後決定

12　拉弗蒂，前引書，第 441-442 頁。

13　派特里基夫，前引書，第 135-136 頁。

權，這符合《聯合聲明》的原則。一些香港人士應邀提出他們的
觀點，而關於"民主"、"代表機構"對於北京和倫敦來說具有迥
然不同的含義的意見，被扣壓下來。

　　2. 英國將與中國組成"聯合聯絡小組"，"確保 1997 年政權
的平穩交接"。聯合聯絡小組將工作到 2000 年，但它只是個聯
絡機構，"不參與香港或香港特別行政區的行政管理，也不對之
起監督作用"。在其對香港不成功的訪問期間，戴卓爾夫人曾宣
佈總督尤德爵士將是聯合聯絡小組的成員。她從來沒有打算這麼
做，尤德爵士也從未參加聯絡小組。這不過再一次表明，首相要
麼是在胡說八道，要麼就是幾乎毫不關心那些決定香港前途的事
務。[14]

　　3. 關於如何以某種未指明的方式徵詢香港人的意見，《聯合
聲明》沒有做具體規定。

直接選舉問題

　　香港很難就《聯合聲明》徵求意見，因為缺乏直接選舉產生的代表機
構。《聯合聲明》中有一項讓人感興趣的承諾："香港特別行政區立法機關
由選舉產生。行政機關必須遵守法律，對立法機關負責。"當然，選舉形式
多種多樣，中華人民共和國的選舉不同於西方國家的選舉。在英國統治時
期，香港立法機關根本沒有選舉。因此，有人認為香港應該勇於在建立西
方式代議制政府方面取得進展，不管這會遭到中國方面的何種冷待。作為
這方面嘗試的第一步，1984 年 7 月的《代議政制綠皮書》表示，政府打算
"逐步建立一種政府體制……能夠可信地代表香港人民，更直接地向香港人
民負責"。

　　《綠皮書》提出，立法局 57 個議席中的 12 個席位將由選舉產生，英國
下議院把這一計劃修正為 24 個席位由選舉產生。選舉不採取西方社會常見

14　鄧尼斯・西利樂於強調這一點（英國議會辯論記錄，下議院，1985 年 1 月 21 日），但並未
　　解釋清楚。

的直接民主方式，而是採取一種被邁樂文博士形容為"極其複雜"的體制。[15]
選舉有 12 個功能組別，分別代表工商界和各個行業，其中包括勞工界的兩
個議席，再加上一個選舉委員會。委員會成員包括市政局、區域市政局以
及以區議會為基礎組成的地區組別。設立功能組別的動因是典型的寡頭政
治手段，目的是確保那些認真"負責"的人士能夠當選。

功能組別議席分配給各行業和社團組織，如商界、金融界、工會和社
會服務機構等。許多功能組別內部關係緊密，甚至無需選舉，因為候選人
往往沒有任何競選對手。1985 年 10 月第一次選舉時，12 位候選人中有 5
位無需投票表決就獲得當選。一些界別有嚴格限制，例如醫學界組別就把
護士排除在外。選舉委員會成員也有類似限制，每一界別的委員人數由 27
人到 63 人不等。在這樣一種選舉體制下，1985 年立法局選舉，25,206 名
投票人選舉產生 24 名議員。也就是說，在通常體制下本應享有投票權的人
當中，僅有略多於 0.5% 的人參加了這次選舉，這很難說是極大地擴大了民
主。在英國政治中，除了工黨在工會代表選舉中仍保留了類似體制之外，
這種不民主的做法早已蕩然無存。

1985 年以後，立法局的選舉機制有所簡化，也更為民主。1992 年，立
法局僅有 3 名議員是前官守議員，18 人是委任議員，21 人是功能組別推
選的議員，18 人是由地區組別直接選舉的議員，地區組別議員是 1991 年
首次選舉產生的。每一位直選議員大約代表 225,000 名選民（假定具備資格
的選民都參加了登記）。另一方面，功能組別議員僅需 216 票即可當選，有
12 位功能組別議員根本沒有經過選舉程序，就因為沒有競選對手而直接當
選。在公認的當選者中，最受認可的是杜葉錫恩女士，她在市政局工作多
年，成就卓著，作為市政局的代表進入立法局。

很少有人會想到，自 1985 年第一次選舉之後，一直要等到 1991 年才
有所進展。1984 年，英國政府官員含糊其詞地暗示將在適當時機盡快實行
直接選舉。當時有許多人談及"英國人民和他們的政府決心履行對香港人民
道義上的義務"（1984 年 5 月 21 日范肖勳爵在上議院的發言）。[16]1982 年 9
月 27 日，戴卓爾夫人訪問香港時也曾提到英國"對香港人民的道義責任和

15　邁樂文，前引書，第 119 頁。
16　1970 到 1974 年間，范肖勳爵安東尼·羅伊爾一直是負責香港事務的大臣。

義務"。賀維爵士許諾："在今後數年之內，香港政府將沿着日益民主的方向發展。"在 1984 年的時候，人們很難相信他所說的"今後數年之內"居然是 1991 年。1984 年 12 月 5 日，賀維爵士屬下大臣理查·盧斯在下議院表示："我們完全同意，從現在起到 1997 年的這段時間裏，我們應該在香港建立一個基礎堅實的民主政府。"次年 1 月 21 日，盧斯先生談及"未來 10 年內在這個地區逐步強化代議制政制"。但是，直到這個 10 年的第 6 個年頭，這一進程才剛剛起步。仔細分析一下不難發現，所有這些言論和類似聲明，並不意味着明確承諾、迅速實施、或至少是部分民主化的舉措，那些非常希望如此的人們十分看重這些言論和聲明，這其實是合情合理的。

1985 年進行第一次選舉程序改革的同時，香港政府還發表了一份《白皮書》。《白皮書》進一步充實了前一年的建議，提出將在 1987 年就直接選舉問題徵詢香港人的意見。到 1987 年，離 1997 年政權交接只有 10 年時間了，有理由認為政府在徵詢意見之後，會很快採取一些實際步驟，因為 1988 年選舉之後只剩下 9 年時間讓民主習慣扎下根來。這一提議立即遭到中國政府的嚴厲抨擊，中國認為這個提議與《聯合聲明》背道而馳。北京認為既然在過去的 150 年時間裏，倫敦對一成不變、沒有任何民主氣息的香港政制感到滿意，也就沒有理由認為這種政制已經過時。正如俗語所說，適於此者亦適於彼，不必加上民主的香料使問題進一步複雜化。北京的態度令香港政府處於非常尷尬的境地。香港政府認為既然已經做出某種承諾，仍於 1987 年 5 月發表了一份《綠皮書》，提出一些意見以供討論。由於沒有可靠的代表機構，討論只得再次在全香港範圍內進行，當局為此做出了適當安排。

眾所周知，可以通過引導性的問題方式來提出問題。人們懷疑 1987 年香港政府就直接選舉問題徵詢意見時，也採取了類似的做法。1987 年《白皮書》是一份錯綜複雜、雜亂無章的文件，或許這是有意為之，問題是許多香港人都看不明白。人們忿忿不平地拒絕發表看法，認為這是政府在試圖迴避問題。麥奈亞諮詢公司的經理——香港政府請該公司評估民眾對選舉建議的反應——未能打消人們的疑慮。在下議院被問及如何看待調查的有效性時，這位經理回答說："如果是自由地向更廣泛的抽樣對象詢問更直接的問題，那麼此次調查所提的問題就不會是現有的那些問題了。"[17]

　　調查所列的問題得到了香港政府希望得到的回答，即直接選舉尚未引起廣泛的熱情，那些傾向於在未來某一時刻舉行直選的人認為 "時機尚未成熟"。但有證據表明，收到的答覆中贊成直接選舉的人數被縮小了。評估人員拒絕接收一份有 23 萬人簽名的請願書，其他民意調查的結果也與麥奈亞公司的評估截然不同。邁樂文博士認為評估人員的結論是 "離奇的"，因為在總共 368,431 份書面回答或請願書中，有 265,078 份贊同在第二年舉行直接選舉。[18]

　　工商界內部意見統一，他們與北京步調一致，認為改變香港政制沒有多少好處。他們幾乎獨霸了行政局，在立法局也佔絕對多數。即使在 1991 年選舉之後，21 個功能組別席位中的 12 席仍可以確保工商界的利益。此外，政府任命的 18 名委任議員不大可能與政府政策完全唱反調，因而可以抑制過大的民主壓力。就摒棄民主這一點而言，一位傑出的商界人士、立法局議員蘇海文博士比大多數人都要激進。他的觀點屬於柏拉圖以來典型的寡頭政治觀。依他看來，選舉將 "貶低過去和現任的那些委任或間接選舉出來的議員們的作用和出色工作，他們在公眾心目中的地位將落到那些直選出來的同事之下，淪為二等乃至三等人物"[19] —— 說到底，這正是民主的內涵所在。民主選舉的代表比委任的議員更具道義權威性，但道義是個微妙的問題。

　　1988 年 1 月 20 日，英國下議院就這個問題舉行辯論。一些人士強烈呼籲當年即舉行直接選舉。最有分量的支持者當屬愛德華・希思，他強調 "行動拖遝比過於草率更危險"，並且警告說："除非現在就迅速採取行動，否則我們將無法移交任何具備豐富經驗的代議制政府。" 這位前首相的話比任何人的話都權威。1972 年時正是他首先做出了終止香港殖民地地位的重大決策，從那以後，每當他的同事嚴重偏離既定路線時，他總是能夠正確地理解中國人的態度。工黨影子內閣外交大臣吉羅德・考夫曼也贊同立即舉行直接選舉，但大多數人傾向於採取漸進方式，於是下議院決定對此事不

17　英國議會辯論記錄，下議院，1988 年 1 月 20 日。

18　《1989 年香港評論》，第 3 頁。

19　引自拉弗蒂，前引書，第 446-447 頁；另見蘇海文：《立法插曲》(H. Sohmen, *Legislative Interludes*)。

做決定。

動議沒有付諸表決，但辯論的結論並非不着邊際。賀維爵士表示：

> 香港的前途不會有任何嚴格的保證，對於任何國家和地區來
> 說都是如此。我相信香港會做好準備迎接未來……
>
> 此時已是下午七時，主席按照下議院議事規則第 16 款（關於
> 議員處理個人事務時間的規定）指令議員處理個人事務，其他事
> 項暫緩討論。

破舊的帝國背包 [20]

1984 年後，香港人普遍抱有隨遇而安的心態。1986 年，廣受愛戴的總督尤德爵士去世，衛奕信爵士接任總督。衛奕信爵士也出身外交部，他的經歷有一個與眾不同之處：他曾先後在香港（受外交部委派學習漢語）和北京（駐華代表處一等秘書）工作，後辭職到倫敦東方與非洲研究學院撰寫博士論文，之後又主編《中國季刊》。重返政界後，他任職哈羅德·威爾遜首相的內閣辦公室，後到香港擔任麥理浩爵士的政治顧問。衛奕信具有豐富多彩的有益經歷，性格堅韌，富於魅力，非常適合承擔艱巨的使命。

《聯合聲明》發表後的最初幾年，香港經濟繼續發展。1986、1987 兩年有很高的經濟增長率，經濟接近滿負荷運行。像其他市場一樣，香港受到 1987 年證券市場崩潰的衝擊，1988 年香港經濟顯示出通貨膨脹上升、經濟增長速度減慢的危險徵兆。

	GDP 年增長率（%）	通貨膨脹（%）
1986	12.0	—
1987	14.0	5.5
1988	7.9	7.5
1989	2.8	10.1

20　"（香港是）歷史遺留下來的負擔之一。破舊的帝國背包上依舊凌亂地掛着前一個歷史時期遺留下來的尚待處理的枝節問題。"見卡林頓勳爵：《往事回想》(Lord Carrington, *Reflecting on Things Past*)，第 220 頁。

| 1990 | 3.0 | 9.8 |
| 1991 | 3.9 | 12.0 |

香港發生了一連串頗為可疑的事件，這些事件與當時的證券交易所主席有牽連（其中之一是佳寧集團的倒閉案，這個案件揭露出該公司對馬來西亞土著銀行有重大欺詐行為。這一事件的內幕仍有待澄清），這進一步表明香港仍然有滋生醜聞的土壤。香港與中國的經濟合作蓬勃發展。1985 年，中國成為香港最大的交易夥伴，並一直保持至今；1987 年，香港取代日本成為中國最大的交易夥伴。1988 年，中國出口商品佔到香港對外貿易總額的 29%，香港在中國的對外貿易中也佔到相同的比重。雙方在金融領域的聯繫也日益密切，到 1988 年底，中國各家銀行擁有的香港債權已達 1,000 億港元，香港佔中國境外投資的比例約在 50% 到 70% 之間。雙方的人員交往也增加了，1988 年一年中約有 1,800 萬人次的香港居民和旅遊者前往中國大陸。[21]

1989 年 6 月 4 日之後，雙方的交流進程因為天安門事件戛然而止。以前高呼"打倒不平等條約！不承認強加於中國的各項條約"[22]，要求實現統一的學生大概開始重新考慮，他們開始急切地反覆探詢這樣一個問題：在這種情況下，英國是否仍然同意把這個殖民地交還給中國。一種可能的策略是，即使不撕毀《聯合聲明》，也至少應該把《聯合聲明》無限期擱置起來。但是，相反意見佔據了絕對優勢。如果放棄或擱置《聯合聲明》，香港前途問題無疑要重起爐灶，將導致人們不願看到的不確定性和巨大混亂。英國與中國的關係將會惡化，推行經濟自由化政策的鄧小平很有可能會被其他更為咄咄逼人的強硬派所取代。進一步說，英國此時已不具備以香港人民的名義採取這種極端行動的道義權威性。在經過艱苦談判達成《聯合聲明》、確保《聯合聲明》和《基本法》為人們所接受之後，只有具備廣泛代表性的香港政府才能夠採取這樣一種立場，但這樣一個政府還是很遙遠的事

21　《1989 年香港年度報告》，第 60-61 頁。

22　鄭宇碩，前引書，第 30 頁。學生反對以往的條約並不是基於深刻的認識。鄭宇碩（第 16 頁）記下了 1983 年中文大學的入學考試中，只有不到 5% 的學生能夠正確回答那些條約的名稱和簽署時間。

情。英國本身也並非無可指責，雖然英國不會對治理香港有多少慚愧，但僅僅在 17 年前，政府還動用傘兵團對倫敦德里赤手空拳的示威者開槍。這個行動類似於人民解放軍在北京的行動，雖然規模上要小一些。[23] 對於英國而言，更合理的做法是，在早些時候就應該抗議中國每年處決上萬名罪犯，這些罪犯的罪行在其他國家不會受到如此嚴厲的懲處。不過，如果英國真採取了這種易於辯解的姿態，雙方根本不可能開始談判。

　　英國政府曾考慮過採取其他極端措施。早先做出的道義承諾又被翻了出來，一旦香港在中國的統治下前途莫測，英國難道不應該兌現這些承諾，為香港人提供保護？這種觀點得到總督的支持，他曾談及英國負有道義責任給予香港的英國公民進入英國的權利。英國也有人士贊同並且歡迎有活力、有膽識的香港人進入英國，以振興長期掙扎在衰退邊緣的英國經濟。《泰晤士報》表示，責任和榮譽要求英國歡迎那些持有英國護照的香港人，即使這些護照依照 1981 年《國籍法》已經失效。衛奕信爵士和立法局資深議員鄧蓮如女士都贊同這種意見。這些意見雖然值得稱道，但不可能指望得到多少回應。沒有哪一個英國政府會同意擴大居留權範圍，即使是針對那些擁有英國公民權的香港人，他們在香港的 560 萬人口中約佔 330 萬人。英國失業人口已經上升到至少 300 萬人，在這種情況下，素來厭惡移民的地方選區決不會接受如此眾多的人口湧入英國。保守黨政府和在野的工黨在這個問題上看法相同（自由民主黨在護照問題上倒是傾向於持肯定態度，但他們深知自己在下議院只有少數議席，在這個問題上沒有任何發言權）。

　　1989 年 7 月 5 日，工黨發言人吉羅德・考夫曼在下議院清楚闡明了工黨的態度：“反對黨認為，向香港的英國附屬領地護照持有人做出任何有權進入聯合王國的承諾，將是錯誤的。”

　　外交部反對那些抱有不同看法，認為道義責任應該超越政治利己原則的人士。中國已經明確表示，任何大規模授予居留權的行為都將被視為嚴重的冒犯，因為這表明英方完全不信任中方的承諾，這些承諾業已載入《聯合聲明》並在《基本法》中得到詳細的闡述。外交大臣賀維爵士反覆強調屬下部門所達成的協議。1984 年 4 月，當他在香港試圖體面地解釋上述事實

23　“流血星期日”是在 1972 年 1 月 30 日，有 13 名示威者被射殺。

時招來了一片斥責他"胡說八道"的噓聲，令他非常尷尬。這件事之後不久，賀維爵士就離開了外交部。[24]

英國政府採取了有些許安慰作用的折衷辦法。1990 年 7 月，政府同意向 5 萬戶家庭發放正式的英國護照，理由是這些人士對於香港的正常運轉十分重要，因此給予特別照顧。英國政府之所以做出這一讓步，乃是因為 1989 年 7 月興起了一場聲勢浩大的運動，要求向盡可能多的人頒發英國護照。這場運動得到了香港各大商業機構的支持，其中包括滙豐銀行、怡和洋行、太古洋行、和記洋行、香港證券交易所、香港中華總商會和其他機構。怡和洋行主席西蒙‧克錫指責外交部"鼠目寸光"。克錫與和記洋行的馬世民都把傑賀維對於中英協議的保證比作 1938 年內維爾‧張伯倫在慕尼克會晤希特勒之後揮舞的一紙協議。[25] 據說一些香港商界人士以實際方式提供"贊助"，向保守黨提供大筆捐贈。雖然保守黨對此予以否認 —— 這個贊同自由企業的政黨顯然不願洩露其收入來源 —— 但可以肯定的是，一些香港商界領袖可以自由出入唐寧街 10 號，在 1990 年 11 月戴卓爾夫人下台前後都是如此，以至於香港駐倫敦辦事處對此大為驚奇。香港的頭面人物並非一致贊同英國政府在護照問題上的折衷方案，鄧蓮如女士就認為這種做法將製造分裂，造成不可原諒的錯誤。

最終的護照分配情況是：7,000 份給"紀律部門"（員警和海關），6,000 份給"敏感部門"（資深公務員和媒體人士），36,500 份給其他被認為是關鍵性崗位的工作者（專業人士和商界人士），500 份留給重要的投資者。通過各方施加巨大壓力，香港義勇軍的葡萄牙裔和華裔倖存者最終也獲得了護照。申領護照的人數比原先預計的要少，第一批發放的護照有 43,250 個名額，申請者為 65,700 人。這個方案確實給保守黨政府帶來了政治上的好處，使在野的工黨陷入了兩難處境。工黨領導人雖然希望表現出開明的姿態，但認識到普通黨員不會允許他們贊同接收如此多的移民，所以他們不得不滿足於反對把護照發放對象限定為"精英人士"。至於政府方面，以言語率直著稱的前保守黨主席譚百德在 1990 年 1 月的一次採訪中聲稱："如此眾多的移民從香港來到英國後，不會融入（英國社會）……他們將依然是

24　派特里基夫，前引書，第 227 頁。

25　拉弗蒂，前引書，第 483 頁。

香港華人，有着自己的價值觀念和習俗……一種極為危險的怨恨之情正在醞釀，只有當生活變得相當好時，這種情緒才會消除。但是，血緣、歷史和宗教紐帶的力量遠遠超出了政府的命令。"譚百德先生表示，英國民主制度的一個組成部分就在於政府若無正當理由，不得違背自身公開做出的承諾。這番話等於是在抨擊他從前的內閣同事。保守黨已經明確保證反對進一步的大規模移民，"那些以這樣一種宣言參加競選並當選的人士，如今卻指責我具有新種族主義特徵的人民黨主義，這讓我有點氣憤"。[26] 他認為至少有 100 位保守黨後座議員認為政府的政策是錯誤的，並且還在設法說服其他 43 位保守黨議員 ——"那些寧願目睹香港毀滅，也不願投票表決修改《國籍法》以幫助非高加索人的立法者"[27] —— 投票反對這項法案，確保表決時能有穩固的多數。

中國政府自然認為，英國政府決定以這種方式簽發護照，嚴重違背了《聯合聲明》，既毫無必要，也是對中國的侮辱和挑釁。中國明確表示，任何持有這種護照的人恐怕不能在香港特別行政區擔任公職，這種證件甚至可能在特別行政區和中國大陸得不到承認。中國人沒有讓反對意見成為阻礙雙方關係的絆腳石。不過，北京方面確實掌握了一張王牌 —— 就是有權決定新的《基本法》的框架。《基本法》數稿草案進行了長時間的認真討論，香港輿論各界幾乎都有代表參加《基本法》起草委員會和諮詢委員會。起草委員會的成員主要由北京任命，諮詢委員會則由香港居民組成。《基本法》草案的各項原則得到中肯的討論，尤其是著名民權律師李柱銘資深大律師提出了許多意見，北京方面同意了許多實質性的修改意見。

憲法律師和那些能夠理解這個問題的人士密切關注着《基本法》的討論，但絕大多數香港居民並不關心。當時有這樣一種疑慮，不管《基本法》做出何種規定，其執行都有賴於未來的北京政府。雖然起草過程中北京表現出誠意，但仍有一些問題有待解決。北京與倫敦關於憲法觀念的語彙大相徑庭。直到 1982 年，中國才擁有一部公認的憲法。在這部憲法之下，法治才具有了一定影響，但圍繞憲法的討論尚未成氣候。實際上，《基本法》起草過程的一個有趣特徵在於，在《基本法》起草過程中，中國法學家和政

26　《獨立報》（*Independent*），1990 年 1 月 25 日。

27　《獨立報》（*Independent*），1989 年 6 月 8 日。

府官員得以有機會明確自己的憲法思想。既然存在如此多的潛在誤解，一項真誠的協議還能夠維持下去嗎？

《基本法》在許多方面規定了比香港殖民地時期的法律更先進的民主機制。行政長官不是任命，而是選舉產生，他擁有廣泛的權力，但其權力不及英國統治時期的總督。行政長官主持的立法局有權制定法律，甚至彈劾行政長官。英國很少行使範圍廣泛的宗主國權力，還逐步認可由香港自行處理自身事務；在白廳看來，香港無足輕重。

然而，對於中國而言，香港確實極其重要。它是中國最大的交易夥伴、最大的外資來源以及主要的投資者，同時也是體現中國政府靈活性的一個典範，意在吸引台灣回到大陸的懷抱。與英國政府相比，中國政府更希望運用自身的憲法權力。1989 年出版的首期《香港評論》刊登了華樂庭的一篇怒氣衝衝的文章。華樂庭在殖民地政府供職 30 餘年，1981 年從民政司司長任上退休。他在文章中指責英國政府在處理香港前途問題時表現出"拙劣的政治判斷力、一廂情願的思維、言而無信、缺乏果斷以及蓄意的顛倒是非"。[28]

《基本法》最終於 1990 年 4 月 4 日頒佈，其基調相當平和。草案的修改部分正是事關香港人切身利益的問題。雖然起草《基本法》完全是中國政府的責任，但起草委員會中香港代表提出的意見都得到認真對待。人們特別關注新的自治區行政長官的職責範圍和任命方式：行政長官將取代總督，通過選舉方式產生。更為多疑的人指出，任何事關選舉的文獻，倘若沒有確定共產黨在其中所發揮的作用，都危險地近似於幻想。然而，應當看到，中國的政治實踐看來正朝着民主方向發展，以往過分的強制至少已經不那麼普遍。在沒有多少異議的情況下，人們接受了《基本法》。由於無法預料 1997 年後中國會有甚麼樣的政府，對單獨某項條款提出異議沒有多大作用。人們大多認為北京政府會採取任何它認為必要的舉措。對於保障人權而言，大街上的電視攝像機比任何憲法文件都有力。

人們平靜地接受了《基本法》，"對這份文件沒有多大興趣，人們認為香港人繼續享有的自由將限於跳舞和賽馬的自由……他們的自由、人權和

28　《1989 年香港評論》，第 55 頁。

法治可能會受到侵蝕”。[29] 資深記者迪克‧威爾遜評論說：“繼續生活在此
地的人將享有一種不同的自由。我想他們會繼續享有賺錢和按照中國人的
方式生活的自由。對於社會上地位較低的一半人來說，這不大成問題。成
問題的是那些西化的華人，有可能離去的也正是這些人。”[30] 但是，曾經擔
任新加坡《海峽時報》編輯部顧問的威爾遜認為，香港的結局不會像新加坡
一樣出現“一人一黨”的體制和他所謂的“僵化的政治”。

　　英國政府和香港政府對《基本法》表示了審慎的歡迎。衛奕信爵士評論
說：“真正重要的是大多數香港人民現在已經接受了《基本法》的存在，接
受了不論他們是否同意它的每一項條款，它都已經獲得通過的事實，接受
了它就是目前的體制的事實。”[31]

　　向英國議會提交《基本法》的任務，落到了新任外交大臣韓達德的頭
上。韓達德在首份關於香港問題的報告中向議會提交了《基本法》文本。韓
達德先生被任命為外交大臣這一事實本身就表明，在他任職期間英國政府
將更為老練地處理香港問題。韓達德是第一位有過在華經歷的外交大臣，
20 世紀 50 年代末他曾在駐北京代辦處工作過兩年，他還曾經撰寫過一部關
於“亞羅”號戰爭的出色書籍（以及一本有關香港的小說《老虎的笑容》）。
不過，這位新任外交大臣的在華經歷和外交部背景也可能使他更傾向於尋
求與北京達成和解，而不是積極地代表香港的意見。1991 年 4 月 26 日，
韓達德在向下議院所作關於香港問題的年度報告中表示：“（《基本法》）起
草過程中始終存在的一個擔憂，即如何確保《基本法》與《聯合聲明》的連
貫性。大體上看，（香港政府）對這一目標得以實現以及《基本法》為香港
未來成為中國的一個特別行政區所奠定的堅實基礎感到滿意。但有一些條
款，他們本來傾向於刪除或是以其他方式來加以表述。”[32] 從香港政府的年
度報告可以看出香港政府對《基本法》的熱心程度，它所佔的篇幅與拓展訓
練學校一樣多，比關於市政局停車場的篇幅少得多。為了保護那些不管願
意與否都將留在香港的人，正在起草一項《權利法案》，它將在《公民權利

29　《1990 年香港評論》，第 33 頁。

30　《南華早報》（South China Morning Post），1990 年 4 月 17 日。

31　《獨立報》（Independent），1990 年 9 月 26 日。

32　《1991 年香港年度報告》。

和政治權利國際公約》的框架內具備法律效力，從而在 1997 年前後指導香港的立法。

雖然天安門事件極大地打擊了香港的信心，但香港與中國的經濟往來依然是一片繁榮景象。1990 年，香港與中國的有形貿易總額達到 3,950 億港元，比上年增加了 15% 左右，雖然這一增長率要遠遠低於前 10 年年均 35% 的增長率。政府報告把增長率的下降簡單地解釋為 "至少部分是因為中國推行了緊縮計劃"。[33] 從那以後，香港貿易又開始加速發展，證券市場一片興旺，股指上升到歷史最高水準，這表明人們至少對香港金融業的未來恢復了信心。

與此相應，決定離開香港的人數迅速增加。1989 年之前，香港政府年度報告認為沒有必要提及出境移民，此後香港政府很快發現 "出境移民是 100 多年來香港生活的一個特點"。離港人數急劇上升，1990 年達 62,000 人，預計 1991 年離港人數將與上年持平。[34] 實際數字肯定要更高一些，因為一些不夠移民條件的人也設法獲得了外國居留權，而且在國外學習的年輕人滯留不歸。政府官員時常發表一些樂觀的聲明，聲稱許多出境移民正在回到香港，這種論調得打一個折扣。由於近期 4 萬多名 "經濟上活躍" 的出境移民中有一半是來自專業或管理階層的人士，其餘的又多為學生，人才外流正成為日益關注的一個問題。詹德隆博士在為《香港評論》所寫的文章中指出："香港的管理水準比前些年要低。香港開始出現的一些跡象很能說明問題，許多一流酒店的職員不懂英語，許多售貨員不會操作所銷售的辦公設備，公用事業公司的發票開始出差錯，一些高級公務員既不會說英語，也不會說漢語。所有人的水準普遍下降。"[35]

《基本法》頒佈後，衛奕信爵士就提出，"完全有理由相信，人們的注意力如今集中在香港更為迫切的事情上，如怎樣成功舉行 1991 年選舉"。作為英中兩國政府在天安門事件之後復交的一部分，雙方就立法局直接選舉的進度達成一致。舉行直選的步驟要遠遠落後於英國政府 1984 年提出的進度，也比愛德華·希思等富有見地的人士建議的速度慢。1984 年，盧斯

33　同上，第 58 頁：到中國內地的香港遊客人數仍在不斷增加。

34　同上，第 375 頁。

35　《1989 年香港評論》，第 xxxii 頁。

先生曾談及到 1997 年建立"基礎堅實的民主政府"，但直到 1991 年，60
個立法局議席中只有 18 個議席是直選產生，這與盧斯的願望相去甚遠。在
之後每四年一次的選舉中，直選議席將逐步增加為 20 席、24 席，2003 年
達到 30 席。屆時直選議員人數將與功能組別推選的 30 名議員持平。直選
進程如此緩慢倒不全是英國政府的責任，因為香港立法局和行政局提出的
建議比英國議會的方案更加遲疑不決。很難説立法局和行政局是香港人民
的代表，他們自身的地位有保障，因為作為"最重要的行政機關"，行政局
議員將依然完全由任命或依照職務來產生，儘管確實有這樣一種可能性，
即最好是任命一些立法局直選議員進入行政局，至少這是朝民主方向做出
的一個姿態。

　　1991 年 9 月舉行了第一次選舉，民主派候選人表現得比預期好。香港
民主同盟 —— 被稱為"與草根聯繫密切的有經驗的政治家壓力集團"[36] ——
預計至少能獲得立法局半數議席，結果他們獲得了 18 席中的 12 個席位，
其他自由派候選人也獲得 3 席。該黨令人矚目的領導人李柱銘大獲成功，
獲得了 76,831 張選票，佔全部選票的十分之一。與之相比，當選議員中得
票最少者僅有 21,702 票。所謂的保守派候選人未能很好地應對自由派的挑
戰，只有 3 位"獨立"候選人當選，而親北京人士的表現如預料的那樣糟糕。
這場民主活動對這個殖民地真正的權力結構並未造成多大影響。

　　選舉結果揭曉後，政府確實抓住時機任命了一位直選議員進入行政局。
行政局有 4 位新任議員。一位是周梁淑怡女士，她是立法局委任議員，另
外兩位何承天和許賢發是由功能組別推選的立法局議員。許賢發是由社會
福利界一致推選出來，何承天是在建築、測量及都市規劃界以 552 票重新
當選為議員的。既然新當選的行政局議員中有一位是民選的，看起來行政
局第一次有了能夠有效代表人民意志的議員。然而事情並非如此簡單。黃
宏發先生令人信服地贏得了大量選票，他並非香港民主同盟的成員，而是 3
位獨立候選人之一。他甚至不是新界東選民所偏愛的人選，民主同盟的劉
慧卿小姐在新界東贏得了 46,515 張選票，而黃宏發僅得 39,806 票。此外，
黃宏發先生並非英國公民，不清楚這個事實與其所得選票多少是否有關。

36　李明堃，載《1990 年香港評論》，第五章。

　　這樣一來出現了這樣一種情勢，即那些選舉"所謂的"自由派[37] 的 60 多萬投票者 (約佔投票人數的 85%) 在行政局沒有任何代表，這次選舉確實只是香港在通向民主政體道路上取得的極為有限的進步。

　　雖然立法局選舉的政治意義更為重大，但其他選舉也具備與以往不同的重要性。市政局推行一些改革措施，擴大了選民範圍。1981 年的市政局選舉總共只有少得可憐的 6,195 張選票，選出了 12 名議員，而潛在選民有將近 300 萬人。同年，現行的有限選舉擴大為成人普選。登記選民人數大幅度增加，總數超過 70 萬人，其中大約 16 萬人參加了投票，這表明政治參與方面有了長足進步。1985 年，區域市政局接手市政局在新界地區的職責，區域市政局同樣由委任議員和直選議員共同組成，共有議員 36 名，其中 12 人由選舉產生。許多委任議員和直選議員來自鄉議局。鄉議局成立於 1926 年，最初是村中的長者組成的諮詢機構。

　　另外一個問題是，在這些自由民主的選舉中，不善表達的民眾是否能夠充分表達自身的意志。香港的各類選舉中，有資格參加投票者大約為 369 萬人 (1992 年政府年報數字)，其中 1,916,925 人進行了登記，佔選民總數的 51.9%。表明這些人對政治有一定興趣，但通常只有不到一半的人參加投票。1991 年，215,869 人參加了市政局選舉，佔登記選民數的 21%，不到有資格參加投票人數的 10%。區域市政局選舉中，177,895 人參加了投票，佔登記選民數的 23.6%。兩次參加投票的人數相加，共有 393,764 人參加投票，不到潛在選民數的 11%。在區議會選舉中，參加投票者有 423,923 人，登記人數為 1,305,714。而在 1985 年，投票人數為 477,000 人，這表明公眾對選舉的興趣實際上有所下降。

　　上述這些選舉都是在 1991 年 5 月舉行的，同年 9 月進行了立法局選舉，750,467 人參加投票。這一數字佔登記選民數的 39%，略微超過潛在投票人數的 20%。立法局選舉的投票情況大大好於其他選舉，不過並不像 1992 年年度報告聲稱的那樣，"選舉熱在秋季席捲香港，39% 的選民參加了香港第一次立法局直接選舉"。[38] 將近 80% 本應參加投票的人顯然未受這股熱潮的影響，關於香港人政治冷漠的說法看來也並非完全是空穴來風。

37　這是香港政府在倫敦辦的報紙《線報》(*Dateline*) 新聞標題。

38　《1992 年香港年度報告》：圖片説明，第 28-29 頁。

當局為選舉造勢，抱懷疑態度的人覺得受到愚弄。

事實表明，愛德華·希思以及楊慕琦等人所提出的，盡快在香港引入民主選舉的主張是正確的。香港已經沒有足夠的時間來培育民主習慣了。香港社會的各種申訴管道維繫了不願與官方過從甚密的傳統習俗（除非是希望某位官員採取特殊行動，人們往往以古代人的眼光把官員視為父母官——個人難題的解決者）。苦惱的市民可以求助各種政府或政府主管的機構，這些機構有互助委員會、地區委員會、民政事務專員、鄉議局、區域市政局或市政局、立法局議員辦事處、警方投訴機構、廉政專員公署、申訴專員公署等等。到 1991 年，這種根深蒂固的態度之外又增添了新的擔憂。到 1997 年，香港將會有一個新的最高權力當局，這個最高權力當局並非以容忍政治反對派而著稱，因此公開露面是不謹慎的，哪怕只是被人看見前去參加投票（在香港選舉期間，政黨工作人員可以聚集在各投票站外），人們肯定不願意自己的姓名和地址被列入任何政治名單。

但是，單純把直接選舉提前到 1988 年，並不會對 1991 年的事態產生多大影響。無論如何，如果選舉在 1988 年舉行，當選的自由派候選人將少於 1991 年實際當選的人數，英國政府也會面臨更大的要求增加護照發放數額的壓力。回首往事，隨着楊慕琦計劃及其派生方案的夭折，難得的機會就已經一去不返了。1947 年時，中國還沒有站在反對實行民主改革的立場，美國也會對改革方案持歡迎態度。甚至到 1950 年，當時的工黨政府以炫耀武力的方式表明英國決意維護在香港的統治，新生的中華人民共和國無法進行干涉。自那以後，人們不再要求民主進步，直到 1966 年天星小輪公司騷亂事件發生後，這種公認的見解才受到廣泛質疑。殖民地政府因此變得異常緊張，唯恐自由化會引發騷亂，乃至不願採取哪怕最細微的改革舉措。楊慕琦爵士的計劃提出 35 年之後，香港才產生了第一位民主選舉的立法者。

殖民主義的終結

英國人歷來對他們在中國的這塊殖民地熱情不高。巴麥尊、邱吉爾和貝文不時發出保衛香港的咆哮；薩金特將軍借助當地突然爆發的反法情緒，成功地奪回了他的大炮（儘管他費盡力氣，依然丟掉了自己的職位）；在真正面臨抉擇的 1940、1941 年，香港卻被判定為"並非真正重要"。戰爭結束後，這個殖民地的成就讓英國人感同身受地自豪不已，但香港首先被看成是麻煩的根源，一個妨礙英中、英、美關係的障礙，而香港取得的成功也被視為從側面映襯出英國經濟衰退的恥辱。某些人士抱着一種解脫的心態等待 1997 年的到來，而在許多年以前，英國就已經開始逃避對於這個最後的直轄殖民地的責任。

最近的《香港政府年度報告》老練地隻字未提香港的直轄殖民地或附屬領地地位，只是平和地表示："香港由香港政府管轄，其行政管理依照應用於英國治下的所有海外領地的基本模式。"[39] 這一表述明智地迴避了英國在任何情況下都對香港負有責任，也沒有提及英國對香港的主權。這種精心設計的措辭給人造成一種完全與事實不符的印象，此時外國僑民控制了香港所有最高級別的職位：總督、布政司、財政司、律政司、駐港英軍總司令、立法局的全體當然官守議員，再加上 1,220 名主任級官員中的 40%（1991 年數字）。至於比例逐漸增加的本地官員，其中大多數很可能將獲得正式的英國護照，享有在英國居留的權利。數年之內就會出現一種複雜的情況，絕大多數高級官員能夠隨時離開香港，低級官員不論局勢如何變化都只能留在香港。

香港本質上仍是一個殖民地，1992 年的事件表明英國是如何堅定地維護宗主國權力的。但不論從經濟上還是社會生活上來說，香港都已不再是一個英國領地。中資企業完全取代了英國大洋行的地位，就連怡和洋行和滙豐銀行也表示打算把大部分業務遷出這個殖民地。未來的大班都是李嘉誠和"合和實業"的胡應湘一類的人士。1991 年，香港最著名的社會團體"香港俱樂部"更名為"香港中國會"，這標誌着一個時代的終結。這個裝飾豪華的新會所設在舊中銀大廈的頂層，中國新華通訊社香港分社負責人周南為會所開幕剪綵。出席儀式的有英國內閣大臣、成功的企業家邁克爾·赫塞爾廷、香港商界的代表徐展堂以及鄧小平的女兒。即使是作為境外投資者，英國的地位也正在被日本和美國所取代，1991 年，日本在香港的投資已經超過 10 億美元。正如伍廷芳在 1914 年指出的，英國保有香港不會在經濟上有多大的好處，雖然殖民地的納稅人對預期將要繳納充作防務費

---

39 《1992 年香港年度報告》，第 17 頁。

用的金錢抱怨不已。除太古洋行之外，這個殖民地最初的英資公司都已經變成股權分散的上市公司。渣甸、勿地臣等人聚集起來的龐大個人財富如今已經轉移到香港華人的手中。那些留下來的英國人比上一輩人更少墨守成規，更為精明。實際上，即使按照嚴格的國際標準來衡量，許多人也堪稱才幹出眾，其中一些人，例如和記黃埔的總經理馬世民，具備勿地臣所特有的敏銳力。他們比英國出口商幹得更出色，香港擺脫了英鎊區的種種限制之後，英國出口商的優勢便喪失殆盡，不得不在同一起跑線上競爭，他們顯然在競爭中落了下風。到 1986 年，英國商品在香港的市場佔有率從過去的絕對領先地位下降到 3.9%，在隨後的 6 年中又降至 2.1%，不到台灣商品所佔份額的四分之一。中國已經成為香港不可動搖的最大交易夥伴，美國、日本和德國也都是強而有力的競爭者。[40]

40

出口、進口與轉口貿易

（百分比列於下）

	1986	1987	1988	1989	1990	1991
進口						
中國	81,633	117,357	155,634	196,676	236,134	293,356
	(29.6)	(31.1)	(31.2)	(34.9)	(36.8)	(37.7)
日本	56,398	71,905	93,008	93,202	103,632	127,402
	(20.1)	(19.0)	(18.6)	(16.6)	(16.1)	(16.4)
台灣	23,977	33,377	44,357	51,578	58,084	74,591
	(8.1)	(8.8)	(8.9)	(9.2)	(9.0)	(9.6)
英國	9,347	11,713	12,292	12,965	14,118	16,545
	(3.5)	(3.1)	(2.6)	(2.3)	(2.2)	(2.1)
出口						
美國	64,219	72,817	72,884	72,162	66,370	62,870
	(41.7)	(37.3)	(33.5)	(32.2)	(29.4)	(27.2)
中國	18,022	27,871	38,043	43,272	47,470	54,404
	(11.7)	(14.3)	(17.5)	(19.3)	(21.0)	(23.5)
德國	11,003	14,855	16,157	15,757	17,991	19,318
	(7.1)	(7.6)	(7.4)	(7.0)	(8.0)	(8.4)
英國	9,918	12,908	15,524	14,638	13,496	13,706
	(6.4)	(6.6)	(7.1)	(6.5)	(6.0)	(5.9)
轉口						
美國	22,362	32,454	49,483	72,033	87,752	110,802
	(18.2)	(17.8)	(18.0)	(20.8)	(21.2)	(20.7)
中國	40,894	60,170	94,895	103,492	110,908	153,318
	(33.4)	(32.9)	(34.5)	(29.9)	(26.8)	(28.7)
德國	2,688	5,533	6,420	13,502	23,406	32,073
	(2.2)	(3.0)	(2.3)	(3.9)	(5.7)	(6.0)
英國	2,489	4,271	4,459	8,918	12,107	14,663
	(2.0)	(2.3)	(1.6)	(2.6)	(2.9)	(2.7)

　　廣東省無疑是中國經濟中對香港影響最大的地區。虎門水道——當年，為了躲避清朝要塞大炮的轟擊，"海阿新"號和"伊莫禁"號曾在此處作之字形航行——將建起一座宏偉的、橫跨兩岸的公路橋，高速公路把虎門的東西兩岸銜接起來，把廣州與珠江三角洲東部的深圳、香港與西部的珠海、澳門連接在一起。第一期工程為全長 123 英里的香港至廣州路段，預計將於 1993 年 6 月建成通車。這項工程竣工後，將與大嶼山的香港新機場一道確立起廣東作為中國對外貿易中心的地位。高速公路建設主要應歸功於胡應湘，從某種程度上說他已成為新一代華人大班的代表。胡氏的祖父到香港時只是個花匠和豬官，胡氏的父親省吃儉用買了一輛計程車，到退休時已經擁有了一家有 378 輛汽車的車隊。胡應湘與其說是個迅速獲得暴利的房地產開發商（沒有多少真正的香港人能夠抵禦這種巧妙交易的誘惑），不如說是一個非常強調運作的策劃者。如果說香港新一代英籍商人具備勿地臣和顛地那樣的氣質，胡應湘與早期的華人企業家卻毫無相似之處。他似乎並不熱衷皇家榮譽或地位，而是按照他自己的、有時是不受歡迎的方式行事。

　　大嶼山新機場成為英國與中國之間大多數爭論的焦點，北京對於建設費用將耗盡香港財政儲備表示了嚴重關注。據說新機場的建設費用超支十分嚴重，而北京正確地代表了香港人的看法，懷疑是否有必要投入如此巨大的資金（1992 年香港政府年報估計，以 1989 年價格計算，機場總投資約為 95 億英鎊，折合 1,270 億港元）。有報導說英國官員"指責中國拒絕批准新機場項目是為了迫使英國限制香港的民主"。（1992 年 7 月 7 日《泰晤士報》）確實，每當英國與中國關係緊張，新機場的前途就受到威脅。中國國內利益集團也持反對態度，新機場建成後將是中國迄今為止最現代化的機場，成為中國國際交往的門戶，從而增強廣東省在中國經濟中的領先地位。

　　站在北京的角度來看，廣東取得了驚人的成功。廣東省政府下屬的"粵海集團"是一家大型跨國公司，分支機構遍佈廣東、香港、美國、加拿大、澳大利亞和泰國，年收入到達 32 億美元。據說，廣州三分之二家庭的年均可支配收入達 1,400 美元，《遠東經濟評論》（1991 年 5 月 16 日）表示這一數字"顯然低估了真實的富裕程度。更能說明問題的是，官方統計數字表明，在上一個年度廣州 90% 的家庭擁有一台彩色電視機……這座城市 76%

的家庭擁有電冰箱"。香港對於廣東而言至關重要，廣東對香港的未來也至少是同樣重要的。香港工業的競爭優勢有賴於 300 萬廣東人"要麼以合資方式，要麼以香港公司來料加工的方式，為香港企業工作"。[41] 這樣一來，廣東相對較低的工資與香港在設計、市場行銷和管理上的技能優勢互補，儘管廣東的工資要比中國其他地區高出許多。這樣一種局面不會一成不變，內地進入廣東的移民正在增加。1992 年 2 月時每天有 10 萬工人到達廣州火車站，他們前來尋找工作機會，希望有朝一日能夠買得起電冰箱和彩色電視機。很有可能，廣東不會再滿足於僅僅向香港企業提供勞動力。

北京是否會繼續允許各個地區之間的生活水準繼續拉開差距，這也是個問題。人們常常用"山高皇帝遠"這句成語來表示沿海省份的獨立傾向將進一步增強，甚至會導致與北方的實際分離。前蘇聯發生的一系列事件之後，有人輕率地認為中國也可能出現這種情況，但還有其他因素在發揮作用。中國，包括香港和台灣在內，在民族和文化上的同一性遠比蘇聯要高。在過去的半個世紀裏，中國的民族自豪感和民族認同感歷經一切災禍，依然保持了活力。

在中國早先的動盪時期，香港一直安全地置身事外，只有第二次世界大戰的日本佔領時期，香港人民才被其殖民統治者置於毫無保護的狀態。他們從這場大浩劫中恢復了元氣，在很大程度上是靠自力更生，既沒有從英國得到多大幫助，也沒有受到英國的阻礙。整個戰後一代人除了最基本的社會供應之外一無所有，他們往往在極為惡劣的條件下辛勤工作，迸發出令人驚歎的活力。他們憑藉自己的雙手創造出他們完全有理由為之自豪的社會。

因此，香港用帶有偏見的眼光看待英國與中國，也就不足為奇了。戰爭結束後，英國在一次接一次的經濟危機中蹣跚，不屈不撓地遊走在發達國家的行列。英國在處理香港歸還中國問題時缺乏公正性和堅定性，讓人不由產生一種幻滅感，有時甚至令人反感。到 1992 年，在這個殖民地推行民主的真切願望與這樣一種同樣緊迫的渴望交織在一起，即不要激起對抗，避免危及主權的和平交接。另一方面，中國在經歷了時常是紊亂不堪的 20

---

41 《香港年度報告》，第 54 頁。

年之後，已經習慣於一個更為有效的社會。

　　站在英國的角度，可以說英國從來沒有被迫運用軍隊來保衛香港免遭中國的侵犯，但這至少部分是因為英國沒有決意像在馬來西亞、朝鮮和婆羅洲一樣承擔責任。可以肯定的是，作為殖民主義者，英國人歷來擺出一副屈尊俯就的姿態，時常剝削殖民地資源，有時甚至誤入歧途，但他們確立起法治，明確和保護了個人權利。香港當然始終沒有成為"民主的櫥窗"，雖然香港居民幾乎從來沒有表現出希望如此的壓倒一切的願望，這或許是英國所犯的一個可以原諒的疏忽。世界各地腐敗的獨裁國家無不響亮地宣稱始終奉行民主原則，但是，亞洲沒有一個社會像香港這樣 —— 如此長久地、自由地享受了通常認為必須加以保護的民主。

尾 聲

　　時勢變遷，英國政治生活卻因循一成不變的模式。1833 年，輝格黨人不得不為堅定的支持者、失去下議院議席的律勞卑勳爵找個體面的職位，便以十分豐厚的薪金把他派往珠江入海口。159 年之後，托利黨人必須為精力充沛的黨主席、失去下議院席位的彭定康找個適合的顯赫位置，同樣以十分優厚的薪金把他派到珠江入海口。這表明殖民地始終被用來服務於同一個目的。前內政大臣大衛·瓦丁頓在另一場選舉中慘敗，也得到了百慕大總督的美差。

　　與律勞卑勳爵一樣，彭定康先生沒有任何外交經驗，雖然與律勞卑勳爵相比，彭定康曾經 3 次短暫到訪香港，空中旅行自有其優越性。但是，兩人之間的相似之處僅此而已。彭定康先生已經證明自己是個高雅、幽默、能幹和敏銳的政治家，律勞卑勳爵並不具備這些素質。彭定康先生還是保守黨領袖的親密政治盟友，可以直接進出唐寧街；律勞卑勳爵沒有這種資格，他不過是巴麥尊勳爵所敬重的一個人而已。[1] 衛奕信爵士必須履行"各種手續"，與格萊納瑟勳爵、凱斯尼思勳爵或者任何一位主管香港事務的低級大臣磋商。彭定康先生不會跟着外交部的指揮棒轉，他可以直接與外交大臣乃至首相一起把事情安排妥當。

　　彭定康抵達香港後很快就表現出這種獨立性。1992 年 10 月 7 日，彭定康先生在立法局發表長篇演說，談到了對未來的打算。這篇演說措辭無禮，乃至頗為武斷："我領導的政府的政策將立足於四項原則"，這種口吻傳遞了明確的資訊，共識政治卻很難說是的態度。

　　這些原則中的第四項引起了一片譁然："……我們必須盡最大可能推進香港人民民主參與自身事務的管理，同時增強對香港未來的信心。"彭定康

1　1992 年，彭定康先生年僅 48 歲。他從牛津大學直接進入保守黨政策研究部，1974 年成為研究部主任。1979 年當選為巴斯的下議院議員，1992 年大選中落敗，失去了議席。他不那麼受本黨右翼的歡迎，但頗受大多數人士的喜愛。

先生把他個人的政治信條概括為："我有責任向公眾闡明我的立場，我一生都致力於以代議制民主為基礎的政治制度。"

這位新總督承認在推進民主制度時受到"束縛"，但進步只會受到約束，"不會在前進道路上止步"。以往曾經認為立法局引入直接選舉的議員後，民主化進程就走到了《聯合聲明》和《基本法》許可範圍的盡頭。彭定康不同意這種看法。"止步不前"，他堅持認為，"並非可行的選擇"。他指出起草《基本法》的人士無疑承認香港希望有更多的民主。即使退一步說，他的這種說法也站不住腳。《基本法》的起草由中國政府負責，雖然香港代表的觀點會得到重視，而中國政府對"民主"的理解不大可能與彭定康先生的解釋完全相同。

總督的建議分為兩個部分，第一部分是作為"既成事實"提出的，這些建議如若實施，將立即徹底改變香港的政制：

> 我已經決定，在我們現階段的政治進程中，行政局與立法局不應有兼任的議員。我暫時打算把這兩個機構的非官守議員分開。

同時擔任立法局議員的行政局議員——他們當中有些人剛剛上任一年——必須辭去行政局的職務，其空缺由新任命的議員取代，新議員不但有政府官員，也有任命的社會人士。

立法局將不再與行政局有任何聯繫，立法局將"自行處理自身事務，並在此過程中進一步發展與政府的關係"。機敏的觀察家會由此得出結論，這意味着立法局將被架空，不再有任何實權。總督的聲明也證實了這種說法，他表示自己"將作為行政局的首長對該局（立法局）負責"。彭定康先生把"負責"二字定義為："在你們每月至少一個星期四召開的會議上，我本人將回答議員們的問題，討論政府的政策和建議。"這可是對"負責"一詞的一種特殊定義，按照《牛津英語詞典》的定義，該詞的第一個義項是："應負責的；有責任的……例句1：他對他的上司負責。"

彭定康的上司不大可能會為立法局操心，但政改方案的第二部分激起了中國政府的強烈反對。第二部分與第一部分不同，彭定康提出了希望能夠達成"諒解"的一系列建議，這些引起了極大爭議的建議包括：一、選民的投票年齡由 21 歲降至 18 歲;二、分區直選實行單議席單票制;三、功能組別選民有重大變化。最後一項建議的內容是每一功能組別內部由現有的法人團體投票改為個人投票,增設了 9 個新的功能組別,選民資格涵蓋所有工商業部門的從業人員。這麼一來,選舉權就從 30 個功能組別選民擴大到所有的合格選民,幾乎是全體就業人口。

中國對此反應極為強烈。中國方面宣稱彭定康的建議是對《基本法》的公然蔑視,如果彭定康一意孤行,和平交接的前景將化為烏有。中國將不再與英國合作,取消以往同香港政府簽訂的各項貿易協議,直至廢止《聯合聲明》。

香港內部也有反對意見,許多商界人士支持中國政府的反應。1992 年 12 月 9 日,香港證券交易所前主席霍禮儀致信《泰晤士報》,抱怨彭定康"選擇了錯誤的議事日程來着手他的總督工作,而他着手的方式加重了他的錯誤"。其他人士也談及"破壞性的冒險"和"保守黨政府犯下的諸多錯誤之一"。

柯利達爵士也提出了反對意見,他是前任英國駐北京大使,也是《聯合聲明》早期談判者中最傑出的一位。他同樣認為彭定康的提議是不明智的,他也給《泰晤士報》寫了一封信(1992 年 12 月 1 日),告誡人們注意"公然決裂和威脅的勢力,香港將為此付出代價"。

中國方面之所以做出憤怒反應,主要是針對彭定康提出的改變選舉權範圍的建議。然而,彭定康的建議不過只是建議而已,一旦遇到太大的壓力,是可以改變或撤回的。更令人感興趣的是這位總督的行事方式,他可以在政制改革之初,憑藉一道簡單的指令改變整個政府結構。這個例子表明一位殖民地總督只要有上司大臣的支持,又得到整個英國內閣的支持,就肯定擁有廣泛的權力。彭定康先生的舉措確實是史無前例的。寶寧爵士曾經把他的國家帶到與中國交戰的邊緣,不過他身兼香港總督與駐華公使雙重身份,而且有交通不便所帶來的有利因素。但是,寶寧的後任彭定康只是一位總督,並且通常被視為一個點綴性的角色,卻引起了外交上的軒然大波。在中國當局看來,彭定康的做法屬於冒失的越權,這更加強了他們的憤怒。中國當局堅持認為協商是應該的,但談判只能在兩國政府之間進行。

　　彭定康的這項鹵莽的計劃前途未卜。1997 年的最後時刻日益臨近，此時此刻 —— 1993 年 —— 英中兩國政府都面對尚未確定的未來。到 1997 年，英國將舉行全國大選，中國的接班人問題也將水落石出。對於英國政府而言，香港的利害關係依然是次要的，這一點與過去毫無二致。對於北京來說，香港的未來重要得多，但香港人民將不快地意識到，他們現有的自由，將在很大程度上取決於中國其他地區的時局而不是任何憲政安排。

參考書目

未出版的第一手資料

Public Records Office, Kew

香港成為殖民地之前時期的相關檔案，FO17 為外交，FO228 為貿易代理人制；殖民地時期最重要的文獻來源是 CO129，為原始通訊資料。FO705 有大量關於亨利・砵典乍爵士的資料，他與馬禮遜和巴加的通信尤其有趣。CAB 為內閣檔，CM 為內閣備忘錄。

Cambridge University Library

1. Jardine Matheson Archives, The main sources are the Canton and Hong Kong Letter Books, copies of the partner's outgoing correspondence, and the Canton Day Book, an annotated record of each day's transactions.
2. Stella Benson, Diaries 1929-32 (add. mss. 6762-6802)
3. Sir Harry Parkes Papers (with Jardine Matheson Archives, not catalogued)

Rhodes House, Oxford

1. Sir Alexander Grantham, 'Recollections' (Interview, Brit. Emp. S288)
2. H. Boletho, 'The Hong Kong Defence Force' (Brit. Emp. S85)
3. Lugard Papers (Brit. Emp. S67)
4. D. M. MacDougall, Letters (Ind. Oc.300)
5. J. Hill, 'The Fall of Hong Kong' (Ind. Oc.S73)
6. Nathan Papers
7. Pope Hennessy Papers (Brit. Emp. 409)
8. J. W. Ferris, 'Nothing to Declare' (Ind. Oc. S281)
9. Nan Severn, Letters (Ind. Oc. S176(2))

National Maritime Museum, Greenwich

1. Admiral Sir William Parker, Correspondence
2. F. R. Kendall, Letters (P&O 374.792)

Royal Commonwealth Society, London

Sir G. D'Aguilar, 'Pencillings on the Rock' and letters, which include a long account of the 'buccaneering expedition'.

Départment des Affaires Etrangères, Paris

1. Affaires Diverses Consularies.
2. Unclassified papers relating to British activities in Canton and Hong Kong between 1830 and 1860.

First Historical Archives of China, Beijing

Memorials relating to Hong Kong, Series 3/166 and 167, division 9257, 9224, 9226

Hung On-to Memorial Collection, Hong Kong University

1. Alfred Weatherhead, 'Life in Hong Kong, 1856-59'
2. The Conception and Foundation of the University of Hong Kong 1908-1913 (typescript collection)
3. E. S. Taylor, 'Hong Kong as a Factor in British Relations with China 1834-60' (M. A. Thesis, School of African and Oriental Studies, London University, 1967)
4. A. P. Potts, War Diary

Public Records Office, Hong Kong

1. A. Johnston, ms. Letter 26 March 1852
2. Lt. Bernard Collinson, Letters

National Archives, Washington

State Department Records, Hong Kong Consular

Princeton University Library

Hamilton Fish Armstrong Papers, S. G. Mudd Collection

已刊印的第一手資料

Blue Books - Parliamentary Papers: 1831 vi, 1840 vii and xxxvi, 1847 v, 1860 lxviii, 1866 l, 1878-9 li. The Irish University Press has a useful series of reprints of British Parliamentary Papers (1971)

Britain 1976, HMSO

Foreign Policy Documents USA

Hansard (House of Commons and House of Lords)

Hong Kong Hansard

期刊（近期）

China Quarterly
Economists
Far Eastern Economic Review
Harvard Journal of Asian Studies
Hong Kong Branch of the Royal Asiatic Society Journal (JHKBRAS)
Illustrated London News
South China Morning Post
The Times
Weekly digests issued by the New China News Agency

期刊（非近期）

Asiatic Journal
Blackwood's Magazine
Canton Press
Canton Register
China Magazine
China Mail
China Punch
Chinese Repository
Chinese Review
Friend of China
Hong Kong Daily Press
Nautical Magazine
Punch

第二手資料

Adams, E. D., *British Interests and Activities in Texas 1838-46* (Gloucester, Mass., 1963)

Adley, R., *All Change Hong Kong* (Poole, 1984)

Aimer, G. (ed.), *Leadership on the Chinese Coast* (London, 1988)

Airlie, S., *The Thistle and the Bamboo: The Life and Times of Sir J. S. Lockhart* (Hong Kong, 1989)

Ambekar, G. E. and Divekar, V. D., *Documents of China's Relations with South and South-East Asia* (Bombay, 1964)

American Diplomatic and Public Papers, Series, I, vol.18

Amery, L., *Life* (London, 1953)

Andrew, K., *Hong Kong Detective* (London, 1962)

Annan, N., *Leslie Stephen* (London, 1984)

Anon ('A Resident'), 'A Letter from Hong Kong' (London, 1845)

Anon, 'Statements and Suggestions Regarding Hong Kong Addressed to the Hon. Francis Scott MP' (London, 1850)

Anon ('JFL'), 'A Few Observations on the Canton Outrage' (London, 1857)

Anon, 'Our Policy in China' (London, 1858)

Anon ('A Resident'). 'A Letter from Hong Kong' (London, 1859)

Anon, 'Jardine Matheson & Co.: An Historical Sketch' (Hong Kong, n. d.)

Anon, 'The May Upheaval in Hong Kong' (Hong Kong, 1967)

Anon, 'Sir Edward Youde: In Memoriam' (Hong Kong, 1986)

Anstey, T. C., *Crime and Government at Hong Kong* (London, 1859)

The Association for Radical East Asian Studies, *Hong Kong: Britain's Last Colonial Stronghold* (London, 1972)

Attlee, Lord, *Empire into Commonwealth* (London, 1961)

Atwell, P., *British Mandarins and Chinese Reformers* (London, 1985)

Auber, P., *China* (London, 1834)

Auden, W. H., *Journey to a War* (London, 1939)

Bai Shouyi, *Outline History of China* (Beijing, 1982)

Baker, H. D. R., *A Chinese Lineage Village* (London, 1968)

Baker, J. F., *Race* (London, 1974)

Bard, S., *In Search of the Past: A Guide to the Antiquities of Hong Kong* (Hong Kong, 1988)

Barnett, C., *The Audit of War* (London, 1968)

── *Britain and Her Army 1509-1970* (London, 1970)

── *The Collapse of British Power* (London, 1971)

Belcher, E., *A Voyage Round the World* (London, 1843)

Bell, W., *Dictionary and Digest of the Law of Scotland* (Edinburgh, 1845)

Beloff, M., *Imperial Sunset* (London, 1969, 1987)

Bentinck, Lord W. C., *Correspondence* (ed. Philips, C. H.)(Oxford, 1927)

Benton, G., *The Hong Kong Crisis* (London, 1983)

Bernard, W. D., *Narrative of the Voyage & c. of the 'Nemesis'* (London, 1844)

Berridge, V. and Edwards, G., *Opium and the People* (London, 1981)

Bhargava, K. D. and Sastri, K. N. V., *Official History of the Indian Armed Forces in the Second World War: Campaign in South-East Asia 1941-42* (New Delhi, 1960)

Bingham, J.E., *Narrative of the Expedition to China* (London, 1843)

Birch, A., *Hong Kong: The Colony that Never Was* (Hong Kong, 1991)

—— and Cole, M., *Captive Years* (Hong Kong, 1982)

—— , Jao, J. C. and Sinn, E., 'Research Materials for Hong Kong Studies' (Hong Kong, 1990)

Bird, I., *The Golden Chersonese* (London, 1883)

Blachford, Lord, *Letters* (ed. Marindin, G.)(London, 1896)

Blake, C., *Charles Eliot* (London, 1960)

Blake, C. F., *Ethnic Groups and Social Change in a Chinese Market Town* (Hawaii, 1981)

Blake, H., *China* (London, 1909)

Blakeley, B. L., *The Colonial Office* (Durham, North Carolina, 1972)

Boardman, R., *Britain and the People's Republic of China 1949-74* (London, 1976)

Bodell, J., *A Soldier's View of Empire* (ed. Sinclair, K.) (London, 1989)

Bodelsen, C. A., *Studies in Mid-Victorian Imperialism* (London, 1960)

Bonavia, D., *Hong Kong: The Final Settlement* (Hong Kong, 1985)

Borg, D., *The US and the Far Eastern Crisis of 1933-35* (Cambridge, Mass. 1964)

Bourne, K., *Palmerston: The Early Years* (London, 1982)

—— (ed.), *The Palmerston-Sulivan Letters*, Camden 4th Series vol. 23 (London, 1979)

Bowen, G., *Thirty Years of Colonial Government* (ed. Lane-Poole, S.) (London, 1889)

Bowring, J., *Autobiographical Recollections* (London, 1877)

—— and Villiers, G., *First Report on the Commercial Relations Between France and Great Britain* (London, 1834)

Boyden, S., *The Ecology of a City and its People* (Canberra, 1981)

Bozan, J. et at, *A Concise History of China* (Beijing, 1981)

Brassey, Lady, *A Voyage in the 'Sunbeam'* (London, 1878)

Braudel, F., *Capitalism and Material Life 1400-1800* (London, 1974)

Brereton, W. H., *The Truth About Opium* (London, 1882)

Brice, R., *Topographical Dictionary* (Exeter, 1757)

Bristow, E. J., *Vice and Vigilance* (Dublin, 1977)

Broomfield, F., *Scandals and Disasters of Hong Kong* (Hong Kong, 1985)

Bruce, P., *Second to None: The Story of the Hong Kong Volunteers* (Hong Kong, 1990)

Bueno de Mesquita, B., *Forecasting Political Events: The Future of Hong Kong* (New Haven, 1985)

Buhite, R. D., *Patrick Hurley and American Foreign Policy* (Ithaca, 1973)

—— *Decisions at Yalta* (Washington, 1986)

Bullock, A., *Ernest Bevin* (London, 1983)

Burgess, C.M., *A Problem of People* (Hong Kong, 1966)

Cadogan, A., *Diaries* (ed. Dicks, D.) (London, 1971)

Caldecott, A., *Fires Burn Blue* (London, 1948)

Cameron, N., *Barbarians and Mandarins* (New York, 1970)

—— *Hong Kong: The Cultured Pearl* (Hong Kong, 1978)

—— *The Milky Way: The History of Dairy Farm* (Hong Kong, 1980)

—— *An Illustrated History of Hong Kong* (Hong Kong, 1991)

Cantlie, J., *Sun Yat-sen* (London, 1899)

Carey, W. H., *The Good Old Days of Honourable John Company* (Calcutta, 1907)

Carrington, Lord, *Reflecting on Things Past* (London, 1989)

Cecil, Lord, *Changing China* (London, 1911)

Cell, J. W., *British Colonial Administration in the Mid Nineteenth Century* (New Haven, 1970)

Chailley-Bert, J., *The Colonisation of Indo-China* (London, 1894)

Chamberlain, M. E., *Lord Aberdeen* (London, 1983)

Chan, W. K., *The Making of Hong Kong Society* (Oxford, 1991)

Chandos, Lord, *Memoirs* (London, 1967)

Chang, C. S.(ed.), *The Making of China* (Englewood Cliff, 1975)

Chang, H. P., *Commissioner Lin and the Opium War* (Cambridge, Mass., 1964)

Chan Lau, K. C., *Anglo-Chinese Diplomacy 1906-1920* (Hong Kong, 1978)

—— *China, Britain and Hong Kong 1895-1945* (Hong Kong, 1990)

Chen, G., *Lin Tse-hsü* (Yenching, 1934)

Ch'en, J., *State Economic Policies of the Ch'ing Government 1840-1895* (New York, 1980)

Chen, J. Y. S., *Hong Kong in Transition* (New York, 1986)

Chen, V., *Sino-Russian Relations in the Seventeenth Century* (The Hague, 1966)

Cheng, I., *Clara Ho Tung* (Hong Kong, 1986)

Cheong, J. W. E., *Mandarins and Merchants: Jardine Matheson and Co.* (London, 1978)

Chesneaux, J., *The Chinese Labor Movement 1917-27* (Stanford, 1968)

—— *Secret Societies in China* (London, 1971)

Chiu, H. et al, *Symposium: Hong Kong 1997* (Baltimore, 1985)

—— *The Future of Hong Kong* (New York, 1987)

Chiu, T. N., *The Port of Hong Kong* (Hong Kong, 1973)

—— and So, C. L.(eds.), *A Geography of Hong Kong* (Hong Kong, 1983)

Choa, G. H., *The Life and Times of Sir Kai Ho Kai* (Hong Kong, 1981)

Chou, E., *A Man Must Choose* (London, 1963)

Ch'ü, T. T, *The Gentry* (New Jersey, 1975)

Chung, T., *China and the Brave New World* (Durham, North Carolina, 1978)

Churchill, W., *The Second World War* (6 vols, London, 1948-53)

Clark, G., *Economic Rivalries in China* (New Haven, 1932)

—— *The Later Stuarts* (Oxford, 1972)

Clarke, P. and Gregory, J. S., *Western Reports on the Taiping* (London, 1982)

Clausen, H. C. and Lee, B., *Pearl Harbor: Final Judgement* (New York, 1992)

Clayton, A., *The British Empire as a Superpower* (London, 1986)

Coates, A., *Prelude to Hong Kong* (London, 1966)

—— *Myself a Mandarin* (London, 1968)

—— *Macao Narrative* (Hong Kong, 1978)

Coates, P. C., *China Consuls* (Hong Kong, 1988)

Cochran, S., *Big Business in China* (Cambridge, Mass., 1980)

Cole, B. D., *Gunboats and Marines* (Delaware, 1983)

Collins, C., *Public Administration in Hong Kong* (London, 1952)

Collis, M., *The Great Within* (London, 1941)

—— *Foreign Mud* (London, 1946)

—— *Wayfoong* (London, 1965)

Colomb, J. C. R., *Colonial Defence* (Dublin, 1897)

Colville, J., *The Fringes of Power* (2 vols, London, 1985, 1987)

Conacher, J. P., *The Aberdeen Coalition* (Cambridge, 1968)

Conynghame, A., *The Opium War* (Philadelphia, 1845)

Cooke, J. J., *New French Imperialism 1880-1910* (Newton Abbot, 1973)

Costin, W. C., *Great Britain and China* (Oxford, 1937)

Cranbrook, Lord, *Diary* (ed. Johnson, N. E.)(Oxford, 1981)

Cranmer-Byng, J. L., *Embassy to China* (London, 1962)

Crawford, J., *China Monopoly Examined* (London, 1830)

Cree, E.H., Journals (ed. Levien, M.)(Exeter, 1981)

Criswell, C. H. and Watson, M., *The Royal Hong Kong Police* (Hong Kong, 1982)

—— *The Taipans* (Hong Kong, 1981)

Crocombe, L., *Slow Ship to Hong Kong* (London, 1952)

Cumming, Mrs G., *Wanderings in China* (London, 1888)

Curtis, W. E., *Egypt, Burma and British Malaysia* (New York, 1905)

Curzon, Lord, *Problems of the Far East* (London, 1896)

Dally, P., *Hong Kong: Time Bomb* (Cheltenham, 1984)

Davies, S., *Political Dictionary of Hong Kong* (Hong Kong, 1991)

Davis, J. F., *China During the War and Since the Peace* (London, 1852)

Davis, L. *Hong Kong and the Asylum Seekers from Vietnam* (Hong Kong, 1988)

Davis, M. C., *Constitutional Confrontation in Hong Kong* (London, 1989)

Deacon, R. *History of the Chinese Secret Service* (London, 1974)

Dean, B., *China and Great Britain: The Diplomacy of Commercial Relations* (Cambridge,
Mass., 1974)

Des Voeux, W., *My Colonial Service* (London, 1903)

Dewey, T., *Journey to the Far Pacific* (New York, 1952)

Dilke C., *Problems of Greater Britain* (London, 1890)

Dod's Parliamentary Companion (London, annually)

Donnison, F. S. V., *British Military Administration in the Far East 1943-46*
(London, 1946)

Dowes, J. and Shaw, Y., *Hong Kong: A Chinese and International Concern*
(London, 1988)

Downing, C.T., *The Fan-Qui in China* (London, 1838)

Drage, C., *Taikoo: Butterfield and Swire* (London, 1970)

Duruy, V., *Histoire de France* (Paris, 1892)

Eames, J. B., *The English in China* (London, 1909)

Easton, H. T., *History of a Banking House: Smith, Payne and Smith* (London,
1903)

Edelstein, M., *Overseas Investment in the Age of High Imperialism* (New York,
1982)

Eden, E., *Letters* (ed. Dickinson, V.)(London, 1919)

Eitel, E. J., *Europe in China* (London and Hong Kong, 1895)

Eliot, C., *The East African Protectorate* (London, 1905)

—— *Japanese Buddhism* (memoir by Sir H. Parlett)(London, 1935)

Elliot, C., 'A Plan for the Formation of a Maritime Militia' (London, 1852)

Elliot, E., *Crusade for Justice* (republished as Elsie Tu: An Autobiography,
Hong Kong, 1988)

Ellis, H. T., *Hong Kong to Manila* (London, 1859)

Endacott, G. B., *Government and People in Hong Kong 1841-1962* (Hong Kong,
1964)

—— *An Eastern Entrepôt* (London, 1964)

—— *A History of Hong Kong* (Oxford, 1977)

—— and Birch, A., *Hong Kong Eclipse* (Hong Kong, 1978)

—— and She, B. E., *The Diocese of Victoria* (Hong Kong, 1949)

Endicott, S. L., *Diplomacy and Enterprise: British Chinese Policy 1933-37*
(British Columbia, 1975)

Evans, D. M. E., *Constancy of Purpose* (Hong Kong, 1987)

Evans, E. W., *The British Yoke* (London, 1949)

Fairbank, J. K., *Trade and Diplomacy on the China Coast* (Stanford, 1964)

—— *The United States and China* (Cambridge, Mass.,1971)

—— *The Great Chinese Revolution* (Cambridge, Mass., 1986)

—— , Teng, S.Y. et al, *China's Response to the West* (Cambridge, Mass., 1954)

—— (ed.), *The Chinese World Order* (Cambridge, Mass., 1968)

—— (ed.), *The Missionary Enterprise in China and America* (Cambridge, Mass., 1974)

—— (ed.), *Cambridge History of China*, vols. 11-13 (Cambridge, 1978-86)

Farnie, D. A., *The English Cotton Industry and the World Market* (Oxford, 1979)

Farrell, B., *Queen Victoria's Little Wars* (London, 1973)

Fauré, D., *The Structural of China Rural Society* (Hong Kong, 1986)

Fay, P. W., *The Opium War 1840-42* (Chapel Hill, 1975)

Ferguson, T., *Desperate Siege: The Battle of Hong Kong* (Toronto, 1980)

Fiddes, G. V., *The Dominions and Colonial Offices* (London, 1926)

Field, E., *Twilight in Hong Kong* (London, 1960)

Fieldhouse, D. K., *Economics and Empire 1830-1914* (London, 1973)

Fingarette, H., *Confucius: The Secular as Sacred* (New York, 1972)

Fitzgerald, C. P., *China: A Short Cultural History* (London, 1935)

—— *The Chinese View of their Place in the World* (Oxford, 1964)

Fitzgerald, S., *China and Overseas Chinese* (Cambridge, 1972)

Fitzmaurice, *Lord, Life of the Second Earl Granville* (London, 1905)

Fitzsimmons, R., *The Baron of Piccadilly* (London, 1967)

Fok. K. C., *Lectures in Hong Kong History* (Hong Kong, 1990)

Foster, J. W., *American Diplomacy in the Orient* (Boston, 1904)

Fox, G., *British Admirals and Chinese Pirates* (London, 1940)

Franke, W., *China and the West* (Oxford, 1967)

Fry, W. S., *The Opium War* (London, 1840)

Fung, E. S. K., *The Diplomacy of Imperial Retreat* (Hong Kong, 1991)

Furber, H., *John Company at Work* (Cambridge, Mass., 1948)

Galbraith, J. K., *Ambassador's Journal* (New York, 1970)

—— *A Life in Our Times* (London, 1983)

Gambrell, H., *Anson Jones* (Austin, 1964)

Garner, J., *The Commonwealth Office 1925-68* (London, 1978)

Geddes, P., *In the Mouth of the Dragon* (London, 1982)

Gérard, A., *Ma Mission en Chine* (Paris, 1918)

Gerson, J. J., *Haratio Nelson Lay and Sino-British Relations 1854-64* (Harvard, 1972)

Gibson, J., 'Sweet Waters', in *Blackwood's Magazine*, January 1946

Gilbert, M., *Winston Churchill* (vols. iii-viii)(London, 1971-88)

Giles, H.A., *China and the Manchus* (Cambridge, 1912)

—— *China and the Chinese* (New York, 1902)

—— *Adversaria Sinica* (Shanghai, 1914)

Gill, G. H., *The Royal Australia Navy, 1942-45* (Canberra, 1968)

Gittins, J., *Eastern Windows, Western Skies* (Hong Kong, 1969)

Gladstone, W. E. (ed. Foot, M. R. C.), *Diaries* (Oxford, 1968)

Gleason, G., *Hong Kong* (London, 1964)

Tales of Hong Kong (London, 1967)

Goldsmith, M., *The Trail of Opium* (London, 1939)

Goldsworth, D., *Colonial Issues in British Politics 1945-61* (Oxford, 1971)

Graham, G. S., *Great Britain in the Indian Ocean* (Oxford, 1967)

── *The China Station: War and Diplomacy 1830-60* (Oxford, 1978)

Grant, J., *Stella Benson* (London, 1987)

Grantham, A., 'Report on the Riot in Kowloon' (Hong Kong, 1956)

── *Via Ports* (London, 1965)

Gray, J., *Rebellions and Revolutions* (Oxford, 1990)

Greenberg, M., *British Trade and the Opening of China* (Cambridge, 1951)

Greville, C. C. F., *Memoirs (George IV and William IV)* (ed. Reeve, H.) (London, 1875)

── *Memoirs (Victoria)* (ed. Wilson, P. W.) (London, 1927)

Grey, Earl, *The Colonial Policy of Lord John Russell's Administration* (London, 1853)

Griffin, E., *Clippers and Consuls* (Ann Arbor, 1938)

Guillermaz, J., *The Chinese Communist Party in Power 1949-76* (Folkestone, 1976)

Haffner, C., *The Craft in the East* (Hong Kong, 1977)

Halpern, A. M. (ed.), *Policies Toward China* (New York, 1965)

Hao, Y. P., *The Comprador in Nineteenth-Century China* (Cambridge, Mass., 1970)

── *The Commercial Revolution in Nineteenth-Century China* (Berkeley, 1986)

Harding, A., *A Social History of English Law* (London, 1966)

Hardinge, H., *Letters 1844-47* (ed. Singh, B.S.), Camden 4th Series, vol. 32 (London, 1986)

Harland, K., *The Royal Navy in Hong Kong Since 1841* (Liskeard, 1985)

Harrison, B., *Waiting for China* (Hong Kong, 1979)

── (ed.), *The University of Hong Kong: The First Fifty Years* (Hong Kong, 1962)

Harrop, P., *Hong Kong Incident* (London, 1943)

Hart, R., *Letters: The I.G. in Peking* (ed. Fairbank, J. K. et al) (Cambridge, Mass., 1975)

── *Journals: Entering China's Service* (ed. Bruner, K. F. et al) (Cambridge, Mass., 1986)

Haydon, A. P., *Sir Mattew Nathan* (Queensland, 1976)

Hayes, J., *The Hong Kong Region 1850-1911* (Hamden, 1977)

—— *The Rural Communities of Hong Kong* (Hong Kong, 1983)

Hedetoft, U., *British Colonialism and Modern Identity* (Aarlborg, 1985)

Henson, C. T., *Commissioners and Commodores: The East India Squadron and American Diplomacy in China* (Alabama, 1982)

Hertslet, E., *China Treaties* (London, 1908)

Hess, G. R., *The United States Emergence as a South-Eastern Asian Power* (New York, 1987)

Hibbert, C., *The Dragon Wakes* (London, 1970)

Hobhouse, H., *Seeds of Change* (London, 1985)

Hodson, H. V., *Twentieth Century Empire* (London, 1948)

Hoe, S., *The Private Life of Old Hong Kong* (Hong Kong, 1991)

Hong Kong Government Information Service Annual Review 1946-1992

Hopkins, K. (ed.), *Hong Kong: The Industrial Colony* (Hong Kong, 1971)

Horne, A., *Macmillan* (London, 1988)

Hsü, I. C. Y., *The Rise of Modern China* (New York, 3rd edition 1983)

Hsüeh, C. T., *Hsuang Hsing and the Chinese Revolution* (Stamford, 1961)

Huang, R., *China: A Macro History* (Armonk, 1988)

Huc, Abbé R. E., *A Journey through Tartary and Thibet* (London, 1855)

Hughes, R., *Hong Kong: Borrowed Place, Borrowed Time* (London, 1968)

Hugill, S., *Sailortown* (London, 1967)

Hull, C., *Memoirs* (London, 1948)

Hummel, A. W. (ed.), *Eminent Chinese of the Ch'ing Period* (Washington, 1943-4)

Hunt, M. A., *The Making of a Special Relationship* (New York, 1989)

Hunt, R. S. and Randal, J. F., *New Guide to Texas* (New York, 1845)

Hunter, W. C., *The Fan-kwae at Canton* (London, 1882)

—— 'Journal of Occurrences at Canton', JHKBRAS, vol. iv, pp.64ff

—— *Bits of Old China* (London, 1885)

Hurd, D., *The 'Arrow' War* (London, 1967)

Hutcheon, R., *Wharf: The First Hundred Years* (Hong Kong, 1986)

Hwang, Y. C., *Overseas Chinese and the Chinese Revolution* (Kuala Lumpur, 1976)

Hyam, R., *Elgin and Churchill at the Colonial Office 1905-8* (London, 1968)

—— *Empire and Sexuality* (Manchester, 1990)

Hyde, F. E., *John Swire* (Liverpool, 1957)

Ingram, E. (ed.), *Two Views of British India* (Bath, 1970)

Ingrams, H., *Hong Kong* (HMSO, 1952)

Ireland, A., *The Far Eastern Tropics* (Hong Kong, 1900)

Iremonger, L., *Lord Aberdeen* (London, 1978)

Iriye, A., *Pacific Estrangement* (Cambridge, Mass., 1972)

── (ed.), *After Imperialism* (Cambridge, Mass., 1965)

Jao, Y. C., *Banking and Currency in Hong Kong* (London, 1974)

── *Hong Kong* (Hong Kong, 1985)

Jarvie, I. C. and Agassi, J. (eds.), *Hong Kong: A Society in Transition* (London, 1969)

Jaschok, M., *Concubines and Bondservants* (Hong Kong, 1988)

Jeffries, C., *The Colonial Police* (London, 1952)

Johnson, D. (ed.), *Popular Culture in Late Imperial China* (Berkeley, 1985)

Johnson, N. E., *The Diary of G. Gathorne-Hardy* (Oxford, 1981)

Johnston, H. J. M., *British Immigration Policy 1815-30* (Oxford, 1972)

Jones, C., *Chief Officer in China 1840-53* (Liverpool, 1955)

Jones, C., *Promoting Prosperity* (Hong Kong, 1990)

Joseph, P., *Foreign Diplomacy in China 1894-1900* (London, 1928)

Joyce, R. B. (ed.), *Australian Dictionary of Biography* (Melbourne, 1969)

Keay, J., *The Honourable Company: A History of the English East India Company* (London, 1991)

Keeton, G. W., *The Development of Extra-Territoriality in China* (London, 1928)

Kelly, I., *Hong Kong: Political and Geographic Analysis* (London, 1987)

Kent, P. H., *The Passing of the Manchus* (London, 1912)

Keppel, H., *A Sailor's Life* (London, 1899)

Keswick, M. (ed.), *The Thistle and the Jade: 150 Years of Jardine Matheson* (London, 1982)

Kiernan, F. A. and Fairbank, J. K., *Chinese Ways in Warfare* (Cambridge, Mass., 1974)

Kiernan, V. G., *British Diplomacy in China 1880-1885* (Cambridge, 1939)

── *The Lords of Human Kind* (London, 1969)

── *European Empires from Conquest to Collapse* (Leicester, 1982)

Kimball, W. F. (ed.), *Churchill and Roosevelt: The Complete Correspondence* (Princeton, 1984)

Kimberley, J. (Earl), *Journal* (London, 1958)

King, A. Y. C. and Lee, R., *Social Life and Development in Hong Kong* (Hong Kong, 1981)

King, D., *St John's Cathedral* (Hong Kong, 1987)

King, F. H. H., *The History of the Hongkong and Shanghai Banking Corporation* (4 vols,

London, 1988-91)

── (ed.), *A Research Guide to China Coast Newspapers 1822-1911*(Harvard, 1965)

—— (ed.), *Eastern Banking* (London, 1983)

Kipling, R., *From Sea to Sea* (London, 1890)

Kirkup, J., *Hong Kong and Macau* (London, 1970)

Knollys, H., *The Life of General Sir Hope Grant* (London, 1894)

Kuan, H. C. and Lin, T. B., *Hong Kong: Economic, Social and Political Studies in Development* (White Plains, 1979)

Kuo, P. C., *A Critical Study of the First Anglo-Chinese War, with Documents* (Shanghai, 1935)

Kwan, A. Y. H., *Hong Kong Society* (Hong Kong, 1989)

Lamour, C. and Lamberti, M. R., *The Second Opium War* (London, 1974)

Lane, K. P., *Sovereignty and the Status Quo* (Boulder, 1990)

Lane-Poole, S., *Sir Harry Parkes in China* (London, 1901)

Lasater, M. L., *Hong Kong's Role in US-China Policy* (Washington, 1978)

Latimer, D. and Goldberg, J., *Flowers in the Blood* (New York, 1981)

Lau Siu-kai, *Society and Politics in Hong Kong* (Hong Kong, 1982)

—— and Kuan, H. C., *The Ethos of the Hong Kong Chinese* (Hong Kong, 1988)

Leary, W. M., 'Aircraft and Anti-Communists', in *China Quarterly*, No.52, December 1972

Leavemouth, C. S., *The Arrow War with China* (London, 1901)

LeCordeur, B. and Saunders, C., *The War of the Axe 1841* (Johannesburg, 1981)

Lee, B. A., *Britain and the Sino-Japanese War* (Stanford, 1973)

Lee, J. M., *Colonial Office War and Development Policy* (London, 1982)

Lee, R., *France and the Exploitation of China* (Hong Kong, 1989)

Le Fevour, E., *Western Enterprise in Late Ch'ing China* (Cambridge, Mass., 1968)

Legge, J., 'The Colony of Hong Kong', in *China Review*, vol. 1, pp.163-76 (Hong Kong, 1872)

Lethbridge, H. J., *Hong Kong: Stability and Change* (Hong Kong, 1978)

—— *Hard Graft in Hong Kong* (Hong Kong, 1985)

Leung, C. K. (ed.)et al, *Hong Kong Dilemmas* (Hong Kong, 1980)

Li Chien-hung, *History of China* (Princeton, 1950)

Lin, T. B. and C. (eds.), *Hong Kong Economic, Social and Political Studies in Development* (Folkestone, 1979)

Lindsay, H., *British Relations with China* (London, 1836)

Lindsay, O., *The Lasting Honour* (London, 1978)

—— *At the Going Down of the Sun* (London, 1981)

Lipson, C., *Standing Guard* (Berkeley and London, 1985)

Li Shu-fan, *Hong Kong Surgeon* (London, 1964)

Lloyd, C., *Mr Barrow of the Admiralty* (London, 1970)

Lo, H. L., *The Role of Hong Kong in the Cultural Interchange Between East and West* (Tokyo, 1967)

Lovis, W. R., *British Strategy in the Far East* (Oxford, 1971)

Low, C. R., *History of the Indian Navy* (London, 1877)

Lubbock, P., *The Opium Clippers* (Glasgow, 1933)

MacFarquhar, R. (ed.), *Cambridge History of China*, vols 14, 15 (Cambridge, 1987, 1991)

Macgowan, J., *The Imperial History of China* (London, 1897)

Mackenzie, A., *A History and Genealogy of the Mathesons* (Edinburgh, 1880)

Mackenzie, C., *Realms of Silver* (London, 1954)

McLintock, A. H. (ed.), *Encyclopedia of New Zealand* (Wellington, 1966)

Malmesbury, Lord, *Memoirs of an Ex-Minister* (London, 1884)

Manson-Bahr, P. H. and Alcock, A., *The Life of Sir Patrick Manson* (London, 1927)

Marder, A. J., *Old Friends, New Enemies* (Oxford, 1981)

Marriner, S., *Rathbones of Liverpool 1845-73* (Liverpool, 1961)

Martin, W. A. P., *A Cycle of Cathay* (New York, 1896)

—— *The Awakening of China* (London, 1907)

Matheson, J., *The Present Position and Prospects of the British Trade with China* (London, 1836)

Mellor, B., *The University of Hong Kong* (Hong Kong, 1980)

Michael, F., *The Origins of Manchu Rule in China* (Baltimore, 1942)

Michie, A., *The Englishman in China* (London, 1900)

Miles, M. W., *The Odyssey of the American Right* (Oxford, 1980)

Mills, L. A., *British Rule in Eastern Asia* (Oxford, 1942)

Miners, N., *The Government and Politics of Hong Kong* (Hong Kong, 1986)

—— *Hong Kong under Imperial Rule 1912-1941* (Hong Kong, 1987)

Moneypenny, W. F. and Buckle, G. E., *The Life of Disraeli* (London, 1910-20)

Montalto de Jesus, C. A., *Historic Macao* (Macao, 1926)

Morgan, D. J., *The Official History of Colonial Development* (London, 1982)

Morison, S. E., *Oxford History of the United States* (3rd, New York, to 1972)

Morley, J., *The Life of Gladstone* (London, 1903)

Morrell, W. P., *British Colonial Policy in the Mid-Victorian Age* (Oxford, 1969)

Morris, J., *Farewell the Trumpets* (London, 1981)

—— *Hong Kong* (London, 1988)

Morrison, G. E., *An Australian in China* (London, 1895)

—— *Correspondence* (ed. Lo, H. M.) (Cambridge, 1976)

Morrison, R., *Memoirs* (ed. Morrison, Mrs R.) (London, 1839)

Morse, H. B., *The Guilds of China* (London, 1909)

—— *The International Relations of the Chinese Empire* (3 vols, London, 1910-18)

—— *The Trade and Administration of China* (London, 1921)

—— *Chronicles of the East India Company Trading to China* (3 vols, London, 1926-29)

—— and McNair, H. F., *Far Eastern International Relations* (Boston, 1931)

Mosby, J. S., *Memoirs* (Indiana, 1959)

Mowat, R. B., *The Life of Lord Pauncefote* (London, 1929)

Mushkat, M., *The Making of the Hong Kong Administrative Class* (Hong Kong, 1982)

—— *The Economic Future of Hong Kong* (Hong Kong, 1990)

Nelson, M., *Hong Kong, Macao and Taiwan* (London, 1984)

Ng, P. Y. L. and Baker, H. D. R., *New Peace County: A Chinese Gazetteer of the Hong Kong Region* (Hong Kong, 1983)

Ng, Lun, N. H., *Interactions of East and West* (Hong Kong, 1984)

Nicol, J., *Life and Adventures* (ed. Grant, G.) (London, 1822, 1937)

Norman, F. H., *Martello Tower in China* (London, 1902)

Norman, H., *The Peoples and Politics of the Far East* (London, 1895)

Norton-Kyshe, J. W., *History of the Laws and Courts of Hong Kong* (London, 1898)

Nye, G., *The Morning of My Life in China* (Macao, 1873)

—— *The Rationale of the Chinese Question* (Macao, 1887)

O'Callaghan, S., *Yellow Slave Trade* (London, 1968)

Oliphant, L., *Lord Elgin's Mission to China and Japan* (New York, 1860)

Oliphant, O., *China, A Popular History* (London, 1875)

Osgood, C., *The Chinese* (Tucson, 1975)

Ouchterlony, J., *The Chinese War* (London, 1844)

Owen, D. E., *British Opium Policy in China and India* (Yale, 1934)

Owen, E. P. and N.C. and Tinghay, F. J. F., *Public Affairs for Hong Kong* (Hong Kong, 1969)

Parkinson, C., *The Colonial Office from Within 1909-45* (London, 1947)

Pascoe, C. F., *Two Hundred Years of the Society for the Propagation of the Gospel* (London, 1900)

Paton, D. M., *The Life and Times of Bishop Ronald Hall of Hong Kong* (Gloucester, 1985)

Patrikeeff, F., *Mouldering Pearl* (London, 1989)

Pearson, J. D. (ed.), *Guide to Manuscripts Relating to the Far East* (Oxford, 1977)

Pearson, L. M., *The Colonial Background of British Foreign Policy* (London, 1930)

Pelcovits, N., *Old China Hands and the Foreign Office* (New York, 1948)

Pelissier, R., *The Awakening of China 1793-1949* (London, 1967)

Perham, M., *Lugard* (London, 1960)

Persell, S. M., *The French Colonial Lobby 1889-1938* (Stanford, 1983)

Peyrefitte, A., *The Collision of Two Civilisations: The British Expedition to China 1792-4* (London, 1993. Published in the US as *The Immobile Empire: The First Great Collision of East and West*)

Philips, C. H., *The East India Company 1784-1834* (Manchester, 1940)

Phillips, R. J., *The Kowloon-Canton Railway* (Hong Kong, 1990)

Platt, D. C. M., *Finance, Trade and Politics in British Foreign Policy 1815-1914* (Oxford, 1968)

Pope-Hennessy, J., *Verandah* (London, 1964)

—— *Half Crown Colony* (London, 1969)

Porter, A. N. and Stockwell, A. J., *British Imperial Policy and Decolonization 1938-1964*, vol. i (Basingstoke, 1987)

Porter, B., *Britain and the Rise of Communist China* (London, 1967)

Pottinger, G., *The War of the Axe* (Johannesburg, 1981)

—— *The Afghan Connection* (Belfast, 1983)

Preston, A. and Major, J., *Send a Gunboat!* (London, 1967)

Pullinger, J., *Crack in the Wall, Chasing the Dragon* (London, 1989)

Pusey, J.R., *China and Charles Darwin* (Cambridge, Mass., 1983)

Pu Yi, A. G. (trans. Jenner), *From Emperor to Citizen* (Oxford, 1987)

Rabushka, A., *Value for Money* (Stanford, 1976)

—— *Hong Kong: A Study in Economic Freedom* (Chicago, 1979)

Rafferty, K., *City on the Rocks* (London, 1989)

Ramm, A., *The Political Correspondence of Mr Gladstone and Lord Granville* (Oxford, 1962)

Rand, C., *Hongkong: The Island Between* (New York, 1952)

'Ranger', *Up and Down the China Coast* (London, 1936)

Reston, G. W., *The Development of Extraterritoriality in China* (London, 1928)

Rhoads, E. J. M., *Nationalism and Xenophobia in Canton* (Cambridge, Mass., 1962)

—— *China's Republican Revolution* (Cambridge, Mass., 1975)

Ride, E., *The British Army Aid Group: Hong Kong Resistance* (Hong Kong, 1981)

Ride, L., *Robert Morrison* (Hong Kong, 1957)

Roberts, P. M. (ed.), *Sino-American Relations Since 1900* (Hong Kong, 1991)

Rodwell, S., *Historic Hong Kong* (Hong Kong, 1991)

Rodzinski, W., *A History of China* (Oxford, 1979)

—— *The Walled Kingdom* (London, 1984)

Ross, S., *The Manchus* (London, 1880)

Royal Commission on Historical Manuscripts, *Private Papers of Colonial Governors* (London, 1986)

Royal Hong Kong Jockey Club, Annual Report and Accounts

Rozman, G.(ed.), *Soviet Studies of Pre-Modern China* (Ann Arbor, 1984)

Rusbridger, J. and Nave, E., *Betrayal at Pearl Harbor* (London, 1991)

Ryan, T. F., *Jesuits Under Fire* (London, 1944)

St Aubyn, G., *The Royal George: The Life of the Duke of Cambridge* (London, 1963)

St Clair, W., *That Greece Might Still be Free* (London, 1972)

Sargent, J. N., *A Soldier's Correspondence* (London, 1893)

Saw, S. H. and Cheng, S. H., *Bibliography of the Demography of Hong Kong* (Singapore, 1976)

Sayer, G. R., *Hong Kong: Birth, Adolescence and Coming of Age* (London, 1937)

—— *Hong Kong 1862-1919* (Hong Kong, 1975)

Scott, G. L., *Chinese Treaties* (Dobbs Ferry, 1975)

Scott, I., *Political Change and the Crisis of Legitimacy in Hong Kong* (Honolulu, 1989)

—— *Hong Kong*, World Bibliographical Series vol.115, 1991

—— and Burns, J. P., *The Hong Kong Civil Service: Personnel, Policies and Practices* (Hong Kong, 1984)

—— and Burns, J. P., *The Hong Kong Civil Service and its Future* (Hong Kong, 1985)

Seaburg, C. and Paterson, S., *Merchant Prince of Boston: T. H. Perkins, 1754-1859* (Cambridge, Mass., 1971)

Seagrave, S., *The Soong Dynasty* (New York, 1985)

Sedgewick, C., *Letters from Abroad* (New York, 1841)

Selwyn-Clarke, S., *Footprints in the Sands of Time* (Hong Kong, 1975)

Sewell, W. G., *Strange Harmony* (London, 1946)

Shai Shao, A., *Britain and China 1941-47* (Oxford, 1984)

Shao, W., *China, Britain, and Businessmen* (Oxford, 1991)

Shepherd, B., *The Hong Kong Guide* (Hong Kong, 1893)

Simpson, C., *Asia's Bright Balconies* (Sydney, 1962)

Singer, A., *The Lion and the Dragon* (London, 1992)

Singh, N. P., *The East India Company's Monopoly Industries in Bihar 1773-1833* (Bihar, 1980)

Singh, S. B., *European Agency Houses in Bengal 1783-1833* (Calcutta, 1966)

Sinn, E., 'Power and Charity: The Early History of the Tung Wah Hospital' (Hong Kong, 1989)

Sitwell, O., *Escape with Me* (London, 1935)

Slater, J., *Notices on the British Trade to the Port of Canton* (London, 1830)

Smith, A., *To China and Back* (London, 1859)

Smith, C. T., *Chinese Christians* (Oxford and Hong Kong, 1985)

Smith, G., *Narrative of an Exploratory Visit to Each of the Consular Cities of China* (London, 1847)

Smith, J. S., *Matilda* (Hong Kong, 1988)

Smith, S. R., *The Manchurian Crisis* (New York, 1945)

Smith, W. D., *The German Colonial Empire* (Chapel Hill, 1978)

So, F., *The Asian Dragons* (Cambridge, 1987)

Sohmen, H., *Legislative Interlude* (Hong Kong, n. d.)

Soothill, W. E., *China and the West* (Oxford, 1925)

Spence, J. D., *The China Helpers* (London, 1969. Published in the US as *To Change China: Western Advisors in China 1620-1960*)

—— *The Search for Modern China* (London, 1990)

—— and Wills, J. E. (eds.), *From Ming to Ching* (New Haven and London, 1979)

Spencer, I. D., *The Victor and the Spoils* (Providence, 1959)

Staunton, G. T., 'Observations on our China Commerce' (London, 1850)

Steele, E. D., *Palmerston and Liberalism 1855-65* (Cambridge, 1991)

Stericker, J., *A Tear for the Dragon* (London, 1958)

Stock, E., *The History of the Church Missionary Society* (London, 1899)

Stokes, G. G., *Queen's College* (Hong Kong, 1962)

Sutton, J., *Lords of the East: The Honourable East India Company and its Ships* (London, 1981)

Swanson, B., *The Eighth Voyage of the Dragon* (Annapolis, 1982)

Sweeting, A., *Education in Hong Kong* (Hong Kong, 1990)

Swisher, E., *China's Management of the American Barbarians* (New Haven, 1951)

Szczepanik, E., *The Economic Growth of Hong Kong* (London, 1958)

T'ang Leang-li, *The Foundations of Modern China* (London, 1928)

Taylor, H., *Autobiography* (London, 1874)

Temple, R. C., *Peter Mundy: Travels*, Hakluyt Society Series ii, vols xlv and xlvi

Teng, S. Y., *Chang Hsi and the Treaty of Nanking* (Chicago, 1944)

Theal, G. M., *History of South Africa* (London, 1908)

Thompson, E. M. L., *English Landed Society in the Nineteenth Century* (London, 1963)

Thomson, J., *The Straits of Malacca* (London, 1875)

Thorne, C., *Allies of a Kind* (Oxford, 1978)

—— *The Far Eastern War* (London, 1985)

Tikhvinsky, S. L. (ed.), *The Modern History of China* (Moscow, 1972)

Tolley, K., *Yangtse Patrol* (Annapolis, 1971)

Trevelyan, G. O., *Macaulay's Life and Letters* (London, 1876)

Truman, H. S., *Memoirs* (New York, 1965)

Tsang, S., *Democracy Shelved* (Hong Kong, 1988)

Tsim, T. L. and Luk B. H. K., 'The Other Hong Kong Report 1989' (Hong Kong, 1989); see also Wong, R. Y. C. and Cheng, J. Y. S.

Tuchman, B. W., *Stilwell and the American Experience in China 1911-1945* (New York, 1971)

Tung, W. L., *Wellington Koo and China's Wartime Diplomacy* (New York, 1977)

Turner, H. A., *The Last Colony, But Whose?* (Cambridge, 1980)

Turner, J. A., *Kwang Tung, or Five Years in South China* (Oxford, 1982)

Tyson, G., *One Hundred Years of Banking in Asia and Africa* (London, 1963)

Urmston, J. B., 'Chusan and Hong Kong' (London, 1847)

Victoria, Queen, *Letters* (ed. Benson, A. C. and Esher, Lord) (London, 1908)

Villiers, G., Earl of Clarendon, *Life and Letters* (ed. Maxwell, H.) (London, 1913)

Vogel, E. F., *Canton Under Communism* (Cambridge, Mass., 1969)

Wacks, R. (ed.), *The Future of the Law in Hong Kong* (Hong Kong, 1989)

Wainwright, M. D. and Matthews, N., *A Guide to Western Manuscripts and Documents in the British Isles Relating to South and South-East Asia* (London, 1965)

Wakeman, F., *The Fall of Imperial China* (New York, 1975)

—— *The Great Enterprise: The Manchu Reconstruction of Imperial Order* (Berkeley, 1985)

—— and Grant, C. (eds.), *Conflict and Control in Late Imperial China* (Berkeley, 1975)

Walden, J., *Excellency, Your Gap is Showing* (Hong Kong, 1983)

Waley, A., *The Opium War through Chinese Eyes: Extracts from 'Ya-p'ien Chen-cheng Tan-liao Ts'ung-k'an* (Shanghai, 1955)

Walker, A. and Rawlinson, S. M., *The Building of Hong Kong* (Hong Kong, 1990)

Walker, P. G., *The Cabinet* (London, 1970)

Walter, R., *A Voyage Round the World* (London, 1745)

Walton, J. A. S., *China and the Present Crisis* (London, 1900)

Wang, Tseng-Tsai, *Tradition and Change in China's Management of Foreign Affairs* (Taipei, 1972)

Ward, B. E., *Through Other Eyes* (Hong Kong, 1985)

Warner, J., *Fragrant Harbour* (Hong Kong, 1976)

Webster, C. K., *The Foreign Policy of Palmerston, 1830-41* (London, 1951)

Wesley-Smith, P., *Unequal Treaty 1898-1997* (Hong Kong, 1980)

—— and Chen, A. H. Y., 'The Basic Law and Hong Kong's Future' (Hong Kong, 1988)

Whitbeck, J. A., 'The Historical Vision of Kung Tzu-chen' (unpublished thesis, U. Cal., Berkeley, 1980)

Wieger, L. S. J., *Textes Historiques* (Hopei, 1929)

Wight, M., *The Development of the Legislative Council* (London, 1946)

Williams, A. R., *Eastern Traders* (London, 1975)

Willmott, H. P., *Empires in the Balance* (London, 1982)

Wilson, D., *Hong Kong! Hong Kong!* (London, 1990)

Wilson, H., *The Labour Government 1964-70* (London, 1971)

Wilson, H. W., *Ironclads in Action* (London, 1895)

Wilson, K. M. (ed.), *British Foreign Secretaries and Foreign Policy* (Beckenham, 1987)

Wong, A. K., *The Kaifong Associations and the Society of Hong Kong* (Taipei, 1972)

Wong, J. Y., *Anglo-Chinese Relations 1839-1960* (Oxford, 1983)

Wong, R. Y. C. and Cheng, J. Y. S., 'The Other Hong Kong Report 1990' (Hong Kong, 1990); see also Tsim, T. L. and Luk, B. H. K.

Wong, S. T., *The Margary Affair and the Chefoo Agreement* (London, 1940)

Wood, W. A., *A Brief History of Hong Kong* (Hong Kong, 1940)

Woodward, L., *British Foreign Policy in the Second World War*, vol. v (London, 1970)

Woolf, B. S., (Lady Southern), *Under the Mosquito Curtain* (Hong Kong, 1935)

—— *Chips of Old China* (Hong Kong, 1935)

Wright, S. F., *Hong Kong and the Chinese Customs* (Shanghai, 1930)

Young, G., *Beyond Lion Rock* (London, 1988)

Young, L. K., *British Policy in China 1895-1902* (Oxford, 1970)

Young, M. B., *The Rhetoric of Empire: American China Policy 1895-1901* (Cambridge, Mass., 1968)

Youngson, A. J., *Hong Kong Economic Growth and Policy* (Hong Kong, 1982)

—— *China and Hong Kong: The Economic Nexus* (Hong Kong, 1983)

Zhang, Y., *China and the International System 1918-20* (Oxford, 1991)

譯後記

這本《香港史》即將和讀者見面了，欣慰之餘，還有複雜的心情。寫這個後記的時候，離最初着手翻譯此書，已過去整整 10 年時間。由於眾所周知的原因，當初書稿如約完成後卻未能出版。10 年後的今天，當年在南方寒冷冬夜挑燈翻譯的情景猶歷歷在目。除了感慨時光的流逝，也覺得總算是能夠對過去的歲月和付出的心血有一個交代。

感謝法蘭克‧韋爾許先生授予中文版版權，使得本書得以順利出版，雖然出版時間之長恐怕要大大超出他的預料。徵得韋爾許先生同意，我對少數幾處地方的文字做了處理。

當初的翻譯幸有黃亞紅博士的熱情參與和鼓勵，其他幾位同志也提供了有益的幫助。這次出版前我把全書重新翻譯了一遍，所以譯文的不妥和錯誤，責任自然應當由我承擔。

感謝中央編譯出版社，正是由於他們的慧眼和魄力，本書才得以面世。

譯者水準有限，譯文疏漏與差錯在所難免，敬請讀者賜教。

王皖強

2006 年 6 月 24 日